서집전상설(書集傳詳說) 2
-서집전상설3권 (書集傳詳說 卷之三)·서집전상설4권(書集傳詳說 卷之四)-

이 저서는 2017년 대한민국 교육부와 한국연구재단의 지원을 받아 수행된 연구임
(NRF-217S1A5B45644)

호산 박문호의 칠서주상설 37

서집전상설(書集傳詳說) 2
―서집전상설 3권(書集傳詳說 卷之三)·
서집전상설 4권(書集傳詳說 卷之四)―

책임역주(주저자): 신창호
전임역주: 김학목·조기영·황봉덕
공동역주: 김언종·임헌규·허동현

일러두기

1. 본서는 1921년 풍림정사(楓林精舍)에서 간행된 박문호의 『칠서주상설(七書註詳說)』(한국학중앙연구원 장서각 소장)을 저본으로 하였다. 아울러 아세아문화사(亞細亞文化社)에서 간행한 『호산전서(壺山全書)』(1~8, 1987~1990)를 참고하였고, <호산 박문호의 『칠서주상설』 연구번역총서>의 번호 순서는 『호산전서』(제4~5책)의 목차에 따랐다.

2. 원전(原典)은 직역(直譯)을 원칙으로 하되, 필요한 경우에는 현대적 의미를 고려하여 의역(意譯)하며 풀이하였다. 원문은 번역문과 함께 제시하되, 원문을 앞에 번역문을 뒤에 배치하였다.

3. 역주(譯註)의 경우 각주(脚註)로 처리하고, 간단한 용어나 개념 설명은 본문에서 그대로 병기하여 노출하였다(예: 잡기(雜記: 잡다하게 기록함)). 주석은 인용 출처 및 근거를 찾아 제시하고, 관련 자료의 원문 또는 번역문을 수록하였다. 내용이 중복되는 부분일지라도 편장이 달라질 경우에는 다시 수록하여 연구 토대 자료로서의 편리성을 도모하였다.

4. 원전의 원문은 『서집전상설(書集傳詳說)』의 '경문(經文)', 채침(蔡沉)의 주석인 '집전(集傳)', 박문호의 주석인 '상설(詳說)'로 구분하되, '경문-집전-상설'순으로 글자의 모양과 크기를 달리 하였다. 경문의 경우, 별도로 경문이라는 표시 없이 편장별로 번호를 붙였다(예: 『우서』 「요전」 첫 구절은 『서경』의 제1권 제1편 제1장의 제1구절이므로 [1-1-1-1]로 표시; 나머지도 이와 같은 순서에 따라 번호를 매김).

5. 경전의 맨 앞부분(제1권)과 맨 뒷부분(제7권)에 배치되어 있는 「서집전서상설(書集傳序詳說)」·「서서설상설(書序說詳說)」과 「서서변설상설(書序辨說詳說)」은 별도의 권(卷)으로 나누어져 있지 않아, 0-1, 0-2, 0-3으로 표기하여 구분하였다.

6. 박문호의 주석인 '상설(詳說)'은 모든 구절에 ○를 붙여 의미를 분명하게 하였다.

7. 원문의 표점 작업은 연구번역 저본과 참고로 활용한 판본을 대조하여 정돈하였다. 『칠서주상설』 편제의 특성상, 혼란의 소지가 있는 부분은 번역에서 원전을 다시 제시하였다. 필요한 경우에는 원문이나 각주에서 경전(經傳; 『 』)이나 편명(篇名; 「 」), 구두(句讀; , ; .) 인용문(따옴표; " "; ' ') 강조점(따옴표; ' ') 등을 구분하여 표시하였다.

8. 원전의 특성상, 경문의 바로 아래에 제시되어 있는 음운(音韻)이나 음가(音價)는 여러 주석을 참고하여 정돈한 것이 대부분이지만 상설(詳說)로 처리하였다.

9. 원문이나 역주 가운데, 인명이나 개념어는 기본적으로 한글과 한문을 병기하되, 상황에 맞추어서 정돈하였다(예: 주자(朱子)의 경우, 때로는 주희(朱熹)로 표기하고, 개념어는 원문을 그대로 노출하기도 하고 풀이하기도 하였는데, 도(道)의 경우, 도리(道理), 이치(理致), 방법(方法) 등으로 해석함).

서집전상설 총 목차

서집전상설 1　　　서집전서상설(書集傳序詳說)
　　　　　　　　　서집전상설1권(書集傳詳說 卷之一)
　　　　　　　　　서집전상설2권(書集傳詳說 卷之二)

서집전상설 2　　**서집전상설 3권(書集傳詳說 卷之三)**
　　　　　　　　　서집전상설 4권(書集傳詳說 卷之四)

서집전상설 3　　　서집전상설 5권(書集傳詳說 卷之五)
　　　　　　　　　서집전상설 6권(書集傳詳說 卷之六)
서집전상설 4　　　서집전상설 7권(書集傳詳說 卷之七)
　　　　　　　　　서집전상설 8권(書集傳詳說 卷之八)
서집전상설 5　　　서집전상설 9권(書集傳詳說 卷之九)
　　　　　　　　　서집전상설 10권(書集傳詳說 卷之十)
서집전상설 6　　　서집전상설 11권(書集傳詳說 卷之十一)
　　　　　　　　　서집전상설 12권(書集傳詳說 卷之十二)
서집전상설 7　　　서집전상설 13권(書集傳詳說 卷之十三)
　　　　　　　　　서집전상설 14권(書集傳詳說 卷之十四)
　　　　　　　　　서서변설상설(書序辨說詳說)

차례

일러두기 / 4

서집전상설 3권 (書集傳詳說 卷之三)

[3-1-5]「익직(益稷)」/ 12

[3-1-5-1] 帝曰: "來. 禹. 汝亦昌言." 禹拜曰: "都. 帝. 予何言. 予思日孜孜." 皐陶曰: "吁. 如何?" 禹曰: "洪水滔天, 浩浩懷山襄陵, 下民昏墊, 予乘四載, 隨山刊木, 曁益, 奏庶鮮食, 予決九川, 距四海, 濬畎澮, 距川, 曁稷播, 奏庶艱食鮮食, 懋遷有無, 化居, 烝民乃粒, 萬邦作乂." 皐陶曰: "兪. 師汝昌言."/ 13

[3-1-5-2] 禹曰: "都. 帝. 愼乃在位." 帝曰: "兪." 禹曰: "安汝止, 惟幾惟康, 其弼直, 惟動, 丕應徯志, 以昭受上帝, 天其申命用休."/ 23

[3-1-5-3] 帝曰: "吁. 臣哉鄰哉, 鄰哉臣哉." 禹曰: "兪."/ 29

[3-1-5-4] 帝曰: "臣作朕股肱·耳目, 予欲左右有民, 汝翼; 予欲宣力四方, 汝爲; 予欲觀古人之象, 日·月·星辰·山·龍·華蟲, 作會; 宗彝·藻·火·粉米·黼·黻, 絺繡, 以五采, 彰施于五色, 作服, 汝明, 予欲聞六律·五聲·八音, 在治忽, 以出納五言, 汝聽."/ 31

[3-1-5-5] 予違, 汝弼, 汝無面從, 退有後言, 欽四鄰./ 43

[3-1-5-6] 庶頑讒說, 若不在時, 侯以明之, 撻以記之, 書用識哉, 欲並生哉, 工以納言, 時而颺之, 格則承之庸之, 否則威之./ 46

[3-1-5-7] 禹曰: "兪哉. 帝光天之下, 至于海隅蒼生, 萬邦黎獻, 共惟帝臣, 惟帝時舉. 敷納以言, 明庶以功, 車服以庸, 誰敢不讓, 敢不敬應. 帝不時, 敷同, 日奏罔功./ 54

[3-1-5-8] 無若丹朱傲. 惟慢遊, 是好; 傲虐, 是作; 罔晝夜頟頟, 罔水行舟, 朋淫于家, 用殄厥世. 予創若時, 娶于塗山, 辛壬癸甲, 啓呱呱而泣, 予弗子, 惟荒度土功, 弼成五服, 至于五千, 州十有二師, 外薄四海, 咸建五長, 各迪有功. 苗頑, 弗卽工, 帝其念哉. 帝曰: "迪朕德, 時乃功惟敍, 皐陶方祗厥敍, 方施象刑, 惟明."/ 59

[3-1-5-9] 夔曰: "戛擊鳴球, 搏拊琴瑟, 以詠, 祖考來格, 虞賓在位, 羣后德讓. 下管鼗鼓, 合止柷敔, 笙鏞以間, 鳥獸蹌蹌, 簫韶九成, 鳳凰來儀."/ 71

[3-1-5-10] 夔曰: "於予擊石拊石, 百獸率舞, 庶尹允諧."/ 88

[3-1-5-11] 帝庸作歌曰: "勅天之命, 惟時惟幾," 乃歌曰: "股肱喜哉, 元首起哉, 百

工熙哉." 皐陶拜手稽首, 颺言曰："念哉, 率作興事, 愼乃憲欽哉, 屢省乃成, 欽哉." 乃賡載歌曰 ："元首明哉, 股肱良哉, 庶事康哉." 又歌曰："元首叢脞哉, 股肱惰哉, 萬事墮哉." 帝拜曰："兪. 往欽哉."/ 92

서집전상설 4권 (書集傳詳說 卷之四)

    [4-2] 「하서(夏書)」/ 102
    [4-2-1] 「우공(禹貢)」/ 103
        [4-2-1-1] 禹敷土, 隨山刊木, 奠高山·大川./ 106
        [4-2-1-2] 冀州./ 111
        [4-2-1-3] 旣載壺口/ 113
        [4-2-1-4] 治梁及岐,/ 117
        [4-2-1-5] 旣修太原, 至于岳陽./ 123
        [4-2-1-6] 覃懷厎31)績, 至于衡漳./ 125
        [4-2-1-7] 厥土, 惟白壤./ 130
        [4-2-1-8] 厥賦, 惟上, 上, 錯; 厥田, 惟中, 中./ 134
        [4-2-1-9] 恆·衛旣從, 大陸旣作./ 139
        [4-2-1-10] 島夷, 皮服./ 142
        [4-2-1-11] 夾右碣石, 入于河/ 144.
        [4-2-1-12] 濟·河, 惟兗州./ 148
        [4-2-1-13] 九河旣道/ 150
        [4-2-1-14] 雷夏旣澤,/ 158
        [4-2-1-15] 灉·沮會同./ 161
        [4-2-1-16] 桑土旣蠶, 是降丘宅土./ 164
        [4-2-1-17] 厥土黑墳, 厥草惟繇, 厥木惟條./ 166
        [4-2-1-18] 厥田, 惟中, 下; 厥賦, 貞, 作十有三載, 乃同./ 168
        [4-2-1-19] 厥貢漆絲, 厥篚織文./ 171
        [4-2-1-20] 浮于濟·漯, 達于河./ 173
        [4-2-1-21] 海·岱, 惟靑州./ 175
        [4-2-1-22] 嵎夷旣略,/ 176
        [4-2-1-23] 濰·淄其道./ 177
        [4-2-1-24] 厥土白墳, 海濱廣斥./ 178
        [4-2-1-25] 厥田惟上下, 厥賦中上./ 179
        [4-2-1-26] 厥貢鹽絺, 海物惟錯. 岱畎, 絲·枲·鉛·松·怪石. 萊夷作牧, 厥篚檿絲./ 180
        [4-2-1-27] 浮于汶, 達于濟./ 184

[4-2-1-28] 海·岱及淮, 惟徐州./ 185
[4-2-1-29] 淮·沂其乂,/ 187
[4-2-1-30] 蒙·羽其藝./ 191
[4-2-1-31] 大野旣豬/ 192
[4-2-1-32] 東原厎平/ 195
[4-2-1-33] 厥土, 赤埴墳, 草木, 漸包./ 197
[4-2-1-34] 厥田惟上中, 厥賦中中./ 199
[4-2-1-35] 厥貢, 惟土五色, 羽畎夏翟, 嶧陽孤桐, 泗濱浮磬. 淮夷蠙珠曁魚, 厥篚玄·纖·縞./ 200
[4-2-1-36] 浮于淮·泗, 達于河./ 208
[4-2-1-37] 淮·海, 惟揚州./ 209
[4-2-1-38] 彭蠡旣豬,/ 210
[4-2-1-39] 陽鳥攸居./ 211
[4-2-1-40] 三江旣入,/ 212
[4-2-1-41] 震澤厎定./ 217
[4-2-1-42] 篠·簜旣敷, 厥草惟夭, 厥木惟喬, 厥土惟塗泥./ 218
[4-2-1-43] 厥田惟下下, 厥賦下上, 上錯./ 221
[4-2-1-44] 厥貢, 惟金三品, 瑤·琨·篠·簜, 齒·革·羽·毛, 惟木. 島夷卉服, 厥篚織貝, 厥包橘·柚, 錫貢./ 222
[4-2-1-45] 沿于江·海, 達于淮·泗./ 226
[4-2-1-46] 荊及衡陽, 惟荊州./ 229
[4-2-1-47] 江·漢, 朝宗于海,/ 230
[4-2-1-48] 九江, 孔殷./ 231
[4-2-1-49] 沱·潛旣道,/ 235
[4-2-1-50] 雲土, 夢作乂./ 237
[4-2-1-51] 厥土惟塗泥, 厥田惟下中, 厥賦上下./ 239
[4-2-1-52] 厥貢, 羽·毛·齒·革, 惟金三品, 杶榦·栝·柏, 礪·砥·砮·丹. 惟箘·簵·楛, 三邦, 厎貢厥名. 包匭菁茅, 厥篚, 玄纁·璣·組, 九江, 納錫大龜./ 239
[4-2-1-53] 浮于江·沱·潛·漢, 逾于洛, 至于南河./ 246
[4-2-1-54] 荊·河, 惟豫州./ 248
[4-2-1-55] 伊·洛·瀍·澗, 旣入于河,/ 249
[4-2-1-56] 榮·波, 旣豬./ 252
[4-2-1-57] 導菏澤, 被孟豬./ 255
[4-2-1-58] 厥土惟壤, 下土墳壚./ 256
[4-2-1-59] 厥田, 惟中上; 厥賦, 錯, 上中./ 258

[4-2-1-60] 厥貢漆·枲·絺·紵, 厥篚纖纊, 錫貢磬錯./ 258
[4-2-1-61] 浮于洛, 達于河./ 262
[4-2-1-62] 華陽黑水, 惟梁州./ 262
[4-2-1-63] 岷·嶓, 旣藝./ 263
[4-2-1-64] 沱·潛, 旣道./ 264
[4-2-1-65] 蔡·蒙, 旅平./ 268
[4-2-1-66] 和夷底績./ 270
[4-2-1-67] 厥土靑黎./ 272
[4-2-1-68] 厥田, 惟下上; 厥賦, 下中, 三錯./ 273
[4-2-1-69] 厥貢, 璆·鐵, 銀·鏤, 砮·磬, 熊·羆·狐·狸織皮./ 275
[4-2-1-70] 西傾, 因桓是來, 浮于潛, 逾于沔, 入于渭, 亂于河./ 278
[4-2-1-71] 黑水·西河, 惟雍州./ 281
[4-2-1-72] 弱水旣西./ 283
[4-2-1-73] 涇屬渭·汭./ 286
[4-2-1-74] 漆·沮, 旣從./ 289
[4-2-1-75] 灃水, 攸同./ 291
[4-2-1-76] 荊·岐, 旣旅, 終南·惇物, 至于鳥鼠./ 293
[4-2-1-77] 原·隰, 底績, 至于豬野./ 294
[4-2-1-78] 三危旣宅, 三苗丕敘./ 295
[4-2-1-79] 厥土, 惟黃壤./ 298
[4-2-1-80] 厥田, 惟上上; 厥賦, 中下./ 299
[4-2-1-81] 厥貢, 惟球琳·琅玕./ 299
[4-2-1-82] 浮于積石, 至于龍門西河, 會于渭·汭./ 300
[4-2-1-83] 織皮, 崑崙740)·析支·渠搜, 西戎, 卽敘./ 305
[4-2-1-84] 導岍, 及岐, 至于荊山, 逾于河, 壺口·雷首, 至于太岳, 底柱·析城, 至于王屋, 太行·恆山, 至于碣石, 入于海./ 308
[4-2-1-85] 西傾·朱圉·鳥鼠, 至于太華, 熊耳·外方·桐柏, 至于陪尾./ 317
[4-2-1-86] 導嶓冢, 至于荊山, 內方, 至于大別./ 320
[4-2-1-87] 岷山之陽, 至于衡山, 過九江, 至于敷淺原./ 321
[4-2-1-88] 導弱水, 至于合黎, 餘波, 入于流沙./ 326
[4-2-1-89] 導黑水, 至于三危, 入于南海./ 329
[4-2-1-90] 導河, 積石, 至于龍門, 南至于華陰, 東至于底柱, 又東至于孟津, 東過洛汭, 至于大伾; 北過洚水, 至于大陸; 又北播爲九河, 同爲逆河, 入于海./ 334
[4-2-1-91] 嶓冢, 導漾, 東流爲漢, 又東爲滄浪之水, 過三澨, 至于大別, 南入于江, 東匯澤, 爲彭蠡, 東爲北江, 入于海./ 346

[4-2-1-92] 岷山導江, 東別爲沱, 又東至于澧, 過九江, 至于東陵, 東迤北會, 于匯, 東爲中江, 入于海./ 355

[4-2-1-93] 導沇水, 東流爲濟, 入于河, 溢爲滎, 東出于陶丘北, 又東至于菏, 又東北, 會于汶, 又北東, 入于海./ 357

[4-2-1-94] 導淮, 自桐柏, 東會于泗·沂, 東入于海./ 366

[4-2-1-95] 導渭,　自鳥鼠·同穴,　東會于灃,　又東會于涇,　又東過漆·沮, 入于河./ 367

[4-2-1-96] 導洛, 自熊耳, 東北會于澗·瀍, 又東會于伊, 又東北入于河./ 369

[4-2-1-97] 九州攸同, 四隩旣宅. 九山刊旅, 九川滌源, 九澤旣陂, 四海會同./ 372

[4-2-1-98] 六府孔修, 庶土交正, 厎871)愼財賦, 咸則三壤, 成賦中邦./ 375

[4-2-1-99] 錫土·姓./ 379

[4-2-1-100] 祗台德先, 不距朕行./ 380

[4-2-1-101] 五百里, 甸服, 百里, 賦納總; 二百里, 納銍; 三百里, 納秸服; 四百里, 粟; 五百里, 米./ 382

[4-2-1-102] 五百里, 侯服, 百里, 采; 二百里, 男邦; 三百里, 諸侯./ 387

[4-2-1-103] 五百里, 綏服, 三百里, 揆文敎, 二百里, 奮武衛./ 389

[4-2-1-104] 五百里, 要服; 三百里, 夷; 二百里, 蔡./ 391

[4-2-1-105] 五百里, 荒服; 三百里, 蠻; 二百里, 流./ 393

[4-2-1-106] 東漸于海, 西被于流沙, 朔南曁, 聲敎訖于四海, 禹錫玄圭, 告厥成功./ 399

서집전상설 3권

書集傳詳說 卷之三

[3-1-5]
「익직(益稷)」

集傳

今文·古文, 皆有. 但今文, 合於「皐陶謨」, 帝曰: "來. 禹. 汝亦昌言." 正與上篇末, 文勢接續. 古者, 簡冊, 以竹爲之, 而所編之簡, 不可以多, 故釐而二之, 非有意於其間也. 以下文禹稱益·稷二人佐其成功, 因以名篇.

금문『상서』와 고문『상서』에 모두 있다. 다만 금문『상서』는 「고요모(皐陶謨)」에 합쳐져 있으니, "순임금이 말하기를, '어서 오시오. 우아. 그대도 또한 좋은 말을 해보시오.'라고 하였다."라는 것은 바로 위의 편(篇) 끝과 글의 흐름이 이어져있다. 옛날에는 간책(簡冊)을 대나무로써 만드는데 편집한 죽간을 다량으로 엮을 수 없기 때문에 나누어 둘로 만든 것이니, 그 사이에 어떤 뜻이 있는 것은 아니다. 아랫글에서 우(禹)가 익(益)과 직(稷) 두 사람을 일컬으며 그 성공을 도우라고 하였으니, 이 때문에 편(篇)에 이름을 붙인 것이다.

詳說

○ 「舜典」·「康王之誥」, 同此.

'비유의어기간야(非有意於其間也)'에서 볼 때, 「순전(舜典)」[1]과 「강왕지고(康王

---

1) 「순전(舜典)」: 호광(胡廣) 등 찬, 『서경대전(書經大全)』 권1, 「우서(虞書)·순전(舜典)」의 서설(序說)에 상세하다. 그 내용은 다음과 같다. '금문『상서』와 고문『상서』에 모두 있으나, 금문은「요전」에 합쳐있고 편 머리의 28자가 없다. ○당나라 공씨[공영달]가 말하였다. '동진의 매색이 공안국이 전주한『상서』를 올렸는데 「순전」 내명이위 위의 28자가 빠져서 세상에 전하지 못한 것을 대부분 왕씨[왕숙]와 범씨[범녕]의 주를 써서 보충하였고, 모두 신휘오전 이하로써「순전」의 처음으로 삼았다. 제나라 고종 소란의 건무 4년에 이르러 요방흥이 대항두에서 공씨[공안국]가 전주한 고문「순전」을 얻어 겨우 올렸는데 일이 시행되지도 못해서 요방흥이 죄로써 죽음을 맞았고, 수나라 개황 초에 이르러 전해오던 서적을 구입하면서 비로소 얻었던 것이다.' 이제 살펴보건대, 고문인 공안국이 전주한『상서』에는 '왈약계고' 이하에 28자가 있다. 복생은 「순전」으로써「요전」에 합치면서 다만 '신휘오전' 이상을 '제알흠재' 아래에 붙여서 이 28자가 없으며, 매색은 이미 공안국이 전주한「순전」을 잃었기 때문에 또한 이 28자가 있음을 알지 못하였다. 그래서 '신휘오전' 이하는 진실로 복생의『상서』에 갖추어졌기 때문에 전하는 이가 왕씨와 범씨의 주로써 보충하였는데, 요방흥에 이르러 마침내 고문인 공안국이 전주한「순전」을 얻게 되어 이에 비로소 이 28자가 있음을 알게 되었다. 어떤 이는 이로 말미암아 드디어 이르기를, '고문「순전」한 편을 모두 다 잃어버렸는데, 이때에 이르러 바야흐로 온전하게 얻었다.'고 하여 마침내 그것이 위작임을 의심하였으니, 이는 지나친 논변이다.'[今文·古文, 皆有, 今文合于『堯典』, 而無篇首二十八字. ○唐孔氏曰: '東晉梅賾, 上孔傳, 闕「舜典」自乃命以位以上二十八字, 世所不傳, 多用王·范之註, 補之, 而皆以愼徽五典以下, 爲「舜典」之初. 至齊蕭鸞建武四年, 姚方興, 於大航頭, 得孔氏傳古文「舜典」, 乃上之, 事未施行, 而方興以罪致戮; 至隋開皇初, 購求遺典, 始得之.' 今按, 古文孔傳『尙書』, 有曰'若稽古'以下二十八字; 伏生, 以「舜典」合於「堯典」, 只以'愼徽五典'以上, 接'帝曰欽哉'之下, 而無此二十八字; 梅賾旣失孔傳「舜典」, 故亦不知有此二十八字. 而'愼徽五典'以下, 則固具於伏生之『書』, 故傳者, 用王·范之註以補之, 至姚方興, 乃得古文孔傳「舜典」, 於是始知有此二十八字.

之誥)」2)가 이것과 같다.

[3-1-5-1]

帝曰:"來.禹.汝亦昌言." 禹拜曰:"都.帝.予何言.
予思日孜孜." 皐陶曰:"吁.如何?" 禹曰:"洪水滔天,
浩浩懷山襄陵, 下民昏墊, 予乘四載, 隨山刊木, 曁益, 奏庶鮮
食, 予決九川, 距四海, 濬畎澮, 距川, 曁稷播, 奏庶艱食鮮食,
懋遷有無, 化居, 烝民乃粒, 萬邦作乂." 皐陶曰:"兪.師汝
昌言."

순임금이 말하기를, "어서 오시오. 우여! 그대도 또한 좋은 말을 해주시오."라고 하니 우(禹)가 절하고 말하기를, "좋습니다. 임금이시여. 제가 무슨 말을 하겠습니까. 저는 날마다 부지런하고 부지런히 힘쓸 것을 생각할 뿐입니다."라고 하였다. 고요가 말하기를, "아닙니다. 어떠하였습니까?"라고 하자 우(禹)가 말하기를, "큰물이 하늘에까지 넘쳐흘러 넓고 넓게 산을 감싸고 언덕 위까지 올라가 백성들이 어쩔 줄 몰라 하며 물에 빠졌는데, 내가 네 가지 탈 것을 타고서 산을 따라 나무를 베어내고 익(益)과 함께 여러 날고기를 올렸으며, 내가 아홉 주의 냇물을 터서 사해(四海)에 이르게 하고 도랑들을 깊이 파서 냇물에 이르게 하였으며, 직(稷)과 함께 씨앗을 뿌림에 여러 양식이 떨어져 날고기를 올리며, 힘써 있고 없는 것을 교역(交易)하여 쌓아둔 것을 변화시키니, 많은 백성들이 이에 곡식을 먹게 되어 모든 나라가 다스려졌습니다."라고 하니, 고요가 말하였다. "그랬구나. 너의 좋은 말을 본받도록 하겠다."

詳說

○ '墊', 音店. '刊', 丘寒反. '本', 作栞.3) '澮', 『諺』音誤.4)

或者由此, 乃謂古文「舜典」一篇, 皆盡亾失, 至是方全得之, 遂疑其僞, 蓋過論也.)」

2) 「강왕지고(康王之誥)」: 호광(胡廣) 등 찬, 『서경대전(書經大全)』 권9, 「주서(周書)·강왕지고(康王之誥)」의 서설(序說)에서 "금문 『상서』와 고문 『상서』에 모두 있으나 다만 금문 『상서』는 「고명」에 합쳐져 있다.(今文古文, 皆有, 但今文一 合于「顧命」.)"라고 하였는데, 그 앞의 『서경대전(書經大全)』 권9, 「주서(周書)·고명(顧命)」의 시별(序說)에서 "어씨가 말하였다. '성왕이 삼감의 변란을 겪고 나서 왕실이 무척 흔들렸기 때문에 이것은 그 마침과 시작을 바르게 함에 특별하게 상고한 것이다. 「고명」은 성왕이 그 마침을 바르게 한 것이고, 「강왕지고」는 강왕이 그 시작을 바르게 한 것이다. (呂氏曰:'成王, 經三監之變, 王室幾搖, 故此正其終始, 特詳焉. 「顧命」, 成王所以正其終: 「康王之誥」, 康王所以正其始.)"라고 하였다.

3) 채침(蔡沈) 찬, 『서경집전(書經集傳)』에는 "'孜', 音茲. '墊', 都念反. '畎', 古泫反.('자'는 음이 자다. '점'은

'점(墊)'은 음이 점(店)이다. '간(刊)'은 구(丘)와 한(寒)의 반절이다. '본(本)'은 본(楅)으로 썼다. '괴(澮)'는 『언해(諺解)』의 음이 잘못되었다.

集傳

'孜孜'者, 勉力不怠之謂. 帝以皐陶旣陳知人・安民之謨, 因呼禹, 使陳其言, 禹拜而歎美謂: "皐陶之謨至矣, 我夏何所言. 惟思日勉勉, 以務事功而已." 觀此則上篇禹・皐陶答問者, 蓋相與言於帝舜之前也. '如何'者, 皐陶問其孜孜者何如也, 禹言: "往者, 洪水泛溢, 上慢5)于天, 浩浩盛大, 包山上陵, 下民昏墊溺, 困於水災, 如此之甚." '四載', 水乘舟, 陸乘車, 泥乘輴, 山乘樏也. '輴', 『史記』作'橇',『漢書』作'毳', 以板爲之, 其狀如箕, 擿行泥上. '樏', 『史記』作'橋', 『漢書』作'梮', 以鐵爲之, 其形似錐, 長半寸, 施之履下, 以上山, 不蹉跌也. 蓋禹治水之時, 乘此四載, 以跋履山川, 踐行險阻者. '隨', 循; '刊', 除也. 『左傳』云: "井堙木刊", '刊', 除木之義也. 蓋水涌不洩, 泛濫瀰漫, 地之平者, 無非水也, 其可見者山耳. 故必循山伐木, 通蔽障, 開道路而後, 水工可興也. '奏', 進也. 血食曰'鮮', 水土未平, 民未粒食, 與益, 進衆鳥獸魚鼈之肉於民, 使食以充飽也. '九川', 九州之川也. '距', 至; '濬', 深也. 『周禮』, "一畝之間, 廣尺深尺曰'畎'; 一同之間, 廣二尋深二仞曰'澮'." 畎・澮之間, 有遂, 有溝, 有洫, 皆通田間水道, 以小注大, 言畎・澮而不及遂・溝・洫者, 擧小・大, 以包其餘也. 先決九川之水, 使各通於海, 次濬畎・澮之水, 使各通于川也. '播', 布也, 謂布種五穀也. '艱', 難也, 水平播種之初, 民尚艱食也. '懋', 勉也, 懋勉其民, 徙有於無, 交易變化其所居積之貨也. '烝', 衆也. 米食曰'粒'. 蓋水患悉平, 民得播種之利, 而山林・川澤之貨, 又有無相通, 以濟匱乏, 然後庶民粒食, 萬邦興起治功也. 禹因孜孜之義, 述其治水本末・先後之詳, 而警戒之意, 實存於其間. 蓋欲君臣上下, 相與勉力不怠, 以保其治於無窮而已. '師', 法也, 皐陶以其言爲可師法也.

도와 념의 반절이다. '견'은 고와 현의 반절이다.)"으로 되어 있다. 호광(胡廣) 등 찬,『서경대전(書經大全)』의 소주에는 "'孜', 音兹. '墊', 都念反. '刊', 丘寒反.('자'는 음이 자다. '점'은 도와 념의 반절이다. '간'은 구와 한의 반절이다.)"으로 되어 있다. 그리고 내각본에는 "'墊', 都念反. '刊', 丘寒反, 本作栞. '鮮', 音仙, 下同. '畎', 古泫反.('점'은 도와 념의 반절이다. '간'은 구와 한의 반절이니, 본래는 간으로 썼다. '선'은 음이 선이니, 아래도 같다. '견'은 고와 현의 반절이다.)"으로 되어 있다.
4) 『언해(諺解)』에는 음이 '회'로 되어 있으나, 『광운(廣韻)』에 의하면 그 뜻이 봇도랑이나 물이름일 경우에는 "古外切, 去.(고와 외의 반절이니, 거성이다.)라고 하였다.
5) 채침(蔡沈) 찬, 『서경집전(書經集傳)』과 호광(胡廣) 등 찬, 『서경대전(書經大全)』 및 내각본에는 모두 '漫'으로 되어 있다.

'자자(孜孜)'라는 것은 힘쓰고 힘써서 태만하지 않음을 이른다. 순임금은 고요가 이미 사람을 알고 백성을 편안히 하는 계책을 진술함으로써 이에 인하여 우(禹)를 불러 좋은 말을 진술하게 하자 우(禹)가 절하고 탄미하여 이르기를, "고요의 계책이 지극하니, 제가 다시 어떻게 말하겠습니까. 오직 날마다 힘쓰고 힘써서 맡은 일에 힘쓸 것을 생각할 따름입니다."라고 하였다. 이것으로 보면 위편에서 우(禹)와 고요(皐陶)가 답하고 물은 것은 대개 순임금 앞에서 서로 함께 말한 것이다. '여하(如何)'라는 것은 고요가 부지런히 그 힘쓰고 힘쓴 것이 어떠한 것인가를 물은 것이니, 우(禹)가 말하기를, "지난번에 큰물이 흘러넘쳐 위로 하늘에까지 넘쳐 흘러 넓고 넓게 성대하여 산을 감싸고 언덕에 올라감에 백성들이 어쩔 줄 몰라 하며 물에 빠져 홍수의 재해에 괴로워함이 이와 같이 심하였다."라고 하였다. '사재(四載: 네 가지 탈 것)'는 물에서 배를 타고 육지에서 수레를 타고 진흙에서 썰매를 타고 산에서 나막신을 타는 것이다. '춘(輴)'은 『사기(史記)』에는 '교(橇)'로 썼고, 『한서(漢書)』에는 '취(毳)'로 썼으니, 널빤지로 만들어 그 모양이 키와 같으며 들추어서 진흙 위를 다닐 수 있는 것이다. '루(樏)'는 『사기』에는 '교(橋)'로 썼고, 『한서』에는 '국(梮)'으로 썼으니, 쇠로 만들어 그 모양이 송곳과 같으며 길이가 반 치인데 신발 아래에 베풀어서 산을 올라감에 넘어지지 않게 하는 것이다. 대개 우(禹)가 큰물을 다스릴 때 이 네 가지 탈 것을 타고서 산과 내를 밟았고 험한 곳을 걸어 다녔다. '수(隨)'는 좇음이고, '간(刊)'은 없앰이다. 『좌전(左傳)』에서 이르기를, "우물을 메우고 나무를 없앤다."고 하였으니, '간(刊)'은 나무를 없애는 뜻이다. 대개 물이 용솟음치고 새지 않아 넘쳐 퍼지고 세차게 질펀하니 땅이 평평한 것에는 물이 아님이 없었고, 볼 수 있는 것은 산일뿐이었다. 그러므로 반드시 산을 좇아서 나무를 베어 가리고 막힌 곳을 통하게 하며 도로를 개통한 뒤에 큰물을 다스리는 일이 떨쳐 일어날 수 있었다. '주(奏)'는 진상(進上)함이고, 날고기를 '선(鮮)'이라고 하니, 물과 땅을 평정하지 못하여 백성들이 낟알을 먹을 수 없음에 익(益)과 함께 많은 새와 짐승, 물고기와 자라의 고기를 백성들에게 진상하여 먹고 배를 채워 배부르게 한 것이다. '구천(九川)'은 아홉 주(州)의 내이다. '거(距)'는 이름이고, '준(濬)'은 깊음이다. 『주례(周禮)』에서 "1무(畝)의 사이에 넓이가 한 자이고 깊이가 한 자인 것을 '견(畎)'이라 하며, 사방 백리의 땅에 넓이가 2심(尋)이고 깊이가 두 길인 것을 '회(澮)'라고 한다."고 하였다. '견(畎)'과 '회(澮)'의 사이에 수(遂)가 있고 구(溝)가 있고 혁(洫)이 있으니, 이는 모두 전답 사이에 물길을 통하게 하여 작은 것으로써 큰 것에 물대니, 견과 회를 말하고 수(遂)와 구(溝)와 혁(洫)을 언급하지 않은 것은 작은 것과 큰 것을 들어서 그 나머지를 포괄한 것이다. 먼저 아홉 주의 냇물을 터서 각각 바다로 통하게 하고, 다음에 견과 회의 물을 깊이 파서 각각 내로 통하게 한 것이다. '파(播)'는 펼침이니, 다섯 가지 곡식의 씨 뿌림을 이른다. '간(艱)'은 어려움이니, 큰물이 평정되어 씨를 뿌리는 초기에는 백성들이 여전히 먹기가 어려운 것이다. '무(懋)'는 힘씀이니, 그 백성들을 힘쓰고 힘쓰게 하여 있는 것을 없는 곳으로 옮겨서 그 쌓아 놓은 재화를 교역하여 변화시키는 것이다. '증(烝)'은 많음이다. 쌀을 먹는 것을 '입(粒)'이라고 한다. 대개 홍수의 환난이 다 평정되어 백성들이 씨를 뿌리는 이익을 얻고 산림(山林)과 천택(川澤)의 재화를 또 있는 곳과 없는 곳에 서로 유통하여 궁핍함을 구제하니, 그런 뒤에야 백성들이 곡식을 먹어 모든 나라가 다스려지는 공을 일으킨 것이다. 우(禹)가 부지런하고 부지런하다는 뜻에 말미암아 큰물을 다스린 본말(本末)과 선후(先後)의 상세한 내용을 진술하였으니, 경계하는 뜻이 실로 이 사이에 들어있다. 대개 이는 임금과 신하 및 위와 아래가 서로 힘쓰고 태만하지 않아서 그 다스림을 무궁함에 보존할 따름이다. '사(師)'는 법(法)이니, 고요가 그 말이 스승과 법도로 삼을 만하다고 말한 것이다.

詳說

○ 承上篇而云'亦'.
'사진기언(使陳其言)'의 경우, 위의 편을 이어서 '역(亦)'을 말한 것이다.

○ 釋'都'字.
'위고요지모지의(謂皐陶之謨至矣)'의 경우, '도(都)'자를 해석한 것이다.

○ 蘇氏曰 : "'予何言', 亦猶皐陶之'予未有知'也, '予思日孜孜', 亦猶皐陶'思日贊贊襄哉'也, 皆相因之辭."[6]
'유사일면면(惟思日勉勉)'에 대해, 소씨(蘇氏: 蘇軾)가 말하였다. "'여하언(予何言)'은 또한 고요(皐陶)의 '여미유지(予未有知)'와 같고, '여사일자자(予思日孜

---

[6] 호광(胡廣) 등 찬, 『서경대전(書經大全)』의 소주에서 발췌한 것이다. 그 전문은 다음과 같다. "蘇氏曰 : '禹曰予何言, 亦猶皐陶之予未有知也; 曰予思日孜孜, 亦猶皐陶思日贊贊襄哉也, 皆相因之辭. 伏生以益稷合於「皐陶謨」, 有以也.'(소씨가 말하였다. '우왈여하언은 또한 고요가 여미유지야라고 한 것과 같고, 왈여사일자자는 또한 고요가 사일찬찬양재라고 한 것과 같으니, 모두 서로 말미암은 말이다. 복생이 익직으로써 「고요모」에 합한 것은 까닭이 있는 것이다.')"

孜)'는 또한 고요(皐陶)의 '사일찬찬양재(思日贊贊襄哉)'와 같으니, 모두 서로 말미암는 말이다."

○ 補此句.
'이무사공이이(以務事功而已)'의 경우, 이 구절을 보탰다.

○ 上篇無舜言, 故於此特證之.
'개상여언어제순지전야(蓋相與言於帝舜之前也)'에서 볼 때, 윗편에 순(舜)의 말이 없었기 때문에 여기서 특별하게 알린 것이다.

○ 上聲, 下'上山'同.
'포산상(包山上)'에서 '상(上)'은 상성(上聲: 오르다)이니, 아래의 '상산(上山)7)'과 같다.

○ 音茂.8)
'무(瞀)'는 음이 무(茂)이다.

○ 載人之器.
'사재(四載)'의 경우, 사람을 싣는 기구이다.

○ 音春.9)
'춘(輴)'은 음이 춘(春)이다.

○ 倫追反.10)
'루(樏)'는 륜(倫)과 추(追)의 반절이다.

○ 「夏紀」, 下同.11)

---

7) 상산(上山): 아래에 나오는 "施之履下, 以上山, 不蹉跌也.(신발 아래에 베풀어서 산을 올라감에 넘어지지 않게 하는 것이다.)"를 말한다.
8) 호광(胡廣) 등 찬, 『서경대전(書經大全)』의 소주를 수용한 것이다.
9) 호광(胡廣) 등 찬, 『서경대전(書經大全)』의 소수에는 "敕倫反.(직과 륜의 반절이다.)"으로 되어 있다.
10) 호광(胡廣) 등 찬, 『서경대전(書經大全)』의 소주를 수용한 것이다.
11) 사마천(司馬遷) 찬, 『사기(史記)』 권2, 「하본기(夏本紀)」. "陸行乘車, 水行乘船, 泥行乘橇, 山行乘樏.(육지에서 다닐 때에는 수레를 타고, 물에서 다닐 때에는 배를 타고, 진흙에서 다닐 때에는 썰매를 타고, 산에서 다닐 때에는 가마를 탄다.)"

'『사기』(『史記』)'는 「하기(夏紀)」이니, 아래도 같다.

○ 充芮反, 又丘妖反.12)
'교(橇)'는 충(充)과 예(芮)의 반절이고, 또 구(丘)와 요(妖)의 반절이다.

○ 「溝洫志」, 下同.13)
'『한서』(『漢書』)'는 「구혁지(溝洫志)」이니, 아래도 같다.

○ 擿同.14)
'척(摘)'은 척(擿)과 같다.

○ 音菊.15)
'국(橘)'은 음이 국(菊)이다.

○ 徒結反.16)
'질(跌)'은 도(徒)와 결(結)의 반절이다.

○ 「襄二十五年」.17)
'『좌전』(『左傳』)'은 「양공(襄公) 25년」이다.

○ 音因.
'인(堙)'은 음이 인(因)이다.

○ 循山以伐木.

---

12) 호광(胡廣) 등 찬, 『서경대전(書經大全)』의 소주에는 "'橇', 丘妖反.('취'는 구와 요의 반벌음이다.)"으로 되어 있다.
13) 반고(班固) 찬, 『전한서(前漢書)』 권29, 「구혁지(溝洫志)」, "陸行載車, 水行乘舟, 泥行乘橇, 山行則桐.(육지에서 다닐 때에는 수레를 타고, 물에서 다닐 때에는 배를 타고, 진흙에서 다닐 때에는 썰매를 타고, 산에서 다닐 때에는 가마를 탄다.)"
14) 호광(胡廣) 등 찬, 『서경대전(書經大全)』의 소주에는 "'摘, 陟革反.('적', 척과 혁의 반절이다.)"으로 되어 있다.
15) 호광(胡廣) 등 찬, 『서경대전(書經大全)』의 소주에는 "'桐, 俱玉反.('국'은 구와 옥의 반절이다.)"으로 되어 있다.
16) 호광(胡廣) 등 찬, 『서경대전(書經大全)』의 소주에는 "'跌, 音列.('질'은 음이 렬이다.)"로 되어 있다.
17) 『춘추좌전주소(春秋左傳注疏)』 권36, 「양공(襄公) 25년」, "當陳隧者, 井堙木刊.(마땅히 첩경을 만드는 이는 우물을 막고 나무를 베어내어야 한다.)"

'고필순산벌목(故必循山伐木)'의 경우, 산을 좇으면서 나무를 베는 것이다.

○ 功也.
'수공(水工)'의 경우, 공(功)이다.

○ 以血爲食.
'혈식(血食)'의 경우, 피로써 음식을 삼는 것이다.

○ 曁.
'여(與)'는 기(曁: 함께)이다.

○ 庶.
'진중(進衆)'의 경우, 서(庶: 여러, 많다)이다.

○ 「考工記」.18)
'『주례』(『周禮』)'는 「고공기(考工記)」이다.

○ 去聲, 下同.
'광(廣)'은 거성(去聲: 넓이, 兵車, 지름)이니, 아래도 같다.

○ 去聲, 下同.
'심(深)'은 거성(去聲: 깊이)이니, 아래도 같다.

○ 百井, 方百里.
'일동(一同)'은 백정(百井)이니, 사방 백리이다.

○ 沙溪曰 : "八尺曰尋, 七尺曰仞."19)
'광이심심이인왈회(廣二尋深二仞曰澮)'에 대해, 사계(沙溪: 金長生)가 말하였다.

---

18) 『주례주소(周禮注疏)』 권42, 「장인(匠人)」. "廣尺深尺, 謂之畎.(넓이가 한 차이고 깊이가 한자인 것을 견이라고 한다.)"

19) 김장생(金長生), 『사계전서(沙溪全書)』 권14, 「경서변의(經書辨疑)·서전(書傳)·익직(益稷)」. "八尺曰尋, 七尺曰仞. 『韻會』, '八尺曰仞.'(여덟 척을 심이라 하고, 일곱 척을 인이라 한다. 『운회』에서는 '여덟 척을 인이라고 한다.'고 하였다.)"

"여덟 척을 심(尋)이라 하고, 일곱 척을 인(仞)이라 한다."

○ 洫域反.
'혁(洫)'은 홀(忽)과 역(域)의 반절이다.

○ 最小·最大.
'거소·대(擧小·大)'에서, 최소와 최대이다.

○ 王氏曰 : "不決川, 則畎·澮水患, 不能除."20)
'사각통우천야(使各通于川也)'에 대해, 왕씨(王氏: 王安石)가 말하였다. "냇물을 터주지 않으면 견(畎)과 회(澮)에 수해(水害)의 우환을 없앨 수가 없다."

○ '民尚艱食也', 所以尚不廢鮮食也.
'민상간식야(民尚艱食也)'의 경우, 여전히 선식(鮮食)을 없애지 못하기 때문이다.

○ 鄒氏季友曰 : "播種艱難, 故以百穀爲艱食也."21)
추씨 계우(鄒氏季友: 鄒季友)가 말하였다. "씨 뿌리는 것이 어렵기 때문에 온갖 곡식이 간식(艱食)이 되는 것이다."

○ 陳氏曰 : "益·稷非人, 人而飮食耳22), 亦敷之有方耳."23)
진씨(陳氏: 陳鵬飛)가 말하였다. "익(益)과 직(稷)은 사람이 아닌데 사람으로서 마시고 먹었으니, 또한 펼침에 방도가 있을 뿐이다."

○ 補'於'字.
'사유어무(徙有於無)'의 경우, '어(於)'자를 보탰다.

○ 音恣.

---

20) 호광(胡廣) 등 찬, 『서경대전(書經大全)』의 소주에서 발췌한 것이다. 그 전문은 다음과 같다. "王氏曰 : '大水決, 而有所歸, 小水濬而有所入, 治水之次第也. 不決川, 則雖濬畎澮, 不能除水患也.'(왕씨가 말하였다. '큰물을 터서 돌아가는 곳이 있으면 작은 물이 깊어져서 들어가는 것이 있으니, 물을 다스리는 차례인 것이다. 냇물을 터주지 않으면 비록 견과 회를 깊이 파더라도 수해의 우환을 없앨 수가 없다.')"
21) 출처가 자세하지 않다.
22) 호광(胡廣) 등 찬, 『서경대전(書經大全)』의 소주에는 '之'자로 되어 있다.
23) 호광(胡廣) 등 찬, 『서경대전(書經大全)』의 소주를 수용한 것이다.

'교역변화기소거자(交易變化其所居積)'에서 자(積)는 음이 자(恣)이다.

○ 以米爲食.
'미식(米食)'은 쌀알로 밥을 만드는 것이다.

○ 此'有無', 與經文'有無', 不同.24)
'우유무상통(又有無相通)'에서 볼 때, 여기의 '유무(有無)'는 경문의 '유무(有無)'와 같지 않다.

○ 董氏鼎曰 : "禹爲司空, 稷爲田正, 益爲虞, 土田山澤, 鳥獸魚鼈, 其所掌也. 治水之役, 三人偕行, 禹不忘益·稷, 相從於艱苦之中, 而述其功如此, 微禹之言, 後世孰從而知之."25)
'이제궤핍(以濟匱乏)'에 대해, 동씨 정(董氏鼎: 董鼎)이 말하였다. "우(禹)는 사공(司空)이 되고, 직(稷)은 전정(田正)이 되고, 익(益)은 우(虞)가 되어 논밭과 산택, 새와 짐승과 물고기와 자라를 그가 관장한 것이다. 치수(治水)의 일은 세 사람이 함께 행하였는데, 우(禹)가 익(益)과 직(稷)을 잊지 않고 어렵고 괴로운 가운데서도 서로 따르며 친하게 지내서 그 공을 진술한 것이 이와 같았으니, 우(禹)의 말이 아니었으면 후세에 누가 그들을 따르면서 알았겠는가."

○ 呂氏曰 : "艱難然後, 民粒食, 須看'乃'字."26)
'연후서민입식(然後庶民粒食)'에 대해, 여씨(呂氏: 呂祖謙)가 말하였다. "어려운 뒤에 백성들이 쌀밥을 먹었으니, 모름지기 '내(乃)'자를 보아야 한다."

---

24) 경문에서는 "懋遷有無(힘써 있고 없는 것을 교역함)"라 하였고, 여기서는 "山林·川澤之貨, 又有無相通, 以濟匱乏(산림(山林)과 천택(川澤)의 재화를 또 있는 곳과 없는 곳에 서로 유통하여 궁핍함을 구제함)"라고 하여 그 차이가 있음을 말한 것이다.

25) 호광(胡廣) 등 찬, 『서경대전(書經大全)』의 소주에서 발췌한 것이다. 그 전문은 다음과 같다. "董氏鼎曰 : '禹爲司空, 稷爲田正, 益爲虞, 土田山澤, 鳥獸魚鼈, 其所掌也. 是三人者, 均主水土, 治水之役, 所當偕行, 隨時施宜, 因利乘便, 以救斯民於墊溺窮餒之中. 故所至之處, 烈山澤之餘, 有可採捕以供食者, 益致其利, 有可播種漁取以得食者. 稷受其方, 播於鮮食, 旣而有無相通, 貨食兼足, 始也不足, 終乃有餘. 禹不忘益稷, 相從於艱苦之中, 而述其功如此, 微禹之言, 後世孰從而知之.'(동씨정이 말하였다. '우는 사공이 되고, 직은 전정이 되고, 익은 우가 되어 논밭과 산택, 새와 짐승과 물고기와 자라를 그가 관장한 것이다 이 세 사람은 물과 토지를 균등히 주관하여 치수의 일을 세 사람이 함께 행하였는데, … 우가 익과 직을 잊지 않고 어렵고 괴로운 가운데서도 서로 따르며 친하게 지내서 그 공을 진술한 것이 이와 같았으니, 우의 말이 아니었으면 후세에 누가 그들을 따르면서 알았겠는가.')"

26) 호광(胡廣) 등 찬, 『서경대전(書經大全)』의 소주에서 발췌한 것이다. 그 전문은 다음과 같다. "呂氏曰 : '禹用功如此, 艱難然後, 民乃粒食, 須看乃字.'(여씨가 말하였다. '우가 공력을 씀이 이와 같아서 어려운 뒤에 백성들이 비로소 쌀밥을 먹었으니, 모름지기 내자를 보아야 한다.')"

○ 去聲.

'만방흥기치(萬邦興起治)'에서 '치(治)'는 거성(去聲: 다스리다)이다.

○ 添'功'字.

'만방흥기치공야(萬邦興起治功也)'의 경우, '공(功)'자를 더하였다.

○ 陳氏大猷曰 : "皐陶問孜孜者如何, 禹但述其治水之勤勞, 而不及其他, 蓋以平生受用, 惟在勤勞而已, 意在言外也."[27]

'술기치수본말선후지상(述其治水本末先後之詳)'에 대해, 진씨 대유(陳氏大猷: 陳大猷)가 말하였다. "고요(皐陶)가 힘쓰고 힘쓴 것이 어떠하냐고 물었는데, 우(禹)는 다만 그 치수(治水)에 부지런히 힘쓴 것을 진술하되 다른 것은 언급하지 않았으니, 대개 평생 받아 쓴 것이 오직 부지런히 힘씀에 있을 따름이라고 하였으나 뜻이 말밖에 있는 것이다."

○ '吁'者, 吁其都已也.

'우(吁)'라는 것은 그 좋다고 한 것을 탄식한 것일 뿐이다.

○ 蔡氏元度曰 : "水平之後, 天下知禹之功而已, 禹言曁益曁稷, 是不自有其功, 而與益·稷同之, 不矜·不伐, 乃在於此."[28]

채씨 원도(蔡氏元度: 蔡元度)[29]가 말하였다. "큰물을 평정한 뒤에 천하가 우(禹)

---

27) 호광(胡廣) 등 찬, 『서경대전(書經大全)』의 소주에서 발췌한 것이다. 그 전문은 다음과 같다. "陳氏大猷曰 : '勤者, 萬事所由成, 不勤, 萬事所由廢. 皐陶問禹所以思日孜孜者如何, 禹但述其治水之勤勞以答之, 而不及其他, 蓋以平生受用, 惟在孜孜勤勞而已, 意在言外也.'(진씨 대유가 말하였다. '부지런함이라는 것은 모든 일이 말미암아 이루어지는 것이고, 부지런하지 않음은 모든 일이 말미암아 부서지는 것이다. 고요는 우가 날마다 힘쓰고 힘쓸 것을 생각함이 어떠하냐고 물었는데, 우는 다만 그 치수에 부지런히 힘쓴 것을 진술하여 대답하되 다른 것은 언급하지 않았으니, 대개 평생 받아 쓴 것이 오직 힘쓰고 힘쓰면서 부지런히 힘씀에 있을 따름이라고 하였으나 뜻이 말밖에 있는 것이다.')"

28) 호광(胡廣) 등 찬, 『서경대전(書經大全)』의 소주에서 발췌한 것이다. 그 전문은 다음과 같다. "蔡氏元度曰 '水平之後, 天下知禹之功而已, 禹以益·稷與有功焉, 故言曁益曁稷, 是禹不自有其功, 而與益·稷同之, 不矜·不伐, 乃在於此.'(채씨 원도가 말하였다. '큰물을 평정한 뒤에 천하가 우의 공을 알았을 따름인데, 우는 익과 직이 함께 공을 소유하였기 때문에 익과 함께 하고 직과 함께 하였다고 말하였으니, 이는 우가 스스로 그 공을 소유하지 않고 익과 직과 함께 하였다는 것이다. 뻐기지 않고 자랑하지 않음이 바로 여기에 있는 것이다.')"

29) 채씨 원도(蔡氏元度: 蔡元度): 채원도(148-1117)는 북송의 학자로 이름이 채변(蔡卞)이고, 자가 원도(元度)이며, 흥화군(興化軍) 선유현(仙遊縣) 당안향(唐安鄕) 의인리(依仁里) 적령(赤嶺) 자금산(紫金山) 사람이다. 170년에 형 채경(蔡京)과 함께 과거에 합격하였고, 197년에 상서좌승(尙書左丞)에 발탁되고 추밀원사(樞密院事)에 이른 뒤 국자직강(國子直講)·숭정원시강(崇政院侍講)·예부시랑(禮部侍郞)·중서사인(中書舍人)·상서좌승(尙書左丞) 등을 역임하였다. 죽은 뒤에 태부(太傅)에 추증되었고, 시호는 문정(文正)이다. 저서로는 『모시명물해(毛詩名物解)』와 채경과 같이 편찬한 『선화서보(宣和書譜)』·『선화화보(宣和畵譜)』 등이 있다.

의 공을 알았을 따름인데, 우(禹)는 익(益)과 함께 하고 직(稷)과 함께 하였다고 말한 것은 스스로 그 공을 소유하지 않고 익(益)과 직(稷)과 함께 한 것이니, 뻐기지 않고 자랑하지 않음이 바로 여기에 있는 것이다."

○ 呂氏曰 : "禹不矜·不伐, 今乃歷擧其功, 蓋艱難之念, 易忘; 平成之功, 難保, 所思日孜孜者, 正在此. 雖不陳謨, 乃陳謨之大者, 使自言其功, 而非有深意, 何以謂之昌言哉."30)
'실존어기간(實存於其間)'에 대해, 여씨(呂氏: 呂祖謙)가 말하였다. "우(禹)가 뻐기지 않고 자랑하지 않음에 이제 바로 그 공을 두루 들었으니, 대개 힘들고 고생했던 생각은 쉽게 잊고, 평정하여 이룬 공은 보전하기 어려우니, 날마다 힘쓰고 힘쓸 것을 생각한다는 것이 바로 여기에 있는 것이다. 비록 계책을 개진하지 않더라도 이에 계책의 큰 것을 개진하여 스스로 그 공을 말하게 하였는데, 깊은 뜻이 있는 것이 아니거늘 어찌 좋은 말이라고 말하였는가."

○ 去聲.
'이보기치(以保其治)'에서 치(治)는 거성(去聲: 다스리다)이다.

○ '禹因'以下, 論也.
'이보기치어무궁이이(以保其治於無窮而已)'에서 볼 때, '우인(禹因)' 이하는 논변한 것이다.

[3-1-5-2]

禹曰 : "都. 帝. 愼乃在位." 帝曰 : "兪." 禹曰 : "安汝止, 惟幾惟康, 其弼直, 惟動, 丕應徯志, 以昭受上帝, 天其申命用休."

---

30) 호광(胡廣) 등 찬, 『서경대전(書經大全)』의 소주에서 발췌한 것이다. 그 전문은 다음과 같다. "呂氏曰 : '禹不矜·不伐, 今乃歷擧其功, 若矜伐, 何也. 蓋艱難之念, 易忘; 平成之功, 難保, 今雖平成, 昔日之心, 不可忘也, 所思日孜孜者, 正在此. 雖不陳謨, 乃陳謨之大者, 使自言其功, 而非有深意, 何以謂之昌言哉.'(여씨가 말하였다. '우가 뻐기지 않고 자랑하지 않음에 이제 바로 그 공을 두루 들었는데 마치 뻐기고 자랑한 것과 같은 것은 무엇인가. 대개 힘들고 고생했던 생각은 쉽게 잊고, 평정하여 이룬 공은 보전하기 어려우니, 이제 비록 평정하여 이루어도 옛날의 마음을 잊어서는 안 되므로 날마다 힘쓰고 힘쓸 것을 생각한다는 것이 바로 여기에 있는 것이다. 비록 계책을 개진하지 않더라도 이에 계책의 큰 것을 개진하여 스스로 그 공을 말하게 하였는데, 깊은 뜻이 있는 것이 아니거늘 어찌 좋은 말이라고 말하였는가.')"

우(禹)가 말하기를, "좋습니다. 임금님. 지위에 있음을 삼가야 합니다." 라고 하니, 순임금이 말하였다. "그러하다." 우가 말하였다. "당신의 마음이 그치는 것에 편안히 여겨 기미를 생각하고 강녕(康寧)함을 생각하며, 보필하는 신하가 정직하면 움직임에 크게 부응하여 뜻을 기다릴 것이니, 하느님께서 밝게 받으시거든 하늘이 거듭 명하여 아름답게 할 것입니다."

詳說

○ 音諯.31)
'혜(徯)'는 음이 혜(謑)이다.

集傳

禹旣歎美, 又特稱帝以告之, 所以起其聽也. '愼乃在位'者, 謹其在天子之位也, 天位惟艱, 一念不謹, 或以貽四海之憂, 一日不謹, 或以致千百年之患. 帝深然之, 而禹又推其所以謹在位之意, 如下文所云也. '止'者, 心之所止也. 人心之靈, 事事物物, 莫不各有至善之所而不可遷者, 人惟私欲之念, 動搖其中, 始有昧於理而不得其所止者. '安之'云者, 順適乎道心之正, 而不陷於人欲之危, 動靜云爲, 各得其當, 而無有止而不得其止者. '惟幾', 所以審其事之發; '惟康', 所以省其事之安, 卽下文'庶事康哉'之義. 至於左右輔弼之臣, 又皆盡其繩愆糾繆32)之職, 內外交修, 無有不至. 若是則是惟無作, 作則天下無不丕應, 固有先意而徯我者. 以是, 昭受于天, 天豈不重命而用休美乎.

우(禹)가 이미 감탄하여 아름답게 여기고 또 특별히 임금을 부르면서 알려주었으니, 그 들음에 계발(啓發)한 것이다. '신내재위(愼乃在位)'라는 것은 삼가 그 천자의 지위에 있는 것이니, 천자의 지위가 오직 어려운 것은 한 생각이라도 삼가지 않으면 혹시라도 온 세상에 근심을 끼칠 수 있으며, 하루라도 삼가지 않으면 혹시라도 천백 년의 걱정을 부를 수 있어서다. 순임금이 깊이 그렇게 여기고, 우(禹)가 또 임금 자리에 있음을 삼가야 하는 뜻을 미루어 헤아렸으니, 아랫글에서 말한 것과 같다. '지(止)'라는 것은 마음이 그치는 것이다. 사람의 마음이 영특하여 일마다 물건마다 각각 지선(至善)한 곳이 있어서 옮겨갈 수 없는 것인데, 사람은 오직 사욕(私欲)의 생각이 그 마음을 동요시켜 비로소 이치에 어두워져 그칠 곳을 얻지

---

31) 호광(胡廣) 등 찬, 『서경대전(書經大全)』의 소주에는 "'幾', 音機. '徯', 音喜.('기'는 음이 기다. '혜'는 음이 희다.)"로 되어 있다. 내각본에는 "'幾', 音機. '應', 去聲.('기'는 음이 기다. '응'은 거성이다.)으로 되어 있다.
32) 糾繆: 그릇되고 잘못된 것을 바로 잡는 것이다. '무(繆)'는 류(謬)와 통하는 글자이다. 곧 유오(謬誤)이다.

못함이 있는 것이다. '그치는 곳에 편안히 하라'고 이른 것은 순순히 도심(道心)의 바름에 적응하여 인욕(人慾)의 위태함에 빠지지 않으면 일상의 모든 생활이 각각 그 마땅함을 얻어서 그칠 곳에 그 그침을 얻지 못함이 없는 것이다. '유기(惟幾)'는 그 일의 드러남을 살피는 것이고, '유강(惟康)'은 그 일의 편안함을 살피는 것이니, 곧 아랫글의 '모든 일이 편안할 것이다'라는 뜻이다. 좌우에서 보필하는 신하에 이르러 또 모두 그 허물을 드러내고 잘못을 바로잡는 직무를 다해야 안팎이 서로 닦여서 지극하지 않음이 없는 것이다. 이와 같으면 오직 하지 않아도 다스려지거늘 정사를 함에 천하가 크게 응하지 않음이 없을 것이니, 진실로 나의 뜻에 앞서서 나를 기다리는 자가 있는 것이다. 이로써 밝게 하늘에게 받으면 하늘이 어찌 거듭 명하여 아름답게 여기지 아니하겠는가.

詳說

○ 禹謨於帝, '念哉'同此.
'소이기기청야(所以起其聽也)'의 경우, 우(禹)가 임금에게 계책을 꾀함이니, '염재(念哉)33)'가 이와 같다.

○ 見「太甲」.34)
'천위유간(天位惟艱)'의 내용이 「태갑(太甲)」에 보인다.

○ 橫說.
'혹이이사해지우(或以貽四海之憂)'의 경우, 횡설이다.

○ 竪說.
'혹이치천백년지환(或以致千百年之患)'의 경우, 수설이다.

---

33) 염재(念哉):「태갑(盆稷)」아래의 [3-1-5-2]에 나오는 "제기념재(帝其念哉: 임금께서는 그것을 생각하소서)"를 말하는 것이다.
34) 호광(胡廣) 등 찬,『서경대전(書經大全)』권4,「상서(商書)·태갑하(太甲下)」. "伊尹, 申誥于王曰: '嗚呼. 惟天無親, 克敬惟親, 民罔常懷, 懷于有仁, 鬼神無常享, 享于克誠, 天位艱哉.'(이윤이 임금에게 거듭 경계하여 말하였다. '아. 오직 하늘은 친애하는 이가 없고 능히 공경하는 이를 오직 친애하며, 백성들은 항상 사모하는 이가 없고 인자한 이를 사모하며, 귀신은 항상 흠향하는 이가 없고 능히 정성스러운 이에게 흠향하니, 천자의 지위가 어렵습니다.')" 이 밖에도『상서(商書)·이훈(伊訓)』에서 "嗚呼. 先王肇修人紀, 從諫弗咈, 先民時若, 居上克明, 爲下克忠, 與人不求備, 檢身若不及, 以至于有萬邦, 玆惟艱哉.(아. 선왕께서 비로소 인윤 기강을 닦아서 간언을 따라 어기지 않고 선대와 신민에게 순종하며, 위에 지리히여 능히 밝게 하고 아래가 되어서는 능히 충성하며, 사람을 허여하되 완비하기를 요구하지 않고 몸을 검속하되 미치지 못한 것처럼 하여 모든 나라를 소유함에 이르렀으니, 이것이 오직 어려운 것입니다.)"라고 하는 등 '惟艱'을 말한 곳이 많이 있다.

○ 葉氏曰 : "'愼乃在位'卽前帝命禹所謂'愼乃有位', 君臣更相告戒也. 禹之言, 卽帝所與言, 亙帝兪之."35)

'제심연지(帝深然之)'에 대해, 섭씨(葉氏: 葉夢得)가 말하였다. "'신내재위(愼乃在位)'는 바로 앞에서 순임금이 우(禹)에게 명하여 이른바 '신내유위(愼乃有位)36)'이니, 임금과 신하가 재차 서로 말하여 경계한 것이다. 우(禹)의 말은 곧 순임금이 허여하여 말한 것이니 마땅히 임금이 그렇다고 여긴 것이다."

○ 夏氏曰 : "'安汝止'以下, 皆'謹在位'之事."37)

'여하문소운야(如下文所云也)'에 대해, 하씨(夏氏: 夏僎)가 말하였다. "'안여지(安汝止)' 이하는 모두 '근재위(謹在位: 삼가 자리에 있음)'의 일이다."

○ 西山眞氏曰 : "心者, 人之北辰, 心惟安所止, 故能爲萬事之樞紐."38)

'시유매어리이부득기소지자(始有昧於理而不得其所止者)'에 대해, 서산 진씨(西山眞氏: 眞德秀)가 말하였다. "마음이라는 것은 사람의 북신(北辰)이니, 마음은 오직 그치는 곳에 편안하기 때문에 모든 일의 중추가 될 수 있는 것이다."

○ 去聲.39)

'각득기당(各得其當)'에서 당(當)은 거성(去聲: 적합하다, 마땅하다)이다.

○ 所當止.

'이무유지이부득기지자(而無有止而不得其止者)'에서 마땅히 그쳐야 하는 곳이다.

---

35) 호광(胡廣) 등 찬, 『서경대전(書經大全)』의 소주를 수용한 것이다.
36) 신내유위(愼乃有位): 호광(胡廣) 등 찬, 『서경대전(書經大全)』 권2, 「우서(虞書)·대우모(大禹謨)」. "사랑할 만한 것은 임금이 아니며, 두려워할 만한 것은 백성이 아니겠는가. 민중은 큰 제후가 아니면 누구를 떠받들며, 큰 제후는 민중이 아니면 함께 나라를 지킬 수 없으니, 공경하여 네가 가진 지위를 삼가서 백성들이 원할 만한 것을 공경히 수행하라. 온 천하가 곤궁하면 하늘의 복이 영원히 끝날 것이다. 오직 입은 우호를 내기도 하고 전쟁도 일으키기도 하니, 짐은 말을 다시 하지 않을 것이다.(可愛, 非君; 可畏, 非民. 衆非元后, 何戴, 后非衆, 罔與守邦, 欽哉, 愼乃有位, 敬修其可願. 四海困窮, 天祿永終. 惟口出好, 興戎, 朕言不再.)"
37) 호광(胡廣) 등 찬, 『서경대전(書經大全)』의 소주를 수용한 것이다.
38) 호광(胡廣) 등 찬, 『서경대전(書經大全)』의 소주에서 발췌한 것이다. 그 전문은 다음과 같다. "西山眞氏曰 : '人之一心, 靜而後能動, 定而後能應, 若其膠膠擾擾, 將爲物役之不暇, 又何以宰萬物乎. 先儒謂: 心者, 人之北辰, 辰惟居其所, 故能爲二十八宿之綱維, 心惟安所止, 故能爲萬事之樞紐.'(서산 진씨가 말하였다. '사람의 한 마음이 고요한 뒤에 움직일 수 있으며, 안정된 뒤에 응할 수 있으니, … 선대 유학자가 이르기를, 마음이라는 것은 사람의 북신이니, 북신은 오직 그 곳에 자리하기 때문에 28수의 강유가 될 수 있으며, 마음은 오직 그치는 곳에 편안하기 때문에 모든 일의 중추가 될 수 있는 것이다.')"
39) 호광(胡廣) 등 찬, 『서경대전(書經大全)』의 소주를 수용한 것이다.

○ 見「大學」.40)
'至善''得止'의 내용이 「대학(大學)」에 보인다.

○ 惟.
'심(審)'은 '유(惟)'이다.

○ 悉井反.41) ○'惟'.
'셩(省)'은 실(悉)과 정(井)의 반절이다. ○'유(惟)'이다.

○ '惟', 思也.
'소이성기사지안(所以省其事之安)'에서 볼 때, '유(惟)'는 생각함이다.

○ 見「冏命」.42)
'우개진기승건규무지직(又皆盡其繩愆糾繆之職)'의 내용이 「경명(冏命)」에 보인다.

○ 動.
'약시즉시유무작(若是則是惟無作)'의 경우, '동(動)'이다.

○ '丕', 大也; '徯', 待也.
'비(丕)'는 큼이고, '혜(徯)'는 기다림이다.

○ 夏氏曰 : "動則大應, 徯望於君, 欲其治安我爾. '丕應徯志', 猶 '丕從厥志'."43)

---

40) 『대학장구대전(大學章句大全)』. "大學之道, 在明明德, 在親民, 在止於至善.(대학의 도는 밝은 덕을 밝힘에 있으며, 백성을 친애함에 있으며, 지극한 선에 그침에 있다.)" : "知止而后有定, 定而后能靜, 靜而后能安, 安而后能慮, 慮而后能得.(그침이 있은 뒤에 정함이 있으며, 정한 뒤에 고요할 수 있으며, 고요한 뒤에 편안할 수 있으며, 편안한 뒤에 사려할 수 있으며, 사려한 뒤에 얻을 수 있는 것이다.)" 이 장구에서 "'止'者, 所當止之地, 卽至善之所在也.('지'라는 것은 마땅히 그쳐야 하는 곳이니, 곧 지극한 선이 있는 곳이다.)"라고 하였다.
41) 호광(胡廣) 등 찬, 『서경대전(書經大全)』의 소주에는 "息井反.(식과 정의 반절이다.)"으로 되어 있다.
42) 호광(胡廣) 등 찬, 『서경대전(書經大全)』 권10, 「주서(周書)·경명(冏命)」. "惟予一人, 無良, 實賴左右·前後有位之士, 匡其不及, 繩愆糾謬, 格其非心, 俾克紹先烈.(오직 나 한 사람이 현량하지 못하여 실로 주위의 모든 지위에 있는 선비들이 미치지 못함을 도우며 허물을 곧게 하고 잘못을 바로잡아 그 그릇된 마음을 바르게 하여 선조의 공렬을 계승하게 함을 힘입고자 하노라.)" 그리고 집전에서 "繩, 直; 糾, 正也.('승'은 곧게 함이고, '규'는 바르게 함이다.)"라고 하였다.

'고유선의이혜아자(固有先意而徯我者)'에 대해, 하씨(夏氏: 夏僎)가 말하였다. "움직이면 크게 응하여 임금에게 소망을 기다리니 그 다스림이 나를 편안하게 함을 바랄 뿐인 것이다. '비응혜지(丕應徯志)'는 '비종궐지(丕從厥志)44)'와 같다.

○ 新安陳氏曰 : "安汝所當, '止', 靜也. '幾'者, 動之微; '動'者, 幾之著."45)

신안 진씨(新安陳氏: 陳師凱)가 말하였다. "너의 마땅한 곳에 편안함이니, '지(止)'는 고요함이다. '기(幾)'라는 것은 움직임의 은미함이고, '동(動)'이라는 것은 기미의 드러남이다."

○ 天旣命之, 以休美, 故受之.

'소수우천(昭受于天)'의 경우, 하늘이 이미 명하여 아름답게 여겼기 때문에 받은 것이다.

○ 去聲. ○'申'.

'천기부중(天豈不重)'에서 중(重)은 거성(去聲: 중첩하다, 거듭)이다. ○'신(申: 거듭함)'이다.

○ 朱子曰 : "非惟人應之, 天亦應之."46)

'천기부중명이용휴미호(天豈不重命而用休美乎)'에 대해, 주자(朱子: 朱熹)가 말하였다. "오직 사람만 응할 뿐 아니라, 하늘도 또한 응하는 것이다."

---

43) 호광(胡廣) 등 찬, 『서경대전(書經大全)』의 소주에서 발췌한 것이다. 그 전문은 다음과 같다. "
44) 비종궐지(丕從厥志): 호광(胡廣) 등 찬, 『서경대전(書經大全)』 권5, 「상서(商書)·반경중(盤庚中)」. "予若籲懷玆新邑, 亦惟汝故, 以丕從厥志.(내가 이와 같이 불러 새 도읍에 오라고 한 것은 또한 너희 백성들 때문이니, 너희들의 뜻을 크게 좇으려 해서이다.)"
45) 호광(胡廣) 등 찬, 『서경대전(書經大全)』의 소주에서 발췌한 것이다. 그 전문은 다음과 같다. "新安陳氏曰 : '安汝所當, 止, 靜也, 幾者, 動之微; 動者, 幾之著. 靜而知幾, 以圖康, 又得直臣弼之, 則下應人心, 上當天心矣.'(신안 진씨가 말하였다. '너의 마땅한 곳에 편안함이니, 지는 고요함이다. 기라는 것은 움직임의 은미함이고, 동이라는 것은 기미의 드러남이다. 고요하되 기미를 알아서 강녕함을 꾀하고, 정직한 신하를 얻어서 보필하면 아래가 임심에 응하고 위가 천심에 마땅한 것이다.')"
46) 호광(胡廣) 등 찬, 『서경대전(書經大全)』의 소주에서 발췌한 것이다. 그 전문은 다음과 같다. "朱子曰 : '惟幾, 當審萬事之幾; 惟康, 求箇安穩處, 弼直, 以直道輔之; 應之, 非惟人應之, 天亦應之.'(주자가 말하였다. '유기는 마땅히 모든 일의 기미를 살펴야 함이고, 유강은 마땅히 그 안온한 곳을 구해야 함이며, 필직은 올곧은 도로써 보필함이니, 응하는 것이 오직 사람만 응할 뿐 아니라 하늘도 또한 응하는 것이다.') 이는 『주자어류(朱子語類)』 권78, 「상서일(尙書一)·익직(益稷)」에서 발췌한 것이다. 그 내용은 다음과 같다. "'止', 守也. '惟幾', 當審萬事之幾; '惟康', 求箇安穩處. '弼直', 以直道輔之應之. 非惟人應之, 天亦應之.('지'는 지킴이다. '유기'는 마땅히 만사의 기미를 살피는 것이고, '유강'은 안온한 곳을 구하는 것이고, '필직'은 정직하게 인도하여 보좌하고 응대하는 것이다. 오직 사람만 응할 뿐 아니라, 하늘도 또한 응하는 것이다.)"

[3-1-5-3]

帝曰 : "吁. 臣哉鄰哉, 鄰哉臣哉." 禹曰 : "兪."

순임금이 말하기를, "글쎄다. 신하가 이웃이고, 이웃이 신하로다." 라고 하니, 우(禹)가 말하였다. "그렇습니다."

集傳

'鄰', 左右輔弼也. '臣', 以人言; '鄰', 以職言. 帝深感上文'弼直'之語, 故曰: "吁. 臣哉鄰哉, 鄰哉臣哉", 反復歎詠, 以見'弼直'之義, 如此其重而不可忽, 禹卽'兪'而然之也.

'인(隣)'은 좌우에서 보필함이다. '신(臣)'은 사람으로써 말한 것이고, '인(隣)'은 직책으로써 말한 것이다. 순임금이 윗글의 '직필(弼直: 보필하는 신하가 정직함)'이라는 말에 깊이 감동하였기 때문에 말하기를, "아. 신하가 이웃이며, 이웃이 신하이다."라고 하여 반복하여 감탄하고 읊어서 '직필(弼直)'의 뜻이 이와 같이 중대하여 소홀히 여길 수 없음을 나타내자 우(禹)가 곧바로 '유(兪)'라고 하여 그러하다고 여긴 것이다.

詳說

○ 張氏綱曰 : "'臣', 以分言; '鄰', 以情言."[47] ○新安陳氏曰 : "'臣'·'鄰', 皆指禹言."[48]

'이직언(以職言)'에 대해, 장씨망(張氏綱: 張綱)[49]이 말하였다. "'신(臣)'은 신분으로써 말한 것이고, '린(鄰)'은 실정으로써 말한 것이다." ○신안 진씨(新安陳氏: 陳師凱)가 말하였다. "'신(臣)'과 '린(鄰)'은 모두 우(禹)를 가리켜서 말한 것이다."

---

47) 호광(胡廣) 등 찬, 『서경대전(書經大全)』의 소주에서 발췌한 것이다. 그 전문은 다음과 같다. "張氏綱曰 : '臣以分言, 隣以情言. 一於分則離, 一於情則褻.'(장씨 망이 말하였다. '신은 신분으로써 말한 것이고, 린은 실정으로써 말한 것이다. 신분에 이관되면 헤어지고, 실정에 일관되면 무람없는 것이다.')"
48) 호광(胡廣) 등 찬, 『서경대전(書經大全)』의 소주에서 발췌한 것이다. 그 전문은 다음과 같다. "新安陳氏曰 : 一說, 隣親君, 如居有隣也, 臣當如隣以親君, 能如隣以親君, 乃臣也. 臣·隣, 皆指禹言.'(신안 진씨가 말하였다. '일설에, … 신과 린은 모두 우를 가리켜서 말한 것이다.')"
49) 장씨망(張氏綱· 張綱): 장망(183-1166)은 송대 학자로, 자가 언정(彦正)이고, 호가 화양노인(華陽老人)이며, 금단(金壇) 사람이다. 휘종(徽宗) 정화(政和) 4년(1114)에 급제하여 국자정(國子正)·태학박사(太學博士)·비서성교서랑(秘書省校書郞)·저작좌랑(著作佐郞)·이부시랑(吏部侍郞)·참지정사(參知政事) 등을 역임하였다. 시호는 장간(章簡)이며, 저서로는 『화양집(華陽集)』·『영주창화집(瀛洲唱和集)』 등이 있다.

○ 『書』中 '吁'字, 有歎其不然者, 又有歎其然者, 隨文察之, 可見.
'우(吁)'의 경우, 『서경(書經)』가운데 '우(吁)'자는 그렇지 않음을 탄식한 것이고, 또 그렇다는 것을 감탄한 것도 있으니, 글에 따라서 살펴보면 알 수 있다.

○ 陳氏經曰 : "臣當親助我, 故曰'臣哉鄰哉'; 親助我, 乃盡爲臣之道, 故曰'鄰哉臣哉'."[50]
'신재인재, 인재신재(臣哉鄰哉, 鄰哉臣哉)'에 대해, 진씨경(陳氏經: 陳經)이 말하였다. "신하는 마땅히 친히 나를 도와야 되기 때문에 '신재인재(臣哉鄰哉)'라 하였고, 친히 나를 도움에 이에 신하의 도리를 다해야 되기 때문에 '인재신재(鄰哉臣哉)'라고 하였다."

○ 鄒氏補之曰 : "臣而復鄰, 嚴不至於苛; 鄰而又臣, 和不至於流."[51]
추씨 보지(鄒氏補之: 鄒補之)[52]가 말하였다. "신하이면서 다시 이웃이면 엄격함이 가혹함에 이르지 않고, 이웃이면서 또 신하이면 화락함이 휩쓸림에 이르지 않는 것이다."

○ 覆同.
'반복(反復)'에서 복(復)은 복(覆)과 같다.

○ 音現.
'이현(以見)'에서 현(見)은 음이 현(現)이다.

○ 補此句.

---

50) 호광(胡廣) 등 찬, 『서경대전(書經大全)』의 소주에서 발췌한 것이다. 그 전문은 다음과 같다. "陳氏經曰 : '臣當親近而助我, 故曰臣哉隣哉; 親我助我, 乃盡爲臣之道, 故曰隣哉臣哉.'(진씨 경이 말하였다. '신하는 마땅히 친근히 하여 나를 도와야 되기 때문에 신재인재라 하였고, 나를 친근히 하고 나를 도움에 이에 신하의 도리를 다해야 되기 때문에 인재신재라고 하였다')"
51) 호광(胡廣) 등 찬, 『서경대전(書經大全)』의 소주에서 발췌한 것이다. 그 전문은 다음과 같다. "鄒氏補之曰 : '臣謹其分也, 隣忘其分也, 臣而復隣, 嚴不至於苛; 隣而又臣, 和不至於流.'(추씨 보지가 말하였다. '… 신하이면서 다시 이웃이면 엄격함이 가혹함에 이르지 않고, 이웃이면서 또 신하이면 화락함이 휩쓸림에 이르지 않는 것이다.')"
52) 추씨보지(鄒氏補之: 鄒補之): 추보지는 송대 학자로, 자가 공곤(公袞)이고, 개화(開化) 사람이다. 효종 순희(淳熙) 2년(1175)에 진사과에 급제하고 상주교수(常州教授)가 되었다. 저서로는 『비릉지(毗陵志)』등이 있다.

'여차기중이불가홀(如此其重而不可忽)'의 경우, 이 구절을 보탰다.

[3-1-5-4]

帝曰 : "臣作朕股肱 · 耳目, 予欲左右有民, 汝翼; 予欲宣力
四方, 汝爲; 予欲觀古人之象, 日 · 月 · 星辰 · 山 · 龍 · 華蟲,
作會; 宗彝 · 藻 · 火 · 粉米 · 黼 · 黻, 絺繡, 以五采, 彰施于五
色, 作服, 汝明, 予欲聞六律 · 五聲 · 八音, 在治忽, 以出納五
言, 汝聽."

순임금이 말하였다. "신하는 짐의 팔다리와 귀와 눈이 되어야 하니, 내가 백성들을 도와주려고 하거든 네가 도와주며, 내가 사방에 힘을 펴려 하거든 네가 해주며, 내가 옛사람의 형상을 관찰하여 해와 달과 별과 산과 용과 꿩을 그림으로 그리며, 제향그릇과 마름과 불과 싸라기와 보(黼)와 불(黻)을 수놓아 다섯 가지 채색으로써 환하게 베풀어 다섯 가지의 색깔을 만들어 옷을 만들려고 하거든 네가 밝혀주며, 내가 육률(六律)과 팔음(八音)과 오성(五聲)을 듣고 다스려짐과 소홀히 함을 살펴서 오언(五言)으로써 내고 받아들이려거든 네가 자세히 살펴 들어라."

詳說

○ '肱', 『諺』音誤. '左'·'右', 並去聲. '黼', 音甫. '黻', 音弗. '治', 去聲. '出', 去聲,53) 『諺』音誤.

'공(肱)'은 『언해(諺解)』의 음이 잘못되었다.54) '좌(左)'와 '우(右)'는 아울러 거성(去聲: 돕다)이다. '보(黼)'는 음이 보(甫)이다. '불(黻)'은 음이 불(弗)이다. '치(治)'는 거성(去聲: 다스리다)이다. '추(出)'는 거성(去聲: 내보내다)이니, 『언해(諺解)』의 음이 잘못되었다.55)

---

53) 채침(蔡沈) 찬, 『서경집전(書經集傳)』에는 "'黼', 音甫. '黻', 音弗. '出', 尺類反.('보'는 음이 보다. '불'은 음이 불이다. '출'은 척과 류의 반절이다.)"으로 되어 있고, 호광(胡廣) 등 찬, 『서경대전(書經大全)』의 소주에는 "'左右', 音佐佑. '藻', 音早. '黼', 音甫. '黻', 音弗. '絺', 展几反.('좌우'는 음이 좌우이다. '조'는 음이 소나. '보'는 음이 보다. '불'은 음이 불이다. '치'는 전과 궤의 반절이다.)"로 되어 있다. 내각본에는 "'左右', 音佐佑.('좌우'는 음이 퇴우이다.)"로 되어 있다.
54) 『언해(諺解)』에는 음이 '굉'으로 되어 있는데, 『광운(廣韻)』에는 "古弘切, 平.(고와 홍의 반절이니. 평성이다.)"이라고 하였다.
55) 『광운(廣韻)』에는 그 뜻이 '나다, 나가다'일 경우에는 "赤律切, 入.(적과 률의 반절이니, 입성이다.)"라 하였고, 그 뜻이 '내보내다, 버리다'일 경우에는 "尺類切, 去.(척과 류의 반절이니, 거성이다.)라고 하였다.

集傳

此, 言臣所以爲鄰之義也. '君', 元首也, 君資臣以爲助, 猶元首須股肱·耳目以爲用也, 下文'翼'·'爲'·'明'·'聽', 卽作股肱·耳目之義. '左右'者, 輔翼也, 猶『孟子』所謂"輔之翼之, 使自得之"也. '宣力'者, 宣布其力也. 言: "我欲左右有民, 則資汝以爲助, 欲宣力四方, 則資汝以有爲也. '象', 像也, '日'·'月'以下物象, 是也. 『易』曰: "黃帝·堯·舜, 垂衣裳而天下治, 蓋取諸乾坤", 則上衣下裳之制, 創自黃帝而成於堯·舜也. '日'·'月'·'星辰', 取其照臨也. '山', 取其鎭也. '龍', 取其變也. '華蟲', 雉, 取其文也. '會', 繪也. '宗彝', 虎蜼, 取其孝也. '藻', 水草, 取其潔也. '火', 取其明也. '粉米', 白米, 取其養也. '黼', 若斧形, 取其斷也. '黻', 爲兩己相背, 取其辨也. '絺', 鄭氏讀爲黹, 紩也, 紩以爲繡也. 日也·月也·星辰也·山也·龍也·華蟲也六者, 繪之於衣; 宗彝也·藻也·火也·粉米也·黼也·黻也六者, 繡之於裳, 所謂十二章也. 衣之六章, 其序自上而下; 裳之六章, 其序自下而上. '采'者, 靑·黃·赤·白·黑也. '色'者, 言施之於繪帛也. 繪於衣, 繡於裳, 皆雜施五采, 以爲五色也. '汝明'者, 汝當明其大小·尊卑之差等也. 又按, 『周禮56)』, 以日·月·星辰, 畫於旂, 冕服九章, 登龍於山, 登火於宗彝; 以龍·山·華蟲·火·宗彝五者, 繪於衣; 以藻·粉·黼·黻四者, 繡於裳; 袞冕九章, 以龍爲首; 鷩冕七章, 以華蟲爲首; 毳冕五章, 以虎蜼爲首, 蓋亦增損有虞之制而爲之耳. '六律', 陽律也, 不言六呂者, 陽統陰也. 有律而後有聲, 有聲而後, 八音得以依據. 故'六律'·'五聲'·'八音', 言之敘, 如此也. '在', 察也. '忽', 治之反也. 聲音之道, 與政通, 故審音以知樂, 審樂以知政, 而治之得失, 可知也. '五言'者, 詩歌之協於五聲者也. 自上達下, 謂之'出'; 自下達上, 謂之'納'. '汝聽'者, 言汝當審樂, 而察政治之得失者也.

이것은 신하가 이웃이 되는 까닭의 뜻을 말한 것이다. '군(君)'은 원수(元首)이니, 임금이 신하에게 자뢰하여 도움으로 삼음이 마치 으뜸인 머리가 다리와 팔, 귀와 눈을 필요로 하여 쓰임을 삼는 것과 같으니, 아랫글의 '익(翼)'과 '위(爲)'와 '명(明)'과 '청(聽)'은 곧 다리와 팔, 귀와 눈이 되라는 뜻이다. '좌우(左右)'라는 것은 보익(輔翼)함이니, 『맹자(孟子)』에서 이른바 "돕고 도와서 스스로 본성을 얻게 한다"는 것과 같은 것이다. '선력(宣力)'이라는 것은 그 힘을 펼침이다. 말하기를, "내가 백성들을 도우려고 하면 너에게 자뢰하여 도움으로 삼고, 사방에 힘을 펼치고자

---

56) 채침(蔡沈) 찬, 『서경집전(書經集傳)』 및 호광(胡廣) 등 찬, 『서경대전(書經大全)』에는 '周禮'로 되어 있고, 내각본에는 '周制'로 되어 있다.

하면 너에게 자뢰하여 일을 함이 있을 것이다."라고 한 것이다. '상(象)'은 상(像)이니, '일(日)'과 '월(月)' 이하의 사물의 형상이 이것이다. 『주역(周易)』에서 말하기를, "황제(黃帝)와 요(堯)와 순(舜)이 의상을 드리우고서 천하를 다스렸으니, 대개 건곤(乾坤)에서 취한 것이다."라고 하였으니, 상의(上衣)와 하상(下裳)의 제도는 황제(黃帝)로부터 비롯되어 요(堯)·순(舜) 때에 이루어진 것이다. '일(日)'·'월(月)'·'성신(星辰)'은 비추어 임함을 취한 것이다. '산(山)'은 그 진중(鎭重)함을 취한 것이다. '용(龍)'은 그 변화함을 취한 것이다. '화충(華蟲)'은 꿩이니, 그 문채를 취한 것이다. '회(會)'는 그림이다. '종이(宗彝)'는 호유(虎蜼)이니, 그 효(孝)를 취한 것이다. '조(藻)'는 물풀이니, 그 깨끗함을 취한 것이다. '화(火)'는 그 밝음을 취한 것이다. '분미(粉米)'는 흰쌀이니, 그 기름을 취한 것이다. '보(黼)'는 도끼 모양과 같으니, 그 결단함을 취한 것이다. '불(黻)'은 두 개의 기(己)가 서로 등진 것이 되니, 그 분별함을 취한 것이다. '치(絺)'는 정씨(鄭氏: 鄭玄)가 독음이 치(黹)이고 바느질함이니, 바느질하여 수를 놓는 것이다. 해와 달과 별과 산과 용과 꿩의 여섯 가지는 웃옷에 그리고, 제향그릇과 마름과 불과 싸라기와 보(黼)와 불(黻)의 여섯 가지는 아래옷에 수놓으니, 이른바 12장(章)이라는 것이다. 웃옷의 여섯 무늬는 그 순서가 위로부터 내려오고, 치마의 여섯 무늬는 그 순서가 아래로부터 올라간다. '채(采)'라는 것은 청색과 황색과 적색과 백색과 흑색이다. '색(色)'이라는 것은 비단에 채색을 베푸는 것을 이른다. 웃옷에 그리고 치마에 수놓음은 모두 다섯 채색을 섞어 베풀어 다섯 색깔을 만드는 것이다. '여명(汝明)'이라는 것은 네가 마땅히 큰 것과 작은 것, 높은 것과 낮은 것의 차등을 밝혀야 한다는 것이다. 또 살펴보건대, 『주례(周禮)』에는 일(日)·월(月)·성신(星辰)으로써 기(旂)에 그리며, 면복(冕服)의 9장(章)은 용(龍)을 산에 올리고 화(火)를 종이(宗彝)에 올려서 용(龍)·산(山)·화충(華蟲)·화(火)·종이(宗彝)의 다섯 가지로써 웃옷에 그리며, 조(藻)·분(粉)·보(黼)·불(黻)의 네 가지로써 치마에 수놓으며, 곤면(袞冕)의 9장(章)은 용으로써 먼저 하며, 별면(鷩冕)의 7장(章)은 화충(華蟲)으로써 먼저 하며, 취면(毳冕)의 5장(章)은 호유(虎蜼)로써 먼저 하였으니, 대개 또한 유우(有虞)[57]의 제도를 늘리고 줄여서 만들었을 뿐이다. '육률(六律)'은 양률(陽律)이니, 육려(六呂)를 말하지 않은 것은 양(陽)이 음(陰)을 통솔해서다. 율(律)이 있은 뒤에 성(聲)이 있고, 성(聲)이 있은 뒤에 팔음(八音)이 의거할 수 있다. 그러므로 '육률(六律)'·'오성(五聲)'·'팔음(八音)'을 말한 차례가 이와 같은 것이다. '재(在)'는 살핌이다. '홀(忽)'은 다스림의 반대이다. 성음

---

57) 유우(有虞): 순(舜)을 말하니, 요순(堯舜) 때의 제도를 계승하였음을 의미한다.

(聲音)의 도(道)는 정사와 통하기 때문에 음(音)을 살펴서 악(樂)을 알고, 악을 살펴서 정사를 알아 정치의 득실(得失)을 알 수 있는 것이다. '오언(五言)'이라는 것은 시가(詩歌)를 오성(五聲)에 맞춘 것이다. 위로부터 아래에 이르기까지를 '출(出)'이라 이르고, 아래로부터 위에 이르기까지를 '납(納)'이라고 이른다. '여청(汝聽)'이라는 것은 네가 마땅히 음악을 살펴서 정치의 득실을 살펴야 함을 말한 것이다.

詳說

○ 承上節而先總提.
'언신소이위린지의야(言臣所以爲鄰之義也)'에서 볼 때, 위의 단락을 이어서 먼저 총괄하여 제시한 것이다.

○ 見篇末.58)
'원수야(元首也)'의 경우, 이 편의 끝에 보인다.

○ 王氏曰 : "'翼'作肱, '爲'作股, '明'作目, '聽'作耳."59)
'즉작고굉·이목지의(卽作股肱·耳目之義)'에 대해, 왕씨(王氏: 王安石)가 말하였다. "'익(翼)'은 팔이 되고, '위(爲)'는 다리가 되며, '명(明)'은 눈이 되고, '청(聽)'은 귀가 되는 것이다."

○ 「滕文公」.60)

---

58) 「익직(益稷)」의 마지막 단락인 [3-1-5-4]에서 '元首'를 말하였다. 그 내용은 다음과 같다. "帝庸作歌曰 : '勅天之命, 惟時惟幾', 乃歌曰 : '股肱喜哉, 元首起哉, 百工熙哉.' 皐陶拜手稽首, 颺言曰 : '念哉, 率作興事, 愼乃憲, 欽哉; 屢省乃成, 欽哉', 乃賡載歌曰 : '元首明哉, 股肱良哉, 庶事康哉.' 又歌曰 : '元首叢脞哉, 股肱惰哉, 萬事墮哉.' 帝拜曰 : '兪. 往欽哉.'(순임금이 노래를 지어서 말하기를, '하늘의 명을 삼갈진댄 오직 때마다 삼가고 오직 기미마다 삼가야 한다.' 하고, 이에 노래하여 말하기를, '고굉의 신하가 기뻐하여 일하면 원수의 다스림이 흥기되어 백공이 기뻐할 것이다.'라고 하였다. 고요가 손을 모아 절하고 머리를 조아리며 큰소리로 말하기를, '유념하여 신하들을 거느리고 일을 일으키되 법도를 삼가고 공경하며, 일이 이루어지는가를 자주 살펴서 공경하소서.' 하고는 이에 노래를 이어 부르기를 '원수가 현명하면 고굉이 어질어 모든 일이 편안할 것입니다.'라고 하였다. 고요가 다시 노래하기를 '원수가 좀스럽고 자잘구레하면 고굉의 신하가 태만해져 모든 일이 무너질 것입니다.'라고 하였다. 순임금이 절하며 말하기를, '좋습니다. 가서 공경히 임무를 수행하라.'고 하였다.)"
59) 호광(胡廣) 등 찬, 『서경대전(書經大全)』의 소주에서 발췌한 것이다. 그 전문은 다음과 같다. "王氏曰 : '汝翼作肱, 汝爲作股, 汝明作目, 汝聽作耳也.'(왕씨가 말하였다. '여익은 팔이 되고, 여위는 다리가 되며, 여명은 눈이 되고, 여청은 귀가 되는 것이다.')"
60) 『맹자집주대전(孟子集註大全)』 권5, 「등문공장구상(滕文公章句上)」. "后稷, 教民稼穡, 樹藝五穀, 五穀熟而民人育, 人之有道也, 飽食煖衣, 逸居而無教, 則近於禽獸. 聖人, 有憂之, 使契爲司徒, 教以人倫, 父子有親, 君臣有義, 夫婦有別, 長幼有序, 朋友有信. 放勳曰 : "勞之來之, 匡之直之, 輔之翼之, 使自得之, 又從而振

'『맹자』(『孟子』)'는 「등문공(滕文公)」이다.

○ 「繫辭」.61)
'『역』(『易』)'은 「계사(繫辭)」이다.

○ 去聲.
'수의상이천하치(垂衣裳而天下治)'에서 치(治)는 거성(去聲: 다스리다)이다.

○ 古人.
'창자황제(創自黃帝)'에서 볼 때, 황제(皇帝)는 고인(古人)이다.

○ 厚重不遷.
'취기진야(取其鎭也)'의 경우, 두텁고 무거워 옮길 수 없는 것이다.

○ 變化不測.
'취기변야(取其變也)'의 경우, 변화하여 헤아리지 못하는 것이다.

○ 雉也.
'치(雉)'는 꿩이다.

○ 通用.
'회, 회야(會, 繪也)'의 경우, 이 글자는 통용한다.

德之." 聖人之憂民, 如此, 而暇耕乎?(후직이 백성에게 농사를 가르쳐서 다섯 가지 곡식을 심어서 기르게 함에 다섯 가지 곡식이 익어서 백성들이 길러졌나니, 사람이 도리를 가져야 하는 것은 음식에 배부르고 의복에 몸을 따뜻하게 하여 편안하게 살면서 가르침이 없으면 곧 짐승에 가까워지기 때문이다. 성인이 그 것을 근심함이 있어 설로 하여금 사도로 삼아서 사람들에게 인륜을 가르치게 하였으니, 부모와 자식에게는 친애함이 있으며, 임금과 신하에게는 의리가 있으며, 남편과 아내에게는 분별됨이 있으며, 어른과 아이에게는 차례가 있으며, 벗과 벗에게는 믿음이 있어야 하는 것이다. 방훈이 말하기를, '위로하며 권면하며, 잡아주며 고쳐주며, 도와주며 이뤄주어 스스로 얻게 하고 또 좇아서 진작하여 덕스럽게 하라.'고 하였으니, 성인이 백성을 근심함이 이와 같은데 어느 겨를에 경작을 하겠는가?)"
61) 호광(胡廣) 등 찬, 『주역전의대전(周易傳義大全)』 권23, 「계사하전(繫辭下傳)」. "神農氏沒, 黃帝·堯·舜氏作, 通其變, 使民不倦, 神而化之, 使民宜之, 易, 窮則變, 變則通, 通則久. 是以自天祐之, 吉无不利, 黃帝·堯·舜, 垂衣裳而天下治, 蓋取諸乾·坤.(신농씨가 물러나자 황제씨와 요·순씨가 일어나서, 그 변함을 통하여 백성들이 싫증내지 않게 하며, 신묘하게 화육하여 백성들이 마땅하게 하니, 역은 궁하면 변하고 변하면 통하고 통하면 오래간다. 이 때문에 하늘로부터 도와 길하여 이롭지 않음이 없으니, 황제와 요·순이 의상을 드리움에 천하가 다스려지니, 건과 곤에서 취하였다.)"

○ 三音.62) ○宗廟, 彝器, 有虎彝·蜼彝.

'유(蜼)'는 '루(壘)'·'우(佑)'·'위(胃)'의 세 가지 음으로 쓴다. ○종묘(宗廟)의 이기(彝器)63)에 호이(虎彝)와 유이(蜼彝)가 있다.

○ 沙溪曰 : "蜼尾, 長數尺, 尾末有歧, 鼻向上, 雨則自懸於樹, 以尾塞鼻. '宗彝', 宗廟之器, 其畫虎, 固取其孝, 而蜼則未見其取孝之證. 或曰 : '取其孝者, 蓋是器本爲宗廟祭享之用, 故云爾', 未知是否."64)

'취기효야(取其孝也)'에 대해, 사계(沙溪: 金長生)가 말하였다. "긴꼬리원숭이의 꼬리는 길이가 두어 자이고 꼬리 끝에 갈래가 있으며, 코가 위로 향하여 비가 오면 스스로 나무에 매달려 꼬리로써 코를 막는다. '종이(宗彝)'는 종묘의 그릇이니, 거기에 호랑이를 그린 것은 진실로 그 효도를 취함이지만 긴꼬리원숭이는 그 효도를 취한 증거를 보지 못하였다. 어떤 이가 말하기를, '그 효(孝)를 취한 것은 대개 이 그릇이 본래 종묘 제향(祭享)의 용도가 되었기 때문에 그렇게 말한 것이다.'라고 하였는데 옳은지 그른지 알 수 없다."

○ 按, 取孝, 是主虎言, 以該蜼. '蜼', 『周禮』「司服」疏, '取其智'

---

62) 호광(胡廣) 등 찬, 『서경대전(書經大全)』의 소주에는 "'蜼, 魯水反.('유'는 로와 수의 반절이다.)"으로 되어 있다. 『광운(廣韻)』에 의하면, 일종의 긴꼬리원숭이로 "以醉切, 去.(이와 취의 반절이니, 거성이다.)" 또는 "力軌切, 上.(력과 궤의 반절이니, 상성이다.)" 또는 "余救切, 去.(여와 구의 반절이니, 거성이다.)"라고 하였다.
63) 이기(彝器): 고대에 종묘에서 사용하던 청동제기(靑銅祭器)를 말한다. 이기(彝器)로 표기한다.『좌전(左傳)』 두예(杜預)의 주에 "'彝, 常也, 謂鍾鼎爲宗廟之常器."라 하였고, 『국어(國語)』위소(韋昭)의 주에 "'彝, 六彝; 器, 俎豆."라 하였고, 『한서(漢書)』안사고(顏師古)의 주이 "'彝器, 常可寶用之器也."라고 하였다. 여기서 '육이(六彝)'는 제사에 사용하는 여섯 가지 술그릇이니, 여러 가지 문양을 새기고 그려서 장식하여 이름이 각각 다르다. 『주례(周禮)』정현(鄭玄)의 주에 "'六彝, 雞彝·鳥彝·斝彝·黃彝·虎彝·蜼彝."라고 하였다.
64) 『사계전서(沙溪全書)』권14, 「경서변의(經書辨疑)·서전(書傳)·익직(益稷)」. "'蜼, 魯水反. 『爾雅』註, '似獼猴而大, 黃黑色, 尾長數尺似獺, 尾末有歧, 鼻向上, 雨卽自懸於樹, 以尾塞鼻, 或以兩指.' 按, '宗彝', 宗廟之器, 而畫蜼者. 其畫虎, 固取其孝, 而蜼則未見其取孝之證. 或曰: '此所謂取其孝者, 蓋是器本爲宗廟祭享之用, 故云爾, 未知是否.('유'는 노와 수의 반절이다. 『이아(爾雅)』의 주에, '원숭이처럼 생겼으나 크고 황흑색이며, 꼬리의 길이는 두어 자가 되는데 수달피와 비슷하며, 꼬리 끝에 두 갈래가 있고 코가 위로 향하여 비가 오면 스스로 나무에 매달려 꼬리로써 코를 막거나 혹은 두 손가락으로써 코를 막는다.'라고 하였다. 살펴보건대, '종이'는 종묘의 그릇인데 호랑이와 긴꼬리원숭이를 그린 것이다. 거기에 호랑이를 그린 것은 진실로 그 효도를 취한 것이지만, 긴꼬리원숭이는 그 효도를 취한 증거를 보지 못하였다. 어떤 사람은 말하기를, '여기에서 이른바 그 효도를 취한다는 것은 대개 이 그릇이 본래 종묘 제향의 용도가 되었기 때문에 그렇게 말한 것이다.'라고 하니, 옳은지 그른지 알 수 없다.")" 그리고 김종정(金鍾正), 『운계만고(雲溪漫稿)』권12, 「차록(箚錄)·서전(書傳)」에 실려 있는 내용은 다음과 같다. "沙溪曰: '蜼, 『爾雅』註, 似獼猴而大, 黃黑色, 尾長數尺, 尾末有歧, 鼻向上, 雨卽自懸於樹, 以尾塞鼻. 按, 宗彝, 宗廟之器, 而畫蜼者, 畫虎, 固取其孝, 而蜼則未見其取孝之證. 或曰: 是器, 本爲宗廟祭享之用, 故云取孝, 未知是否.'(사계가 말하였다. '유는 『이아』의 주에 ….')"

云.65)

내가 살펴보건대, 효(孝)를 취함은 호랑이를 위주로 하여 말하면서 긴꼬리원숭이를 아우른 것이다. '유(蜼)'는 『주례(周禮)』「사복(司服)」의 소(疏)에, '그 지혜를 취한 것'이라고 하였다.

○ 養人.
'취기양야(取其養也)'의 경우, 사람을 기름이다.

○ 都玩反.
'단(斷)'은 도(都)와 완(玩)의 반절이다.

○ 音佩.66)
'패(背)'는 음이 패(佩)이다.

○ 鄭氏曰 : "所取義, 皆君德也, 服所以象德."67)
'취기변야(取其辨也)'에 대해, 정씨(鄭氏: 鄭玄)가 말하였다. "취한 뜻이 모두 임금의 덕이니, 의복도 덕을 상징하는 것이다."

○ 音止.68)
'지(黹)'는 음이 지(止)이다.

○ 音袟,69) 縫也.
'질(絑)'은 음이 질(袟)이니, 꿰매는 것이다.

---

65) 『주례주소(周禮注疏)』 권21, 「춘관(春官)·사복(司服)」. 가공언(賈公彦)의 소(疏)에 "但虎·蜼, 同在於彝, 故此亦并爲一章也. 虎, 取其嚴猛; 蜼, 取其有智, 以其印鼻長尾, 大雨則懸於樹, 以尾塞其鼻, 是其智也.(다만 호랑이와 긴꼬리원숭이가 같이 제기에 있기 때문에 이것 또한 함께 하나의 장이 된 것이다. 호랑이는 그 매우 사나움을 취한 것이고, 긴꼬리원숭이는 그 지혜를 취하였으니, 그 들창코와 긴 꼬리가 있어 큰 비가 오면 나무에 매달려 꼬리로써 그 코를 막기 때문에 그 지혜라고 한 것이다.)"라고 하였다.
66) 호광(胡廣) 등 찬, 『서경대전(書經大全)』의 소주를 수용한 것이다.
67) 호광(胡廣) 등 찬, 『서경대전(書經大全)』의 소주에서 발췌한 것이다. 그 전문은 다음과 같다. "鄭氏曰 : '自日·月, 至黼·黻, 所取義, 皆君德也, 服所以象德. 服是服, 必有是德, 當觀象而自省焉.'(정씨가 말하였다. '일과 월로부터 보와 불에 이르기까지 취한 뜻은 모두 임금의 덕이니, 의복은 덕을 상징하는 것이다. ….')"
68) 호광(胡廣) 등 찬, 『서경대전(書經大全)』의 소주에는 "'黹', 展几反.('지'는 전과 궤의 반절이다.)"으로 되어 있다.
69) 호광(胡廣) 등 찬, 『서경대전(書經大全)』의 소주에는 "'絑', 音秩.('질'은 음이 질이다.)"로 되어 있다.

○ 『諺』釋, 恐誤.70)

'질이위수야(絟以爲繡也)'의 경우, 『언해(諺解)』의 해석이 아마도 잘못된 듯하다.

○ 上服, 故先'上'.

'기서자상이하(其序自上而下)'에서 볼 때, '의(衣)'는 윗옷이기 때문에 '상(上)'을 먼저 한 것이다.

○ 下服, 故先'下'.

'기서자하이상(其序自下而上)'에서 볼 때, '상(裳)'은 아래옷이기 때문에 '하(下)'를 먼저 한 것이다.

○ 陳氏大猷曰 : "'五采', 五種華采之物, 藍·丹·砂·粉·墨之類, 是也. '彰施', 施其采以彰明之五色, 采施之, 爲靑·黃·赤·白·黑也."71)

'언시지어증백야(言施之於繒帛也)'에 대해, 진씨 대유(陳氏大猷: 陳大猷)가 말하였다. "'오채(五采)'는 다섯 가지의 채색의 물건이니, 남(藍)·단사(丹砂)·백분(白粉)·흑묵(黑墨)의 종류가 이것이다. '창시(彰施)'는 그 채색을 베풀어 다섯 가지의 색을 환하게 밝히는 것이니, 칠하고 베풀어서 청색·황색·적색·백색·흑색을 만드는 것이다."

○ 猶爲也.

'이위오색야(以爲五色也)'에서 '우(于)72)'는 위(爲)와 같다.

○ 一作'小大'.73)

---

70) 『언해(諺解)』에는 "絺치ᄒ며 繡슈ᄒ야"로 되어 있는데 이를 "絺하여 繡하여" 곧, "꿰매서 수를 놓아"로 해석해야 함을 말한 것이다.
71) 호광(胡廣) 등 찬, 『서경대전(書經大全)』의 소주에서 발췌한 것이다. 그 전문은 다음과 같다. "陳氏大猷曰 : '五采, 五種華采之物, 藍·丹·砂·粉·墨之類, 是也. 彰施, 施其采以彰明之五色, 采施之, 爲靑·黃·赤·白·黑也. 納, 采詩而納之於上, 如command太師陳詩, 以觀民風, 與工以納言, 是也. 出, 出詩而播之樂章, 如『關雎』用之鄕人, 用之邦國, 與時而颺之, 是也.'(진씨 대유가 말하였다. '오채는 다섯 가지의 채색의 물건이니, 남·단사·백분·흑묵의 종류가 이것이다. 창시는 그 채색을 베풀어 다섯 가지의 색을 환하게 밝히는 것이니, 칠하고 베풀어서 청색·황색·적색·백색·흑색을 만드는 것이다. ….')"
72) 우(于): 위 경문의 '환하게 베풀어 다섯 가지의 색깔을 만들어(彰施于五色)'에 나오는 '于'자를 말하는 것이다.
73) 채침(蔡沈) 찬, 『서경집전(書經集傳)』에는 '大小'로 되어 있고, 호광(胡廣) 등 찬, 『서경대전(書經大全)』 및 내각본에는 '小大'로 되어 있다.

'여당명기대소(汝當明其大小)'의 경우, 어떤 판본에는 '소대(小大)'로 썼다.

○ 楚冴反.
'치(差)'는 초(楚)와 의(冴)의 반절이다.

○ 「司服」及「弁師」.74) ○'禮', 一作'制'.75)
'『주례』(『周禮』)'는 「사복(司服)」 및 「변사(弁師)」이다. ○'예(禮)'는 어떤 판본에는 '제(制)'로 썼다.

○ 音話.
'화(畫)'는 음이 화(話)다.

○ 卽袞·冕也.
'면복(冕服)'은 곧 곤의(袞衣)와 면류관(冕旒冠)이다.

○ 龍在山上.
'등용어산(登龍於山)'의 경우, 용이 산 위에 있는 것이다.

○ 火在宗彛上.
'등화어종이(登火於宗彛)'의 경우, 불이 종이(宗彛) 위에 있는 것이다.

○ 將與鷩·毳, 對說, 故此二句, 又申說.
'이용위수(以龍爲首)'에서 볼 때, 장차 별면(鷩冕) 및 취면(毳冕)과 상대적으로 말하였기 때문에 이 두 구절에서 또 거듭하여 말한 것이다.

○ 上公有降龍, 無升龍.
상공(上公)에게는 내려가는 용은 있지만 올라가는 용은 없다.

○ 必列反.76)

---

74) 『주례주소(周禮注疏)』 권21, 「춘관(春官)·사복(司服)」과 『주례주소(周禮注疏)』 권32, 「하관(夏官)·변사(弁師)」에 보인다.
75) 채침(蔡沈) 찬, 『서경집전(書經集傳)』과 호광(胡廣) 등 찬, 『서경대전(書經大全)』에는 '周禮'로 되어 있고, 내각본에는 '周制'로 되어 있다.
76) 호광(胡廣) 등 찬, 『서경대전(書經大全)』의 소주를 수용한 것이다.

'별(鷩)'은 필(必)과 렬(列)의 반절이다.

○ 沙溪曰 : "'鷩', 赤雉."77)
'이화충위수(以華蟲爲首)'에 대해, 사계(沙溪: 金長生)가 말하였다. "'별(鷩)'은 붉은 꿩이다."

○ 皆毛蟲, 故以毳名.
'이호유위수(以虎蜼爲首)'의 경우, 모두 털 짐승이기 때문에 취(毳)로써 이름붙인 것이다.

○ '又按'以下, 論也.
'개역증손유우지제이위지이(蓋亦增損有虞之制而爲之耳)'에서 볼 때, '우안(又按)' 이하는 논변한 것이다.

○ 如'聲依永'之'依'.78)
'팔음득이의거(八音得以依據)'의 경우, '성의영(聲依永)'의 '의(依)'와 같다.

○ 立言之序.
'언지서(言之敍)'는 말을 세우는 순서이다.

○ 朱子曰 : "'在治忽', 『漢書』作'七始詠', '七始', 如七均之類."79)

---

77) 『사계전서(沙溪全書)』 권14, 「경서변의(經書辨疑)·서전(書傳)·익직(益稷)」에 보인다.
78) 호광(胡廣) 등 찬, 『서경대전(書經大全)』 권1, 「우서(虞書)·순전(舜典)」. "帝曰 : '夔! 命汝典樂, 敎胄子, 直而溫, 寬而栗, 剛而無虐, 簡而無傲. 詩言志, 歌永言, 聲依永, 律和聲, 八音克諧, 無相奪倫, 神人以和.' 夔曰 : '於予擊石拊石, 百獸率舞.'(순임금이 말하기를, '기야! 너를 전악에 임명하니, 맏아들들을 가르치되 곧으면서도 온화하며, 너그러우면서도 엄하며, 강하되 사나움이 없으며, 간략하되 오만함이 없게 할 것이다. 시는 뜻을 말한 것이고, 가는 말을 길게 읊는 것이고, 성은 길음에 의지하는 것이고, 율은 소리를 조화롭게 하는 것이니, 팔음의 악기가 잘 어울려 서로 차례를 빼앗음이 없어야 신령과 사람이 화응할 것이다.'라고 하니, 기가 말하였다. '제가 돌을 치고 돌을 두드려서 모든 짐승들이 다 춤추게 할 것입니다.')"
79) 『주자어류(朱子語類)』 권78, 「상서일(尙書一)·익직(益稷)」에서 발췌한 것이다. 그 내용은 다음과 같다. "元德問予欲聞六律五聲八音, 在治忽, 以出納五言, 汝聽. 曰 : '亦不可曉. 『漢書』在治忽, 作七始詠, 七始, 如七均之類.'(원덕이 '내가 육률·오성·팔음을 듣고서 다스려짐과 소홀히 함을 살펴 오언으로 내고들임에 네가 자세히 들어보라.'고 한 것에 대해 물었다. 말하였다. '또한 알 수 없다. 『한서』에 재치홀은 칠시영으로 되어 있는데, 칠시는 칠균과 같은 부류이다.')" 여기서 칠균(七均)은 궁(宮)·상(商)·각(角)·변치(變徵)·치(徵)·우(羽)·변궁(變宮)의 칠음을 십이율에 균등하게 배당하여 궁(宮) 음을 만들어 각각의 음에 일곱 가지 종류의 음계를 만드는 것을 말한다. 『당서(唐書)』 「악지(樂志)」에 의하면 "옛날에는 '운(韵)'자가 없었으니 '균(均)'자가 바로 '운(韵)'이다."라고 하였다. 오제(五帝) 때 태학(太學)을 '성균(成均)'이라 하였고 주나라 때에는

'치지반야(治之反也)'에 대해, 주자(朱子: 朱熹)가 말하였다. "'재치홀(在治忽)'은 『한서(漢書)』에 '칠시영(七始詠)80)'으로 썼으니, '칠시(七始)'는 칠균(七均)과 같은 부류이다."

○ 出『禮記』「樂記」.81)
'성음지도, 여정통(聲音之道, 與政通)'은 『예기(禮記)』「악기(樂記)」에 나온다.

○ 此句, 見『孟子』「公孫丑」.82)
'심악이지정(審樂以知政)'의 경우, 이 구절은 『맹자(孟子)』「공손추(公孫丑)」에 보인다.

○ 呂氏曰: "如三百篇詩, 是也."83)
'시가지협어오성자야(詩歌之協於五聲者也)'에 대해, 여씨(呂氏: 呂祖謙)가 말하였다. "삼백편의 시(詩)와 같음이 이것이다."

○ 陳氏大猷曰: "'納', 采詩而納之於上, 如太師陳詩, 是也. '出', 出詩而播之樂章, 如「關雎」, 用之鄕人, 用之邦國, 是也."84)

대사악(大司樂)이 관장하였는데, 바로 '균'은 음악관 관련된 '음운(音韵)'이라는 뜻이다. 반악(潘岳)의 「생부(笙賦)」에서 "음운의 변화는 일정하지 않고, 곡조는 정해진 제도가 없다."라고 하였는데, 그 주석에서 "'균'은 옛날의 '운'이다. 『갈관자(鶡冠子)』에는 '오음(五音)의 고름[均]이 같지 않으나 그 즐거워할 만한 것은 같다.'고 하였다."라고 한 바 있다.

80) 칠시영(七始詠): 반고(班固) 찬, 『전한서(前漢書)』 권21상, 「율력지(律歷志)」. "『書』曰: '子欲聞六律·五聲·八音, 七始詠, 以出內五言, 女聽.'(『서경』에서 말하였다. '그대가 육률과 오성과 팔음을 듣고자 한다면 칠시로써 읊조려서 오언을 내고듬이면 네가 들을 것이다.')"

81) 호광(胡廣) 등 찬, 『예기대전(禮記大全)』 권18, 「악기(樂記)」. "凡音者, 生人心者也, 情動於中, 故形於聲, 聲成文, 謂之音. 是故, 治世之音, 安以樂, 其政和; 亂世之音, 怨以怒, 其政乖; 亡國之音, 哀以思, 其民困. 聲音之道, 與政通矣.(무릇 음이라는 것은 사람 마음에서 생기는 것이니 정이 마음속에서 움직이기 때문에 소리에 나타나고 소리가 문장을 이룬 것을 음이라고 하는 것이다. 이러므로 다스려지는 세상의 음은 편안하여 즐거우니 그 정사가 화락해서이고, 어지러운 세상의 음은 원망하여 분노하니 그 정사가 어그러져서이고, 나라를 잃은 음은 슬퍼서 사모하니 그 백성이 고생해서이다. 성음의 도는 정사와 더불어 통하는 것이다.)"

82) 『맹자집주대전(孟子集註大全)』 권3, 「공손추장구상(公孫丑章句上)」. "子貢曰: '見其禮而知其政, 聞其樂而知其德, 由百世之後, 等百世之王, 莫之能違也, 自生民以來, 未有夫子也.'(자공이 말하였다. '그 예를 보면 그 정사를 알 수 있고, 그 음악을 들으면 그 덕을 알 수 있으니, 백세의 뒤에 말미암아 백세의 왕들을 등분하면 피할 수 없을 것이며, 백성이 생긴 이래로부터 부자와 같은 이는 있지 않았다.')"

83) 호광(胡廣) 등 찬, 『서경대전(書經大全)』의 소주에서 발췌한 것이다. 그 전문은 다음과 같다. "呂氏曰: '五言, 樂之成言者, 如三百篇之詩, 是也.'(여씨가 말하였다. '오언은 악의 이루어진 말이라는 것이니, 삼백편의 시와 같음이 이것이다.')"

84) 호광(胡廣) 등 찬, 『서경대전(書經大全)』의 소주에서 발췌한 것이다. 그 전문은 다음과 같다. "五采, 五種華采之物, 藍·丹·砂·粉·墨之類, 是也. 彰施, 施其采以彰明之五色, 采施之, 爲靑·黃·赤·白·黑色. 納, 采詩而納之於上, 如命太師陳詩, 以觀民風, 與工以納言, 是也. 出, 出詩而播之樂章, 如「關雎」用之鄕人, 用之邦國, 與時而颺之, 是也.'(진씨 대유가 말하였다. … 납은 시를 채집하여 위에 바치는 것이니 태사가 시를 진술

'위지납(謂之納)'에 대해, 진씨 대유(陳氏大猷: 陳氏大猷)가 말하였다. "'납(納)'은 시를 채집하여 위에 바치는 것이니 태사(太師)가 시를 진술함과 같음이 이것이다. '출(出)'은 시를 내보내고 악장(樂章)을 전파하는 것이니 「관저(關雎)」를 마을 사람들에게 쓰고 나라에 씀과 같음이 이것이다."

○ 補此句. ○察其得者·失者.
'이찰정치지득실자야(而察政治之得失者也)'의 경우, 이 구절을 보탰다. ○그 얻은 것과 잃은 것을 살피는 것이다.

○ 呂氏曰 : "言禮樂, 必在左右宣力之後, 民氣和洽然後, 可以興禮樂, 固有次序也."85)
여씨(呂氏: 呂祖謙)가 말하였다. "예악(禮樂)은 반드시 주위를 살펴서 힘을 펼치게 한 뒤에 백성들의 기운이 화합하고 그런 뒤에 예악(禮樂)을 일으킬 수 있으니, 진실로 차례가 있는 것이다."

○ 王氏曰 : "契掌左右有民, 稷·皐陶宣力四方, 夷制衣服, 夔察音聲, 各治一官, 禹則總治之, 兼擧四事, 而寄以股肱·耳目."86)
왕씨(王氏: 王安石)가 말하였다. "설(契)은 백성들을 돕는 일을 관장하였고, 직(稷)·고요(皐陶)는 사방에 힘을 펼쳤고, 백이(伯夷)는 의복을 제작하였고, 기(夔)는 음성을 살펴서 각각 하나의 관직을 다스렸는데, 우(禹)는 총괄하여 다스리면서 아울러 네 가지 일을 들어서 다리와 팔 및 귀와 눈으로써 위탁하였던 것이다."

---

85) 호광(胡廣) 등 찬, 『서경대전(書經大全)』의 소주에서 발췌한 것이다. 그 전문은 다음과 같다. "呂氏曰 : '作服, 禮之大者也; 六律·五聲·八音, 樂之大者也. 治定功成, 制禮作樂之時也, 禮樂, 非可以虛文擧言, 禮樂必在左右宣力之後, 民氣和洽, 然後可以興禮樂, 固爲次序也.'(여씨가 말하였다. '… 예악은 반드시 주위를 살펴서 힘을 펼치게 한 뒤에 백성들의 기운이 화합하고 그런 뒤에 예악을 일으킬 수 있으니, 진실로 차례가 있는 것이다.')"

86) 호광(胡廣) 등 찬, 『서경대전(書經大全)』의 소주에서 발췌한 것이다. 그 전문은 다음과 같다. "王氏曰 : '敬敷五教, 司徒掌之, 豈非左右有民. 稷掌阻饑, 皐陶治姦宄, 豈非宣力四方. 夷作秩宗, 豈非制衣服. 夔典樂, 豈非察音聲. 然彼皆各治一官, 禹則總百官而治之者也. 帝兼擧四事, 而寄以股肱·耳目, 蓋如此.'(왕씨가 말하였다. '… 직은 기아를 막았고, 고요는 간악한 도적을 다스렸으니, 어찌 사방에 힘을 펼침이 아니겠는가. 백이는 종묘제사를 관장하였으니 어찌 의복을 제작함이 아니겠는가. 기는 음악을 맡았으니 어찌 음성을 살핌이 아니겠는가. 그러나 저들은 모두 각각 하나의 관직만 다스렸고, 우는 모든 관직을 총괄하여 다스린 자이다. 임금이 아울러 네 가지 일을 들어서 다리와 팔 및 귀와 눈으로써 위탁한 것이 대개 이와 같았던 것이다.')"

[3-1-5-5]

予違, 汝弼, 汝無面從, 退有後言, 欽四鄰.

내가 어긋남에 네가 보필해야 할 것이니, 너는 앞에서는 좇다가 물러가서는 뒷말을 두지 말아서 네 사방의 가까운 신하들을 공경하라.

集傳

'違', 戾也. 言: "我有違戾於道, 爾當弼正其失, 爾無面諛以爲是, 而背毁以爲非. 不可不敬爾鄰之職也." 申結上文'弼直'·'鄰哉'之義, 而深責之禹者如此.

'위(違)'는 어그러짐이니, 말하기를, "내가 도리에 위배됨이 있거든 네가 마땅히 그 잘못을 보필하여 바로잡아야 할 것이니, 너는 앞에서는 아첨하며 옳다 하고 등지면 헐뜯으며 그르다 하지 말아서 네 사방의 가까운 신하들을 공경하지 않으면 안 된다."고 한 것이다. 윗글에 '보필하는 신하가 정직함'과 '신하가 이웃임'의 뜻을 거듭 맺어서 깊이 우(禹)에게 책망한 것이 이와 같았다.

詳說

○ 添'道'字.
'아유위려어도(我有違戾於道)'의 경우, '도(道)'자를 더하였다.

○ 二字, 恐衍.
'이당필정기실(爾當弼正其失)'에서 볼 때, '기실(其失)'의 두 글자는 아마도 군더더기일 것이다.

○ 王氏曰: "拂我而相之謂之'弼', 故'弼'字, 或作'拂'."87)
왕씨(王氏: 王安石)가 말하였다. "나를 치켜 올리면서 돕는 것을 '필(弼)'이라고 하기 때문에 '필(弼)'자는 혹은 '불(拂)'로도 쓴다."

○ 陳氏大猷曰 : "上言'汝欲, 汝則翼爲明聽', 謂當將順乎我也; 此言'予違, 汝弼', 謂不當句順乎我也."88)

---
87) 호광(胡廣) 등 찬, 『서경대전(書經大全)』의 소주를 수용한 것이다.

진씨 대유(陳氏大猷: 陳大猷)가 말하였다. "위에서 '네가 하고자 하거든 네가 도와주고 해주고 밝혀주고 들어주라'고 말한 것은 마땅히 장차 나를 따라야 함을 이른 것이고, 여기서 '내가 도리에 위배됨을 네가 보필해야 한다'고 말한 것은 마땅히 나를 구차하게 따르지 않아야 함을 이른 것이다."

○ 退有後言.

'배훼(背毀)'의 경우, 물러나서 뒷말이 있는 것이다.

○ 唐孔氏曰 : "鄭玄, 以'四鄰'爲四近之臣, 左輔右弼, 前疑後丞.89) 「文王世子」, 有師保·疑丞, 「囧命」云: '左右前後, 有位之士'."90)

'불가불경이린이직야(不可不敬爾鄰之職也)'에 대해, 당나라 공씨(唐孔氏: 孔穎達)가 말하였다. "정현(鄭玄)은 '사린(四鄰)'을 사방 측근의 신하라고 여겼으니, 왼쪽에 보(輔)와 오른쪽에 필(弼), 앞에 의(疑)와 뒤에 승(丞)이다. 「문왕세자(文王世子)」91)에는 사(師)와 보(保) 및 의(疑)와 승(丞)을 두었다 하였고, 「경명(囧命)」

---

88) 호광(胡廣) 등 찬, 『서경대전(書經大全)』의 소주를 수용한 것이다.
89) 공부(孔駙)의 『공총자(孔叢子)』권상, 「논서(論書)」에 의하면, "孟懿子問『書』曰 : '欽四鄰, 何謂也?' 孔子曰 : '王者, 前有疑, 後有丞, 左有輔, 右有弼, 謂之四近, 言前後左右近臣. 當畏敬之, 不可以非其人也.'(맹의자가 『상서』에 관하여 물어 말하였다. '흠사린은 무엇을 이른 것입니까?' 공자가 말하였다. '왕이 된 이는 앞에는 의를 두고 뒤에는 승을 두며 왼쪽에는 보를 두고 오른쪽에는 필을 두니 이것을 일러서 사근이라고 하는데 앞뒤와 왼쪽과 오른쪽에 있는 측근의 신하를 말한다. 마땅히 두려워하고 공경해야 하고 그 사람을 비난해서는 안 된다.')라고 하였다. 그리고 호광(胡廣) 등 찬, 『예기대전(禮記大全)』권8, 「문왕세자(文王世子)」에서도 "虞·夏·商·周, 有師保有疑丞, 設四輔及三公.(우나라와 하나라와 상나라와 주나라에는 사와 보를 두었고 의와 승을 두었으니, 사보 및 삼공을 설치한 것이다.)"라고 하였다. 호광(胡廣) 등 찬, 『서경대전(書經大全)』권10, 「주서(周書)·경명(囧命)」에 의하면, "惟予一人, 無良, 實賴左右前後, 有位之士.(오직 나 한 사람만이 현량함이 없어서 실로 왼쪽과 오른쪽과 앞뒤에 지위 있는 관리들에게 의지하였다.)"라고 하였다.
90) 호광(胡廣) 등 찬, 『서경대전(書經大全)』의 소주에서 발췌한 것이다. 그 전문은 다음과 같다. "唐孔氏曰 : 鄭玄, 以四隣爲四近之臣, 左輔右弼, 前疑後丞. 惟伏生『書傳』有此言, 「文王世子」, 有師保·疑丞, 此外經傳, 無此官, 惟「囧命」云: 實賴左右前後, 有位之士.'(당 공씨가 말하였다. '정현은 사린을 사방 측근의 신하라고 여겼으니, 왼쪽에 보와 오른쪽에 필, 앞에 의와 뒤에 승이다. 오직 복생의 『서전』에만 이 말이 있고, 「예기」「문왕세자」에는 사와 보 및 의와 승을 두었다 하였고, 이밖의 경전에는 이 벼슬이 없는데, 오직 「경명」에서 이르기를, 실로 좌우와 전후에 지위 있는 관리들에게 의지하였다.')" 공안국(孔安國)도 "'四隣', 四近, 前後左右之臣."이라고 하였다.
91) 「문왕세자(文王世子)」: 호광(胡廣) 등 찬, 『예기대전(禮記大全)』권8, 「문왕세자(文王世子)」를 말한다. 사(師)와 보(保) 및 의(疑)와 승(丞)의 내용은 다음과 같다. "무릇 삼대의 성왕이 세자를 가르침에 반드시 예악으로써 하였으니, 악은 내면을 닦는 것이고, 예는 외면을 닦는 것이다. 예악이 안에서 서로 섞이고 밖으로 드러나 나타나니 이런 까닭으로 그 이루어짐에 기뻐하고 공경하여 온화하고 빛나는 것이다. 태부와 소부를 세워서 세자를 기르는 것은 그 부자와 군신의 도리를 알게 하고자 하는 것이다. 태부는 부자와 군신의 도리를 살펴서 보여주고, 소부는 세자를 받들어 태부의 덕행을 보고서 살펴서 깨닫게 한다. 태부는 앞에 있고, 소부는 뒤에 있으며, 들어가면 보가 있고 나가면 사가 있으니, 이로써 가르치고 깨우쳐서 덕이 이루어지게 하는 것이다. 사라는 것은 일로써 가르쳐서 덕을 깨우치게 하는 자이고, 보라는 것은 그 몸을 삼가며 도와서 도로 돌아가게 하는 자이다. 『예기』에서 말하기를, '우나라와 하나라와 상나라와 주나라에

에는 '좌우와 전후에 지위 있는 관리를 둔 것이다.'라고 하였다."

○ 新安胡氏曰 : "旣責禹以弼違, 又欲其欽四鄰, 謂所與同列之近臣, 當敬之, 使同心而弼我也."92)

신안 호씨(新安胡氏: 胡一桂)93)가 말하였다. "이미 우(禹)에게 나의 위배됨을 보필하도록 바라고 또 그 사방의 인신을 공경하도록 바란 것은 반열을 같이하는 근신들을 마땅히 공경하고 그들로 하여금 같은 마음으로 나를 보필하게 함을 이른 것이다."

○ 陳氏大猷曰 : "四鄰諸臣, 各有其職, 而悉以責, 禹者百揆無所不統也."94)

진씨 대유(陳氏大猷: 陳大猷)가 말하였다. "'사린(四鄰)'은 여러 신하들이 각각 그 직책을 소유한 것인데 그것을 모두 우(禹)에게 바란 것은 백규(百揆)로서 거느리지 않는 것이 없어서다."

○ 新安陳氏曰 : "傳語欠明, 當云不可不敬爾, 爲'四鄰'近臣之職也. 又按, '欽四鄰'上下, 疑有闕文, 朱子嘗疑之."95)

사와 보가 있으며, 의와 승이 있었으니, 사보 및 삼공을 설치함은 반드시 갖추어야 하는 것이 아니며 오직 그 사람이 있어야 하였다.'라고 하였으니, 유능한 일을 부려야 함을 말한 것이다.(凡三王, 教世子, 必以禮樂, 樂, 所以修内也; 禮, 所以修外也, 禮樂, 交錯於中, 發形於外, 是故其成也懌, 恭敬而溫文. 立太傅·少傅, 以養之, 欲其知父子·君臣之道也. 太傅, 審父子·君臣之道, 以示之; 少傅, 奉世子, 以觀太傅之德行, 而審喻之. 太傅在前, 少傅在後, 入則有保, 出則有師, 是以, 教喻而德成也. 師也者, 教之以事, 而喻諸德者也; 保也者, 慎其身, 以輔翼之, 而歸諸道者也. 『記』曰: '虞·夏·商·周, 有師·保, 有疑·丞, 設四輔及三公, 不必備, 唯其人', 語使能也.)"
92) 호광(胡廣) 등 찬, 『서경대전(書經大全)』의 소주를 수용한 것이다.
93) 신안 호씨(新安胡氏: 胡一桂): 호일계(1247- ?)는 자가 정방(庭芳)이고, 호가 쌍호(雙湖)이며, 휘주(徽州) 무원(婺源) 사람이다. 벼슬에 뜻을 두지 않고 향리에서 강학하여 사람들이 쌍호선생이라 불러 후세에 쌍호 호씨(雙湖胡氏)라고도 한다. 그의 학문은 호방평(胡方平)에 근원하여 주희(朱熹)의 역학(易學)을 정리하여 『역학계몽통석(易學啓蒙通釋)』을 지었다. 그밖에 저서로는 『역본의부록찬소(易本義附錄纂疏)』·『주자시전부록찬소(朱子詩傳附錄纂疏)』·『십칠사찬(十七史纂)』 등이 있다.
94) 호광(胡廣) 등 찬, 『서경대전(書經大全)』의 소주에서 발췌한 것이다. 그 전문은 다음과 같다. "陳氏大猷曰: '四隣, 諸臣各有其職, 而舜悉以責禹者, 禹百揆無所不統也. 於此可觀君道, 亦可以觀相道矣.'(진씨 대유가 말하였다. '사린은 여러 신하들이 각각 그 직책을 소유한 것인데 그것을 모두 우에게 바란 것은 우가 백규로서 거느리지 않는 것이 없어서다. 여기서 임금의 도리를 볼 수 있고, 또한 재상의 도리를 볼 수 있다.')"
95) 호광(胡廣) 등 찬, 『서경대전(書經大全)』의 소주에서 발췌한 것이다. 그 전문은 다음과 같다. "新安陳氏曰: 欽四鄰, 傳語欠明, 當云不可不敬爾, 爲四鄰, 近臣之職也. 又按, 欽四鄰上下, 疑有闕文, 朱子嘗疑之. 今於此等處, 姑據衆說, 雖略可通, 然深繹之, 與上下文意, 皆不貫, 闕之, 可也.'(신안 진씨가 말하였다. '흠사린에서 집진의 말에 밝음이 부족하고 마땅히 공경하지 않아서는 안 된다고 이를 뿐인 것은 사린이 근신의 직책이기 때문이다. 또 살펴보건대, 흠사린의 위와 아래에 의심컨대 빠진 글이 있는 듯하니, 주자가 일찍이 의심하였다. 이제 이러한 곳을 짐짓 여러 사람의 말에 의거해보면 비록 대략 통할 수 있으나 깊이 궁

신안 진씨(新安陳氏: 陳師凱)가 말하였다. "집전(集傳)의 말에는 밝음이 부족하고 마땅히 공경하지 않아서는 안 된다고 이를 뿐인 것은 '사린(四隣)'이 근신(近臣)의 직책이기 때문이다. 또 살펴보건대, '흠사린(欽四隣)'의 위와 아래에 의심컨대 빠진 글이 있는 듯하니, 주자(朱子)가 일찍이 의심하였다."

○ 論也.
'신결상문필직·인재지의, 이심책지우자여차(申結上文弼直·鄰哉之義, 而深責之禹者如此)'에서 볼 때, 논변한 것이다.

[3-1-5-6]

庶頑讒說, 若不在時, 侯以明之, 撻以記之, 書用識哉, 欲並生哉, 工以納言, 時而颺之, 格則承之庸之, 否則威之.

여러 완악하고 헐뜯는 말이 만약 이 충직한 마음에 있지 않거든 과녁에 적중하여 밝히며 종아리를 쳐서 기억하며 글로 써서 기록하여 함께 살고자 해야 할 것이니, 악공(樂工)이 바친 말로써 때때로 드러내어 잘못을 바로잡으면 천거하여 등용할 수 있을 것이고, 그렇지 않으면 형벌로써 두려워하게 해야 한다."

詳說
○ '識', 音志. '颺', 音揚.96)
'지(識)'는 음이 지(志)이다. '양(颺)'은 음이 양(揚)이다.

集傳
此因上文, 而慮'庶頑讒說'之不忠不直也. '讒說', 卽舜所聖者. '時', 是也, '在是', 指忠直爲言. '侯', 射侯也. '明'者, 欲明其果頑愚讒說與否也. 蓋射, 所以觀德. 頑愚讒說之人, 其心不正, 則形乎四體, 布乎動靜, 其容體必不能比於禮, 其節奏必不能比於樂, 其中必不能多, 審如是, 則其爲頑愚讒說也, 必矣. 『周禮』, "王大射, 則供虎侯·熊侯·豹侯; 諸侯, 供熊侯·豹侯; 卿大夫,

---
구해보면 위와 아래의 글의 뜻과 모두 통하지 않으니 빠진 것이 옳다.')"
96) 채침(蔡沈) 찬, 『시경집전(詩經集傳)』에는 "'識', 音志. '颺', 音揚. '否', 俯久反.('지'는 음이 지다. '양'은 음이 양이다. '부'는 부와 구의 반절이다.)"으로 되어 있고, 호광(胡廣) 등 찬, 『서경대전(書經大全)』의 소주에는 "'識', 音志. '颺', 音揚.('지'는 음이 지이다. '양'은 음이 양이다.)"으로 되어 있다.

供麋侯, 皆設其鵠, 又梓人, 爲侯, 廣與崇方, 三分其廣而鵠居一焉", 應古制, 亦不相遠也. '撻', 扑也, 卽'扑作敎刑'者, 蓋懲之, 使記而不忘也. '識', 誌也, 錄其過惡, 以識于冊, 如周制, 鄕黨之官, 以時書民之孝悌·睦婣·有學者也. 聖人不忍以頑愚讒說而遽棄之, 用此三者之敎, 啓其憒, 發其悱, 使之遷善改過, 欲其並生於天地之間也. '工', 掌樂之官也. '格', '有恥且格'之'格', 謂改過也. '承', 薦也. 聖人於庶頑讒說之人, 旣有以啓發其憒悱遷善之心. 而又命掌樂之官, 以其所納之言, 時而颺之, 以觀其改過與否, 如其改也, 則進之用之, 如其不改然後, 刑以威之, 以見聖人之敎無所不極其至, 必不得已焉而後威之, 其不忍輕於棄人也如此. 此卽龍之所典, 而此命伯禹, 總之也.

이는 윗글에 말미암아 여러 완우(頑愚)하고 참소(讒訴)하는 이들이 충성스럽지 못하고 정직하지 못함을 염려한 것이다. '참설(讒說)'은 바로 순(舜)이 미워한 것이다. '시(時)'는 이것이니, '재시(在時: 이에 있다)'는 충직(忠直)을 가리켜서 말한 것이다. '후(侯)'는 활을 쏘는 과녁이다. '명(明)'이라는 것은 과연 완우(頑愚)하고 참소하는 이의 여부를 밝히고자 한 것이다. 대개 활쏘기는 덕(德)을 관찰하는 것이니, 완우(頑愚)하고 참소하는 사람이 그 마음이 바르지 않으면 온몸에 나타나고 일상생활에 펼쳐져서 그 몸가짐이 반드시 예(禮)에 맞을 수 없고, 리듬이 반드시 음악에 맞을 수 없어서 그 적중함이 반드시 많을 수 없으니, 과연 이와 같다면 완우(頑愚)하고 참소함이 틀림없는 것이다. 『주례(周禮)』에 "임금의 대사(大射)에는 호후(虎侯)·웅후(熊侯)·표후(豹侯)를 제공하고, 제후(諸侯)는 웅후·표후를 제공하고, 경대부(卿大夫)는 미후(麋侯)를 제공하는데 모두 그 정곡(正鵠)을 설치한다. 또 재인(梓人)이 과녁을 만듦에 너비는 높이와 같게 하고, 그 너비를 세 등분하여 정곡이 하나를 차지하게 한다."고 하였으니, 대개 옛날 제도도 또한 서로 멀지 않았던 것이다. '달(撻)'은 종아리를 치는 것이니, 곧 '회초리는 학교의 형벌로 만든다'는 것은 대개 징계함에 기억하여 잊지 않게 한 것이다. '지(識)'는 기록함이니, 과실과 악행을 기록하여 책에 적어두는 것이니, 주(周)나라 제도에 향당(鄕黨)의 관리가 때때로 백성 가운데 효도하고 공경하며 화목하고 학문이 있는 이를 기록하는 것과 같다. 성인(聖人)은 차마 완우(頑愚)하고 참소하는 것으로써 갑자기 버리지 않아서 이 세 가지의 가르침으로써 그 통하지 못함을 열어주고 그 말하지 못함을 드러내주며, 그로 하여금 허물을 고쳐서 착하게 되어 천지(天地) 사이에 함께 살도록 하고자 한 것이다. '공(工)'은 음악을 관장하는 관리다. '격(格)'은 '유치자격(有恥且格: 부끄러워하고 또 바르게 된다)'는 '격(格)'이니, 허물을 고침을 이른다.

'승(承)'은 천거함이다. 성인(聖人)이 여러 완우(頑愚)하고 참소하는 사람에 대하여, 이미 통하지 못함을 열어주고 말하지 못함을 드러내주며 허물을 고쳐서 착하게 하려는 마음이 있었다. 그런데 또 음악을 관장하는 관리에게 명하여 그 바친 말을 때때로 올려서 허물을 고쳤는가의 여부를 살펴서 만일 허물을 고쳤으면 천거하여 등용하고, 만일 허물을 고치지 않았으면 그런 뒤에 형벌로써 두려워하게 하였으니, 성인(聖人)의 가르침이 그 지극함에 이르지 않는 경우가 없어서 반드시 부득이한 뒤에 두려워하게 하고 차마 사람 버리기를 가볍게 하지 않음이 이와 같았던 것이다. 이는 곧 용(龍)이 맡은 것인데 여기서 백우(伯禹)에게 명한 것은 그것을 총괄해서다.

詳說

○ 承上'弼直'而總提, 又因'直'而並說'忠'.

'이려서완참설지불충부직야(而慮庶頑讒說之不忠不直也)'에서 볼 때, 위의 '필직(弼直)'을 이어서 총괄하여 제언하고, 또 '직(直)'에 말미암아 아울러 '충(忠)'을 말한 것이다.

○ 見「舜典」.97)

'즉순소즉자(卽舜所塈者)'의 내용이 「순전(舜典)」에 보인다.

○ 朱子曰 : "'撻'·'聖', 皆言讒說, 此須是當時有此制度, 今不能知."98)

---

97) 위의 「순전(舜典)」 [1-1-2-25]에서 "帝曰 : '龍! 朕聖讒說, 殄行, 震驚朕師, 命汝作納言, 夙夜出納朕命, 惟允.'(순임금이 말하였다. '용아! 짐은 참언이 덕행을 끊어서 짐의 무리들을 떨고 놀라게 하는 것을 미워하여 네가 납언이 됨을 명하였으니, 밤낮으로 짐의 명령을 내고들이되 오직 진실하게 하라.')"라고 하였다.
98) 호광(胡廣) 등 찬, 『서경대전(書經大全)』의 소주에서 발췌한 것이다. 그 전문은 다음과 같다. "問'工以納言, 時而颺之, 格則承之庸之, 否則威之一段', 朱子曰 : '上文說 : 欽四隣, 庶頑讒說, 若不在時, 侯以明之, 撻以記之, 書用識哉, 欲並生哉, 皆不可曉. 如命龍之辭亦曰 : 朕聖讒說殄行, 震驚朕師, 命汝作納言, 夙夜出納朕命惟允, 皆言讒說. 此須是當時有此制度, 今不能知. 又不當杜撰, 只得置之.'(악공이 바친 말로써 때때로 드러내어 잘못을 바로잡으면 천거하여 등용할 수 있을 것이고, 그렇지 않으면 형벌로써 두려워하게 해야 한다는 한 단락에 대해 물으니, 주자가 말하였다. '네 사방의 가까운 신하들을 공경하고, 여러 완악하고 헐뜯는 말이 만약 이 충직한 마음에 있지 않거든 과녁에 적중하여 밝히며 종아리를 쳐서 기억하며 글로 써서 기록하여 함께 살고자 해야 할 것이라는 것은 모두 이해할 수 없다. 용에게 명한 말에서도 또한 말하기를 나는 참소하는 말과 잔악한 행동이 나의 백성을 놀라게 하는 것을 싫어하여 너에게 명하여 납언으로 삼으니, 이른 아침부터 밤늦게까지 나의 명을 출납함에 오직 미덥게 하라고 하여 모두 참소하는 말을 말하였다. 이것은 모름지기 당시에 이런 제도가 있었으나 지금은 알 수 없다. 또 억측으로 말하는 것이 마땅하지 않으니 다만 놓아둔다.')" 이는 『주자어류(朱子語類)』 권78, 「상서일(尙書一)·익직(益稷)」에서 발췌한 것이다. 그 내용은 다음과 같다. "張元德問 : '惟幾惟康, 其弼直, 東萊解幾作動, 康作靜, 如何?' 曰 : '理

주자(朱子: 朱熹)가 말하였다. "'달(撻)'과 '즉(堲)'은 모두 참설(讒說)을 말한 것이니, 이것은 모름지기 당시에 이 제도가 있었으나 지금은 알 수 없다."

○ 在忠直.
'지충직위언(指忠直爲言)'의 경우, 충직(忠直)에 달려있는 것이다.

○ 見『禮記』「射義」.99)
'소이관덕(所以觀德)'은 『예기(禮記)』 「사의(射義)」에 보인다.

○ 必二反, 下同.100)
'비(比)'는 필(必)과 이(二)의 반절이니, 아래도 같다.

○ 去聲.101)
'기중(其中)'에서 중(中)은 거성(去聲: 맞히다, 적중하다)이다.

○ 「司裘」.102)
'『주례』(『周禮』)'는 「사구(司裘)」이다.

會不得. 伯恭說經多巧.' 良久云: '恐難如此說.' 問元德: '尋常看'予克厥宅心, 作存其心否?' 曰: '然.' 曰: '若說三有俊心, 三有宅心, 曰三有宅, 三有俊, 則又當如何? 此等處皆理會不得. 解得這一處, 礙了那一處. 若逐處自立說解之, 何書不可通!' 良久云: '宅者, 恐是所居之位, 是已用之賢; 俊者, 是未用之賢也.' 元德問: '予欲聞六律五聲八音, 在治忽, 以出納五言, 汝聽.' 曰: '亦不可曉. 『漢書』在治忽作七始詠, 七始, 如七均之類. 又加工以納言, 時而颺之, 格則承之庸之, 否則威之一段, 上文說: 欽四鄰, 庶頑讒說, 若不在時, 侯以明之, 撻以記之, 書用識哉, 欲並生哉, 皆不可曉. 如命龍之辭亦云: 朕聖讒說殄行, 震驚朕師. 命汝作納言, 夙夜出納朕命惟允, 皆言讒說. 此須是當時有此制度, 今不能知. 又不當杜撰別說, 只得置之.' 元德謂: '侯以明之, 撻以記之, 乃是賞罰.' 曰: '旣是賞罰, 當別有施設, 如何只靠射? 豈有無狀之人, 纔射得中, 便爲好人乎?'…."

99) 호광(胡廣) 등 찬, 『예기대전(禮記大全)』 권30, 「사의(射義)」. "故射者, 進退周還, 必中禮, 內志正, 外體直然後, 持弓矢審固, 持弓矢審固然後, 可以言中, 此可以觀德行矣.(그러므로 활 쏘는 것은 나아가고 물러나며 주위를 도는 것이 모두 예에 맞고 안의 뜻이 바르고 밖의 몸이 곧바른 뒤에 활과 화살을 잡는 것이 매우 견고하며, 활과 화살을 잡음이 견고한 뒤에 맞히는 것을 말할 수 있으니, 이것으로써 덕행을 볼 수 있는 것이다.)"

100) 호광(胡廣) 등 찬, 『서경대전(書經大全)』의 소주에는 "音備.(음이 비다.)"로 되어 있다. 그 뜻이 '적합하다'일 경우에 『광운(廣韻)』에는 "必至切, 去.(필과 지의 반절이니, 거성이다.)"로 되어 있다.

101) 호광(胡廣) 등 찬, 『서경대전(書經大全)』의 소주를 수용한 것이다. 위의 호광(胡廣) 등 찬, 『예기대전(禮記大全)』 권30, 「사의(射義)」이 쇼주에서도 '기싱(去聲)'이라고 하였다.

102) 『주례주소(周禮注疏)』 권7, 「사구(司裘)」. "王大射, 則共虎侯·熊侯·豹侯, 設其鵠; 諸侯, 則共熊侯·豹侯; 卿人大, 則共麋侯, 皆設其鵠. …「考工記」曰: '梓人爲侯, 廣與崇方, 參分其廣, 而鵠居 焉.(임금의 내사에는 호후와 웅후와 표후를 제공하고, 세후는 웅후와 표후를 제공하고, 경대부는 미후를 제공하는데, 모두 그 정곡을 설치한다. … 「고공기」에 말하기를, '재인이 과녁을 만듦에 너비는 높이와 같게 하고, 그 너비를 세 등분하여 정곡이 하나를 차지하게 한다.'고 하였다.)"

○ 沙溪曰：“以皮飾其側, 示服猛討迷惑者.”103)

 ‘공미후(供麋侯)’에 대해, 사계(沙溪: 金長生)가 말하였다. "가죽으로써 과녁의 곁을 꾸며 사나운 자를 굴복시키고 미혹시키는 자를 토벌한다는 뜻을 보인 것이다."

○ 葵初王氏曰：“畫布曰正, 栖皮曰鵠. 大射以鵠, 賓射以正, 燕射以質. 正·鵠, 皆鳥名. 難中, 以中爲雋, 故以名的.”104)

 ‘개설기곡(皆設其鵠)’에 대해, 규초 왕씨(葵初王氏: 王希朝)105)가 말하였다. "포후(布侯)에 그린 것을 정(正)이라 하고, 가죽을 입힌 것을 곡(鵠)이라고 한다. 대사(大射)는 곡(鵠)으로써 하고, 빈사(賓射)는 정(正)으로써 하고, 연사(燕射)는 질(質)로써 한다. 정(正)과 곡(鵠)106)은 모두 새 이름이다. 난중(難中)107)은 가운데를 작은 새로써 했기 때문에 표적을 이름 붙인 것이다."

○ 『周禮』 「考工記」.108)

---

103) 『사계전서(沙溪全書)』 권14, 「경서변의(經書辨疑)·서전(書傳)·익직(益稷)」. "以虎·熊·豹·麋之皮, 飾其側, 示服猛討迷惑者. ‘崇’, 高也; ‘方’, 猶等也.(범과 곰과 표범과 큰사슴의 가죽으로써 과녁의 곁을 꾸며 사나운 자를 굴복시키고 미혹시키는 자를 토벌한다는 뜻을 보인 것이다. ‘숭’은 큼이고, ‘방’ 등과 같다.)"

104) 호광(胡廣) 등 찬, 『서경대전(書經大全)』의 소주에서 발췌한 것이다. 그 전문은 다음과 같다. "葵初王氏曰：‘按, 易氏王大射解云: 大射, 祭祀之射也, 王將有郊廟之事, 以射, 擇諸侯及羣臣與邦國所貢之士, 取其中, 多而可以與祭者. 於是, 有三侯二侯一侯焉, 天子射虎侯, 其道九十弓六尺爲弓, 弓二寸爲侯, 中則虎侯之中, 廣一丈八尺三分, 其廣以其一爲之鵠, 則鵠方六尺, 侯之上中下皆用布也, 而兩旁飾以虎, 其中設鵠爲的焉. 諸侯射熊侯七十弓, 卿大夫射麋侯五十弓, 其鵠其弓之數而降殺之. 凡侯, 天子以三, 諸侯以二, 卿大夫以一. 又梓人爲侯, 曰張皮侯而栖鵠, 則春以功皮侯, 即熊·虎·豹之三侯, 天子大射之侯也. 張五采之侯, 則遠國屬五采, 即五正之侯, 天子賓射之侯也. 張獸侯, 則王以息燕, 此又天子燕射之侯也. 其侯雖不見於經, 而鄕射記言: 天子熊侯白質, 諸侯麋侯赤質, 大夫布侯畫以虎·豹, 士布侯畫以鹿·豕, 即獸侯耳, 蓋大射以鵠, 賓射以正, 燕射以質, 不可以不辨. 鄭氏『周禮』註云: 崇, 高也; 方, 猶等也. 高·廣者, 謂侯中也. 畫布曰正, 棲皮曰鵠. 孔氏『詩疏』, 正·鵠, 皆鳥名, 難中, 以中爲雋, 故以名的.(규초 왕씨가 말하였다. ‘살펴보건대, 역씨의 왕대사해에 이르기를, 대사는 제사 때의 활쏘기이니, …. 정현의 『주례』의 주에 이르기를, 숭은 높음이고, 방은 등과 같음이니, 높이와 넓이가 같은 것을 후중이라 이른다 하고, 포후에 그린 것이 정이고 가죽을 입힌 것이 곡이라 하였다. 공씨의 『시소』에서 정과 곡은 모두 새이름이고, 난중은 가운데를 작은 새로써 했기 때문에 표적을 이름 붙인 것이라고 하였다.’)"

105) 규초 왕씨(葵初王氏: 王希旦朝): 왕희조는 원대 학자로, 본래 이름이 희단(希旦)인데 뒤에 희조로 고쳤다. 자가 유명(愈明)이고, 호가 규초(葵初)이다.

106) 정(正)과 곡(鵠): 『중용(中庸)』에서 "공자가 말하였다. ‘활쏘기는 군자와 비슷함이 있으니, 정곡을 맞히지 못하면 돌이켜 그 자신에게서 찾는다.(子曰：‘射有似乎君子, 失諸正鵠, 反求諸其身.’)" 정현(鄭玄)이 "畫布曰‘正’, 棲皮曰‘鵠.’"이라 하고, 육덕명(陸德明)은 "‘정’과 ‘곡’은 모두 새 이름이다. 어떤 이가 말하기를, ‘정은 바름이고, 곡은 곧음이다.’라고 하였다." 대사는 가죽 과녁을 펴서 입히고, 빈사는 포후를 펴서 정을 설치한다.(‘正’·‘鵠’, 皆鳥名也. 一曰：‘正, 正也; 鵠, 直也.’ 大射, 則張皮侯而棲鵠; 賓射, 張布侯而設正也.)"라고 하였다.

107) 난중(難中): 옛날에 작은 새를 표적을 삼아서 적중하는 것을 준(雋)이라고 하였는데, 맞추기 어렵기 때문에 난중이라고 한 것이다. 『주례(周禮)』 정현(鄭玄)의 주에 보인다. "謂之鵠者, 取名於鳱鵠. 鳱鵠小鳥而難中, 是以中之爲雋."

108) 『주례주소(周禮注疏)』 권41, 「동관고공기하(多官考工記下)」. "梓人爲侯, 廣與崇方, 參分其廣, 而鵠居一焉." 그리고 정현(鄭玄)의 주(注)에서 "‘崇’, 高也. ‘方’, 猶等也. 高·廣者, 謂侯中也.(‘숭’은 높음이다."

'우재인(又梓人)'은 『주례(周禮)』「고공기(考工記)」이다.

○ 去聲, 下同.
'광(廣)'은 거성(去聲: 직경, 가로, 넓이)이니, 아래도 같다.

○ 平聲.
'응(應)'은 평성(平聲: 아마도, 대개)이다.

○ 見「舜典」.109)
'즉복작교형자(卽扑作教刑者)'은 「순전(舜典)」에 보인다.

○ 音因.110)
'인(婣)'은 음이 인(因)이다.

○ 見『周禮』「大司徒」.111)
'서민지효제·목인·유학자야(書民之孝悌·睦婣·有學者也)'의 내용이 『주례(周禮)』「대사도(大司徒)」에 보인다.

○ 呂氏曰 : "撻記·書識, 非絶之也. 存其過, 所以存其恥, 恥則善心生矣. 書用識其善惡, 書孝悌·有學, 書其善也; 如左氏·斐豹, 欲除丹書, 書其惡也."112)

'방'은 등과 같다. 높이와 넓이가 같은 것을 후중이라고 이른다.)"라고 하였다.
109) 위의 「순전(舜典)」[1-1-2-11]에서 "象以典刑, 流宥五刑, 鞭作官刑, 扑作教刑, 金作贖刑, 眚災肆赦, 怙終賊刑, 欽哉欽哉, 惟刑之恤哉.(옛날의 모범적인 형벌로써 본받아 유형으로써 다섯 가지 형벌을 용서하며, 채찍으로 관리의 형벌을 만들며, 회초리로 학교의 형벌을 만들었는데, 황금으로 형벌을 속죄하게 하며, 과실로 지은 죄는 형벌을 너그럽게 하며, 간악함을 믿고 끝까지 회개하지 않으면 사형하였으나, 신중히 하고 신중히 하면서 오직 형벌을 가엾게 여겼도다.)"라고 하였다.
110) 호광(胡廣) 등 찬, 『서경대전(書經大全)』의 소주를 수용한 것이다.
111) '대사도(大司徒)'가 아니라 『주례주소(周禮注疏)』 권12, 「족사(族師)」에 실려 있다. "族師, 各掌其旋之戒令·政事, 月吉則屬民, 而讀邦法, 書其孝弟·睦婣·有學者." 『주례주소(周禮注疏)』 권10, 「대사도(大司徒)」에 실려 있는 내용은 다음과 같다. "以鄕三物, 敎萬民而賓興之, 一曰六德, 知·仁·聖·義·忠·和; 二曰六行, 孝·友·睦·婣·任·恤; 三曰六藝, 禮·樂·射·御·書·數."
112) 호광(胡廣) 등 찬, 『시경대전(書經大全)』의 소주에서 발췌한 것이다. 그 전문은 다음과 같다. "呂氏曰 : 撻記·書識, 非絶之也. 存其過, 所以存其恥, 恥則善心生矣. 或曰. 書用識其善惡, 書其孝弟·睦婣·有學者, 書其善也; 如『左氏』裵豹, 欲除丹書, 書其惡也.'(여씨가 말하였다, '종아리 쳐서 기어하게 함과 글로 씌시 기록함은 그를 끊어버림이 아니다. 그 과실을 적어둠은 그 부끄러움을 두는 것이니, 부끄러우면 착한 마음이 생기는 것이다. 어떤 이가 말하였다. 글로 써서 그 선과 악을 기록하는 것에 그 효제와 목인과 유학을 기록하는 것은 그 선을 기록함이고, 『좌씨전』에 배표가 단서를 없애려고 함과 같은 것은 그 악을 기록한 것

여씨(呂氏: 呂祖謙)가 말하였다. "종아리 쳐서 기억하게 함과 글로 써서 기록함은 그를 끊어버림이 아니다. 그 과실을 적어둠은 그 부끄러움을 두는 것이니, 부끄러우면 착한 마음이 생기는 것이다. 글로 써서 그 선(善)과 악(惡)을 기록하는 것에 그 효제(孝悌)와 유학(有學)을 기록하는 것은 그 선(善)을 기록함이고, 『좌씨전(左氏傳)』에 배표(斐豹)113)가 단서(丹書)를 없애려고 함과 같은 것은 그 악(惡)을 기록한 것이다."

○ 見『論語』「述而」.114)

'계기분, 발기비(啓其憤, 發其悱)'은 『논어(論語)』「술이(述而)」에 보인다.

○ 見『易』「益·大象」.115)

'사지천선개과(使之遷善改過)'은 『주역(周易)』「익괘(益卦)·대상(大象)」에 보인다.

○ 見『論語』「爲政」.116)

'유치차격지격(有恥且格之格)'은 『논어(論語)』「위정(爲政)」에 보인다.

○ 進也.

'천야(薦也)'의 경우, 나아가게 함이다.

○ 卽前節'出納五言'之納言也.

'이기소납지언(以其所納之言)'의 경우, 곧 앞의 단락 '출납오언(出納五言)117)'의

이다.')」
113) 배표(斐豹): 배표는 처음에 관노(官奴)였고, 그의 죄목이 낱낱이 단서에 적혀 있어서 그것을 없애려고 하였다고 되어 있다. 『주례주소(周禮注疏)』 권35, 「사약(司約)」. 정현(鄭玄)의 주에 의하면 "『春秋傳』曰: '斐豹, 隸也, 著於丹書.'(『춘추전』에서 말하였다. …)"라고 하였다. 이는 『춘추좌전주소(春秋左傳注疏)』 권35, 「양공(襄公) 23년」에 실려 있다.
114) 『논어집주대전(論語集註大全)』 권7, 「술이(述而)」. "子曰: '不憤, 不啓; 不悱, 不發, 擧一隅, 不以三隅反, 則不復也.'(공자가 말하였다. '분발하지 않거든 열어주지 않으며, 애태우지 않거든 말해주지 아니하되, 한 모퉁이를 듦에 세 모퉁이로써 돌이키지 못하거든 다시 알려주지 않는 것이다.')"
115) 『주역전의대전(周易傳義大全)』 권15, 「풍뢰익괘(風雷益卦)·대상(大象)」. "象曰: 風雷益. 君子以, 見善則遷, 有過則改.'(『상전』에서 말하였다. '바람과 우레가 익이니, 군자가 그것을 본받아 착함을 보면 옮겨가고 허물이 있으면 고치는 것이다.')" 『본의(本義)』에 의하면, "風雷之勢, 交相助益, 遷善改過, 益之大者, 而其相益, 亦猶是也.(바람과 우레의 형세는 서로 돕고 이롭게 하니, 착함으로 옮겨가고 허물을 고치는 것은 이로움의 큰 것이고, 그 서로 이롭게 함도 또한 이와 같은 것이다.)"라고 하였다.
116) 『논어집주대전(論語集註大全)』 권2, 「위정(爲政)」. "子曰: '道之以政, 齊之以刑, 民免而無恥. 道之以德, 齊之以禮, 有恥且格.'(공자가 말하였다. '정령으로 인도하고 형벌로 가지런히 하면 백성은 벗어나도 부끄러워함이 없다. 덕으로써 인도하고 예로써 가지런히 하면 부끄러워함이 있고 또 선에 이르게 된다.')"
117) 위의 [3-1-5-4]에 나오는 구절이다. 그 내용은 다음과 같다. "순임금이 말하였다. '신하는 짐의 팔다리와 귀와 눈이 되어야 하니, 내가 백성들을 도아주려고 하거든 네가 도와주며, 내가 사방에 힘을 펴려 하거든

내고 받아들이는 말이다.

○ 以時而興起之.
'시이양지(時而颺之)'의 경우, 때때로 흥기(興起)시키는 것이다.

○ 新安陳氏曰 : "射侯, 以禮敎也, 旣撻書, 以愧恥之於先; 納言, 以樂敎也, 復時颺, 以感發之於後."118)
신안 진씨(新安陳氏: 陳師凱)가 말하였다. "과녁에 활쏘기는 예교(禮敎)로써 하니 이미 종아리 쳐서 기억하게 하고 글로 써서 기록하여 그것을 부끄러워함을 앞에서 하였으며, 말을 받아들임은 악교(樂敎)로써 하니 다시 때때로 드러내어 감동하여 분발함을 뒤에 한 것이다."

○ 葉氏曰 : "趙孟, 使七子賦詩, 以觀其志, 叔向知伯有將爲戮子展, 後亾."119)
'이관기개과여부(以觀其改過與否)'에 대해, 섭씨(葉氏: 葉夢得)가 말하였다. "조맹(趙孟)120)이 일곱 아들로 하여금 시를 짓게 하여 그 뜻을 살폈는데, 숙향(叔向)121)이 백유(伯有)122)가 장차 자전(子展)을 죽이리라는 것을 알았으며, 뒤에 죽었다."

네가 해주며, 내가 옛사람의 형상을 관찰하여 해와 달과 별과 산과 용과 꿩을 그림으로 그리며, 제향그릇과 마름과 불과 싸라기와 보와 불을 수놓아 다섯 가지 채색으로써 환하게 베풀어 다섯 가지의 색깔을 만들어 옷을 만들려고 하거든 네가 밝혀주며, 내가 육률과 팔음과 오성을 듣고 다스려짐과 소홀히 함을 살펴서 오언으로써 내고 받아들이려거든 네가 자세히 살펴 들어라.'(帝曰 : '臣作朕股肱·耳目, 予欲左右有民, 汝翼; 予欲宣力四方, 汝爲; 予欲觀古人之象, 日·月·星辰·山·龍·華蟲, 作會; 宗彛·藻·火·粉米·黼·黻, 絺繡, 以五采, 彰施于五色, 作服, 汝明, 予欲聞六律·五聲·八音, 在治忽, 以出納五言, 汝聽.')
118) 호광(胡廣) 등 찬, 『서경대전(書經大全)』의 소주에서 발췌한 것이다. 그 전문은 다음과 같다. "新安陳氏曰 : '射侯, 以禮敎也, 旣撻書以愧恥之於先; 納言, 以樂敎也, 復時颺以感發之於後. 有恥且格, 欲與並生之心遂矣, 用之宜也. 否者, 終不格, 與並生之心不獲遂, 威之不容已也.'(신안 진씨가 말하였다. '과녁에 활쏘기는 예교로써 하니 이미 종아리 쳐서 기억하게 하고 글로 써서 기록하여 그것을 부끄러워함을 앞에서 하였으며, 말을 받아들임은 악교로써 하니 다시 때때로 드러내어 감동하여 분발함을 뒤에 한 것이다. ….')"
119) 호광(胡廣) 등 찬, 『서경대전(書經大全)』의 소주에서 발췌한 것이다. 그 전문은 다음과 같다. "葉氏曰 : '鄭伯享, 趙孟七子, 從趙孟, 使賦詩, 以觀其志, 子展賦草蟲, 伯有賦鶉之奔奔, 叔向知伯有將爲戮子展, 後亡, 亦猶是也.'(섭씨가 말하였다. '… 조맹의 일곱 아들이 조맹을 좇음에 하여금 시를 짓게 하여 그 뜻을 살폈는데, 자전이 풀벌레를 노래하였고, 백유가 순지분분을 노래하자 숙향이 백유가 장차 자전을 죽이리라는 깃을 일었다가 뒤에 죽었으니, 또한 이와 같았다.')"
120) 조맹(趙孟): 춘추시대 진(晉)나라 종주(宗主)이다.
121) 숙향(叔向): 복성(複姓)이다. 춘추시대 진(晉)나라 대부 양설힐(羊舌肸)이니, 자가 숙향(叔向)이었는데 뒤에 그 성이 되었다.
122) 백유(伯有): 춘추시대 정(鄭)나라 대부 양소(良霄)의 자이다.

○ 自此以後, 不復言, 古文作'畏蒙上也'.
'형이위지(刑以威之)'에서 볼 때, 이로부터 뒤에는 다시 말하지 않았는데, 고문 『상서(尙書)』에는 '외몽상야(畏蒙上也: 임금을 기만할까 두려워한 것이다.)'라고 쓰여 있다.

○ 音現.
'이현(以見)'에서 현(見)은 음이 현(現)이다.

○ 臨川吳氏曰 : "帝舜, 爲君爲師之道, 仁之至, 義之盡也."[123]
'기불인경어기야여차(其不忍輕於棄人也如此)'에 대해, 임천 오씨(臨川吳氏: 吳澄)가 말하였다. "순임금이 임금이 되고 법(法)이 되는 도는 인(仁)의 지극함이고 의(義)의 극진함이다."

○ 按, 舜之命龍, 雖有讒說·納言之語, 此節, 實夔·契·皐陶之所分掌, 非龍之所獨也.
'차즉용지소전(此卽龍之所典)'에 대해, 살펴보건대, 순(舜)이 용(龍)에게 명한 것이 비록 참소하고 받아들이는 말이 있더라도 이 단락은 실제로 기(夔)와 설(契)과 고요(皐陶)가 나누어 관장한 것이고, 용(龍)이 혼자서 한 것이 아니다.

○ '以見'以下, 論也.
'총지야(總之也)'에서 볼 때, '이현(以見)' 이하는 논변한 것이다.

[3-1-5-7]

禹曰 : "兪哉. 帝光天之下, 至于海隅蒼生, 萬邦黎獻, 共惟帝臣, 惟帝時擧. 敷納以言, 明庶以功, 車服以庸, 誰敢不讓, 敢不敬應. 帝不時, 敷同, 日奏罔功.

우(禹)가 말하기를, "그렇습니다. 임금의 덕이 천하에 빛나서 바다 모퉁이의 모든 백성들에게 이르신다면 모든 나라의 현량한 이가 임금님과 함께 하리니 이들을 들어 쓰시면 될 것입니다. 아랫사람들이 펼치고 받아들임을 말로써 하며, 여러 사람들을 밝히기를 공으로써 하며,

---

[123] 호광(胡廣) 등 찬, 『서경대전(書經大全)』의 소주를 수용한 것이다.

수레와 의복으로써 표창한다면 누가 감히 사양하지 않으며, 감히 공경하여 응하지 않겠습니까. 임금이 이렇게 하지 않는다면 덩달아 같이할 뿐이어서 나날이 공이 없는 데로 나아갈 것입니다.

集傳

'俞哉'者, 蘇氏曰 : "與『春秋傳』'公曰諾哉', 意同, 口然而心不然之辭也." '隅', 角也. '蒼生'者, 蒼蒼然而生, 視遠之義也. '獻', 賢也, '黎獻'者, 黎民之賢者也. '共', 同; '時', 是也. '敷納'者, 下陳而上納也. '明庶'者, 明其衆庶也. 禹雖俞帝之言, 而有未盡然之意, 謂: "庶頑讒說, 加之以威, 不若明之以德, 使帝德光輝, 達於天下, 海隅蒼生之地, 莫不昭灼, 德之遠著如此, 則萬邦黎民之賢, 孰不感慕興起. 而皆有帝臣之願, 惟帝時擧而用之耳[124]. 敷納以言, 而觀其蘊; 明庶以功, 而考其成; 旌能命德, 以厚其報, 如此, 則誰敢不讓於善, 敢不精白一心, 敬應其上, 而庶頑讒說, 豈足慮乎. 帝不如是, 則今任用之臣, 遠近敷同, 率爲誕慢, 日進於無功矣, 豈特庶頑讒說, 爲可慮哉."

'유재(俞哉)'라는 것은 소씨(蘇氏: 蘇軾)가 말하기를, "『춘추전(春秋傳)』의 '공왈낙재(公曰諾哉)'와 뜻이 같으니, 입으로 그렇다고 하나 마음속으로 그렇게 여기지 않는 말이다."라고 하였다. '우(隅)'는 모퉁이다. '창생(蒼生)'이라는 것은 파릇파릇 나는 것이니 오래도록 생존하는 뜻이다. '헌(獻)'은 현명한 사람이니, '여헌(黎獻)'이라는 것은 많은 백성 가운데 현명한 사람이다. '공(共)'은 함께함이고, '시(時)'는 이것이다. '부납(敷納)'이라는 것은 아랫사람이 진술함에 윗사람이 받아들이는 것이다. '명서(明庶)'라는 것은 여러 사람들을 밝히는 것이다. 우(禹)는 비록 순임금의 말을 그렇다고 하였으나 다 그렇게 여기지 않는 뜻이 있었으니, 이르기를, "여러 완우(頑愚)하고 참소하는 이에게 두려움을 입게 하는 것은 덕(德)으로써 밝혀서 임금의 덕으로 하여금 환히 빛나서 온 세상에 통달하여 바다 모퉁이에 백성의 땅까지 밝게 빛나지 않음이 없게 하는 것만 못하니, 덕(德)이 멀리까지 드러남이 이와 같다면 모든 나라의 백성 가운데 현명한 이가 어찌 감동하여 사모하고 흥기하지 않겠는가. 그래서 모두 황제의 신하가 되려는 소원이 있었으니 오직 황제는 이에 들어서 쓰면 되는 것일 뿐이었다. 진술하고 받아들임을 말로써 함은 그 온축(蘊蓄)힘을 살피는 것이고, 많은 사람을 밝히기를 공으로써 함은 그 성취함을 상

[124) 채침(蔡沈) 찬, 『서경집전(書經集傳)』과 호광(胡廣) 등 찬, 『서경대전(書經大全)』 및 내각본에는 모두 '爾'자로 되어 있다.

고하는 것이고, 유능한 이를 표창하고 덕 있는 이를 명함은 그 보답을 후하게 하는 것이다. 이와 같을진대 누가 감히 선한 이에게 사양하지 않으며, 감히 한 마음을 순수하고 깨끗하게 하여 그 윗사람에게 공경스럽게 응하지 않을 것이며, 여러 완우(頑愚)하고 참소하는 이를 어찌 족히 염려하겠는가. 황제가 이와 같지 않다면 이제 임용한 신하들이 먼 곳의 신하와 가까운 신하가 서로 함께 하여 따르면서 허탄하고 태만하여 나날이 세우는 공이 없는 데 이르니, 어찌 다만 여러 완우(頑愚)하고 참소하는 이만 우려할 만한 것이 되겠는가."라고 하였다.

詳說

○ 『左』「哀十六年」.125)

'춘추전'(『春秋傳』)은 『좌전(左傳)』「애공(哀公) 16년」이다.

○ 明其賢否.

'명기중서야(明其衆庶也)'의 경우, 그가 현명한지 현명하지 않은지를 밝히는 것이다.

○ 鄒氏季友曰 : "朱子云: '庶試'之誤."126) 按, 『左傳』, 趙襄引「夏書」, 作'敷納以言, 明試以功'."

추씨 계우(鄒氏季友: 鄒季友)가 말하였다. "주자(朱子)가 이르기를 '서시(庶試)'의 잘못 적은 것이라고 하였다." 살펴보건대, 『좌전(左傳)』에 조양(趙襄)127)이 「하서(夏書)」를 인용하여 '부납이언, 명시이공(敷納以言, 明試以功)128)'이라고 썼다.

---

125) 『춘추좌전주소(春秋左傳注疏)』 권60, 「애공(哀公) 16년」. "曰 : '請, 三之後, 有罪殺之.' 公曰 : '諾哉.'(…공이 말하였다. '그러시오.')"
126) 진력(陳櫟) 찬, 『서집전찬소(書集傳纂疏)』 권1, 「우서(虞書)·익직(益稷)」에 의하면, "『語錄』, '明庶', 恐'庶'字誤, 只是'試'字.(『어록』에서, '명서'는 아마도 '서'자가 잘못되었으니, 다만 '시'자일 뿐이다.)"라고 하여 주자(朱子)의 언급임을 밝혔다.
127) 조양(趙襄): 신망(新莽) 사람으로 간대부(諫大夫)가 되었다. 망이 태자를 세울 때 사우(師友) 네 사람을 두었는데, 조양과 아울러 당령(唐令)·이충(李充)·염단(廉丹)이 네 벗이 되었다.
128) 부납이언, 명시이공(敷納以言, 明試以功):『춘추좌전주소(春秋左傳注疏)』 권15, 「희공(僖公) 27년」. "「하서」에서 말하였다. '말로써 펼쳐서 아뢰었으며, 공적으로써 밝게 시험하였으며, 그 공로를 수레와 의복으로 보답하였다.'(「夏書」曰 : '賦納以言, 明試以功, 車服以庸.')" 두예(杜預)의 주(注)에 의하면 "『상서』「우하서」이다. '취납이언'은 그 뜻을 살펴보는 것이고, '명시이공'은 그 일을 상고하는 것이고, '차복이용'은 그 노고에 보답하는 것이다. '부'는 취와 같다. '용'은 공이니, 임금이 그를 시험하는 것이다.(『尚書』「虞夏書」也. '取納以言', 觀其志也; '明試以功', 考其事也; '車服以庸', 報其勞也. '賦', 猶取也. '庸', 功也, 君其試之.)" 이는 「우서(虞書)·순전(舜典)」에 실려 있는 것이니, 그 내용은 다음과 같다. "5년에 한번 순수함에 여러 제후를 네 곳에서 조회하였으니, 말로써 펼쳐서 아뢰었으며, 공적으로써 밝게 시험하였으며, 그 공로를 수레와 의복으로 보답하였다.(五載一巡守, 羣后四朝, 敷奏以言, 明試以功, 車·服以庸.)"

○ 林氏曰 : "輔弼之責, 雖在臣鄰, 然當廣延萬邦之賢, 無以爲止此而已."129)
'이유미진연지의(而有未盡然之意)'에 대해, 임씨(林氏: 林之奇)가 말하였다. "보필(輔弼)의 책무가 비록 가까운 신하에게 있으나 마땅히 넓게 모든 나라의 현명한 사람에게까지 미쳐서 여기에 그침이 되지 말아야 할 따름이다."

○ 承上節.
'가지이위(加之以威)'에서 볼 때, 위의 단락을 이은 것이다.

○ 補'德'字.
'사제덕광휘, 달어천하(使帝德光輝, 達於天下)'의 경우, '덕(德)'자를 보탰다.

○ 惟思也.
'이개유제신지원(而皆有帝臣之願)'에서 볼 때, 오직 생각하는 것이다.

○ 心之所蘊.
'이관기온(而觀其蘊)'의 경우, 마음에 온축(蘊蓄)된 것이다.

○ 旌表其有能者.
'정능(旌能)'의 경우, 그 유능한 것을 드러내는 것이다.

○ 見上篇.130)
'정능명덕(旌能命德)'의 경우, 위의 편에 보였다.

○ 陳氏大猷曰 : "'納言', 或以言揚明功, 或以事擧也."131)
'이후기보(以厚其報)'에 대해, 진씨 대유(陳氏大猷: 陳大猷)가 말하였다. "'납언

---

129) 호광(胡廣) 등 찬, 『서경대전(書經大全)』의 소주에서 발췌한 것이다. 그 전문은 다음과 같다. "林氏曰 ; '禹不盡, 然帝之言, 又廣帝之意, 謂輔弼之責, 雖在臣鄰, 然當廣延萬邦之賢, 無以爲止此而已.'(임씨가 말하였나. '… 보필(輔弼)의 책무가 비록 가까운 신하에게 있으나 마땅히 넓게 모든 나라의 현명한 사람에게까지 미쳐서 여기에 그침이 되지 말아야 할 따름임을 이른 것이다.')"
130) 「우서(虞書)·순전(舜典)」에서 "五載一巡守, 羣后四朝, 敷奏以言, 明試以功, 車·服以庸.(5년에 한번 순수함에 여러 제후를 네 곳에서 조회하였으니, 말로써 펼쳐서 아뢰었으며, 공적으로써 밝게 시험하였으며, 그 공로를 수레와 의복으로 보답하였다.)"이라고 하였다. 공영달(孔穎達)이 "수레와 의복을 주어 그 사람의 공능과 부려 쓴 것을 표창하여 특별하게 대우한 것이다.(賜車·服, 以旌別其人功能事用.)"라고 하였다.
131) 호광(胡廣) 등 찬, 『서경대전(書經大全)』의 소주를 수용한 것이다.

(納言)'은 어떤 이는 말로써 공을 드러내어 밝히는 것이라 하였고, 어떤 이는 일로써 천거한 것이라고 하였다."

○ 新安陳氏曰 : "「舜典」所言, 以待諸侯 ; 此以待黎獻. 諸侯親天子, 故直言'奏', 自下而奏上也 ; 舜方求賢, 故特言'納', 下陳而上納也."132)

신안 진씨(新安陳氏: 陳師凱)가 말하였다. "「순전(舜典)」에서 말한 것은 제후를 대한 것이고, 여기서는 백성 가운데 현명한 이를 대한 것이다. 제후가 천자를 직접 뵙기 때문에 곧바로 '주(奏)'를 말하였으니 아래로부터 위에 아뢰는 것이고, 순(舜)이 바야흐로 현명한 이를 구하였기 때문에 특별히 '납(納)'을 말하였으니 아랫사람이 진술함에 윗사람이 받아들이는 것이다."

○ 王氏十朋曰 : "諸侯, 以黜陟爲重, 故言'試' ; 黎獻, 以多得爲盛, 故言'庶'."133)

왕씨 십붕(王氏十朋: 王十朋)이 말하였다. "제후는 내쫓고 올려 씀을 중요하게 여기기 때문에 '시(試)'를 말하였고, 백성 가운데 현명한 이는 많이 얻음을 성대하게 여기기 때문에 '서(庶)'를 말하였다."

○ 陳氏曰 : "諸侯之功, 已著, 以驗其已然之效 ; 黎獻之功, 未著, 以責其將然之效."134)

진씨(陳氏: 陳鵬飛)가 말하였다. "제후의 공은 이미 드러나서 그 이미 그러한 효험을 증험하였지만, 백성 가운데 현명한 이의 공은 아직 드러나지 않아서 그 장차 그러할 효험을 요구한 것이다."

○ 添'善'字.

'즉수감불양어선(則誰敢不讓於善)'의 경우, '선(善)'자를 더하였다.

---

132) 호광(胡廣) 등 찬, 『서경대전(書經大全)』의 소주를 수용한 것이다.
133) 호광(胡廣) 등 찬, 『서경대전(書經大全)』의 소주를 수용한 것이다.
134) 호광(胡廣) 등 찬, 『서경대전(書經大全)』의 소주에서 발췌한 것이다. 그 전문은 다음과 같다. "陳氏曰 : '諸侯之功, 已著, 特使奏其言, 而試其功, 以驗其已然之效 ; 黎獻之功, 未著, 故受其言, 而明衆庶以功, 以責其將然之效.'(진씨가 말하였다. '제후의 공은 이미 드러나서 다만 그 말을 아뢰어 그 공을 시험하여 그 이미 그러한 효험을 증험하게 하였지만, 백성 가운데 현명한 이의 공은 아직 드러나지 않았기 때문에 그 말을 받아서 많은 이들을 공으로써 밝혀서 그 장차 그러할 효험을 요구한 것이다.')"

○ 補此二句.
'이서완참설, 기족려호(而庶頑讒說, 豈足慮乎)'의 경우, 이 두 구절을 보탰다.

○ 補此句.
'즉금임용지신(則今任用之臣)'의 경우, 이 구절을 보탰다.

○ 孫氏曰:"猶普同."135)
'원근부동(遠近敷同)'에 대해, 손씨(孫氏: 孫覺)136)가 말하였다. "보동(普同)과 같다."

○ 添此句.
'솔위탄만(率爲誕慢)'의 경우, 이 구절을 더하였다.

○ 奏. ○猶趨也.
'진(進)'은 아룀이다. ○추(趨)와 같다.

○ 又補此句.
'위가려재(爲可慮哉)'의 경우, 또 이 구절을 보탰다.

[3-1-5-8]

| 無若丹朱傲. 惟慢遊, 是好; 傲虐, 是作; 罔晝夜額額, 罔水行舟, 朋淫于家, 用殄厥世. 予創若時, 娶于塗山, 辛壬癸甲, 啓呱呱而泣, 予弗子, 惟荒度土功, 弼成五服, 至于五千, 州十有二師, 外薄四海, 咸建五長, 各迪有功. 苗頑, 弗卽工, 帝其念 |

---

135) 호광(胡廣) 등 찬, 『서경대전(書經大全)』의 소주에서 발췌한 것이다. 그 전문은 다음과 같다. "孫氏曰: '敷同, 猶普同.'(손씨가 말하였다. '부동은 보동과 같다.')"
136) 손씨(孫氏: 孫覺): 손각(128-190)은 송대 학자로 자가 신토(莘老)이고, 고우(高郵) 사람이다. 인종(仁宗) 황우(皇祐) 원년(147)에 진사과에 급제하여 지간원(知諫院)·심관원(審官院)에 올랐다가 왕안석(王安石)의 뜻을 거슬러 지광덕군(知廣德軍)으로 내쳐졌으나, 뒤에 벼슬이 우간의대부(右諫議大夫)·어사중승(御史中丞)에 이르렀다. 경서(經書) 뿐 아니라 시작(詩作)에도 능하여 시집 『여지창화시(荔枝唱和詩)』를 남겼으나 전하지 않는다. 그밖에 『춘추경해(春秋經解)』·『주전(周傳)』 등이 있다.

哉." 帝曰: "迪朕德, 時乃功惟敍, 皐陶方祇厥敍, 方施象
刑, 惟明."

단주(丹朱)처럼 오만하지 마소서. 오직 태만하게 노는 것을 좋아하며, 오만함과 포악함을 저
지르며, 밤낮없이 쉬지 않고 하더니 물이 없는데도 배를 운행하며, 소인과 어울려 집안을 어
지럽혀 그 세대를 끊었습니다. 저는 이와 같음을 징계하여 도산씨(塗山氏)에게 장가들어 겨
우 신(辛)·임(壬)·계(癸)·갑(甲)의 사흘을 지냈으며, 계(啓)가 슬피 울었으나 저는 자식을
사랑하지도 못한 채 오직 토공(土功)을 크게 해내고 오복(五服)을 도와 이루었는데, 5천 리에
이르러 주(州)마다 12사(師)를 두고 밖으로 온 세상에 이르기까지 모두 오장(五長)을 세우니,
각각 나아가서 공(功)이 있게 되었습니다. 삼묘(三苗)가 완악(頑惡)하여 공사(工事)에 나아가
지 않으니, 황제께서는 이를 생각하소서." 라고 하였다. 순임금이 말하기를, "짐의 덕을 순
조롭게 시행한 것은 너의 공력이 펼쳐졌기 때문이니, 고요가 바야흐로 그 펼친 것을 공경히
이어서 상형(象刑)을 베풀었으니, 분명하게 하려고 한다." 라고 하였다.

詳說

○ '好', 去聲. '額', 鄂格反. '呱', 音孤. '度', 入聲. '薄', 必各
反. '長', 上聲.137)

'호(好)'는 거성(去聲: 좋아하다)이다. '액(額)'은 악(鄂)과 격(格)의 반절이다. '고
(呱)'는 음이 고(孤)다. '탁(度)'은 입성(入聲: 헤아리다)이다. '박(薄)'은 필(必)과
각(各)의 반절이다. '장(長)'은 상성(上聲: 어른, 수장)이다.

集傳

『漢』「志」, "堯處子朱於丹淵, 爲諸侯", '丹', 朱之國名也. '額額', 不休息之
狀. '罔水行舟', 如泉盪舟之類. '朋淫'者, 朋比小人而淫亂于家也. '殄', 絶
也. '世'者, 世堯之天下也, 丹朱不肖, 堯以天下與舜而不與朱, 故曰'殄世'.
程子曰: "夫聖莫聖於舜, 而禹之戒舜, 至曰: '無若丹朱, 好慢遊, 作傲虐',
且舜之不爲慢遊傲虐, 雖愚者, 亦當知之, 豈以禹而不知乎. 蓋處崇高之位,
所以儆戒者當如是也." '創', 懲也. 禹自言: "懲丹朱之惡, 而不敢以慢遊
也." '塗山', 國名, 在今壽春縣東北, 禹娶塗山氏之女也. '辛·壬·癸·甲', 四日

---

137) 채침(蔡沈) 찬, 『서경집전(書經集傳)』에는 "'額', 鄂格反. '呱'. 音孤.('액'은 악과 격의 반절이다. '고'는 음
이 고다.)"로 되어 있다. 호광(胡廣) 등 찬, 『서경대전(書經大全)』의 소주에는 "'好', 去聲. '額', 鄂格反.
'呱', 音孤. '度', 達洛反. '薄', 音博. '長', 上聲.('호'는 거성이다. '액'은 악과 격의 반절이다. '고'는 음이
고다. '탁'은 달과 락의 반절이다. '박'은 음이 박이다. '장'은 상성이다.)"으로 되어 있다.

也, 禹娶塗山, 甫及四日, 卽往治水也. '啓', 禹之子. '呱呱', 泣聲. '荒', 大也. 言娶妻生子, 皆有所不暇顧念, 惟以大相度平治水土之功爲急也. 孟子言: "禹八年於外, 三過其門而不入", 是也. '五服', 甸·侯·綏·要·荒也, 言非特平治水土, 又因地域之遠近, 以輔成五服之制也. 疆理宇內, 乃人君之事, 非人臣之所當專者, 故曰'弼成'也. '五千'者, 每服五百里, '五服'之地, 東·西·南·北, 相距五千里也. '十二師'者, 每州立十二諸侯, 以爲之師, 使之相牧, 以糾羣后也. '薄', 迫也, 九州之外, 迫於四海, 每方, 各建五人, 以爲之長, 而統率之也. 聖人經理之制, 其詳內略外者, 如此. '卽', 就也. 謂'十二師'·'五長', 內而侯牧, 外而蕃夷, 皆蹈行有功, 惟三苗頑慢弗率, 不肯就工, 帝當憂念之也. 帝言: "四海之內, 蹈行我之德敎者, 是汝功惟敍之故, 其頑而弗率者, 則皐陶方敬承汝之功敍, 方施象刑, 惟明矣." 曰'明'者, 言其刑罰當罪, 可以畏服乎人也. 上文禹之意, 欲舜弛其鞭扑之威, 益廣其文敎之及, 而帝以: "禹之功敍, 旣已如此, 而猶有頑不卽工如苗民者, 是豈刑法之所可廢哉." 或者乃謂: "苗之凶頑, 六師征之, 猶且逆命, 豈皐陶象刑之所能致", 是未知聖人兵·刑之敍, 與帝舜治苗之本末也. 帝之此言, 乃在禹未攝位之前, 非徂征後事. 蓋威以象刑, 而苗猶不服然後, 命禹征之, 征之不服, 以益之諫而又增修德敎, 及其來格然後, 分背之, 舜之此言, 雖在三謨之末, 而實則禹未攝位之前也.

『한서(漢書)』「율력지(律曆志)」에서 "요(堯)가 아들 주(朱)를 단연(丹淵)에 살게 하여 제후로 삼았다."고 하였으니, '단(丹)'은 주(朱)의 나라 이름이다. '액액(頟頟)'은 쉬지 않는 모양이다. '망수행주(罔水行舟)'는 오(奡)가 배를 육지에서 밀고 간 것과 같은 종류이다. '붕음(朋淫)'이라는 것은 소인들과 떼를 지어 가까이하며 집에서 음란한 짓을 한 것이다. '진(殄)'은 끊음이다. '세(世)'라는 것은 요(堯)의 천하를 대대로 잇는 것인데, 단주(丹朱)가 불초하여 요(堯)가 천하를 순(舜)에게 주고 주(朱)에게 주지 않았기 때문에 '세대를 끊었다'고 한 것이다. 정자(程子: 程頤)가 말하였다. "무릇 성스러움은 순(舜)보다 성스러운 이가 없거늘, 우(禹)가 순(舜)을 경계함에 '단주(丹朱)처럼 태만하게 노는 것을 좋아하지 말고 오만함과 잔학함을 행하지 말라.'고 함에 이르렀으니, 순(舜)이 태만하게 놀고 오만하고 잔학하지 않음을 비록 어리석은 사람이라도 또한 마땅히 알 것인데 어찌 우(禹)로써 알지 못했겠는가. 숭고한 지위에 있으면 경계함이 마땅히 이와 같아야 하는 것이다." '창(創)'은 징계함이니, 우(禹)가 스스로 말하기를 "단주(丹朱)의 악행을 징계하여 감히 태만하게 놀지 않았다."고 하였다. '도산(塗山)'은 나라 이름이니, 지금의 수춘현(壽春縣) 동북쪽에 있었는데 우(禹)가 도산씨(塗山氏)의 딸에게 장가간 것이다. '신(辛)·임(壬)·계(癸)·갑(甲)'은 4일이니, 우(禹)가 도산씨에게 장가가서 겨우 4일이 되자마자 곧장 가서 홍수를 다스린 것이다. '계(啓)'는 우(禹)의 아들이다. '고고(呱呱)'는 우는 소리이다. '황(荒)'은 큼이니, 아내를 얻고 자식을 낳음에 모두 돌아보고 생각할 겨를이 없었을 것인데, 오직 홍수와 토지를 다스리는 일을 크게 살피고 헤아리는 것으로 급선무를 삼았던 것이다. 맹자(孟子)가 말하기를, "우(禹)가 8년 동안 밖에 있으면서 세 번이나 그 집의 문을 지나면서도 들어가지 않았다."는 것이 이것이다. '오복(五服)'은 전복(甸服)·후복(侯服)·수복(綏服)·요복(要服)·황복(荒服)이니, 단지 홍수와 토지를 다스릴 뿐만 아니라 또 지역의 멀고 가까움에 말미암아 오복(五服)의 제도를 도와 이룬 것을 말한다. 온 세상을 구획하고 다스림은 바로 임금의 일이고, 신하가 맡아 전담할 것이 아니기 때문에 '필성(弼成: 도와서 이루게 함)'이라고 말한 것이다. '오천(五千)'이라는 것은 매 복(服)마다 5백 리이니, '오복(五服)'의 땅은 동쪽과 서쪽과 남쪽과 북쪽에 서로의 거리가 5천리인 것이다. '십이사(十二師)'라는 것은 언제나 주(州)에 열두 명의 제후를 세워서 우두머리로 삼아 그들로 하여금 다스림을 살펴서 여러 제후들을 바로잡게 한 것이다. '박(薄)'은 다다름이니, 구주(九州)의 밖으로부터 사해(四海)에 다다름에 언제나 방(方)에 각각 5명을 세워 수장으로 삼아 통솔하게 하였는데, 성인(聖人)이 경영하고 정리한 제도가 안을 상세히 하고 밖을 소략히 함이 이와 같았다. '즉(卽)'은 나아감이다. '십이사(十二師)'와 '오장(五長)'은 안으로 후목(侯牧)과 밖으로 번이(蕃夷)가 모두 공사(工事)를 실행하였는데, 오직 삼묘(三苗)만 완악하고 거만하여 따르지 않으며 공사(工事)에 선뜻 나아가지 않으니, 황제가 마땅히 그것을 걱정하고 생각해야 함을 이른 것이다. 이에 순임금이 말하기를, "사해(四海)의 안이 나의 덕교(德敎)를 실행하는 것은 너의 공덕이 오직 펼쳐졌기 때문이니, 그 완악하여 따르지 않는 이는 고요(皐陶)가 바야흐로 공경히 네가 펼친 공덕을 이어서 사방에 상형(象刑)을 베풀되 오로지 분명하게 한다."라고 한 것이다. '명(明)'이라고 한 것은 그 형벌이 죄에 합당하여 사람들을 두렵게 하고 복종시킬 수 있음을 말한다. 윗글에서 우(禹)의 뜻은 순(舜)으로 하여금 매질하는 위협을 풀고 그 문교(文敎)의 미침을 더욱 넓히고자 하였는데, 순임금이 "우(禹)의 공이 펼쳐짐이 이미 이와 같은데도 오히려 묘(苗)의 백성처럼 완악하여 공사(工事)에 나아가지 않는 이가 있으니, 어찌 형법을 없앨 수 있겠는가."라고 한 것이다. 어떤 이가 이에 말하기를, "묘(苗)의 흉악하고 완우(頑愚)함은 육사(六師)의 군대로 정벌했는데도 오히려 또 명을 거역했으니, 어찌 고요(皐陶)의 상형(象刑)으로 이룰 수 있는 것이겠는가."라고 하니, 이는 성인(聖人)이 군대와 형벌을 쓰는 순서와 순(舜)임금이 묘(苗)를 다스리는 본말을 알지 못한 것이다. 순(舜)임금의 이 말은 바로 우(禹)가 섭위(攝位)하기 전에 있었고 직접 가서 정벌한 뒤의 일이 아니니, 대개 상형(象刑)으로 위협해도 묘(苗)가 오히려 복종하지 않은 뒤에 우(禹)에게 명하여 정벌하게 하였고, 정벌해도 복종하지 않음에 익(益)의 간언(諫言)으로써 또 덕교(德敎)를 더욱 닦았으며, 와서 복종함에 이른 뒤에 나누어 보냈으니, 순임금의 이 말이 비록 세 개의 모(謨)의 끝에 있더라도 실제는 우(禹)가 아직 섭위(攝位)하기 전인 것이다.

詳說

○ 『漢書』「律歷志」.138)
'『한』「지」(『漢』「志」)'는 『한서(漢書)』「율력지(律歷志)」이다.

○ 上聲,139) 下同.
'처(處)'는 상성(上聲: 거주하다)이니, 아래도 같다.

○ 『漢』「志」, 止此.
'위제후(爲諸侯)'에서 볼 때, 『한서(漢書)』「율력지(律歷志)」가 여기서 그친다.

○ 句.
'단(丹)'에서 문장이 끊어진다.

○ 音傲.140)
'오(奡)'는 음이 오(傲)다.

○ 見『論語』「憲問」.141)

---

138) 반고(班固) 찬, 『전한서(前漢書)』「율력지(律歷志)」제일하(第一下)」. "… 陶唐氏讓天下於虞, 使子朱處于丹淵, 爲諸侯, 卽位七十載.(도당씨가 천하를 우에게 사양함에 아들 주를 단연에 살게 하여 제후로 삼았으니, 임금 자리에 있은 지 70년이다.)"
139) 호광(胡廣) 등 찬, 『서경대전(書經大全)』의 소주에 "'處', 上聲.('처'는 상성이다.)"으로 되어 있다.
140) 호광(胡廣) 등 찬, 『서경대전(書經大全)』의 소주를 수용한 것이다.
141) 『논어집주대전(論語集註大全)』 권14, 「헌문(憲問)」. "南宮适, 問於孔子曰：'羿, 善射; 奡, 盪舟, 俱不得其

'오탕주지류(奡盪舟之類)'는 『논어(論語)』 「헌문(憲問)」에 보인다.

○ 毗至反.
'비(比)'는 비(毗)와 지(至)의 반절이다.

○ 新安陳氏曰 : "丹朱之不肖, 蔽以一言曰傲而已. 慢遊淫虐, 皆自傲出, 罔晝夜頟頟, 凶人爲不善, 惟日不足之意."142)
'고왈진세(故曰殄世)'에 대해, 신안 진씨(新安陳氏: 陳師凱)가 말하였다. "단주(丹朱)의 불초함을 한 마디로 줄여서 말하면 오만함일 따름이다. 태만하게 놀고 음란하고 잔학함이 모두 오만함으로부터 나와 밤낮없이 쉬지 않아서 흉악한 사람조차 좋지 않게 여겼는데도 오직 날이 부족하다는 뜻이었다."

○ 叔子.
'정자(程子)'는 동생 정이(程頤, 伊川, 正叔)이다.

○ 音扶.
'부(夫)'는 음이 부(扶)이다.

○ 指舜.
'개처숭고지위(蓋處崇高之位)'는 순(舜)을 가리킨 것이다.

○ 董氏鼎曰 : "舜, 禹初不自知其聖, 其引以進戒, 豈爲過哉."143)

死, 然禹稷, 躬稼而有天下.' 夫子不答, 南宮适出, 子曰 : '君子哉. 若人! 尙德哉. 若人!'(남궁괄이 공자에게 물어 말하였다. '예는 활쏘기를 잘하고, 오는 배를 끌고 다녔으되 다 그 죽음을 얻지 못하였거늘, 그러나 우임금과 직은 몸소 농사를 하였는데 천하를 두었습니다.' 부자가 대답하지 않더니 남궁괄이 나가거늘 공자가 말하였다. '군자로다. 이러한 사람이여! 덕을 숭상하는구나. 이러한 사람이여!')" 하안(何晏)의 『집해(集解)』에서 공안국(孔安國)의 말을 인용하여 "奡多力, 能陸地行舟.(오는 힘이 세서 능히 육지에서 배를 운행하였다.)"라 하였고, 형병(邢昺)은 "'盪', 訓推也, 能陸地推舟而行.('탕'은 뜻이 미는 것이니, 능히 육지에서 배를 밀어서 운행하였다.)"라고 하였다. 주자의 집주에 의하면 "'奡', 『春秋傳』作'澆', 浞之子也. 力能陸地行舟, 後爲夏后少康所誅. 禹平水土, 曁稷播種, 身親稼穡之事, 禹受舜禪而有天下, 稷之後, 至周武王, 亦有天下.('오'는 『춘추전』에 '요'로 썼으니 한착의 아들인데, 힘이 능히 육지로 배가 가게 할 수 있었으나, 뒤에 하나라 소강에게 주살되었다. 우가 물과 토지를 다스리고, 직과 함께 씨앗을 뿌리면서 몸소 농사일을 하였는데, 우는 순의 선위를 받아서 천하를 가졌으며, 직의 후손도 주나라 무왕 때 이르러 또한 천하를 가졌던 것이다.)"라고 하였다.

142) 호광(胡廣) 등 찬, 『서경대전(書經大全)』의 소주를 수용한 것이다.
143) 호광(胡廣) 등 찬, 『서경대전(書經大全)』의 소주에서 발췌한 것이다. 그 전문은 다음과 같다. "董氏鼎曰 : '禹戒舜以無若丹朱, 無怪其然也, 他山之石, 可以攻玉. 舜, 禹初不自知其聖, 則其引以進戒, 豈爲過哉. 當時黎民於變, 比屋可封, 而內則有丹朱之可戒, 外則有苗頑之可憂, 未能忘情, 惟此二者, 此聖所以益聖也.'(동씨

'소이경계자당여시야(所以儆戒者當如是也)'에 대해, 동씨정(董氏鼎: 董氏鼎)이 말하였다. "순(舜)은 우(禹)가 처음에 스스로 그 성스러움을 알지 못하자 이끌면서 힘써 경계하였으니 어찌 허물이 되겠는가."

○ 若是.
'이불감이만유야(而不敢以慢遊也)'의 경우, 이와 같은 것이다.

○ 新安陳氏曰 : "禹以丹朱爲帝戒, 復以己之懲丹朱者, 繼之."144)
신안 진씨(新安陳氏: 陳師凱)가 말하였다. "우(禹)는 단주(丹朱)로써 임금의 경계로 삼았고, 다시 자기가 단주(丹朱)를 징계한 것으로써 이어나갔다."

○ 補此句.
'즉왕치수야(卽往治水也)'의 경우, 이 구절을 보탠 것이다.

○ 去聲.145)
'상(相)'은 거성(去聲: 살펴보다)이다.

○ 「滕文公」.146)
'맹자(孟子)'는 「등문공(滕文公)」이다.

정이 말하였다. '우가 순을 경계하기를 단주처럼 되지 말라고 하였는데 그러한 것이 이상할 게 없다. 남의 산의 돌은 옥을 다스릴 수 있는 것이다. 순은 우가 처음에 스스로 그 성스러움을 알지 못하자 이끌면서 힘써 경계하였으니 어찌 허물이 되겠는가. ….')"
144) 호광(胡廣) 등 찬, 『서경대전(書經大全)』의 소주에서 발췌한 것이다. 그 전문은 다음과 같다. "新安陳氏曰 : '禹欲帝無恃刑威之用, 而益廣明德之及, 以丹朱爲帝戒, 復以己之懲戒丹朱者繼之, 末言天下皆順, 而苗民獨頑, 若以爲不止於庶頑之頑者, 欲帝念之也.'(신안 진씨가 말하였다. '우는 … 단주로써 임금의 경계로 삼았고, 다시 자기가 단주를 징계한 것으로써 이어나갔으며, ….')"
145) 호광(胡廣) 등 찬, 『서경대전(書經大全)』의 소주를 수용한 것이다.
146) 『맹자집주대전(孟子集註大全)』 권5, 「등문공장구상(滕文公章句上)」에 나오는 구절이다. 그 내용은 다음과 같다. "當堯之時, 天下猶未平, 洪水橫流, 氾濫於天下, 草木暢茂, 禽獸繁殖. 五穀不登, 禽獸偪人, 獸蹄·鳥跡之道, 交於中國, 堯獨憂之, 擧舜而敷治焉, 舜使益掌火, 益烈山澤而焚之, 禽獸逃匿. 禹疏九河, 瀹濟·漯而注諸海, 決汝·漢, 排淮·泗而注之江, 然後中國, 可得而食也. 當是時也, 禹八年於外, 三過其門而不入, 雖欲耕, 得乎?(요임금 때를 맞아서 천하가 오히려 평온하지 못하여 홍수가 마구 흘러서 천하에 넘쳐 퍼져서 풀과 나무가 쑥쑥 크고 우거지며 짐승들이 많이 늘어났다. 오곡이 익지 못하며 짐승들이 사람에게 다가와 짐승 발굽 및 새 발자국의 길이 나라 안에 교차하거늘, 요임금이 홀로 근심하여 순임금을 들어서 다스림을 펴게 하시니, 순임금이 익으로 하여금 불을 담당하게 하셨는데, 익이 산림천택을 불 피워 태우니 짐승들이 도망가서 숨었다. 우임금이 아홉 갈래 황하를 트고 제수와 탑수를 치워서 바다로 흐르게 하시며, 여수와 한수를 터놓고 회수와 사수를 밀어 열어서 양자강으로 흐르게 하시니, 그런 뒤에 나라 안이 얻어서 먹을 수 있었다. 이때에 닥쳐서 우임금이 바깥에 8년 있음에 여러 번 그 집 문을 지나갔어도 들어가지 않았으니 비록 경작하고자 하더라도 할 수 있겠는가?)"

○ 朱子曰 : "若家有父母, 洪水之患甚急, 有傾國溺都, 君父危亡之災, 雖不過家見父母, 亦可."147)

'시야(是也)'에 대해, 주자(朱子: 朱熹)가 말하였다. "만약 집에 부모님이 계셔도 홍수의 근심이 매우 위급하여 나라를 기울게 하고 도읍을 빠뜨림이 있다면 임금의 위급하고 망하는 재난이기 때문에 비록 집 앞을 지나면서 부모님을 보지 않더라도 또한 괜찮은 것이다."

○ 見「禹貢」.148)

'전·후·수·요·황야(甸·侯·綏·要·荒也)'의 내용이 「우공(禹貢)」에 보인다.

○ 以每服方千里, 乘之.

'상거오천리야(相距五千里也)'의 경우, 매복(每服)의 사방 천리를 곱한 것이다.

---

147) 호광(胡廣) 등 찬, 『서경대전(書經大全)』의 소주에서 발췌한 것이다. 그 전문은 다음과 같다. "問 : '禹·稷三過其門而不入, 若家有父母, 豈可不入?' 朱子曰 : '固是然. 事亦須量箇緩急. 若只是那九年泛泛底水, 未便會傾國覆都, 過家見父母, 亦不妨. 若洪水之患甚急, 有傾國溺都, 君父危亡之災也. 不得奔君父之急難, 雖不過家見父母, 亦不妨也. ….'(물었다. '우와 직이 세 번씩이나 그의 집 문을 지나면서도 들어가지 않았다고 하였는데, 만약 집에 부모님이 계신다면 어찌 들어가지 않을 수 있겠습니까?' 주자가 말하였다. '진실로 그러하다. 일이란 또한 모름지기 완급을 헤아려야 하는 것이다. 만약 다만 홍수가 저렇게 9년 동안 넘실넘실 흘러서 물이 나라를 기울게 하고 도읍을 뒤엎지 않는다면 집 앞을 지나면서 부모님을 보더라도 또한 거리낄 게 없을 것이다. 만약 홍수의 근심이 매우 급하여 나라를 기울게 하고 도읍을 뒤엎음이 있다면 임금이 위태하고 망하는 재앙이다. 다만 임금의 위급한 재난에 달려가야 하고, 비록 집 앞을 지나면서 부모를 보지 않더라도 또한 괜찮은 것이다. ….')" 이는 『주자어류(朱子語類)』권57, 「맹자칠(孟子七)·이루하(離婁下)·우직당평세장(禹稷當平世章)」에서 발췌한 것이다. 그 내용은 다음과 같다. "問 : '禹·稷當平世三過其門而不入, 似天下之事重平私家也. 若家有父母, 豈可不入?' 曰 : '固是然. 事亦須量緩急.' 問 : '何謂緩急?' 曰 : '若洪水之患不甚爲害, 只是那九年泛泛底水, 未便會傾國覆都, 過家見父母, 亦不妨. 若洪水之患甚急, 有傾國溺都, 君父危亡之災也. 只得且奔君父之急, 雖不過見父母, 亦不妨也. ….'"

148) 호광(胡廣) 등 찬, 『서경대전(書經大全)』권3, 「하서(夏書)·우공(禹貢)」. "五百里, 甸服, … 五百里, 侯服, … 五百里, 綏服, … 五百里, 要服, … 五百里, 荒服, ….(5백 리는 전복이니, … 5백 리는 후복이니, … 5백 리는 수복이니, … 5백 리는 요복이니, … 5백 리는 황복이니, ….)" 그 집전에서 "'甸服', 畿內之地也, '甸', 田; '服', 事也, 以皆田賦之事, 故謂之'甸服'. '五百里'者, 王城之外, 四面, 皆五百里也. '侯服'者, 侯國之服, 甸服外, 四面又各五百里也. … '綏', 安也, 謂之'綏'者, 漸遠王畿而取撫安之義. '侯服'外에 四面又各五百里也. … '要服', 去王畿已遠, 皆夷狄之地, 其文法, 略於中國, 謂之'要'者, 取要約之義, 特羈縻之而已, '綏服'外, 四面又各五百里也. … '荒服', 去王畿益遠, 而經略之者, 視'要服', 爲尤略也, 以其荒野, 故謂之'荒服', 要服外, 四面又各五百里也.('전복'은 기내의 땅이니, '전'은 밭이고, '복'은 일이니, 모두 전답 부세의 일이기 때문에 '전복'이라고 이른 것이다. '오백리'라는 것은 왕성의 밖에 사방으로 모두 5백 리인 것이다. … '후복'이라는 것은 제후나라의 일이니, 전복 밖에 사방으로 또 각각 5백 리씩이다. … '수'는 편안함이니, '수'라고 이른 것은 점점 왕기에서 멀어져서 위무하고 편안히 해주는 뜻을 취한 것이니. '후복' 밖에 사방으로 또 각각 5백 리씩이다. … '요복'은 왕기와의 거리가 이미 멀어서 모두 오랑캐의 땅이니, 문서와 법령이 중국보다 소략하며, '요'라고 이른 것은 요약의 뜻을 취한 것이니, 다만 이어감일 뿐이다. '수복' 밖에 사방으로 또 각기 5백 리씩이다. … '황복'은 왕기와의 거리가 더욱 멀어서 경영하고 다스리는 것이 '요복'에 비하여 더욱 소략하며, 황야이기 때문에 '황복'이라 이른 것이니, '요복' 밖에 사방으로 또 각기 5백 리씩이다.)"라고 하였다.

○ 四方.
'매방(每方)'은 사방(四方)이다.

○ 視蕃夷, 爲內.
'내이후목(內而侯牧)'의 경우, 번이(蕃夷)에 비하여 안쪽이 되는 것이다.

○ 藩同.
'번(蕃)'은 번(藩)과 같다.

○ 亦夷也.
'외이번이(外而蕃夷)'에서 '번(蕃)'도 또한 오랑캐이다.

○ 新安陳氏曰 : "不止於'庶頑'之'頑'."149)
'유삼묘완만(惟三苗頑慢)'에 대해, 신안 진씨(新安陳氏: 陳師凱)가 말하였다. "'서완(庶頑)'의 '완(頑: 頑愚하다)'에 그치지 않는 것이다."

○ 見「禹謨」.150)
'유삼묘완만불솔(惟三苗頑慢弗率)'의 경우, 「대우모(大禹謨)」에 보인다.

○ 猶功也.
'불긍취공(不肯就工)'의 공(工)은 공(功)과 같다.

○ 補'四海'字.

---

149) 호광(胡廣) 등 찬, 『서경대전(書經大全)』의 소주에서 발췌한 것이다. 그 전문은 다음과 같다. "新安陳氏曰 : '禹欲帝無恃刑威之用, 而益廣明德之及, 以丹朱爲帝戒, 復以己之懲戒丹朱者繼之, 末言天下皆順, 而苗民獨頑, 若以爲不止於庶頑之頑者, 欲帝念之也.'(신안 진씨가 말하였다. '우는 … 단주로써 임금의 경계로 삼있고, 다시 자기가 단주를 징계한 것으로써 이어나갔으며, … 묘의 백성들이 오직 완악한 것은 마치 서완의 완우함에 그치지 않는다고 여긴 것 같으니, 임금이 그것을 생각하라고 바란 것이다.')"
150) 위의 「대우모(大禹謨)」 [2-1-3-20]에 보인다. 그 내용은 다음과 같다. "帝曰 : 咨, 禹! 惟時有苗弗率, 汝徂征.' 禹乃會羣后, 誓于師曰 : '濟濟有衆, 咸聽朕命. 蠢茲有苗, 昏迷不恭, 侮慢自賢, 反道敗德. 君子在野, 小人在位, 民棄不保, 天降之咎, 肆予以爾衆士, 奉辭伐罪, 爾尙一乃心力, 其克有勳.'(순임금이 말하기를 '아! 우야. 오직 이 유묘가 따르지 않으니, 네가 가서 정벌하라.'라고 하니, 우가 이에 여러 제후들을 모아놓고 군사들에게 맹세하여 말하였다. '많고 많은 군사들이여. 다 나의 명령을 들으라. 꾸물거리는 이 유묘가 어둡고 미혹하며 공경하지 못하여 남을 업신여기고 스스로 잘난 척하며, 도를 어기고 덕을 무너뜨려 군자가 재야에 있고 소인이 좋은 자리에 있자 백성들이 유묘의 임금을 버리고 보호하지 않으니 하늘이 재앙을 내리도다. 이러므로 내가 너희 많은 군사들을 거느리고 황제의 말씀을 받들어 죄를 지은 이들을 정벌하는 것이니, 너희들은 부디 마음과 힘을 한결같이 해야 능히 공훈을 세울 수 있도다.')"

'도행아지덕교자(蹈行我之德敎者)'에서 볼 때, '사해(四海)'자를 보탰다.

○ 補此句.
'기완이불솔자(其頑而弗率者)'의 경우, 이 구절을 보탰다.

○ 已見「舜典」.151)
'방시상형(方施象刑)'의 내용이 이미 「순전(舜典)」에서 보였다.

○ 去聲.152)
'당(當)'은 거성(去聲: 적당하다, 적합하다)이다.

○ 夏氏曰 : "承功敍而施象刑, 正如九功, 惟敍之後, 董之用威, 不容已也."153)
'가이외복호인야(可以畏服乎人也)'에 대해, 하씨(夏氏: 夏僎)가 말하였다. "공을 펼침을 이어서 본받은 형벌을 베푸니 정말로 구공(九功)과 같았는데, 오직 펼쳐진 뒤에도 감독하여 위협함을 써서 그치지 않았던 것이다."

○ 音始.
'시(弛)'는 음이 시(始)다.

---

151) 위의 「순전(舜典)」[1-1-2-11]에 보인다. 그 내용은 다음과 같다. "象以典刑, 流宥五刑, 鞭作官刑, 扑作敎敎刑, 金作贖刑, 眚災肆赦, 怙終賊刑, 欽哉欽哉, 惟刑之恤哉.(옛날의 모범적인 형벌로써 본받아 유형으로써 다섯 가지 형벌을 용서하며, 채찍으로 관리의 형벌을 만들며, 회초리로 학교의 형벌을 만들었는데, 황금으로 형벌을 속죄하게 하며, 과실로 지은 죄는 형벌을 너그럽게 하며, 간악함을 믿고 끝까지 회개하지 않으면 사형하였으나, 신중히 하고 신중히 하면서 오직 형벌을 가엾게 여겼도다.)" 집전에 의하면, "'象', 如天之垂象以示人, 而 '典'者, 常也. 示人以常刑, 所謂墨·劓·剕·宮·大辟五刑之正也, 所以待夫元惡大憝, 殺人·傷人·穿窬·淫放, 凡罪之不可宥者也.('상'은 하늘이 현상을 드리워 사람에게 보여줌과 같은데, '전'이라는 것은 떳떳함이다. 사람에게 떳떳한 형벌을 보여줌은 이른바 묵형·의형·비형·궁형·대벽의 다섯 가지 형벌이 바른 것이니, 무릇 큰 죄악을 저질러 사람들이 매우 미워하는 사람을 죽이고, 사람을 상해하고, 담장을 뚫거나 넘어 도둑질하고, 음탕한 따위의 모든 죄악의 용서할 수 없는 이에 대비한 것이다.)"라고 하였다.
152) 호광(胡廣) 등 찬, 『서경대전(書經大全)』의 소주를 수용한 것이다.
153) 호광(胡廣) 등 찬, 『서경대전(書經大全)』에서 발췌한 것이다. 그 전문은 다음과 같다. "夏氏曰 : 洪水未平, 九功未敍, 人救死不贍, 何暇迪德. 舜謂今天下所以迪行我德, 而各迪, 有功者, 由汝之九功, 惟敍故也. 皐陶方敬承汝功之敍, 又慮迪德者怠, 方施象刑, 明示人以儆之, 則已迪德者益勉, 未迪德者益懼而勉矣, 此正如九功, 惟敍之後, 董之用威, 不容已也.'(하씨가 말하였다. '홍수가 다스려지지 않고 구공이 펼쳐지지 않아서 사람들이 죽음에서 벗어나기도 부족한데 어느 겨를에 덕을 행하겠는가. … 고요가 바야흐로 공경히 너의 공을 펼침을 이었고, 또 덕을 행하기를 생각한 것이 게을러서 바야흐로 본받은 형벌을 베풀어 사람들에게 밝게 보여주어 경계하니 … 이는 정말로 구공과 같았는데, 오직 펼쳐진 뒤에도 감독하여 위협함을 써서 그치지 않았던 것이다.')"

○ 以爲.

'제이(帝以)'에서 이(以)는 이위(以爲)이다.

○ '帝以'之意, 止此.

'시기형법지소가폐재(是豈刑法之所可廢哉)'에서 볼 때, '제이(帝以)'의 뜻이 여기서 그친다.

○ 次序.

'시미지성인병·형지서(是未知聖人兵·刑之敍)'에서 서(敍)는 차서(次序)이다.

○ 音佩.

'패(背)'는 음이 패(佩)이다.

○ 與'分背'註, 叅看.154)

'이실즉우미섭위지전야(而實則禹未攝位之前也)'에서 볼 때, '분패(分背)'의 주(註)와 참조하여 보아야 한다.

○ 論也.

'상문(上文)'의 이하는 논변한 것이다.

○ 朱子曰 : "今溪洞, 蠻有四種, 曰犵, 曰狑, 曰獠, 其最輕捷者,

---

154) 위의 「순전(舜典)」 [1-1-2-27]에 보인다. 그 내용은 다음과 같다. "三載考績, 三考黜陟幽明, 庶績咸熙, 分北三苗.(3년마다 공적을 고과하고 세 번을 고과하여 선량한 이와 사악한 이를 내치고 올려 많은 공적이 다 흥성하였는데, 삼묘를 분산시키고 등지게 하였다.)" 그리고 집전의 내용에 의하면 "'北', 猶背也, 其善者留, 其不善者竄徙之, 使分背而去也. 此言舜命二十二人之後, 立此考績黜陟之法, 以時擧行, 而卒言其效如此也. 按, '三苗', 見於經者, 如典·謨·「益稷」·「禹貢」·「呂刑」, 詳矣. 蓋其負固不服, 乍臣乍叛, 舜攝位而竄逐之, 禹治水之時, 三危已宅, 而舊都猶頑不卽工, 禹攝位之後, 帝命徂征, 而猶逆命, 及禹班師而後來格, 於是, 乃得考其善惡而分北之也.「呂刑」之言'遏絶', 則通其本末而言, 不可以先後論也.('패'는 '어길 패'와 같으니, 선량한 이는 머물러 살게 하고 선량하지 않은 이는 쫓아내어 옮겨 살게 함이니, 분산시키고 등을 져서 떠나가게 한 것이다. 이는 순이 스물두 사람을 임명한 뒤에 이 공적을 고과하여 내치고 올리는 법을 세워서 때때로 거행하였음을 말하고, 마침내 그 효험이 이와 같았음을 말한 것이나. 살펴보건대, '삼묘'가 경서에 보이는 것은 전과 모와 「익직」과 「우공」과 「여형」과 같은데 상세하다. 대개 그 지리의 험고함을 믿고 복종하지 않아 갑자기 신하가 되었다가 갑자기 배반하니 순이 임금 자리를 대신할 때 그들을 내쫓아냈고, 우가 홍수를 다스릴 때 삼위에 이미 집을 짓고 살 수 있었으나 옛 도읍이 여전히 고집스러워 그 일에 나아가지 않았다. 우가 임금 자리를 대신한 뒤에 순임금이 명하여 가서 정벌하게 하였으나 오히려 명령을 거역하다가 우가 군사를 되돌린 뒤에 와서 이르니, 이에 비로소 그 선량한 이와 사악한 이를 나누어 등지게 한 것이다. 「여형」에서 '알절'이라고 말한 것은 그 근본과 말단을 통틀어 말한 것이니, 앞서고 뒤에 함으로써 논변해서 안 된다.")라고 하였다.

曰猫, 未必非三苗之後."155)

주자(朱子: 朱熹)가 말하였다. "지금의 계곡이나 동굴에 사는 북방 오랑캐가 네 가지 종족이 있었으니, 힐(犵)이고, 영(狑)이고, 요(獠)이며, 그 가운데 가장 날렵하고 민첩한 것을 묘(猫)라고 하였는데, 삼묘(三苗)의 후예가 아니라고 기필하지는 못한다."

○ 董氏鼎曰 : "當時比屋可封, 而內則有丹朱之可戒; 外則有苗頑之可憂. 惟此二者 未能忘情, 此聖之所以益聖也."156)

동씨 정(董氏鼎: 董鼎)이 말하였다. "당시에 교화가 사해에 보급되어 집집마다

---

155) 호광(胡廣) 등 찬,『서경대전(書經大全)』의 소주에서 발췌한 것이다. 그 내용은 다음과 같다. "…'苗頑弗即工, 此是禹治水時, 調役他國人夫, 不動也, 後方征之, 旣格而服, 則治其前日之罪而竄之, 竄之而後, 分北之. 今說者, 謂苗旣格而又叛, 恐無此事.' 又曰 : '三苗, 想只是如今之溪洞相似, 溪洞有數種, 一種謂之猫, 未必非三苗之後. 史中說三苗之國, 左洞庭, 右彭蠡, 在今湖北·江西之界, 其地亦甚瀾矣.' '頃在湖南, 見說溪洞蠻猺畧有四種, 曰犵, 曰狑, 曰獠, 而其最輕捷者曰猫. 近年數出擄掠, 爲邊患者, 多此種也, 豈三苗之遺民乎. 然則所謂三苗者, 亦當正作猫字耳. 詹元善說苗民之國三徙其都, 初在今之筠州, 次在今之興國軍, 皆在深山中, 人不可入而已亦難出. 其最後在今之武昌縣, 則據江山之險, 可以無所不爲, 人不得而遏之矣.'(…'묘족이 완악하여 공사에 나아가지 않는다 하였으니, 이는 우가 홍수를 다스릴 때 다른 나라의 인부들을 길들여 부렸으나 움직이지 않아서 뒤에 바야흐로 정벌함에 이르러 복종하니, 그 전날의 죄를 다스려 귀양 보내고 귀양 보낸 뒤에 다시 나누어 배척하였다. 지금 말하는 이들이 묘족이 이미 이르렀다가 다시 배반한 것이라 말하는데, 아마도 이 일은 없었던 것 같다.' 또 말하였다. '삼묘는 생각하건대 지금의 계동과 서로 비슷하니 계동에는 몇 종류가 있는데, 하나의 종족을 묘라고 이르는데 삼묘의 후예가 아니라고 기필하지 못한다. 역사책 가운데 삼묘의 나라는 동정호를 왼쪽에 두고, 팽려호를 오른쪽에 두어 지금의 호북과 강서의 지경인데, 그 지역이 또한 매우 넓다.' '예전에 호남에 있을 때, 계곡이나 동굴에 사는 남쪽 오랑캐들에 대해 말하는 것을 보았다. 대략 네 종류가 있어 힐과 영과 요라고 하는데, 그 가운데 가장 날렵하고 강건한 것을 묘라고 하였다. 근래에 여러 차례 약탈을 하여 변경의 우환이 되는 것이 대부분 이 종족이었으니, 어찌 삼묘씨의 유민이겠는가? 그렇다면 이른바 삼묘라는 것은 또한 마땅히 바로 고양이 묘자로 써야 할 뿐이다. 첨원선이 말하기를, 묘백성의 나라는 세 번 그 도읍을 옮겼는데, 처음에는 지금의 균주에 있었고, 다음에는 지금의 흥국군에 있었으니, 모두 깊은 산 속에 있어서 사람들이 들어갈 수 없을 뿐 아니라 또한 나오기도 어려웠다. 가장 뒤에는 지금의 무창현에 있었는데 강과 산의 험함에 의거하여 하지 않는 짓이 없었는데 사람들이 그것을 막을 수가 없었다.')" 두 단락 가운데 위의 단락은『주자어류(朱子語類)』권78,「상서일(尙書一)·익직(益稷)」과, 전당(錢塘) 정천(程川) 찬,『주자오경어류(朱子五經語類)』권45,「서오(書五)·우서삼(虞書三)」에 실려 있다. 아래의 단락은 주자(朱子) 찬,『주자대전(朱子大全)』권71,「잡저(雜著)·기삼묘(記三苗)」에서 발췌한 것이다. 그 전문은 다음과 같다. "頃在湖南, 見說溪洞蠻猺畧有四種, 曰獠, 曰犵, 曰狑, 而其最輕捷者曰猫. 近年數出剽掠, 爲邊患者, 多此種也, 豈三苗氏之遺民乎. 古字少而多通用, 然則所謂三苗者, 亦當正作猫字耳. 詹元善說苗民之國三徙其都, 初在今之筠州, 次在今之興國軍, 皆在深山中, 人不可入而已亦難出. 最後在今之武昌縣, 則據江山之險, 可以四出爲冠, 而人不得而近之矣. 未及問其所據, 聊倂記于此云."

156) 호광(胡廣) 등 찬,『서경대전(書經大全)』의 소주에서 발췌한 것이다. 그 전문은 다음과 같다. "董氏鼎曰 : 禹戒舜以無若丹朱, 無怪其地, 他山之石, 可以攻玉. 舜, 禹初不自知其聖, 則其引以進戒, 豈爲過哉. 當時黎民於變, 比屋可封, 而內則有丹朱之可戒, 外則有苗頑之可憂. 未能忘情. 惟此二者, 此聖所以益聖也.'(동씨 정이 말하였다. '우가 순을 경계하기를 단주처럼 되지 말라고 하였는데 그러한 것이 이상할 게 없다. 남의 산의 돌은 옥을 다스릴 수 있는 것이다. 순과 우가 처음에 스스로 그의 성스러움을 알지 못하자 이끌면서 힘써 경계하였으니 어찌 허물이 되겠는가. … 당시에 교화가 사해에 보급되어 집집마다 모두 덕행이 있어서 드러내어 표창할 수 있었으니, 안으로는 단주의 경계 삼을 만함이 있었고, 밖으로는 묘의 완악함에 근심할 만한 것이 있었다. 실정을 잊을 수 없는 것은 오직 이 두 가지뿐이니, 이는 성스러움이 성스러움에 더하는 것이다.')"

모두 덕행이 있어서 드러내어 표창할 수 있었으니, 안으로는 단주(丹朱)의 경계 삼을 만함이 있었고, 밖으로는 묘(苗)의 완악함의 근심할 말한 것이 있었다. 오직 이 두 가지는 인정을 잊을 수 없으니, 이는 성스러움이 성스러움에 더하는 것이다."

[3-1-5-9]

夔曰: "戛擊鳴球, 搏拊琴瑟, 以詠, 祖考來格, 虞賓在位, 羣后德讓. 下管鼗鼓, 合止柷·敔, 笙鏞以間, 鳥獸蹌蹌, 簫韶九成, 鳳凰來儀."

기(夔)가 말하였다. "명구(鳴球)를 치며 거문고와 비파를 튕겨서 노래를 읊으니, 조고(祖考)가 와서 이르시며 우빈(虞賓)이 자리에 있으면서 여러 제후들과 덕(德)으로 사양합니다. 당 아래에는 관악기와 도고(鼗鼓)를 진열하고, 연주를 시작하고 그치기를 축(柷)과 어(敔)로 하며, 생(笙)과 큰 종을 번갈아 울리니 새와 짐승이 너울너울 춤을 추며, 소소(簫韶)를 아홉 번 연주하자 봉황이 와서 춤을 춥니다."

詳說

○ '戛', 訖黠反, 『諺』音誤.157) '拊', 『諺』音誤.158) '鼗', 音桃. '柷', 尺叔反. '敔', 音語. '間', 去聲.159)

'갈(戛)'은 글(訖)과 할(黠)의 반절이니, 『언해(諺解)』의 음이 잘못되었다. '부(拊)'는 『언해(諺解)』의 음이 잘못되었다. '도(鼗)'는 음이 도(桃)이다. '축(柷)'은 척(尺)과 숙(叔)의 반절이다. '어(敔)'는 음이 어(語)다. '간(間)'은 거성(去聲: 번갈아)160)이다.

集傳

'戛擊', 考擊也. '鳴球', 玉磬名也. '搏', 至; '拊', 循也. 樂之始作, 升歌於堂

---

157) 『언해(諺解)』에는 음이 '알'로 되어있다.
158) 『언해(諺解)』에는 음이 '무'로 되어있다.
159) 채침(蔡沈) 찬, 『시경집전(詩經集傳)』에는 "'戛', 訖黠反. '鼗', 音桃. '柷', 昌六反. '敔', 偶許反.('갈'은 글과 할의 반절이다. '도'는 음이 도다. '축'은 창과 륙의 반절이다. '어'는 우와 허의 민절이다.)"으로 되어있다. 호광(胡廣) 등 찬, 『서경대전(書經大全)』의 소주에는 "'搏拊', 音博撫. '鼗', 音桃. '柷敔', 音祝語. '間', 去聲. '蹌', 音鏘.('박부'는 음이 박무다. '도'는 음이 도다. '축어'는 음이 축어다. '간'은 거성이다. '창'은 음이 창이다.)"으로 되어있다.
160) 공안국(孔安國)은 "'간'은 질이다.('間', 迭也.)"라고 하였다.

上, 則堂上之樂, 惟取其聲之輕淸者, 與人聲相比, 故曰以詠, 蓋戛擊鳴球, 搏拊琴瑟, 以合詠歌之聲也. '格', '神之格思'之'格', '虞賓', 丹朱也. 堯之後爲賓於虞,　猶微子作賓於周也. 丹朱在位, 與助祭羣后, 以德相讓, 則人無不化161), 可知矣. '下', 堂下之樂也. '管', 猶『周禮』所謂'陰竹之管'·'孤竹之管'·'絲竹162)之管'也. '鼗鼓', 如鼓而小, 有柄, 持而搖之, 則旁耳自擊. '柷·敔', 郭璞云: "'柷', 如漆桶, 方二尺四寸, 深一尺八寸, 中有椎柄, 連底撞之, 令左右擊." '敔', 狀如伏虎, 背上, 有二十七鉏鋙刻, 以籈櫟163)之, 籈長一尺, 以木爲之. 始作也, 擊柷以合之, 及其將終也, 則櫟164)敔以止之, 蓋節樂之器也. '笙', 以匏爲之, 列管於匏中, 又施簧於管端. '鏞', 大鐘也. 葉氏曰: "鐘, 與笙相應者, 曰'笙鐘'; 與歌相應者, 曰'頌鐘'. 頌, 或謂之'鏞', 『詩』, '賁鼓維鏞', 是也." 「大射禮」"樂人宿縣于阼階東, 笙磬西面; 其南笙鐘, 西階之西, 頌磬東面, 其南頌鐘", '頌鐘', 卽鏞鐘也. 上言以詠, 此言以間, 相對而言,　蓋與詠歌迭奏也. 「鄕飮酒禮」云: "歌「鹿鳴」, 笙「南陔」, 間歌「魚麗」, 笙「由庚」", 或其遺制也. '蹌蹌', 行動之貌, 言樂音, 不獨感神人, 至於鳥獸無知, 亦且相率而舞蹌蹌然也. '簫', 古文作'箾', 舞者所執之物.『說文』云: "樂名箾韶, 季札觀周樂, 見舞韶箾者", 則'箾韶', 蓋舜樂之總名也. 今文作'簫', 故先儒誤以簫管釋之. '九成'者, 樂之九成也. 功以九敍, 故樂以九成, '九成', 猶『周禮』所謂'九變'也. 孔子曰: "'樂'者, 象成者也, 故曰'成'." '鳳凰', 羽族之靈者, 其雄爲鳳, 其雌爲凰. '來儀'者, 來舞而有容儀也. '戛擊鳴球, 搏拊琴瑟, 以詠', 堂上之樂也; '下管鼗鼓, 合止柷·敔, 笙·鏞以間', 堂下之樂也. 唐孔氏曰: "樂之作也, 依上下而遞奏, 間合而後曲成." '祖考', 尊神, 故言於堂上之樂; '鳥獸', 微物, 故言於堂下之樂. 九成致鳳, 尊異靈瑞, 故別言之, 非堂上之樂, 獨致神格; 堂下之樂, 偏能舞獸也. 或曰: "笙之形, 如鳥翼, 鏞之簴, 爲獸形, 故於笙·鏞以間, 言鳥獸蹌蹌.『風俗通』曰: '舜作簫笙, 以象鳳', 蓋因其形·聲之似, 以狀其聲·樂之和, 豈眞有鳥獸·鳳凰而蹌蹌

---

161) 化: 『서경집전(書經集傳)』과 『서경대전(書經大全)』 및 내각본에는 모두 '和'로 되어있다.
162) 絲竹: '손죽(孫竹)'의 오기다. '사죽(絲竹)'은 현악기(絃樂器)와 죽관악기(竹管樂器)의 총칭으로 보통 음악을 가리킨다. 『예기(禮記)』「악기(樂記)」에서 "德者, 性之端也; 樂者, 德之華也; 金·石·絲·竹, 樂之器也.(덕이라는 것은 성의 실마리이고, 악이라는 것은 덕의 꽃이며, 금과 석과 사와 죽은 음악의 악기이다.)"라고 하였다.
163) 櫟: 『서경집전(書經集傳)』과 『서경대전(書經大全)』에는 '櫟'으로 되어있다. 내각본에는 '擽'으로 되어있다. '력(櫟)'과 '력(擽)'은 모두 타격(打擊)의 뜻이다.
164) 櫟: 『서경집전(書經集傳)』과 『서경대전(書經大全)』에는 '櫟'으로 되어 있다. 내각본에는 '擽'으로 되어있다.

來儀者乎." 曰 : "是未知聲樂感通之妙也." 瓠巴鼓瑟, 而游魚出聽; 伯牙鼓琴, 而六馬仰秣, 聲之致祥召物, 見於傳者, 多矣. 況舜之德, 致和於上; 夔之樂, 召和於下, 其格神人, 舞獸鳳, 豈足疑哉. 今按, 季札觀周樂, 見舞韶箾者, 曰 : "德至矣盡矣. 如天之無不覆, 如地之無不載, 雖甚盛德, 蔑以加矣." 況舜之德, 致和於上; 夔之樂, 召和於下, 其格神人, 舞獸鳳, 豈足疑哉. 今按, 季札觀周樂, 見舞韶箾者, 曰 : "德至矣盡矣. 如天之無不覆, 如地之無不載, 雖甚盛德, 蔑以加矣." 夫韶樂之奏, 幽而感神, 則祖考來格; 明而感人, 則羣后德讓; 微而感物, 則鳳儀獸舞, 原其所以能感召如此者, 皆由舜之德, 如天地之無不覆燾也. 其樂之傳, 歷千餘載, 孔子聞之於齊, 尚且三月不知肉味, 曰 : "不圖爲樂之至於斯." 則當時感召, 從可知矣. 又按, 此章夔言作樂之效, 其文自爲一段, 不與上下文勢相屬. 蓋舜之在位五十餘年, 其與禹·皋陶·夔·益, 相與答問者多矣. 史官, 取其尤彰明者, 以詔後世, 則是其所言者, 自有先後, 史官集而記之, 非其一日之言也. 諸儒之說, 自「皋陶謨」, 至此篇末, 皆謂文勢相屬, 故其說, 牽合不通, 今皆不取.

'갈격(戛擊)'은 치고 침이다. '명구(鳴球)'는 옥경(玉磬)의 이름이다. '박(搏)'은 살살 침이고, '부(拊)'는 가볍게 두드림이다. 음악을 처음 시작할 때 당(堂) 위에 올라가서 노래함에 당(堂) 위의 음악 가운데 오직 그 소리가 가볍고 맑은 것을 취하여 사람의 목소리와 서로 합치기 때문에 '이영(以詠)'이라고 하였으니, 대개 명구(鳴球)를 치고 거문고와 비파를 살살 쳐서 노래하는 소리에 적합하게 하는 것이다. '격(格)'은 '신지격사(神之格思: 신의 이름)'의 '격(格)'이다. '우빈(虞賓)'은 단주(丹朱)이다. 요(堯)의 후손이 우(虞)나라에 빈객(賓客)이 된 것이니, 미자(微子)가 주(周)나라에 빈객(賓客)이 된 것과 같다. 단주(丹朱)가 손님의 지위에 있으면서 제사를 돕는 여러 제후들과 덕(德)으로써 서로 사양하였으니, 사람들이 화합하지 않음이 없음을 알 수 있다. '하(下)'는 당(堂) 아래의 악기이다. '관(管)'은 『주례(周禮)』에서 이른바 '음죽(陰竹)[165]의 관(管)'·'고죽(孤竹)[166]의 관(管)'·'손죽(孫竹)[167]의 관(管)'과 같은 것이다. '도고(鼗鼓)'는 북과 같은데 작으며, 자루가 있어 잡아서 흔들면 양쪽 옆의 귀가 스스로 치게 된다. '축(柷)과 어(敔)'는 곽박(郭璞)이 이르기를,

---

[165] 음죽(陰竹): 정현(鄭玄)은 산의 북쪽에서 나는 대나무라고 하였다. 『주례(周禮)』「춘관(春官) 대사악(大司樂)」에서 "음죽의 대나무로 만든 피리에 용문의 거문고와 비파이다.(陰竹之管, 龍門之琴瑟.)"라고 하였다.
[166] 고죽(孤竹): 정현(鄭玄)은 홀로 난 대나무라고 하였다. 『주례(周禮)』「춘관(春官)·대사악(大司樂)」에서 "고죽의 피리에 운화의 거문고와 비파이다.(孤竹之管, 雲和之琴瑟.)"라고 하였다.
[167] 손죽(孫竹): 정현(鄭玄)은 대나무의 가지와 뿌리 끝에 난 대나무라고 하였다. 『주례(周禮)』「춘관(春官)·대사악(大司樂)」에서 "손죽의 피리에 공상의 거문고와 비파이다.(孫竹之管, 空桑之琴瑟.)"라고 하였다.

"'축(柷)'은 칠통(漆桶)과 같으니, 방(方)이 2척 4촌이고 깊이가 1척 8촌이며, 가운데 몽치자루가 있는데 아래로 이어져서 그것을 치면 왼쪽과 오른쪽으로 치게 되는 것이다."라고 하였다. '어(敔)'는 모양이 엎드린 범과 같은데 등 위에 27개의 들쑥날쑥한 홈이 새겨져 있어 채로써 치며, 진(籈)의 길이는 1척이니 나무로 만든다. 음악을 시작함에 축(柷)을 쳐서 합하고, 음악이 장차 끝남에 미쳐서는 어(敔)를 쳐서 그치니, 대개 음악을 조절하는 기구이다. '생(笙)'은 박으로써 만드니, 관(管)을 박 가운데 늘어놓고, 또 황(簧)을 관 끝에 설치한다. '용(鏞)'은 큰 종이다. 섭씨(葉氏: 葉夢得)168)는 말하기를 "종(鐘)이 생(笙)과 서로 화응하는 것을 '생종(笙鐘)169)'이라 하며, 노래와 서로 화응하는 것을 '송종(頌鐘)'이라 한다. 송(頌)은 간혹 '용(鏞)'이라고 이르니, 『시경(詩經)』에서 '분고유용(賁鼓維鏞: 큰 북과 큰 종이 있음)'이라고 한 것이 이것이다."라고 하였다. 「대사례(大射禮)」에서 "악관(樂人)이 전날 동쪽 섬돌의 동쪽에 악기를 매달아두는데 생경(笙磬)은 서향을 하고 그 남쪽에는 생종(笙鐘)을 진열하며, 서쪽 뜰의 서쪽에는 용경(頌磬)은 동향을 하고 그 남쪽에는 용종(頌鐘)을 진열한다."고 하였으니, '용종(頌鐘)'은 곧 용종(鏞鐘)이다.170) 위에서는 '이영(以詠)'이라 말하고, 여기서는 '이간(以間)'이라고 말한 것은 상대적으로 말한 것이니, 대개 노래하는 것과 번갈아 연주하는 것이다. 「향음주례(鄕飲酒禮)」에서 "「녹명(鹿鳴)」을 노래하고 「남해(南陔)」를 생(笙)으로 연주하며, 번갈아 「어려(魚麗)」를 노래하고 「유경(由庚)」을 생(笙)으로 연주한다."고 하였으니, 혹시 옛날부터 전해진 제도인 듯하다. '창창(蹌蹌)'은 들썩들썩하는 모양이니, 음악은 오직 신(神)과 사람을 감동시키지 않고 지각없는 새와 짐승에 이르러서도 또한 장차 서로 거느리고 춤추며 들썩거림을 말한 것이다. '소(簫)'는 고문(古文) 『상서(尙書)』에는 '소(箾)'로 썼는데, 춤추는 이가 잡고 추는 물건이다. 『설

---

168) 섭씨(葉氏: 葉夢得): 섭몽득(1077-1148)은 송대 학자로 자가 소온(少蘊)이고, 호가 석림(石林)이며, 오현(吳縣) 사람이다. 송 철종(哲宗) 소성(紹聖) 4년(1097)에 진사과에 급제하여 중서사인(中書舍人)·한림학사(翰林學士) 등을 거쳐 좌승(左丞)·숭신군절도사(崇信軍節度使) 등에 이르렀다. 경서와 시문에 두루 능통하여 특히 『서경(書經)』의 해설은 주자(朱子)의 칭찬을 받은 바 있으며, 시론서인 『석림시화(石林詩話)』는 시가(詩家)의 칭송을 받았다. 그 밖의 저서로는 『춘추전(春秋傳)』·『춘추고(春秋考)』·『춘추언(春秋讞)』·『춘추지요총례(春秋指要總例)』·『석림춘추(石林春秋)』·『예기집설(禮記集說)』·『석림연어(石林燕語)』·『피서녹화(避暑錄話)』·『자서병제고록(自序幷制誥錄)』 등이 있다.
169) 생종(笙鐘): 동쪽에 진열하는 종악기를 말한다. 『의례주소(儀禮注疏)』 권7, 「대사례(大射禮)」에서 "악관이 전날 동쪽 섬돌의 동쪽에 악기를 매달아두는데, 생경은 서쪽을 향하고, 그 남쪽에는 생종을 진열하고 그 남쪽에는 큰 종을 진열하여 모두 남쪽에 진열한다. ….(樂人宿縣於阼階東, 笙磬西面, 其南笙鍾, 其南鑮, 皆南陳. ….)"정현(鄭玄)은 "'생'은 생과 같다.('笙', 猶生也.)"라 하였고, 호배휘(胡培翬)의 『정의(正義)』에서 저인량(褚寅亮)이 말한 "동쪽이 양의 중앙이 되어서 만물이 태어나기 때문에 동방을 '생종'과 '생경'이라고 하였다.(東爲陽中, 萬物以生, 故東方曰'笙鐘'·'笙磬'.)"을 인용하였다.
170) 호광(胡廣) 등 찬, 『서경대전(書經大全)』의 소주에 '頌'은 "음이 용이다.(音容.)"라고 하였다.

문(說文)』에서 이르기를, "음악의 이름이 소소(箭韶)이니, 계찰(季札)[171]이 음악을 살펴볼 때 소소(箭韶)에 맞춰 춤추는 이를 보았다고 하였다." 하였으니, 대개 소소(箭韶)는 순(舜)임금의 음악의 총칭인 것이다. 금문(今文) 『상서(尙書)』에는 '소(簫)'로 썼기 때문에 선대의 유학자들이 잘못하여 소관(簫管: 퉁소)으로 해석하였다. '구성(九成)'이라는 것은 음악이 아홉 번 이룬 것이다. 공(功)을 아홉 번 펼쳤기 때문에 음악을 구성(九成)이라 하였으니, '구성(九成)'은 『주례(周禮)』의 이른바 '구변(九變)'과 같은 것이다. 공자(孔子)가 말하기를, "'악(樂)'이라는 것은 이룸을 형상하는 것이기 때문에 '성(成)'이라고 한다."고 하였다. '봉황(鳳凰)'은 새들의 영장(靈長)이 되는 것이니, 그 수컷이 봉(鳳)이 되고 암컷이 황(凰)이 된다. '내의(來儀)'라는 것은 와서 춤을 추는데 맵시와 몸가짐이 있는 것이다. '명구(鳴球)를 치고 거문고와 비파를 튕기면서 노래한다'는 것은 당 위의 음악이고, 당 아래의 피리와 북이 축(柷)과 어(敔)에 맞추고 멈추며, 생(笙)과 용(鏞)을 번갈아 연주하니 당 아래의 음악이다. 당나라 공씨(孔氏: 孔穎達)가 말하였다. "음악이 시작됨에 당 아래와 당 위에 의거하여 교대로 연주하고, 번갈아 맞춘 뒤에 악곡이 이루어진다. '조고(祖考)'는 높이 우러르는 신(神)이기 때문에 당 위의 음악을 말하였고, '조수(鳥獸)'는 미미한 동물이기 때문에 당 아래의 음악을 말하였다. 소소(箭韶)를 아홉 번 연주함에 봉황이 이른 것은 신령함과 상서로움을 높이 우러르고 특이하게 여겼기 때문에 따로 말한 것이니, 당 위의 음악이 다만 신(神)이 이르게 하는 것만 이루고, 당 아래의 음악이 다만 짐승을 춤출 수 있게 하는 것만은 아니다. 어떤 이가 말하기를, '생(笙)의 모양은 새의 날개와 같고, 용(鏞)의 틀은 짐승의 모양이 되기 때문에 생(笙)과 용(鏞)을 번갈아 울림에 새와 짐승들이 들썩들썩한다고 말한 것이다. 『풍속통(風俗通)』에서 순(舜)이 소생(簫笙)을 만들어 봉(鳳)을 형상했다고 하였으니, 그 모습과 소리가 비슷함에 말미암아 소리와 음악이 화응함을 형상한 것이니, 어찌 진실로 새와 짐승 및 봉황이 들썩거리며 오는 모양이 있었겠는가.'라고 하였다. 이는 소리와 음악이 감응하여 상통하는 묘미를 알지 못한 것이라고 하겠다. 호파(瓠巴)[172]가 비파를 연주하자 물속에서 놀던 고기가 물 밖으로 나와서

---

171) 계찰(季札): 춘추시대 오나라 왕 수몽(壽夢)의 넷째 아들로, 노(魯)나라에 이르러 주나라 음악을 살펴보고 시와 음악에 대한 정밀하고 깊은 분석을 하였으며, 제(齊)나라에 이르러서는 안영(晏嬰)과 서로 우의가 좋아 그가 정사에 대한 의견을 개진함에 안영이 청종하였으며, 서(徐)나라를 지나감에 서나라 임금이 꿩소에 그의 패도(佩刀)를 좋아하는 것을 알았으나 생전에 주지 못하여 무덤가의 나무에 패도를 걸고 돌아왔다는 이야기 등이 유명하다.
172) 호파(瓠巴): 춘추시대 초(楚)나라의 유명한 거문고 악사로, 『열자(列子)』 「탕문(湯問)」에서는 "호파가 거문고를 연주하자 새가 춤추고 물고기가 뛰었다.(瓠巴鼓琴, 而鳥舞魚躍.)" 하였고, 『순자(荀子)』 「권학(勸學)」에서는 "옛날에 호파가 거문고를 연주하자 깊은 물속의 물고기가 물 밖으로 나와서 들었다.(昔者, 瓠巴鼓

들었고, 백아(伯牙)173)가 거문고를 연주하자 여섯 마리의 말이 우러르면서 먹이를 먹었으니, 소리가 상서로움을 이루고 동물들을 부른 것은 경전(經傳)에 보이는 것이 많다. 하물며 순(舜)의 덕(德)이 위에서 화목함을 이루고, 기(夔)의 음악이 아래에서 화합함을 불렀으니, 그 신(神)과 사람을 감동시키고 짐승과 봉황을 춤추게 한 것을 어찌 의심할 수 있겠는가." 이제 살펴보건대, 계찰(季札)이 주(周)나라의 음악을 살펴봄에 소소(韶箾)로 춤추는 이를 보고 말하기를, "덕이 지극하고 극진하다. 마치 하늘이 덮어주지 않음이 없는 것과 같고 땅이 실어주지 않음이 없는 것과 같으니, 비록 심히 성대한 덕이라도 이것보다 더할 수 없다."고 하였다. 무릇 소악(韶樂)의 연주는 어두워서 신(神)을 감동시키니 조고(祖考)가 와서 이르고, 밝아서 사람을 감동시키면 여러 제후들이 덕으로 사양하며, 은미하여 동물을 감동시키니 봉황이 몸가짐이 있고 짐승들이 춤을 추었으니, 능히 감동시켜 부른 것이 이와 같을 수 있는 이유를 근원해보면 모두 순(舜)임금의 덕(德)에 말미암아 천지가 덮어주고 실어주지 않음이 없는 것과 같아서다. 그 음악의 전래가 천여 년이 지났는데도 공자(孔子)가 그것을 제(齊)나라에서 듣고 오히려 장차 석 달 동안 고기 맛을 알지 못하였다고 하며 말하기를, "음악을 만든 것이 이러한 경지에 이를 줄은 생각하지 못하였다."고 하였으니, 당시에 감동시키고 부른 것을 이로부터 알 수 있다. 또 살펴보건대, 이 장(章)에서 기(夔)가 음악을 만드는 효험을 말한 것은 그 글이 스스로 한 단락이 되는데 위아래의 문세(文勢)와 서로 이어지지 않는다. 대개 순(舜)이 임금 지위에 있은 지 50여년에 우(禹)와 고요(皐陶)와 기(夔)와 익(益)과 더불어 서로 문답한 것이 많다. 사관(史官)이 그 가운데 더욱 밝게 드러난 것을 취하여 후세에 알려주었는데, 그 말한 것이 저절로 앞과 뒤가 있어 사관이 모아서 기록하였으니, 이는 하루에 말한 것이 아니다. 여러 유학자의 말은「고요모(皐陶謨)」로부터 이 편의 끝에 이르기까지 모두 문세가 서로 이어진다고 생각하기 때문에 그 말을 끌어다 합쳐서 통하지 않는 것은 이제 모두 취하지 않았다.

詳說

○ '考擊也', '考', 亦擊也. ○沙溪曰 : "'戛', 櫟之也."174)

瑟, 而沉魚出聽.)"고 하였다.
173) 백아(伯牙): 춘추시대 거문고 연주에 정통하였던 사람으로 그의 거문고 곡으로「수선조(水仙操)」·「고산유수(高山流水)」등이 있다. 『순자(荀子)』「권학(勸學)」에 의하면, "백아가 거문고를 연주하자 여섯 마리의 말이 우러르면서 먹이를 먹었다.(伯牙鼓琴, 而六馬仰秣.)"이라고 하였다.
174) 『사계전서(沙溪全書)』권14, 「경서변의(經書辨疑)·서전(書傳)·익직(益稷)」. "'櫟', 『韻會』戛註, 一曰'櫟之也.'('력'은 『운회』의 '알'의 주에, 첫째는 '치는 것이다.'라고 하였다.)"

'고격야(考擊也)'에서, '고(考)'는 또한 치는 것이다. ○사계(沙溪: 金長生)가 말하였다. "'갈(戛)'은 치는 것이다."

○ 陳氏大猷曰 : "球擊能鳴, 故稱'鳴球'."175)
'옥경명야(玉磬名也)'에 대해, 진씨 대유(陳氏大猷: 陳大猷)가 말하였다. "공으로 쳐서 울릴 수 있기 때문에 '명구(鳴球)'라고 부른 것이다."

○ 手至絃.
'지(至)'는 손이 줄에 이르는 것이다.

○ 王氏炎曰 : "'拊', 輕手取聲."176)
'순야(循也)'에 대해, 왕씨 염(王氏炎: 王炎)이 말하였다. "'부(拊)'는 손을 가볍게 두드려서 소리를 취하는 것이다."

○ 必二反.
'비(比)'는 필(必)과 이(二)의 반절이다.

○ 唐孔氏曰 : "歌詠詩章."177) ○林氏曰 : "堂上之樂, 以歌爲主."178)
'고왈이영(故曰以詠)'에서, 당나라 공씨(唐孔氏: 孔穎達)가 말하였다. "시편(詩篇)을 노래하고 읊조리는 것이다." ○임씨(林氏: 林之奇)가 말하였다. "당 위의 음악은 노래하는 것을 위주로 한다."

---

175) 호광(胡廣) 등 찬, 『서경대전(書經大全)』의 소주에서 발췌한 것이다. 그 전문은 다음과 같다. '陳氏大猷曰 : 戛, 亦擊也, 意亦有輕重之異. 球擊能鳴, 故稱鳴球.'(진씨 대유가 말하였다. '갈은 또한 치는 것이니, 뜻에 또한 경중의 차이가 있다. 공으로 쳐서 울릴 수 있기 때문에 '명구(鳴球)'라고 부른 것이다.')

176) 호광(胡廣) 등 찬, 『서경대전(書經大全)』의 소주에서 발췌한 것이다. 그 전문은 다음과 같다. '王氏炎曰 : 搏, 猶擊也. 拊, 輕手取聲.'(왕씨 염이 말하였다. '박은 격과 같다. 부는 손을 가볍게 두드려서 소리를 취하는 것이다.')

177) 호광(胡廣) 등 찬, 『서경대전(書經大全)』의 소주에서 발췌한 것이다. 그 전문은 다음과 같다. '唐孔氏曰 : 以詠, 歌詠詩章也.'(공씨가 말하였다. '이영은 시편을 노래하고 읊조리는 것이다.')

178) 호광(胡廣) 등 찬, 『서경대전(書經大全)』의 소주에서 발췌한 것이다. 그 전문은 다음과 같다. '林氏曰 : 「饗禮」曰: 升歌清廟, 示德也; 下管象舞, 示事也. 「燕禮」曰: 升歌「鹿鳴」, 下管「新宮」. 蓋堂上之樂, 以歌爲主; 堂下之樂, 以管爲主, 其實相合以成. 別而言之, 則有堂上·堂下之異; 合而言之, 則總名爲簫韶.'(임씨가 말하였다. '… 대개 당 위의 음악은 노래하는 것을 위주로 하고, 당 아래의 음악은 관악기를 위주로 하는데, 그 실제는 서로 합하여 이루어진다. 나누어서 말하면 당 위와 당 아래의 차이가 있으나, 합쳐서 말하면 총괄하여 이름이 소소가 되는 것이다.')

○ 見『詩』「抑」.179)

'신지격사지격(神之格思之格)'의 내용이 『시경(詩經)』「억(抑)」편에 보인다.

○ 猶『詩』言'我客'也.180)

'단주야(丹朱也)'의 경우, 『시경(詩經)』에서 '아객(我客)'이라고 말한 것과 같다.

○ 見「微子之命」.181)

'유미자작빈어주야(猶微子作賓於周也)'은 「미자지명(微子之命)」에 보인다.

○ 賓位.

'단주재위(丹朱在位)'의 경우, 손님의 지위이다.

○ 補'與'字.

---

179) 호광(胡廣) 등 찬, 『시전대전(詩傳大全)』 권18, 「대아(大雅)·탕지십(蕩之什)·억(抑)」. "視爾友君子, 輯柔爾顏, 不遐有愆. 相在爾室, 尚不愧于屋漏, 無日不顯, 莫予云覯. 神之格思, 不可度思, 矧可射思.(네가 군자를 벗함을 보건대 너의 얼굴을 부드럽게 하여 어찌 허물이 없는가 하도다. 네가 거실에 있음을 보건대 거의 옥루에 부끄럽지 않나니 밝지 않다고 말하지 않는지라 나를 보는 이 없다 하지 마라. 신께서 이르시는 일이라는 게 헤아릴 수가 없는 것이지마는 하물며 신을 싫어할 수 있으랴.)"

180) 호광(胡廣) 등 찬, 『시전대전(詩傳大全)』 권19, 「주송(周頌)·청묘지십(淸廟之什)·진로(振鷺)」. "振鷺于飛, 于彼西雝. 我客戾止, 亦有斯容.(떼를 지어 백로가 날아가니 저기 서쪽의 못에 이르도다. 우리의 손님들이 이르시니 또한 좋은 몸가짐 갖췄도다.)" 집전에 의하면 "'客', 謂二王之後, 夏之後杞·商之後宋, 於周爲客, 天子有事膰焉, 有喪拜焉者也.('객'은 두 왕조의 후손을 이르니, 하나라의 후손인 기나라와, 상나라의 후손인 송나라는 주나라에 손님이 되어 천자에게 제사가 있으면 제사 고기를 전하고, 상사가 있으면 절하는 자인 것이다.)"라고 하였다.

181) 호광(胡廣) 등 찬, 『서경대전(書經大全)』 권7, 「주서(周書)·미자지명(微子之命)」. "王若曰：猷. 殷王元子. 惟稽古, 崇德象賢, 統承先王, 修其禮物, 作賓于王家, 與國咸休, 永世無窮.'(왕이 이처럼 말하였다. '아. 은나라 왕의 원자야. 옛날을 상고하여 덕이 있는 이를 높이고 어진 이를 본받으며, 제사를 받들고 선왕을 계승하여 그 예물을 닦아 왕의 나라에 손님이 되게 하였으니, 나라와 함께 아름답고 영원토록 무궁하게 하라.')" 그리고 집전에 의하면 "'元子', 長子也, 微子, 帝乙之長子, 紂之庶兄也. '崇德', 謂先聖王之有德者, 則尊崇而奉祀之也. '象賢', 謂其後嗣子孫, 有象先聖王之賢者, 則命之以主祀也. 言考古制, 尊崇成湯之德, 以微子象賢而奉其祀也. '禮', 典禮; 物, 文物也, 修其典禮文物, 不使廢壞, 以備一王之法也. 孔子曰: '夏禮, 吾能言之, 杞不足徵也; 殷禮, 吾能言之, 宋不足徵也, 文獻不足故也', 殷之典禮, 微子修之, 至孔子時, 已不足徵矣, 故夫子惜之. '賓', 以客禮遇之也. '振鷺', 言'我客戾止', 『左氏』謂: '宋, 先代之後, 天子有事, 膰焉; 有喪, 拜焉者也.' ….('원자', 장자이니, 미자는 제을의 맏아들이고 주의 배다른 형이다. '숭덕'은 선대의 성왕 가운데 덕이 있는 이를 높이고 숭상하여 제사를 받드는 것을 이르고, '상현'은 뒤를 잇는 자손 가운데 선대의 성왕을 닮은 어진 이가 있으면 명하여 제사를 주관하게 하는 것을 이른다. 옛날 제도를 상고하여 성탕의 덕을 존숭하고 미자가 어짊을 닮았다고 여겨 그 제사를 받들게 함을 말한 것이다. '예'는 전례이고, '물'은 문물이니, 전례와 문물을 닦아서 없어지고 망가지지 않게 하여 한 왕조의 법제를 갖추도록 한 것이다. 공자가 말하기를 '하나라의 예를 내가 말할 수 있지만 기나라가 충분히 증명해주지 못하고, 은나라의 예를 내가 말할 수 있지만 송나라가 충분히 증명해주지 못함은 문헌이 부족하기 때문이다.'라고 하였으니, 은나라의 전례를 미자가 닦아도 공자 때에 이르러 이미 충분히 증명할 수 없었기 때문에 부자가 이를 안타깝게 여긴 것이다. '빈'은 손님의 예로써 대우하는 것이다. 『시경』「진로」에서 '우리의 손님들이 이르셨다.' 하였고, 『춘추좌씨전』에서는 '송나라는 선대의 후예라서 천자가 제사가 있으면 제사고기를 전하고, 상사가 있으면 가서 절한다.'고 하였다.

'여조제군후(與助祭羣后)'의 경우, '여(與)'자를 보댔다.

○ 前之傲虐者, 今乃德讓, 可見治化之洽也.
'이덕상양(以德相讓)'에서 볼 때, 이전에 오만하고 잔학했던 이가 지금 이에 덕으로써 사양하니 정치 교화의 흡족함을 볼 수 있다.

○ 新安陳氏曰 : "古文簡質, '下'之一字, 別'管'·'鼗'等, 爲堂下之樂; 顯見'鳴球'·'琴瑟', 爲堂上之樂矣."182)
'당하지악야(堂下之樂也)'에 대해, 신안 진씨(新安陳氏: 陳師凱)가 말하였다. "고문『상서(尙書)』는 간단하고 소박하여 '하(下)의 한 글자에 '관(管)'·'도(鼗)' 등으로 나누었으니 당 아래의 음악이 되며, '명구(鳴球)'·'금슬(琴瑟)'을 명백하게 나타냈으니 당 위의 음악이 된다."

○ 「大司樂」.183)
'『주례』(『周禮』)'는 「대사악(大司樂)」이다.

○ 沙溪曰 : "以地言之也, '陰竹', 出山北者; '孤竹', 特出者; '絲竹', 枝根末生者."184)
'소위음죽지관·고죽지관·사죽지관야(所謂陰竹之管·孤竹之管·絲竹之管也)'에 대

---

182) 호광(胡廣) 등 찬, 『서경대전(書經大全)』의 소주에서 발췌한 것이다. 그 전문은 다음과 같다. "新安陳氏曰 : 此章, 夔作樂之效, 乃史官載之, 以結典謨之終, 蓋功成作樂. 帝者, 致治之盛也. 『郊特牲』曰: 歌者, 在上匏竹, 在下貴人聲也, 卽此說以證. 此章及『儀禮』, 皆無不合. 古文簡質, 下之一字, 別管·鼗等, 爲堂下之樂; 顯見鳴球·琴瑟, 爲堂上之樂矣. 戛擊之, 搏拊之, 以詠歌詩章, 所謂歌者, 在上也, 管·鼗·鼓·敔·笙·鏞, 皆堂下之樂. 管, 竹也; 笙, 匏也, 皆在堂下之間. 此衆樂與堂上之樂, 更代而間作也. 所謂匏·竹, 在下也, 奏石·絲以詠歌之時, 則堂下之樂不作; 奏匏·竹等衆樂之時, 則堂上之樂不作. 以今人之樂, 觀之, 亦如此耳.'(신안 진씨가 말하였다. '… 고문『상서』는 간단하고 소박하여 하의 한 글자에 관·도 등으로 나누었으니 당 아래의 음악이 되며, 명구·금슬을 명백하게 나타냈으니 당 위의 음악이 된다. ….')"
183) 『주례주소(周禮注疏)』 권22, 「춘관종백하(春官宗伯下)·대사악(大司樂)」에서 "陰竹之管, 龍門之琴瑟.(음죽의 내나무로 만든 피리에 용문의 거문고와 비파이다.)"라 하고, "孤竹之管, 雲和之琴瑟.(고죽의 피리에 운화의 거문고와 비파이다.)"라 하고, "孫竹之管, 空桑之琴瑟.(손죽의 피리에 공상의 거문고와 비파이다.)"라 하였다.
184) 『사계전서(沙溪全書)』 권14, 「경서변의(經書辨疑)·서전(書傳)·익직(益稷)」. "'陰竹', 出山北者; '孤竹', 特出者; '絲竹', 枝根末生者. 『周禮』'陰竹'·'孤竹'·'絲竹'註, 以地言之也.('음죽'은 산의 북쪽에서 나온 것이고, '고죽'은 외따로 난 것이고, '사죽'은 가지와 뿌리가 나지 않은 것이다. 『주례』의 '음죽'·'고죽'·'사죽'의 수에 산지로써 말한 것이라고 하였다.)" 여기서 '사죽(絲竹)'은 '손죽(孫竹)'의 오기다. '사죽(絲竹)'은 현악기(絃樂器)와 죽관악기(竹管樂器)로 음악을 가리키는 말로 쓴다. 『예기(禮記)』「악기(樂記)」에 의하면 "金·石·絲·竹, 樂之器也.(금과 석과 사와 죽은 음악의 악기이다.)"라고 하였다. 호광(胡廣) 등 찬, 『서경대전(書經大全)』의 소주에는 "'陰竹', 山北生者. '孤竹', 竹特生者. '孫竹', 竹枝·根, 未生者.('음죽'은 산의 북쪽에서 나는 것이다. '고죽'은 대나무가 외따로 나는 것이다. '손죽'은 대나무의 가지와 뿌리가 나지 않은 것이다.)"라고 하였다.

해, 사계(沙溪: 金長生)가 말하였다. "산지(産地)로써 말한 것이니, '음죽(陰竹)'은 산의 북쪽에서 나온 것이고, '고죽(孤竹)'은 외따로 난 것이고, '사죽(絲竹)'은 가지와 뿌리가 나지 않은 것이다."

○ 林氏曰 : "堂下之樂, 以管爲主."185)
임씨(林氏: 林之奇)가 말하였다. "당 아래의 음악은 관악기(管樂器)를 위주로 하는 것이다."

○ 以木爲之.
'칠통(漆桶)'의 경우, 나무로써 만든다.

○ 去聲.
'심(深)'은 거성(去聲: 깊이)이다.

○ 有椎而其柄連底.
'연저(連底)'의 경우, 몽치가 있는데 그 자루가 밑에 연결되어있는 것이다.

○ 傳江反.186)
'장(撞)'은 전(傳)과 강(江)의 반절이다.

○ 平聲.
'령(令)'은 평성(平聲: 하여금, 가령)이다.

○ 壯187)所反.188)
'소(鋜)'는 상(牀)과 소(所)의 반절이다.

---

185) 호광(胡廣) 등 찬, 『서경대전(書經大全)』의 소주에서 발췌한 것이다. 그 전문은 다음과 같다. "林氏 : 「饗禮」曰: 升歌淸廟, 示德也; 下管象舞, 示事也. 「燕禮」曰: 升歌「鹿鳴」, 下管「新宮」. 蓋堂上之樂, 以歌爲主; 堂下之樂, 以管爲主, 其實相合以成. 別而言之, 則有堂上·堂下之異; 合而言之, 則總名爲簫韶.'(임씨가 말하였다. ' … 당 아래의 음악은 관악기를 위주로 하는데, 그 실제는 서로 합하여 이루어진다. 나누어서 말하면 당 위와 당 아래의 차이가 있으나, 합쳐서 말하면 총괄하여 이름이 소소가 되는 것이다.')"
186) 『광운(廣韻)』에 의하면 그 뜻이 '치다'일 경우에는 "直絳切, 去.(직과 강의 반절이니, 거성이다.)"라고 하였다.
187) 壯: '牀'의 오기인 듯하다.
188) 호광(胡廣) 등 찬, 『서경대전(書經大全)』의 소주에는 '鋜鋙'는 "上牀呂反, 下偶許反.(위는 상과 려의 반절이고, 아래는 우와 허의 반절이다.)"이라고 하였다. '鋜'는 『광운(廣韻)』에서도 "床呂切, 上.(상과 려의 반절이니, 상성이다.)"라고 하였다.

○ 偶許反.189)

'어(鋙)'는 우(偶)와 허(許)의 반절이다.

○ 如鉅.

'유이십칠서어각(有二十七鉏鋙刻)'의 경우, 거(鉅)190)와 같다.

○ 音眞.191)

'진(籈)'은 음이 진(眞)이다.

○ 歷·略二音,192) 掠也.

'력(櫟)'은 력(歷)과 략(略)의 두 음이니, 치는 것이다.

○ 指籈.

'이목위지(以木爲之)'의 경우, 진(籈: 채)을 가리킨다.

○ 音容,193) 下並同.

'용(頌)'은 음이 용(容)이니, 아래도 아울러 같다.

○ 「靈臺」.194)

'『시』(『詩』)'는 「영대(靈臺)」이다.

○ 『儀禮』.195)

---

189) 위와 같다.
190) 거(鉅): 허유휼(許維遹)의 『여씨춘추집석(呂氏春秋集釋)』에서 우성오(于省吾)의 말을 인용하여 "'거(鉅)'는 병기이다. '거(鉅)'는 응당 거(鋸)로 읽고 써야 하니, 거(鉅)와 거(鋸)는 쌍성 첩운자이다.('鉅', 兵器也. '鉅', 應讀作鋸, '鉅'·'鋸', 雙聲疊韻字.)"라고 하였듯이 여기서는 '갈고리'보다는 '톱'을 말한 듯하다.
191) 호광(胡廣) 등 찬, 『서경대전(書經大全)』의 소주에는 '籈'은 "音眞歷.(음이 진력이다.)"이라고 하였다.
192) 호광(胡廣) 등 찬, 『서경대전(書經大全)』의 소주에는 '櫟'은 "音歷.(음이 력이다.)"이라고 하였다.
193) 호광(胡廣) 등 찬, 『서경대전(書經大全)』의 소주에 '頌'은 "音容.(음이 용이다.)"이라고 하였다.
194) 호광(胡廣) 등 찬, 『시전대전(詩傳大全)』 편16, 「대아(大雅)·문왕지십(文王之什)·영대(靈臺)」. "虡業維樅, 賁鼓維鏞, 於論鼓鍾. 於樂辟廱.(종틀설주에 업과 종이 있고 큰 북과 큰 종이 있었너니 아, 차례차례 종을 침이여. 아, 화락한 벽옹 안이로다.)" 그리고 집전에 의하면 "'虡, 植木以懸鍾磬. 其橫者曰栒;'業, 栒上大版, 刻之捷業, 如鋸齒者也. '樅, 業上懸鍾磬處, 以綵色爲崇牙, 其狀樅然者也. '賁, 人鼓也. 長八尺, 鼓四尺, 中圍加三之一. '鏞, 大鍾也.('거'는 나무를 세워서 종과 경쇠를 매다는 것이니, 그 가로댄 나무를 순이라 하고, '업'은 순 위에 있는 큰 판자이니, 새겨서 서로 어긋나게 하여 톱니와 같게 한 것이다. '종'은 업 위에 종과 경쇠를 매다는 곳이니, 채색으로 숭아를 만들어 그 모양이 들쑥날쑥하다. '분'은 큰 북이니, 길이가 8자이고 북은 4자이며, 중간 둘레는 3분의 1이 더 크다. '용'은 큰 종이다.)"라고 하였다.

'「대사례」(「大射禮」)'는 『의례(儀禮)』이다.

○ 樂官.
'악관(樂人)'은 악관(樂官)이다.

○ 前期.
'숙(宿)'은 이전 시기이다.

○ 音玄.¹⁹⁶⁾
'현(縣)'은 음이 현(玄)이다.

○ 亦蒙'宿縣于'之文.
'서계지서(西階之西)'의 경우, 또한 '숙현우(宿縣于)'의 문장을 받은 것이다.

○ 葉說, 止此.
'즉용종야(卽鏞鐘也)'에서 볼 때, 섭씨(葉氏: 葉夢得)의 말이 여기서 그친다.

○ 新安陳氏曰 : "堂下樂與堂上之樂, 㪅代而間作, 奏石·絲, 以詠歌之時, 則堂下之樂不作; 奏匏·竹, 等衆樂之時, 則堂上之樂不作, 今人之樂, 亦如此."¹⁹⁷⁾
'개여영가질주야(蓋與詠歌迭奏也)'에 대해, 신안 진씨(新安陳氏: 陳師凱)가 말하

---

195) 『의례주소(儀禮注疏)』 권7, 「대사례(大射禮)」. "樂人宿縣於阼階東, 笙磬西面, 其南笙鍾, 其南鏞, 皆南陳. ….(악관이 전날 동쪽 섬돌의 동쪽에 악기를 매달아두는데, 생경은 서쪽을 향하고, 그 남쪽에는 생종을 진열하고 그 남쪽에는 큰 종을 진열하여 모두 남쪽에 진열한다. ….)"
196) 호광(胡廣) 등 찬, 『서경대전(書經大全)』의 소주를 수용한 것이다.
197) 호광(胡廣) 등 찬, 『서경대전(書經大全)』의 소주에서 발췌한 것이다. 그 전문은 다음과 같다. "新安陳氏曰 : '此章, 㪅言作樂之效, 乃史官載之, 以結典謨之終, 蓋功成作樂. 帝者, 致治之盛也. 「郊特牲」曰: 歌者, 在上匏竹, 在下貴人聲也, 卽此說以證. 此章及『儀禮』, 皆無不合. 古文簡質, 下之一字, 別管·蘥, 爲堂下之樂; 顧見鳴球·琴瑟, 爲堂上之樂矣. 夏擊之, 搏拊之, 以詠歌詩章, 所謂歌者, 在上也, 管·蘥·鼓·柷·敔·笙·鏞, 皆堂下之樂. 管, 竹也; 笙, 匏也, 皆在堂下間. 此衆樂與堂上之樂, 更代而間作也, 所謂匏·竹, 在下也, 奏石·絲, 以詠歌之時, 則堂下之樂不作; 奏匏·竹, 等衆樂之時, 則堂上之樂不作. 以今人之樂, 觀之, 亦如此耳.'(신안 진씨가 말하였다. '… 이 장 및 『의례』은 모두 맞지 않음이 없다. 고문 『상서』는 간단하고 소박하여 하의 한 글자에 관·도 등으로 나뉘었으니 당 아래의 음악이 되고, 명구·금슬을 명백하게 나타냈으니 당 위의 음악이 된다. … 여기 많은 악기와 당 위의 악기가 교대로 번갈아가면서 일어났으니, 이른바 포와 죽은 당 아래에 있으니, 석과 사를 연주하여 노래할 때에는 당 아래의 악기가 일어나지 않으며, 포와 죽을 연주하여 많은 악기를 가지런히 할 때에는 당 위의 악기가 일어나지 않은 것이다. 지금 사람의 악기로써 보면 또한 이와 같을 뿐이다.')"

였다. "당 아래의 악기와 당 위의 악기가 교대로 번갈아가면서 일어났으니, 석(石)과 사(絲)를 연주하여 노래할 때에는 당 아래의 악기가 일어나지 않고, 포(匏)와 죽(竹)으로 연주하여 많은 악기를 가지런히 할 때에는 당 위의 악기가 일어나지 않았으니, 지금 사람의 악기가 또한 이와 같은 것이다."

○ 『儀禮』.198)
'「향음주례」(「鄕飮酒禮」)'는 『의례(儀禮)』이다.

○ 各一奏三篇.
'생「남해」(笙「南陔」)'의 경우, 각각 한 번에 세 편씩 연주하는 것이다.

○ 各間奏三篇.
'생「유경」(笙「由庚」)'의 경우, 각각 번갈아 세 편씩 연주하는 것이다.

○ 祖考.
'부독감신(不獨感神)'의 경우, 조고(祖考)이다.

○ 賓后.
'부독감신인(不獨感神人)'의 경우, 빈후(賓后)이다.

○ 見『左』「襄二十九年」.199)
'견무소소자(見舞韶箾者)'은 『좌전(左傳)』「양공(襄公) 29년」이다.

○ 主古文作'箾'而言.
'금문작소(今文作箾)'에서 볼 때, 고문 상서(尙書)에서 '소(箾)'로 쓴 것을 위주로 하여 말한 것이다.

○ 見「禹謨」.200)

---

198) 『의례주소(儀禮注疏)』 권4, 「향음주례(鄕飮酒禮)」. "笙入堂下, 磬南北面立, 樂「南陔」·「白華」·「華黍」. … 乃間歌「魚麗」, 笙「由庚」, 歌「南有嘉魚」, 笙「崇丘」, 歌「南山有臺」, 笙「由儀」.(생이 당 아래에 들어오고 경이 남북으로 마주서서 「남해」·「백화」·「화서」를 연주한다. … 이에 번갈아 「어리」를 노래하고 「유경」을 생으로 연주하며, 「남유가어」를 노래하고 「숭구」를 생으로 연주하며, 「남산유대」를 노래하고 「유의」를 생으로 연주한다.)"
199) 『춘추좌전주소(春秋左傳注疏)』 권39, 「양공(襄公) 29년」.

'공이구서(功以九敍)'는 「대우모(大禹謨)」에 보인다.

○ 「大司樂」.201)

'『주례』(『周禮』)'는 「대사악(大司樂)」이다.

○ 見『禮記』「樂記」.202)

'상성자야(象成者也)'는 『예기(禮記)』「악기(樂記)」에 보인다.

○ 特申堂上·堂下之樂.

'당하지악야(堂下之樂也)'의 경우, 다만 당 위와 당 아래의 음악만 거듭한 것이다.

○ 通爲一成, 不可以分.

---

200) 위의 「대우모(大禹謨)」 [2-1-3-7]에서 "禹曰 : 於! 帝. 念哉. 德惟善政, 政在養民, 水·火·金·木·土·穀, 惟修; 正德·利用·厚生, 惟和, 九功惟敍, 九敍惟歌, 戒之用休, 董之用威, 勸之以九歌, 俾勿壞.'(우가 말하였다. '아! 임금이여. 생각하소서. 덕이야말로 정사를 선량하게 하고 정사는 백성을 길러줌에 있으니, 수·화·금·목·토와 곡식이 오직 닦이며, 정덕과 이용과 후생이 조화로워야 아홉 가지 공이 펴지며, 아홉 가지가 펴진 것을 노래로 읊거든 경계하고 깨우쳐서 아름답게 여기며, 독책하여 두렵게 하고 권면하기를 구가로써 하여 무너지지 않게 하소서.')라고 하였다. 그리고 집전에서 "下文, '六府'·'三事', 卽養民之政也. '水·火·金·木·土·穀, 惟修'者, 水克火·火克金·金克木·木克土而生五穀, 或相制以洩其過, 或相助以補其不足, 而六者無不修矣. '正德'者, 父慈·子孝·兄友·弟恭·夫義·婦聽, 所以正民之德也. '利用'者, 工作什器·商通貨財之類, 所以利民之用也. '厚生'者, 衣帛食肉·不飢不寒之類, 所以厚民之生也. 六者旣修, 民生始遂, 不可以逸居而無敎. 故爲之惇典敷敎, 以正其德, 通功易事, 以利其用, 制able謹度, 以厚其生, 使皆當其理而無所乖, 則無不和矣. '九功', 合六與三也. '敍'者, 言九者各循其理, 而不汩陳以亂其常也. '歌'者, 以九功之敍而詠之歌也, 言九者旣已修和, 各由其理, 民享其利, 莫不歌詠而樂其生也.(아랫글의 '육부'와 '삼사'는 곧 백성을 기르는 정사인 것이다. '수·화·금·목·토·곡이 닦여졌다'는 것은 수는 화를 이기고, 화는 금을 이기고, 금은 목을 이기고, 목은 토를 이겨서 오곡을 생산함에 혹은 서로 제지하여 그 지나친 것을 새게 하고, 혹은 서로 도와서 부족한 것을 보충하여 여섯 가지가 닦이지 않음이 없는 것이다. '정덕'이라는 것은 어버이는 자애롭고 자식은 효도하며 형은 우애롭고 아우는 공경하며 남편은 올바르고 아내는 청종함이니, 백성의 덕을 바르게 하는 것이다. '이용'이라는 것은 장인은 여러 기물을 만들고, 장수는 재물을 소통하는 따위이니, 백성의 씀을 이롭게 하는 것이다. '후생'이라는 것은 비단옷을 입고 고기를 먹으며 굶주리지 않고 춥지 않게 하는 따위이니, 백성의 삶을 두텁게 하는 것이다. 여섯 가지가 이미 닦여서 백성의 삶이 비로소 이루어짐에 편안히 거처하면서 가르침이 없을 수 없기 때문에 백성을 위하여 오전을 도탑게 하고 오교를 펼쳐서 그 덕을 바르게 하며, 분업으로 일을 이루고 서로 일을 바꾸어 그 쓰임을 이롭게 하며 예절을 제정하고 법도를 삼가 하여 그 삶을 도탑게 하여 모두 그 도리에 합당하여 어그러지는 것이 없게 하면 조화롭지 않음이 없는 것이다. '구공'은 육부와 삼사를 합한 것이다. '서'라는 것은 아홉 가지가 각각 그 이치에 좇되 어지럽게 늘어놓아 그 떳떳함을 어지럽히지 않음을 말한다. '가'라는 것은 구공이 펼쳐진 것으로써 읊어서 노래하는 것이니, 아홉 가지가 이미 닦이고 조화로워 각각 그 이치에 말미암으면 백성들이 그 이로움을 누려서 노래하고 읊으면서 그 삶을 즐거워하지 않는 이가 없음을 말한 것이다.)"라고 하였다.

201) 『주례주소(周禮注疏)』 권22, 「춘관종백하(春官宗伯下)·대사악(大司樂)」. "九德之歌, 九磬之舞, 於宗廟之中, 奏之. 若樂九變, 則人鬼, 可得而禮矣.(구덕의 노래와 구소의 춤은 종묘 가운데서 연주한다. 만약 음악이 여러 차례 바뀐다면 사람과 귀신이 예에 얻을 것이다.)' '구변(九變)'은 많은 여러 차례 연주함을 말한다.

202) 호광(胡廣) 등 찬, 『예기대전(禮記大全)』 권18, 「악기(樂記)」. "子曰 : '居. 吾語汝. 樂者, 象成者也.'(공자가 말하였다. '앉거라. 내가 너에게 말해주리라. 음악이라는 것은 성공한 것을 본뜨는 것이다.')"

'간합이후곡성(間合而後曲成)'의 경우, 통틀어 한번 이룸이 되니 나눌 수 없는 것이다.

○ 林氏曰：“堂上·堂下, 合而言之, 則總名爲簫韶.”203)
'고별언지(故別言之)'에 대해, 임씨(林氏: 林之奇)가 말하였다. "당 위와 당 아래이니, 합쳐서 말하면 총괄한 이름이 소소(簫韶)가 되는 것이다."

○ 音巨.204)
'거(簴)'는 음이 거(巨)다.

○ 漢應劭所著, 書名.205)
'『풍속통』(『風俗通』)'은 한(漢)나라 응소(應劭)가 지은 것이니, 책이름이다.

○ 『風俗通』止此.
'이상봉(以象鳳)'에서 볼 때, 『풍속통(風俗通)』의 내용이 여기서 그친다.

○ 或說止此.
'기진유조수봉황이창창래의자호(豈眞有鳥獸鳳凰而蹌蹌來儀者乎)'에서 어떤 이의 말이 여기서 그친다.

○ 仰而食. ○並見『荀子』「勸學篇」.206)

---

203) 호광(胡廣) 등 찬, 『서경대전(書經大全)』의 소주에서 발췌한 것이다. 그 전문은 다음과 같다. "林氏曰：「饗禮」曰：升歌淸廟, 示德也；下管象舞, 示事也.「燕禮」曰：升歌「鹿鳴」, 下管「新宮」. 蓋堂上之樂, 以歌爲主；堂下之樂, 以管爲主, 其實相合以成. 別而言之, 則有堂上·堂下之異；合而言之, 則總名爲簫韶.'(임씨가 말하였다. '… 나누어서 말하면 당 위와 당 아래의 차이가 있으나, 합쳐서 말하면 총괄하여 이름이 소소가 되는 것이다.')"
204) 호광(胡廣) 등 찬, 『서경대전(書經大全)』의 소주에는 '虡'는 "巨許反.(거와 허의 반절이다.)"이라고 하였다.
205) 응소(應劭)는 동한(東漢) 말기의 학자로 자가 중원(仲瑗) 또는 중원(仲遠)이고, 여남군(汝南郡) 남돈현(南頓縣) 사람이다. 그가 지은 『풍속통(風俗通)』은 본래 이름이 『풍속연의(風俗演義)』이며, 당시의 풍속을 바로잡기 위해 지은 것으로, 황패(皇霸)·정실(正失)·건례(愆禮) 과예(過譽)·십반(十反)·성음(聲音) 등의 항목으로 풍속, 지리, 종교, 명물, 전례, 악기 등에 대하여 기술하였는데, 기이한 내용들이 지괴소설(志怪小說)류로 인정을 받으면서 널리 알려지게 되었다.
206) 『순자(荀子)』 권1, 「권학편(勸學篇)」. "昔者, 瓠巴鼓瑟, 而流魚出聽；伯牙鼓琴, 而六馬仰秣.(옛날에 호파가 비파를 연주하자 놀던 물고기가 밖으로 나와서 들었으며, 백아가 거문고를 연주하자 여섯 마리의 말이 우러르면서 먹이를 먹었다.)"이라고 하였다. 양경(楊倞)의 주에 의하면 "'六馬', 天子路車之馬也. 『漢書』曰：'乾六車, 坤六馬.' 『白虎通』曰：'天子之馬六者, 示有事於天地四方也.'('육마'는 천자의 노거를 끄는 말이다. 『한서』에서 말하였다. '건은 여섯 수레이고, 곤은 여섯 마리 말이다.' 『백호통』에서 말하였다. '천자의 말이 여섯 마리인 것은 천지의 사방에 일이 있음을 보인 것이다.')"라고 하였다.

'육마앙말(六馬仰秣)'의 경우, 우러르면서 먹는 것이다. ○아울러 『순자(荀子)』「권학편(勸學篇)」에 보인다.

○ 音現.
'현(見)'은 음이 현(現)이다.

○ 去聲.207)
'전(傳)'은 거성(去聲: 주석)이다.

○ 孔說, 蓋至於此.
'기족의재(豈足疑哉)'에서 볼 때, 공영달(孔穎達)의 말이 대개 여기까지 이른다.

○ 音扶.
'부(夫)'는 음이 부(扶)이다.

○ 音導.208)
'도(燾)'는 음이 도(導)이다.

○ 此句, 見『中庸』.209)
'여천지지무불부도야(如天地之無不覆燾也)'의 경우, 이 구절은 『중용(中庸)』에 보인다.

○ 見『論語』「述而」.210)
'부도위악지지어사(不圖爲樂之至於斯)'는 『논어(論語)』「술이(述而)」에 보인다.

---

207) 호광(胡廣) 등 찬, 『서경대전(書經大全)』의 소주를 수용한 것이다.
208) 호광(胡廣) 등 찬, 『서경대전(書經大全)』의 소주에는 '燾'는 "音道.(음이 도다.)"로 되어있다.
209) 『중용장구대전(中庸章句大全)』하(下). "仲尼, 祖述堯·舜, 憲章文·武, 上律天時, 下襲水土. 辟如天地之無不持載, 無不覆幬, 辟如四時之錯行, 如日月之代明. 萬物並育而不相害, 道並行而不相悖. 小德, 川流; 大德, 敦化, 此天地之所以爲大也.(중니는 요임금과 순임금을 으뜸으로 여기고 본받아서 서술하여 밝히고, 문왕과 무왕을 법으로 삼아서 밝혔며, 위로는 하늘의 시운을 법 삼고, 아래로는 물과 흙의 이치를 이어 받았다. 비유하건대 하늘과 땅이 가지고 싣지 않음이 없으며, 덮고 덮어주지 않음이 없는 것과 같으며, 비유하건대 네 철이 번갈아 운행함과 같으며, 날과 달이 대신하여 밝음과 같은 것이다. 만물이 아울러 길러짐에 서로 해치지 않으며, 도가 아울러 행해짐에 서로 어그러지지 않는다. 작은 덕은 시내의 흐름이고, 큰 덕은 덕화를 도탑게 하니, 이것이 하늘과 땅의 위대함이 되는 까닭인 것이다.)"
210) 『논어집주대전(論語集註大全)』 권7, 「술이(述而)」. "子在齊聞『韶』, 三月不知肉味, 曰: '不圖爲樂之至於斯也.'(공자가 제나라에 있으면서 『소』를 듣고, 석 달 동안 고기 맛을 알지 못하고서 말하였다. '풍류를 함이 이에 이를 줄을 상상하지 못하였노라.')"

○ 新安陳氏曰 : "功成作樂211), 致治之盛也. 此章, 史官載夔言, 結典·謨之終."212)
'기문자위일단(其文自爲一段)'에 대해, 신안 진씨(新安陳氏; 陳師凱)가 말하였다. "공이 이루어짐에 음악을 지었으니, 다스림을 이룸의 성대함이다. 이 장에서는 사관이 기(夔)의 말을 실어서 전(典)과 모(謨)213)의 끝을 맺은 것이다."

○ 音燭, 下同.
'불여상하문세상촉(不與上下文勢相屬)'에서 '촉(屬)'은 음이 촉(燭)이니, 아래도 같다.

○ 按, 末三節, 皆記歌樂, 不可謂與下文, 全不相屬. 若其上文, 雖曰勢斷, 而丹朱虞賓, 亦足爲過接之線脈云.
내가 살펴보건대, 끝의 세 단락은 모두 가악(歌樂)을 기록한 것이니, 아랫글과 전부 서로 이어지지 않는다고 해서는 안 된다. 만약 그 윗글이 비록 문세가 끊어졌다고 하더라도 단주(丹朱)를 우(虞)나라에서 손님의 대우를 한 것은 또한 지나치게 접선(接線)한 맥락이 된다.

○ 若謂一日之言, 則不通矣.

---

211) 功成作樂: 호광(胡廣) 등 찬, 『예기대전(禮記大全)』권18, 「악기(樂記)」에 나오는 말이다. 그 내용은 다음과 같다. "大樂, 與天地同和; 大禮, 與天地同節, 和故, 百物不失; 節故, 祀天祭地. 明則有禮樂, 幽則有鬼神, 如此則四海之內, 合敬同愛矣. 禮者, 殊事合敬者也; 樂者, 異事合愛者也, 禮樂之情同, 故明王以相沿也. 故事與時並, 名與功偕.(위대한 음악은 천지와 더불어 같이 화합하고, 위대한 예는 천지와 더불어 같이 절문하니, 화합하기 때문에 온갖 사물이 잃지 않으며, 절문하기 때문에 하늘에 제사하고 땅에 제사하는 것이다. 밝은 데에는 예악이 있고, 어두운 데에는 귀신이 있으니, 이와 같으면 사해의 안이 합하여 공경하고 같이 사랑하는 것이다. 예라는 것은 사물에 따라서 공경함을 맞게 하는 것이고, 악이라는 것은 문장을 달리하여 사랑을 맞게 하는 것이니, 예악의 정이 같기 때문에 명철한 임금이 서로 따라서 맞은 것이다. 그러므로 사업이 때와 나란히 하고, 이름이 공적과 함께한 것이다.)" 주자는 "'名與功偕'者, 功成作樂, 故歷代樂名, 皆因所立之功而名之也.('명여공해'라는 것은 공을 이룸에 음악을 지었기 때문에 역대에 음악의 이름이 모두 세운 공적에 말미암아 이름 붙여진 것이다.)"라고 하였다.
212) 호광(胡廣) 등 찬, 『서경대전(書經大全)』의 소주에서 빌췌한 것이다. 그 전문은 다음과 같다. "新安陳氏曰 : 此章, 夔言作樂之效, 乃史官載之, 以結典·謨之終, 蓋功成作樂. 帝者, 致治之盛也.「郊特牲」曰: 歌者, 在上匏竹, 在下貴人聲也, 卽此說以證. 此章及「儀禮」, 皆無不合. 古文簡質, 下之一字, 例管·簸等, 爲堂下之樂; 顯見鳴球·琴瑟, 爲堂上之樂矣. 戛擊之, 搏拊之, 以詠歌詩章, 所謂歌者, 在上也, 管·簸·鼓·柷·敔·笙·鏞, 皆堂下之樂. 管, 竹也; 笙, 匏也, 皆在堂下以間. 此衆樂與堂上之樂, 更代而間作也. 所謂匏·竹, 在下也, 奏石·絲以詠歌之時, 則堂下之樂不作; 奏匏·竹等衆樂之時, 則堂上之樂不作, 以令人樂, 觀之. 亦如此耳.'(신안 진씨가 말하였다. '이 장에서는 기가 음악을 짓는 효험을 말하였으니, 바로 사관이 실어서 전과 모의 끝을 맺은 것이다. 대개 공이 이루어짐에 음악을 지었던 것이다. 제라는 것은 다스림을 이룸의 성대한 것이다 ….')"
213) 전(典)과 모(謨): 전(典)은 「요전(堯典)」과 「순전(舜典)」을 말하고, 모(謨)는 「대우모(大禹謨)」와 「고요모(皐陶謨)」와 「익직(益稷)」을 말한다.

'견합불통(牽合不通)'의 경우, 하루의 말이라고 한다면 통하지 않는 것이다.

○ '唐孔'以下, 論也.
'금개불취(今皆不取)'에서 볼 때, '당공(唐孔)' 이하는 논변한 것이다.

[3-1-5-10]
夔曰 : "於予擊石拊石, 百獸率舞, 庶尹允諧."

기(夔)가 말하였다. "아! 제가 석경(石磬)을 치고 석경을 어루만지자 온갖 짐승들이 모두 따라서 춤을 추었으며, 많은 벼슬아치의 우두머리들이 진실로 화합하였습니다."

詳說

○ 音烏.
'오(於)'는 음이 오(烏)다.

集傳

重擊曰'擊', 輕擊曰'拊'. '石', 磬也, 有大磬, 有編磬, 有歌磬, 磬有大小, 故擊有輕重. 八音, 獨言'石'者, 蓋石音屬角, 最難諧和. 『記』曰 : "磬以立辨", 夫樂, 以合爲主, 而石聲獨立辨者, 以其難和也. 石聲旣和, 則金·絲·竹·匏·土·革·木之聲, 無不和者矣. 『詩』曰 : "旣和且平, 依我磬聲", 則知言'石'者, 總樂之和而言之也. 或曰 : "玉振之也者, 終條理之事, 故擧磬以終焉." 上言鳥獸, 此言百獸者, 「考工記」曰 : "天下大獸五, 脂者·膏者·蠃者·羽者·鱗者", 羽·鱗, 總可謂之獸也. 百獸舞, 則物無不和, 可知矣. '尹', 正也, '庶尹'者, 衆百官府之長也. '允諧'者, 信皆和諧也, 庶尹諧, 則人無不和, 可知矣.

무겁게 치는 것을 '격(擊)'이라 하고, 가볍게 치는 것을 '부(拊)'라고 한다. '석(石)'은 석경(石磬)이니, 대경(大磬)이 있고 편경(編磬)이 있고 가경(歌磬)이 있으니, 석경에 크고 작음이 있기 때문에 치는 것에도 가벼움과 무거움의 차이가 있다. 팔음(八音) 가운데 오직 '석(石)'을 말한 것은 대개 석경(石磬)의 소리가 각(角)에 속하여 가장 조화를 이루기 어려워서다. 『예기(禮記)』에서 말하기를 "석경으로써 분별함을 세운다."고 하였으니, 무릇 음악은 화합함을 위주로 하는데, 석경의 소리만 홀로 분별을 세우는 것은 조화하기 어렵기 때문이다. 석경의 소리가 이미 조화롭게 되면 금(金)·사(絲)·죽(竹)·포(匏)·토(土)·혁(革)·목(木)의 악기 소리가 화합하지 않음이 없는 것이다. 『시경(詩經)』에서 "이미 조화롭고 또 화평함에 우리 석경의 소리에 의지한다."고 하였다면, '석(石)'을 말한 것은 음악의 화합함을 총괄하여 말한 것임을 알 수 있다. 어떤 이는 말하기를 "옥(玉: 석경)으로써 거두는 것은 조리(條理)를 마치는 일이기 때문에 석경을 들어서 마친 것이다."라고 하였다. 위에서 조수(鳥獸)를 말하고, 여기서 백수(百獸)를 말한 것은 「고공기(考工記)」에서 말하기를 "천하에 큰 짐승이 다섯 가지이니, 지(脂)인 것과 고(膏)인 것과 나(臝)인 것과 깃인 것과 비늘인 것이다."라고 하였으니, 깃과 비늘이 있는 것을 모두 수(獸)라고 이를 수 있다. 온갖 짐승이 춤을 추었다면 사물이 화합하지 않은 것이 없음을 알 수 있다. '윤(尹)'은 장관(長官)이니, '서윤(庶尹)'이라는 것은 많은 여러 관부(官府)의 수장(首長)이다. '윤해(允諧)'라는 것은 진실로 모두 화합함이니, 서윤이 화합하면 사람들이 화합하지 않음이 없음을 알 수 있다.

詳說

○ 卽循也, 與擊對說, 故又訓之.

'경격왈부(輕擊曰拊)'의 경우, 곧 순(循)이니, 격(擊)과 상대적으로 말하였기 때문에 또 뜻을 새긴 것이다.

○ 一作'小大'.214)

'대소(大小)'의 경우, 어떤 판본에는 '소대(小大)'로 썼다.

○ 特言而再舉之. ○上所言'球', 則玉也.

'독언석자(獨言石者)'의 경우, 특별하게 말하면서 두 번 거론하였다. ○위에서 말한 '구(球)'는 옥(玉)이다.

○ 『禮記』「樂記」.215)

'「기」(『記』)'는 『예기(禮記)』「악기(樂記)」이다.

---

214) 채침(蔡沈) 찬, 『서경집전(書經集傳)』에는 '大小'로 되어있고, 호광(胡廣) 등 찬, 『서경대전(書經大全)』 및 내각본에는 '小大'로 되어있다.
215) 호광(胡廣) 등 찬, 『예기대전(禮記大全)』 권18, 「악기(樂記)」. "石聲磬, 磬以立辨, 辨以致死, 君子聽磬聲, 則思死封彊之臣.(석은 경의 소리를 내니 경으로써 분별함을 세우고, ….)"

○ 音扶.

'부(夫)'는 음이 부(扶)이다.

○ 「那」.216)

'『시』(『詩』)'는 「나(那)」편이다.

○ 王氏炎曰 : "八音, 以石爲君, 宜單言石."217)

'총악지화이언지야(總樂之和而言之也)'에 대해, 왕씨 염(王氏炎: 王炎)이 말하였다. "팔음(八音)은 석(石)으로써 임금을 삼으니, 마땅히 오직 석(石)만 말해야 한다."

○ 見『孟子』「萬章」.218)

'종조리지사(終條理之事)'는 『맹자(孟子)』「만장(萬章)」에 보인다.

○ 玉雖石屬, 然玉磬, 上節旣別言之, 或說恐不然.

'고거경이종언(故擧磬以終焉)'에서 볼 때, 옥(玉)이 비록 석(石)의 무리지만 옥경(玉磬)219)을 위의 단락에서 이미 따로 말하여 어떤 이가 말하기를 아마도 그렇지 않은 것 같다고 하였다.

---

216) 호광(胡廣) 등 찬, 『시전대전(詩傳大全)』권20, 「상송(商頌)·나(那)」. "湯孫奏假, 綏我思成. 鞉鼓淵淵, 嘒嘒管聲, 旣和且平, 依我磬聲, 於赫湯孫, 穆穆厥聲.(탕임금의 손자가 연주하여 조고에게 이르니 우리를 편안하게 하되 성공함을 생각하도다. 작은 북과 큰 북이 힘차게 둥둥거려 울리며 삘리리삘리리 구성지게 울리는 피리 소리가 이미 조화롭고 또 화평함을 이루게 된 것은 우리의 옥경 소리에 의지함이 있어서이로다. 아, 빛나는 탕임금의 손자가 연주한 것이니 훌륭하고 훌륭한 그 해맑은 소리를 내도다.)"

217) 호광(胡廣) 등 찬, 『서경대전(書經大全)』의 소주에서 발췌한 것이다. 그 전문은 다음과 같다. "王氏炎曰 : '八音, 以石爲君, 而韶樂以球爲首, 宜於此又單言石也.'(왕씨 염이 말하였다. '팔음은 석으로써 임금을 삼아서 소악이 구로써 으뜸으로 삼으니, 마땅히 여기서 또 오직 석만 말해야 한다.')"

218) 『맹자집주대전(孟子集註大全)』권10, 「만장장구하(萬章章句下)」. "孟子曰 : '伯夷, 聖之淸者也, 伊尹, 聖之任者也, 柳下惠, 聖之和者也, 孔子, 聖之時者也. 孔子之謂集大成, 集大成也者, 金聲而玉振之也. 金聲也者, 始條理也; 玉振之也者, 終條理也. 始條理者, 智之事也; 終條理者, 聖之事也. 智, 譬則巧也; 聖, 譬則力也. 由射於百步之外也, 其至爾力也, 其中非爾力也.'(맹자가 말하였다. '백이는 성인 가운데 맑은 자이고, 이윤은 성인 가운데 맡은 자이고, 유하혜는 성인 가운데 온화한 자이고, 공자는 성인 가운데 때에 맞추어 행한 자이다. 공자를 일러 모아서 크게 이룬 자라고 하니, 모아서 크게 이루었다는 것은 쇠 악기로 소리를 내고 옥 악기로 거두어들이는 것이다. 쇠 악기로 소리를 내는 것은 차례를 시작하는 것이고, 옥 악기로 거두어들이는 것은 차례를 마치는 것이다. 차례를 시작하는 것은 지혜로움의 일이고, 차례를 마치는 것은 성스러움의 일이다. 지혜로움은 비유하면 교묘함이고, 성스러움은 비유하면 힘이다. 백 걸음의 밖에서 화살을 쏘는데, 화살이 이르는 것은 너의 힘이지만, 화살이 맞는 것은 너의 힘이 아닌 것과 같다.')"

219) 옥경(玉磬): 돌로 만든 악기 이름으로, 『예기(禮記)』「교특생(郊特牲)」에서 '격옥경(擊玉磬)'을 말하였는데, 손희단(孫希旦)의 『집해(集解)』에서 "'옥경'은 『서경』에서 이른바 '명구'이니, 천자의 악기이다.('玉磬', 『書』所謂'鳴球', 天子之樂器也.)"라고 하였다.

○ 『周禮』.220)
　'「고공기」(「考工記」)', 『주례(周禮)』이다.

○ 『說文』曰 : "戴角者, 脂; 無角者, 膏."221)
　'지자·고자(脂者·膏者)'에 대해, 『설문(說文)』에서 말하였다. "머리에 뿔을 인 것이 지(脂)이고, 머리에 뿔이 없는 것이 고(膏)이다."

○ 裸同.222)
　'나(臝)'는 나(裸)와 같다.

○ 猶言'凡百'.
　'중백(衆百)'은 '범백(凡百)'이라고 말함과 같다.

○ 上聲.
　'장(長)'은 상성(上聲: 어른)이다.

○ 此句, 上註旣言之, 而此爲與'物無不和', 對說, 故又及之.
　'인무불화, 가지의(人無不和, 可知矣)'의 경우, 이 구절은 위의 주(註)에서 이미 말하였는데, 여기서 '물무불화(物無不和)'와 짝이 되는 말이기 때문에 다시 언급한 것이다.

○ 孫氏曰 : "前先言'祖考'·'賓'·'后', 而後及'鳥獸', 以貴賤爲序也; 此先言'鳥獸', 而後及'庶尹', 以難易爲序也."223)
　손씨(孫氏: 孫覺)가 말하였다. "앞에서는 먼저 '조고(祖考)'·'빈(賓)'·'후(后)'를 말하고 뒤에 '조수(鳥獸)'를 언급하여 귀천(貴賤)으로써 차례를 삼았고, 여기서는

---

220) 『주례주소(周禮注疏)』 권41, 「동관고공기하(冬官考工記下)」. "天下之大獸五, 脂者·膏者·臝者·羽者·鱗者. 宗廟之事, 脂者·膏者, 以爲牲; 臝者·羽者·鱗者, 以爲筍虡.(천하에 큰 짐승이 다섯 가지이니, 지인 것과 고인 것과 나인 것과 깃인 것과 비늘인 것이다. 종묘의 일에는 지인 것과 고인 것을 희생으로 삼으며, 나인 것과 깃인 것과 비늘인 것은 종과 경을 거는 시렁으로 삼았다.")
221) 『설문해자(說文解字)』. "戴角者, 脂; 無角者, 膏. 从肉旨聲.(머리에 뿔을 인 것이 지이고, 머리에 뿔이 없는 것이 고이다. 육의 뜻을 좇고, 지는 소리이다.)"
222) 호광(胡廣) 등 찬, 『서경대전(書經大全)』의 소주에는 "魯果反.(로와 과의 반절이다.)"이라고 하였다.
223) 호광(胡廣) 등 찬, 『서경대전(書經大全)』의 소주에서 발췌한 것이다. 그 전문은 다음과 같다. "孫氏曰 : '前先言祖考·虞賓·羣后, 而後及鳥獸, 以貴賤爲序也; 此先言鳥獸, 而後及庶尹, 以難易爲序也.'(손씨가 말하였다. '앞에서는 먼저 조고·우빈·군후를 말하고 뒤에 조수를 언급하여 귀천으로써 차례를 삼았고, 여기서는 먼저 조수를 말하고 뒤에 서윤을 언급하여 난이로써 차례를 삼았다.')"

먼저 '조수(鳥獸)'를 말하고 뒤에 '서윤(庶尹)'을 언급하여 난이(難易)로써 차례를 삼았다."

○ 臨川吳氏曰 : "舜德極大極盛, 而韶樂又盡善盡美. 故其感應之妙, 古今莫及."224)

임천 오씨(臨川吳氏: 吳澄)가 말하였다. "순(舜)의 덕은 지극히 크고 지극히 성하여 소악(韶樂)이 또 다 선하고 다 아름다운 것이다. 그러므로 그 감응(感應)의 오묘함을 예나 지금이나 더 이상 미칠 수 없는 것이다."

[3-1-5-11]

帝庸作歌曰 : "勑天之命, 惟時惟幾", 乃歌曰 : "股肱喜哉, 元首起哉, 百工熙哉." 皐陶拜手稽首, 颺言曰 : "念哉, 率作興事, 愼乃憲欽哉, 屢省乃成, 欽哉." 乃賡載歌曰 : "元首明哉, 股肱良哉, 庶事康哉." 又歌曰 : "元首叢脞哉, 股肱惰哉, 萬事墮哉." 帝拜曰 : "兪. 往欽哉."

순임금이 이로써 노래를 지어 말하기를 "하늘의 명을 삼갈진댄 오직 때마다 삼가고 오작 기미마다 삼가야 한다." 라 하고서 이에 노래하여 말하기를 "고굉(股肱)이 기뻐하여 일하면 원수(元首)의 정사가 흥기(興起)하여 모든 벼슬아치들이 기뻐할 것이다." 라고 하였다. 고요(皐陶)가 손을 모아 절하고 머리를 조아리며 소리를 높여서 말하기를 "유념하여 신하들을 거느리고 정사를 흥기시키되 삼가 이에 법도를 공경하며, 자주 살펴 이에 일을 이루게 하되 공경하소서." 라 하고, 이에 이어서 노래하여 말하기를 "원수가 현명하시면 고굉(股肱)이 어질어 여러 일이 편안해질 것입니다." 라고 하였다. 고요(皐陶)가 또 노래하기를 "원수가 자질구레하면 고굉(股肱)이 게을러져서 온갖 일이 무너질 것입니다." 라고 하였다. 순임금이 고개를 끄덕이고서 말하기를 "그러하다. 가서 너의 직무에 공경히 행하라." 라고 하였다.

詳說

---

224) 호광(胡廣) 등 찬, 『서경대전(書經大全)』의 소주에서 발췌한 것이다. 그 전문은 다음과 같다. "臨川吳氏曰 : '夔言樂如此, 蓋有舜之德, 是以有夔之樂. 道德, 樂之本; 聲音, 樂之具. 舜德極大極盛, 而韶樂又盡善盡美. 故其感應之妙, 古今莫及.'(임천 오씨가 말하였다. '… 순의 덕이 지극히 크고 지극히 성하여 소악이 또 다 선하고 다 아름다운 것이다. 그러므로 그 감응의 오묘함을 예나 지금이나 더 이상 미칠 수 없는 것이다.')"

○ '省', 悉井反. '賡', 居行反. '明', 叶音芒. '脞', 取果反.225)
'성(省)'은 실(悉)과 정(井)의 반절이다. '갱(賡)'은 거(居)와 행(行)의 반절이다. '명(明)'은 협음이 망(芒)이다. '좌(脞)'는 취(取)와 과(果)의 반절이다.

集傳

'庸', 用也. '歌', 詩歌也. '勑', 戒勑也. '幾', 事之微也. '惟時'者, 無時而不戒勑也; '惟幾'者, 無事而不戒勑也. 蓋天命無常, 理亂安危, 相爲倚伏, 今雖治定功成, 禮備樂和, 然頃刻謹畏之不存, 則怠荒之所自起; 毫髮幾微之不察, 則禍患之所自生, 不可不戒也. 此, 舜將欲作歌, 而先述其所以歌之意也. '股肱', 臣也; '元首', 君也. 人臣, 樂於趨事赴功, 則人君之治, 爲之興起, 而百官之功, 皆廣也. '拜手稽首'者, 首至手, 又至地也. 大言而疾曰'颺'. '率', 總率也. 皐陶言:"人君, 當總率羣臣, 以起事功, 又必謹其所守之法度", 蓋樂於興事者, 易至於紛更, 故深戒之也. '屢', 數也, 興事而數考其成, 則有課功覈實之效, 而無誕慢欺蔽之失. 兩言'欽哉'者, 興事考成二者, 皆所當深敬而不可忽者也, 此皐陶將欲賡歌, 而先述其所以歌之意也. '賡', 續; '載', 成也, 續帝歌以成其義也. 皐陶言:"君明則臣良, 而衆事皆安", 所以勸之也. '叢脞', 煩碎也. '惰', 懈怠也. '墮', 傾圯也. 言:"君行臣職, 煩瑣細碎, 則臣下懈怠, 不肯任事, 而萬事廢壞", 所以戒之也. 舜作歌而責難於臣, 皐陶賡歌而責難於君, 君臣之相責難者, 如此, 有虞之治, 玆所以爲不可及也歟. '帝拜'者, 重其禮也. 重其禮, 然其言而曰:"汝等, 往治其職, 不可以不敬也." 林氏曰:"舜與皐陶之賡歌, 三百篇之權輿也, 學詩者, 當自此始."

'용(庸)'은 씀이다. '가(歌)'는 시가(詩歌)이다. '칙(勑)'은 경계하고 삼감이다. '기(幾)'는 일의 기미이다. '유시(惟時)'라는 것은 때마다 경계하고 삼가지 않음이 없는 것이며, '유기(惟幾)'라는 것은 일마다 경계하고 삼가지 않음이 없는 것이다. 대개 천명은 항상함이 없어서 다스려지고 혼란함과 편안하고 위태함이 서로 기대고 숨어 있으니, 이제 비록 정치가 안정되고 사공(事功: 소임이나 임무)이 이루어짐에 예(禮)가 갖추어지고 음악이 조화로우나 잠시라도 삼가고 두려워함이 있지 않으면 게으름과 거칠음이 이로부터 일어나는 것이고, 터럭만큼이라도 기미를 살피지 않

---

225) 채침(蔡沈) 찬, 『시경집전(詩經集傳)』에는 "'明', 音芒. '脞', 取果反.('명'은 음이 망이다. '좌'는 취와 과의 반절이다.)"으로 되어있다. 호광(胡廣) 등 찬, 『서경대전(書經大全)』의 소주에는 "'幾', 音機. '稽', 音起. '省', 息井反. '賡', 音庚. '脞', 取果反. '墮', 音隳.('기'는 음이기다. '계'는 음이 기다. '성'은 식과 정의 반절이다. '갱'은 음이 갱이다. '좌'는 취와 과의 반절이다. '타'는 음이 타다.)"로 되어있다.

으면 재난과 근심이 이로부터 생기는 것이니, 경계하지 않을 수 없는 것이다. 이것은 순임금이 장차 노래를 지으려고 할 적에 먼저 그 노래하는 까닭의 뜻을 진술한 것이다. '고굉(股肱)'은 신하이고. '원수(元首)'는 군주이다. 신하가 사공(事功: 임무)에 달려가고 나아가기를 즐거워하면 임금의 다스림이 흥기하게 되어 모든 벼슬아치의 공적이 모두 넓혀지는 것이다. '배수계수(拜手稽首)'라는 것은 머리가 손에 이르고, 또 땅에 이르는 것이다. 크게 말하고 빨리 하는 것을 '양(颺)'이라고 한다. '솔(率)'은 통솔함이다. 고요(皐陶)가 말하기를 "임금은 마땅히 여러 신하들을 통솔하여 사공(事功)을 일으켜야 하고, 또 반드시 지켜야 할 법도를 삼가야 한다."고 하였으니, 대개 사공(事功)을 일으키기를 좋아하는 이는 어지럽게 변경함에 이르기 쉽기 때문에 깊이 경계한 것이다. '누(屢)'는 자주함이니, 사공(事功)을 일으키되 자주 그 일이 이루어지는 것을 살피면 공적을 고과(考課)하고 실상을 조사하는 효험이 있어서 허탄하고 태만하며 기만하고 은폐하는 잘못이 없게 된다. 두 번 '흠재(欽哉)'를 말한 것은 사공(事功)을 일으키고 성공을 상고하는 두 가지는 모두 마땅히 깊이 공경하여 소홀히 해서는 안 되는 것이기 때문이니, 이는 고요(皐陶)가 장차 노래를 잇고자 하여 먼저 노래하려는 까닭의 뜻을 진술한 것이다. '갱(賡)'은 이음이고, '재(載)'는 이룸이니, 순임금의 노래를 이어서 그 뜻을 이루는 것이다. 고요(皐陶)가 말하기를 "군주가 현명하면 신하가 어질어서 모든 일이 다 편안할 것이다."고 하였으니, 권고(勸告)한 것이다. '총좌(叢脞)'는 번잡하고 자질구레한 것이다. '타(惰)'는 게으름이다. '타(墮)'는 기울고 무너짐이다. 고요(皐陶)가 말하기를 "임금이 신하의 직무를 행하면서 번거롭고 자잘하게 되면 신하가 게을러져서 즐겨 일을 맡지 않아 모든 일이 없어지고 무너질 것이다."고 하였으니, 경계한 것이다. 순이 노래를 지으면서 신하에게 어려운 일을 바라고, 고요(皐陶)는 노래를 이으면서 임금에게 어려운 일을 권하여 임금과 신하 사이에 서로 어려운 일을 권고한 것이 이와 같았으니, 유우(有虞)의 정치가 이에 미칠 수 없게 된 것이다. '제배(帝拜)'라는 것은 그 예(禮)를 중히 여긴 것이다. 그 예(禮)를 중히 여기고 그 말을 옳게 여겨서 말하기를 "너희들은 가서 직무를 다스리되 공경하지 않으면 안 된다."라고 하였다. 임씨(林氏: 林之奇)가 말하였다. "순(舜)과 고요(皐陶)가 이어 부른 노래는 『시경(詩經)』 3백 편의 권여(權輿)이니, 『시경(詩經)』을 배우는 이는 마땅히 이로부터 시작해야 한다."

詳說

○ 猶言'起伏'.
　'상위의복(相爲倚伏)'의 경우, '기복(起伏)'이라 말함과 같다.

○ 去聲, 下並同.
　'치(治)'는 거성(去聲: 다스리다)이니, 아래도 아울러 같다.

○ 音洛, 下同.
　'락(樂)'은 음이 락(洛)이니, 아래도 아울러 같다.

○ 添四字.
　'추사부공(趨事赴功)'의 경우, 이 네 글자를 더한 것이다.

○ 添'治'字.
　'인군지치(人君之治)'의 경우, '치(治)'자를 더하였다.

○ '拜手', 首至手也, 拜之常也. 首旣至手, 又引而前至地稽留, 拜之重者, 臣拜君之禮也.
　'우지지야(又至地也)'에서 볼 때, '배수(拜手)'는 머리가 손에 이르는 것이니, 절의 상례이다. 머리가 이미 손에 이르고, 또 끌어당겨 앞에서 땅에 이르러 조아리고 머무니, 절의 중대한 것으로 신하가 임금에게 절하는 예이다.

○ 陳氏雅言曰 : "將述賡歌之意, 先拜以致其禮, 颺言以致其辭, 其忠愛之誠·激切之至, 不自知其容貌·辭氣之異乎常."[226]
　'대언이질왈양(大言而疾曰颺)'에 대해, 진씨 아언(陳氏雅言: 陳雅言)이 말하였다. "장차 노래를 잇는 뜻을 진술함에 먼저 절하여 그 예를 다하고, 큰 소리로 말을 빨리하여 그 말을 다하니, 그 임금에 충성하고 나라를 사랑함이 정성스럽고 격

---

226) 호광(胡廣) 등 찬, 『서경대전(書經大全)』의 소주에서 발췌한 것이나. 그 전문은 다음과 같다. "陳氏雅言曰 : 皐陶賡歌, 蓋欲帝加戒愼省察之功, 於振勵充廣之中, 謂帝舜當率羣臣以起事功. 然猶必謹守成憲欽哉, 不可輕於有爲也. 猶必屢省乃成欽哉, 不可恃其有成也. 蓋當帝以股肱喜哉, 賡其臣, 則恐其不知率作興事之道 ; 以元首起哉, 處其心, 則恐其不知愼乃憲之道 ; 以百工熙哉, 期其效, 則恐其不知屢省乃成之道, 此皐陶欲述其賡歌之意, 而先拜以致其禮, 颺言以致其辭, 復以念玆一語, 以勉其君, 此其忠愛之誠·激切之至, 不自知其容貌·辭氣之異乎常. 欲以足歌之未備也, 此帝舜, 皐陶之賡歌爲勅天命一語而發, 雖不明言, 而其意在是矣.'(진씨 아언이 말하였다. '… 이것이 고요가 그 노래를 잇는 뜻을 진술하고자 함에 먼저 절하여 조아려서 그 예를 다하고, 큰 소리로 말을 빨리하여 그 말을 다하니, 그 임금에 충성하고 나라를 사랑함이 정성스럽고 격앙됨과 간절함이 지극하여 스스로 그 용모와 말씨가 평상시와 다름을 알지 못한 것이다. ….')"

앙됨과 간절함이 지극하여 스스로 그 용모와 말씨가 평상시와 다름을 알지 못한 것이다.”

○ 作興.
'기(起)'는 정신이나 기운을 단번에 일으킴이다.

○ 憲.
'법도(法度)'는 헌(憲)이다.

○ 去聲.
'이(易)'는 거성(去聲: 용이하다, 경솔하다)이다.

○ 平聲.227)
'경(更)'은 평성(平聲: 고치다, 바꾸다)이다.

○ 音朔,228) 下同.
'삭(數)'은 음이 삭(朔)이니, 아래도 같다.

○ 以一'念哉'總二'欽哉', 其丁寧之意, 切矣.
'개소당심경이불가홀자야(皆所當深敬而不可忽者也)'에서 볼 때, 하나의 '염재(念哉: 유념하라)'로써 두 개의 '흠재(欽哉: 공경하라)'를 거느렸는데, 그 정녕한 뜻이 절실하다.

○ 正答帝歌之意.
'소이권지야(所以勸之也)'에서 볼 때, 황제의 노래에 바르게 답하는 뜻이다.

○ 陳氏大猷曰 : "前言'庶事', 此言'萬事', 甚言'叢脞'之害事也."229)

---

227) 호광(胡廣) 등 찬, 『서경대전(書經大全)』의 소주를 수용한 것이다.
228) 호광(胡廣) 등 찬, 『서경대전(書經大全)』의 소주를 수용한 것이다.
229) 호광(胡廣) 등 찬, 『서경대전(書經大全)』의 소주에서 발췌한 것이다. 그 전문은 다음과 같다. "陳氏大猷曰 : 喜起熙帝, 欲振屬充廣也. 皐陶意謂, 无妄不可以復往極治, 不可以更易, 故因帝振奮增廣之意, 而欲其加謹愼省察之心. 凡作興必謹守成憲, 而欽哉不可輕於有爲也. 又必屢察已成之治, 而欽哉不可玩夫已爲也. 於是賡成其歌, 謂君臣惟當明良而已, 不必過於喜起庶事, 惟底於康安而已, 不必過於熙廣, 乃所以凝泰和也. 君

'만사폐괴(萬事廢壞)'에 대해, 진씨 대유(陳氏大猷: 陳大猷)가 말하였다. "앞에서는 '서사(庶事: 여러 일)'를 말하고, 여기서는 '만사(萬事: 온갖 일)'를 말하였으니, '총좌(叢脞: 자질구레함)'의 해로운 일을 심히 말한 것이다."

○ 反答帝歌之意.
'소이계지야(所以戒之也)'에서 볼 때, 황제의 노래에 반대로 답하는 뜻이다.

○ 見『孟子』「離婁」.230)

有賴於臣, 故先股肱臣有望於君, 故先元首皐陶意, 猶未已謂明, 非聽察之謂, 聽察則流於叢脞, 良非軟熟之謂, 軟熟則流於惰偸君, 叢脞則臣惰偸, 萬事墮壞矣. 前言庶事, 此言萬事, 甚言叢脞之害事也. 不過而失於激, 亦不怠而失於廢, 眞可以疑泰和而保天命矣. 往欽哉, 欲君臣自此以往無不敬也, 典·謨之書, 皆以欽終之. 九成之韶, 勑天之歌, 非可以二觀也. 虞之韶, 不可得而聞; 帝之歌, 猶可得而詠. 韶雖亡, 不亡者存焉, 學者宜深玩繹也.'(진씨 대유가 말하였다. '… 앞에서는 서사를 말하고, 여기서는 만사를 말하였으니, 자질구레함의 해로운 일을 심히 말한 것이다. ….')"

230) 『맹자집주대전(孟子集註大全)』 권7, 「이루장구상(離婁章句上)」. "孟子曰 : '離婁之明, 公輸子之巧, 不以規矩, 不能成方負; 師曠之聰, 不以六律, 不能正五音; 堯·舜之道, 不以仁政, 不能平治天下. 今有仁心仁聞, 而民不被其澤, 不可法於後世者, 不行先王之道也. 故曰 : 徒善, 不足以爲政; 徒法, 不能以自行. 『詩』云: 不愆不忘, 率由舊章. 遵先王之法而過者, 未之有也. 聖人, 旣竭目力焉, 繼之以規·矩·準·繩, 以爲方負·平·直, 不可勝用也; 旣竭耳力焉, 繼之以六律, 正五音, 不可勝用也; 旣竭心思焉, 繼之以不忍人之政, 而仁覆天下矣. 故曰 : 爲高, 必因丘陵; 爲下, 必因川澤. 爲政, 不因先王之道, 可謂智乎. 是以, 惟仁者, 宜在高位, 不仁而在高位, 是播其惡於衆也. 上無道揆也, 下無法守也, 朝不信道, 工不信度, 君子犯義, 小人犯刑, 國之所存者幸也. 故曰 : 城郭不完, 兵甲不多, 非國之災也; 田野不辟, 貨財不聚, 非國之害也. 上無禮, 下無學, 賊民興, 喪無日矣. 『詩』曰: 天之方蹶, 無然泄泄. 泄泄, 猶沓沓也. 事君無義, 進退無禮, 言則非先王之道者, 猶沓沓也. 故曰 : 責難於君, 謂之恭; 陳善閉邪, 謂之敬; 吾君不能, 謂之賊.'"(맹자가 말하였다. '이루의 눈 밝음과 공수자의 기교라도 그림쇠나 곱자로써 하지 않으면 네모나 동그라미를 이룰 수 없고, 사광의 귀 밝음이라도 여섯 가락으로써 하지 않으면 다섯 소리를 바르게 할 수 없고, 요임금과 순임금의 도라도 어진 정치로써 하지 않으면 천하를 화평하게 다스릴 수 없는 것이다. 이제 어진 마음과 어진 명성이 있는데도 백성들이 그 인택을 입지 못하여 후세에 본받을 수 없는 것은 선왕의 도를 행하지 않았기 때문이다. 그러므로 말하기를, 한갓되이 착함만으로는 정사를 함에 충분하지 못하고, 한갓되이 법령만으로는 스스로 시행할 수 없다고 한 것이다. 『시경』에 이르기를, 허물되지 않으며 잊어버리지 않음은 예전의 법을 좇아서 말미암아서라고 하였으니, 선왕의 법을 좇고서 허물되는 이는 있지 않았다. 성인이 이미 눈의 힘을 다하시고 그림쇠와 곱자의 수준기와 먹줄로써 계속하여 모지고 둥글고 평평하고 곧은 것을 만듦에 이루 다 쓰지 못하며, 이미 귀의 힘을 다하시고 육률로써 계속하여 오음을 바르게 함에 이루 다 쓰지 못하며, 이미 마음속의 생각을 다하시고 시킴을 차마 못하는 정사로써 계속하여 인이 천하를 덮은 것이다. 그러므로 말하기를, 높은 것을 만듦에 반드시 언덕에 말미암으며, 낮은 것을 만듦에 반드시 내와 못에 말미암는다고 하였으니, 정사를 함에 선왕의 도에 말미암지 않으면 지혜롭다고 이를 수 있겠는가. 이러므로 오직 어진 사람만이 마땅히 높은 지위에 있어야 하니, 어질지 못하면서 높은 지위에 있으면 이는 그 악한 것을 무리에게 뿌리는 것이다. 위에서는 도를 헤아림이 없고 아래에서는 법을 지킴이 없으니, 조정에서는 도를 믿지 않고 관리들은 법도를 믿지 않으며, 군자는 도의를 벗어나고 소인은 형벌을 저지르거늘, 나라가 보존되는 것은 요행인 것이다. 그러므로 말하기를, 성곽이 완전하지 않고 무장한 병시가 많지 않음이 나라의 재앙이 아니며, 밭과 들이 개간되지 않고 재화가 모이지 않음이 나라의 해악이 아니다. 윗사람에게 예의가 없고 아랫사람에게 배움이 없으면 윗사람을 해치고 난리를 일으키는 백성이 일어나서 나라를 잃음이 멀지 않을 것이라고 하였다. 『시경』에서 말하기를, 하늘이 바야흐로 넘어뜨리려 하나니, 설령설령 하지 말지어다 라고 하였으니, 예예는 답답과 같다. 임금을 섬김에 의리가 없고, 나가고 물러남에 예의가 없고, 말하면 선왕의 도를 그르다고 하는 사람이 답답과 같은 것이다. 그러므로 말하기를, 임금에게 백성들이 어렵게 되는 일에 면려하는 것을 공이라 이르고, 선을 베풀어서 간사함을 막는 것을 경이라 이르고, 내 임금이 잘하지 못하리라 하는 것을 적이라 이른다고 하였다.') "책난"에 대하여 집주에서는 "范氏曰 : '人臣, 以難事責於君, 使其君爲堯·舜之君者, 尊君之大也; 開陳善道, 以禁閉其邪心, 惟恐其君或陷於有過之地者, 敬君之至也;

'고요갱가이책난어군(皐陶賡歌而責難於君)'의 내용이 『맹자(孟子)』「이루(離婁)」에 보인다.

○ '舜作'以下, 論也.
'자소이위불가급야여(玆所以爲不可及也歟)'에서 볼 때, '순작(舜作)' 이하는 논변한 것이다.

○ 西山眞氏曰 : "帝之歌, 本爲勅天命而作, 君臣倡和, 乃無一語及天者, 修人事, 所以勅天命也."231)
서산 진씨(西山眞氏: 眞德秀)가 말하였다. "임금의 노래는 본래 천명(天命)을 바루기 위하여 지은 것인데, 임금과 신하가 노래 부르면서 이에 한 마디도 하늘을 언급함이 없는 것은 인사(人事)를 닦는 것이 천명(天命)을 삼감이 되기 때문이다."

○ 去聲, 下同.
'중(重)'은 거성(去聲: 중시하다)이니, 아래도 같다.

○ 所以答拜手稽首也.
'중기례야(重其禮也)'의 경우, 절을 하고 머리를 조아림에 답하는 것이다.

○ 如字.
'왕치(往治)'에서 치(治)는 본래의 음 대로 읽는다.

○ 所以答二'欽哉'也.

─────────────
謂其君不能行善道, 而不以告者, 賊害其君之甚也.'(범씨[범조우]가 말하였다. '신하가 어려운 일을 임금에게 면려하여 그 임금으로 하여금 요임금과 순임금이 되게 하는 것은 임금을 섬김의 큰 것이고, 착한 도를 개진하여 임금의 사특한 마음을 막으며 오직 그 임금이 혹시라도 허물이 있는 처지에 빠질까 두려워하는 것은 임금을 공경함의 지극한 것이고, 그 임금이 착한 도를 행할 수 없으리라 여겨서 말해주지 않는 것은 그 임금을 해침의 심한 것이다.')라고 하였다.
231) 호광(胡廣) 등 찬, 『서경대전(書經大全)』의 소주에서 발췌한 것이다. 그 전문은 다음과 같다. "西山眞氏曰 : 范太史曰: 君以知人爲明臣, 以任職爲良君, 知人則賢者得行其所學, 臣任職則不肖者不得苟容於朝, 此庶事所以康也. 若夫臣行臣職, 則叢脞矣, 臣不任君之事, 則隋矣, 此萬事所以隳也, 斯言得之矣. 然帝之歌, 本爲勅天命而作, 君臣倡和, 乃無一語及天者, 修人事, 所以勅天命也, 後之人主, 宜深體焉.'(서산 진씨가 말하였다. '범태사가 말하기를 … 그러나 임금의 노래는 본래 천명을 바루기 위하여 지은 것인데, 임금과 신하가 노래 부르면서 이에 한 마디도 하늘을 언급함이 없는 것은 인사를 닦는 것이 천명을 삼감이 되기 때문이니, 후세의 임금들은 마땅히 깊이 체득해야 할 것이다.')

'불가이불경야(不可以不敬也)'에서 볼 때, 두 개의 '흠재(欽哉)'에 답한 것이다.

○ 陳氏大猷曰 : "典·謨之書, 皆以欽終之."232)
진씨 대유(陳氏大猷: 陳大猷)가 말하였다. "전(典)과 모(謨)의 글에서는 모두 공경함으로써 마쳤다."

○ 始也, 見『詩』「權輿」.233)
'삼백편지권여야(三百篇之權輿也)'에서 볼 때, 시작함이다. 『시경(詩經)』「권여(權輿)」에 보인다.

○ 論也.
'당자차시(當自此始)'에서 볼 때, 논변한 것이다.

○ 陳氏大猷曰 : "九成之韶, 勅天之歌, 非可以二觀也. 虞之韶, 不可得而聞; 帝之歌, 猶可得而詠. 韶雖亾, 不亾者存焉, 學者, 宜深玩繹也."234)

---

232) 호광(胡廣) 등 찬, 『서경대전(書經大全)』의 소주에서 발췌한 것이다. 그 전문은 다음과 같다. "陳氏大猷曰 : '喜起熙帝, 欲振厲充廣也. 皐陶意謂, 无妄不可以復往極治, 不可以更加, 故因帝振奮增廣之意, 而欲其加謹愼省察之心. 凡作興必謹守成憲, 而欽哉不可輕於有爲也. 又必屢察已成之治, 而欽哉不可玩夫已爲也. 於是賡成其歌, 謂君臣惟當明良而已, 不必過於喜起庶事, 惟底於康安而已, 不必過於熙廣, 乃所以凝泰和也. 君有賴臣, 故先股肱臣有望於君, 故先元首臯陶意, 猶未已謂明, 非聽察之謂, 聽察則流於叢脞, 良非軟熟之謂, 軟熟則流於惰偸君, 叢脞則臣惰偸, 萬事墮壞矣. 前言庶事, 此言萬事, 甚言叢脞之害事也. 不過而失於激, 亦不怠而失於廢, 眞可以凝泰和而保天命矣. 往欽哉, 欲君臣自此以往無不敬也, 典·謨之書, 皆以欽終之. 九成之韶, 勅天之歌, 非可以二觀. 虞之韶, 不可得而聞; 帝之歌, 猶可得而詠. 韶雖亡, 不亡者存焉, 學者宜深玩繹也.'(진씨 대유가 말하였다. '… 앞에서는 서사를 말하고, 여기서는 만사를 말하였으니, 자질구레함의 해로운 일을 심히 말한 것이다. … 가서 공경히 하라는 것은 임금과 신하가 이로부터 가서 공경하지 않음이 없고자 한 것이니, 전과 모의 글에서는 모두 공경함으로써 마쳤던 것이다. ….')"
233) 호광(胡廣) 등 찬, 『서경대전(書經大全)』권6, 「진풍(秦風)·권여(權輿)」. "於我乎, 夏屋渠渠, 今也每食無餘. 于嗟乎! 不承權輿.(나에게 큰 집이 깊숙하고 널찍하더니 지금 매양 먹음에 여유로움이 없도다. 아아! 처음같이 이어가지 못함이로다.)" 주자의 집전에서 "權輿, 始也.('권여'는 시작함이다.)"라고 하였다.
234) 호광(胡廣) 등 찬, 『서경대전(書經大全)』의 소주에서 발췌한 것이다. 그 전문은 다음과 같다. "陳氏大猷曰 : '喜起熙帝, 欲振厲充廣也. 皐陶意謂, 无妄不可以復往極治, 不可以更加, 故因帝振奮增廣之意, 而欲其加謹愼省察之心. 凡作興必謹守成憲, 而欽哉不可輕於有爲也. 又必屢察已成之治, 而欽哉不可玩夫已爲也. 於是賡成其歌, 謂君臣惟當明良而已, 不必過於喜起庶事, 惟底於康安而已, 不必過於熙廣, 乃所以凝泰和也. 君有賴臣, 故先股肱臣有望於君, 故先元首臯陶意, 猶未已謂明, 非聽察之謂, 聽察則流於叢脞, 良非軟熟之謂, 軟熟則流於惰偸君, 叢脞則臣惰偸, 萬事墮壞矣. 前言庶事, 此言萬事, 甚言叢脞之害事也. 不過而失於激, 亦不怠而失於廢, 眞可以凝泰和而保天命矣. 往欽哉, 欲君臣自此以往無不敬也, 典·謨之書, 皆以欽終之. 九成之韶, 勅天之歌, 非可以二觀. 虞之韶, 不可得而聞; 帝之歌, 猶可得而詠. 韶雖亡, 不亡者存焉, 學者宜深玩繹也.'(진씨 대유가 말하였다. '… 앞에서는 서사를 말하고, 여기서는 만사를 말하였으니, 자질구레함의 해로운 일을 심히 말한 것이다. … 가서 공경히 하라는 것은 임금과 신하가 이로부터 가서 공경하지 않음이 없고자 한 것이니, 전과 모의 글에서는 모두 공경함으로써 마쳤던 것이다. 구성의 소와 천명을 삼

진씨 대유(陳氏大猷: 陳大猷)가 말하였다. "구성(九成)의 소(韶)와 천명(天命)을 삼가는 노래는 두 가지로써 볼 것이 아니다. 우(虞)의 소(韶)는 들을 수가 없으며, 임금의 노래는 오히려 읊조릴 수가 있다. 소(韶)가 비록 없어졌더라도 없어지지 않은 것이 남아있으니, 의당 깊이 연구하여 풀어야 할 것이다."

서집전상설 4권
書集傳詳說 卷之四

[4-2]
「하서(夏書)」

集傳

'夏', 禹有天下之號也, 書凡四篇.「禹貢」, 作於虞時, 而繫之「夏書」者, 禹之王, 以是功也.

'하(夏)'는 우(禹)가 천하를 소유한 국호이니, 글은 모두 네 편이다.「우공(禹貢)」은 우(虞)나라 때에 지어졌는데「하서(夏書)」에 연계한 것은 우(禹)를 왕(王)이라고 일컬은 것이 이 하(夏)나라에 공(功)이 있었기 때문이다.

詳說

○ '作於虞時', 堯時也,「舜典」'肇州'註, 可考. ○史官所作.

'작어우시(作於虞時)'에서, 요(堯)임금 때이니,「순전(舜典)」'조주(肇州)'의 주(註)235)에서 상고할 수 있다. ○사관(史官)이 지은 것이다.

○ 去聲.

'왕(王)'은 거성(去聲: 통치하다, 왕이라 일컫다)이다.

---

235) 「순전(舜典)」'조주(肇州)'의 주(註): 호광(胡廣) 등 찬,『서경대전(書經大全)』권1,「우서(虞書)·순전(舜典)」[1-1-2-10]에서 "12주를 비로소 둠에 12주의 진산에 봉표하며 내를 깊이 팠다.(肇十有二州, 封十有二山, 濬川.)"라고 하였는데, 그 집전(集傳)에서 "'조'는 개시함이다. '십이주'는 기주·연주·청주·서주·형주·양주·예주·양주·옹주·유주·병주·영주이다. 중고 때의 땅은 단지 9주가 되었으니, '기주·연주·청주·서주·형주·양주·예주·양주·옹주'라고 하였다. 우가 홍수를 다스리고 공물을 만듦에 또한 그 옛것에 말미암았는데, 순이 즉위함에 미쳐서 기주와 청주의 땅이 넓다고 여겨 비로소 기주 동쪽인 항산의 땅을 나누어 병주라 하고, 그 동북쪽인 의무려산의 땅을 유주라 하고, 또 청주의 동북쪽인 요동 등의 땅을 나누어 영주라고 하였으니, 기주는 다만 하내의 땅을 소유하였으니, 지금 하동의 한 길이 이것이다. '봉'은 표지함이니, 12개의 산을 봉한다는 것은 매 주마다 하나의 산을 흙을 쌓아 표지하여 한 주의 진산으로 삼은 것이니, '직방씨'에서 '양주의 그 산이 진호하니 회계이다.'라고 말한 따위와 같다. '준천'은 12주의 내를 깊이 파서 물길을 내는 것이다. 그러나 순이 이미 12주로 나누었는데 상나라 때에 이르러 또 단지 '구위'·'구유'라 말하였고,『주례』'직방씨'에서도 또한 다만 아홉 주를 열거하였는데, 양주·형주·예주·청주·연주·옹주·유주·기주·병주는 있고, 서주·양주·영주는 없었으니, 곧 이는 12주를 만든 지 대개 그리 오래되지 않았다는 것이나, 언제 다시 합하여 9주가 되었는지는 알지 못한다. 오씨가 말하였다. '이 한 단락은 우가 홍수를 다스린 뒤에 있었던 일이니, 그 차례가 4음을 죄준 일의 앞에 있는 것이 마땅하지 않으니, 대개 사관이 순이 행한 큰일을 두루 기록하였고, 처음부터 앞 시대와 뒤 시대의 차례를 기록하지 않았다.'('肇, 始也. '十二州', 冀·兗·靑·徐·荊·揚·豫·梁·雍·幷·營也. 中古之地, 但爲九州, 曰: '冀·兗·靑·徐·荊·揚·豫·梁·雍.' 禹治水作貢, 亦因其舊, 及舜卽位, 以冀·靑地廣, 始分冀東恆山之地, 爲幷州; 其東北醫巫閭之地, 爲幽州; 又分靑之東北遼東等處也, 爲營州, 而冀州, 止有河內之地, 今河東一路, 是也. '封', 表也. 封十二山者, 每州, 封表一山, 以爲一州之鎭, 如「職方氏」'揚州其山鎭曰會稽'之類. '濬川', 濬導十二州之川也. 然舜旣分十有二州, 而至商時, 又但言'九圍'·'九有';『周禮』「職方氏」, 亦止列爲九州, 有揚·荊·豫·靑·兗·雍·幽·冀·幷, 而無徐·梁·營也, 則是爲十二州, 蓋不甚久, 不知其自何時復合爲九也. 吳氏曰: '此一節, 在禹治水之後, 其次序不當在四罪之先. 蓋史官, 泛記舜所行之大事, 初不記先後之敘也.')"라고 하였다.

[4-2-1]
「우공(禹貢)」

集傳

上之所取, 謂之'賦'; 下之所供, 謂之'貢'. 是篇有'貢'有'賦', 而獨以'貢'名篇者. 孟子曰 : "夏后氏, 五十而貢", '貢'者, 較數歲之中, 以爲常, 則'貢', 又夏后氏田賦之總名. 今文·古文, 皆有.

위에서 취하는 것을 '부(賦)'라 하고, 아래에서 바치는 것을 '공(貢)'이라고 한다. 이 편(篇)에는 '공(貢)'도 있고 '부(賦)'도 있는데 오직 '공(貢)'으로만 편(篇)을 이름한 것이다. 맹자(孟子)가 말하기를 "하후씨(夏后氏)는 50무(畝)에 공법(貢法)[236]을 썼다."고 하였는데, '공(貢)'이라는 것은 몇 년의 중간 수치(數値)를 견주어 상수(常數)를 삼는 것이니, 곧 '공(貢)'은 또 하후씨(夏后氏)의 논밭에 부과하던 조세(租稅)를 총괄한 명칭이다. 금문(今文)『상서(尙書)』와 고문(古文)『상서(尙書)』에 모두 있다.

詳說

○「滕文公」.[237]

---

[236] 공법(貢法): 공부(貢賦), 곧 토공(土貢)과 부세(賦稅)의 법을 말한다.『상서주소(尙書注疏)』권5,「하서(夏書)·우공(禹貢)」에서 공안국(孔安國)의 전(傳)에서 "우가 구주의 공법을 만들었다.(禹制九州貢法.)"하고, 공영달(孔穎達)의 소(疏)에서 "우가 공법을 만들었기 때문에「우공」으로써 편을 이름 붙였는데 공부의 법은 그 유래가 오래되었고, 물을 다스린 뒤에 다시 새롭게 고쳐졌다. 이 편의 공법은 우가 만든 것이지만 우가 처음으로 공을 시작한 것이 아님을 말한 것이다.(禹制貢法, 故以「禹貢」名篇, 貢賦之法, 其來久矣, 治水之後, 更復改新. 言此篇貢法, 是禹所制, 非禹始爲貢也.)"라고 하였다.

[237]『맹자집주대전(孟子集註大全)』권5,「등문공장구상(滕文公章句上)」."夏后氏, 五十而貢; 殷人, 七十而助; 周人, 百畝而徹, 其實, 皆什一也. 徹者, 徹也; 助者, 藉也.(하후씨는 50무로써 공납하고, 은나라 사람은 70무로써 조경하고, 주나라 사람은 100무로써 철분하니, 그 실제는 모두 열에 하나였다. 철이라는 것은 두루 미침이며, 조라는 것은 백성의 힘을 빌린다는 것입니다.)" 집주에 의하면 "夏時, 一夫受田五十畝, 而每夫計其五畝之入以爲貢. 商人始爲井田之制, 以六百三十畝之地, 畫爲九區, 區七十畝. 中爲公田, 其外, 八家各授一區, 但借其力, 以助耕公田, 而不復稅其私田. 周時, 一夫受田百畝, 鄕遂用貢法, 十夫有溝, 都鄙用助法, 八家同井, 耕則通力而作, 收則計畝而分. 故謂之'徹'. 其實皆什一者, 貢法, 皆以十分之一, 爲常數, 惟助法, 乃是九一, 而商制不可考, 周制則公田百畝, 中以二十畝爲廬舍, 一夫所耕公田, 實計十畝, 通私田百畝, 爲十一分而取其一, 蓋又輕於十一矣. 竊料商制亦當似此, 而以十四畝爲廬舍, 一夫實耕公田七畝, 是亦不過什一也. '徹', 通也, 均也. '藉', 借也.(하나라 때에는 한 농부가 전답 50무를 받아서 농부마다 5무가 수입을 계산하여 공세로 삼았다. 상나라 사람이 비로소 정전의 제도를 시행하였는데, 630무의 농지를 구획하여 아홉 구분을 하니 구획마다 70무였으며, 가운데는 공전을 만들고 그 밖에는 여덟 농가가 각각 한 구획씩 받아서, 다만 그 농부들의 힘을 빌어서 공전을 경작하는 데 돕도록 하고 다시 그 개인의 전답에서 세금을 걷지 않았다. 주나라 때에는 한 농부가 100무를 받아서 가까운 마을이나 먼 마을이나 공법을 써서 10명의 농부[1천무의 전답]에게 봇도랑을 두었으며, 공경대부의 채읍이나 왕족 자제의 식읍은 조법을 써서 여덟

'맹자(孟子)'는 「등문공(滕文公)」이다.

○ 較其中者.
'교수세지중(較數歲之中)'의 경우, 그 중간을 견주는 것이다.

○ 林氏曰 : "田賦·包篚, 皆在其中."238)
'우하후씨전부지총명(又夏后氏田賦之總名)'에 대해, 임씨(林氏: 林之奇)가 말하였다. "전답의 부세(賦稅)와 예품(禮品)이 모두 그 가운데 있다."

○ 王氏炎曰 : "挈貢名篇, 有大一統之義."239)
왕씨 염(王氏炎: 王炎)이 말하였다. "공(貢)을 가지고 편(篇)을 이름 붙였으니, 크게 통일하는 뜻이 있다."

○ 朱子曰 : "「禹貢」一書, 所記地理·治水, 曲折多, 竊意, 當時治水事畢, 却總作此一書, 如今人方量畢, 總作一門單耳. 此書多句爲文, 而尤嚴於一字之用, 其條理精密, 而義例可推, 固不待旁引曲證而後通, 學者當玩索而得之."240)

농가에서 정전을 함께 하여 경작하면 힘을 두루 미치게 하여 농사짓고, 수확하면 이랑을 계산하여 고르게 분배하였다. 그러므로 '철'이라고 이른 것이다. 그 실제는 모두 10 가운데 1인 것이니, 공법은 모두 10분의 1로써 상수로 삼았고, 오직 조법은 이에 9 가운데 1인데, 상나라 제도는 고증할 수 없고, 주나라 제도는 공전 100무에 가운데 20무로써 여막을 만들어서 한 농부가 경작하는 공전은 실제로 계산하면 10무이니, 개인의 전답 100무를 통틀면 11분에서 그 1을 취하는 것이 되니, 대개 또 10분의 1보다 가벼운 것이다. 가만히 헤아려보건대, 상나라 제도 또한 응당 이와 비슷하여 14무로써 여막을 만들어 한 농부가 실제로 공전 7무를 경작하였으니, 이 또한 10분의 1에 지나지 않는 것이다. '철'은 두루 미침이며, 고르게 함이다. '자'는 빌림이다.)"라고 하였다.

238) 호광(胡廣) 등 찬, 『서경대전(書經大全)』의 소주에서 발췌한 것이다. 그 전문은 다음과 같다. "林氏曰 : '「書」有六體, 錯綜於五十八篇中, 可以意會, 不可以篇求. 先儒增爲十月貢征歌範, 亦不足盡, 不可從也. 「禹貢」, 實典之體, 可觸類而長矣. 貢, 乃賦稅之總稱, 田賦·包篚, 皆在其中.'(임씨가 말하였다. 『상서』에는 여섯 가지 체가 있으니 58편 가운데 섞여있으며 뜻으로써 알 수 있는데, 편명으로써 구할 수는 없다. … 「우공」은 실질적인 전의 체이니 사물의 유형을 접촉하면서 확장하는 것이다. 공은 바로 부세의 총괄적인 명칭이니, 전답의 부세와 예품이 모두 그 가운데 있다.')"
239) 호광(胡廣) 등 찬, 『서경대전(書經大全)』의 소주에서 발췌한 것이다. 그 전문은 다음과 같다. "王氏炎曰 : '九州有賦有貢, 凡賦諸侯以供其國用者也, 凡貢諸侯以獻於天子者也. 挈貢名篇, 有大一統之義, 存焉.'(왕씨 염이 말하였다. '구주에 부세도 있고 토공도 있으니, 모두 제후에게 부세하여 그 나라의 쓰임에 제공하는 것이고, 모두 제후에게 토공하여 천자에게 바치는 것이다. 공을 가지고 편을 이름 붙였으니, 크게 통일하는 뜻이 있다.')"
240) 호광(胡廣) 등 찬, 『서경대전(書經大全)』의 소주에서 발췌한 것이다. 그 전문은 다음과 같다. "朱子曰 : '「禹貢」一書所記地理·治水, 曲折多, 不甚可曉. 竊意, 當時治水事畢, 却總作此一書, 故自冀州王都始, 如今人方量畢, 總作一門單耳. 禹自時: 予決九川, 距四海; 濬畎·澮, 距川. 一篇「禹貢」不過此數語, 極好細看. 今人說ము治水, 始于壺口, 鑿龍門, 某未敢深信. 方河水洶湧, 其勢迅激, 縱使鑿下龍門, 恐這石仍舊壅塞. 又下面水未有分殺, 必且潰決四出, 蓋禹先決九川之水, 使各通于海; 又濬畎澮之水, 使各通于川; 使大水有所入, 小

'개유(皆有)'에 대해, 주자(朱子: 朱熹)가 말하였다. "「우공(禹貢)」의 하나의 글에 기록된 지리(地理)와 치수(治水)는 곡절이 많아서 매우 알 수가 없다. 가만히 생각하건대, 당시에 홍수를 다스리는 일이 끝나자마자 바로 총괄하여 이 하나의 글을 지었으니, 마치 지금 사람들이 바야흐로 헤아림이 끝나자마자 총괄하여 하나의 문에 한 짝만 만드는 것과 같을 뿐이다. 이 글은 많은 구절이 문단이 되어서 하나의 글자의 쓰임에 더욱 엄밀하고, 그 조리(條理)가 정밀하여 의미의 범례를 유추할 수는 있지만, 진실로 옆에서 인용하고 곡진히 증명함을 기다린 뒤에도 통하지 않으니 배우는 이들이 마땅히 궁구하여 탐색하여야 얻을 수 있다."

○ 林氏曰 : "『書』有六體, 錯綜於五十八篇中, 可以意會, 不可以篇名求. 先儒增而爲十曰'貢征歌範', 亦不足盡, 不可從也. 「禹貢」, 實典之體, 可觸類而長矣."241)
임씨(林氏: 林之奇)가 말하였다. "『상서(尙書)』에는 여섯 가지 문체(文體)242)가 있으니 58편 가운데 섞여있으며, 뜻으로써 알 수 있는데 편명으로써 구할 수는

水有所歸. 禹只是先從低處下手, 若下面之水盡殺, 則上面之水漸淺, 却才好下手. 九川盡通, 則導河之功已及八方, 故某嘗謂: 禹治水, 當始於碣石九河, 蓋河患惟兗爲甚, 兗州是河曲處, 其曲處兩岸無山, 皆是平地, 所以潰決常必在此. 故禹自其決處導之, 用功尤難. 孟子亦云: 禹疏九河, 瀹濟漯而注之海, 蓋皆是下流疏殺其勢耳. 若鯀則只是築堙之, 所以九載而功弗成也.' 『書』說, 禹之治水, 乃是自下而上, 後人以爲自上而下, 此大不然. 不先從下泄水, 却先從上理, 會下水泄未得. 上當愈甚, 是甚治水如此.' 此書多句爲文, 而尤嚴於一字之用, 其條理精密, 而義例可推, 固不待旁引曲證而後通, 學者當玩索而得之.'(주자가 말하였다. '「우공」의 하나의 글에 기록된 지리와 치수는 곡절이 많아서 매우 알 수가 없다. 가만히 생각하건대, 당시에 홍수를 다스리는 일이 끝나자마자 바로 총괄하여 이 하나의 글을 지었기 때문에 기주부터 왕초가 시작되었다고 하였으니, 마치 지금 사람들이 바야흐로 헤아림이 끝나자마자 총괄하여 하나의 문에 한 짝만 만드는 것과 같을 뿐이다. 우가 스스로 말하기를, 내가 구천을 터서 사해에 이르게 하고, 견수와 회수를 깊이 파서 구천에 이르게 하였다고 하였으니, 한 편의 「우공」은 이 몇 마디 말에 지나지 않으니 매우 자세하게 보는 것이 좋다. ….' 『상서』에서 우의 치수를 말함에 이에 아래로부터 올라갔다 하고, 또 위로부터 내려갔다고 하여 후세 사람들이 위로부터 내려갔다고 여겼으니, 이것은 대단히 그렇지 않다. 먼저 아래로부터 물이 새지 않음에 도리어 위로부터 다스리면 아래로 물이 세지 않게 되는 것이다. 위를 마땅히 더욱 심하게 해야 하니, 심히 물을 다스림이 이와 같은 것이다.' '이 글은 많은 구절이 문단이 되어 하나의 글자의 쓰임에 더욱 엄밀하고, 그 조리가 정밀하여 의미의 범례를 유추할 수는 있지만, 진실로 옆에서 인용하고 곡진히 증명함을 기다린 뒤에도 통하지 않으니 배우는 이들이 마땅히 궁구하여 탐색하여야 얻을 수 있다.')" 이는 『주자어류(朱子語類)』 권79, 「상서이(尙書二)·우공(禹貢)」와 명나라 왕초(王樵) 찬, 『상서일기(尙書日記)』 권5, 「하서(夏書)·우공(禹貢)」에 실려있다.
241) 호광(胡廣) 등 찬, 『서경대전(書經大全)』의 소주에서 발췌한 것이다. 그 전문은 다음과 같다. "林氏曰 : '『書』有六體, 錯綜於五十八篇中, 可以意會, 不可以篇名求. 先儒增而爲十曰貢征歌範, 亦不足盡, 不可從也. 「禹貢」, 實典之體, 可觸類而長矣. 貢, 乃賦稅之總稱, 田賦·包篚, 皆在其中.'(임씨가 말하였다. '「상서」에는 여섯 가지 문체가 있으니 58편 가운데 섞여있으며, 뜻으로써 알 수 있는데 편명으로써 구할 수는 없다. 선대의 유학자가 더해서 10편을 만들어 공정가법이라고 하였는데, 다하지 못하여 좇을 수 없는 것이다. 「우공」은 실질적인 전의 체이니, 사물의 유형을 접촉하면서 확장하는 것이다. ….')"
242) 여섯 가지 문체(文體): 공안국(孔安國)의 「상서서(尙書序)」에서 "전과 모와 훈과 고와 서와 명의 글이니, 모두 백 편이다.(典·謨·訓·誥·誓·命之文, 凡百篇.)"이라고 하였으며, 노신(魯迅)이 『한문학사상요(漢文學史綱要)』에서 이것을 육체(六體)라 한다고 하였는데, 이미 송대의 임지기(林之奇)가 먼저 육체(六體)를 언급하였던 것이다.

없다. 선대의 유학자가 더해서 10편을 만들어 '공정가범(貢征歌範)'이라고 하였는데, 다하지 못하여 좇을 수 없는 것이다. 「우공(禹貢)」은 실질적인 전(典)의 체이니, 사물의 유형을 접촉하면서 확장하는 것이다."

[4-2-1-1]

禹敷土, 隨山刊木, 奠高山·大川.

우(禹)는 토지를 분별하고 산의 모양에 따라서 나무를 제거하며 높은 산과 큰 내를 정하여 표지로 삼았다.

集傳

'敷', 分也, 分別土地, 以爲九州也. '奠', 定也, 定高山·大川, 以別州境也, 若兗之濟·河, 靑之海·岱, 揚之淮·海, 雍之黑水·西河, 荊之荊·衡, 徐之海·岱·淮, 豫之荊·河, 梁之華陽·黑水, 是也. 方洪水橫流, 不辨區域, 禹分九州之地, 隨山之勢, 相其便宜, 斬木通道以治之, 又定其山之高者, 與其川之大者, 以爲之紀綱, 此三者, 禹治水之要, 故作『書』者, 首述之. ○曾氏曰: "禹別九州, 非用其私智, 天文·地理, 區域各定. 故星土之法, 則有九野, 而在地者, 必有高山·大川, 爲之限隔, 風氣爲之不通, 民生其間, 亦各異俗, 故禹因高山·大川之所限者, 別爲九州, 又定其山之高峻·水之深大者, 爲其州之鎭, 秩其祭而使其國主之也."

'부(敷)'는 분별함이니, 토지를 분별하여 9주를 만드는 것이다. '전(奠)'은 정함이니, 높은 산과 큰 내를 정하여 주(州)의 경계를 식별한 것이니, 연주(兗州)의 제수(濟水)와 황하(黃河), 청주(靑州)의 바다와 대산(岱山), 양주(揚州)의 회수(淮水)와 바다, 옹주(雍州)의 흑수(黑水)와 서하(西河), 형주(荊州)의 형산(荊山)과 형산(衡山), 서주(徐州)의 바다와 대산(岱山)과 회수(淮水), 예주(豫州)의 형산(荊山)과 황하(黃河), 양주(梁州)의 화양(華陽)과 흑수(黑水) 같은 것이 이것이다. 바야흐로 홍수가 마구 흘러 구역을 분별하지 못하자 우(禹)가 9주의 지역을 나누어 산의 형세에 따르고 그 편의를 보아서 나무를 베고 길을 뚫어서 다스렸고, 또 그곳 산의 높은 것과 내의 큰 것을 정하여 기강(紀綱)을 삼았으니, 이 세 가지는 우(禹)가 홍수(洪水)를 다스린 대요이기 때문에 『상서(尙書)』를 지은 이가 먼저 기술한 것이다. ○증씨(曾氏: 曾鞏)가 말하였다. "우(禹)가 9주를 나눈 것은 사사로운 지혜를 쓴 것이 아니고, 천문(天文)과 지리(地理)에 구역이 각각 정해져 있어서다. 그러므로 성토(星土)²⁴³⁾의 법에는 구야(九野)가 있고, 땅에 있는 것은 반드시 높은 산과 큰 내가 있어서 한격(限隔)이 되어 바람과 공기가 통하지 않게 하여 백성들이 그 사이에 살아도 또한 각각 풍속이 다르기 때문에 우(禹)가 높은 산과 큰 내의 한계에 말미암아 나누어 9주를 만들고, 또 그 산의 높은 것과 물의 깊고 큰 것을 정하여 그 주(州)의 진(鎭)으로 삼고 그 제사를 차례대로 정하여 그 나라로 하여금 주관하게 한 것이다."

詳說

○ 彼列反,²⁴⁴⁾ 下並同.
'별(別)'은 피(彼)와 렬(列)의 반절이니, 아래도 아울러 같다.

○ 陳氏雅言曰:"下文'貢賦'之異, 皆敷土而後, 其等始分."²⁴⁵⁾
'이우구주야(以爲九州也)'에 대해, 진씨 아언(陳氏雅言: 陳雅言)이 말하였다. "아랫글의 '공부(貢賦)²⁴⁶⁾'와 다르니 모두 땅을 분별한 뒤에 그 등급을 비로소 나눈 것이다."

○ 上聲,²⁴⁷⁾ 下並同.
'제(濟)'는 상성(上聲: 물이름)이니, 아래도 아울러 같다.

○ 去聲,²⁴⁸⁾ 下並同.
'옹(雍)'은 거성(去聲: 땅이름)이니, 아래도 아울러 같다.

---

243) 성토(星土): 옛날에 산과 내의 정기가 위로 성신(星辰)과 상응하기 때문에 별자리로써 9주의 지역이나 제후의 봉토로 나눈 것을 말한다. 『주례(周禮)』「춘관(春官)·보장씨(保章氏)」에서 "성토는 9주의 땅을 분별한 것이니, 봉해진 지역마다 모두 나눈 별이 있어서 재앙과 길상을 살피는 것이다.(以星土辨九州之地, 所封封域, 皆有分星, 以觀妖祥.)"라고 하였다.
244) 호광(胡廣) 등 찬, 『서경대전(書經大全)』의 소주에는 "必列反.(필과 렬의 반절이다.)"으로 되어 있다.
245) 호광(胡廣) 등 찬, 『서경대전(書經大全)』의 소주에서 발췌한 것이다. 그 전문은 다음과 같다. "陳雅言曰: '水患未平, 擇其下流之蔽障者而疏通之, 區域未辨, 因其山川之高大者而奠定之, 皆行其所無事之智也. 下文九州所載田賦·貢獻之異, 皆敷土而後, 其等始分也. 治水經歷之處, 皆刊木而後, 其功可興也. 史臣揭此三言於首, 而一篇之旨, 在是矣.'(진씨 아언이 말하였다. '… 아랫글의 9주에 실려 있는 전부 및 공헌과는 다르니, 모두 땅을 분별한 뒤에 그 등급을 비로소 나눈 것이다. ….')"
246) 공부(貢賦): 토공(土貢)과 부세(賦稅)이다. 아래의「우공(禹貢)」에 의하면 "우가 9주를 나누어 삼을 따르고 내를 깊이 파서 땅을 맡겨 공물을 바치도록 하였다.(禹別九州, 隨山濬川, 任土作貢.)"하고, 또 "육부가 크게 닦여져서 많은 땅이 시로 마르게 됨에 재부를 신중하게 하늬 모누 세 개의 토양으로 나누어 중국의 부세를 이루었다.(六府孔修, 庶土交正, 厎愼財賦, 咸則三壤, 成賦中邦.)"고 한 것을 말한다.
247) 호광(胡廣) 등 찬, 『서경대전(書經大全)』의 소주에는 "子禮反.(자와 례의 반절이다.)"으로 되어 있다.
248) 호광(胡廣) 등 찬, 『서경대전(書經大全)』의 소주에는 "於用反.(어와 용의 반절이다.)"으로 되어 있다.

○ 去聲,249) 下並同.

'화(華)'는 거성(去聲: 산이름)이니, 아래도 아울러 같다.

○ 此註, 不盡依八州之序.

'시야(是也)'에서 볼 때, 이 주(註)는 다 팔주(八州)의 서문(序文)에 의거하지 않았다.

○ 去聲.250)

'횡(橫)'은 거성(去聲: 橫暴하다, 방종하다)이다.

○ 見『孟子』「滕文公」.251)

'방홍수횡류(方洪水橫流)'는, 『맹자(孟子)』「등문공(滕文公)」에 보인다.

○ 去聲.252)

'상(相)'은 거성(去聲: 살펴보다, 돕다)이다.

○ 平聲.

'편(便)'은 평성(平聲: 편안하다)이다.

○ 治水. ○補'治'字.

'참목통도이치지(斬木通道以治之)'의 경우, 물을 다스리는 것이다. ○'치(治)'자

---

249) 호광(胡廣) 등 찬, 『서경대전(書經大全)』의 소주에는 "胡化反.(호와 화의 반절이다.)"으로 되어 있다.
250) 호광(胡廣) 등 찬, 『서경대전(書經大全)』의 소주를 수용한 것이다.
251) 『맹자집주대전(孟子集註大全)』권5, 「등문공장구상(滕文公章句上)」에서 "當堯之時, 天下猶未平, 洪水橫流, 氾濫於天下, 草木暢茂, 禽獸繁殖. 五穀不登, 禽獸偪人, 獸蹄·鳥跡之道, 交於中國, 堯獨憂之, 擧舜而敷治焉, 舜使益掌火, 益烈山澤而焚之, 禽獸逃匿. 禹疏九河, 瀹濟·漯而注諸海, 決汝·漢, 排淮·泗而注之江, 然後中國, 可得而食也. 當是時也, 禹八年於外, 三過其門而不入, 雖欲耕, 得乎?(요임금 때를 맞아서 천하가 오히려 평온하지 못하여 홍수가 마구 흘러서 천하에 넘쳐 퍼져서 풀과 나무가 쑥쑥 크고 우거지며 짐승들이 많이 늘어났다. 오곡이 익지 못하며 짐승들이 사람에게 다가와 짐승 발굽 및 새 발자국의 길이 나라 안에 교차하거늘, 요임금이 홀로 근심하여 순임금을 들어서 다스림을 펴게 하시니, 순임금이 익으로 하여금 불을 담당하게 하셨는데, 익이 산림천택을 불 피워 태우니 짐승들이 도망가서 숨었다. 우임금이 아홉 갈래 황하를 트고 제수와 탑수를 치워서 바다로 흐르게 하시며, 여수와 한수를 터놓고 회수와 사수를 밀어 열어서 양자강으로 흐르게 하시니, 그런 뒤에 나라 안이 얻어서 먹을 수 있었다. 이때에 닥쳐서 우임금이 바깥에 8년 있음에 여러 번 그 집 문을 지나갔어도 들어가지 않았으니 비록 경작하고자 하더라도 할 수 있겠는가?)"라고 하였다. 그리고 집주에 의하면 "'洪', 大也. '橫流', 不由其道而敢溢妄行也. '氾濫', 橫流之貌.('홍'은 큼이다. '횡류'는 그 길을 따르지 않고 흩어지고 넘쳐서 함부로 흘러감이다. '범람'은 마구 흐르는 모양이다.)"라고 하였다.
252) 호광(胡廣) 등 찬, 『서경대전(書經大全)』의 소주를 수용한 것이다.

를 보탰다.

○ 陳氏經曰 : "定高山·大川, 爲表識, 乃疆理大規模."253)
'이위지기강(以爲之紀綱)'에 대해, 진씨 경(陳氏經: 陳經)이 말하였다. "높은 산과 큰 내를 정하여 표지로 삼았으니, 이에 경계가 큰 규모인 것이다."

○ 論也.
'고작『서』자수술지(故作『書』者首述之)'에서 볼 때, 논변한 것이다.

○ 陳氏雅言曰 : "一篇之旨, 在是."254)
진씨 아언(陳氏雅言: 陳雅言)이 말하였다. "한 편의 요지가 이것에 있다."

○ 見『周禮』「保章氏」.255)
'즉유구야(則有九野)'의 내용이『주례(周禮)』「보장씨(保章氏)」에 보인다.

○ 退溪曰 : "星, 所主之土, 如星紀, 吳·越玄枵齊之類. 九野, 乃九州之野, 非九天之野."256)

---

253) 호광(胡廣) 등 찬,『서경대전(書經大全)』의 소주를 수용한 것이다.
254) 호광(胡廣) 등 찬,『서경대전(書經大全)』의 소주에서 발췌한 것이다. 그 전문은 다음과 같다. "陳氏雅言曰 : '水患未平, 擇其下流之蔽障者而疏通之, 區域未辨, 因其山川之高大者而奠定之, 皆行其所無事之智也. 下文九州所載田賦·貢獻之異, 皆敷土而後, 其等始分也. 治水經歷之處, 皆刊木而後, 其功可興也. 史臣揭此三言於首, 而一篇之旨, 在是矣.'(진씨 아언이 말하였다. '… 아랫글의 9주에 실려 있는 전부 및 공헌과는 다르니, 모두 땅을 분별한 뒤에 그 등급을 비로소 나눈 것이다. … 사신이 이 세 가지 말을 멀리에 게재하였는데, 한 편의 요지가 이것에 있다.')"
255) 주신(朱申) 찬,『주례구해(周禮句解)』권6, 「춘관종백하(春官宗伯下)·보장씨(保章氏)」에 의하면, "保章氏, 掌天星, 以志星辰日月之變動, 以觀天下之遷, 辨其吉凶. 以星土, 辨九州之地, 所封封域, 皆有分星, 以觀妖祥.(보장씨는 하늘의 별을 관장하여 별과 행돠 달의 변동을 기록하여 천하의 변천을 살펴서 그 길흉을 분별한다. 성토로써 9주의 땅을 분별하니 봉한 봉토의 구역에는 모두 나누어진 별이 있어 재앙과 길상을 살피는 것이다.)"이라 하여 구야(九野)를 9주의 땅으로 보았고, 구해(句解)에서 "土星, 所主土也. 封, 猶界也. 角·亢·氐, 兗州; 房·心, 豫州; 尾·箕, 幽州; 斗·牛·女, 揚州; 虛·危, 靑州; 室·壁, 幷州; 奎·婁·胃, 徐州; 昴·畢, 冀州; 觜·參, 益州; 井·鬼, 雍州; 桺·星·張, 三河; 翼·軫, 荊州.(토성은 주관하는 땅이다. 봉은 경계와 같다. 각·항·저는 연주이고, 방·심은 예주이고, 미·기는 유주이고, 두·우·녀는 양주이고, 허·위는 청주이고, 실·벽은 병주이고, 규·루·위는 서주이고, 묘·필은 기주이고, 자·삼은 익주이고, 정·귀는 옹주이고, 류·성·장은 삼하이고, 익·진은 형주이다.)"라고 하였다.『후한서(後漢書)』「풍연전하(馮衍傳下)」에서 "疆理九野, 經營五山.(구야를 다스리고, 오산을 경영한다.)"이라 하였는데, 이현(李賢)의 주(注)에 "九野, 謂九州之野.(구야는 9주의 들을 이른다.)"라고 하였다. 그밖에『여씨춘추(呂氏春秋)』와『열자(列子)』등에서는 구천(九天)으로 보았는데, 장담(張湛)은 "九野, 天之八方中央也.(구야는 하늘의 팔방의 중앙이다.)"라고 하였다.
256)『사계전서(沙溪全書)』권14, 「경서변의(經書辨疑)·서전(書傳)·우공(禹貢)」. "退溪曰 : '以九野, 爲九天之野者, 非是.『周禮』「保章氏」, 以星土, 辨九州之地. 所封封域, 皆有分星, 以觀妖祥. 鄭氏註, 星, 所主土也, 如星紀, 吳·越: 玄枵, 齊也之類, 則九野, 乃九州之野.'(퇴계는 말하였다. '구야를 구천의 들로 보는 것은 옳지 않다.『주례』「보장씨」에서 성토로써 구주의 땅을 분별하였으니, 봉하여 준 봉역에는 모두 나누어 준 성이

퇴계(退溪: 李滉)가 말하였다. "성(星)은 주관하는 땅이니, 성기(星紀)257)는 오나라와 월나라이고, 현효(玄枵)258)는 제(齊)나라라는 유형과 같다. 구야(九野)는 바로 구주(九州)의 들이고 구천(九天)의 들이 아니다."

○ 去聲, 下同.259)

'위지한격(爲之限隔)'에서 '위(爲)'는 거성(去聲: 되다, 때문)이니, 아래도 같다.

○ 如字, 下同.

'별위(別爲)'에서 위(爲)는, 본래의 음 대로 읽으니, 아래도 같다.

○ 主言山而該川.

'위기주지진(爲其州之鎭)'의 경우, 산을 중심으로 말하면서 내를 갖춘 것이다.

○ 見「舜典」.260)

있어 재앙과 상서를 살펴본다고 하였다. 정씨의 주에 성은 주관하는 토지이니, 성기는 오나라 월나라이고, 현효는 제나라라는 유형과 같다. 그러하니 구야는 바로 구주의 들이다.')"
257) 성기(星紀): 12성차(星次) 가운데 하나로, 12진(辰)의 축(丑)과 서로 대응하며, 28수(宿) 가운데 투(鬥)·우(牛)에 속한다. 『좌전(左傳)』「양공(襄公) 28년」에서 "歲在星紀, 而淫於玄枵."라 하고, 두예(杜預)의 주에 "星紀在丑, 斗牛之次."라고 하였다.
258) 현효(玄枵): 12성차(星次) 가운데 하나로, 28수(宿)와 서로 짝함에 여(女)와 허(虛)와 위(危)가 되고, 12진(辰)과 서로 짝함에 자(子)가 되며, 점성술 분야와 서로 짝함에 제(齊)가 된다고 한다. 『좌전(左傳)』「양공(襄公) 28년」에서 "玄枵, 虛中也."라 하고, 양백준(楊伯峻)의 주에서 "玄枵, 有三宿, 女·虛·危, 虛宿在中."이라고 하였다.
259) 호광(胡廣) 등 찬, 『서경대전(書經大全)』의 소주에는 "風氣爲之不通"의 '爲'자 아래에 '去聲.(거성이다.)'이라고 하였다.
260) 먼저 「요전(堯典)」[1-1-1-4]에서 "寅賓出日, 平秩東作(공경히 솟아나오는 해를 맞이하여 고르게 차례대로 봄농사를 시작하게 하시니)"라 하고, 집전에서 "'平', 均; '秩', 序; '作', 起也, '東作', 春月歲功方興, 所當作起之事也.('평'은 고름이고, '질'은 차례이고, '작'은 일어남이니, '동작'은 봄의 달에 해마다 철따라 짓는 농사일이 한창 일어나니, 마땅히 시작하고 일으켜야 할 일이다.)"라고 하였다. 또 「요전(堯典)」[1-1-1-5]에서 "平秩南訛, 敬致(고르게 차례대로 여름농사를 하여 공경히 힘쓰게 하시니)"라고 하였으며, [1-1-1-6]에서 "寅餞納日, 平秩西成(들어가는 해를 공경히 전송하며 고르게 차례대로 가을수확을 하게 하시니)"라고 하였다. 그리고 「순전(舜典)」[1-1-2-8]에서 "望秩于山川(산천을 바라보고 차례를 정하여 제사하고)"라 하고, 집전에서 "'望', 望秩以祀山川也. '秩'者, 其牲·幣·祝號之次第, 如五岳, 視三公; 四瀆, 視諸侯; 其餘, 視伯·子·男者也.('망'은 바라보고 차례대로 산천에 제사하는 것이다. '질'이라는 것은 그 희생과 폐백과 축호의 차례이니, 오악은 삼공에 견주고, 사독은 제후에 견주고, 그 나머지는 백·자·남에 견주는 것과 같다.)"라고 하였다. 박문호(朴文鎬)도 "'望秩', 望而秩之.('망질(望秩)'은 멀리서 바라보며 차례대로 제사하는 것이다.)"라고 하였다. 또 「순전(舜典)」[1-1-2-23]에서 "汝作秩宗, 夙夜惟寅, 直哉惟淸.(너를 질종으로 삼을 테니, 밤낮으로 공경하여 곧게 해야 깨끗할 것이다.)"라 하고, 집전에서 "'秩', 序也; '宗', 宗廟也, '秩宗', 主敍次百神之官, 而專以'秩宗'名之者, 蓋以宗廟爲主也. 『周禮』, 亦謂之'宗伯', 而都·家, 皆有宗人之官, 以掌祭祀之事, 亦此意也.('질'은 차례이고, '종'은 선조의 사당이니, '질종'은 모든 신령을 차례대로 제사함을 주관하는 관직인데, 오로지 '질종'으로써 이름 지은 것은 대개 종묘를 위주로 한 것이다. 『주례』에서도 또한 '종백'이라 이르고, 도와 가에도 모두 종인의 관직이 있어 제사의 일을 관장하였으니, 또한 이 뜻이다.)"라고 하였다. 공안국(孔安國)은 "'秩', 序; '宗', 尊也. 主郊廟之官.('질'은 자례함이고, '종'은 높임

'질기제이사기국주지야(秩其祭而使其國主之也)'에서 '질(秩)'은 「순전(舜典)」에 보인다.

[4-2-1-2]
冀州.

기주이다.

集傳

'冀州', 帝都之地, 三面距河, 兗河之西, 雍河之東, 豫河之北. 『周禮』「職方」, '河內曰冀州', 是也. 八州, 皆言疆界, 而冀不言者, 以餘州所至, 可見. 晁氏曰 : "亦所以尊京師, 示 '王者無外'之意."

'기주(冀州)'는 황제 도성(都城)의 땅이니, 세 방면으로 황하(黃河)에 이르고 있으니, 연하(兗河)의 서쪽이며, 옹하(雍河)의 동쪽이며, 예하(豫河)의 북쪽이다. 『주례(周禮)』「직방(職方)」에서 '하내(河內)를 기주(冀州)라 한다.'고 한 것이 이것이다. 8주(州)는 다 강계(疆界)를 말하였으나 기주(冀州)만 말하지 않은 것은 나머지 주(州)가 이른 곳으로써 볼 수 있기 때문이다. 조씨(晁氏: 晁說之)261)가 말하였다. "또한 경사(京師)를 높인 것이니, '임금이 된 이에게는 밖이 없다'는 뜻을 보인 것이다."

詳說

○ 兗之河.
'연하(兗河)'는 연주(兗州)의 황하(黃河)이다.

○ 三河之內.

이다. 교묘를 주관하는 관리이다.)"라고 하였다.
261) 조씨(晁氏: 晁說之): '조(晁)'는 '조(鼂)'로도 쓴다. 조열지(159-1129)는 북송의 학자로, 자는 이도(以道)·백이(伯以)이고, 사마광(司馬光)의 인품을 사모하여 자호를 경우생(景迂生)이라 하였으며, 대대로 단주(澶州)에 살았으며, 거야(鉅野) 사람이다. 시작(詩作)에 출중하였을 뿐 아니라, 경학(經學)은 물론 특히 역학(易學)에 조예가 깊었다. 저서로는 『역상구대전(易商瞿大傳)』·『상구역전(商瞿易傳)』·『역상수전(易商小傳)』·『주역태극전(周易太極傳)』·『태극외전(太極外傳)』·『친씨역식(親氏易式)』·『조씨시전(晁氏詩傳)』·『조씨서전(晁氏書傳)』·『소씨춘추선(晁氏春秋選)』·『춘추변문(春秋辯文)』·『춘추연표(春秋年表)』·『논어강의(論語講義)』·『임인효경(千寅孝經)』·『숭산문집(嵩山文集)』 외에도 『역규(易規)』·『역기(易歸)』·『역현성기도(易玄星紀圖)』·『중용전(中庸傳)』·『경우생집(景迂生集)』·『요전성일세고(堯典星日歲考)』·『홍범소전(洪範小傳)』·『시서론(詩序論)』 등이 있었다고 한다.

'하내(河內)'는 삼하(三河: 兗河·雍河·豫河)의 안이다.

○ 成氏申之曰 : "以兗·雍·豫三州考之, 則冀在東河之西, 西河之東, 南河之北."262)

'가견(可見)'에 대해, 성씨 신지(成氏申之: 成申之)263)가 말하였다. "연주(兗州)·옹주(雍州)·예주(豫州)의 세 주(州)로써 상고해보면, 기주(冀州)는 동하(東河)의 서쪽과 서하(西河)의 동쪽과 남하(南河)의 북쪽에 있었다."

○ 三河, 皆主冀而得名, 假如八州之例, 當曰河內, 或恆河耳.

삼하(三河)는 모두 기주(冀州)를 중심으로 하여 이름을 얻었으니, 가령 팔주(八州)의 예로 한다면 마땅히 하내(河內) 혹은 항하(恆河)라고 하였을 뿐일 것이다.

○ '示王者無外之意', 見『公羊』「隱元年」.264)

'시왕자무외지의(示王者無外之意)'는 『공양전(公羊傳)』「은공(隱公) 원년」에 보인다. ○

○ 此說, 當爲定論.

이 말은 마땅히 정론이 되어야 한다.

○ 朱子曰 : "冀都, 是天地中間, 好風水. 山脈從雲中高脊處來, 嵩山爲前案, 淮南諸山, 爲第二重案; 江南諸山, 爲第三重案."265)

---

262) 호광(胡廣) 등 찬, 『서경대전(書經大全)』의 소주에서 발췌한 것이다. 그 전문은 다음과 같다. "成四百家曰 : '冀三面距河, 河自積石, 東北流入中國, 則折而南流, 雍州在其西, 故曰西河. 至華陰, 折而東流, 豫州在其南, 故曰南河. 至大伾, 又折而西北流, 兗州在其東, 故曰東河. 以三州考之, 則冀州在東河之西, 西河之東, 南河之北, 此冀州境也. 冀地最廣, 兗最狹, 冀今河東·河北, 皆在焉, 居天下四分之一, 舜分爲幽·幷, 幽州, 燕·薊·幽·涿·朔·漠等州, 是其域也; 幷州, 太原·澤潞, 晉代汾·絳等州, 是其域也.'(성사백가가 말하였다. '기주는 세 방면으로 황하에 이르고, … 세 주로써 상고해보면, 기주는 동하의 서쪽과 서하의 동쪽과 남하의 북쪽에 있었으니, 이는 기주의 경계이다. 기주의 땅이 가장 넓고 연주가 가장 좁으니, 기주는 지금의 하동과 하북이 모두 들어있어 천하의 4분의 1을 차지하여 순이 나누어서 유주와 병주로 만들었는데, ….')"

263) 성씨 신지(成氏申之: 成申之): 성신지는 송대 학자로, 호가 미산(眉山) 또는 사백가(四百家)라고 하며, 미주(眉州) 사람이다. 남송 이종(理宗) 때 진사과에 급제하였으며, 저서로는 『상서집해(尚書集解)』가 있었는데, 『사백가집해(四百家集解)』라고도 하였다.

264) 『춘추공양전주소(春秋公羊傳注疏)』권1, 「은공(隱公) 원년」. "王者無外, 言奔, 則有外之辭也.(임금이 된 이에게는 밖이 없으니 분을 말하면 밖이 있다는 말이다.)" 하휴(何休)의 주에 "王者, 以天下爲家, 無絕義.(임금이 된 이가 천하로써 국가를 삼음이니, 다함이 없다는 뜻이다.)"라고 하였다.

265) 호광(胡廣) 등 찬, 『서경대전(書經大全)』의 소주에서 발췌한 것이다. 그 전문은 다음과 같다. "朱子曰 :

주자(朱子: 朱熹)가 말하였다. "기도(冀都)는 하늘과 땅의 중간이니, 좋은 풍수이다. 산맥이 운중(雲中)의 높은 등성에서부터 나오니 숭산(嵩山)이 앞의 안산(案山)이 된다. 회남(淮南)의 여러 산이 두 번째로 겹쳐진 안산이 되고, 강남(江南)의 여러 산이 세 번째로 겹쳐진 안산이 된다."

○ 武夷熊氏曰: "有天下者, 定都建邑, 長安·洛陽之外, 此亦一會也."[266]

무이 웅씨(武夷熊氏: 熊禾)[267]가 말하였다. "천하를 소유한 자가 수도(首都)를 정하고 도읍을 세움에 장안(長安)과 낙양(洛陽) 외에 이곳이 또한 첫 번째로 꼽는 곳이다."

[4-2-1-3]

旣載壺口

이미 호구산(壺口山)을 시작으로 다스려서

集傳

經始[268]治之, 謂之'載'. '壺口', 山名, 『漢』「地志」, 在河東郡北屈縣東南,[269]

---

[266] '冀都, 正是天地中間底, 好風水. 山脈從雲中發來, 雲中正高脊處. 自脊以西之水, 則西流入於龍門西河; 自脊以東之水, 則東流入于海. 前面一條黃河環繞, 右畔是華山, 自華來至中, 爲嵩山, 是謂前案. 遂過去爲泰山, 聳于左, 淮南諸山, 爲第二重案; 江南諸山, 爲第三重案.'(주자가 말하였다. '기도는 바로 천지의 중간이니 좋은 풍수이다. 산맥이 운중에서 나오니, 운중은 바로 높은 등성이 있는 곳이다. 등성에서부터 서쪽으로 가는 물은 곧 서쪽에서 용문 서하로 흘러들어가며, 등성에서부터 동쪽으로 가는 물은 곧 동쪽에서 바다로 흘러들어간다. 앞면에는 한 줄기의 황하가 휘두르고, 오른쪽 경계는 화산이니 화산에서부터 나와서 가운데 이르면 숭산이 되니, 이것을 앞의 안산이라고 한다. 드디어 지나가면 태산이 되는데 왼쪽에 우뚝 솟아있으며, 회남 지역의 여러 산이 두 겹의 안산이 되고, 강남의 여러 산이 세 겹의 안산이 된다.') 이는 『주자어류(朱子語類)』 권2, 「이기하(理氣下)·천지하(天地下)」에서 발췌한 것이다. 그 전문은 다음과 같다. "冀都, 是正天地中間, 好箇風水. 山脈從雲中發來, 雲中正高脊處. 自脊以西之水, 則西流入于龍門西河; 自脊以東之水, 則東流入于海. 前面一條黃河環繞, 右畔是華山聳立, 爲虎. 自華來至中, 爲嵩山, 是爲前案. 遂過去爲泰山, 聳于左, 是爲龍. 淮南諸山, 是第二重案; 江南諸山及五嶺, 又爲第三·四重案."

[266] 호광(胡廣) 등 찬, 『서경대전(書經大全)』의 소주에서 발췌한 것이다. 그 전문은 다음과 같다. "武夷熊氏曰: '冀州北距長城, 依山爲塞, 卽北狄之境, 獫狁·匈奴·突厥·契丹, 皆居其地. 有天下者, 定都建邑, 長安·洛陽之外, 此亦一會也.'(무이 웅씨가 말하였다. '… 천하를 소유한 자가 수도를 정하고 도읍을 세움에 장안과 낙양 외에 이곳이 또한 첫 번째로 꼽는 곳이다.')"

[267] 무이 웅씨(武夷熊氏: 熊禾): 웅화(1247-1312)는 원나라 초기의 학자로 자가 위신(位辛)·거비(去非)이고, 호가 물헌(勿軒)·퇴재(退齋)이며, 건양(建陽) 숭태리(崇泰里) 사람이다. 주자의 문인 보광(輔廣)을 스승으로 삼았고, 절강으로 가서는 유경당(劉敬堂)에게 배웠다. 남송 함순(咸淳) 10년(1274)에 진사과에 급제하여 벼슬하다가 송나라가 망한 뒤 벼슬하지 않겠다 맹세하고 무이산(武夷山) 은거하면서 골짜기에 홍원서실(洪源書室)을 짓고 강학하고 후학을 교육하였다. 저서로는 『시경집소(詩經集疏)』·『서경집소(書經集疏)』·『주역집소(周易集疏)』·『춘추집소(春秋集疏)』·『춘추논고(春秋論考)』·『경서학해(經書學解)』·『물헌집(勿軒集)』 등이 있다.

今隰州吉鄕縣也. ○今按, '旣載'云者, 冀州, 帝都之地, 禹受命治水所始, 在所當先. 經始壺口等處, 以殺河勢, 故曰'旣載'. 然禹治水施功之序, 則皆自下流始, 故次兗次靑次徐次揚次荊次豫次梁次雍. 兗最下, 故所先; 雍最高, 故獨後. 禹言: "予決九川, 距四海; 濬畎澮, 距川", 卽其用工之本末. 先決九川之水, 以距海, 則水之大者有所歸, 又濬畎澮, 以距川, 則水之小者有所泄, 皆自下流, 以疏殺其勢. 讀「禹貢」之書, 求禹貢270)之序, 當於此詳之.

처음으로 시작하여 경영하고 다스리는 것을 '재(載)'라고 이른다. '호구(壺口)'는 산이름이니, 『한서(漢書)』「지리지(地理志)」에서 하동군(河東郡) 북굴현(北屈縣) 동남쪽에 있다고 하였으니, 지금의 습주(隰州) 길향현(吉鄕縣)이다. ○이제 살펴보건대, '기재(旣載)'라고 한 것은 기주(冀州)가 제도(帝都)의 땅이니 우(禹)가 명을 받아 홍수를 다스림에 시작하는 것에 있어 마땅히 우선하는 것이 되어야 한다는 것이다. 호구(壺口) 등의 곳을 처음으로 시작하여 경영하며 황하(黃河)의 기세를 줄였기 때문에 '기재(旣載)'라고 한 것이다. 그러나 우(禹)가 홍수를 다스림에 공정(工程)을 시행한 차례는 모두 하류(下流)부터 시작하였기 때문에 다음에 연주(兗州), 다음에 청주(靑州), 다음에 서주(徐州), 다음에 양주(揚州), 다음에 형주(荊州), 다음에 예주(豫州), 다음에 양주(梁州), 다음에 옹주(雍州)였다. 연주(兗州)가 가장 낮았기 때문에 먼저 한 것이고, 옹주(雍州)가 가장 높았기 때문에 홀로 뒤에 한 것이다. 우(禹)가 "내 구천(九川)을 터서 사해(四海)에 이르게 하고, 견수(畎水)와 회수(澮水)를 깊이 파서 내에 이르게 하였다."고 말하였으니, 곧 공정을 운용한 본말이다. 먼저 구천(九川)의 물을 터서 바다에 이르게 했다면 물의 큰 줄기가 돌아갈 곳이 있었던 것이고, 또 견수(畎水)와 회수(澮水)를 깊이 파서 내에 이르게 했다면 물의 작은 줄기가 흘러나갈 곳이 있었던 것이니, 모두 하류부터 물의 기세를 트고 줄인 것이다. 「우공(禹貢)」의 글을 읽고 우(禹)가 운용한 공정의 차례를 구하고자 한다면 마땅히 여기에서 상고해야 한다.

---

268) 經始: 개시(開始)하여 경영(經營)함이다. 『시전대전(詩傳大全)』 권16, 「대아(大雅)·문왕지십(文王之什)·영대(靈臺)」에서 "經始靈臺, 經之營之.(처음으로 시작하여 영대를 경영함에 그곳 땅을 헤아려서 좌표를 정하니)"라고 하였다.
269) 『전한서(前漢書)』 권28, 「지리지(地理志)」에서 "冀州旣載, 壺口治梁及岐.(기주는 이미 처음으로 시작하여 경영하고 다스림에 호구는 양산과 기산을 다스렸다.)"라 하고, 그 주에서 "師古曰 : '壺口山, 在河東梁山, 在夏陽岐山, 在滎陽, 卽今之岐州岐山縣箭栝嶺也. 禹循山而西治衆水.'(안사고가 말하였다. '호구산은 하동 양산에 있고, 하양에 기산이 있고, ….')"라고 하였다. 그리고 『후한서(後漢書)』 권29, 「군국지(郡國志)」에서 "河東郡, … 襄陵, 北屈, 有壺口, …."라 하고, 그 주에서 "「禹貢」曰 : '壺口, 治梁及岐.'(「우공」에서 말하였다. '호구이니 양산 및 기산을 다스렸다.')"라고 하였다.
270) 貢: '功'자의 오기이다.

詳說

○ 朱子曰 : "'旣'者, 已事之辭; '載'者, 始有事也."271) ○按, '載', 有'始'·'事'兩義, '始'無二, 故'載'惟一言之.
'위지재(謂之載)'에 대해, 주자(朱子: 朱熹)가 말하였다. "'기(旣)'라는 것은 이미 있은 일이라는 말이고, '재(載)'라는 말은 처음으로 있는 일이다." ○살펴보건대, '재(載)'는 '시(始)'와 '사(事)'의 두 가지 뜻이 있는데, '시(始)'는 두 가지가 없기 때문에 '재(載)'도 오직 한 가지만 말한 것이다.

○ 『漢書』「地理志」也,272) 此爲初引, 故冠以'漢'字云.
'『한(漢)』「지지(地志)」(『漢』「地志」)'에서 볼 때, 『한서(漢書)』「지리지(地理志)」이니, 이것은 처음으로 인용하였기 때문에 '한(漢)'자를 머리에 둔 것이다.

○ 求勿反.
'굴(屈)'은 구(求)와 물(勿)의 반절이다.

○ 句. 或並'所始'爲句. ○受命于帝都.
'우수명치수(禹受命治水)'에서 볼 때, 문장이 끊어지는 곳이다. 혹은 '소시(所始)'를 아울러서 끊어지는 곳으로 삼기도 한다. ○제도(帝都)에서 명을 받은 것이다.

○ 以地言, 當先以事言.
'재소당선(在所當先)'에서 볼 때, '소시(所始)'는 땅으로써 말한 것이니, 마땅히 먼저 일로써 말해야 한다.

○ 去聲,273) 下同.

---

271) 호광(胡廣) 등 찬, 『서경대전(書經大全)』의 소주에 실려 있으나 그 출처가 분명하지 않다. 소주의 전문은 다음과 같다. "朱子曰 : '旣者, 已事之辭, 篇內凡言旣者, 放此. 載者, 始有事也.' '予決九川, 距四海; 濬畎澮, 距川. 聖人做事, 便有大綱領. 先決九川, 距四海了, 却逐漸爬疏小水, 今至川. 學者亦先識箇大形勢, 如江·河·淮, 先合識得; 渭水入河, 上面漆·沮·涇等, 又入渭, 此是第二重事.' '論形勢, 先識大綱, 如水則中國莫大於河; 南方莫大於江; 涇·渭則入河者也. 先定箇大者, 則小者便易攷.' 又曰 : '天下有三大水, 江·河·混同江, 是也. 混同江, 不知所出, 斜逸東南流入海. 其下爲遼海, 遼東·遼西, 指此水而分也.'(주자가 말하였다. '기라는 것은 이미 있은 일이라는 말이니 편 안에 모두 기를 말한 것은 이에 의거한다. 재라는 것은 처음으로 일이 있는 것이다.' '…')" 이 아래의 일부 내용은 『수자어류(朱子語類)』권79, 「상서이(尙書二)·우공(禹貢)」에서 발췌한 것이다.
272) 『전한서(前漢書)』권28, 「지리지(地理志)」.
273) 호광(胡廣) 등 찬, 『서경대전(書經大全)』의 소주에는 "所介反.(소와 개의 반절이다.)"으로 되어 있다.

'쇄(殺)'는 거성(去聲: 줄이다)이니, 아래도 같다.

○ 壺口在上流, 故先治之然後, 治梁·岐.
'고왈기재(故曰旣載)'에서 볼 때, 호구(壺口)가 상류에 있기 때문에 먼저 다스린 뒤에 양산(梁山)과 기산(岐山)을 다스렸다.

○ 朱子曰 : "當始于碣石九河, 『書』說禹之治水, 乃是自下而上了, 又自上而下, 若鯀則只是築堙之."274)
'개자하류시(皆自下流始)'에 대해, 주자(朱子: 朱熹)가 말하였다. "마땅히 갈석(碣石) 구하(九河)에서 시작해야 하는데, 『상서(尙書)』에서 우(禹)의 치수(治水)를 말함에 이에 아래로부터 올라갔다 하고 또 위로부터 내려갔다고 하였으니, 만약 곤(鯀)이었다면 다만 쌓고 묻었을 것이다."

○ 見上篇.275)
'거천(距川)'의 경우, 위의 편(篇)에 보인다.

---

274) 호광(胡廣) 등 찬, 『서경대전(書經大全)』의 소주에서 발췌한 것이다. 그 전문은 다음과 같다. "朱子曰 : 「禹貢」一書所記地理·治水, 曲折多, 不甚可曉. 竊意, 當時治水事畢, 却總作此一書, 故自冀州王都始, 如今人方量畢, 總作一門單耳. 禹自言: 予決九川, 距四海: 濬畎·澮, 距川. 一篇「禹貢」不過此數語, 極好細看. 今人說禹治水, 始于壺口, 鑿龍門, 又不敢深信. 方河水淘湧, 其勢迅激, 縱使鑿開龍門, 恐這石仍舊壅塞. 又下面水未有分殺, 必且潰決四出, 蓋禹先決九川之水, 使各通于海: 又潛畎澮之水, 使各通于川; 使大水有所入, 小水有所歸. 禹只是先從低處下手, 若下面之水盡殺, 則上面之水漸淺, 却才好下手. 九川盡疏, 則導河之功已及八方, 故某甞謂: 禹治水, 當始於碣石九河, 蓋禹患惟兗爲甚, 兗州是河尾處, 其曲處兩岸無山, 皆是平地, 所以潰決常必在此. 故禹自其決處導之, 用功尤難. 孟子亦云: 禹疏九河, 淪濟漯而注之海, 蓋皆是下流疏殺其勢耳. 若鯀則只是築堙之, 所以九載而功弗成也.' 『書』說禹之治水, 乃是自下而上了, 又自上而下, 後人以爲自上而下, 此大不然. 不先從下泄水, 却先從上理, 會下水泄未得. 上當愈甚, 是甚治水如此.' 此書多句爲文, 而尤嚴於一字之用, 其條理精密, 而義例可推, 固不待旁引曲證而後通, 學者當玩索而得之.'(주자가 말하였다. '… 아무개 일찍이 이르기를, 우의 치수는 마땅히 갈석 구하에서 시작해야 하니, … 만약 곤이었다면 다만 쌓고 묻었을 것이니, 9년이 되도록 공을 이루지 못한 까닭인 것이다.' 『상서』에서 우의 치수를 말함에 이에 아래로부터 올라갔다 하고, 또 위로부터 내려갔다고 하여 후세 사람들이 위로부터 내려갔다고 여겼으니, 이것은 대단히 그렇지 않다. ….)"이는 『주자어류(朱子語類)』 권79, 「상서이(尙書二)·우공(禹貢)」과 명나라 왕초(王樵) 찬, 『상서일기(尙書日記)』 권5, 「하서(夏書)·우공(禹貢)」에 실려있다.

275) 위의 「익직(益稷)」 [3-1-5-1]에 나오는 내용이다. 그 전문은 다음과 같다. "帝曰 : '來. 禹. 汝亦昌言.' 禹拜曰: '都. 帝. 予何言. 予思日孜孜.' 皐陶曰 : '吁. 如何?' 禹曰 : '洪水滔天, 浩浩懷山襄陵, 下民昏墊, 予乘四載, 隨山刊木, 曁益, 奏庶鮮食, 予決九川, 距四海, 濬畎澮, 距川, 曁稷播, 奏庶艱食鮮食, 懋遷有無, 化居, 烝民乃粒, 萬邦作乂, 皐陶曰 : '俞. 師汝昌言.'(순임금이 말하기를, '어서 오시오. 우여! 그대도 또한 좋은 말을 해주시오.'라고 하니 우가 절하고 말하기를, '좋습니다. 임금이시여. 제가 무슨 말을 하겠습니까. 저는 날마다 부지런하고 부지런히 힘쓸 것을 생각할 뿐입니다.'라고 하였다. 고요가 말하기를, '아닙니다. 어떠하였습니까?'라고 하자 우가 말하기를, '큰물이 하늘에까지 넘쳐흘러 넓고 넓게 산을 감싸고 언덕 위까지 올라가 백성들이 어쩔 줄 몰라 하며 물에 빠졌는데, 내가 네 가지 탈 것을 타고서 산을 따라 나무를 베어내고 익과 함께 여러 날고기를 올렸으며, 내가 아홉 주의 냇물을 터서 사해에 이르게 하고 도랑들을 깊이 파서 냇물에 이르게 하였으며, 직과 함께 씨앗을 뿌림에 여러 양식이 떨어져 날고기를 올리며, 힘써 있고 없는 것을 교역하여 쌓아둔 것을 변화시키니, 많은 백성들이 이에 곡식을 먹게 되어 모든 나라가 다스려졌습니다.'라고 하니, 고요가 말하였다. '그랬구나. 너의 좋은 말을 본받도록 하겠다.')"

○ 林氏曰 : "其始必相水之大勢, 順地之高下導之, 其首尾本末, 大槩相應. 下文導山·導水之序, 是也. 此序九州, 但各記一州之事, 及其山川所在, 施功之曲折, 非謂先治一州之水, 旣畢, 更治一州也."276)

'당어처상지(當於此詳之)'에 대해, 임씨(林氏: 林之奇)가 말하였다. "그 처음에 반드시 물의 큰 형세를 보고 땅의 높낮이에 따라서 이끌어야 하니, 그 수미(首尾)와 본말(本末)이 대개 서로 응하는 것이다. 아랫글에서 산을 이끌고 물을 이끄는 차례가 이것이다. 이것은 구구(九州)를 차례 함에 다만 각각 한 주(州)의 일과 그 산천(山川)의 소재에 공정(工程)을 시행하는 곡절을 기술하였으니, 먼저 한 주(州)의 물을 다스려서 이미 마치면 다시 한 주(州)를 다스린 것이다."

[4-2-1-4]

治梁及岐,

양산(梁山)과 기산(岐山)을 다스리며,

集傳

'梁'·'岐', 皆冀州山. 梁山, 呂梁山也, 在今石州離石縣東北.『爾雅』云 : "梁山晉望", 卽冀州呂梁也. 呂不韋曰 : "龍門未闢, 呂梁未鑿, 河出孟門之上", 又『春秋』, "梁山崩", 左氏·穀梁, 皆以爲晉山, 則亦指呂梁矣. 酈道元謂 : "呂梁之石, 崇竦, 河流激盪, 震動天地", 此, 禹旣事壺口, 乃卽治梁也. 岐山, 在今汾州介休縣, 狐岐之山, 勝水所出, 東北流, 注于汾. 酈道元云 : "後魏於胡岐, 置六壁, 防離石諸胡, 因爲大鎭", 今六壁城, 在勝水之側, 實古河逕之險阨. 二山, 河水所經, 治之, 所以開河道也. 先儒以爲雍州梁·岐者, 非是.

'양(梁)'과 '기(岐)'는 모두 기주(冀州)의 산이다. 양산(梁山)은 여량산(呂梁山)이니, 지금의 석주(石州) 이석현(離石縣) 동북쪽에 있다.『이아(爾雅)』에 이르기를 "양산

---

276) 호광(胡廣) 등 찬,『서경대전(書經大全)』의 소주에서 발췌한 것이다. 그 전문은 다음과 같다. "林氏曰 : '洪水泛濫, 其始必相水之大勢, 順地之高下, 漸次導之, 其首尾本末, 大槩相應. 下文所云 : 導山·導水之序, 是也. 此序九州, 但各記一州之事, 及其山川所在, 施功之曲折, 非謂先治一州之水, 旣畢, 更治一州也.'(임씨가 말하였다. '홍수가 범람함에 그 처음에 반드시 물의 큰 형세를 보고 땅의 높낮이에 따라서 점차적으로 이끌어야 하니, 그 수미와 본말이 대개 서로 응하는 것이다. 이랫글에서 이른바 산을 이끌고 물을 이끄는 차례가 이것이다. 이것은 9구를 차례 함에 다만 각각 한 주의 일과 그 산천의 소재에 공정을 시행하는 곡절을 기술하였으니, 먼저 한 주의 물을 다스려서 이미 마치면 다시 한 주를 다스린 것이다.')"

(梁山)은 진(晉)의 망산(望山)이다."라고 하였으니, 곧 기주(冀州)의 여량산(呂梁山)이다. 여불위(呂不韋)가 말하기를 "용문(龍門)[277]을 열지 않고 여량산(呂梁山)을 파지 않았을 적에는 황하(黃河)가 맹문(孟門)의 위에서 나왔다."라고 하였으며, 또 『춘추(春秋)』에는 "양산(梁山)이 무너졌다."라고 하였는데, 좌씨(左氏: 左丘明)[278]와 곡량(穀梁)[279]은 모두 진(晉)나라 산이라 하였으니, 곧 또한 여량산(呂梁山)을 가리킨 것이다. 역도원(酈道元)[280]이 이르기를 "여량산(呂梁山)의 돌이 우뚝 솟아 황하(黃河)의 흐름이 세게 부딪쳐서 천지(天地)를 진동시킨다."라고 하였으니, 이는 우(禹)가 이미 호구산(壺口山)에서 일을 하고 이에 곧바로 양산(梁山)을 다스린 것이다. 기산(岐山)은 지금의 분주(汾州) 개휴현(介休縣)에 있으니, 호기산(狐岐山)에서 승수(勝水)가 나오는 곳이니 동북쪽으로 흘러 분수(汾水)로 흐른다. 역도원(酈道元)이 이르기를 "후위(後魏)가 호기산(胡岐山)에 육벽(六壁)을 설치하여 이석(離石)에 있는 여러 오랑캐들을 막았으며, 이로 인해 큰 진(鎭)이 되었다."라고 하였는데, 지금 육벽성(六壁城)은 승수(勝水)의 옆에 있으니 실로 옛날 황하(黃河) 물길의 험한 곳이다. 두 산은 하수(河水)가 경유하는 곳이니, 이것을 다스린 것은 황하(黃河)의 물길을 열려고 한 때문이다. 선대의 유학자가 옹주(雍州)의 양산(梁山)과 기산(岐山)이라고 한 것은 옳지 않다.

詳說

○ 「釋山」.[281]

---

277) 용문(龍門): 산서성(山西省) 하진현(河津縣) 서북쪽과 섬서성(陝西省) 한성시(韓城市) 동북쪽에 있다. 황하가 이에 이르러 양쪽 언덕의 가파른 벽이 대치하여 그 모양이 궁궐문과 같으므로 이름 붙인 것이다. 「우공(禹貢)」에서 "浮于積石, 至于龍門西河, 會于渭·다.汭.(적석에서 떠서 용문 서하에 이르러 위수와 예수로 모인다.)"라고 하였다. 하나라 우(禹)가 뚫었기 때문에 우문구(禹門口)라고도 한다.
278) 좌씨(左氏: 左丘明): 좌구명(B.C.556-451)은 춘추 말기의 학자로 노(魯)나라의 속국인 소주국(小邾國) 사람이다. 성이 구(丘)이고, 이름이 명(明)이며, 아버지가 좌사관(左史官)을 맡았기 때문에 좌구명(左丘明)이라고 불렀다고 한다. 일설에는 좌구(左丘)가 복성이고 이름이 명(明)이라 하며, 또는 좌(左)가 단성(單姓)이고 이름이 구명(丘明)이라고도 한다. 일찍이 노나라 국사관(國史官)을 맡아서 『춘추(春秋)』를 해석한 『좌전(左傳)』을 지었고, 『국어(國語)』를 지었다.
279) 곡량(穀梁): 춘추시대 노(魯)나라 학자 곡량적(穀梁赤)을 말하며, 『춘추(春秋)』를 주해한 『춘추곡량전(春秋穀梁傳)』을 지었다. 그의 아들 곡량숙(穀梁淑)도 『춘추』를 주해하였다고 한다.
280) 역도원(酈道元): 역도원(466-527)은 북위(北魏) 때 학자로 자가 선장(善長)이고, 범양(范阳) 탁주(涿州) 사람이다. 청주자사(青州刺史) 역범(酈范)의 아들로 음사(蔭仕)하여 상서랑(尙書郎)·치서시어사(治書侍御史)·어사중위(御史中尉)·기주장사(冀州長史)·청주자사(青州刺史)·노양태수(魯陽太守)·형주자사(荊州刺史)·하남윤(河南尹) 등을 역임하였다. 법을 집행함이 준엄하여 종실의 원한을 불러 결국 살해되었다. 저서로는 『수경주(水經注)』가 있다.
281) 『이아주소(爾雅注疏)』 권7, 「석산(釋山)」. "梁山, 晉望也." 곽박(郭璞)의 주에서 "晉國所望祭者, 今在馮翊夏陽縣西北, 臨河上.(진나라가 망제를 지낸 곳은 지금의 풍익 하양현 서북쪽의 황하 가에 임하고 있다.)"이라고 하였다.

'『이아』(『爾雅』)'는 「석산(釋山)」이다.

○ 晉所望祭.
'양산진망(梁山晉望)'의 경우, 진(晉)나라가 망제(望祭)282)를 지내던 곳이다.

○ 秦人.283)
'여불위(呂不韋)'는 진(秦)나라 사람이다.

○ 見『呂覽』.284)
'하출맹문지상(河出孟門之上)'의 내용이 『여람(呂覽)』에 보인다.

○ 「成五年」.285)
'『춘추』(『春秋』)'는 「성공(成公) 5년」이다.

○ 音歷.286)
'역(酈)'은 음이 력(歷)이다.

○ 沙溪曰 : "字善長, 後魏人."287) ○范陽人, 註『水經』.288)
'역도원(酈道元)'에 대해, 사계(沙溪: 金長生)가 말하였다. "자(字)는 선장(善長)이고, 후위(後魏) 사람이다." ○범양(范陽) 사람이니, 『수경(水經)』을 주해(註解)하였다.

---

282) 망제(望祭): 산천(山川)을 바라보며 제사를 지낸다고 하여 붙여진 이름이다. 『춘추공양전(春秋公羊傳)』「희공(僖公) 31년」에서 "삼망이라는 것은 무엇인가? 망제입니다. 그렇다면 어떤 제사인가? 태산과 황하와 바다에 제사지내는 것이다.(三望者何? 望祭也. 然則曷祭? 祭泰山·河·海.)"라고 하였다.
283) 여불위(?-B.C.235)는 전국시대 말기의 위(衛)나라 학자이자 상인(商人)으로, 진(秦)나라 승상(丞相)이 되었다. 강성(姜姓)이고 여씨(呂氏)이고 이름이 불위(不韋)며, 복양(濮陽) 사람이다. 저서로는 『여씨춘추(呂氏春秋)』가 있으며, 『여람(呂覽)』이라고도 한다.
284) 『여씨춘추(呂氏春秋)』 권21. 「개춘론(開春論)·애류(愛類)」. "河出孟門, 大溢逆流.(황하가 맹문에서 나와서 크게 넘처 역류하였다.)"
285) 『춘추좌전주소(春秋左傳注疏)』 권26, 「성공(成公) 5년」. "梁山崩." 두예(杜預)의 주에 "記異也. 梁山, 在馮翊夏陽縣北.(기이이다. 양산은 풍익 하양현 북쪽에 있다.)"라고 하였다.
286) 호광(胡廣) 등 찬, 『서경대전(書經大全)』의 소주를 수용한 것이다.
287) 『사계전서(沙溪全書)』 권14, 「경서변의(經書辨疑)·서선(書傳)·우공(禹貢)」. "'治梁及岐'註'酈道元' 字善長, 後魏人."('양산과 기산을 다스리다'의 주에 '역도원' ○자는 선장이고, 후위 사람이다.)
288) 호광(胡廣) 등 찬, 『서경대전(書經大全)』의 소주에는 "字善長, 後魏人. 注桑欽『水經』.(자는 선장이고, 후위 사람이다. 상흠의 『수경』을 주해하였다.)"이라고 하였다.

○ 承上節.
　'우기사호구(禹旣事壺口)'에서 볼 때, 위의 단락을 이은 것이다.

○ 呂氏曰 : "最用功處, 故首及之. 鑿龍門, 鑿所當鑿, 不憚難而止, 乃是行所無事也. 若避難就易, 而謂行所無事, 可乎."289)
　'내즉치량야(乃卽治梁也)'에서, 여씨(呂氏: 呂祖謙)가 말하였다. "우(禹)가 가장 공력을 들인 곳이기 때문에 먼저 언급한 것이다. 용문(龍門)을 뚫은 것은 마땅히 뚫어야 할 곳을 뚫은 것이고, 어려움을 꺼려하면서 그치지 않았으니 바로 일삼아함이 없는 것을 행한 것이다. 만약 어려운 일을 피하여 쉬운 일로 나아가서 일삼아함이 없는 것을 행하였다고 이른다면 가당하겠는가."

○ 朱子曰 : "龍門正道, 未鑿時, 一派西兗入關陝; 一派東兗往河東, 爲患最甚."290)

---

289) 호광(胡廣) 등 찬, 『서경대전(書經大全)』의 소주에서 발췌한 것이다. 그 전문은 다음과 같다. "呂氏曰 : '此禹最用功處, 故首及之. 孟子謂禹行其所無事, 如鑿龍門, 析底柱關伊闕, 豈無事哉. 鑿所當鑿, 不憚難而止, 乃是行所無事也. 若避難就易, 而謂行所無事, 可乎.'(여씨가 말하였다. '이것은 우가 가장 공력을 들인 곳이기 때문에 먼저 언급한 것이다. 맹자가 이르기를 우가 일삼아함이 없는 것을 행하였다고 하였으니, 만약 용문을 뚫음에 … 어찌 일삼아함이 없었겠는가. 마땅히 뚫어야 할 곳을 뚫음에 어려움을 꺼려하면서 그치지 않았으니 바로 일삼아함이 없는 것을 행한 것이다. 만약 어려운 일을 피하여 쉬운 일로 일삼아함이 없는 것을 행하였다고 이른다면 가당하겠는가.')"이는 『맹자집주대전(孟子集註大全)』권8, 「이루장구하(離婁章句下)」의 내용에 의거한 것이다. 그 내용은 다음과 같다. "所惡於智者, 爲其鑿也, 如智者若禹之行水也, 則無惡於智矣. 禹之行水也, 行其所無事也, 如智者亦行其所無事, 則智亦大矣.(지혜로운 이를 미워하는 것은 그 천착함 때문이니, 만일에 지혜로운 이가 우임금이 물을 흘러가게 한 것처럼 하면 지혜를 미워함이 없을 것이다. 우임금이 물을 흘러가게 한 것은 일삼아함이 없는 것을 행한 것이니, 만일에 지혜로운 이가 또한 그 일삼아함이 없는 것을 행하면 지혜 또한 클 것이다.)"집주의 설명은 다음과 같다. "天下之理, 本皆利順, 小智之人, 務爲穿鑿, 所以失之. 禹之行水, 則因其自然之勢而導之, 未嘗以私智穿鑿而有所事. 是以, 水得其潤下之性而不爲害也.(천하의 이치는 본래 모두 이롭고 순조로운데, 작은 지혜의 사람들이 힘써 천착을 하기에 값을 잃는 것이다. 우임금이 물을 흘러가게 함은 그 자연의 기세에 말미암아서 선도한 것이고, 일찍이 사사로운 지혜로써 천착하여 일삼아하는 것이 있지 않았다. 이 때문에 물이 젖어들고 내려가는 본성을 얻어서 방해되지 않은 것이다.)"
290) 『주자어류(朱子語類)』권79, 「상서이(尙書二)·우공(禹貢)」에서 발췌한 것이다. 그 전문은 다음과 같다. "禹當時治水, 也只理會河患, 餘處亦不大段用工夫. 河水之行不得其所, 故汎濫浸及他處. 觀禹用功, 初只在冀以及兗·青·徐·雍, 卻不甚來東南. 積石·龍門, 所謂作十三載乃同者, 正在此處. 龍門至今橫石斷流, 水自上而下, 其勢極可畏. 向未經鑿治時, 龍門正道不甚泄, 故一派西兗入關陝, 一派東兗往河東, 故此爲患最甚. 禹自積石至龍門, 著工夫最多. 又其上散從西域去, 往往亦不甚爲患. 行河東者, 多流黃泥地中, 故只管推洗, 泥汁只管凝滯淤塞, 故道漸狹. 値上流下來纔急, 故道不泄, 便致橫溢他處. 先朝亦多造鐵鋗爲治河器, 竟亦何濟! 或問 : '齊威塞九河以富國, 事果然否?' 曰 : '當時葵丘之會, 申五禁, 且曰無曲防, 是令人不得私自防遏水流, 他終不成自去塞了最利害處! 便是這般說話亦難憑.' 問 : '河患何늘至漢方averaging平?' 曰 : '『史記』表中, 亦自有河決之文. 禹只是理河水, 餘處亦因河溢有些患. 看治江不見甚用力. 書載岷山導江, 東別爲沱, 東至于澧, 過九江, 至于東陵, 東迤北會于匯, 東爲中江, 入于海. 若中間便用工夫, 如何載得恁略?' 又云 : '禹治水, 先就土低處用工.' 賀孫.(우 당시에 홍수를 다스린 것은 또한 다만 황하의 근심으로 이해해야 하며, 나머지 곳은 또한 크게 공부하지 않아도 된다. 황하의 물이 흘러가서 그 갈 곳을 얻지 못하였기 때문에 범람해서 다른 곳을 침범한 것이다. 우가 일을 한 것을 보면 처음에는 다만 기주에 있으면서 연주와 청주와 서주와 옹주에 미쳤으나 오히려 동남쪽으로는 크게 이르지 않았다. 적석과 용문은 이른바 13년을 해야 이에 같아질

주자(朱子: 朱熹)가 말하였다. "용문(龍門)의 바른 길을 아직 뚫지 않았을 때에는 한 물갈래는 서쪽 연주(兗州)에서 관섬(關陝)291)으로 들어가고, 한 물갈래는 동쪽 연주(兗州)에서 황하 동쪽으로 갔으니 근심됨이 가장 심하였던 것이다."

○ 句.
'재금분주개휴현(在今汾州介休縣)'에서 문장이 끊어진다.

○ 謂卽狐岐山也.
'호기지산(狐岐之山)'에서 볼 때, 호기산(狐岐山)으로 나아감을 이른 것이다.

○ 因訓山而並及水耳, 非謂治勝與汾也. 蓋勝水出其東, 禹所治河道, 則在其西.
'주우분(注于汾)'에서 볼 때, 산을 훈해(訓解)함에 말미암아 아울러 물이 미쳤을 뿐이고, 승수(勝水)와 분수(汾水)를 다스림을 이른 것이 아니다. 대개 승수(勝水)는 그 동쪽에서 나와서 우(禹)가 황하의 물길을 다스린 것이 그 서쪽에 있었다.

○ 此二字, 當是櫽栝者.
'후위(後魏)'의 경우, 이 두 글자는 마땅히 고쳐 써야 한다.

○ 卽狐岐.
'호기(胡岐)'는 바로 호기(狐岐)292)이다.

○ 地名.
'이석(離石)'은 땅이름이다.

것이라고 하였는데 바로 이곳에 있다. 용문은 지금까지도 돌이 빗겨 있어 물길을 끊으며 물이 위로부터 흘러내리는데 그 형세가 매우 두려워할 만하다. 지난번에 미처 뚫어서 다스리지 못하였을 때에는 용문의 바른 길에 물이 매우 새어나가지 않았기 때문에 한 물갈래는 서쪽으로 연주에서 관섬으로 들어가고, 한 물갈래는 동쪽 연주에서 황하 동쪽으로 가기 때문에 이것이 근심됨이 가장 심하였던 것이다. 우가 적석에서부터 용문까지 공력을 들인 것이 가장 많다. ….)"
291) 관섬(關陝): 섬서(陝西) 지역이니, 섬서의 옛 이름이 관중(關中)이기 때문에 관섬이라고 일컬은 것이다.
292) 호기(狐岐): 산 이름이나. 『산해경(山海經)』에서 "또 북쪽으로 2백리를 호기의 산이라고 하였다(又北二百里, 曰狐岐之山)."이라 하고, 필원(畢沅)의 주에 "산은 지금의 산서 효의현 서쪽 80리에 있다.(山在今山西孝義縣西八十里.)"고 하였다. 북위(北魏) 역도원(酈道元)의 『수경주(水經注)』에서는 "문수는 또 농남쪽으로 흘러 승수와 합쳐져서 물이 서쪽 호기의 산에서 나온다.(文水, 又東南流, 與勝水合, 水西出狐岐之山.)"라고 하였다.

○ 補此句.
'소이개하도야(所以開河道也)'의 경우, 이 구절을 보탰다.

○ 主治梁, 而反於岐, 莫用力於此, 故治惟一言之.
양산(梁山)을 위주로 다스리되 기산(岐山)은 반대로 하여 이것에 공력을 들이지 않았기 때문에 다스림을 오직 하나만 말한 것이다.

○ 朱子曰 : "他山川, 皆先地後續者, 覿成功而言也 ; 壺口梁‧岐‧太原, 皆先續後地者, 本用功之始而言也, 豈治之有難易歟."293)
주자(朱子: 朱熹)가 말하였다. "저 산천(山川)은 모두 땅을 먼저하고 뒤에 이은 것이니 성공함을 보고서 말한 것이며, 호구(壺口)의 양산(梁山)과 기산(岐山)과 태원(太原)은 공력을 들인 처음에 근거하여 말한 것이니, 어찌 다스림에 어려움과 쉬움이 있었겠는가."

○ 雍, 亦有此二山, 故云然.
'선유이위옹주양‧기자(先儒以爲雍州梁‧岐者)'에서 볼 때, 옹주(雍州)에도 또한 양산(梁山)과 기산(岐山)의 이 두 개의 산이 있기 때문에 그렇게 말한 것이다.

○ 與冀之河道, 不相及.
'비시(非是)'에서 볼 때, 기주(冀州)의 황하 물길과 서로 미치지 못한 것이다.

○ 論也.
논변한 것이다.

---

293) 호광(胡廣) 등 찬, 『서경대전(書經大全)』의 소주에서 발췌한 것이다. 그 전문은 다음과 같다. "朱子曰 : '他所擧山川, 皆先地後續者, 覿成功而言也 ; 壺口梁‧岐及太原, 皆先續後地者, 本用功之始而言也. 豈治之有難易歟.'(주자가 말하였다. '저 산천을 든 것은 모두 땅을 먼저하고 공적을 뒤에 한 것이니 성공함을 보고서 말한 것이며, 호구의 양산과 기산 및 태원은 모두 공적을 먼저하고 땅을 뒤에 한 것이니 공력을 들인 처음에 근거하여 말한 것이다. 어찌 다스림에 어려움과 쉬움이 있었겠는가.')" 이는 오징(吳澄) 찬, 『서찬언(書纂言)』 권2, 「하서(夏書)‧우공(禹貢)」에 보인다. 그 내용은 다음과 같다. "朱子曰 : '他所擧山川, 皆先地後續, 覿成功而言也 ; 壺口梁‧岐‧太原, 獨先續後地, 本用功之始而言也. 豈治之有難易歟.'(주자가 말하였다. '……'.)"

[4-2-1-5]

旣修太原, 至于岳陽,

이미 태원(太原)을 닦고서 악양(岳陽)에 이르렀으며,

集傳

'修', 因鯀之功而修之也. 廣平曰'原', 今河東路太原府也. '岳', 太岳也. 『周』「職方」, "冀州其山鎭曰霍山"; 「地志」謂 : "霍太山, 卽太岳, 在河東郡彘縣東", 今晉州霍邑也. 山南曰'陽', 卽今岳陽縣地也, 堯之所都. 揚子雲「冀州箴」曰 : "岳陽是都", 是也. 蓋汾水, 出於太原, 經於太岳, 東入于河, 此則導汾水也.

'수(修)'는 곤(鯀)의 공력에 말미암아 닦은 것이다. 넓고 평평한 곳을 '원(原)'이라고 하니, 지금의 하동로(河東路) 태원부(太原府)이다. '악(岳)'은 태악(太岳)이다. 『주례(周禮)』「직방(職方)」에서 "기주(冀州)는 그 산진(山鎭)이 확산(霍山)이다." 하였고, 『한서(漢書)』「지리지(地理志)」에는 "확태산(霍太山)은 곧 태악(太岳)이니, 하동군(河東郡) 체현(彘縣)의 동쪽에 있다."라고 하였으니, 지금의 진주(晉州) 확읍(霍邑)이다. 산의 남쪽을 '양(陽)'이라고 하니, 곧 지금의 악양현(岳陽縣)의 땅이니, 요(堯)가 도읍한 곳이다. 양자운(揚子雲: 揚雄)294)의 「기주잠(冀州箴)」에서 말하기를 "악양(岳陽)이 도읍이다."라고 한 것이 이것이다. 대개 분수(汾水)는 태원(太原)에서 나와 태악(太岳)을 거쳐서 동쪽으로 황하(黃河)에 들어가니, 이것이 곧 분수(汾水)를 인도하는 것이다.

詳說

○ 見『禮記』「祭法」.295) ○所因者, 惟在冀州, 故於此一言'修'.296)

---

294) 양자운(揚子雲: 揚雄): 양웅(B.C.53-18)은 한나라 학자로 자가 자운(子雲)이고, 촉군(蜀郡) 비현(郫縣) 사람이다. 어려서부터 배우기를 좋아하고 많은 책을 널리 읽었으며, 사부(辭賦)를 잘 지었다. 성제(成帝) 때 급사황문시랑(給事黃門侍郞)에 제수되었고, 왕망(王莽)과 사귀었다. 저서로는 『법언(法言)』·『태현경(太玄經)』·『방언(方言)』 등이 있다.
295) 호광(胡廣) 등 찬, 『예기대전(禮記大全)』 권22, 「제법(祭法)」. "堯能賞, 均刑法, 以義終. 舜勤衆事而野死. 鯀鄣鴻水而殛死, 禹能修鯀之功章.(요는 상벌을 잘하였고 형법을 균등히 하여 의로써 마쳤다. 순은 모든 일에 부지런하여 들판에서 죽었다. 곤은 홍수를 막다가 급하게 죽었는데, 우가 곤의 일을 잘 수행하였다.)"
296) 호광(胡廣) 등 찬, 『서경대전(書經大全)』의 소주에 실려 있는 증공(曾鞏)의 해설은 다음과 같다. "曾氏曰 : '經始治之謂載, 因舊治之之謂修. 『記』曰: 禹能修鯀之功.'(증씨가 말하였다. '처음으로 시작하여 다스리는 것을 재라 이르고, 옛것에 말미암아 다스리는 것을 수라고 이르니, 『예기』에서, 우가 곤의 일을 잘 수행하였다고 하였다.')"

'인곤지공이수지야(因鯀之功而修之也)'는 『예기(禮記)』 「제법(祭法)」에 보인다. ○말미암는 것이 오직 기주(冀州)에 있기 때문에 여기서는 한결같이 '수(修)'를 말하였다.

○ 音壙.
'확(霍)'은 음이 확(壙)이다.

○ 此'今'字, 照經文而言, 如最上'今'字耳.
'즉금악양현지야(卽今岳陽縣地也)'에서 볼 때, 이 '금(今)'자는 경문에 비추어서 말한 것이니, 맨 위의 '금(今)'자와 같을 뿐이다.

○ 汾亦大水, 而此篇不著, 故於此特補說.
'차즉도분수야(此則導汾水也)'에서 볼 때, 분수(汾水)도 또한 큰 물인데, 이 편에서 드러내지 않았기 때문에 여기에서 특별히 설명을 보탠 것이다.

○ 碧梧馬氏曰 : "惟冀, 曰治曰修者, 有事之辭; 其餘, 皆無事之辭."297)
벽오 마씨(碧梧馬氏: 馬廷鸞)298)가 말하였다. "오직 기주(冀州)만 치(治)라 하고 수(修)라 한 것은 일삼음이 있다는 말이고, 그 나머지는 모두 일삼음이 없다는 말이다."

○ 新安陳氏曰 : "餘州, 自禹創始者, 皆曰治; 修鯀之功者, 皆曰修, 蒙冀文也."299)

---

297) 호광(胡廣) 등 찬, 『서경대전(書經大全)』의 소주에서 발췌한 것이다. 그 전문은 다음과 같다. "碧梧馬氏曰 : '九州惟冀州, 所書曰治曰修之者, 有事之辭也; 其餘, 則皆無事之辭.'(벽오 마씨가 말하였다. '9주에서 오직 기주만 글에서 치라 하고 수라 한 것은 일삼음이 있다는 말이고, 그 나머지는 모두 일삼음이 없다는 말이다.')"
298) 벽오 마씨(碧梧馬氏: 馬廷鸞): 마정란(1222-1289)는 송대 학자로 자가 상중(翔仲)이고, 호가 벽오(碧梧)이며, 요주(饒州) 낙평(樂平) 사람이다. 어려서 아버지를 잃고 가난한 가운데 뜻을 세워 독서하여 1247년에 과거에 합격하여 벼슬길에 들어서 재상까지 올랐다. 정직한 성품으로 정사에 부지런하고 백성을 사랑하여 명망이 있었다. 저서로는 『벽오완방집(碧梧玩芳集)』외에 『육경집전(六經集傳)』·『어맹회편(語孟會編)』·『초사보기(楚辭補記)』·『수사예편(洙泗裔編)』등이 있다.
299) 호광(胡廣) 등 찬, 『서경대전(書經大全)』의 소주에서 발췌한 것이다. 그 전문은 다음과 같다. "新安陳氏曰 :'惟冀州, 有修·治之辭; 餘州, 皆無之, 非餘州皆無事也, 以變例公, 見餘州之役. 自禹創始者, 皆曰治; 修鯀之功者, 皆曰修, 蒙冀文也.'(신안 진씨가 말하였다. '오직 기주에만 수와 치의 말이 있고, 나머지 주에는 모두 없으니, 나머지 주가 모두 일삼음이 없는 것이 아니라. … 우로부터 창시한 것은 모두 치라 하고, 곤의 일을 수행한 것은 모두 수라 하였으니, 기주의 글을 이어받은 것이다.')"

신안 진씨(新安陳氏: 陳師凱)가 말하였다. "나머지 주(州)에서 우(禹)로부터 창시한 것은 모두 치(治)라 하고, 곤(鯀)의 일을 수행한 것은 모두 수(修)라 하였으니, 기주(冀州)의 글을 이어받은 것이다."

[4-2-1-6]

覃懷底300)績, 至于衡漳.

담회(覃懷)에서 공적(功績)을 이루어 횡장(衡漳)에 이르렀다.

詳說

○ '衡', 陸'音如字',301) 恐非.302)

'횡(衡)'은 육덕명(陸德明)이 '음이 본래의 음 대로 읽는다.'고 하였으나, 아마도 아닌 것 같다.

集傳

'覃懷', 地名, 「地志」, "河內郡, 有懷縣", 今懷州也. 曾氏曰: "覃懷, 平地也, 當在孟津之東·太行之西, 涑水出乎其西, 淇水出乎其東." 方洪水懷山襄陵之時, 而平地致功爲難, 故曰'厎績'. '衡漳', 水名, '衡', 古橫字. 「地志」, 漳水二, 一, 出上黨沾縣大黽谷, 今平定軍樂平縣少山也, 名爲淸漳; 一, 出上黨長子縣鹿谷山, 今潞州長子縣發鳩山也, 名爲濁漳. 酈道元, "謂之衡水, 又謂之橫水, 東至鄴, 合淸漳, 東北至阜城, 入北河." 鄴, 今潞州涉縣也. 阜城, 今定遠軍東光縣也. ○又按, 桑欽云: "二漳異源而下流相合同歸于海", 唐人亦言: "漳水能獨達于海, 請以爲瀆", 而不云入河者, 蓋禹之導河, 自洚水·大陸, 至碣石, 入于海, 本隨西山下東北去. 周定王五年, 河徙砱礫, 則漸遷而東, 漢初, 漳猶入河, 其後, 河徙日東, 而取漳水益遠. 至欽時, 河自大伾而下, 已非故道, 而漳自入海矣. 故欽與唐人所言者, 如此.

---

300) 底: 『상서주소(尙書注疏)』에는 '底'로 되어 있다. 그러나 채침(蔡沈) 찬, 『서경집전(書經集傳)』과 호광(胡廣) 등 찬, 『서경대전(書經大全)』 및 내각본에는 모두 '厎'자로 되어 있다. 아래도 같다.

301) 『상서주소(尙書注疏)』 권5, 「하서(夏書)·우공(禹貢)」의 육덕명의 「음의(音義)」에서 "'覃', 徒南反. '厎', 之履反. '衡', 如字, 橫也. 馬云: '水名.'('담'은 도와 남의 반절이다. '지'는 지와 리의 반절이다. '횡'은 본래의 자의와 같으니, 횡이다. 마융이 이르기를 '물이름이다.'라고 하였다.)"

302) 호광(胡廣) 등 찬, 『서경대전(書經大全)』의 소주에는 "'覃', 徒含反. '衡', 音橫.('담'은 노와 함의 반절이다. '횡'은 음이 횡이다.)"으로 되어 있다. 내각본에는 "'覃', 徒含反. '衡', 與橫通, 陸'音如字'.('담'은 도와 함의 반절이다. '횡'은 횡과 통하며, 육씨는 '음이 본래의 자의와 같다.'고 하였다.)"로 되어 있다.

'담회(覃懷)'는 땅이름이니,「지지(地志)」에서 "하내군(河內郡)에 회현(懷縣)이 있다."고 하였으니, 지금의 회주(懷州)이다. 증씨(曾氏: 曾鞏)가 말하기를 "담회(覃懷)는 평지이니, 당연히 맹진(孟津)의 동쪽과 태항(太行)의 서쪽에 있으며, 내수(涞水)가 그 서쪽에서 나오고, 기수(淇水)가 그 동쪽에서 나온다."라고 하였다. 바야흐로 홍수가 산을 덮치고 언덕을 오를 때에 평지에서 공사를 이루기가 어렵기 때문에 '지적(厎績)'이라고 한 것이다. '횡장(衡漳)'은 물 이름이니, '횡(衡)'은 옛날의 횡(橫)자이다.「지지(地志)」에서 장수(漳水)는 둘인데 하나는 상당군(上黨郡) 첨현(沾縣) 대면곡(大黽谷)에서 나오니 지금의 평정군(平定軍) 악평현(樂平縣) 소산(少山)으로 이름이 청장(淸漳)이며, 하나는 상당군(上黨郡) 장자현(長子縣) 녹곡산(鹿谷山)에서 나오니 지금의 노주(潞州) 장자현(長子縣) 발구산(發鳩山)으로 이름이 탁장(濁漳)이라고 하였다. 역도원(酈道元)은 "형수(衡水)라 이르고 또 횡수(橫水)라 이르니, 동쪽으로 업(鄴)에 이르러 청장(淸漳)과 흐름이 합치고, 동북쪽으로 부성(阜城)에 이르러 북하(北河)로 들어간다."라고 하였다. 업(鄴)은 지금의 노주(潞州) 섭현(涉縣)이고, 부성(阜城)은 지금의 정원군(定遠軍) 동광현(東光縣)이다. ○또 살펴보건대, 상흠(桑欽)이 이르기를 "두 장수(漳水)는 원천이 다르지만 하류(下流)가 서로 합쳐져서 바다로 들어간다."라고 하였으며, 당나라 사람이 또한 말하기를 "장수(漳水)는 능히 홀로 바다에 이를 수 있으니, 청컨대 독(瀆)이라고 해야 한다."라고 하면서 황하로 들어간다고 말하지 않은 것은 대개 우(禹)가 황하를 인도함에 홍수(洚水)와 대륙(大陸)으로부터 갈석(碣石)에 이르러 바다로 들어가게 하였는데, 본래는 서산(西山)의 아래를 따라서 동북쪽으로 흘러가던 것이었다. 주나라 정왕(定王) 5년에 황하가 영력(砱礫)으로 옮겨가더니 곧 점점 이동하여 동쪽으로 갔으나, 한나라 초기에는 장수(漳水)가 오히려 황하로 들어갔는데 그 뒤에 황하가 옮겨져 날로 동쪽으로 가서 장수(漳水)와의 거리가 더욱 멀어졌다. 상흠(桑欽) 때에 이르러 황하가 대비(大伾)로부터 아래는 이미 옛날 물길이 아니어서 장수(漳水)가 스스로 바다로 들어갔다. 그러므로 상흠(桑欽)과 당나라 사람이 말한 것이 이와 같은 것이다.

詳說

○ 音杭.303)

'태항(太行)'에서 항(行)은 음이 항(杭)이다.

303) 호광(胡廣) 등 찬,『서경대전(書經大全)』의 소주를 수용한 것이다.

○ 音來.304)

'래(淶)'는 음이 래(來)이다.

○ 見「堯典」及「益稷」.305)

'방홍수회산양릉지시(方洪水懷山襄陵之時)'의 내용이 「요전(堯典)」 및 「익직(益稷)」에 보인다.

○ 厎.

'평지치(平地致)'에서 '치(致)'는 지(厎: 이르다, 이루다)이다.

○ 用力之辭.

'고왈지적(故曰厎績)'의 경우, 힘을 썼다는 말이다.

○ 孔氏曰 : "橫流入河, 故曰'衡漳'."306) ○曾氏曰 : "東西爲橫, 南北爲從, 河北流而漳東注, 則河從而漳橫矣."307) ○朱子曰 :

---

304) 호광(胡廣) 등 찬, 『서경대전(書經大全)』의 소주를 수용한 것이다.
305) 「요전(堯典)」 [1-1-1-11]에서 "帝曰 : '咨! 四岳. 湯湯洪水方割, 蕩蕩懷山襄陵, 浩浩滔天, 下民其咨, 有能, 俾乂.' 僉曰 : '於! 鯀哉.' 帝曰 : '吁! 咈哉. 方命圮族.' 岳曰 : '异哉, 試可乃已.' 帝曰 : '往欽哉.' 九載, 績用弗成.(요임금이 말하였다. '아! 사악아. 넘실넘실 큰 강물이 바야흐로 해 끼쳐서 거침없이 산을 에워싸고 언덕을 넘어 질펀하게 하늘까지 물이 넘쳐 아래 백성들이 탄식하고 있으니, 능력이 있는 이가 있으면 다스리게 하리라.' 많은 신하들이 말하였다. '아! 곤입니다.' 요임금이 말하였다. '아! 그렇지 않다. 절대로 그렇지 않도다. 명령을 거스르고, 일가붙이를 무너뜨렸다.' 사악이 말하였다. '그만두더라도 가능한가를 시험해보고 이에 그만두어야 합니다.' 이에 요임금이 말하였다. '가서 공경히 하도록 하라.' 그러나 9년이 되도록 공적을 이루지 못하였다.")라 하였고, 「익직(益稷)」 [3-1-5-1]에서 "帝曰 : '來. 禹. 汝亦昌言.' 禹拜曰 : '都. 帝. 予何言. 予思日孜孜.' 皐陶曰 : '吁. 如何?' 禹曰 : '洪水滔天, 浩浩懷山襄陵, 下民昏墊, 予乘四載, 隨山刊木, 曁益, 奏庶鮮食, 予決九川, 距四海, 濬畎澮, 距川, 曁稷播, 奏庶艱食鮮食, 懋遷有無, 化居, 烝民乃粒, 萬邦作乂.' 皐陶曰 : '兪. 師汝昌言.'(순임금이 말하기를, '어서 오시오. 우예! 그대도 또한 좋은 말을 해주시오.'라고 하니 우가 절하고 말하기를, '좋습니다. 임금이시여. 제가 무슨 말을 하겠습니까. 저는 날마다 부지런하고 부지런히 힘쓸 것을 생각할 뿐입니다.'라고 하였다. 고요가 말하기를, '아닙니다. 어떠하였습니까?'라고 하자 우가 말하기를, '큰물이 하늘까지 넘쳐흘러 넓고 넓게 산을 감싸고 언덕 위까지 올라가 백성들이 어쩔 줄 몰라 하며 물에 빠졌는데, 내가 네 가지 탈 것을 타고서 산을 따라 나무를 베어내고 익과 함께 여러 날고기를 올렸으며, 내가 아홉 주의 냇물을 터서 사해에 이르게 하고 도랑들을 깊이 파서 냇물에 이르게 하였으며, 직과 함께 씨앗을 뿌림에 여러 양식이 떨어져 날고기를 올리며, 힘써 있고 없는 것을 교역하여 쌓아둔 것을 변화시키니, 많은 백성들이 이에 곡식을 먹게 되어 모든 나라가 다스려졌습니다.'라고 하니, 고요가 말하였다. '그랬구나. 너의 좋은 말을 본받도록 하겠다.')"라고 하였다.
306) 호광(胡廣) 등 찬, 『서경대전(書經大全)』의 소주에서 발췌한 것이다. 그 전문은 다음과 같다. "孔氏曰 : '漳水橫流入河, 故曰衡漳.'(공씨가 말하였다. '장수는 옆으로 흘러서 황하로 들어가기 때문에 횡장이라고 하였다.')"
307) 호광(胡廣) 등 찬, 『서경대전(書經大全)』의 소주에서 발췌한 것이다. 그 전문은 다음과 같다. "曾氏曰 : '河自大伾北流, 漳水東流而注之也, 形東西爲橫, 南北爲從, 河北流而漳東注, 則河從而漳橫矣.'(증씨가 말하였다. '… 모양이 동서가 횡이 되고 남북이 종이 되니, 황하는 북쪽으로 흐르고 장수는 동쪽으로 흐르면

"從覃懷北, 至衡漳."308)
'수명(水名)'에 대해, 공씨(孔氏: 孔安國)가 말하였다. "옆으로 흘러서 황하로 들어가기 때문에 '횡장(衡漳)'이라고 하였다." ○증씨(曾氏: 曾鞏)가 말하였다. "동서(東西)가 횡(橫)이 되고 남북(南北)이 종(從)이 되니, 황하는 북쪽으로 흐르고 장수(漳水)는 동쪽으로 흐르면 황하가 종(從)이고 장수(漳水)가 횡(橫)인 것이다." ○주자(朱子: 朱熹)가 말하였다. "담수(覃水)로부터 북쪽을 품어서 횡장(衡漳)에 이르는 것이다."

○ 音免.
'면(黽)'은 음이 면(免)이다.

○ 音洛.
'락(樂)'은 음이 락(洛)이다.

○ 就「地志」說中間, 攙入此句, 是自註也. 與『論』·『孟』序說之自註者同.「地志」勢雖似斷, 文實相續, 讀者, 隨遇察之, 可也.
'금평정군악평현소산야(今平定軍樂平縣少山也)'에서 볼 때,「지지(地志)」의 설명 중간에 이 구절을 집어넣었는데 이는 자신의 주(註)이다. 『논어(論語)』와 『맹자(孟子)』 서설(序說)의 자신의 주(註)와 같다.「지지(地志)」의 문세가 비록 끊어진 듯하나 문장이 실제로 서로 이어지니, 읽는 이가 경우에 따라서 살펴보는 것이 좋을 것이다.

○ 上聲.
'출상당장(出上黨長)'에서 장(長)은 상성(上聲: 어른, 수장)이다.

○ 此二句, 亦與自註同.309)
'우위지횡수(又謂之橫水)'에서 볼 때, 이 두 구절은 또한 자신의 주와 같다.

황하가 종이고 장수가 횡인 것이다.')"
308) 호광(胡廣) 등 찬, 『서경대전(書經大全)』의 소주에서 발췌한 것이다. 그 전문은 다음과 같다. "朱子曰: '從覃懷致功, 而北至衡漳.'(주자가 말하였다. '담수로부터 감싸서 공적을 이루어 북쪽에서 횡장에 이르는 것이다.')"
309) 역도원(酈道元) 찬, 『수경주(水經注)』 권14.「고하(沽河)」에는 "世謂之橫水, 又謂之陽田河.(세상에서 이르기를 횡수라 하고, 또 이르기를 양전하라고 한다.)"라 하고, 그 주에 "案, 田近刻訛作曲.(살펴보건대, 전군이 새긴 것이 잘못되어 왜곡되었다.)"이라고 하였다.

○ 此二句, 似當分在於鄴與河下, 而今合在此, 恐非其例.
'금정원군동광현야(今定遠軍東光縣也)'에서 볼 때, 이 두 구절은 마땅히 나누어 업(鄴)과 하(河) 아래에 두어야 할 것 같은데, 지금 합쳐서 여기에 두었으니 아마도 그 예식이 아닌 듯하다.

○ 沙溪曰 : "漢時, 江南人, 著『水經』."310)
'상흠(桑欽)'에 대해, 사계(沙溪: 金長生)가 말하였다. "한나라 때 강남(江南) 사람이니, 『수경(水經)』을 지었다."

○ 當考.311)
'당인(唐人)'의 경우, 마땅히 살펴보아야 한다.

○ 四瀆, 皆以獨達海, 而得名故云.
'청이위독(請以爲瀆)'의 경우, 사독(四瀆)312)이 모두 오직 바다에 이르러서 이름을 얻었기 때문이다.

○ 音零,313) 見『字彙』.
'령(砱)'은 음이 령(零)이니,314) 『자휘(字彙)』315)에 보인다.

○ 音歷.316)
'력(礫)'은 음이 력(歷)이다.

○ 至欽時, 則不然.

---

310) 『사계전서(沙溪全書)』 권14, 「경서변의(經書辨疑)·서전(書傳)·우공(禹貢)」. 호광(胡廣) 등 찬, 『서경대전(書經大全)』의 소주에서 "漢江南人, 著『水經』.(한나라 강남 사람이니, 『수경』을 지었다.)"이라고 하였다. 상흠(桑欽)은 동한(東漢) 하남(河南) 낙양(洛陽) 사람으로 자가 군장(君長)이고, 『수경(水經)』을 지었다.
311) 『산서통지(山西通志)』 권19, 「산천(山川)」에서 "唐奏議, '漳水能獨達於海, 請以爲瀆.'(당나라 주의에서 '장수는 능히 홀로 바다에 이를 수 있으니, 청컨대 독이라고 해야 한다.'고 하였다.)"라고 하였는데, 이 말은 그 이전부터 있었던 말이라고 본 것이다.
312) 사독(四瀆): 장강(長江)과 황하(黃河)와 회하(淮河)와 제수(濟水)를 말한다. 『이아(爾雅)』에서 "장강과 황하와 회수와 제수가 사독이 되니, 사독이라는 것은 원천에서 나와서 바다로 흘러가는 것이다.(江·河·淮·濟, 爲四瀆, 四瀆者, 發原注海者也.)"라고 하였다.
313) 호광(胡廣) 등 찬, 『서경대전(書經大全)』의 소주에는 '砱磔'은 "音伶歷.(음이 영력이다.)"으로 되어 있다.
314) 호광(胡廣) 등 찬, 『서경대전(書經大全)』의 소주에는 '砱磔'은 "音伶歷.(음이 영력이다.)"으로 되어 있다.
315) 『자휘(字彙)』: 명나라 매응조(梅膺祚)가 지은 자서(字書)이다. 모두 14책이다.
316) 호광(胡廣) 등 찬, 『서경대전(書經大全)』의 소주를 수용한 것이다.

'장유입하(漳猶入河)'의 경우, 한나라 상흠(桑欽) 때에 이르면 그렇지 않았다.

○ 東之不已而南.
'하사일동(河徙日東)'의 경우, 동쪽으로 감이 그치지 않아서 남쪽에 이른 것이다.

○ 猶去也.
'이취(而取)'에서 취(取)는 거(去)와 같다.

○ 音조.
'비(伾)'는 음이 비(조)이다.

[4-2-1-7]
厥土, 惟白壤,

그 흙은 오직 흰색이고 양토(壤土)이며

集傳

漢孔氏曰 : "無塊曰壤", 顏氏曰 : "柔土曰壤." 夏氏曰 : "『周官』大司徒辨十有二壤之物, 而知其種, 以敎稼穡·樹藝, 以土均之法, 辨五物·九等, 制天下之地征", 則夫敎民樹藝, 與因地制貢, 固不可不先於辨土也. 然辨土之宜有二, '白', 以辨其色, '壤', 以辨其性也. 蓋草人糞壤之法, 騂剛用牛, 赤緹用羊, 墳壤用麋, 渴澤用鹿, 糞治田疇, 各因色性, 而辨其所當用也. 曾氏曰 : "冀州之土, 豈皆白壤, 云然者, 土會之法, 從其多者論也."

한나라 공씨(孔氏: 孔安國)가 말하기를 "흙덩이가 없는 것을 양(壤)이라 한다." 하였고, 안씨(顏氏: 顏師古)가 말하기를 "부드러운 흙을 양(壤)이라 한다."고 하였다. 하씨(夏氏: 夏僎)가 말하기를 "『주관(周官)』에 대사도(大司徒)가 열두 가지 토양(土壤)의 질량을 분별하여 알맞은 곡식의 씨앗을 알아서 농사의 심고 거둠과 나무를 심어 가꾸는 일을 가르치고, 토균(土均)[317]의 법으로써 오물(五物)과 구등(九等)을

---

317) 토균(土均): 두 가지 뜻으로 쓰이니, 첫째는 주나라 때의 관직 이름이다. 『주례(周禮)』「지관(地官)·토균(土均)」에 의하면, 토지의 정사를 맡아 다스림에 지수(地守)와 지사(地事)와 지공(地貢)을 균등히 한다고 하였다. 둘째는 토지의 질량을 안배하여 그 등차를 확정하는 일을 말한다. 『주례(周禮)』「지관(地官)·대사도(大司徒)」의 내용과 같다.

분별하여 천하의 토지세를 제정한다."고 하였으니, 무릇 백성들에게 수예(樹藝)를 가르침과 토지에 따라 공부(貢賦)를 제정함에 진실로 토지를 분별함을 먼저 하지 않을 수 없었던 것이다. 이에 토지의 마땅함을 분별함에 두 가지가 있었으니, '백(白)'은 그 색깔을 분별한 것이고, '양(壤)'은 그 성질을 분별한 것이다. 대개 초인(草人)이 토양에 따라 거름을 쓰는 법에 붉고 딱딱한 토양에는 소뼈의 즙을 쓰고, 불그레한 토양에는 양뼈의 즙을 쓰고, 비옥한 토양에는 고라니뼈의 즙을 쓰고, 메마른 늪지에는 사슴뼈의 즙을 쓰니, 논밭을 기름지게 하고 다스림에 각각 색깔과 토질에 따라서 그 마땅히 써야 할 것을 분별한 것이다. 증씨(曾氏: 曾鞏)는 말하였다. "기주(冀州)의 땅이 어찌 다 흰 양토(壤土)이겠는가마는 그렇게 말한 것은 토질(土質)에 따라서 공세(貢稅)를 내는 법이 그 대다수의 것을 좇아서 의논해서이다."

詳說

○ 師古.318)
'안씨(顔氏)'는 안사고(顔師古)이다.

○ 名僎, 字元肅, 柯山人.319)
'하씨(夏氏)'는 이름이 선(僎)이고, 자가 원숙(元肅)이며, 가산(柯山) 사람이다.

○ 『周禮』.320)
'『주관』(『周官』)'은 『주례(周禮)』이다.

○ 沙溪曰 : "分野十二."321)

---

318) 안사고(581-645)는 이름이 주(籒)이고, 자가 사고(師古)이며, 옹주(雍州) 만년(萬年) 사람이다. 수(隋)나라와 당(唐)나라 때 자학(字學)으로써 이름을 알렸다.
319) 하선은 송대 학자로 자가 원숙(元肅)이고, 호가 가산(柯山)이며, 용유(龍游) 사람이다. 송나라 순희(淳熙) 5년(1178)에 진사과에 급제하였으나, 성품이 결백하고 비부(比附)함을 좋아하지 않아 사직하고 귀양(歸養)하여 강학하였다. 일찍이 채원정(蔡元定)을 좇아서 『상서(尙書)』를 배웠으며, 스스로 깊이 연구한 뒤 『가산서전(柯山書傳)』 40권을 간행하였다. 그 가운데 『상서상해(尙書詳解)』 26권이 『사고전서(四庫全書)』에 들어있다.
320) 『주례주소(周禮注疏)』 권10, 「지관(地官)·대사도(大司徒)」 "辨十有二壤之物, 而知其種, 以教稼穡·樹藝. 以土均之濃, 辨五物·九等, 制天下之地征. 以作民職, 以令地貢, 以斂財賦, 以均齊天下之政.(열두 가지 토양의 질량을 분별하여 알맞은 곡식의 씨앗을 알아서 농사의 심고 거둠과 나무를 심어 가꾸는 일을 가르친다. 토균의 법으로써 5물과 9등을 분별하여 천하외 토지세를 제정한다. ….)"
321) 『사계전서(沙溪全書)』 권14, 「경서변의(經書辨疑)·서전(書傳)·우공(禹貢)」 "十二壤, 分野十二.(십이양은 분야가 열둘이다.)"

'대사도변십유이양지물(大司徒辨十有二壤之物)'에 대해, 사계(沙溪: 金長生)가 말하였다. "분야(分野)가 열둘이다."

○ 上聲.
'이지기종(而知其種)'에서 종(種)은 상성(上聲: 종자)이다.

○ 沙溪曰 : "山林·川澤·丘陵·墳衍·原隰, 五地之物."322)
'오물(五物)'에 대해, 사계(沙溪: 金長生)가 말하였다. "산림(山林)·천택(川澤)·구릉(丘陵)·분연(墳衍)·원습(原隰)이니, 다섯 땅의 산물이다."

○ 『周禮』注曰 : "騂剛以下之九等."323)
'구등(九等)'에 대해,『주례(周禮)』의 주(注)에 말하였다. "성강(騂剛) 이하의 아홉 등급이다."

○ 音扶.324)
'부(夫)'는 음이 부(扶)이다.

○ 猶以也.
'고불가불선어변토야(固不可不先於辨土也)'에서 '어(於)'는 이(以)와 같다.

○ 陳氏大猷曰 : "水患退而後, 土性復, 色質辨, 始可興地利, 定賦法."325)

---

322)『사계전서(沙溪全書)』권14,「경서변의(經書辨疑)·서전(書傳)·우공(禹貢)」. "五物, 五地之物, 山林·川澤·丘陵·墳衍·原隰.(오물은 다섯 땅의 산물이니, 산림·천택·구릉·분연·원습이다.)" 구체적인 내용은 아래와 같다.『주례(周禮)』「지관(地官)·대사도(大司徒)」. "以土會之法, 辨五地之物生. 一曰山林, 其動物宜毛物, 其植物宜皁物, 其民毛而方. 二曰川澤, 其動物宜鱗物, 其植物宜膏物, 其民黑而津. 三曰丘陵, 其動物宜羽物, 其植物覈物, 其民專而長. 四曰墳衍, 其動物宜介物, 其植物莢物, 其民晳而瘠. 五曰原隰, 其動物宜臝物, 其植物宜叢物, 其民豐肉而庳. 因此五物者民之常, 而施十有二敎焉."
323) 호광(胡廣) 등 찬,『서경대전(書經大全)』의 소주에서 발췌한 것이다. 그 전문은 다음과 같다. "『周禮』註釋, '五物', 地之五色. '九'等', 騂剛以下之九等. '緹', 絳色也. '渴澤', 放水處也. '土會', 以土計貢稅之法.(『주례』의 주석에, '5물'은 땅의 다섯 가지 색이다. '9등'은 성강 이하의 아홉 등급이다. '제'는 진홍색이다. '갈택'은 물을 흘려보낸 곳이다. '토회'는 토지로써 공세의 법을 계산하는 것이다.)"『주례(周禮)』「지관(地官)·대사도(大司徒)」에는 "以土均之法, 辨五物·九等, 制天下之地徵.(토균의 법으로써 5물과 9등을 분별하여 천하의 지징을 제정하였다.)" 정현(鄭玄)의 주(注)에 "'九'等'者, 騂剛·赤緹之屬.('9등'은 성강과 적제의 무리이다.)"라 하였고, 가공언(賈公彦)의 소(疏)에 "'九'等'者, 據五地之內, 分爲九等之地, 騂剛·赤緹之屬.('9등'이라는 것은 다섯 땅의 안에 근거하여 아홉 등급의 땅으로 나눈 것이니, 성강과 적제의 무리이다.)"이라고 하였다.
324) 호광(胡廣) 등 찬,『서경대전(書經大全)』의 소주를 수용한 것이다.

'이변기성야(以辨其性也)'에 대해, 진씨 대유(陳氏大猷: 陳氏大猷)가 말하였다. "홍수의 걱정이 물러간 뒤에 토지의 성질이 회복되고 색깔과 성질이 분별되어 비로소 땅의 이익을 일으켜서 부세(賦稅)의 법을 정할 수 있었다."

○ 『周禮』「地官」.326)
'초인(草人)'은 『주례(周禮)』「지관(地官)」이다.

○ 糞於田.327)
'분양(糞壤)'은 논밭에 거름을 주는 것이다.

○ 『周禮』注曰 : "以牛骨汁, 漬其種."328)
'성강용우(騂剛用牛)'에 대해, 『주례(周禮)』의 주(注)에 말하였다. "소뼈의 즙으로써 그 씨앗을 적시는 것이다."

○ 音題,329) 絳色.330)
'제(緹)'는 음이 제(題)이니, 진홍색이다.

○ 音粉.331)

---

325) 호광(胡廣) 등 찬, 『서경대전(書經大全)』의 소주에서 발췌한 것이다. 그 전문은 다음과 같다. "陳氏大猷曰 : '白言色, 壤言質. 水患退而後, 土性復, 色質辨, 始可爲地利, 定賦法也.'(진씨 대유가 말하였다. '백은 색을 발하고, 양은 성질을 말한다. 홍수의 걱정이 물러간 뒤에 토지의 성질이 회복되고 색깔과 성질이 분별되어 비로소 땅의 이익을 일으켜서 부세의 법을 정할 수 있었다.')"
326) 『주례주소(周禮注疏)』 권16, 「지관(地官)·초인(草人)」. "草人掌土化之濃, 以物地相其宜而爲之種.(초인은 토양 속화의 법을 관장하여 성질과 토지로써 그 마땅함을 보고서 씨를 심는 것이다.)"
327) 시비(施肥), 곧 거름주기를 말한다. 원나라 왕정(王禎)의 『농서(農書)』 권3에서 "'糞壤'者, 所以變薄田爲良田, 化磽土爲肥土也.('분양'이라는 것은 메마른 밭을 변화시켜 좋은 밭을 만들고, 메마른 땅을 변화시켜 비옥한 땅을 만드는 것이다.)"라고 하였다.
328) 『주례주소(周禮注疏)』 권16, 「지관(地官)·초인(草人)」. "凡糞種, 騂剛用牛.(무릇 분종은 붉고 딱딱한 토양에는 소뼈의 즙을 쓴다.)" 정사농(鄭司農)이 "'用牛', 以牛骨汁, 漬其種也, 謂之糞種.('용우'는 소뼈의 즙으로써 그 씨앗을 적시는 것이니, 분종을 이른다.)"라고 하였다. 정사농(鄭司農)은 동한(東漢)의 학자 정중(鄭衆: ?-83)이니, 자가 중사(仲師)이고, 하남(河南) 개봉(開封) 사람이다. 유명한 유학자 정흥(鄭興)의 아들로, 한나라 말기의 학자 정현(鄭玄)과 구별하기 위해 '선정(先鄭)'이라 칭하고, 환관 정중(鄭重)과 구별하기 위하여 '정사농(鄭司農)'이라고 일컬었다. 한나라 명제(明帝) 때 벼슬에 올라 영평(永平) 8년(64) 흉노에 사신 가서 선우(單于)에게 절하지 않는 기절(氣節)을 보였고, 사마(司馬)·중랑장(中郞長)·좌풍익(左馮翊)·대사농(大司農) 등을 역임하면서 청렴하고 정직한 기품을 보였다. 저서로는 『춘추좌씨전조례(春秋左氏傳條例)』·『효경주(孝經注)』 등이 있다.
329) 호광(胡廣) 등 찬, 『서경대전(書經大全)』의 소주에는 "音蹄.(음이 제이다.)"로 되어 있다.
330) 『주례주소(周禮注疏)』 권16, 「지관(地官)·초인(草人)」. "掌土化之法, 以物地相其宜而爲之種. 凡糞種, 騂剛用牛, 赤緹用羊." 정현(鄭玄)의 주(注)에 "赤緹, 縓色也.('적제'는 분홍색이다.)"라고 하였는데, 손이양(孫詒讓)이 「정의(正義)」에서 정현(鄭玄)의 주를 참고하여 "縓, 淺絳也. … 緹, 卽縓, 爲赤之淺者.('원'은 옅은 진홍색이다. … '제'는 곧 분홍색이니, 붉은색의 옅은 것이다.)"라고 하였다.

'분(墳)'은 음이 분(粉)이다.

○ 『周禮』注曰 : "故332)水處也."333)
'갈택(渴澤)'에 대해, 『주례(周禮)』의 주(注)에 말하였다. "물을 흘려보낸 곳이다."

○ 句.
'기개백양(豈皆白壤)'에서 문장이 끊어진다.

○ 『周禮』注曰 : "以土計貢稅之法."334)
'토회지법(土會之法)'에 대해, 『주례(周禮)』의 주(注)에서 말하였다. "토지로써 공세(貢稅)의 법을 계산하는 것이다."

○ 曾說, 論也.
'종기다자론야(從其多者論也)'에서 볼 때, 증공(曾鞏)의 말이니, 논변한 것이다.

[4-2-1-8]
厥賦, 惟上, 上, 錯; 厥田, 惟中, 中.

그 부(賦)는 오직 상(上)에 상(上)이거늘 뒤섞어서 상(上)에 중(中)을 내기도 하며, 그 전(田)은 오직 중(中)에 중(中)이다.

集傳
'賦', 田所出穀米·兵車之類. '錯', 雜也, 賦第一等而錯出第二等也. 田第五等也, 賦高於田四等者, 地廣而人稠也. 林氏曰 : "冀州先賦後田者, 冀, 王畿

---

331) 호광(胡廣) 등 찬, 『서경대전(書經大全)』의 소주를 수용한 것이다.
332) 故: '放'의 오기이다.
333) 호광(胡廣) 등 찬, 『서경대전(書經大全)』의 소주에서 발췌한 것이다. 그 전문은 다음과 같다. "『周禮』註釋, '五物', 地之五色. '九等', 騂剛以下之九等. '緹', 絳色也. '渴澤', 放水處也. '土會', 以土計貢稅之法.(『주례』의 주석에, … '제'는 진홍색이다. '갈택'은 물을 흘려보낸 곳이다. '토회'는 토지로써 공세의 법을 계산하는 것이다.)" 손이양(孫詒讓)이 『정의(正義)』에서 "'渴澤', 猶竭澤也. 澤故有水, 今涸渴, 則無水而可耕種.('갈택'은 고갈한 못과 같다. 못이기 때문에 물이 있는 것인데, 지금 고갈하여 물이 없으니 씨앗을 경작할 수 있는 것이다.)"라고 하였다.
334) 호광(胡廣) 등 찬, 『서경대전(書經大全)』의 소주에서 발췌한 것이다. 그 전문은 다음과 같다. "『周禮』註釋, '五物', 地之五色. '九等', 騂剛以下之九等. '緹', 絳色也. '渴澤', 放水處也. '土會', 以土計貢稅之法.(『주례』의 주석에, … '토회'는 토지로써 공세의 법을 계산하는 것이다.)"

之地, 天子所自治, 倂與場圃·園田·漆林之類而征之, 如『周官』「載師」所載賦非盡出於田也. 故以賦屬于厥土之下, 餘州, 皆田之賦也, 故先田而後賦." 又按, 九州九等之賦, 皆每州歲入總數, 以九州多寡相較, 而爲九等, 非以是等田而責其出是等賦也. 冀獨不言貢·篚者, 冀, 天子封內之地, 無所事於貢·篚也.

'부(賦)'는 전지(田地)가 내는 미곡(米穀)과 병거(兵車)의 따위이다. '착(錯)'은 뒤섞임이니, 부세(賦稅)가 첫째 등급인데 뒤섞어서 둘째 등급을 내는 것이다. 전지(田地)가 다섯째 등급인데 부세가 전지의 넷째 등급보다 높은 것은 땅이 넓고 사람이 많아서이다. 임씨(林氏: 林之奇)가 말하였다. "기주(冀州)는 부세(賦稅)를 우선으로 하고 전지(田地)를 뒤에 한 것은 기주(冀州)가 왕기(王畿)의 땅으로 천자가 스스로 다스리는 곳이어서 장포(場圃)와 원전(園田)과 칠림(漆林) 따위와 아울러 세금을 거두한 것이니, 『주관(周官)』의 「재사(載師)」에 기재되어 있는 부세가 모두 전지(田地)에서만 나오는 것이 아니라는 것과 같다. 그러므로 부세로써 그 토지 아래에 속하게 하였고, 나머지 주(州)는 모두 전지(田地)의 부세이기 때문에 전지(田地)를 우선으로 하고 부세(賦稅)를 뒤에 한 것이다." 또 살펴보건대, 9주에 아홉 등급의 부세는 모두 모든 주(州)마다 세입(歲入)의 총수를 9주의 많고 적음으로써 서로 비교하여 아홉 등급을 만든 것이고, 이 등급의 전지(田地)라고 하여 이 등급의 부세를 내도록 요구받은 것이 아니다. 기주(冀州)만 홀로 공물(貢物)과 폐백(幣帛)을 말하지 않은 것은 기주(冀州)가 천자의 경계 안의 땅이어서 공물과 폐백을 하는 일이 없기 때문이다.

詳說

○ '賦第一等而錯出第二等也', 朱子曰 : "常出者爲正, 間出者爲錯, 錯在上上之下, 則間出第二等也. 歲有豊凶, 故有錯, 法以通之."335)

---

335) 호광(胡廣) 등 찬, 『서경대전(書經大全)』의 소주에서 발췌한 것이다. 그 전문은 다음과 같다. "朱子曰 : '常出者爲正, 間出者爲錯, 錯在上上之下, 則間出第二等也. 賦有九等, 此乃計九州歲入多寡, 相較以爲之等, 非科定取民也. 取民則皆用什一, 賦入旣有常數, 而又有間出. 他等之時者, 歲有豊凶不能, 皆如其常, 故有錯, 法以通之. 然則雖夏法, 亦未嘗不通也. 而孟子以爲不善者, 雖間有通融, 未若商·周之全通於民也.'(주자가 말하였다. '항시 부세를 내는 이는 정이 되고, 간헐적으로 내는 이는 착이 되므로 착이 상상의 아래에 있으니, 곧 간헐적으로 내는 이가 둘째 등급인 것이다. … 해마나 풍년과 융년이 있어 능하지 못함이 모두 그 항상함과 같기 때문에 착이 있으니, 법으로써 두루 통하게 하는 것이다. ….')" 이는 양초(王樵) 찬, 『싱서일기(尙書日記)』 권5, 「하서(夏書)·우공(禹貢)」과 주학령(朱鶴齡) 찬, 『우공장전(禹貢長箋)』 권1, 「하서(夏書)·우공(禹貢)」에 보인다. 그 전문은 다음과 같다. "朱子曰 : '常出者爲正, 間出者爲錯, 錯在上上之下, 則

'부제일등이착출제이등야(賦第一等而錯出第二等也)'에 대해, 주자(朱子: 朱熹)가 말하였다. "항상 부세(賦稅)를 내는 이는 정(正)이 되고, 간헐적으로 내는 이는 착(錯)이 되므로 착(錯)이 상상(上上)의 아래에 있으니, 곧 간헐적으로 내는 이가 둘째 등급인 것이다. 해마다 풍년과 흉년이 있기 때문에 착(錯)이 있으니, 법으로써 두루 통하게 하는 것이다."

○ 按, 錯則豫爲上上, 豫之錯上中, 正與此上上錯, 相爲照應.
내가 살펴보건대, 착(錯)은 예주(豫州)의 상상(上上)이 되고, 예주(豫州)의 착(錯)이 상중(上中)이니, 바로 여기의 상상착(上上錯)과 서로 조응이 된다.

○ 他州, 皆以此意推之.
'지광이인조야(地廣而人稠也)'에서 볼 때, 다른 주(州)도 모두 이 뜻으로써 미루어 본 것이다.

○ 種菜.
'장포(塲圃)'는 채소를 심어 기르는 것이다.

○ 樹果.
'원전(園田)'은 과일나무를 심어 기르는 것이다.

○ 養木.
'칠림(漆林)'은 나무를 가꾸어 기르는 것이다.

○ 「地官」.336)
'『주관』「재사」(『周官』「載師」)'에서, 「지관(地官)」이다.

間出等二等也. 賦有九等, 此乃計九州歲入多寡, 相較以爲之等, 非科定取民也. 取民則皆用什一, 賦入旣有常數, 而又有間出. 他等之時者, 歲有豊凶不能, 皆如其常, 故有錯, 法以通之. 然則雖夏法, 亦未嘗不通也.'(주자가 말하였다. '….')"; "朱子曰 : '賦入旣有常數, 而又間出, 他等者歲有豊凶不能, 皆如其常, 故有錯, 法以通之. 然則夏法, 亦未嘗不通也, 而孟子以爲不善者, 雖間有通融, 不若商·周之全通于民也.'(주자가 말하였다. '….')"

336) 부세(賦稅)가 모두 전지(田地)에서만 나오는 것이 아니라는 것을 말한 구체적인 내용은 다음과 같다.『주례주소(周禮注疏)』권13, 「지관사도하(地官司徒下)·재사(載師)」. "凡宅不毛者, 有里布; 凡田不耕者, 出屋粟; 凡民無職事者, 出夫家之征, 以時徵其賦.(무릇 집에서 뽕나무나 삼나무를 심지 않는 이는 이포가 있으며, 무릇 밭을 경작하지 않는 이는 옥속을 내며, 무릇 백성 가운데 직무의 일이 없는 이는 남녀가 부세를 내니, 때로 그 부세를 징수하는 것이다.)"

○ 音燭.337)

'촉(屬)'은 음이 촉(燭)이다.

○ 厥田之上.

'고이부속우궐토지하(故以賦屬于厥土之下)'의 경우, 그 전지(田地)의 상(上)이다.

○ 非如田九等之一定不易也. ○臨川吳氏曰 : "賦, 以數之最多者, 爲上上; 田, 以地之最腴者, 爲上上."338)

'이위구등(而爲九等)'의 경우, 전지(田地) 아홉 등급이 일정하여 바꾸지 않음과 같은 것이 아니다. ○임천 오씨(臨川吳氏: 吳澄)가 말하였다. "부세(賦稅)는 수가 가장 많은 것이 상상(上上)이 되고, 전지(田地)는 땅이 가장 기름진 것이 상상(上上)이 된다."

○ 去聲.

'출(出)'은 거성(去聲: 내다, 내게 하다)이다.

○ 非如後世打量之法也.

'비이시등전이책기출시등부야(非以是等田而責其出是等賦也)'의 경우, 후세의 헤아리는 법과 같은 것이다 아니다.

○ '無所事於貢·篚也', 林說蓋至此. ○論也.

'무소사어공·비야(無所事於貢·篚也)'에서, 임지기(林之奇)의 말이 대개 여기까지이다. ○논변한 것이다.

---

337) 호광(胡廣) 등 찬, 『서경대전(書經大全)』의 소주에는 "音祝.(음이 족이다.)"으로 되어 있다. 그 뜻이 '속하다, 의거하다'일 경우에는 『광운(廣韻)』에서 "之欲切, 入燭.(지와 욕의 반절이니, 입성 족이다.)"이라고 하였다.
338) 호광(胡廣) 등 찬, 『서경대전(書經大全)』이 소주에서 발췌한 것이다. 그 전문은 다음과 같다. "臨川吳氏曰 : '賦之九等, 以各州歲入總數, 較其多寡而爲高下也, 數之最多者爲上上. 田之九等, 以各州土地所宜, 較其肥瘠而爲高下也, 地之最腴者, 爲上上.'(임천 오씨가 말하였다. '부세의 아홉 등급은 각 주의 세입 총수로써 그 많고 적음을 비교하여 높고 낮음을 삼은 것이니, 수가 가장 많은 것이 상상이 된다. 전지의 아홉 등급은 각 주 땅의 마땅한 바로써 그 비옥하고 척박함을 비교하여 높고 낮음을 삼은 것이니, 땅의 가장 기름진 것이 상상이 된다.')"

[4-2-1-9]
恆・衛旣從, 大陸旣作.

항수(恆水)와 위수(衛水)가 이미 물길을 좇으며, 대륙(大陸)에서 이미 농사를 경작하였다.

集傳

'恆'·'衛', 二水名. 恆水,「地志」, "出常山郡上曲陽縣恆山北谷", 在今定州曲陽縣西北恆山也, 東入滱水. 薛氏曰 : "東流合滱水, 至瀛州高陽縣, 入易水", 晁氏曰 : "今之恆水, 西南流, 至眞定府行唐縣, 東流入于滋水, 又南流入于衡水", 非古逕矣. 衛水,「地志」, "出常山郡靈壽縣東北", 卽今眞定府靈壽縣也, 東入滹沱河. 薛氏曰 : "東北合滹沱河, 過信安軍, 入易水." '從', 從其道也. '大陸', 孫炎曰 : "鉅鹿北廣阿澤, 河所經也", 程氏曰 : "鉅鹿去古河絶遠, 河未嘗逕邢以行, 鉅鹿之廣阿, 非是." 按,『爾雅』, "高平曰陸", '大陸'云者, 四無山阜, 曠然平地. 蓋禹河自澶·相以北, 皆行西山之麓, 故班·馬·王橫, 皆謂載之高地, 則古河之在貝·冀以及枯澤之南, 率皆穿西山踵趾以行, 及其已過信洚之北, 則西山勢斷, 曠然四平, 蓋以此地, 謂之'大陸', 乃與下文'北至大陸'者合. 故隋改趙之昭慶, 以爲大陸縣, 唐又割鹿城, 置陸渾縣, 皆疑鉅鹿之大陸, 不與河應, 而亦求之向北之地, 杜佑·李吉甫, 以爲'邢·趙·深三州爲大陸'者得之. '作'者, 言可耕治, 水患旣息, 而平地之廣衍者, 亦可耕治也. '恆'·'衛', 水小而地遠, '大陸', 地平而近河, 故其成功於田賦之後.

'항(恆)'과 '위(衛)'는 두 개의 물 이름이다. 항수(恆水)는「지지(地志)」에서 "상산군(常山郡) 상곡양현(上曲陽縣) 항산(恆山) 북쪽 골짜기에서 나온다."고 하였으니, 지금의 정주(定州) 곡양현(曲陽縣) 서북쪽의 항산(恆山)에서 동쪽으로 구수(滱水)로 들어간다. 설씨(薛氏: 薛季宣)가 말하기를 "동쪽으로 흘러 구수(滱水)와 합쳐서 영주(瀛州) 고양현(高陽縣)에 이르러 역수(易水)로 들어간다." 하였고, 조씨(晁氏: 晁說之)가 말하기를 "지금의 항수(恆水)는 서남쪽으로 흘러 진정부(眞定府) 행당현(行唐縣)에 이르러 동쪽으로 흘러 자수(滋水)로 들어가고, 또 남쪽으로 흘러 형수(衡水)로 들어가니, 이것은 옛날 물길이 아니다."라고 하였다. 위수(衛水)는「지지(地志)」에서 "상산군(常山郡) 영수현(靈壽縣) 동북쪽에서 나온다."고 하였으니, 곧 지금의 진정부(眞定府) 영수현(靈壽縣)이며 동쪽으로 호타하(滹沱河)로 들어간다. 설씨(薛氏: 薛季宣)가 말하기를 "동북쪽에서 호타하(滹沱河)와 합쳐서 신안군(信安

軍)을 지나 역수(易水)로 들어간다."고 하였다. '종(從)'은 그 물길을 좇음이다. '대륙(大陸)'은 손염(孫炎)이 말하기를 "거록(鉅鹿) 북쪽에 광아(廣阿)의 못이니, 황하(黃河)가 지나는 곳이다." 하였고, 정씨(程氏: 程大昌)가 말하기를 "거록(鉅鹿)은 옛날 황하와 거리가 아주 멀어서 황하(黃河)가 일찍이 형주(邢州)를 거쳐서 흘러간 적이 없으니, 거록(鉅鹿)의 광아(廣阿)는 옳지 않다."라고 하였다. 살펴보건대, 『이아(爾雅)』에서 "높고 평평한 곳을 육(陸)이라 한다."고 하였으니, '대륙(大陸)'이란 사방에 산과 언덕이 없어 드넓은 평지이다. 대개 우(禹) 때에는 황하(黃河)가 선주(澶州)와 상주(相州) 이북으로부터 모두 서산(西山: 太行山)의 기슭으로 흘러갔기 때문에 반고(班固)와 사마천(司馬遷)과 왕횡(王橫)이 모두 높은 땅에 얹혀있다고 하였으니, 곧 옛날 황하가 패주(貝州)와 기주(冀州)에서 고강(枯洚)의 남쪽에 미쳐서 모두다 서산(西山)의 기슭을 뚫고 흘러가다가 이윽고 신강(信洚)의 북쪽을 지나감에 미쳐서 곧 서산(西山)의 형세가 끊겨 드넓게 사방이 평평해지므로 대개 이 땅으로써 '대륙(大陸)'이라 하였으니, 바로 아랫글에 '북쪽으로 대륙(大陸)에 이른다'는 것과 맞는다. 그러므로 수(隋)나라는 조주(趙州)의 소경(昭慶)을 고쳐서 대륙현(大陸縣)이라 하였고, 당(唐)나라는 또 녹성(鹿城)을 나누어 육혼현(陸渾縣)을 두었는데, 모두 거록(鉅鹿)의 대륙(大陸)이 황하와 응하지 않는다고 의심하여 또한 북쪽 지역에서 찾았으니, 두우(杜佑)와 이길보(李吉甫)가 "형주(邢州)와 조주(趙州)와 심주(深州)의 세 고을이 대륙(大陸)이다."라고 한 것이 맞는 말이다. '작(作)'이라는 것은 밭을 갈아서 다스릴 수 있음을 말하는 것이니, 수해(水害)의 걱정이 이미 그침에 평지의 넓게 흐르던 곳을 또한 밭을 갈아서 다스릴 수 있었다. '항수(恒水)'와 '위수(衛水)'는 물이 작은데 땅이 멀며, '대륙(大陸)'은 땅이 평평하고 황하와 가깝기 때문에 전부(田賦)의 뒤에서 공적을 이룬 것이다.

詳說

○ 音寇.
  '구(澆)'는 음이 구(寇)이다.

○ 名季宣, 字士龍, 永嘉人.339)

---

339) 설계선(薛季宣; 1134-1173)은 남송대 학자로 자기 사룡(士龍)이고, 호가 산재(艮齋)이며, 영가(永嘉) 사람이다. 원개(袁漑)를 사사하여 예악(禮樂) 및 병농(兵農)에 통달하였고, 정자(程子) 문하에서 공부히여 영가학파(永嘉學派)를 창시하였다. 대리시주부(大理寺主簿)·대리정(大理正)·지호주(知湖州)·개상주(改常州) 등을 역임하였으며, 공담(空談)을 반대하고 전부(田賦)·병제(兵制)·지형(地形)·수리(水利) 등의 세무(世務)를 중

'설씨(薛氏)'는 이름이 계선(季宣)이고, 자가 사룡(士龍)이며, 영가(永嘉) 사람이다.

○ 聶說, 至此.
'비고경의(非古逕矣)'에서 볼 때, 조씨(聶氏: 聶說之)의 말이 여기까지이다.

○ 音呼.340)
'호(滹)'는 음이 호(呼)이다.

○ 沙溪曰 : "字子然, 後漢末人, 注『爾雅』."341)
'손염(孫炎)'에 대해, 사계(沙溪: 金長生)가 말하였다. "자는 자연(子然)이고, 후한(後漢) 말기의 사람으로, 『이아(爾雅)』를 주석하였다."

○ 名大昌, 字泰之, 徽州人.342)
'정씨(程氏)'는 이름이 대창(大昌)이니, 자가 태지(泰之)이고, 휘주(徽州) 사람이다.

○ 「釋地」.343)
'『이아』(『爾雅』)'는 「석지(釋地)」이다.

○ 禹時河.
'우하(禹河)'는 우(禹)임금 때의 황하(黃河)이다.

○ 音蟬.344)

시하고 주의하였다. 저서로는 『낭오집(浪語集)』·『서고문훈(書古文訓)』 등이 있다.
340) 호광(胡廣) 등 찬, 『서경대전(書經大全)』의 소주에는 "荒胡反.(황과 호의 반절이다.)"으로 되어 있다.
341) 『사계전서(沙溪全書)』 권14, 「경서변의(經書辨疑)·서전(書傳)·우공(禹貢)」. 호광(胡廣) 등 찬, 『서경대전(書經大全)』의 소주에서 "字子然, 後漢末人, 注『爾雅』."라고 하였다.
342) 정대창(程大昌: 1123-1195)은 남송 때 학자로 자가 태지(泰之)이고, 휘주(徽州) 휴녕(休寧) 사람이며, 시호가 문간(文簡)이다. 고종(高宗) 소흥(紹興) 21년(1151)에 진사과에 급제하여 태평주교수(太平州敎授)에 제수되고, 비서성정자(秘書省正字)·저작좌랑(著作佐郎)·국자사업(國子司業) 겸 예부시랑(禮部侍郎)·직학사원(直學士院) 등을 역임하였다. 경학에 밝았으며, 특히 우공(禹貢)에 대해 깊이 연구하였다. 저서로는 『연번로(演繁露)』·『고고편(考古編)』·『옹록(雍錄)』 등이 있다.
343) 『이아주소(爾雅注疏)』 권6, 「석지(釋地)」. "下溼曰隰, 大野曰平, 廣平曰原, 高平曰陸, 大陸曰阜, 大阜曰陵, 大陵曰阿.(낮고 축축한 곳을 습이라 하고, 큰 들판을 평이라 하고, 넓고 평평한 곳을 원이라 하고, 높고 평평한 곳을 육이라 하고, ….)"

'선(澶)'은 음이 선(蟬)이다.

○ 去聲.345)
'상(相)'은 거성(去聲: 보다, 돕다)이다.

○ 沙溪曰"字平仲, 漢琅邪人."346)
'왕횡(王橫)'에 대해, 사계(沙溪: 金長生)가 말하였다. "자가 평중(平仲)이고, 한나라 낭야(琅邪) 사람이다."

○ 洚水, 今枯.
'고강(枯洚)'의 경우, 강수(洚水)가 지금 마른 것이다.

○ 音律.
'율(率)'은 음이 율(律)이다.

○ 沙溪曰 : "信都縣, 有洚水."347)
'급기이과신강(及其已過信洚)'에 대해, 사계(沙溪: 金長生)가 말하였다. "신도현(信都縣)에 강수(洚水)가 있었다."

○ 州名.
'수개조(隋改趙)'의 경우, 주(州)의 이름이다.

○ 字君卿, 唐萬年人.348)

---

344) 호광(胡廣) 등 찬, 『서경대전(書經大全)』의 소주를 수용한 것이다.
345) 호광(胡廣) 등 찬, 『서경대전(書經大全)』의 소주를 수용한 것이다.
346) 『사계전서(沙溪全書)』 권14, 「경서변의(經書辨疑)·서전(書傳)·우공(禹貢)」. 호광(胡廣) 등 찬, 『서경대전(書經大全)』의 소주에는 '班'은 "名固.(이름이 고다.)", '馬'는 "司馬遷.(사마천이다.)", '王橫'은 "字平仲, 漢琅邪人.(자는 평중이고, 한나라 낭야 사람이다.)"이라고 하였다. 왕횡(王橫)은 한나라 학자로 왕황(王璜)으로도 표기되며, 자가 평중(平仲)이고, 낭야 사람이다. 비직(費直)에게 『주역(周易)』, 서오(徐敖)에게 『모시(毛詩)』와 고문 『상서(尙書)』를 배웠다.
347) 『사계전서(沙溪全書)』 권14, 「경서변의(經書辨疑)·서전(書傳)·우공(禹貢)」. 호광(胡廣) 등 찬, 『서경대전(書經大全)』의 소주에는 "漢「志」, 冀州, 信都縣, 有洚水, 故曰信洚.(『한서』「지리지」에 기주는 신도현이니, 강수가 있었기 때문에 신강이라고 한 것이다.)"이라고 하였다.
348) 두우(杜佑: 735-812)는 당내 인물로 자가 군경(君卿)이고, 경조(京兆) 만년(萬年) 사람이다. 시인 두목(杜牧)의 손자로 문음(門蔭)으로 벼슬길에 들어가 공부낭중(工部郎中) 무주자사(撫州刺史)·어사중승(御史中丞) 영남절도사(嶺南節度使)·어사대부(御史大夫)·상서우승(尙書右丞)·회남절도사(淮南節度使) 등을 역임하고 재상(宰相)에 오른 뒤, 기국공(岐國公)에 봉해지고 광록대부(光祿大夫)와 태보(太保)의 직책으로 벼슬살이를

'두우(杜佑)'는 자가 군경(君卿)이고, 당(唐)나라 만년(萬年) 사람이다.

○ 字弘憲, 唐趙州人.349)
'이길보(李吉甫)'는 자가 홍헌(弘憲)이고, 당(唐)나라 조주(趙州) 사람이다.

○ 與上'邅邢'句, 叅看.
'이위형·조·심삼주위대륙자득지(以爲邢·趙·深三州爲大陸者得之)'에서 볼 때, 위의 '경형(邅邢)'의 구절350)과 참조하여 보아야 한다.

○ 恐脫'在'字.
'고기성공(故其成功)'의 경우, 아마도 '재(在)'자가 빠진 듯하다.

○ 三句, 論也.
'어전부지후(於田賦之後)'에서 볼 때, 세 구절은 논변한 것이다.

○ 呂氏曰 : "言水土平於田賦之前者, 其害大, 當先治也; 言於田賦後, 其害小, 徐治之也."351)
여씨(呂氏: 呂祖謙)가 말하였다. "홍수와 토지가 전부(田賦)의 앞에 다스려야 함을 말한 것은 그 폐해가 커서 마땅히 먼저 다스려야 해서이고, 전부(田賦)의 뒤에 말한 것은 그 폐해가 작아서 천천히 다스려서이다."

[4-2-1-10]

島夷, 皮服.

도이(島夷)가 피복(皮服)을 입고 와서 공물(貢物)을 바쳤다.

마쳤다. 죽은 뒤에는 태부(太傅)에 추증되었고, 시호는 안간(安簡)이다. 『통전(通典)』 2백 권을 지어 사서(史書) 편찬의 새로운 체재를 세웠다는 평가를 받았다.
349) 이길보(李吉甫: 758-814)는 당대 인물로 자가 홍헌(弘憲)이고, 조군(趙郡) 찬황(贊皇) 사람이다. 재상 이덕유(李德裕)의 아들로 어려서부터 배우기를 좋아하고 글을 잘 지었다. 일찍 문음으로 벼슬을 시작하여 태상박사(太常博士)·호부둔전원외랑(户部屯田員外郞)·이부고공낭중(吏部考功郞中)·중서사인(中書舍人)을 거쳐서 재상(宰相)에 올랐다. 회남절도사(淮南節度使)를 맡았다가 조국공(趙國公)에 봉해졌다. 죽은 뒤에 사공(司空)에 추증되었고, 시호는 충의(忠懿)이다.
350) '경형(邅邢)'의 구절: 위의 집전에서 "程氏曰 : '鉅鹿, 去古河絶遠, 河未嘗邅邢以行, 鉅鹿之廣阿, 非是.'(정씨가 말하기를 '거록은 옛날 황하와 거리가 아주 멀어서 황하가 일찍이 형주를 거쳐서 흘러간 적이 없으니, 거록의 광아는 옳지 않다.'라고 하였다.)"라는 구절을 말한다.
351) 호광(胡廣) 등 찬, 『서경대전(書經大全)』의 소주를 수용한 것이다.

> 集傳

海曲曰'島', 海島之夷, 以皮服來貢也.

바다의 굽이를 '도(島)'라고 하니, 해도(海島)의 오랑캐가 가죽옷을 입고 와서 공물(貢物)을 바친 것이다.

> 詳說

○ '海曲曰島', 新安陳氏曰 : "海中山."352)

'해곡왈도(海曲曰島)'에 대해, 신안 진씨(新安陳氏: 陳師凱)가 말하였다. "바다 가운데 있는 산이다."

○ 王氏炎曰 : "北地寒, 故服用皮; 南地暖, 故服用卉."353)

'이피복래공야(以皮服來貢也)'에 대해, 왕씨 염(王氏炎: 王炎)이 말하였다. "북쪽 땅은 춥기 때문에 옷에 가죽을 사용하고, 남쪽 땅은 따뜻하기 때문에 옷에 초목을 사용한다."

○ 林氏曰 : "諸夷不責, 其必貢欲效, 誠亦不拒也."354)

임씨(林氏: 林之奇)가 말하였다. "여러 오랑캐들이 바라지도 않으면서 그 반드시 공물을 바치고자 하여 진실로 또한 거절하지 않은 것이다." ○

○ 別言'夷'·'貢'者, 外之也.

이(夷)'와 '공(貢)'을 따로 말한 것은 그것을 도외시해서이다.

---

352) 호광(胡廣) 등 찬, 『서경대전(書經大全)』의 소주에서 발췌한 것이다. 그 전문은 다음과 같다. "新安陳氏曰 : '島, 海中山.'(신안 진씨가 말하였다. '도는 바다 가운데 있는 산이다.')"
353) 호광(胡廣) 등 찬, 『서경대전(書經大全)』의 소주에서 발췌한 것이다. 그 전문은 다음과 같다. "王氏炎曰 : '北地寒, 故服用皮; 南地暖, 故服用卉. 此第志其服, 與中國異, 聖人亦因其俗而不革爾.'(왕씨 염이 말하였다. '북쪽 땅은 춥기 때문에 옷에 가죽을 사용하고, 남쪽 땅은 따뜻하기 때문에 옷에 초목을 사용한다. 이 차례에서 그 옷을 기록한 것은 중국과 달라서이니, 성인도 또한 그 습속에 말미암아 바꾸지 않았을 뿐이다.')"
354) 호광(胡廣) 등 찬, 『서경대전(書經大全)』의 소주에서 발췌한 것이다. 그 전문은 다음과 같다. "林氏曰 : '衣皮, 夷性, 不必水平, 乃得服 諸夷不貢, 其必貢欲効, 誠亦不拒也, 如蠙珠·織皮之類耳.'(임씨가 말하였다. '가죽옷을 입는 것은 오랑캐의 습성이니, 홍수를 다스릴 것을 기필하지 않고도 이에 옷을 입는 것이다. 여러 오랑캐들이 바라지도 않으면서 그 반드시 공물을 바치고자 하여 진실로 또한 거절하지 않았으니, 빈주와 직피의 유형과 같을 뿐이다.')"

[4-2-1-11]
夾右碣石, 入于河.

오른쪽으로 갈석(碣石)을 끼고서 황하(黃河)로 들어간 것이다.

集傳

'碣石',「地志」, 在北平郡驪城縣西南河口之地, 今平州之南也. 冀州, 北方貢賦之來, 自北海入河, 南向西轉, 而碣石在其右轉屈之間, 故曰'夾右'也. 程氏曰:"冀爲帝都, 東·西·南三面距河, 他州貢賦, 皆以達河爲至, 故此三方, 亦不必書, 而其北境, 則漢遼東·西·右北平·漁陽·上谷之地, 其水如遼·濡·滹·易, 皆中高, 不與河通. 故必自北海然後, 能達河也." 又按, 酈道元言:"驪城枕海, 有石如甬道數十里, 當山頂, 有大石, 如柱形, 韋昭以爲碣石. 其山, 昔在河口海濱, 故以誌其入貢河道, 歷世旣久, 爲水所漸淪, 入于海, 已去岸五百餘里矣."『戰國策』, 以"碣石在常山郡九門縣"者, 恐: 名偶同, 而鄭氏以爲"九門無此山也."355)

'갈석(碣石)'은「지지(地志)」에서 "북평군(北平郡) 여성현(驪城縣) 서남쪽 하구(河口)의 땅에 있다."고 하였으니, 지금의 평주(平州)의 남쪽이다. 기주(冀州)는 북방에서 공부(貢賦)가 올 때 북해로부터 황하로 들어와 남쪽을 향하면서 서쪽으로 도는데 갈석(碣石)이 오른쪽으로 굽어 도는 사이에 있기 때문에 '협우(夾右)'라고 한 것이다. 정씨(程氏: 程大昌)가 말하였다. "기주(冀州)는 제도(帝都)이니 동쪽과 서쪽과 남쪽의 세 방면으로 황하에 이르므로 다른 주(州)의 공부(貢賦)가 모두 황하에 다다라서 이르기 때문에 이 세 방면을 또한 쓸 필요가 없는데, 그 북쪽 경계가 한나라의 요동군(遼東)과 요서(遼西)와 우북평(右北平)과 어양(漁陽)과 상곡(上谷)의 땅이니, 그 물에 요하(遼河)와 유수(濡水)와 호타하(滹沱河)와 역수(易水)와 같은 것은 모두 중간이 높아서 황하와 통하지 못한다. 그러므로 반드시 북해로부터 한 뒤라야 황하에 이를 수 있는 것이다." 또 살펴보건대, 역도원(酈道元)이 말하기를 "여성(驪城)이 바다에 누움에 돌산이 있어 골목길 같은 것이 수십 리이며, 산꼭대기에 큰 돌이 있는데 기둥 모양과 같으니, 위소(韋昭)가 갈석(碣石)이라고 하

---

355)『상서주소(尚書注疏)』권5,「하서(夏書)·우공(禹貢)」에서 공영달(孔穎達)의 소(疏)에 의하면, "鄭云:『戰國策』, 碣石, 在九門縣, 今屬常山郡. 蓋別有碣石, 與此名同. 今驗, 九門無此山也.'(정씨가 이르기를, '『전국책』에서 갈석은 구문현에 있다고 하였으니 지금은 상산군에 속한다. 대개 따로 갈석이 있는데 이 이름과 같은 것이다. 이제 징험해보니 구문현에는 이 산이 없다.')" 한나라 고유(高誘) 주,『전국책(戰國策)』권29에서는 이 내용을 확인할 수 없다.

였다. 그 산은 옛날에 황하 어귀의 바닷가에 있었기 때문에 그 공물(貢物)을 들여오는 황하의 물길을 기록하였는데, 지나간 세월이 이미 오래되어 물에 빠져 바다속으로 들어갔으니, 이미 강 언덕과의 거리가 5백여 리가 된다."고 하였다. 『전국책(戰國策)』에서 "갈석(碣石)이 상산군(常山郡) 구문현(九門縣)에 있다."고 한 것은 아마도 이름이 우연히 같은 듯하며, 정씨(鄭氏: 鄭玄)는 "구문현(九門縣)에는 이 산(山: 碣石山)이 없다."고 하였다.

詳說

○ 河入海處.
'재북평군려성현서남하구지지(在北平郡驪城縣西南河口之地)'의 경우, 황하가 바다로 들어가는 곳이다.

○ 句.
'북방공부지래(北方貢賦之來)'에서 문장이 끊어진다.

○ 句.
'자북해입하(自北海入河)'에서 문장이 끊어진다.

○ 自海.
'남향(南向)'의 경우, 바다로부터이다.

○ 入河.
'남향서전(南向西轉)'의 경우, 바다로 들어가는 것이다.

○ 蘇氏曰:"'夾', 挾也."356) ○夾而右之也,『諺』釋作'右夾', 恐不然.357) 蓋不云'右夾'而云'夾右'者, 主碣石而言也.
'고왈협우야(故曰夾右也)'에 대해, 소씨(蘇氏: 蘇軾)가 말하였다. "'협(夾)'은 끼

---

356) 호광(胡廣) 등 찬, 『서경대전(書經大全)』의 소주에서 발췌한 것이다. 그 전문은 다음과 같다. "蘇氏曰: '夾, 挾也. 自海入河, 逆流而西, 右顧碣石, 如在挾掖也.'(소씨가 말하였다. '협은 끼는 것이다. 바다로부터 황하로 들어가는데 역류하여 서쪽으로 가면서 오른쪽으로 갈석을 돌아보는 것이 마치 겨드랑이에 끼고 있는 것과 같은 것이다.')
357) 『언해(諺解)』에서 "右우로 碣갈石석을 夾협ᄒᆞ야 河하애 入입ᄒᆞᄂᆞ니라"라고 하였는데, 오른쪽으로 갈석을 끼는 것이 아니라, 오른쪽을 갈석이 끼는 것으로 해야 한다고 본 것이다.

는 것이다."○끼고서 오른쪽으로 가는 것이니,『언해(諺解)』의 해석에 '우협(右夾)'이라고 한 것은 아마도 그렇지 않은 것 같다. 대개 '우협(右夾)'이라 이르지 않고 '협우(夾右)'라고 이른 것은 갈석(碣石)을 위주로 하여 말한 것이다.

○ 朱子曰 : "其建都, 實取轉漕之利·朝會之便."358)
'역불필서(亦不必書)'에 대해, 주자(朱子: 朱熹)가 말하였다. "그 도읍을 세움에 실제로 전조(轉漕)359)의 이로움과 조회(朝會)함의 편리함을 취하였던 것이다."

○ 遼西.
'한요동서(漢遼東西)'의 경우, 요서(遼西)이다.

○ 其間, 有山隔之.
'불여하통(不與河通)'의 경우, 그 사이에 산이 있고 사이가 뜬 것이다.

○ 各自遼·濡·滹·易, 出海.
'고필자북해(故必自北海)'에서 볼 때, 각각 요하(遼河)와 유수(濡水)와 호타하(滹

---

358) 호광(胡廣) 등 찬,『서경대전(書經大全)』의 소주에서 발췌한 것이다. 그 전문은 다음과 같다. "朱子曰 : '碣石山, 負海, 當河入海之衝, 自海道夾, 出碣石之右, 然後入河而達帝都也. 冀州三面距河, 其建都, 實取轉漕之利·朝會之便. 故九州之終, 皆言達河以紀其入帝都之道, 冀實帝都. 亦曰入河者, 爲北境絶遠者, 言之以明海道亦可至也.' '夫河水之行, 不得其所, 故泛濫浸及他處. 觀禹用功, 初只在冀州及兗·靑·徐·雍, 却不甚於東南. 積石·龍門所謂作十三載乃刋者, 正在此處. 龍門至今橫石斷流, 水自上而下, 其勢極可畏. 向未經鑿治時, 龍門正道不甚泄, 故一派西衮入關·陝, 一派東衮往河東, 故此爲患最甚. 禹自積石至龍門, 著工夫最多. 又其上散從西域去, 往往亦不甚爲患. 行河東者, 多流黃泥地中, 故只管推洗泥汁, 只管凝滯淤塞, 故道漸狹. 値上流下來纔急, 故道不泄, 便致橫潰他處. 先朝亦多造鐵爲治河器, 竟亦何濟.'(주자가 말하였다. '갈석산은 바다를 등쳐서 황하가 바다로 들어감에 맞부딪침을 당하니, … 기주는 세 방면으로 황하에 이르고 있어 그 도읍을 세움에 실제로 전조의 이로움과 조회함의 편리함을 취하였던 것이다. ….' '무릇 황하의 물이 흘러가서 그 갈 곳 얻지 못하였기 때문에 넘쳐서 다른 곳에 이른 것이다. 우가 공을 들인 것을 보면 처음에는 다만 기주에 있다가 연주와 청주와 서주와 옹주만 미치고 도리어 동남쪽으로는 전혀 이르지 않았다. 적석과 용문은 이른바 13년을 다스려서야 이에 다른 주와 같게 되었다는 것이니 바로 이곳에 있었던 것이다. 용문은 지금도 돌이 빗겨 있고 흐름이 끊어져서 물이 위로부터 흘러내림에 그 기세가 매우 두려워할 만하다. 지난번에 뚫어서 다스리지 못하였을 때에 용문의 바른 물길조차도 물이 매우 흐르지 않았기 때문에 한 물줄기는 서쪽으로 관주와 섬주로 흘러가고, 한 물줄기는 동쪽으로 연주에 이르러 황하의 동쪽으로 흘러갔기 때문에 이것이 근심 가운데 가장 심한 것이었다. 우가 적석부터 용문까지 공력을 들인 것이 가장 많다. 또 그 위에서 흩어져서 서 서역으로부터 가는 것이 가끔씩 또한 심히 근심이 되지 않았다. 황하의 동쪽으로 가는 것도 대부분 누런 진흙땅으로 흘러가기 때문에 다만 진흙탕물을 씻어낼 것을 관리하고 헤아려 다만 엉기고 막히는 것만 관리하였기 때문에 물길이 점점 좁아진다. 상류에서 내려오는 것을 만남에 다만 급해지기 때문에 물길이 흐르지 않아서 곧 다른 곳으로 물결이 비껴간 것이다. 선대의 왕조에서도 또한 대부분 쇠를 만들어 황하를 다스리는 기구로 삼았으나 끝내 또한 어떻게 구제할 수 있었겠는가.')"이는 왕초(王樵) 찬,『상서일기(尙書日記)』권5,「하서(夏書)·우공(禹貢)과,『주자어류(朱子語類)』권79,「상서이(尙書二)·우공(禹貢)」에서 발췌한 것이다.

359) 전조(轉漕): 옛날에 육지로 운송하는 것을 '전(轉)'이라 하고, 강이나 바다로 운송하는 것을 '조(漕)'라고 하였다.

沱河)와 역수(易水)로부터 바다로 나간 것이다.

○ 去聲.360)
'침(枕)'은 거성(去聲: 베다, 눕다, 임하다)이다.

○ 卧海.
'침해(枕海)'는 바다에 누운 것이다.

○ 石山.
'유석(有石)'에서, 돌산이다.

○ 音勇.361)
'용(甬)'은 음이 용(勇)이다.

○ 巷道.
'용도(甬道)'는 골목길이다.

○ 韋說, 止此.
'위소이위갈석(韋昭以爲碣石)'에서 볼 때, 위소(韋昭)의 말이 여기에서 그친다.

○ 將廉反. ○句.
'위수소점(爲水所漸)'에서 점(漸)은 장(將)과 렴(廉)의 반절이다. ○문장이 끊어지는 곳이다.

○ 程說, 蓋至此. ○論也.
'정씨이위구문무차산야(鄭氏以爲九門無此山也)'에 대해, 정씨(程氏: 程大昌)의 말이 대개 여기까지이다. ○논변한 것이다.

---

360) 호광(胡廣) 등 찬, 『서경대전(書經大全)』의 소주를 수용한 것이다.
361) 호광(胡廣) 등 찬, 『서경대전(書經大全)』의 소주에는 "余隴反.(여와 롱의 반절이다.)"으로 되어 있다.

[4-2-1-12]
濟・河, 惟兗州.

제수(濟水)와 황하(黃河)에 오직 연주(兗州)가 있다.

詳說

○ 上聲, 下並同.362)

'제(濟)'는 상성(上聲: 물이름)이니, 아래도 아울러 같다.

集傳

兗州之域, 東南據濟, 西北距河. '濟'·'河', 見'導水', 蘇氏曰: "河·濟之間, 相去不遠, 兗州之境, 東南跨濟, 非止於濟也." 愚謂, 河, 昔北流, 兗州之境, 北盡碣石·河右之地, 後碣石之地, 淪入於海; 河, 盆徙而南, 濟·河之間, 始相去不遠, 蘇氏之說, 未必然也. ○林氏曰: "'濟', 古文作泲, 『說文』註云: '此, 兗州之濟也'; 其從水從齊者, 『說文』註云: '出常山房子縣贊皇山', 則此二字音同義異, 當以古文爲正."

연주(兗州) 지역은 동남쪽은 제수(濟水)에 의거하고 서북쪽은 황하(黃河)에 이른다. '제수(濟水)'와 '황하'는 '도수(導水)363)'에 보인다. 소씨(蘇氏: 蘇軾)가 말하기를 "황하와 제수(濟水)의 사이는 서로 거리가 멀지 않으니, 연주(兗州)의 지경은 동남쪽으로 제수(濟水)에 의거하여 제수에 그치는 것이 아니다."라고 하였다. 내가 생각하건대, 황하는 옛날에 북쪽으로 흘러 연주(兗州)의 지경이 북쪽으로 갈석(碣石)과 하서(河西)의 지역까지 다하였는데, 뒤에 갈석의 지역이 바다에 잠겨 들어가고 황하는 더욱 옮겨가서 남쪽에 있어 제수와 황하의 사이가 비로소 서로 거리가 멀

---

362) 호광(胡廣) 등 찬, 『서경대전(書經大全)』의 소주에는 "'濟', 子禮反. '兗', 音演.('제'는 자와 례의 반절이다. '연'은 음이 연이다.)"으로 되어 있다. 내각본에는 "'濟', 子禮反. '兗', 以轉反.('제'는 자와 례의 반절이다. '연'은 이와 전의 반절이다.)"으로 되어 있다.
363) 도수(導水): 아래의 「우공(禹貢)」[4-2-1-88] 이하에 나오는 물길을 준도(濬導)하는 내용을 말한다. 곧 「우공(禹貢)」[4-2-1-88]에서 "약수를 인도하되 합려에 이르러 나머지 물줄기를 유사로 들어가게 하였다.(導弱水, 至于合黎, 餘波, 入于流沙."라고 한 것과 같다. 집전에 의하면, "이 아래는 내를 깊이 판 것이다. … 물을 길을 터서 이끄는 것은 이미 각 주의 아래에 붙였고, 여기에서 또 물갈래를 나누어 자세히 기록하였으니, 물의 경위를 모두 볼 수 있다. 내를 파는 공정이 본래 산을 따라서 시작되었기 때문에 물길을 이끎이 산을 이끎보다 다음이 된 것이다. 또 살펴보건대, 산과 물이 모두 서북쪽에서 근원하였기 때문에 우가 산을 차례하고 물을 차례함에 모두 서북쪽으로부터 동남쪽으로 이르러서 산을 이끎은 견산과 기산을 먼저하고, 물을 이끎은 약수를 먼저한 것이다.(此下, 濬川也. … 水之疏導者, 已附于逐州之下, 於此, 又派別而詳記之, 而水之經緯, 皆可見矣. 濬川之功, 自隨山始, 故導水次於導山也. 又按, 山·水皆原於西北, 故禹敍山·敍水, 皆自西北而東南, 導山則先岍·岐, 導水則先弱水也.)"라고 하여 도수(導水)의 유래를 밝혔다.

지 않게 되었으니, 소씨(蘇氏)의 말이 반드시 그렇지는 않다. ○임씨(林氏: 林之奇)가 말하였다. "'제(濟)'는 고문(古文)에 제(泲)로 썼으니,『설문(說文)』의 주(註)에 이르기를 '이것은 연주(兗州)의 제수(濟水)이다.'라고 하였으며, 그 수(水)를 좇고 제(齊)를 좇은 것은『설문(說文)』의 주(註)에 이르기를 '상산(常山)의 방자현(房子縣) 찬황산(贊皇山)에서 나와서이다.'라고 하였으니, 이 두 글자는 음(音)이 같되 뜻이 다르므로 마땅히 고문(古文)『상서(尚書)』를 바른 것으로 삼아야 한다."

詳說

○ 唐孔氏曰: "'據', 謂跨而過之; '距', 至也."364) ○武夷熊氏曰: "其地平廣演迤, 無高山."365)
'서북거하(西北距河)'에 대해, 당공씨(唐孔氏: 孔穎達)가 말하였다. "'거(據)'는 의거하여 지나가는 것을 이르고, '거(距)'는 이름이다." ○무이 웅씨(武夷熊氏: 熊禾)366)가 말하였다. "그 땅이 평평하고 넓으며 멀리까지 펼쳐져서 높은 산이 없다."

○ 音現.
'현(見)'은 음이 현(現)이다.

○ 於是兗地, 北亦跨河, 不止於距而已.
'시상거불원(始相去不遠)'에서 볼 때, 이에 연주(兗州)의 지역이 북쪽으로 또한 황하(黃河)에 의거하여 단지 이름에 그치지 않을 따름이다.

---

364) 호광(胡廣) 등 찬,『서경대전(書經大全)』의 소주에서 발췌한 것이다. 그 전문은 다음과 같다. "唐孔氏曰: '據, 謂跨之; 距, 至也, 兗州之境, 跨濟而過之.'(당공씨가 말하였다. '거는 의거함을 이르고, 거는 이름이니, 연주의 지경이 제주에 의거하면서 지나가는 것이다.')"
365) 호광(胡廣) 등 찬,『서경대전(書經大全)』의 소주에서 발췌한 것이다. 그 전문은 다음과 같다. "武夷熊氏曰: '兗州當河之下流, 西距河, 東距濟, 北濱海, 南接徐·豫之境. 其地, 平廣演迤, 無高山, 即今兗·濟·德·棣·魏·博·滄·景等州之地.'(무이 웅씨가 말하였다. '연주는 황하의 하류에 해당하니, … 그 땅이 평평하고 넓으며 멀리까지 펼쳐져서 높은 산이 없으니, ….')"
366) 무이 웅씨(武夷熊氏: 熊禾): 웅화(1247-1312)는 원나라 초기의 학자로 자가 위신(位辛)·거비(去非)이고, 호가 물헌(勿軒)·퇴재(退齋)이며, 건양(建陽) 숭태리(崇泰里) 사람이다. 주자의 문인 보광(輔廣)을 스승으로 삼았고, 절강으로 가서는 유경당(劉敬堂)에게 배웠다. 남송 함순(咸淳) 10년(1274)에 진사과에 급제하여 벼슬하다가 송나라가 망한 뒤 벼슬하시 않으리라 맹세하고 무이산(武夷山) 은거하면서 골짜기에 홍원서실(洪源書室)을 짓고 강학하고 후학을 교육하였다. 저서로는 『시경집소(詩經集疏)』·『시경집소(書經集疏)』·『주역집소(周易集疏)』·『춘추집소(春秋集疏)』·『춘추논고(春秋論考)』·『경서학해(經書學解)』·『물헌집(勿軒集)』 등이 있다.

○ 王氏炎曰 : "西漢末, 河東入齊, 以達海, 山澤皆易位, 與「禹貢」不合, 讀「禹貢」者, 不可不知也."367)

왕씨 염(王氏炎: 王炎)이 말하였다. "서한(西漢) 말기에 황하(黃河) 동쪽이 제주(齊州)로 들어가서 바다에 이르렀는데, 산과 못이 모두 위치를 바꾸어 「우공(禹貢)」과 맞지 않으니, 「우공(禹貢)」을 읽는 이가 알지 않을 수 없는 것이다."

○ 指相去不遠, 非並指跨濟.

'미필연야(未必然也)'에서 볼 때, 서로의 거리가 멀지 않은 것을 가리킨 것이고, 아울러 제수(濟水)에 의거함을 가리킨 것이 아니다.

○ 子禮反.

'제(泲)'는 자(子)와 례(禮)의 반절이다.

○ 泲.

'차(此)'는 제(泲)이다.

[4-2-1-13]

九河旣道

구하(九河)가 이미 물길을 좇으며,

集傳

'九河', 『爾雅』, 一曰徒駭, 二曰太史, 三曰馬頰, 四曰覆鬴, 五曰胡蘇, 六曰簡潔, 七曰鉤盤, 八曰鬲津, 其一則河之經流也, 先儒不知河之經流, 遂分'簡'·'潔'爲二. '旣道'者, 旣順其道也. ○按, 徒駭河, 「地志」云 : "滹沱河", 『寰宇記』云 : "在滄州淸池南", 許商云 : "在平城." 馬頰河, 『元和志』, "在德

---

367) 호광(胡廣) 등 찬, 『서경대전(書經大全)』의 소주에서 발췌한 것이다. 그 전문은 다음과 같다. "王氏炎曰 : '周定王五年, 河徙, 已非禹之故道! 漢元光三年, 河徙東郡, 更注渤海, 繼決瓠子, 又決魏之館陶, 遂分爲屯氏河, 大河在西, 屯河在東, 二河相並而行. 元帝永光中, 又決淸河靈鳴犢口, 則河分流入于博州, 屯河始壅塞不通, 後又決于平原, 則東入齊入靑, 以達于海, 而下流, 遂與漯爲一. 王莽時, 河遂行漯川, 夫河不行于大伾之北, 而道於相魏之南, 則山澤在河之瀕者, 支川與河相貫者, 悉皆易位, 而與「禹貢」不合矣, 讀「禹貢」者, 不可不知也.'(왕씨 염이 말하였다. '주나라 정왕 5년에 황하가 옮겨가서 이미 우의 옛 물길이 아니었으니, … 뒤에 또 평원으로 물길이 터져서 동쪽으로 제주로 들어가고 청주로 들어가서 바다에 이르렀는데, 아래로 흘러서 탑수와 하나가 되었다. … 산과 못이 황하의 물가에 있는 것과 지천과 황하가 서로 관통하는 것이 모두 다 위치를 바꾸어 「우공」과 맞지 않으니, 「우공」을 읽는 이가 알지 않을 수 없는 것이다.')"

州安德平原南東", 『寰宇記』云: "在棣州滴河北," 『輿地記』云: "卽篤馬河也." 覆鬴河, 『通典』云: "在德州安德." 胡蘇河, 『寰宇記』云: "在滄之饒安·無棣·臨津三縣," 許商云: "在東光." 簡潔河, 『輿地記』云: "在臨津." 鉤盤河, 『寰宇記』云: "在樂陵東南, 從德州平昌來," 『輿地記』云: "在樂陵." 鬲津河, 『寰宇記』云: "在樂陵東, 西北流入 饒安," 許商云: "在鬲縣," 『輿地記』云: "在無棣." 太史河, 不知所在. 自漢以來, 講求九河者甚詳, 漢世近古, 止得其三, 唐人集累世積傳之語, 遂得其六, 歐陽忞「輿地記」, 又得其一. 或新河而載以舊名, 或一地而互爲兩說, 要之, 皆似是而非, 無所依據. 至其顯然謬誤者, 則班固以滹沱爲徒駭, 而不知滹沱不與古河相涉. 樂史, 馬頰乃以漢篤馬河當之. 鄭氏求之不得, 又以爲: "九河, 齊桓塞其八流以自廣," 夫曲防, 齊之所禁, 塞河, 安非桓公之所爲也. 河水可塞, 而河道果能盡平乎. 皆無稽考之言也. 惟程氏以爲: "九河之地, 已淪於海", 引碣石爲九河之證, 以爲368): "今滄州之地, 北與平州接境, 相去五百餘里, 禹之九河, 當在其地. 後爲海水淪沒, 故其迹不存." 方九河未沒於海之時, 從今海岸, 東北夏五百里平地, 河播爲九, 在此五百里中. 又上文言: "夾右碣石", 則九河入海之處, 有碣石在其西北岸. 九河水道變遷, 難於推考, 而碣石, 通趾頂皆石, 不應仆沒, 今兗·冀之地, 旣無此石, 而平州正南, 有山而名'碣石' 者, 尚在海中, 去岸五百餘里, 卓立可見, 則是古河自今以爲海處, 向北斜行, 始分爲九, 其河道已淪入於海, 明矣. 漢王橫言: "昔天常連雨, 東北風, 海水溢西南出, 浸數百里", 九河之地, 已爲海水所漸. 酈道元亦謂: "九河·碣石, 苞淪於海", 後世儒者, 知求九河於平地, 而不知求碣石有無以爲之證. 故前後異說, 竟無歸宿. 蓋非九河之地而强鑿求之, 宜其支離而不能得也.

'구하(九河)'는 『이아(爾雅)』에서 첫째는 도해(徒駭)이고, 둘째는 태사(太史)이고, 셋째는 마협(馬頰)이고, 넷째는 복부(覆鬴)이고, 다섯째는 호소(胡蘇)이고, 여섯째는 간결(簡潔)이고, 일곱째는 구반(鉤盤)이고, 여덟째는 격진(鬲津)이니, 그것들은 하나같이 황하의 큰 물줄기이거늘 선대의 유학자가 황하의 큰 물줄기인 것을 알지 못하고 마침내 '간(簡)'과 '결(潔)'을 나누어 둘로 여겼다. '기도(旣道)'라는 것은 이미 그 길을 좇는 것이다. ○살펴보건대, 도해하(徒駭河)는 「지지(地志)」에서 "호타하(滹沱河)이다." 하였고, 『환우기(寰宇記)』에서 "창주(滄州) 청지(淸池)의 남쪽에 있

---

368) 채침(蔡沈) 찬, 『서경집전(書經集傳)』과 호광(胡廣) 등 찬, 『서경대전(書經大全)』 및 내각본에는 모두 '謂'자로 되어 있다.

다."고 하였으며, 허상(許商)은 이르기를 "평성(平城)에 있다."고 하였다. 마협하(馬頰河)는 『원화지(元和志)』에서 "덕주(德州) 안덕(安德)의 평원(平原) 남동쪽에 있다." 하였고, 『환우기(寰宇記)』에서 "체주(棣州) 적하(滴河)의 북쪽에 있다."고 하였으며, 『여지기(輿地記)』에는 "곧 독마하(篤馬河)이다."라고 하였다. 복부하(覆鬴河)는 『통전(通典)』에서 "덕주(德州) 안덕(安德)에 있다."고 하였다. 호소하(胡蘇河)는 『환우기(寰宇記)』에서 "창주(滄州)의 요안(饒安)·무체(無棣)·임진(臨津) 세 현(縣)에 있다." 하였고, 허상(許商)은 이르기를 "동광(東光)에 있다."고 하였다. 간결하(簡潔河)는 「여지기(輿地記)」에서 "임진(臨津)에 있다."고 하였다. 구반하(鉤盤河)는 『환우기(寰宇記)』에서 "악릉(樂陵)의 동남쪽에 있으니, 덕주(德州) 평창(平昌)으로부터 온다." 하였고, 『여지기(輿地記)』에서 "악릉(樂陵)에 있다."고 하였다. 격진하(鬲津河)는 『환우기(寰宇記)』에서 "악릉(樂陵)의 동쪽에 있으니, 서북쪽으로 흘러 요안(饒安)으로 들어간다." 하였고, 허상(許商)은 이르기를 "격현(鬲縣)에 있다."고 하였으며, 『여지기(輿地記)』에는 "무체(無棣)에 있다."고 하였다. 태사하(太史河)는 있는 것을 알지 못한다. 한나라 이후로부터 구하(九河)를 해석하고 연구한 것이 매우 상세하니, 한대는 옛날과 가까운데도 단지 세 개만 찾아냈고, 당나라 사람은 여러 대에 걸쳐서 전해온 말을 모으다가 마침내 여섯 개를 찾아냈으며, 구양민(歐陽忞)은 『여지기(輿地記)』에서 또 하나를 찾아냈다. 간혹 새로운 하수(河水)인데 옛 이름으로 기재하고, 간혹 하나의 지역인데 서로 두 말을 하여 요컨대 모두 옳은 것 같으나 옳지 않으며, 의거한 것이 없는 것이다. 훤히 드러난 오류에 이른 것으로 반고(班固)가 호타하(滹沱河)로써 도해(徒駭)라고 한 것이니, 호타하는 고하(古河)와 상관되지 않음을 알지 못한 것이다. 악사(樂史)는 마협(馬頰)을 이에 한나라의 독마하(篤馬河)로써 해당시켰다. 정씨(鄭氏: 程大昌)는 찾다가 찾지 못하자 또 이르기를 "구하(九河)는 제(齊)나라 환공(桓公)이 그 여덟 곳의 물 흐름을 막아 스스로 땅을 넓힌 것이다."고 하였는데, 무릇 굽은 제방을 쌓는 것이 제(齊)나라가 금지한 것이었다면 황하를 막는 일을 마땅히 환공(桓公)이 하지 않았을 것이다. 하수(河水)는 막을 수 있지만 황하의 물길을 다 평탄하게 할 수 있겠는가. 모두 자세히 살펴볼 수 없는 말이다. 오직 정씨(程氏: 程大昌)는 "구하(九河)의 땅이 이미 바다에 잠겼다."라 하고, 갈석(碣石)이 구하(九河)가 된 증거를 인용하여 말하기를 "지금 창주(滄州)의 땅은 북쪽으로 평주(平州)와 경계가 맞닿아 서로의 거리가 5백여 리이니, 우(禹)의 구하(九河)가 마땅히 이 땅에 있어야 한다. 뒤에 바닷물에 잠겨버렸기 때문에 그 자취가 남아있지 않다."고 하였다. 바야흐로 구하

(九河)가 바다에 잠기지 않았을 때에는 지금의 해안으로부터 동북쪽으로 다시 5백 리가 평지이니, 하수(河水)가 퍼져서 아홉 갈래가 된 것은 이 5백 리 가운데 있을 것이다. 또 윗글에서 말하기를 "오른쪽으로 갈석(碣石)을 낀다."고 말하였으니, 구하(九河)가 바다로 들어가는 곳에 갈석(碣石)이 그 서북쪽 벼랑에 있었다. 구하(九河)는 물길이 변천하여 미루어 헤아리기가 어려우나 갈석(碣石)은 산기슭과 정상을 통틀어 모두 암석이므로 응당 뒤집어지거나 잠기지 않았을 것이며, 지금 연주(兗州)와 기주(冀州)의 땅에도 이미 이 암석이 없지만 평주(平州)의 정남쪽에 산이 있어 '갈석(碣石)'이라고 명명한 것은 여전히 바다 속에 있어서이며, 창주(滄州)의 강안(江岸)과 5백여 리 떨어졌지만 우뚝 솟아 볼 수 있으니, 그렇다면 고하(古河)가 지금 바다가 된 곳으로부터 북쪽으로 향하여 옆으로 흘러가 비로소 아홉 개로 나뉘졌으며, 황하의 물길이 이미 바다에 잠겨 들어간 것이 분명하다. 한나라 왕횡(王橫)이 말하기를 "옛날에 하늘에서 항상 비가 이어짐에 동북풍이 불어 바닷물이 넘쳐 서남쪽으로 나가서 수백 리를 가라앉혔다."라고 하였으니, 구하(九河)의 땅이 이미 바닷물 속에 잠긴 것이다. 역도원(酈道元)이 또한 이르기를 "구하(九河)와 갈석(碣石)이 바다에 둘러싸여 잠겼다."라고 하였는데, 후세의 유학자들이 구하(九河)를 평지에서 찾을 것으로 알고, 갈석(碣石)의 있고 없음을 찾아서 증거로 삼을 줄을 알지 못하였다. 그러므로 앞뒤의 주장이 다른 말이 끝내 돌아가 자리할 곳이 없었다. 대개 구하(九河)의 땅이 아닌데도 억지로 천착(穿鑿)하여 찾았으니, 마땅히 갈피를 잡지 못하여 얻을 수 없었던 것이다.

詳說

○ 釋水.369)

'『이아』(『爾雅』)'는 「석수(釋水)」이다.

○ 音福.370)

'복(覆)'은 음이 복(福)이다.

○ 釜同.371)

---

369) 『이아주소(爾雅注疏)』 권7, 「석수(釋水)·하곡(河曲)」.
370) 호광(胡廣) 등 찬, 『서경대전(書經大全)』의 소주에는 '覆䎱'는 "音福甫.(음이 복보이다.)"로 되어 있다.
371) 위와 같다.

'부(鬴)'는 부(釜)와 같다.

○ 八皆支流.
'기일즉하지경류야(其一則河之經流也)'에서 볼 때, 여덟 개가 모두 갈라져 나온 물줄기이다.

○ 『孟子』註, 亦仍先儒說.372)
'수분간결위이(遂分簡潔爲二)'의 경우, 『맹자(孟子)』의 주(註)에서도 또한 선대 유학자의 말을 거듭하였다.

○ 新安陳氏曰 : "因河之勢, 自分而疏通之耳."373) ○呂氏曰 : "不與水爭地也."374)
'기순기도야(旣順其道也)'에 대해, 신안 진씨(新安陳氏: 陳師凱)가 말하였다. "황하(黃河)의 형세에 말미암아 저절로 나눠져서 소통되었을 뿐이다." ○여씨(呂氏: 呂祖謙)가 말하였다. "물과 더불어 땅을 다투지 않은 것이다."

---

372) 『맹자집주대전(孟子集註大全)』 권5, 「등문공장구상(滕文公章句上)」. "當堯之時, 天下猶未平, 洪水橫流, 氾濫於天下, 草木暢茂, 禽獸繁殖. 五穀不登, 禽獸偪人, 獸蹄·鳥跡之道, 交於中國, 堯獨憂之, 舉舜而敷治焉, 舜使益掌火, 益烈山澤而焚之, 禽獸逃匿. 禹疏九河, 瀹濟·漯而注諸海, 決汝·漢, 排淮·泗而注之江, 然後中國, 可得而食也. 當是時也, 禹八年於外, 三過其門而不入, 雖欲耕, 得乎?(요임금 때를 맞아서 천하가 오히려 평온하지 못하여 홍수가 마구 흘러서 천하에 넘쳐 퍼져서 풀과 나무가 쑥쑥 크고 우거지며 짐승들이 많이 늘어났다. 오곡이 익지 못하며 짐승들이 사람에게 다가와 짐승 발굽 및 새 발자국의 길이 나라 안에 교차하거늘, 요임금이 홀로 근심하여 순임금을 들어서 다스림을 펴게 하시니, 순임금이 익으로 하여금 불을 담당하게 하셨는데, 익이 산림천택을 불 피워 태우니 짐승들이 도망가서 숨었다. 우임금이 아홉 갈래 황하를 트고 제수와 탑수를 치워서 바다로 흐르게 하시며, 여수와 한수를 터놓고 회수와 사수를 밀어 열어서 양자강으로 흐르게 하시니, 그런 뒤에 나라 안이 얻어서 먹을 수 있었다. 이때에 닥쳐서 우임금이 바깥에 8년 있음에 여러 번 그 집 문을 지나갔어도 들어가지 않았으니 비록 경작하고자 하더라도 할 수 있겠는가?)" 주자의 집주에 의하면 "九河', 曰徒駭, 曰太史, 曰馬頰, 曰覆釜, 曰胡蘇, 曰簡, 曰絜, 曰鉤盤, 曰鬲津. '瀹', 亦疏通之意. '濟·漯', 二水名. '決'·'排', 皆去其壅塞也. '汝'·'漢'·'淮'·'泗', 亦皆水名也. 據「禹貢」及今水路, 惟漢水入江耳, 汝·泗則入淮, 而淮自入海, 此謂四水皆入于江, 記者之誤也.('구하'는 도해이며, 태사이며, 마협이며, 복부이며, 호소이며, 간이며, 결이며, 구반이며, 격진이다. '약'은 또한 소통의 뜻이다. '제'와 '탑'은 두 개의 물 이름이다. '결'과 '배'는 모두 그 막힌 것을 제거함이다. '여'와 '한'과 '회'와 '사'는 또한 모두 물 이름이다. 「우공」 및 지금의 물길에 의거하면, 오직 한수만 양자강으로 들어갈 뿐이고, 여수와 사수는 곧 회수로 들어가고 회수는 저절로 바다로 들어가니, 여기서 네 개의 물이 모두 양자강으로 들어간다고 말한 것은 기록한 사람의 잘못이다.)"라고 하였다. 또한 『맹자주소권오하소증(孟子注疏卷五下考證)』에서도 이에 대하여 언급하였다.
373) 호광(胡廣) 등 찬, 『서경대전(書經大全)』의 소주에서 발췌한 것이다. 그 전문은 다음과 같다. "新安陳氏曰 : '禹疏九河, 不因河之勢, 自分而疏通之耳, 非自分之也.'(신안 진씨가 말하였다. '우가 구하를 소통시킨 것은 황하의 형세에 말미암아 저절로 나누어져서 소통시켰음에 지나지 않을 뿐이고, 스스로 나눈 것이 아니다.')"
374) 호광(胡廣) 등 찬, 『서경대전(書經大全)』의 소주에서 발췌한 것이다. 그 전문은 다음과 같다. "呂氏曰 : '禹不惜數百里地, 疏爲九河, 以分其勢, 善治水者, 不與水爭地也.'(여씨가 말하였다. '우는 수백리의 땅을 아끼지 않고 물길을 터서 구하를 만들어 그 형세를 나누었으니, 물을 잘 다스리는 이는 물과 더불어 땅을 다투지 않은 것이다.')"

○ '按'上, 一有圈.375)
'안(按)'에서 볼 때, '안(按)' 위에 하나의 동그라미(圈號: ○)가 있다.

○ 漢成帝時, 河堤都尉.376)
'허상(許商)'은 한(漢)나라 성제(成帝) 때의 하제도위(河堤都尉)이다.

○ '成平'之訛, 『漢』「志」, 可考.377)
'재평성(在平城)'에서 볼 때, '성평(成平)'이 그릇된 것이니, 『한서(漢書)』「지지(地志)」에서 상고할 수 있다.

○ 當考.378)
'「원화지」(「元和志」)'의 경우, 마땅히 살펴보아야 한다.

○ 尤近南也.
'재덕주안덕평원남동(在德州安德平原南東)'에서 볼 때, 더욱 남쪽에 가까워진 것이다.

○ 縣名.
'적하(滴河)'의 경우, 현(縣) 이름이다.

---

375) 채침(蔡沈) 찬, 『서경집전(書經集傳)』과 호광(胡廣) 등 찬, 『서경대전(書經大全)』에는 권호(圈號: ○)가 없으나, 내각본에는 권호(圈號)가 있다.
376) 허상(許商)은 서한(西漢)의 학자로 자가 장백(長伯)이고, 장안(長安) 사람이다. 『상서(尙書)』를 연구하고 산술(算術)에 뛰어나 『오행론(五行論)』·『허상산술(許商算術)』 등의 저서가 있다.
377) 반고(班固) 찬, 『전한서(前漢書)』 권28상, 「지리지(地理志)」에서 "成平."이라 하고, 안사고(顔師古)의 주(注)에서 "虖池河, 民日徒駭河, 莽日澤亭.(호지하는 백성들이 도해하라고 하였고, 왕망은 택정이라고 하였다.)"이라고 하였다. 그리고 『이아주소(爾雅注疏)』 권7, 「석수(釋水)·하곡(河曲)」, "徒駭." 곽박(郭璞)의 주(注)에서도 "今在成平縣.(지금 성평현에 있다.)"이라고 하였다.
378) 염약거(閻若璩) 찬, 『상서고문소증(尙書古文疏證)』 권6하에 의하면, "又按, 「蔡傳」馬頰河, 引「元和志」云: '在德州安德平原縣東', 今按, 「元和志」德州安德縣, 乃郭下有馬頰河, 在縣南五十里, 縣東北至平昌縣, 八十里, 平昌縣南十里, 有馬頰河. 于平原縣不相涉, 不知何緣認作平原. 誤書思之, 亦是一過, 殆是'昌縣南'三字耳.(또 살펴보건대, 「채전」의 마협하에서, 「원화지」에서 말한 '덕주 안덕의 평원 남동쪽에 있다.'를 인용하였는데, 지금 살펴보건대 「원화지」의 덕주 안덕현에 바로 성곽 아래에 마협하가 있는데 현 남쪽 50리에 있고, 현 동북쪽으로 평창현에 이르는데 80리이며, 평창현 남쪽 10리에 마협하가 있다. 평원현과는 관계가 없는데 무슨 연고로 평원이라고 썼는지 알 수 없다. 잘못 적은 것을 생각해보면 또한 한번 지나간 것은 아마도 '창현남' 세 글자일 뿐이다.)"라고 하였다. 『원화지(元和志)』는 당나라 이길보(李吉甫)가 지은 지리서로, 본래 이름은 『원화군현도지(元和郡縣圖志)』이다. 이길보는 자기 홍헌(弘憲)이고, 소주(趙州) 찬황(贊皇) 사람이다. 벼슬은 태상박사(太常博士) 등을 거쳐 중서시랑(中書侍郞) 동 중서문하평장사(中書門下平章事)를 지냈으며, 시호는 충의(忠懿)이다. 『이아주소(爾雅注疏)』 권7, 「석수(釋水)·하곡(河曲)」, "徒駭." 곽박(郭璞)의 주(注)에서는 '구혁지(溝洫志)'의 내용을 참고하였다.

○ 杜佑所著.
'『통전』(『通典』)'은 두우(杜佑)가 지은 것이다.

○ 音洛.
'락(樂)'은 음이 락(洛)이다.

○ 句.
'재낙릉동(在樂陵東)'에서 문장이 끊어진다.

○ 徒駭·胡蘇·鬲津.
'지득기삼(止得其三)'의 경우, 도해(徒駭)·호소(胡蘇)·격진(鬲津)이다.

○ '徒駭·馬頰·覆釜·胡蘇·鉤盤·鬲津,' 並漢三爲六, 新得者, 亦三而已, 蓋『寰宇記』, 雖宋初所撰, 皆取唐人說, 故此以屬之唐.
'수득기육(遂得其六)'의 경우, '도해·마협·복부·호소·구반·격진(徒駭·馬頰·覆釜·胡蘇·鉤盤·鬲津)이 한 나라의 세 가지와 더불어 여섯이 되었는데, 새로 얻은 것은 또한 세 가지일 뿐이다.『환우기(寰宇記)』에서는 비록 송나라 초기에 지은 것이지만, 모두 당나라 사람의 해설을 취하였기 때문에 이를 당나라의 저술에 배속했다..

○ 音民.379) ○沙溪曰 : "廬陵380)人, 宋徽宗時, 撰『輿地廣記』."381)
'구양민(歐陽忞)'에서 '민(忞)은 '음이 민(民)이다. ○사계(沙溪: 金長生)가 말하였다. "여릉(廬陵) 사람이며, 송나라 휘종(徽宗) 때『여지광기(輿地廣記)』를 지었다."

○ 簡潔.
'우득기일(又得其一)'의 경우, 간결(簡潔)이다.

---

379) 호광(胡廣) 등 찬,『서경대전(書經大全)』의 소주에는 "音民, 廬陵人. 宋徽宗朝撰.(음은 민이고, 여릉 사람이다. 송나라 휘종조에 지었다.)"으로 되어 있다. 구양민(歐陽忞)은 북송대의 학자로 길주(吉州) 여릉(廬陵) 사람이며, 구양수(歐陽修)의 족손(族孫)이다. 저서로는『여지광기(輿地廣記)』등이 있다.
380) 陵:『사계전서(沙溪全書)』에는 '陽'으로 되어 있으나, 박문호(朴文鎬)가 바로 잡아서 '陵'으로 한 것이다.
381)『사계전서(沙溪全書)』권14,「경서변의(經書辨疑)·서전(書傳)·우공(禹貢)」.

○ 以上所得, 凡七, 其二則經流與太史也.
이상에서 얻은 것이 모두 일곱인데, 그 둘은 곧 경류(經流)와 태사(太史)이다.

○ 滹沱·篤馬.
'신하(新河)'의 경우, 호타하(滹沱河)와 독마하(篤馬河)이다.

○ 州則可矣, 而縣則不可. 如安德·饒安·無棣·臨津·樂陵, 皆小縣, 何從而容二河乎.
'혹일지이호위양설(或一地而互爲兩說)'의 경우, 주(州)라면 가능하겠지만, 현(縣)이면 가능하지 않다. 안덕(安德)·요안(饒安)·무체(無棣)·임진(臨津)·낙릉(樂陵)은 모두 작은 현(縣)이거늘 어디로부터 두 하(河)를 용납한다는 말인가.

○ 平聲.
'요(要)'는 평성(平聲: 요컨대)이다.

○ 「地志」.382)
'반고(班固)'는 『전한서(前漢書)』「지리지(地理志)」이다.

○ 如字.
'악(樂)'은 본래의 음 대로 읽는다.

○ 沙溪曰 : "字子正, 臨川人, 宋初, 撰「寰宇記」."383)
'악사(樂史)'에 대해, 사계(沙溪: 金長生)가 말하였다. "자는 자정(子正)이고, 임천(臨川) 사람이며, 송나라 초기에 『환우기(寰宇記)』를 지었다."

○ 按, 當云: "歐陽忞上下註, 自相矛盾矣."
내가 살펴보건대, 마땅히 이르기를 "구양민(歐陽忞)의 위와 아래의 주가 스스로 서로 모순이다."라고 해야 한다.

---

382) 반고(班固) 찬, 『전한서(前漢書)』 권28상, 「지리지(地理志)」.
383) 『사계전서(沙溪全書)』 권14, 「경서변의(經書辨疑)·서전(書傳)·우공(禹貢)」, 후략(胡略) 두 참 『서경대전(書經人上)』되 쏘누에서 "字子正, 臨川人, 宋初, 撰『寰宇記』."(자는 자정이고, 임천 사람. 송나라 초기에 『환우기』를 지었다.)"라고 하였다.

○ 二說, 皆顯誤.
'내이한독마하당지(乃以漢篤馬河當之)'에서 볼 때, 두 설이 모두 잘못됨을 드러냈다.

○ 廣地.
'제환색기팔류이자광(齊桓塞其八流以自廣)'의 경우, 넓은 땅이다.

○ 音扶.384)
'부(夫)'는 음이 부(扶)이다.

○ 見『孟子』「告子」.385)
'제지소금(齊之所禁)'은 『맹자(孟子)』「고자(告子)」에 보인다.

○ 平聲.
'계(稽)'는 평성(平聲: 헤아리다)이다.

○ 平聲.
'응(應)'은 평성(平聲: 응당)이다.

○ 與上 '河道盡平', 同意.
'불응부몰(不應仆沒)'의 경우, 위의 '하도진평(河道盡平)'과 같은 뜻이다.

○ 程說, 似至此, 或云至末.
'명의(明矣)'의 경우, 정씨(程氏: 程大昌)의 말이 여기까지인 듯한데, 어떤 이는 끝까지라고 하였다.

---

384) 호광(胡廣) 등 찬, 『서경대전(書經大全)』의 소주를 수용한 것이다.
385) 『맹자집주대전(孟子集註大全)』권12, 「고자장구하(告子章句下)」. "三命曰: '敬老慈幼, 無忘賓旅.' 四命曰: '士無世官, 官事無攝, 取士必得, 無專殺大夫.' 五命曰: '無曲防, 無遏糴, 無有封而不告.'(세 번째 명령에서 말하기를 '노인을 공경하고 어린이를 사랑하며, 손님과 나그네를 잊지 말라.'고 하였다. 네 번째 명령에서 말하기를 '관리는 대대로 하는 벼슬이 없게 하고, 관청의 일은 겸직함이 없게 하며, 관리를 취함에는 반드시 적합한 이를 얻고, 대부를 마음대로 죽이지 말라.'고 하였다. 다섯 번째 명령에서 말하기를 '제방을 구부려 쌓지 말고, 곡식 구입을 막지 말며, 대부를 봉함이 있거든 고하지 않음이 없게 하라.'고 하였다.) 주자의 집주에 의하면 "'無曲防', 不得曲爲隄防, 壅泉激水, 以專小利, 病鄰國也.('무곡방'은 굽게 제방을 만들어 샘물을 막고 흐름을 세게 하여 작은 이익을 오로지하고 이웃나라를 걱정스럽게 하지 않게 하는 것이다.)"라고 하였다.

○ 將廉反.

'점(漸)'은 장(將)과 렴(廉)의 반절이다.

○ 包通.

'포(苞)'는 포(包)와 통한다.

○ 酈說, 止此.

'포륜어해(苞淪於海)'에서 볼 때, 역도원(酈道元)의 말이 여기서 그친다.

○ 上聲.386)

'강(强)'은 상성(上聲: 강제로, 억지로)이다.

[4-2-1-14]

雷夏旣澤,

뇌하(雷夏)에 이미 물이 모이며,

集傳

'澤'者, 水之鍾也. '雷夏', 「地志」, 在濟陰郡城陽縣西北, 今濮州雷澤縣西北也. 『山海經』云 : "澤中有雷神, 龍身而人頰, 鼓其腹則雷." 然則本夏澤也, 因其神, 名之曰'雷夏'也. 洪水橫流而入于澤, 澤不能受, 則亦泛濫奔潰, 故水治而後, 雷夏爲澤.

'택(澤)'이라는 것은 물이 모인 것이다. '뇌하(雷夏)'는 「지지(地志)」에서 "제음군(濟陰郡) 성양현(城陽縣) 서북쪽에 있다."고 하였으니, 지금의 복주(濮州) 뇌택현(雷澤縣) 서북쪽이다. 『산해경(山海經)』에서 이르기를 "못 가운데 뇌신(雷神)387)이 있는데 용의 몸에 사람의 얼굴이며, 그 배를 두드리면 우레 소리가 난다."고 하였다. 그렇다면 본래 하택(夏澤)이었는데, 그 신(神)에 말미암아 이름을 '뇌하(雷夏)'라고 한 것이다. 홍수(洪水)가 멋대로 흘러서 못으로 들어감에 못이 받아들일 수 없으

---

386) 호광(胡廣) 등 찬, 『서경대전(書經大全)』의 소주를 수용한 것이나.
387) 뇌신(雷神): 고대 신화에 나오는 우레 치는 일을 주관하는 신이다. 뇌공(雷公)이라고도 한다. 『산해경(山海經)』 「해내동경(海內東經)」에 의하면 "우레 치는 연못 가운데 뇌신이 있으니, 용의 몸에 사람의 머리로 그 배를 두드린다.(雷澤中, 有雷神, 龍身而人頭, 鼓其腹.)"고 하였다.

니, 또한 범람하여 물이 어지럽게 내달렸다. 그러므로 물이 다스려진 뒤에 뇌하(雷夏)가 못이 된 것이다.

詳說

○ 聚也.
'수지종야(水之鍾也)'의 경우, 모이는 것이다.

○ 此蓋因澤名而傅會之說也.
'고기복즉뢰(鼓其腹則靁)'의 경우, 이는 대개 못 이름에 말미암아 견강부회(牽强附會)한 말이다.

○ 鄒氏季友曰 : "『山海經』, 怪誕之言, 朱子多所不信, 靁神之事, 不必引也."388)
'명지왈뇌하야(名之曰雷夏也)'에 대해, 추씨 계우(鄒氏季友: 鄒季友)가 말하였다. "『산해경(山海經)』389)은 괴이하고 허탄(虛誕)한 말이므로 주자(朱子)가 대부분 믿지 않은 것이니, 뇌신(雷神)의 일도 반드시 인용하지 않았다."

○ 去聲.390)
'횡(橫)'은 거성(去聲: 횡포하다, 방종하다, 강제로)이다.

○ 去聲.
'치(治)'는 거성(去聲: 다스리다, 정리하다)이다.

○ 孫氏曰 : "'旣澤', 向未爲澤, 今始爲澤; '旣豬', 向已爲澤, 今復舊也."391)
'뇌하위택(雷夏爲澤)'에 대해, 손씨(孫氏: 孫覺)가 말하였다. "'기택(旣澤)'은 지난번에 못이 되지 못했는데 지금 비로소 못이 된 것이고, '기저(旣豬)'는 지난번

---

388) 출처가 상세하지 않다.
389) 『산해경(山海經)』: 작자가 미상인 고대지리서로 그 이름이 사마천(司馬遷)의 『사기(史記)』에서 처음으로 보였고, 유향(劉向)의 아들 유흠(劉歆)이 내용에 덧붙여 편찬하였으며, 곽박(郭璞)이 주석을 붙였다. 민간의 전설 가운데 지리(地理)·산천(山川)·부족(部族)·산물(産物)·초목(草木)·조수(鳥獸)·풍속(風俗) 등이 실렸는데, 대부분 괴이한 내용이 중심을 이루었다.
390) 호광(胡廣) 등 찬, 『서경대전(書經大全)』의 소주를 수용한 것이다.
391) 호광(胡廣) 등 찬, 『서경대전(書經大全)』의 소주를 수용한 것이다.

에 이미 못이 되었는데 지금 예전으로 돌아간 것이다."

[4-2-1-15]
雝·沮會同.

옹수(灉水)와 저수(沮水)가 모여 함께 흐른다.

詳說

○ '灉', 音邕. '沮', 七余反.392)
'옹(灉)'은 음이 옹(邕)이다. '저(沮)'는 칠(七)과 여(余)의 반절이다.

集傳

'灉'·'沮', 二水名. 灉水, 曾氏曰 : "『爾雅』, '水自河出爲灉', 許愼云: '河灉水, 在宋'." 又曰: "汳水, 受陳留浚儀陰溝, 至蒙爲灉水, 東入于泗,『水經』, '汳水出陰溝, 東至蒙爲狙獾', 則灉水卽汳水也. 灉之下流, 入于睢水." 沮水, 「地志」, '睢水出沛國芒縣', 睢水其沮水歟. 鼂氏曰 : "『爾雅』云: '自河出爲灉, 濟出爲濋', 求之於韻, '沮'有楚音, 二水, 河·濟之別也." 二說, 未詳孰是. 會者, 水之合也; 同者, 合而一也.

'옹(灉)'과 '저(沮)'는 두 물의 이름이다. 옹수(灉水)는 증씨(曾氏: 曾鞏)가 말하기를 "『이아(爾雅)』에서 '물이 하수(河水)로부터 나온 것이 옹(灉)이다.' 하였고, 허신(許愼)은 '하수(河水)의 옹수(灉水)는 송(宋) 땅에 있다'."고 하였다. 또 말하기를, "판수(汳水)는 진류군(陳留郡) 준의현(浚儀縣)의 음구(陰溝)를 받아서 몽(蒙)에 이르러 옹수(灉水)가 되어 동쪽으로 사수(泗水)로 들어가는데, 『수경(水經)』393)에서 '판수(汳水)는 음구(陰溝)에서 나와 동쪽으로 몽(蒙)에 이르러 저환(狙獾)이 된다.'고 하였으니, 옹수(灉水)가 곧 판수(汳水)이며, 옹수(灉水)의 하류가 수수(睢水)로 들어간다."고 하였다. 저수(沮水)는 「지지(地志)」에서 '수수(睢水)는 패국(沛國)의 망현(芒縣)에서 나온다.'고 하였으니, 수수(睢水)가 그 저수(沮水)일 것이다. 조씨(鼂氏: 鼂

---

392) 호광(胡廣) 등 찬, 『시경대전(書經大全)』의 소수와 내각본에는 "'灉', 音邕. '沮', 千余反.('옹'은 음이 옹이다. '저'는 천과 여의 반절이다.)"으로 되어 있다.
393) 『수경(水經)』: 상흠(桑欽)이 지음 삼국시대 지리서로서, 『수서(隋書)』「경적지(經籍志)」에는 곽박(郭璞)이 주(注)를 붙였다고 하였으나, 『신당서(新唐書)』「예문지(藝文志)」에서 상흠(桑欽)이 지은 것이라고 한 뒤 송대 학자들이 그대로 따랐다. 위(魏)나라 역도원(酈道元)이 『수경주(水經注)』가 전하고 있다.

說之)가 말하기를 "『이아(爾雅)』에서 '하수(河水)로부터 나온 것이 옹(灉)이고, 제수(濟水)로부터 나온 것이 초(濋)이다.'라고 하였는데, 음운(音韻)에서 찾아보면 '저(沮)'에 초(楚)의 음(音)이 있으니, 두 물은 하수(河水)·제수(濟水)와는 다른 것이다."고 하였다. 두 말에서 어느 것이 옳은지 상세하지 않다. 회(會)는 물이 합하는 것이고, 동(同)은 합하여 하나로 흐르는 것이다.

詳說

○ 河出, 爲灉水者.
'하옹수(河灉水)'의 경우, 하수(河水)가 나와서 옹수(灉水)가 된 것이다.

○ 音汳.394)
'변(汳)'은 음이 변(汳)이다.

○ 句.
'동입우사(東入于泗)'에서 문장이 끊어진다.

○ 呼官反.395) ○『水經』, 止此.
'동지몽위저환(東至蒙爲狙獾)'에서 환(獾)은 호(呼)와 관(官)의 반절이다. ○『수경(水經)』이 여기서 그친다.

○ 用許意.
'즉옹수즉변수야(則灉水卽汳水也)'의 경우, 허신(許愼)의 뜻을 쓴 것이다.

○ '入于睢', 一作'雎', 下並同. ○『漢』「志」曰 : "音雖." ○按, '沮'·'狙'·'睢', 實一水, 字音, 恐亦不可異同.
'입우수(入于睢)'에서, 어떤 판본에는 '저(雎)'로 썼으니, 아래도 아울러 같다. ○『한서(漢書)』「지리지(地理志)」에서 말하였다. "음이 수(雖)다." ○살펴보건대, '저(沮)'와 '저(狙)'와 '수(睢)'는 실제로 하나의 물이니, 글자의 음이 아마도 또한 서로 같지 않아서는 안 될 것이다.

---

394) 호광(胡廣) 등 찬, 『서경대전(書經大全)』의 소주를 수용한 것이다.
395) 호광(胡廣) 등 찬, 『서경대전(書經大全)』의 소주에는 "音雎歡.(음이 수환이다.)"으로 되어 있다.

○ 用『水經』意.
'입우수수(入于睢水)'의 경우,『수경(水經)』의 뜻을 쓴 것이다.

○ 此二字, 與最上'灉水'二字, 對說.
'저소(沮水)'의 경우, 이 두 글자는 가장 위의 '옹수(灉水)' 두 글자와 상대가 되는 말이다.

○ 「地志」, 止此.
'수수출패국망현(睢水出沛國芒縣)'에서 볼 때,「지지(地志)」가 여기서 그친다.

○ 曾說至此. 蓋以'灉'·'沮', 爲同出於河而合爲一水.
'수수기저수여(睢水其沮水歟)'에서 볼 때, 증씨(曾氏)의 말이 여기서 그친다. 대개 '옹(灉)'과 '저(沮)'로써 하수(河水)에서 같이 나와서 합하여 하나의 물이 되었다고 여긴 것이다.

○ 亦蒙'自'字.
'제출(濟出)'의 경우, 또한 '자(自)'자를 이은 것이다.

○ 音楚.
'제출위초(濟出爲濋)'에서 초(濋)는 음이 초(楚)이다.

○ 王氏炎曰 : "'沮', 出濮陽; '灉', 出曹州."396)
왕씨 염(王氏炎: 王炎)가 말하였다. "'저(沮)'는 복양(濮陽)에서 나오고, '옹(灉)'은 조주(曹州)에서 나온다."

○ 與'濋'同.
'저유초음(沮有楚音)'에서 초(楚)는 '초(濋)'와 같다.

○ 鼂說, 以爲各出於河·濟, 而爲二水.
'하제지별야(河·濟之別也)'에서 볼 때, 조씨(鼂氏: 鼂說之)의 말에 각각 하수(河水)와 제수(濟水)에서 나와서 두 개의 물이 되었다고 하였다.

---
396) 호광(胡廣) 등 찬,『서경대전(書經大全)』의 소주를 수용한 것이다.

○ 王氏炎曰 : "二水勢均, 故曰'會同'."397)

'합이일야(合而一也)'에 대해, 왕씨 염(王氏炎: 王炎)이 말하였다. "두 물의 형세가 고르기 때문에 '회동(會同)'이라고 하였다."

○ 周氏希聖曰 : "會同朝宗, 皆諸侯見天子之禮, 而以爲喩."398)

주씨 희성(周氏希聖: 周希聖)399)이 말하였다. "한곳에 모여 큰물로 흘러 들어감이 모두 제후가 천자(天子)를 알현하는 예(禮)라서 비유하여 말한 것이다."

○ 陳氏經曰 : "兗略不及山, 知多平地, 河患爲甚也."400)

진씨 경(陳氏經: 陳經)이 말하였다. "연주(兗州)에서는 대략 산을 언급하지 않아서 평지가 많음을 알 수 있는데 황하(黃河)의 걱정이 심하였던 것이다."

[4-2-1-16]

桑土旣蠶, 是降丘宅土.

뽕나무밭에 이미 누에를 쳐왔으니, 이에 언덕에서 내려와 뽕나무밭에서 사는 것이다.

集傳

'桑土', 宜桑之土. '旣蠶'者, 可以蠶桑也. 蠶性惡濕, 故水退而後可蠶. 然九州皆賴其利, 而獨於兗言之者, 兗地宜桑, 後世之濮上桑間, 猶可驗也. 地高曰'丘'. 兗地多在卑下, 水害尤甚, 民皆依丘陵以居, 至是, 始得下居平地也.

'상토(桑土)'는 뽕나무가 자라기에 알맞은 땅이다. '기잠(旣蠶)'이라는 것은 뽕나무로 누에칠 수 있었던 것이다. 누에의 성질은 습기를 싫어하기 때문에 홍수가 물러간 뒤에 누에칠 수 있다. 그러나 구주(九州)가 모두 그 이로움에 힘입었는데, 유독 연주(兗州)에서만 이것을 말한 것은 연주(兗州)의 땅이 뽕나무가 자라기에 알맞아

---

397) 호광(胡廣) 등 찬, 『서경대전(書經大全)』의 소주를 수용한 것이다.
398) 호광(胡廣) 등 찬, 『서경대전(書經大全)』의 소주를 수용한 것이다.
399) 주씨 희성(周氏希聖: 周希聖): 주희성은 명대 학자로 자가 유학(維學)이고, 호가 원정(元汀)이며, 영릉현(零陵縣) 진현향(進賢鄕) 사람이다. 만력(萬曆) 17년(1589)에 진사과에 급제하여 벼슬길에 올라 화음현령(華陰縣令)에 제수된 뒤 좌통정(左通政)에 봉해지고 남경형부우시랑(南京刑部右侍郎)·남경호부상서(南京户部尙書) 등을 역임하였다. 선정(善政)을 베풀고 백성들을 자식처럼 사랑하여 '청천(靑天)'이라는 칭예를 받았다. 말년에 벼슬을 놓고 고향으로 돌아가서 저작에 잠심(潛心)하였다. 저서로는 『퇴사장집(退思堂集)』·『태극도설(太極圖說)』·『상남지(湘南志)』·『삼각시고(森閣詩稿)』·『회류부(懷柳賦)』·『영지부(靈芝賦)』 등이 있다.
400) 호광(胡廣) 등 찬, 『서경대전(書經大全)』의 소주를 수용한 것이다.

서이니, 후세에 복수(濮水) 가의 뽕나무 숲 사이에서도 오히려 징험할 수 있다. 땅이 높은 것을 '구(丘)'라고 한다. 연주(兗州)의 땅은 대부분 낮은 지역이어서 홍수로 인한 피해가 더욱 심하여 백성들이 모두 언덕에 의지하여 살았는데, 이때에 이르러 비로소 내려와서 평평한 땅에 산 것이다.

詳說

○ 與他'既'字, 同義.
'가이잠상야(可以蠶桑也)'에서 볼 때, 저 '기(既)'자와 뜻이 같은 것이다.

○ 去聲.
'오(惡)'는 거성(去聲: 싫어하다)이다.

○ 王氏炎曰 : "農·桑, 衣食之本, 故識之."401)
'고수퇴이후가잠(故水退而後可蠶)'에 대해, 왕씨 염(王氏炎: 王炎)이 말하였다. "농사일과 누에치는 일은 의식(衣食)의 근본이기 때문에 기록한 것이다."

○ 見『禮記』「樂記」.402)
'후세지복상상간(後世之濮上桑間)'는『예기(禮記)』「악기(樂記)」에 보인다.

○ '然'以下, 論也.
'유가험야(猶可驗也)'에서 볼 때, '연(然)' 이하는 논변한 것이다.

○ 去聲.
'시득하(始得下)'에서 하(下)는 거성(去聲: 내려오다)이다.

---

401) 호광(胡廣) 등 찬,『서경대전(書經大全)』의 소주에서 발췌한 것이다. 그 전문은 다음과 같다. "王氏炎曰 : '今德博河間, 産絲最多, 『漢』志, 稱齊人織作氷紈繡綺, 號爲冠帶衣履. 天下其地宜桑, 可知. 識之者, 農桑, 衣食之本故也.'(왕씨 염이 말하였다. '… 천하에서 그 땅이 뽕나무를 심기에 알맞다고 하였음을 알 만하다. 그것을 기록한 것은 농사일과 누에치는 일이 의식의 근본이기 때문이다.')"
402) 호광(胡廣) 등 찬,『예기대전(禮記大全)』권18,「악기(樂記)」. "鄭·衛之音, 亂世之音也, 比於慢矣. 桑間濮上之音, 亡國之音也. 其政散, 其民流, 誣上行私, 而不可止也.(정나라와 위나라의 음악은 난세의 음악이니, 교만함에 가까운 것이다. 뽕나무 숲 사이와 복수 가의 음악은 망국의 음악이다. 그 정치가 산란하고 그 백성이 유랑하며, 윗사람을 무고하고 사리사복을 행하여 그칠 수 없는 것이다.)" 그리고 주에서 "'桑間濮上', 衛地, 濮水之上, 桑林之間也.('상간복상'은 위나라 땅이니, 복수 가의 뽕나무 숲 사이이다.)"라고 하였다.

○ 土.

'평지(平地)'는 토(土: 땅, 흙)이다.

[4-2-1-17]

厥土黑墳, 厥草惟繇, 厥木惟條.

그 토양이 검고 부풀어 올랐는데, 그 풀이 무성하고 그 나무가 잘 자란다.

詳說

○ '墳', 音粉, 下並同. '繇', 音遙.403)

'분(墳)'은 음이 분(粉)이니, 아래도 아울러 같다. '요(繇)'는 음이 요(遙)다.

集傳

'墳', 土脈墳起也, 如『左氏』所謂"祭之地,地墳", 是也. '繇', 茂; '條', 長也. ○林氏曰: "九州之勢, 西北多山, 東南多水, 多山則草木爲宜, 不待書也. 兗·徐·揚三州, 最居東南下流, 其地卑濕沮洳, 洪水爲患, 草木不得其生. 至是, 或繇或條, 或夭或喬, 而或漸苞, 故於三州, 特言之, 以見水土平, 草木亦得遂其性也."

'분(墳)'은 땅의 맥락이 부풀어 오름이니, 『좌씨전(左氏傳)』에 이른바 "제삿술을 땅에 부으니 땅이 부풀어 올랐다.'는 것과 같음이 이것이다. '요(繇)'는 무성함이고, '조(條)'는 자람이다. ○임씨(林氏: 林之奇)가 말하였다. "9주의 형세는 서북쪽은 산이 많고 동남쪽은 물이 많은데, 산이 많으면 초목이 늘 당당하게 된다는 것을 쓸 필요가 없다. 연주(兗州)와 서주(徐州)와 양주(揚州)의 세 주(州)는 가장 동남쪽의 하류에 있어서 그 땅이 낮아 축축하고 눅눅하여 홍수에 우환이 되어 초목이 제대로 살지 못하였다. 그런데 이때에 이르러 무성하기도 하고 장대하기도 하며, 왕성하기도 하고 건장하기도 하며, 혹은 점점 자라서 떨기를 이루기도 하였기 때문에 이 세 주(州)에 대하여 특별히 말하였으니, 홍수와 토양이 다스려져서 초목이 또한 그 특성을 이룰 수 있었음을 보인 것이다."

---

403) 호광(胡廣) 등 찬, 『서경대전(書經大全)』의 소주에는 '墳'은 "音粉, 下章並同.(음이 분이니, 아랫장도 아울러 같다.)"이라 하고, '繇'는 "音遙.(음이 요다.)"라고 하였다. 내각본에는 "'墳', 房吻反, 下章並同. '繇', 音遙.('분'은 방과 문의 반절이니, 아랫장도 아울러 같다. '요'는 음이 요다.)"로 되어 있다.

詳說

○ 「僖四年」.
　'『좌씨』(『左氏』)'는 「희공(僖公) 4년」이다.

○ 傾於地.
　'제지지(祭之地)'의 경우, 제삿술을 땅에 기울이는 것이다.

○ 酒有毒故也.
　'지분(地墳)'에서 볼 때, 술에 독이 있기 때문이다.

○ 常也.
　'의(宜)'는 늘 당당함이다.

○ 陳氏大猷曰 : "居河·濟·江·淮下流."404)
　'최거동남하류(最居東南下流)'에 대해, 진씨 대유(陳氏大猷: 陳大猷)가 말하였다. "하(河)·제(濟)·강(江)·회(淮)의 하류에 있는 것이다."

○ 音如.
　'여(洳)'는 음이 여(如)다.

○ 兗.
　'혹요혹조(或繇或條)'의 경우, 연주(兗州)이다.

○ 平聲.
　'요(夭)'는 평성(平聲: 무성하다)이다.

○ 揚.
　'혹요혹교(或夭或喬)'의 경우, 양주(揚州)이다.

---

404) 호광(胡廣) 등 찬, 『서경대전(書經大全)』의 소주에서 발췌한 것이다. 그 전문은 다음과 같다. "陳氏大猷曰 : 兗·徐·揚, 居河·濟·江·淮下流, 水未平則爲下濕, 於草木, 非宜; 水旣平則爲沃衍, 於草木, 尤宜. 故以三州言草木.'(진씨 대유가 말하였다. '연주와 서주와 양주는 하·제·강·회의 하류에 있어서 물이 다스려지지 않으면 낮고 축축하기 때문에 초목에 마땅함이 아니며, 물이 이미 다스려지면 기름지고 순조롭기 때문에 초목에 더욱 마땅한 것이다. 그러므로 세 주로써 초목을 말한 것이다.')"

○ 徐.
'혹점포(或漸苞)'의 경우, 서주(徐州)이다.

○ 音現.405)
'현(見)'은 음이 현(現)이다.

○ 陳氏大猷曰:"水旣平, 則爲沃衍, 於草木, 尤宜."406)
'초목역득수기성야(草木亦得遂其性也)'에 대해, 진씨 대유(陳氏大猷: 陳大猷)가 말하였다. "물이 이미 다스려지면 기름지고 순조롭기 때문에 초목에 더욱 마땅한 것이다."

[4-2-1-18]

厥田, 惟中, 下; 厥賦, 貞, 作十有三載, 乃同.

그 전지(田地)는 중(中)에 하(下)이고, 부세(賦稅)는 정(貞)이니, 13년을 다스려야 다른 주(州)와 같게 된다.

集傳

'田', 第六等; '賦', 第九等; '貞', 正也. 兗賦最薄, 言君天下者, 以薄賦爲正也. '作十有三載乃同'者, 兗當河下流之衝, 水激而湍悍, 地平而土疏, 被害尤劇, 今水患雖平, 而卑濕沮洳, 未必盡去, 土曠人稀, 生理鮮少, 必作治十有三載然後, 賦法同於他州. 此爲田賦而言, 故其文屬於'厥賦'之下. 先儒以爲: "禹治水所歷之年", 且謂: "此州治水, 最在後畢, 州爲第九成功", 因以上文 '厥賦貞'者, 謂"賦亦第九, 與州正爲相當", 殊無意義, 其說非是.

'전(田)'은 제6등이고, '부(賦)'는 제9등이니, '정(貞)'은 정(正)이다. 연주(兗州)는 부세가 가장 적었으므로 천하에 임금 된 이가 부세를 적게 할 정도로 삼아야 함을 말한 것이다. '13년을 다스려야 다른 주와 같게 된다'고 한 것은 연주(兗州)가 황하의 하류가 맞부딪치는 곳에 해당하여 물이 세차고 여울이 사나우며, 땅이 평

---

405) 호광(胡廣) 등 찬, 『서경대전(書經大全)』의 소주를 수용한 것이다.
406) 호광(胡廣) 등 찬, 『서경대전(書經大全)』의 소주에서 발췌한 것이다. 그 전문은 다음과 같다. 陳氏大猷曰: '兗·徐·揚, 居河·濟·江·淮下流, 水未平則爲下濕, 於草木, 非宜; 水旣平則爲沃衍, 於草木, 尤宜. 故以三州言草木.'(진씨 대유가 말하였다. '… 물이 이미 다스려지면 기름지고 순조롭기 때문에 초목에 더욱 마땅한 것이다. ….')

평하고 흙이 부스러져서 피해가 더욱 심했는데, 이제 수해의 걱정이 비록 다스려 졌으나 낮고 축축하고 눅눅하여 반드시 다 없앨 수 없어서 땅이 넓어도 사람이 드물어서 살아갈 방도가 적으니, 반드시 13년을 다스린 뒤라야 부세의 법이 다른 주(州)와 같을 수 있다는 것이다. 이는 전부(田賦)를 위하여 말하였기 때문에 그 글을 '궐부(厥賦)'의 아래에 이은 것이다. 선대의 유학자는 말하기를, "우(禹)가 홍수(洪水)를 다스림에 걸린 햇수이다."라 하고, 또 이르기를 "이 주(州)가 홍수(洪水)를 다스린 것이 가장 뒤에 끝나서 주(州) 가운데 제9등으로 공을 이루었다."고 하여 윗글의 '궐부정(厥賦貞)'이라는 것으로써 "부(賦)가 또한 제9등이어서 주(州)와 바로 서로 들어맞는다."고 하였는데, 이는 전혀 의의(意義)가 없으니 그 말이 옳지 않다.

詳說

○ 所以不云'下下'而云'貞'.
'이박부위정야(以薄賦爲正也)'에서 볼 때, '하하(下下)'라고 이르지 않고 '정(貞)'이라고 이른 까닭이다.

○ 不黏.
'토소(土疏)'의 경우, 찰지지 않는 것이다.

○ 上聲.407)
'선(鮮)'은 상성(上聲: 적다, 드물다)이다.

○ 耕治.
'작치(作治)'는 경작(耕作)하여 다스리는 것이다.

○ 王氏炎曰 : "水患未盡去, 則賦難定其等, 故十三載始校所收, 而定其賦之下下. 州界旣狹, 又有沒灌之患, 賦所以最少."408)
'부법동어타주(賦法同於他州)'에 대해, 왕씨 염(王氏炎: 王炎)이 말하였다. "수해(水害)의 근심이 다 없어지지 않으면 부세(賦稅)는 그 등급을 정하기가 어렵기

---

407) 호광(胡廣) 등 찬, 『서경대전(書經大全)』의 소주를 수용한 것이다.
408) 호광(胡廣) 등 찬, 『서경대전(書經大全)』의 소주를 수용한 것이다.

때문에 13년이라야 비로소 수입을 비교해서 그 부세(賦稅)의 하하(下下)를 정할 수 있는 것이다. 주(州)의 경계가 이미 좁고 또 물에 잠기고 쓸려가는 근심이 있어서 부세(賦稅)가 가장 적은 것이다."

○ 陳氏雅言曰 : "賦入旣薄, 而其入尤後也."409)
진씨 아언(陳氏雅言: 陳雅言)이 말하였다. "부세(賦稅)의 수입이 적어서 그 수입이 더욱 뒤처지는 것이다."

○ 去聲.
'차위(此爲)'에서 위(爲)는 거성(去聲: 위하다, 때문)이다.

○ 音燭.
'촉(屬)'은 음이 촉(燭)이다.

○ 與冀言'錯'者, 同其例.410)
'고기문촉어궐부지하(故其文屬於厥賦之下)'에서 볼 때, 기주(冀州)의 '착(錯)'을 말한 것과 그 예시한 것이 같다.

○ 作.411)
'우치수(禹治水)'에서 볼 때, 작(作: 다스리다)이다.

○ 斷以『孟子』八年之文,412) 其說, 非是.

---

409) 호광(胡廣) 등 찬, 『서경대전(書經大全)』의 소주에서 발췌한 것이다. 그 전문은 다음과 같다. 陳氏雅言曰 : '洪水之害, 兗州尤甚, 故田雖在第六, 而其賦比於八州爲最下也; 賦雖在第九, 而尤必至十有三載然後, 同於他州也. 蓋地利之美, 有未闢, 故田稍高而賦爲至下也; 人工之脩, 有未齊, 故賦旣薄而其入尤後也. 此可見非聖人責取於民也.'(진씨 아언이 말하였다. '홍수의 피해가 연주가 더욱 심하기 때문에 전세가 비록 제6에 있더라도 그 부세는 8주에 비하여 최하가 된 것이고, 부세가 비록 제9에 있더라도 더욱 반드시 13년에 이른 두라야 다른 주와 같아지는 것이다. … 사람의 공력이 닦여짐이 가지런하지 않음이 있기 때문에 부세가 이미 적어서 그 수입이 더욱 뒤처지는 것이다. 여기서 성인의 바람이 백성에게 취함이 아님을 볼 수 있다.')

410) 위의 「우공(禹貢)」 [4-2-1-8]에서 "厥賦, 惟上, 上, 錯; 厥田, 惟中, 中.(그 부는 오직 상에 상이거늘 뒤섞어서 상에 중을 내기도 하며, 그 전은 오직 중에 중이다.)"이라 하였는데, 집전(集傳)에서 "'賦', 田所出穀米·兵車之類. '錯', 雜也, 賦第一等而錯出第二等也. 田第五等也, 賦高於田四等者, 地廣而人稠也.('부'는 전지가 내는 미곡과 병거의 따위이다. '착'은 뒤섞임이니, 부세가 첫째 등급인데 뒤섞어서 둘째 등급을 내는 것이다. 전지가 다섯째 등급인데 부세가 전지의 넷째 등급보다 높은 것은 땅이 넓고 사람이 많아서이다.)"라고 한 것을 말한다.

411) 경문의 "作十有三載"에 나오는 '作'을 말하는 것이다.

412) 『맹자집주대전(孟子集註大全)』 권5, 「등문공장구상(滕文公章句上)」. "當堯之時, 天下猶未平, 洪水橫流, 氾

'우치수소력지년(禹治水所歷之年)'에서 볼 때, 『맹자(孟子)』의 8년이라는 글을 단정한 것이니, 그 말이 옳지 않다.

○ 以最初下手之州, 爲最後畢, 可乎.
'최재후필(最在後畢)'에서 볼 때, 맨 처음에 손을 댄 주(州)를 가장 뒤에 마친 것이 괜찮은 것인가.

○ 貞.
'여주정(與州正)'의 경우, 정(貞)이다.

○ '此爲'以下, 論也.
'기설비시(其說非是)'에서 볼 때, '차위(此爲)' 이하는 논변한 것이다.

[4-2-1-19]

厥貢漆絲, 厥篚織文.

공물(貢物)은 옻과 생사(生絲)이고, 광주리의 폐백은 무늬 있는 직물이다.

集傳

'貢'者, 下獻其土所有於上也. 兗地, 宜漆宜桑, 故貢漆絲也. '篚', 竹器, 篚屬也. 古者, 幣帛之屬, 則盛之以筐篚而貢焉, 經曰:"篚厥玄黃", 是也. '織文'者, 織而有文, 錦·綺之屬也, 以非一色, 故以織文總之. 林氏曰:"有貢又有篚者, 所貢之物, 入於篚也."

'공(貢)'이라는 것은 아랫사람이 그 땅에 가지고 있는 것을 윗사람에게 바치는 것이다. 연주(兗州)의 땅에는 옻나무가 마땅하고 뽕나무가 마땅하기 때문에 옻과 생

濫於天下, 草木暢茂, 禽獸繁殖. 五穀不登, 禽獸偪人, 獸蹄·鳥跡之道, 交於中國, 堯獨憂之, 擧舜而敷治焉, 舜使益掌火, 益烈山澤而焚之, 禽獸逃匿. 禹疏九河, 瀹濟·漯而注諸海, 決汝·漢, 排淮·泗而注之江, 然後中國, 可得而食也. 當是時也, 禹八年於外, 三過其門而不入, 雖欲耕, 得乎?(요임금 때를 맞아서 천하가 오히려 평온하지 못하여 홍수가 마구 흘러서 천하에 넘쳐 퍼져서 풀과 나무가 쑥쑥 크고 우거지며 짐승들이 많이 늘어났다. 오곡이 익지 못하며 짐승들이 사람에게 다가와 짐승 발굽 및 새 발자국의 길이 나라 안에 교차하거늘, 요임금이 홀로 근심하여 순임금을 들어서 다스림을 펴게 하시니, 순임금이 익으로 하여금 불을 담당하게 하셨는데, 익이 산림전택을 불 피워 태우니 짐승들이 도망가서 숨었다. 우임금이 아홉 갈래 황하를 트고 제수와 탑수를 치워서 바다로 흐르게 하시며, 여수와 한수를 터놓고 회수와 사수를 밀어 열어서 양자강으로 흐르게 하시니, 그런 뒤에 나라 안이 얻어서 먹을 수 있었다. 이때에 닥쳐서 우임금이 바깥에 8년 있음에 여러 번 그 집 문을 지나갔어도 들어가지 않았으니 비록 경작하고자 하더라도 할 수 있겠는가?)

사를 공납(貢納)한 것이다. '비(篚)'는 대나무 그릇이니, 광주리의 등속이다. 옛날에 폐백의 등속을 광주리에 담아서 바쳤으니, 경문(經文)에 말하기를 '비궐현황(篚厥玄黃: 검은 비단과 누런 비단을 폐백광주리에 담았다.)'이 이것이다. '직문(織文)'이라는 것은 베를 짜면서 무늬를 두는 것이니, 금(錦)과 기(綺)의 등속이니, 한 가지 색깔이 아니기 때문에 '직문(織文)'으로써 총괄한 것이다. 임씨(林氏: 林之奇)가 말하였다. "공물(貢物)이 있고 또 비(篚)가 있는 것은 공납(貢納)하는 토산물을 광주리에 넣은 것이다."

詳說

○ 朱子曰 : "畿外八州, 諸侯貢天子."413)
　　'하헌기토소유어상야(下獻其土所有於上也)'에 대해, 주자(朱子: 朱熹)가 말하였다. "왕기(王畿) 밖의 8주의 제후들이 천자(天子)에게 공납(貢納)하는 것이다."

○ 呂氏曰 : "皆衣服·器用之物, 所謂'惟正之供'414)也."415) ○惟田之穀, 不貢.
　　여씨(呂氏: 呂祖謙)가 말하였다. "모두 의복(衣服)과 기용(器用)의 물건이니, 이른바 '오직 바른 부세(賦稅)만을 받았다'는 것이다."

○ 音成.416)
　　'성(盛)'은 음이 성(成)이다.

○ 「武成」.417)

---

413) 호광(胡廣) 등 찬, 『서경대전(書經大全)』의 소주에서 발췌한 것이다. 그 전문은 다음과 같다. "朱子曰 : '貢者, 諸侯貢天子, 故畿外八州, 皆有貢織文·綾羅之屬.'(주자가 말하였다. '공이라는 것은 제후가 천자에게 바치는 것이기 때문에 왕기 밖의 8주에서 모두 직문과 능라의 등속을 바침이 있었다.')"
414) '惟正之供': 호광(胡廣) 등 찬, 『서경대전(書經大全)』 권8, 「주서(周書)·무일(無逸)」. "文王不敢盤于遊·田, 以庶邦惟正之供, 文王受命, 惟中身, 厥享國, 五十年.(문왕이 감히 유람과 사냥을 즐기지 않아서 여러 나라의 오직 정부만을 받으시니, 문왕이 천명을 받은 것이 중년이었는데 나라를 누린 것이 50년이었습니다.)" 집전에서 "'遊·田', 國有常制, 文王不敢盤遊無度, 上不濫費, 故下無過government, 而能以庶邦惟正之供, 於常貢正數之外, 無橫斂也.(유람과 사냥은 나라에 일정한 제도를 두어서 문왕이 감히 유람을 즐김에 법도 없이 하지 않았으니, 위에서 함부로 낭비하지 않기 때문에 아래에서 지나치게 취함이 없어서 여러 나라에서 오직 정부만을 받아서 떳떳한 공물의 올바른 수치 외에 멋대로 걷음이 없었다.)"라고 하였다.
415) 호광(胡廣) 등 찬, 『서경대전(書經大全)』의 소주에서 발췌한 것이다. 그 전문은 다음과 같다. "呂氏曰 : '八州之貢, 皆衣服·器用之物, 所謂惟正之供也.'(여씨가 말하였다. '8주의 공납은 모두 의복과 기용의 물건이니, 이른바 오직 바른 부세만을 받았다는 것이다.')"
416) 호광(胡廣) 등 찬, 『서경대전(書經大全)』의 소주에는 "音永.(음이 승이다.)"으로 되어 있다.

'경(經)'은 「무성(武成)」이다.

○ 林氏曰："八州之貢，兗·雍最寡，荊·揚最多."418)
'고이직문총지(故以織文總之)'에 대해, 임씨(林氏: 林之奇)가 말하였다. "8주의 공납(貢納) 가운데 연주(兗州)와 옹주(雍州)가 가장 적고, 형주(荊州)와 양주(揚州)가 가장 많았다."

○ 特立'厥篚'之文者，重布帛也.
'입어비야(入於篚也)'에서 볼 때, 특별히 '궐비(厥篚)'의 글을 세운 것은 포백(布帛)을 중히 여겨서이다.

[4-2-1-20]

浮于濟·漯，達于河.

제수(濟水)와 탑수(漯水)에 띄워서 황하(黃河)에 이른다.

詳說

○ 音沓.419)

'탑(漯)'은 음이 탑(沓: 入聲)이다.

集傳

舟行水曰'浮'. '漯'者，河之枝流也. 兗之貢賦，浮濟浮漯，以達於河也. 帝都冀州，三面距河，達河則達帝都矣. 又按，「地志」曰："漯水, 出東郡東武陽，至千乘入海", 程氏以爲："此乃漢河, 與漯殊異", 然亦不能明言漯河所在, 未詳其地也.

배가 물에 떠가는 것을 '부(浮)'라고 한다. '탑(漯)'이라는 것은 황하(黃河)의 지류(枝流)이다. 연주(兗州)의 공납(貢納)과 부세(賦稅)를 제수(濟水)에 띄우고 탑수(漯

---

417) 호광(胡廣) 등 찬, 『서경대전(書經大全)』 권6, 「주서(周書)·무성(武成)」. "恭天成命, 肆予東征, 綏厥士女, 惟其士女, 篚厥玄黃, 昭我周王, 天休震動. 用附我大邑周.(하늘이 이룬 명을 공경히 받들어 이에 내가 동쪽으로 정벌하여 사녀들을 편안하게 하였더니, 사녀들이 검은 비단과 누런 비단을 광주리에 담아서 우리 주나라 왕을 밝힘은 하늘의 아름다움이 진동해서입니다. 그래서 우리 큰 읍인 주나라에 귀부하였습니다.)"
418) 호광(胡廣) 등 찬, 『서경대전(書經大全)』의 소주를 수용한 것이다.
419) 호광(胡廣) 등 찬, 『서경내선(書經大全)』의 소주에는 '漯'은 "許合反.(허와 합의 반절이다.)"으로 되어 있다. 내각본에는 "'漯', 託合反.('탑'은 탁과 합의 반절이다.)"으로 되어 있다.

水)에 띄워서 황하에 다다른 것이다. 제도(帝都)인 기주(冀州)는 세 방면[서·남·동]으로 황하에 이르니, 황하에 다다르면 제도(帝都)에 이르는 것이다. 또 살펴보건대, 「지지(地志)」에서 "탑수(漯水)는 동군(東郡)의 동무양현(東武陽縣)에서 나와 천승현(千乘縣)에 이르러 바다로 들어간다."고 하였는데, 정씨(程氏: 程大昌)는 "이것은 바로 한하(漢河)이니, 탑수(漯水)와는 전혀 다르다."고 하였다. 그러나 또한 탑하(漯河)가 있는 곳을 분명하게 말하지 못하여 그 지역이 상세하지 않다.

詳說

○ 或濟或漯.
'부제부탑(浮濟浮漯)'의 경우, 혹은 제수(濟水)이거나 혹은 탑수(漯水)이다.

○ 陳氏經曰 : "因水入水曰'達'."420)
'이달어하야(以達於河也)'에 대해, 진씨 경(陳氏經: 陳經)이 말하였다. "물에 말미암아 물에 들어가는 것을 '달(達)'이라고 한다."

○ 補三句, 以該諸州.
'달하즉달제도의(達河則達帝都矣)'에서 볼 때, 세 구를 보충하여 여러 주(州)를 갖춘 것이다.

○ 出於河.
'출동군동무양(出東郡東武陽)'의 경우, 황하에서 나오는 것이다.

○ 去聲. ○郡名.421)
'지천승(至千乘)'에서 승(乘)은 거성(去聲: 수레)이다. ○군(郡)의 이름이다.

○ 漢時, 河之經流.
'차내한하(此乃漢河)'의 경우, 한(漢)나라 때에 황하의 거쳐 지나가는 흐름이다.

○ 程說, 止此.

---
420) 호광(胡廣) 등 찬, 『서경대전(書經大全)』의 소주를 수용한 것이다.
421) 호광(胡廣) 등 찬, 『서경대전(書經大全)』의 소주에는 "去聲, 漢郡名.(거성이고, 한나라 군의 이름이다.)"으로 되어 있다.

'여탑수이(與漯殊異)'에서 볼 때, 정씨(程氏: 程大昌)의 말이 여기서 그친다.

○ 漯水.
'탑하(漯河)'는 탑수(漯水)이다.

○ 指程氏.
'연역불능명언탑하소재(然亦不能明言漯河所在)'에서 볼 때, 정씨(程氏: 程大昌)를 가리킨 것이다.

[4-2-1-21]

海·岱, 惟青州.

바다와 대산(岱山)이 오직 청주(青州)에 있다.

集傳

青州之域, 東北至海, 西南距岱. '岱', 泰山也, 在今襲慶府奉符縣西北三十里.

청주(青州) 지역은 동북쪽으로 바다에 이르고, 서남쪽으로 대산(岱山)에 이른다. '대(岱)'는 태산(泰山)이니, 지금의 습경부(襲慶府) 봉부현(奉符縣) 서북쪽 30리에 있다.

詳說

○ 唐孔氏曰 : "東北越[422]海至遼東."[423] ○武夷熊氏曰 : "遼東·朝鮮等處, 皆青之境, 後分爲營州."[424]

---

422) 越: 호광(胡廣) 등 찬, 『서경대전(書經大全)』 및 내각본에는 '跨'로 되어 있다.
423) 호광(胡廣) 등 찬, 『서경대전(書經大全)』의 소주에서 발췌한 것이다. 그 전문은 다음과 같다. "唐孔氏曰 : '青州東北跨海, 至遼東, 皆是舜爲十二州, 分青州爲營州, 即遼東, 是也. 漢公孫度, 據遼東, 自號青州刺史, 越海, 收東萊諸郡. 堯時, 青州當越海而有諸郡也.'(당 공씨가 말하였다. '청주는 동북쪽으로 바다에 의거하면서 요동에 이르니 모두 순이 12주를 만든 것이며, 청주를 나누어 영주가 되었으니 곧 요동이 이것이다. ….')
424) 호광(胡廣) 등 찬, 『서경대전(書經大全)』의 소주에서 발췌한 것이다. 그 전문은 다음과 같다. "武夷熊氏曰 : 遼東·朝鮮等處, 皆青州之境, 亦以其地曠隔, 故分爲營州, 今岡南之平壤等州, 是也. 青·齊, 乃東方形勝要害之地, 世號爲東秦, 秦得百二齊, 亦得 | 二, 蓋可見矣. 古者建侯樹國, 最爲重鎭, 大抵齊之地, 最爲富强近利, 故孔子謂變而後至魯也.'(무이 웅씨가 말하였다. '요동과 조선 등의 곳은 모두 청주의 경계인데 또한 그 지역이 공허하고 멀기 때문에 나누어서 영주를 만들었으니, 지금의 망남의 평주와 만주 등의 주가 이것이다. ….')

'동북지해(東北至海)'에 대해, 당공씨(唐孔氏: 孔穎達)가 말하였다. "동북쪽으로 바다를 넘어서 요동(遼東)에 이른다." ○무이 웅씨(武夷熊氏: 熊禾)가 말하였다. "요동(遼東)과 조선(朝鮮) 등의 곳은 모두 청주(靑州)의 경계인데 뒤에 나누어져서 영주(營州)가 되었다."

○ 一作'今在'. 425)
'재금(在今)'은 어떤 판본에는 '금재(今在)'로 되어 있다.

[4-2-1-22]

嵎夷旣略,

우이(嵎夷)가 이미 다스려지니,

集傳

'嵎夷', 薛氏曰: "今登州之地." '略', 經略, 爲之封畛也, 卽「堯典」之'嵎夷'.
'우이(嵎夷)'는 설씨(薛氏: 薛肇明)가 말하기를 "지금 등주(登州)의 땅이다."라고 하였다. '약(略)'은 다스려서 봉지(封地)의 경계를 만드는 것이니, 곧 「요전(堯典)」의 '우이(嵎夷)'426)이다.

詳說

○ 治也.
'경략(經略)'은 다스림이다.

○ 音軫, 界也.
'진(畛)'은 음이 진(軫)이니, 경계이다.

○ 從山, 豈本山名歟.

---

425) 채침(蔡沈) 찬, 『서경집전(書經集傳)』에는 '今在'로 되어 있고, 호광(胡廣) 등 찬, 『서경대전(書經大全)』 및 내각본에는 '在今'으로 되어 있다.
426) 「요전(堯典)」 [1-1-1-4]에서 "희중에게 명하여 우이에 있게 하시고 '양곡'이라 하셨는데, 공경히 솟아나오는 해를 맞이하여 고르게 차례대로 봄농사를 시작하게 하시니, 춘분의 날이고 별은 조성이다. 그래서 중춘을 맞게 되면 그 백성들은 뿔뿔이 흩어져서 살며, 새와 짐승들은 새끼를 낳고 교미한다.(分命羲仲, 宅嵎夷, 曰暘谷. 寅賓出日, 平秩東作, 日中, 星鳥. 以殷仲春, 厥民析, 鳥獸孶尾.)"라 하였고, 집전에서 "'우이'는 「우공」에서 '이미 우이가 다스려졌다.'는 것이다.('嵎夷', 卽「禹貢」'嵎夷旣略'者也.)"라고 하였다.

'우이(嵎夷)'에서 '우(嵎)'자는 산(山)의 뜻을 좇았으니, 아마도 산(山) 이름에 근본한 것이리라.

[4-2-1-23]
濰·淄其道.

유수(濰水)와 치수(淄水)가 그 물길을 따랐다.

詳說

○ '濰', 音維. '淄', 莊持反.427)

'유(濰)'는 음이 유(維)다. '치(淄)'는 장(莊)과 지(持)의 반절이다.

集傳

'濰'·'淄', 二水名. 濰水, 「地志」云 : "出琅琊郡箕縣", 今密州莒縣東北濰山也; "北至都昌, 入海, 今濰州昌邑也. 淄水, 「地志」云 : "出泰山郡萊蕪縣原山", 今淄州淄川縣東南七十里原山也; "東至博昌縣, 入濟", 今青州壽光縣也. '其道'者, 水循其道也, 上文言'旣道'者, 禹爲之道; 此言'其道'者, 泛濫旣去, 水得其故道也. 林氏曰 : 河·濟下流, 兗受之; 淮下流, 徐受之; 江·漢下流, 揚受之. 靑雖近海, 然不當衆流之衝, 但濰·淄二水, 順其故道, 則其功畢矣, 比之他州, 用力最省者也.

'유(濰)'와 '치(淄)'는 두 물 이름이다. 유수(濰水)는 「지지(地志)」에서 "낭야군(琅琊郡) 기현(箕縣)에서 나온다."고 하였으니, 지금의 밀주(密州) 거현(莒縣) 동북쪽의 유산(濰山)이며, "북쪽으로 창도(昌都)에 이르러 바다로 들어간다."고 하였으니, 지금의 유주(濰州) 창읍(昌邑)이다. 치수(淄水)는 「지지(地志)」에서 "태산군(泰山郡) 내무현(萊蕪縣) 원산(原山)에서 나온다."고 하였으니, 지금의 치주(淄州) 치천현(淄川縣) 동남쪽 70리에 있는 원산(原山)이며, "동쪽으로 박창현(博昌縣)에 이르러 제수(濟水)에 들어간다."고 하였으니, 지금의 청주(靑州) 수광현(壽光縣)이다. '기도(其道)'라는 것은 물이 그 물길을 좇는 것이니, 윗글에서 '기도(旣道)'라고 말한 것은 우(禹)가 만든 물길이고, 여기에서 '기도(其道)'라고 말한 것은 범람함을 이미

---

427) 호광(胡廣) 등 찬, 『서경대전(書經大全)』의 소주에는 "'濰', 音維. '淄', 音緇.('유'는 음이 유다. '치'는 음이 치다.)"로 되어 있다. 내각본에는 "濰, 音維. 淄, 莊持反.('유'는 음이 유다. '치'는 장과 지의 반절이다.)"으로 되어 있다.

없애자 물이 그 옛날 물길을 찾은 것이다. 임씨(林氏: 林之奇)가 말하였다. "하수(河水)와 제수(濟水)의 하류는 연주(兗州)에서 받고, 회수(淮水)의 하류는 서주(徐州)에서 받고, 강수(江水)와 한수(漢水)의 하류는 양주(揚州)에서 받았다. 청주(靑州)는 비록 바다와 가까우나 많은 물 흐름의 맞부딪침을 당면하지 않고 다만 유수(濰水)와 치수(淄水)의 두 물이 그 옛날 물길을 따라서 그 공(功)을 마치게 되었으니, 다른 주(州)에 견주면 힘을 씀이 가장 적었던 것이다."

詳說

○ 泰山間之故也.
　'연부당중류지충(然不當衆流之衝)'의 경우, 태산(泰山)이 중간에 있기 때문이다.

○ '上文'以下, 論也.
　'용력최생자야(用力最省者也)'에서 볼 때, '상문(上文)' 이하는 논변한 것이다.

[4-2-1-24]
厥土白墳, 海濱廣斥.

그 토질은 희고 부풀어 오르니, 바닷가는 넓은데 소금기가 드러난 것이다.

集傳

'濱', 涯也. 海涯之地, 廣漠而斥鹵. 許愼曰 : "東方謂之'斥', 西方謂之'鹵', '斥'·'鹵', 鹹地可煮爲鹽者也.
'빈(濱)'은 물가이니, 바닷가의 땅이 아득히 넓은데 소금기가 드러난 것이다. 허신(許愼)이 말하기를 "동방에서는 '척(斥)'이라 이르고, 서방에서는 '노(鹵)'라 이르니, '척(斥)'과 '로(鹵)'는 소금기가 드러난 땅으로 달여서 소금을 만들 수 있는 것이다."라고 하였다.

詳說

○ 林氏曰 : "土有二種, 平地之土, 色白而性墳; 海濱之土, 彌望, 皆斥鹵."[428]

---

428) 호광(胡廣) 등 찬, 『서경대전(書經大全)』의 소주에서 발췌한 것이다. 그 전문은 다음과 같다. "林氏曰 :

'광막이척로(廣漠而斥鹵)'에 대해, 임씨(林氏: 林之奇)가 말하였다. "토양은 두 종류가 있으니, 평지의 토양은 색이 흰데 성질이 부풀어 오르고, 바닷가의 토양은 널리 바라보지만 모두 소금기가 드러난다."

○ 海鹽.429)
'동방위지척(東方謂之斥)'은 바다 소금이다.

○ 池鹽.430)
'서방위지로(西方謂之鹵)'는 연못 소금이다.

[4-2-1-25]
厥田惟上下, 厥賦中上.

그 전지(田地)는 상(上)에 하(下)이고, 부세(賦稅)는 중(中)에 상(上)이다.

集傳
'田', 第三; '賦', 第四也.

'전(田)'은 제3등이고, '부(賦)'는 제4등이다.

詳說
○ 蒙'兗'註.431)
'부제사야(賦第四也)'에서 '등(等)'자는 '연주(兗州)'를 이어받은 것이다.

'此州土有二種, 平地之土, 色白而性墳; 海濱之土, 彌望, 皆斥鹵.'(임씨가 말하였다. '이 주의 토양은 두 종류가 있으니, 평지의 토양은 색이 흰데 성질이 부풀어 오르고, 바닷가의 토양은 널리 바라보지만 모두 소금기가 드러난다.')"

429) 『상서주소(尙書注疏)』 권5, 「하서(夏書)·우공(禹貢)」. 육덕명(陸德明)의 「음의(音義)」에서 "『說文』云: '東方謂之斥, 西方謂之鹵', 鄭云: '斥, 謂地鹹鹵.'(『설문』에 이르기를 '동방에서는 척이라 이르고, 서방에서는 로 하고 이른다'고 하였으니, 정씨가 이르기를 '척은 땅소금을 이른다.'고 하였다.)"라고 하였다.

430) 사마천(司馬遷) 찬, 『사기(史記)』 권129, 「화식열전(貨殖列傳)」. "山東食海鹽, 山西食鹽鹵.(산동 지방에서는 바다소금을 먹고, 산서 지방에서는 염로를 먹는다.)" 장수절(張守節)은 정의(正義)에서 염로는 "謂西方鹹地也, 堅且鹹, 卽出石鹽及池鹽.(서방의 함지를 이르니, 굳고 짜서 곧 석염 및 지염이 나온다.)"이라고 하였다.

431) 위의 「우공(禹貢)」 [4-2-1-18]에서 "厥田, 惟中, 下; 厥賦, 貞, 作十有三載, 乃同.('전'은 중에 하이고, '부'는 정이니, 13년을 다스려야 다른 주외 같게 된다.)" 하였고, 그 집전에서 "'田', 第六等; '賦', 第九等; '貞', 正也. 兗賦最薄, 言君天下者, 以薄賦爲正也.('전'은 제6등이고, '부'는 제9등이니, '정'은 정이다. 연주는 부세가 가장 적었으므로 천하에 임금 된 이가 부세를 적게 함을 정도로 삼아야 함을 말한 것이다.)"에서 쓰인 '等'자를 말하는 것이다.

[4-2-1-26]

厥貢鹽絺, 海物惟錯. 岱畎, 絲·枲·鉛·松·怪石. 萊夷作牧, 厥篚檿絲.

그 공물(貢物)은 소금과 칡베이고, 해산물은 섞어서 바친다. 대산(岱山)의 골짜기에서 나오는 명주실과 삼베와 납과 소나무와 괴이한 돌이다. 내주(萊州)의 오랑캐가 방목을 하니, 광주리에 담아 바치는 폐백은 산뽕나무에서 나오는 명주실이다.

詳說

○ '枲', 想里反. '檿', 於琰反.432)

'시(枲)'는 상(想)과 리(里)의 반절이다. '염(檿)'은 어(於)와 염(琰)의 반절이다.

集傳

'鹽', 斥地所出. '絺', 細葛也. '錯', 雜也, 海物非一種, 故曰'錯'. 林氏曰: "旣總謂之'海物', 則固非一物矣. 此與揚州'齒·革·羽·毛, 惟木',433) 文勢正同, '錯', 蓋別爲一物, 如'錫貢磬錯'434)之錯, 理或然也. '畎', 谷也, 岱山之谷也. '枲', 麻也. '怪石', 怪異之石也. 林氏曰: "怪石之貢, 誠爲可疑, 意其必須以爲器用之飾, 而有不可闕者, 非特貢其怪異之石, 以爲玩好也." '萊夷', 顔師古曰: "萊山之夷, 齊有萊侯·萊人", 卽今萊州之地. '作牧'者, 言可牧放, 夷人以畜牧爲生也. '檿', 山桑也, 山桑之絲, 其韌中琴瑟之絃. 蘇氏曰: "惟東萊爲有此絲, 以之爲繒, 其堅韌異常, 萊人謂之'山繭'."

'염(鹽)'은 소금기가 드러난 땅에서 나오는 것이다. '치(絺)'는 가는 칡베이다. '착(錯)'은 섞임이니, 해산물이 한 종류가 아니기 때문에 '착(錯)'이라고 말한 것이다. 임씨(林氏: 林之奇)가 말하기를 "이미 총괄하여 '해물'이라고 일렀으면 진실로 하

---

432) 호광(胡廣) 등 찬, 『서경대전(書經大全)』의 소주에는 "'絺', 抽遲反. '枲', 想里反. '鈆', 音緣. '檿', 音琰. ('치'는 추와 지의 반절이다. '시'는 상과 리의 반절이다. '연'은 음이 연이다. '염'은 음이 염이다.)"으로 되어 있다. 내각본에는 "'絺', 抽遲反, 下章同. '枲', 想里反, 下章同. '檿', 於琰反.('치'는 추와 지의 반절이니, 아랫장도 같다. '시'는 상과 리의 반절이니, 아랫장도 같다. '염'은 어와 염의 반절이다.)"으로 되어 있다.
433) 아래의 「우공(禹貢)」 [4-2-1-44]에서 "厥貢, 惟金三品, 瑤·琨·篠·簜, 齒·革·羽·毛, 惟木.(그 공물은 금과 은과 동이며, 요옥과 곤옥과 살대와 왕대이며, 상아와 가죽과 깃과 털이며, 바라던 나무이다.)"라고 한 것을 말한다.
434) 아래의 「우공(禹貢)」 [4-2-1-60]에서 "厥貢, 漆·枲·絺·紵, 厥篚纖纊, 錫貢磬錯.(그 공물은 옻과 삼베와 칡베와 모시 베이며, 그 광주리에 담은 폐백은 가는 솜이며, 명을 받은 경쇠 숫돌을 바친다.)"라고 한 것을 말한다.

나의 해산물이 아닌 것이다. 이는 양주(揚州)의 '상아와 가죽과 깃과 털이며, 바라던 나무'라는 것과 글의 형세가 정말 같고, '착(錯)'은 대개 별도로 하나의 물건이 되니, '명을 받은 경쇠 숫돌을 바침'의 숫돌과 같다."고 하였는데, 이치가 혹시 그럴 수도 있겠다. '견(畎)'은 골짜기이니, 대산(岱山)의 골짜기이다. '시(枲)'는 삼베이다. '괴석(怪石)'은 괴이한 돌이다. 임씨(林氏: 林之奇)가 말하기를 "괴석(怪石)을 바치는 것은 진실로 의심할 만하니, 생각하건대 반드시 기물이나 일용품을 장식하는데 요구하여 없어서는 안 되는 것이지, 단지 괴이한 돌을 바침에 즐기고 좋아함으로 삼는 것은 아닐 것이다."라고 하였다. '내이(萊夷)'는 안사고(顔師古)가 말하기를 "내산(萊山)의 오랑캐이니, 제(齊)나라에 내후(萊侯)와 내인(萊人)이 있었다."고 하였으니, 바로 지금 내주(萊州)의 땅이다. '작목(作牧)'이라는 것은 방목할 수 있음을 말한 것이니, 오랑캐는 목축을 생업으로 삼는다. '염(檿)'은 산뽕나무이니, 산뽕나무의 생사(生絲)는 질겨서 거문고와 비파 줄에 적합하다. 소씨(蘇氏: 蘇軾)가 말하였다. "오직 동래(東萊)에만 이 생사(生絲)가 있으니, 이것으로 비단을 만들면 튼튼하고 질겨서 보통과 다르므로 내주(萊州) 사람들이 '산견(山繭)'이라고 했다."

詳說

○ 蔡氏元度曰 : "貢物, 不以精麄爲敍, 而以多寡爲敍. 靑州鹽居多, 故敍於先, 他放此."435) ○林氏曰 : "凡貢, 不言所出之地者, 以一州所出, 皆可貢也. 言所出之地者, 以此地所出, 爲良也."436)

'척지소출(斥地所出)'에 대해, 채씨 원도(蔡氏元度: 蔡元度)가 말하였다. "공물(貢物)은 깔끔하고 거친 것으로써 차례를 삼지 않으며, 많고 적은 것으로써 차례를 삼는다. 청주(靑州)는 소금이 많기 때문에 차례가 앞에 있으니, 다른 것도 이에 의거한다." ○임씨(林氏: 林之奇)가 말하였다. "무릇 공물은 산출하는 지역을 말하지 않는 것은 하나의 주(州)에서 산출하는 것으로써 모두 공납할 수 있기 때문이다. 산출하는 지역을 말하는 것은 이 지역에서 산출하는 것이 좋음이 되기 때문이다."

---

435) 호광(胡廣) 등 찬, 『서경대전(書經大全)』의 소주를 수용한 것이다.
436) 호광(胡廣) 등 찬, 『서경대전(書經大全)』의 소주를 수용한 것이다.

○ 葛布.
'세갈야(細葛也)'의 경우, 칡으로 만든 베를 말한다.

○ 嫌於賦錯, 故又特訓之.
'잡야(雜也)'의 경우, 공부(貢賦)가 섞이는 것을 싫어하기 때문에 또 특별히 뜻을 새긴 것이다.

○ 上聲.437)
'종(種)'은 상성(上聲: 종류)이다.

○ 豫州.438)
'여석공경착(如錫貢磬錯)'의 경우, 예주(豫州)이다.

○ 礪. ○林說, 止此.
'여석공경착지착(如錫貢磬錯之錯)'의 경우, 숫돌이다. ○임씨(林氏: 林之奇)의 말이 여기서 그친다.

○ '鉛', 青金也.
'마야(麻也)'에서 볼 때, '연(鉛)'은 청금(青金)이다.

○ 五物, 皆出岱谷.
'괴이지석야(怪異之石也)'에서 볼 때, 명주실과 삼베와 납과 소나무와 괴이한 돌의 다섯 가지 물건은 모두 대산(岱山)의 골짜기에서 나온다.

○ 需通.
'수(須)'는 수(需)와 통한다.

○ 見『史記』「齊世家」.439) ○顏說, 蓋止此.

---

437) 호광(胡廣) 등 찬, 『서경대전(書經大全)』의 소주에는 "上聲, 下並同.(상성이니, 아래도 아울러 같다.)"으로 되어 있다.
438) 아래의 「우공(禹貢)」 [4-2-1-60] 참조.
439) 사마천(司馬遷) 찬, 『사기(史記)』 권32, 「제태공세가(齊太公世家)」. "萊侯, 來伐與之争營邱, 營邱邊萊, 萊人, 夷也.(내후, … 내인이니 오랑캐이다.)"

'제유내후·내인(齊有萊侯·萊人)'의 내용이 『사기(史記)』「제세가(齊世家)」에 보인다. ○안사고(顏師古)의 말이 대개 여기서 그친다.

○ 按, 他三'作'字,440) 皆以'耕作'言; 此'作'字, 恐亦不可異同看. '作牧', 猶言'耕牧'也, 蔡傳略'作'字, 『諺解』因之, 而釋作一事,441) 合更詳.

'언가목방(言可牧放)'에 대해, 살펴보건대 저 세 개의 '작(作)'자는 모두 '경작(耕作)'으로써 말하였으니, 이 '작(作)'자도 아마도 또한 서로 같지 않게 보아서는 안 된다. '작목(作牧)'은 '경목(耕牧)'을 말함과 같은데, 채침(蔡沈)의 집전에서 '작(作)'자로 축약한 것을 『언해(諺解)』에서 이에 말미암아 하나의 일을 짓는 것으로 해석하였으니, 마땅히 다시 상고해보아야 한다.

○ 許六反.

'휵(畜)'은 허(許)와 륙(六)의 반절이다.

○ 音刃.442)

'인(靭)'은 음이 인(刃)이다.

○ 去聲.443)

'중(中)'은 거성(去聲: 적합하다, 적중하다, 부합하다)이다.

○ 孫氏曰 : "厭絲, 出於萊夷; 玄纁, 出於淮夷; 織貝, 出於島夷. 故靑·揚·徐, 敍厥篚於三夷之下."444)

---

440) 三'作'字: 위의「우공(禹貢)」[4-2-1-9]에서 "恆·衞旣從, 大陸旣作.(항수와 위수가 이미 물길을 좇으며, 대륙에서 이미 농사를 경작하였다.)"라 하고 집전에서 "'作'者, 言可耕治, 水患旣息, 而平地之廣衍者, 亦可耕治也.('작'이라는 것은 밭을 갈아서 다스릴 수 있음을 말하는 것이니, 수해의 걱정이 이미 그침에 평지의 넓게 흐르던 곳을 또한 밭을 갈아서 다스릴 수 있었다.)"라고 하였으며,「우공(禹貢)」[4-2-1-18]에서 "厥田, 惟中, 下; 厥賦, 貞, 作十有三載, 乃同.(그 전지는 중에 하이고, 부세는 정이니, 13년을 다스려야 다른 주와 같게 된다.)"라 하고 집전에서 "必作治十有三載然後, 賦法同於他州.(반드시 13년을 다스린 뒤라야 부세의 법이 다른 주와 같을 수 있다.)"라고 하였다. 그리고 여기서 "萊夷作牧(내주의 오랑캐가 방목을 하니)"라 하고 집전에서 "'作牧'者, 言可牧放, 夷人以畜牧爲生也.('작목'이라는 것은 방목할 수 있음을 말한 것이니, 오랑캐는 목축을 생업으로 삼는나.)"라고 한 것을 말한다.
441)『언해(諺解)』에는 "牧목을 作작ᄒᆞ니"로 해석하였다.
442) 호광(胡廣) 등 찬, 『서경대전(書經大全)』의 소주에는 "如畜反.(여와 륙의 반절이다.)"으로 되어 있다.
443) 호광(胡廣) 등 찬, 『서경대전(書經大全)』의 소주를 수용한 것이다.
444) 호광(胡廣) 등 찬, 『서경대전(書經大全)』의 소주를 수용한 것이다.

'내인위지산견(萊人謂之山繭)'에 대해, 손씨(孫氏: 孫覺)가 말하였다. "산뽕나무의 명주실은 내이(萊夷)에서 나오고, 검은 명주는 회이(淮夷)에서 나오고, 조개껍질과 꽃무늬를 넣어서 짠 비단은 도이(島夷)에서 나온다. 그러므로 청주(靑州)·양주(揚州)·서주(徐州)는 광주리에 담아 바치는 폐백이 삼이(三夷: 내이·회이·도이)의 아래에 차례를 한다."

[4-2-1-27]
浮于汶, 達于濟.

문수(汶水)에 띄워서 제수(濟水)에 이른다.

集傳
'汶水', 出泰山郡萊蕪縣原山, 今襲慶府萊蕪縣也, 西南入濟, 在今鄆州中都縣也. 蓋淄水, 出萊蕪原山之陰, 東北而入海, '汶水', 出萊蕪原山之陽, 西南而入濟. 不言'達河'者, 因於兗也.

'문수(汶水)'는 태산군(泰山郡) 내무현(萊蕪縣) 원산(原山)에서 나오니 지금의 습경부(襲慶府) 내무현(萊蕪縣)이며, 서남쪽으로 제수(濟水)로 들어가니 지금의 운주(鄆州) 중도현(中都縣)에 있다. 대개 치수(淄水)는 내무현(萊蕪縣)의 원산(原山) 북쪽에서 나와서 동북쪽을 지나 바다로 들어가고, '문수(汶水)'는 내무현(萊蕪縣)의 원산(原山) 남쪽에서 나와서 서남쪽을 지나 제수(濟水)로 들어간다. '황하(黃河)에 이른다'고 말하지 않은 것은 연주(兗州)에 말미암기 때문이다.

詳說
○ 恐脫「地志」二字, '濰·淄'註, 可證.445)

'문수(汶水)'에서 볼 때, 아마도 「지지(地志)」의 두 글자가 빠진 듯하니, '유(濰)·치(淄)'의 주에서 증명할 수 있다.

---

445) 위의 「우공(禹貢)」 [4-2-1-23]에서 "濰·淄其道.(유수와 치수가 그 물길을 따랐다.)"라 하고, 집전에서 "'濰'·'淄', 二水名. 濰水, 「地志」云: '出琅琊郡箕縣', 今密州莒縣東北濰山也; '北至都昌, 入海', 今濰州昌邑也. 淄水, 「地志」云: '出泰山郡萊蕪縣原山', 今淄州淄川縣東南七十里原山也; '東至博昌縣, 入濟', 今靑州壽光縣也.('유'와 '치'는 두 물 이름이다. 유수는 「지지」에서 '낭야군 기현에서 나온다.'고 하였으니, 지금의 밀주 거현 동북쪽의 유산이며, '북쪽으로 창도에 이르러 바다로 들어간다.'고 하였으니, 지금의 유주 창읍이다. 치수는 「지지」에서 '태산군 내무현 원산에서 나온다.'고 하였으니, 지금의 치주 치천현 동남쪽 70리에 있는 원산이며, '동쪽으로 박창현에 이르러 제수에 들어간다.'고 하였으니, 지금의 청주 수광현이다.)"라고 한 내용을 그 실례로 든 것이다.

○ 音運.446)

'운(鄆)'은 음이 운(運)이다.

○ 上註云'濟', 此云'海', 蓋入濟, 以入海耳.

'동북이입해(東北而入海)'에서 볼 때, 위의 주(註)는 '제(濟)'를 말하고, 여기서는 '해(海)'를 말하였으니, 대개 제수(濟水)로 들어가서 바다로 들어갈 뿐이다.

○ 浮于濟, 達于河.

'인어연야(因於兗也)'의 경우, 제수(濟水)에서 떠가서 황하(黃河)에 이르는 것이다.

[4-2-1-28]

海·岱及淮, 惟徐州.

바다와 대산(岱山) 및 회수(淮水)에 서주(徐州)가 있다.

集傳

徐州之域, 東至海, 南至淮, 北至岱, 而西不言濟者, 岱之陽濟東, 爲徐; 岱之北濟東, 爲靑, 言濟, 不足以辨, 故略之也. 『爾雅』, '濟東曰徐州'者, 商無靑, 並靑於徐也; 『周禮』, '正東曰靑州'者, 周無徐, 並徐於靑也. 林氏曰 : "一州之境, 必有四至, 七州皆止二至, 蓋以鄰州互見. 至此州, 獨載其三邊者, 止言海·岱則嫌於靑, 止言淮·海則嫌於揚. 故必曰'海·岱及淮'而後, 徐州之疆境, 始別也."

서주(徐州)의 지역은 동쪽으로 바다에 이르고 남쪽으로 회수(淮水)에 이르며 북쪽으로 대산(岱山)에 이르는데, 서쪽으로 제수(濟水)를 말하지 않은 것은 대산(岱山)의 남쪽과 제수(濟水)의 동쪽이 서주(徐州)가 되고, 대산(岱山)의 북쪽과 제수(濟水)의 동쪽이 청주(靑州)가 되니, 제수(濟水)를 말한다면 구별할 수 없기 때문에 생략한 것이다. 『이아(爾雅)』에서 '제수(濟水)의 동쪽을 서주(徐州)'라고 한 것은 상(商)나라에 청주(靑州)가 없고 서주(徐州)에 청주를 병합해서이며, 『주례(周禮)』에서 '정동(正東)을 청주(靑州)라고 한다'는 것은 주(周)나라에 서주(徐州)가 없고

---

446) 호광(胡廣) 등 찬, 『서경대전(書經大全)』의 소주에는 '渾'으로 되어 있다.

청주(靑州)에 서주를 병합해서이다. 임씨(林氏: 林之奇)가 말하였다. "한 주(州)의 경계는 반드시 사방으로 이름이 있지만 일곱 주(州)에서 모두 다만 두 곳의 이름만 둔 것은 대개 이웃한 주(州)로써 서로 나타낸 것이다. 이 주(州)에 이르러 유독 세 개의 변방을 기재한 것은 다만 바다와 대산(岱山)을 말하면 청주(靑州)인가 의심하고, 다만 회수(淮水)와 바다를 말하면 양주(揚州)인가 의심하기 때문에 반드시 '바다와 대산(岱山) 및 회수(淮水)'를 말한 뒤라야 서주(徐州)의 경계가 비로소 구별되어서다."

詳說

○ 「職方」.447)
'『주례』(『周禮』)'는 「직방(職方)」이다.

○ 音現.
'개이인주호현(蓋以鄰州互見)'에서 현(見)은 음이 현(見)이다.

○ '冀州'註, 餘州所至可見者,448) 卽此意.
'기주(冀州)'의 주(註)에서 나머지 주(州)가 이른 곳을 나타낼 수 있는 것은 곧 이 뜻이다.

○ 彼列反.
'별(別)'은 피(彼)와 렬(列)의 반절이다.

○ '而西'以下, 論也.
'시별야(始別也)'에서 볼 때, '이서(而西)' 이하는 논변한 것이다.

○ 武夷熊氏曰 : "徐俗有二, 曲阜·沂·泗, 則禮義·文雅之邦; 彭城,

---

447) 『주례주소(周禮注疏)』 권33, 「직방씨(職方氏)」. "正東曰青州, 其山鎭曰沂山, 其澤藪曰望諸, 其川淮·泗.(정동을 청주라 하고, 그 산진을 기산이라 하고, 그 택수를 망저라 하고, 그 내는 회수와 사수이다.)"
448) 위의 「우공(禹貢)」 [4-2-1-2]에서 "冀州.(기주이다.)"라 하고 집전에서 "'冀州', 帝都之地, 三面距河, 兗河之西, 雍河之東, 豫河之北. 『周禮』「職方」, '河內曰冀州', 是也. 八州, 皆言疆界, 而冀不言者, 以餘州所至, 可見.('기주'는 황제 도성의 땅이니, 세 방면으로 황하에 이르고 있으니, 연하의 서쪽이며, 옹하의 동쪽이며, 예하의 북쪽이다. 『주례』「직방」에서 '하내를 기주라 한다.'고 한 것이 이것이다. 8주는 다 강계를 말하였으나 기주만 말하지 않은 것은 나머지 주가 이른 곳으로써 볼 수 있기 때문이다.)"이라고 한 것을 말한다.

則又雄傑鷙悍, 劉·項, 起豊沛."449)

무이 웅씨(武夷熊氏: 熊禾)가 말하였다. "서주(徐州)의 민속은 두 가지가 있으니, 곡부(曲阜)·기수(沂水)·사수(泗水)는 예의(禮義) 있고 풍치가 있으며 아담한 나라이며, 팽성(彭城)은 또 웅걸(雄傑)하고 사나우니, 유방(劉邦)과 항우(項羽)가 풍패(豊沛)에서 몸을 일으켰다."

[4-2-1-29]

淮·沂其乂,

회수(淮水)와 기수(沂水)가 다스려지니

詳說

○『諺』音誤.450)
'기(沂)'는『언해(諺解)』의 음이 잘못되었다.

集傳

'淮'·'沂', 二水名. '淮', 見'導水'. 曾氏曰: "淮之源, 出于豫之境, 至'揚'·'徐'之間, 始大, 其泛濫爲患, 尤在於徐, 故淮之治, 於徐言之也." '沂水',「地志」云: "出泰山郡蓋縣艾山", 今沂州沂水縣也, 南至于下邳, 西南而入于泗. 曾氏曰: "徐州, 水以沂名者非一, 酈道元謂: '水出尼丘山, 西北徑魯之雩門, 亦謂之沂水; 水出太公武陽之冠石山, 亦謂之沂水', 而沂水之大, 則出於泰山也. 又按, 徐之水, 有泗, 有汶, 有汴, 有潩, 而獨以淮·沂言者,『周』「職方氏」, '青州其川, 淮·泗; 其浸, 沂·沭', 周無徐州, 兼之於青, 周之青, 卽禹之徐. 則徐之川, 莫大於淮, 淮乂, 則自泗而下, 凡爲川者, 可知矣; 徐之

---

449) 호광(胡廣) 등 찬,『서경대전(書經大全)』의 소주에서 발췌한 것이다. 그 전문은 다음과 같다. "武夷熊氏曰: '徐州, 沂·泗諸水, 在其前, 冀東與兗·豫之地, 皆可接, 引而在懷抱拱揖之內, 亦東方一形勝也. 徐卽魯境, 地連淮·海·東夷, 其俗有二, 曲阜·沂·泗, 則禮義·文雅之邦, 而彭城, 則其俗又雄傑鷙悍自負, 劉·項, 起於豊沛. 朱全忠, 以碭山人, 淮夷徐戎, 皆在其地, 牧守之任, 亦不可不重愼也.'(무이 웅씨가 말하였다. '서주는 기수와 사수의 여러 물들이 그 앞에 있고 기주 동쪽과 연주와 예주의 땅을 모두 접할 수 있어 … 서주는 곧 노나라 지경으로 땅이 회수와 바다와 동이가 잇닿아 그 민속이 두 가지가 있으니, 곡부·기수·사수는 예의 있고 풍치가 있으며 아담한 나라이며, 팽성은 또 웅걸하고 사나움을 자부하니, 유방과 항우가 풍패에서 몸을 일으켰다. ….')"

450) 호광(胡廣) 등 찬,『서경대전(書經大全)』의 소주에는 "沂, 音宜.('기'는 음이 의다.)"로 되어 있고, 내가본에는 "沂, 魚依反.('기'는 어와 의의 반절이다.)"으로 되어 있는데,『언해(諺解)』에는 '긔'로 되어 있는 것을 언급한 것이다.

浸, 莫大於沂, 沂乂, 則自沭而下, 凡爲浸者, 可知矣.
'회(淮)'와 '기(沂)'는 두 물의 이름이다. '회(淮)'는 '도수(導水)'451)에 보인다. 증씨(曾氏: 曾鞏)가 말하기를 "회수(淮水)의 근원은 예주(豫州)의 지경에서 나와 양주(揚州)와 서주(徐州) 사이에 이르러 비로소 커지니, 범람하여 우환이 됨이 더욱 서주(徐州)에 있었기 때문에 회수(淮水)의 다스림을 서주(徐州)에서 말한 것이다."고 하였다. '기수(沂水)'는 「지지(地志)」에서 "태산군(泰山郡) 개현(蓋縣) 애산(艾山)에서 나온다."고 하였으니, 지금의 기주(沂州) 기수현(沂水縣)이니, 남쪽으로 하비(下邳)에 이르러 서남쪽으로 사수(泗水)로 들어간다. 증씨(曾氏: 曾鞏)가 말하기를 "서주(徐州)에는 물을 기(沂)로써 이름 붙인 것이 하나가 아니니, 역도원(酈道元)이 이르기를 '물이 이구산(尼丘山)에서 나와서 서북쪽으로 노(魯)나라의 우문(雩門)을 지나는 것을 또한 기수(沂水)라 하고, 물이 태공(太公) 무양(武陽)의 관석산(冠石山)에서 나온 것을 또한 기수라 한다.'고 하였는데, 기수의 큰 것은 태산군(泰山郡)에서 나온다. 또 살펴보건대, 서주(徐州)의 물에는 사수(泗水)가 있고 문수(汶水)가 있고 변수(汴水)가 있고 곽수(漷水)가 있는데, 유독 회수(淮水)와 기수(沂水)만 말한 것은 『주례(周禮)』 「직방씨(職方氏)」에서 '청주(靑州)의 내는 회수(淮水)와 사수(泗水)이고, 못은 기수(沂水)와 술수(沭水)이다.'라고 하였는데, 주(周)나라에는 서주가 없고 청주에 병합하였으니, 주나라의 청주는 곧 우(禹)의 서주(徐州)인 것이다. 그렇다면 서주의 내는 회수보다 큰 것이 없으니 회수가 다스려졌으면 사수(泗水)부터 아래의 모든 내가 되는 것을 알 수 있으며, 서주의 못은 기수보다 큰 것이 없으니 기수가 다스려졌으면 술수(沭水)부터 아래의 모든 못이 되는 것을 알 수 있다."

詳說

○ 治也.
'이수명(二水名)'에서 볼 때, '예(乂)'는 다스림이다.

○ 音現.
'현(見)'은 음이 현(現)이다.

○ 如字, 又古盍反.

---

451) '도수(導水)': 아래의 「우공(禹貢)」 [4-2-1-94]를 말한다.

'출태산군개(出泰山郡蓋)'에서 '개(蓋)'는 본래 글자의 음 대로 읽고, 또 고(古)와 합(盍)의 반절이다.

○ 音毗.

'비(邳)'는 음이 비(毗)다.

○ 句.

'수출이구산(水出尼丘山)'에서 문장의 끊어진다.

○ 魯城南門, 卽舞雩.

'서북경노지우문(西北徑魯之雩門)'에서 볼 때, 노(魯)나라 성 남쪽 문이니, 곧 무우(舞雩)452)이다.

○ '太公'二字, 恐'南'字之訛, 『水經』註·本文, 可考.453) 是蓋傳寫者, 字相似之誤, 如『論語』'卒'字之析爲'五十'字耳.454)

452) 무우(舞雩): 고대에 음악과 춤을 수반한 기우제(祈雨祭)를 말하는데, 『주례(周禮)』 「춘관(春官)·사무(司巫)」에서 "若國大旱, 則帥巫而舞雩.(만약 나라에 큰 가뭄이 생기면 무당을 이끌고 무제를 지낼 것이다.)"라고 하였다. 그리고 『논어집주대전(論語集註大全)』 권11, 「선진(先進)」에서 "'點! 爾何如?' 鼓瑟希鏗爾, 舍瑟而作, 對曰 : '異乎三子之撰.' 子曰 : '何傷乎? 亦各言其志也.' 曰 : '莫春者, 春服旣成, 冠者五六人, 童子六七人, 浴乎沂, 風乎舞雩, 詠而歸.' 夫子喟然歎曰 : '吾與點也.'('점아! 너는 어쩌겠느냐?' 비파 연주를 띄엄띄엄 깽깽이 하더니 비파를 놓고 일어서서 대답하여 말하였다. '세 사람이 갖추고 있는 것과 다릅니다.' 공자가 말하였다. '무엇이 해롭겠는가? 또한 각각 그 뜻을 말하는 것이다.' 증점이 말하였다. '늦봄에 봄옷이 이미 이루어지거든 갓을 쓴 사람 대여섯 명과 어린아이 예닐곱 명으로 기수에서 목욕하고 무우에서 바람을 쐬며 노래하고서 돌아올 것입니다.' 부자가 소리 내어 감탄하며 말하였다. '나는 증점을 허여한다.')"라고 하여 도를 즐기고 뜻을 이루는 삶을 말하였는데, 집주에서 "'舞雩', 祭天禱雨之處, 有壇墠樹木也.('무우'는 하늘에 제사하여 비를 기원하는 곳이니, 제사장인 단선과 나무를 말하였고, 또 『논어집주대전(論語集註大全)』 권12, 「안연(顔淵)」에서도 "樊遲從遊於舞雩之下, 曰 : '敢問崇德修慝辨惑.' 子曰 '善哉! 問.'(번지가 무우 아래에 좇아 놀더니 말하였다. '감히 덕을 높이며, 숨은 악을 닦으며, 미혹됨을 분변하는 것에 대해 물어보겠습니다.' 공자가 말하였다. '착하도다! 물음이여.')"이라 하여 무우대(舞雩臺) 아래에서 종유(從遊)하는 것을 말하여 여기서 말한 무우(舞雩)와 다른 의미를 지닌다.

453) 반고(班固) 찬, 『전한서(前漢書)』 권28, 「지리지(地理志)」에는 "泰山郡 … 南武陽."이라 하여 '南'이라 하였으나, 역도원(酈道元) 찬, 『수경주(水經注)』 권25, 「기수(沂水)」에는 "水出泰山南武陽縣之冠石山."이라 하여 '泰山(太山)'으로 되어 있어 집전에서 '太公'이라고 한 것과 다름을 알 수 있다.

454) 『논어집주대전(論語集註大全)』 권7, 「술이(述而)」에서 "子曰 : '加我數年, 五十以學『易』, 可以無大過矣.'(공자가 말하였다. '나에게 두어 해를 빌려주어 마침내 『주역』을 배우면 큰 허물이 없게 할 수 있으리라.')"라고 하였는데, 주자의 집주에서 유안세(劉安世)의 말을 인용하여 "嘗讀他『論』, '加'作'假', '五十'作'卒.' 蓋'加'·'假', 聲相近而誤讀, '卒'與'五十', 字相似而誤分也.(일찍이 다른 『논어』를 읽었더니 '가'는 '가'로 썼고, '오십'은 '졸'로 쓰였으니, 대게 '가'와 '가'는 소리가 서로 들어맞아서 잘못 읽었고, '졸'과 '오십'은 글자가 서로 비슷해서 잘못 나눈 것이다.)하고, 다시 ᄽᆞᆷ으로 "此章之言, 『史記』, 作'假我數年, 若是, 我於『易』則彬彬矣', '加'正作'假', 而無'五十'字, 蓋是時, 孔子年已幾七十矣, '五十'字誤, 無疑也. 學『易』則明乎吉凶消長之理, 進退存亡之道. 故可以無大過. 蓋聖人深見『易』道之無窮, 而言此以敎人, 使知其不可不學, 而又不可以易而學也.(이 장의 말은 『사기』에는 '나에게 두어 해를 빌려주어 오늘날과 같이 내가

'수출태공무양지관석산(水出太公武陽之冠石山)'에서 볼 때, '태공(太公)'의 두 글자는 아마도 '남(南)'자가 다르게 전해진 듯하니,『수경주(水經註)』와 본문에서 상고할 수 있다. 이는 대개 전하여 베껴 쓴 이가 글자가 서로 비슷하게 여긴 잘못이니,『논어(論語)』의 '졸(卒)'자가 나누어져서 '오십(五十)'자가 된 것과 같을 뿐이다.

○『水經註』, 謂之'武水';455)『漢』「志」, 謂之'治水'.456) ○酈說, 止此.
'역위지기수(亦謂之沂水)'의 경우,『수경주(水經註)』에서는 '무수(武水)'라 하고,『한서(漢書)』「지리지(地理志)」에서는 '치수(治水)'라고 하였다. ○역도원(酈道元)의 말이 여기서 그친다.

○ 經流.
'이기수지대(而沂水之大)'의 경우, 지나가는 물 흐름이다.

○ 卽「地志」者.457)
'즉출어태산야(則出於泰山也)'의 경우, 바로「지지(地志)」인 것이다.

○ 苦郭反.
'곽(漷)'은 고(苦)와 곽(郭)의 반절이다.

○ 川之次者.
'기침(其浸)'에서 볼 때, 천(川)의 다음인 것이다.

○ 音術.458)

주역』을 한다면 안팎을 멋지게 갖출 것이다.'라고 쓰여 있어 '가'는 정말로 '가'로 썼고, '오십'이라는 글자는 없었다. 대개 공자의 나이가 이미 일흔에 가까웠을 것이니, '오십'이라는 글자가 잘못된 것은 의심할 여지가 없다.『주역』을 배우면 길하고 흉하며 사라지고 자라나는 이치와 나아가고 물러나면 살고 죽는 도리에 밝게 된다. 그러므로 큰 허물이 없을 수 있으니, 대개 성인은『주역』도리의 무궁함을 깊이 보고 이를 말하여 사람들에게 가르쳐서 하여금 배우지 않으면 안 되며, 또 쉽게 배울 수 없음을 알게 하려고 한 것이다.)"라고 한 내용을 말하는 것이다.
455) 역도원(酈道元) 찬,『수경주(水經注)』권25,「기수(沂水)」.
456) 반고(班固) 찬,『전한서(前漢書)』권28상,「지리지(地理志)」.
457) 위에서 주해한 내용과 같다.
458) 호광(胡廣) 등 찬,『서경대전(書經大全)』의 소주를 수용한 것이다.

'술(沭)'은 음이 술(術)이다.

○ '可知', 言皆治也. ○以論, 釋之. ○曾說, 蓋至此.
'가지의(可知矣)'에서 볼 때, '가지(可知)'는 모두 다스렸음을 말한 것이다. ○논변으로 해석한 것이다. ○증씨(曾氏: 曾鞏)의 말이 대개 여기까지이다.

[4-2-1-30]
蒙·羽其藝.

몽산(蒙山)과 우산(羽山)은 곡식을 심을 수 있다.

集傳
'蒙'·'羽', 二山名. '蒙山', 「地志」, '在泰山郡蒙陰縣西南', 今沂州費縣也; '羽山', 「地志」, '在東海郡祝其縣南', 今海州朐山縣也. '藝'者, 言可種藝也.
'몽(蒙)'과 '우(羽)'는 두 산의 이름이다. '몽산(蒙山)'은 「지지(地志)」에서 "태산군(泰山郡) 몽음현(蒙陰縣)의 서남쪽에 있다."고 하였으니, 지금의 기주(沂州) 비현(費縣)이며, '우산(羽山)'은 「지지(地志)」에서 "동해군(東海郡) 축기현(祝其縣)의 남쪽에 있다."고 하였으니, 지금의 해주(海州) 구산현(朐山縣)이다. '예(藝)'라는 것은 곡식을 심어서 기를 수 있음을 말한다.

詳說
○ 音秘.
'비(費)'는 음이 비(秘)이다.

○ 林氏曰 : "卽語東蒙, 『詩』'龜'·'蒙'."459)
'금기주비현야(今沂州費縣也)'에 대해, 임씨(林氏: 林之奇)가 말하였다. "동쪽의 몽산(蒙山)을 말하니, 『시경(詩經)』에서 곧 구산(龜山)과 몽산(蒙山)이라고 하였다."

---

459) 호광(胡廣) 등 찬, 『서경대전(書經大全)』의 소주에서 발췌한 것이다. 그 전문은 다음과 같다. "林氏曰 : '蒙山, 卽말東蒙, 『詩』奄有龜·蒙; 羽山, 卽鮌殛處.'(임씨가 말하였다. '몽산은 곧 동쪽의 몽산을 말하니, 『시경』에서 곧 구산과 몽산을 두었다 하였고, 우산은 곧 곤이 죽은 곳이다.')" ; 호광(胡廣) 등 찬, 『시전대전(詩傳大全)』권20, 「노송(魯頌)·비궁(閟宮)」. "泰山巖巖, 魯邦所詹. 奄有龜·蒙, 遂荒大東, 至于海邦, 淮夷來同, 莫不率從, 魯侯之功.(태산이 드높고 드높으니 노나라가 우러러보도다. 곧 구산과 몽산을 두어 마침내 동쪽으로 넓혀져 바닷가의 나라에 이르니 회이가 와서 함께 하여 따르지 않는 이 없으니 노나라 임금의 공이도다.)" 두 산 가운데 동쪽에 있는 산이 몽산이다.

○ 音基.

'재동해군축기(在東海郡祝其)'에서 기(其)는 음이 기(基)다.

○ 音劬.460)

'구(朐)'는 음이 구(劬)다.

○ 林氏曰 : "卽殛鯀處461)."462)

'금해주구산현야(今海州朐山縣也)'에 대해, 임씨(林氏: 林之奇)가 말하였다. "곤(鯀)을 죽인 곳이다."

○ 王氏炎曰 : "淮·沂, 先大而後小; 蒙·羽, 先高而後下. 淮·沂乂而後, 蒙·羽可藝, 事之相因也.."463)

'언가종예야(言可種藝也)'에 대해, 왕씨 염(王氏炎: 王炎)이 말하였다. "회수(淮水)와 기수(沂水)는 큰 것을 먼저하고 작은 것을 뒤에 한 것이며, 몽산(蒙山)과 우산(羽山)은 높은 것을 먼저하고 낮은 것을 뒤에 한 것이다. 회수(淮水)와 기수(沂水)가 다스려진 뒤에 몽산(蒙山)과 우산(羽山)이 심어서 기를 수 있으니, 일이 서로 말미암는 것이다."

[4-2-1-31]

大野旣豬,

대야택(大野澤)이 이윽고 물이 모여 다시 흐르니

詳說

○ 今作瀦, 音諸, 下同. 『諺解』用華音, 恐誤. 且與孟豬之音, 自

---

460) 호광(胡廣) 등 찬, 『서경대전(書經大全)』의 소주를 수용한 것이다.
461) 호광(胡廣) 등 찬, 『서경대전(書經大全)』에는 "卽鯀殛處."로 되어 있다.
462) 호광(胡廣) 등 찬, 『서경대전(書經大全)』의 소주에서 발췌한 것이다. 그 전문은 다음과 같다. "林氏曰 : '蒙山, 卽東蒙, 『詩』奄有龜·蒙; 羽山, 卽鯀殛處.'(임씨가 말하였다. '… 우산은 곧 곤을 죽인 곳이다.')": 중국 고대의 추장으로 호가 숭백(崇伯)이고 우(禹)의 아버지이다. 요(堯)의 명을 받들어 치수(治水)하였는데 9년 동안 이루지 못하여 순(舜)에게 우산(羽山)에게 죽임을 당하였다.
463) 호광(胡廣) 등 찬, 『서경대전(書經大全)』의 소주에서 발췌한 것이다. 그 전문은 다음과 같다. "王氏炎曰 : '先淮後沂, 先大而後小也; 先蒙後羽, 先高而後下也. 淮·沂乂而後, 蒙·羽可藝, 事之相因也.'(왕씨 염이 말하였다. '회수를 먼저하고 기수를 뒤에 한 것은 큰 것을 먼저하고 작은 것을 뒤에 한 것이며, 몽산을 먼저하고 우산을 뒤에 한 것은 높은 것을 먼저하고 낮은 것을 뒤에 한 것이다. 회수와 기수가 다스려진 뒤에 몽산과 우산이 심어서 기를 수 있으니, 일이 서로 말미암는 것이다.')"

相矛盾.464)

'저(豬)'는 지금 저(瀦)로 썼으니 음이 저(諸)이며, 아래도 같다. 『언해(諺解)』에는 중국의 음을 썼는데 아마도 잘못된 듯하며, 또 맹저(孟豬)의 음과 저절로 서로 모순이 된다.

集傳

'大野', 澤名, 「地志」, '在山陽郡鉅野縣北', 今濟州鉅野縣也, 鉅, 卽大也. 水蓄而復流者, 謂之'豬'. 按, 『水經』, "濟水至乘氏縣, 分爲二, 南爲菏, 北爲濟." 酈道元謂 : "一水, 東南流; 一水, 東北流, 入鉅野澤", 則大野, 爲濟之所絶, 其所聚也大矣. 何承天曰 : "鉅野廣大, 南導洙·泗, 北連淸濟", 徐之有濟, 於是乎見. 又鄆州中都西南, 亦有大野陂, 或皆大野之地也.

'대야(大野)'는 못의 이름이니, 「지지(地志)」에서 "산양군(山陽郡) 거야현(鉅野縣)의 북쪽에 있다."고 하였으니, 지금의 제주(濟州) 거야현(鉅野縣)이며, 거(鉅)는 곧 큼이다. 물이 모여서 다시 흐르는 것을 '저(豬)'라고 이른다. 살펴보건대, 『수경(水經)』에서 "제수(濟水)가 승지현(乘氏縣)에 이르러 나뉘어 둘이 되니, 남쪽은 하수(菏水)가 되고 북쪽은 제수(濟水)가 된다." 역도원(酈道元)이 이르기를 "하나의 물은 동남쪽으로 흐르고, 하나의 물은 동북쪽으로 흘러 거야택(鉅野澤)으로 들어간다."고 하였으니, 대야(大野)는 제수(濟水)가 끊어지는 곳이 되어 물이 모인 것이 크다. 하승천(何承天)이 말하기를 "거야(鉅野)가 광대하여 남쪽으로는 수수(洙水)와 사수(泗水)를 이끌고, 북쪽으로는 맑은 제수(濟水)와 잇닿는다."고 하였으니, 서주(徐州)에 제수(濟水)가 있음을 여기서 볼 수 있다. 또 운주(鄆州) 중도(中都)의 서남쪽에 또한 대야피(大野陂)가 있는데, 혹시 모두 대야(大野)의 땅인 듯하다.

詳說

○ 巨同.

'거(鉅)'는 거(巨)와 같다.

○ 去聲.465)

---

464) 호광(胡廣) 등 찬, 『서경대전(書經大全)』의 소주에는 "音朱.(음이 주다.)"로 되어 있다. 내각본에는 "豬, 張如反, 今作瀦, 下章同.('저'는 장과 여의 반절이니, 지금은 저로 쓰며, 아랫장도 같다.)"으로 되어 있다. 『언해(諺解)』에는 '쥬'라고 하였다.
465) 호광(胡廣) 등 찬, 『서경대전(書經大全)』의 소주를 수용한 것이다.

'승(乘)'은 거성(去聲: 수레, 말)이다.

○ 音支.

'지(氏)'는 음이 지(支)다.

○ 音哥.466)

'가(菏)'는 음이 가(哥)다.

○ 卽菏.

'동남류(東南流)'의 경우, 바로 가(菏)다.

○ 酈說, 止此.

'입거야택(入鉅野澤)'에서 볼 때, 역도원(酈道元)의 말이 여기서 그친다.

○ 絶過.

'위제지소절(爲濟之所絶)'의 경우, 단절되어 지나가는 것이다.

○ 何說, 蓋止此.

'북연청제(北連淸濟)'에서 볼 때, 하승천(何承天)의 말이 대개 여기서 그친다.

○ 音現.

'어시호현(於是乎見)'에서 현(見)은 음이 현(現)이다.

○ 非經流也.

지나가는 물 흐름이 아니다.

○ 曾氏曰 : "大野, 在徐西·兗東, 周無徐, 故「職方」專屬兗, 曰其澤, 大野."467)

---

466) 호광(胡廣) 등 찬, 『서경대전(書經大全)』의 소주에는 "音柯.(음이 가다.)"로 되어 있다.
467) 호광(胡廣) 등 찬, 『서경대전(書經大全)』의 소주에서 발췌한 것이다. 그 전문은 다음과 같다. "曾氏曰 : '「職方」, 河東曰兗州, 其澤藪曰大野, 大野, 濟水之所絶, 則禹之時, 蓋在徐之西, 兗之東也. 周無徐州, 故專屬兗.'(증씨가 말하였다. '「직방」에서 황하 동쪽을 연주라 하고 그 못을 대야라 하니, 대야는 제수가 끊어진 곳인데, 곧 우의 때에는 대개 서주의 서쪽과 연주의 동쪽에 있었다. 주나라에는 서주가 없기 때문에 오로

'혹개대야지지야(或皆大野之地也)'에 대해, 증씨(曾氏: 曾鞏)가 말하였다. "대야(大野)는 서주(徐州) 서쪽과 연주(兗州) 동쪽에 있는데, 주(周)나라에는 서주(徐州)가 없기 때문에 「직방(職方)」에는 오로지 연주(兗州)에 속하였으며, 그 못을 대야(大野)라고 하였다."

[4-2-1-32]
東原底平.

동원(東原)이 다스려짐에 이르렀다.

集傳

'東原', 漢之東平國, 今之鄆州也. 蜚氏曰: "東平, 自古多水患, 數徙其城. 咸平中, 又徙城於東南, 則其下濕, 可知. '底平'者, 水患已去, 而底於平也. 後人, 以其地之平, 故謂之'東平'. 又按, '東原', 在徐之西北, 而謂之'東'者, 以在濟東故也. 東平國, 在景帝, 亦謂'濟東國'云, 益知大野・東原, 所以志濟也."

'동원(東原)'은 한(漢)나라의 동평국(東平國)이니, 지금의 운주(鄆州)이다. 조씨(蜚氏: 蜚說之)가 말하기를 "동평(東平)은 옛날부터 수해(水害)의 근심이 많아서 자주 그 도성을 옮겼다. 함평(咸平) 연간에 또 동남쪽으로 도성을 옮겼으니, 그곳이 낮고 습하다는 것을 알 수 있다."고 하였다. '지평(底平)'이라는 것은 수해의 근심이 이미 없어져서 다스려짐에 이른 것이다. 후세 사람들이 그 땅이 평평하다고 여겼기 때문에 '동평(東平)'이라고 하였다. 또 살펴보건대, '동원(東原)'은 서주(徐州)의 서북쪽에 있는데 '동(東)'이라고 이른 것은 제수(濟水)의 동쪽에 있기 때문이다. 동평국(東平國)은 한나라 경제(景帝) 때 또한 '제동국(濟東國)'이라고 하였으니, 대야(大野)와 동원(東原)이 제수(濟水)를 표시한 것임을 더욱 알 수 있다.

詳說

○ 音朔.468)

'삭(數)'은 음이 삭(朔)이다.

지 연주에 속하였다.')"
468) 호광(胡廣) 등 찬, 『서경대전(書經大全)』의 소주를 수용한 것이다.

○ 鼂說, 蓋止此.
'우사성어동남(又徙城於東南)'에서 볼 때, 조씨(鼂氏: 鼂說之)의 말이 대개 여기서 그친다.

○ 以治功言也. 或曰 : "以地形言",469) 恐不然.
'이지어평야(而厎於平也)'의 경우, 다스린 공력으로써 말한 것이다. 어떤 이는 말하기를 "땅의 형태로써 말하였다."고 하였는데, 아마도 그렇지 않은 듯하다.

○ 漢.
'경제(景帝)'는 한(漢)나라를 말한다.

○ 識也.
'지(志)'는 지(識: 표기하다, 기재하다)이다.

○ '又按'以下, 論也.
'소이지제야(所以志濟也)'에서 볼 때, '우안(又按)' 이하는 논변한 것이다.

○ 王氏炎曰 : "大野豬而後, 東原平, 亦事之相因也."470)
왕씨 염(王氏炎: 王炎)이 말하였다. "대야택(大野澤)이 물이 모여서 다시 흐른 뒤에 동원(東原)이 평평해지니, 또한 일이 서로 말미암는 것이다."

○ 曾氏曰 : "淮·沂水之流者, 大野水之止者, 蒙·羽地之高者, 東原地之平者, 無不治也."471)
증씨(曾氏: 曾鞏)가 말하였다. "회수(淮水)와 기수(沂水)에 물 흐르는 것, 대야(大野)에 물이 그친 것, 몽산(蒙山)과 우산(羽山)의 땅이 높은 것, 동원(東原)에 땅이 평평한 것은 다스려지지 않음이 없는 것이다."

---

469) 임지기(林之奇) 찬, 『상서전해(尙書全解)』 권8, 「우공(禹貢)·하서(夏書)」. "蓋淮·沂其乂, 是水之流也; 大野既豬, 是水之止也; 蒙·羽其藝, 是地之隩也; 東原底平, 是地之平也.(대개 회수와 기수가 다스려졌다는 것은 물의 흐르는 것이며, 대야가 이윽고 물이 모여서 다시 흐른다는 것은 물이 멈춘 것이며, 몽산과 우산이 곡식을 심어 기른다는 것은 땅이 험하다는 것이며, 동원이 평평함에 이르렀다는 것은 땅이 평평하다는 것이다.)"
470) 호광(胡廣) 등 찬, 『서경대전(書經大全)』의 소주를 수용한 것이다.
471) 호광(胡廣) 등 찬, 『서경대전(書經大全)』의 소주를 수용한 것이다.

[4-2-1-33]
厥土, 赤埴墳, 草木, 漸包.

그 흙이 붉고 차지며 부풀어 일어나니, 풀과 나무가 점점 떨기로 났도다.

詳說

○ 丞職·昌志二反.[472)

'식(埴)'은 승(丞)과 직(職), 창(昌)과 지(志), 두 가지의 반절이다.

集傳

土黏曰'埴'. '埴', 膩也, 黏泥如脂之膩也. 周有搏埴之工, 老氏言: "埏埴以爲器", 惟土性黏膩細密, 故可搏可埏也. '漸', 進長也, 如『易』所謂'木漸', 言其日進於茂而不已也. '包', 叢生也, 如『詩』所謂'如竹包矣', 言其叢生而稹也.

흙이 찰진 것을 '식(埴)'이라고 한다. '식(埴)'은 매끄러움이니, 찰지고 부드러움이 기름의 매끄러움과 같은 것이다. 주(周)나라에는 진흙을 이겨서 기물(器物)을 만드는 장인이 있었고, 노씨(老氏: 老子)[473)는 "진흙을 빚어서 기물을 만든다."고 말하였는데, 흙의 성질이 찰지고 매끄러우며 세밀하기 때문에 이길 수 있고 빚을 수 있는 것이다. '점(漸)'은 점진적으로 성장함이니, 『주역(周易)』에서 '목점(木漸)'이라고 이른 것과 같으니, 날마다 무성함에 나아가 그치지 않음을 말한다. '포(包)'는 떨기로 나는 것으로 『시경(詩經)』에서 '대나무가 떨기로 나는 듯하다.'고 이른 것과 같으니, 떨기로 나서 뭉쳐있는 것을 말한다.

詳說

○ 音拈.[474)

'점(黏)'은 음이 점(拈)이다.

○ 去聲.[475)

---

472) 호광(胡廣) 등 찬, 『서경대전(書經大全)』의 소주에는 "'埴', 音熾.('치'는 음이 치다.)"로 되어 있다 내가본 에는 "'埴', 丞職·昌志二反.('식'은 승과 직·창과 지의 두 개의 반절이다.)"으로 되어 있다.
473) 노씨(老氏: 老子): DC 6세기경에 도가(道家)의 창시자로, 성씨가 이(李)이고, 이름이 이(耳)이며, 자가 백양(伯陽) 또는 담(聃)이다 저서로 『도덕경(道德經)』이 있다.
474) 호광(胡廣) 등 찬, 『서경대전(書經大全)』의 소주에는 "音嚴.(음이 엄이다.)"으로 되어 있다.
475) 호광(胡廣) 등 찬, 『서경대전(書經大全)』의 소주를 수용한 것이다.

'니(泥)'는 거성(去聲: 부드럽다, 부드럽게 반죽하다)이다.

○ 音團.476)

'단(摶)'은 음이 단(團)이다.

○ 已見'殳'·'斨'註.477)

'주유단식지공(周有摶埴之工)'에서 볼 때, 이미 '수(殳)'와 '장(斨)'의 주에 보였다.

○ 尸連反.478)

'선(埏)'은 시(尸)와 련(連)의 반절이다.

○ 見『道德經』.479)

'선식이위기(埏埴以爲器)'의 내용이 『도덕경(道德經)』에 보인다.

○ 沙溪曰 : "和土也."480)

'선(埏)'에 대해, 사계(沙溪: 金長生)가 말하였다. "흙을 반죽하는 것이다."

○ 上聲.481)

---

476) 호광(胡廣) 등 찬, 『서경대전(書經大全)』의 소주를 수용한 것이다.
477) 위의 「순전(舜典)」 [1-1-2-21]에서 "帝曰 : '疇若予工?' 僉曰 : '垂哉.' 帝曰 : '兪. 咨垂. 汝共工.' 垂拜稽首, 讓于殳·斨曁伯與. 帝曰 : '兪. 往哉汝諧.'(순임금이 말하기를, '누가 나의 백공의 일을 공순히 다스리겠는가?'라고 하자, 많은 관료들이 말하기를 '수입니다.'라고 하였다. 순임금이 말하기를, '그러한가. 수야! 네가 공공이 되어야겠다.' 하니, 수가 절하고 머리를 조아려 수와 장 및 백여에게 사양하였는데, 순임금이 말하기를, '그러한가. 이전의 직무까지 잘 수행하라.'라고 하였다.)"라고 하였는데, 집전에서 "'殳'·'斨'·'伯與', 三臣名也. '殳', 以積竹爲兵, 建兵車者. '斨', 方銎斧也. 古者多以其所能爲名, '殳'·'斨', 豈能爲二器者歟.('수'와 '장'과 '백여'는 세 신하의 이름이다. '수'는 대나무를 모아서 무기를 만들어 전투 수레에 세우는 것이다. '장'은 네모난 구멍의 도끼이다. 옛날에는 대부분 그 능한 것으로써 이름을 삼았으니, '수'와 '장'은 아마도 능히 이 두 가지 무기를 만든 이일 것이다.)"라고 한 것을 말한다.
478) 호광(胡廣) 등 찬, 『서경대전(書經大全)』의 소주에는 "音延.(음이 연이다.)"으로 되어 있다.
479) 왕필(王弼) 주, 『노자도덕경(老子道德經)』 상편, 11장. "三十輻, 共一轂, 當其無, 有車之用. 埏埴以爲器, 當其無, 有器之用. 鑿戶牖以爲室, 當其無, 有室之用. 故有之以爲利, 無之以爲用.(서른 개의 바퀴살이 하나의 바퀴통에 몰려있으니, 그 가운데 빈 곳을 맞아야 수레의 쓰임이 있다. 진흙을 빚어서 기물을 만드니, 그 가운데 빈 곳을 두어야 기물의 쓰임이 있다. 문과 창문을 뚫어서 방을 만드니, 그 가운데 빈 곳을 두어야 방의 쓰임이 있다. 그러므로 그것이 있어서 유리함이 되고, 그것이 없어서 유용함이 되는 것이다.)" 하상공(河上公)의 주에 의하면, "'埏', 和也; '埴', 土也, 謂和土以爲器也.('선'은 반죽함이고, '치'는 흙이니, 흙을 반죽하여 기물을 만드는 것이다.)"라고 하였다.
480) 『사계전서(沙溪全書)』 권14, 「경서변의(經書辨疑)·서전(書傳)·우공(禹貢)」.
481) 호광(胡廣) 등 찬, 『서경대전(書經大全)』의 소주를 수용한 것이다.

'장(長)'은 상성(上聲: 어른, 생장하다, 성장하다)이다.

○ 「漸·大象」.482)
'『역』(『易』)'은 「점괘(漸卦)·대상(大象)」이다.

○ 「斯干」.483) ○ 一有'之'字.484)
'여『시』(如『詩』)'의 경우, 「사간(斯干)」이다. ○어떤 판본에는 '지(之)'자가 있다.

○ 『詩』作'苞'.485)
'소위여죽포(所謂如竹包)'의 경우, 『시경(詩經)』에는 '포(苞)'로 썼다.

○ 止忍反. ○『大全』曰: "物叢生也."486)
'진(稹)'은 지(止)와 인(忍)의 반절이다. ○『대전(大全)』에서 말하였다. "식물이 떨기로 뭉쳐나는 것이다."

[4-2-1-34]

厥田惟上中, 厥賦中中.

전(田)은 상(上)에 중(中)이고, 부(賦)는 중(中)에 중(中)이다.

集傳

'田', 第二等. '賦', 第五等也.
'전(田)'은 두 번째 등차이다. '부(賦)'는 다섯 번째 등차이다.

---

482) 호광(胡廣) 등 찬, 『주역전의대전(周易傳義大全)』 권19, 「점괘(漸卦)·상사(象辭)」. "象曰: '山上有木, 漸, 君子以, 居賢德善俗.'(「상사」에서 말하였다. 산 위에 나무가 있는 것이 점이니, 군자가 그것을 본받아 덕에 살며 풍속을 착하게 하였다.')"
483) 호광(胡廣) 등 찬, 『서경대전(書經大全)』 권11, 「소아(小雅)·기보지십(祈父之什)·사간(斯干)」. "秩秩斯干, 幽幽南山. 如竹苞矣, 如松茂矣. 兄及弟矣, 式相好矣, 無相猶矣.(차근차근한 이 물가에다 그윽 그윽한 남산이로다. 대나무가 떨기로 나는 듯 소나무가 무성한 듯하다. 형들과 아울러 아우들이 이에 서로를 좋아하노니 서로 도모함이 없으리라..)" 그리고 집주에서 "'苞', 叢生而固也.('포'는 떨기로 나서 굳은 것이다.)"라고 하였다.
484) 채침(蔡沈) 찬 『서경집전(書經集傳)』에는 "如『詩』所謂'如竹包矣'."라고 히였다. 호광(胡廣) 등 친, 『시경대전(書經大全)』 및 내각본에는 "如『詩』之所謂'如竹包矣'."라고 하여 '之'자가 있다.
485) 위의 주245)와 같다.
486) 호광(胡廣) 등 찬, 『서경대전(書經大全)』의 소주를 수용한 것이다. 내각본 소주에도 실려 있다.

[4-2-1-35]

厥貢, 惟土五色, 羽畎夏翟, 嶧陽孤桐, 泗濱浮磬. 淮夷蠙珠暨魚, 厥篚玄·纖·縞.

그 공물(貢物)은 다섯 색깔의 흙과 우산(羽山) 골짜기의 아름다운 꿩과 역산(嶧山) 남쪽의 특출(特出)난 오동나무와 사수(泗水)의 물가에 떠있는 듯한 석경이로다. 회수(淮水)의 오랑캐들은 진주(珍珠) 및 물고기를 바치며, 그 광주리의 폐백은 검은 비단과 섬세한 명주와 흰 명주이다.

詳說

○ '夏', 上聲. '嶧', 音驛. '蠙', 音貧. '縞', 『諺』音誤.487)

'하(夏)'는 상성(上聲: 五色)이다. '역(嶧)'은 음이 역(驛)이다. '빈(蠙)'은 음이 빈(貧)이다. '고(縞)'는 『언해(諺解)』의 음이 잘못되었다.

集傳

徐州之土, 雖赤, 而五色之土, 亦間有之, 故制以爲貢. 『周書』「作雒」曰 : "諸侯受命于周, 乃建大社于國中, 其壝, 東靑土, 南赤土, 西白土, 北驪土, 中央疊以黃土." 將建諸侯, 鑿取其方面之土, 苞以黃土, 苴以白茅, 以爲土封. 故曰 : "受削土于周室", 此貢土五色, 意亦爲是用也. '羽畎', 羽山之谷也. '夏翟', 雉具五色, 其羽中旌旄者也. 染人之職, "秋染夏", 鄭氏曰 : "'染夏'者, 染五色也." 林氏曰 : "古之車服·器用, 以雉爲飾者多, 不但旌旄也." 曾氏曰 : "山雉具五色, 出于羽山之畎, 則其名山以羽者, 以此歟. '嶧', 山名, 「地志」云 : "東海郡下邳縣西, 有葛嶧山, 古文, 以爲嶧山", 下邳, 今淮陽軍下邳縣也. '陽'者, 山南也. '孤桐', 特生之桐, 其材中琴瑟. 『詩』曰 : "梧桐生矣. 于彼朝陽", 蓋草木之生, 以向日爲貴也. '泗', 水名, 出魯國卞縣桃墟西北陪尾山. 源有泉四, 四泉俱導, 因以爲名. 西南過彭城, 又東南過下邳,

---

487) 호광(胡廣) 등 찬,『서경대전(書經大全)』의 소주에는 "'夏', 玄雅反. '翟', 亭歷反. '嶧', 音亦. '蠙', 音騈. '纖', 思廉反. '縞', 古老反.('하'는 현과 아의 반절이다. '적'은 정과 력의 반절이다. '역'은 음이 역이다. '변'은 음이 변이다. '섬'은 사와 렴의 반절음이다. '고'는 고와 로의 반절이다.)"으로 되어 있다. 내각본에는 "'夏', 玄雅反. '翟', 亭歷反. '蠙', 蒲眠反. '纖', 思廉反. '縞', 古老反.('하'는 현과 아의 반절이다. '적'은 정과 력의 반절이다. '변'은 포와 면의 반절이다. '섬'은 사와 렴의 반절음이다. '고'는 고와 로의 반절이다.)"으로 되어 있다. 『언해(諺解)』에는 '縞호'라고 하였는데, 『광운(廣韻)』에 의하면 "古老切, 上.(고와 로의 반절이니, 상성이다.)이라고 하였다.

入淮, 卞縣, 今襲慶府泗水縣也. '濱', 水厓也. '浮磬', 石露水濱, 若浮於水然. 或曰: "非也. 泗濱, 非必水中, 泗水之厓近, '浮'者, 石浮生土中, 不根著者也." 今下邳, 有石磬山, 或以爲古取磬之地. 曾氏曰: "不謂之'石'者, 成磬而後貢也." '淮夷', 淮之夷也. '蠙', 蚌之別名也. '暨', 及也. '珠', 爲服飾; '魚', 用祭祀. 今濠·泗·楚, 皆貢淮白魚, 亦古之遺制歟. '夏翟'之出於羽畎, '孤桐'之生於嶧陽, '浮磬'之出於泗濱, '珠'·'魚'之出於淮夷, 各有所產之地, 非他處所有. 故詳其地而使貢也. '玄', 赤黑色幣也,「武成」曰: "篚厥玄·黃", '纖'·'縞', 皆繒也.『禮』曰: "及期而大祥, 素縞麻衣, 中月而禫, 禫而纖",『記』曰: "有虞氏縞衣而養老", 則知'纖'·'縞'皆繒之名也. 曾氏曰: "'玄', 赤而有黑色, 以之爲衮, 所以祭也; 以之爲端, 所以齊也; 以之爲冠, 以爲首服也. 黑經白緯曰'纖', '纖'也·'縞'也, 皆去凶卽吉之所服也."

서주(徐州)의 토양이 비록 붉으나 다섯 색깔의 흙이 또한 사이에 있기 때문에 법으로 제정하여 공납(貢納)하도록 하였다.『주서(周書)』「작락(作雒)」에서 말하기를 "제후가 주나라에서 명을 받아야 큰 사직단(社稷壇)488)을 나라 안에 세우는데, 그 담을 동쪽은 푸른 흙, 남쪽은 붉은 흙, 서쪽은 흰 흙, 북쪽은 검은 흙으로 하며, 가운데는 누런 흙으로써 칠한다."고 하였다. 장차 제후를 세우고 그 방면의 흙을 파서 취하여 누런 흙으로써 감싸고 흰 띠로써 에워싸서 흙 봉분을 만들었다. 그러므로 "나눈 흙을 주나라 왕실에서 받았다."고 하였으니, 여기서 다섯 색깔의 흙을 바친 것도 생각하건대 또한 이 용도 때문일 것이다. '우견(羽畎)'은 우산(羽山)의 골짜기이다. '하적(夏翟)'은 꿩이 다섯 색깔을 갖춘 것이니, 그 깃이 깃대장식에 적합하다. 염인(染人)의 직무에 "가을에 다섯 색깔을 물들인다."고 하였는데, 정씨(鄭氏: 鄭玄)가 말하기를 "'염하(染夏)'라는 것은 다섯 색깔을 물들이는 것이다."고 하였다. 임씨(林氏: 林之奇)가 말하기를 "옛날 거복(車服)과 기용(器用)에 꿩으로 장식한 것이 많았으니, 다만 깃대장식만이 아니었다."라고 하였다. 증씨(曾氏: 曾鞏)가 말하기를 "산의 꿩이 다섯 색깔을 갖추어 우산(羽山)의 골짜기에서 나온다."고 하였으니, 그 산을 우(羽)로써 이름 붙인 것은 이 때문일 것이다. '역(嶧)'은 산 이

---

488) 큰 사직단(社稷壇): 대사(大社)는 태사(太社)라고도 하니, 고대 천자가 토신(土神)과 곡신(穀神)에게 제사하기 위하여 설립한 제단(祭壇), 곧 큰 사직단(社稷壇)을 말한다. 호광(胡廣) 등 찬,『예기대전(禮記大全)』권 22,「제법(祭法)」에서 "王爲羣姓立社曰'大社', 王自爲立社曰'王社', 諸侯爲百姓立社曰'國社', 諸侯自爲立社曰'侯社', 大夫以下成羣立社曰'置社'.(왕이 많은 백성들을 위하여 사당을 세운 것을 '태사'라고 하며, 왕이 스스로 위하여 사당을 세운 것을 '왕사'라고 하며, 제후가 백성들을 위하여 사당을 세운 것을 '국사'라고 하며, 제후가 스스로 위하여 사당을 세운 것을 '후사'라고 하며, 대부 이하가 무리를 이루어 사당을 세운 것을 '치사'라고 한다.)"고 하였다. 공영달(孔穎達)은 "'大社', 在庫門之內右, 故「小宗伯」云: '右社稷'.('태사'는 곳집 문안의 오른쪽에 있었기 때문에「소종백」에서 이르기를 '우사직'이라 하였다.)"고 말하였다.

름이니, 「지지(地志)」에서 이르기를 "동해군(東海郡) 하비현(下邳縣)의 서쪽에 갈역산(葛嶧山)이 있고, 고문(古文)에서는 역산(嶧山)이라 하였다."고 하였다. '하비(下邳)'는 지금의 회양군(淮陽軍) 하비현(下邳縣)이다. '양(陽)'이라는 것은 산의 남쪽이다. '고동(孤桐)'은 특출(特出)난 오동나무이니, 그 재질이 거문고와 비파를 만드는 데 적합하다. 『시경(詩經)』에서 "오동나무가 자라남이여. 저 아침 해 뜨는 곳에 있다."고 하였으니, 대개 풀과 나무가 생장(生長)함에 해를 향하는 것을 귀하게 여기기 때문이다. '사(泗)'는 물 이름이니, 노(魯)나라 변현(卞縣) 도허(桃墟)의 서북쪽 배미산(陪尾山)에서 나온다. 근원에 원천이 네 개 있으니, 네 개의 원천이 함께 이끌어서 이로 인하여 물의 이름이 된 것이다. 서남쪽으로 팽성(彭城)을 지나고 또 동남쪽으로 하비(下邳)를 지나서 회수(淮水)로 들어가니, 변현(卞縣)은 지금의 습경부(襲慶府) 사수현(泗水縣)이다. '빈(濱)'은 물가이다. '부경(浮磬)'은 돌이 물가에 드러나서 물에 떠있는 것과 같은 것이다. 어떤 이가 말하기를 "아니다. 사빈(泗濱)은 반드시 물속이 아니고 사수(泗水)의 근방이며, '부(浮)'라는 것은 돌이 흙 속에 떠있어 뿌리박히지 않은 것이다."라고 하였다. 지금 하비(下邳)에 석경산(石磬山)이 있으니, 어떤 이는 옛날 석경(石磬)을 취하던 땅이라고 하였다. 증씨(曾氏: 曾鞏)가 말하기를 "'석(石)'이라 이르지 않은 것은 석경(石磬)을 이룬 뒤에 공납해서이다."라고 하였다. '회이(淮夷)'는 회수(淮水)의 오랑캐이다. '빈(蠙)'은 조개의 다른 이름이다. '기(曁)'는 및이다. '주(珠)'는 복식(服飾)을 위한 것이고, '어(魚)'는 제사(祭祀)에 사용한다. 지금 호주(濠州)와 사주(泗州)와 초주(楚州)에서 모두 회수(淮水)의 백어(白魚: 뱅어)를 바치니, 또한 후세에 전해진 제도이리라. '하적(夏翟)'은 우산(羽山) 골짜기에서 나오고, '고동(孤桐)'은 역양(嶧山)의 남쪽에서 나오고, '부경(浮磬)'은 사수(泗水)의 물가에서 나오고, '주(珠)'와 '어(魚)'는 회이(淮夷)에서 나와서 각각 산출되는 지역이 있으며, 다른 곳에 있는 것이 아니기 때문에 그 지역을 상세하게 하여 공납하도록 한 것이다. '현(玄)'은 검붉은 색의 폐백이니, 「무성(武成)」에서 말하기를 "검은 비단과 누런 비단을 폐백광주리에 담아 바친다."고 한 것이다. '섬(纖)'과 '호(縞)'는 모두 비단이니, 『예기(禮記)』에서 "기년(期年)에 미쳐서 대상(大祥)을 지내는데 흰 명주옷과 삼베옷을 입으며, 한 달 간격으로[489] 담제(禫祭)를 지내는데 담제(禫祭)를 지냄에 섬세하고 흰 명주옷을 입는다."고 하였으며, 『예기(禮記)』에서 "유우씨(有虞氏)는 흰 명주옷으로 노인을 봉양하였다."고

---

[489] 한 달 간격으로: 중월(中月)은 한 달 간격으로 하는 것이다. 『의례주소(儀禮注疏)』 권14, 「사우례(士虞禮)」, "又期而大祥曰薦, 此祥事, 中月而禫.(또 기년에 대상을 지내는 것을 '천'이라 하니 이것은 상사이고, 한 달 간격으로 담제를 지낸다.)" 이에 정현(鄭玄)은 "'中', 猶間也.('중'은 간과 같다.)"라고 하였다.

하였으니, '섬(纖)'과 '고(縞)'가 모두 비단의 이름임을 알 수 있다. 증씨(曾氏: 曾鞏)가 말하였다. "'현(玄)'은 붉으면서 검은 색이 있는 것이니, 이것으로써 곤룡포(袞龍袍)를 만드는 것은 제사 때문이고, 이것으로써 현단복(玄端服)을 만드는 것은 제계(齊戒) 때문이고, 이것으로써 관(冠)을 만드는 것은 머리의 복식(服飾) 때문이다. 검은 날줄과 흰 씨줄로 된 것을 '섬(纖)'이라고 하니, '섬(纖)'이라 하고 '고(縞)'라고 한 것은 모두 흉(凶)함을 제거하고 길(吉)함으로 나갈 때에 입는 것이다."

詳說

○ 承前節.
'수적(雖赤)'에서 볼 때, 앞의 단락을 이은 것이다.

○ 制法.
'제(制)'는 법을 제정함이다.

○ 汲冢『周書』.490)
'「주서」(「周書」)'는 급총(汲冢)의 「주서(周書)」이다.

○ 洛同.491) ○篇名.
'락(雒)'은 락(洛)과 같다. ○편(篇)의 이름이다.

○ 夷佳, 以水, 以醉, 三反.492)
'유(壝)'는 이(夷)와 추(隹), 이(以)와 수(水), 이(以)와 취(醉)의 세 가지 반절이다.

○ 釁通.493)

---

490) 진(晉)나라 태강(太康) 2년(281)에 급군(汲郡) 사람 부준(不準)이 위(魏)나라 양왕(襄王)의 묘 또는 안리왕(安釐王)의 무덤이라고도 함]를 도굴하여 수십 수레의 죽서(竹書) 75편을 얻었다. 『기년(紀年)』·『역경(易經)』·『역요음양괘(易繇陰陽卦)』·『괘하역경(卦下易經)』·『공손단(公孫段)』·『국어(國語)』·『명(名)』·『사춘(師春)』·『쇄어(瑣語)』·『양구장(梁丘藏)』·『격서(繳書)』·『생봉(生封)』·『대력(大曆)』·『목천자전(穆天子傳)』·『도시(圖詩)』·『주서(周書)』·『주목왕미인성희사사(周穆王美人盛姬死事)』·『주식전법(周食田法)』·『논초사(論楚事)』 등인데 진(秦)나라의 과두(科斗)문자보다 앞선 것이다. 진(晉) 무제(武帝)가 순욱(荀勖)에게 편차하도록 명하여 『중경(中經)』이라고 하였는데 전하지 않는다.
491) 호광(胡廣) 등 찬, 『서경대전(書經大全)』의 소주에는 "音洛.(음이 락이다.)"으로 되어 있다.
492) 호광(胡廣) 등 찬, 『서경대전(書經大全)』의 소주에는 "以醉反.(이와 취의 반절이다.)"으로 되어 있다.
493) 호광(胡廣) 등 찬, 『서경대전(書經大全)』의 소주에는 "與釁同, 塗也.(흔과 같으니, 칠하는 것이다.)"로 되어 있다.

'흔(釁)'은 흔(衅)과 통한다.

○ 所封方之土.
'착취기방면지토(鑿取其方面之土)'의 경우, 봉지(封地) 방면의 흙이다.

○ 割土·封建.
'이위토봉(以爲土封)'의 경우, 토지를 나눔과 봉건(封建)이다.

○ 猶分也.
'삭(削)'은 분(分)과 같다.

○ 『周書』, 止此.
'고왈수삭토우주실(故曰受削土于周室)'에서 볼 때, 『주서(周書)』가 여기서 그친다.

○ 『諺』釋, 未瑩.494)
'치구오색(雉具五色)'의 경우, 『언해(諺解)』의 해석이 명백하지 않다.

○ 去聲,495) 下同.
'중(中)'은 거성(去聲: 부합하다)이니, 아래도 같다.

○ 主言'旌'而帶說'旄'.
'기우중정모자야(其羽中旌旄者也)'에서 볼 때, '정(旌: 기)'을 위주로 말하였고, '모(旄: 깃대장식)'를 곁달아 덧붙여서 말하였다.

○ 『周禮』.496)
'「염인」(「染人」)'은 『주례(周禮)』이다.

○ 「地志」, 引此書後同, 蓋班固, 及見秘府所藏古文『尚書』耳.

---

494) '오색(五色)'과 '하적(夏翟)'에 대한 『언해(諺解)』의 해석이 명백하지 않음을 말한다.
495) 호광(胡廣) 등 찬, 『서경대전(書經大全)』의 소주를 수용한 것이다.
496) 호광(胡廣) 등 찬, 『서경대전(書經大全)』의 소주에는 "見『周禮』「天官」.(『주례』「천관」에 보인다.)"으로 되어 있다. 실과 비단을 물들이는 일을 맡은 벼슬이다.

'고문(古文)'의 경우,「지지(地志)」에서 이 글을 인용한 뒤에 같아졌으니, 대개 반고(班固)가 비부(秘府)에 소장된 고문『상서(尚書)』를 봄에 미쳤을 뿐이다.

○ '陽'之譌,『漢』「志」, 可考.497)
'이위역산(以爲嶧山)'에서 볼 때, '양(陽)'이 와전된 것이니,『한서(漢書)』「지지(地志)」에서 상고할 수 있다.

○ 「卷阿」498)
'『시』(『詩』)'는 「권아(卷阿)」다.

○ 一有'者'字.
'이향일(以向日)'의 경우, 어떤 판본에는 '자(者)'자가 있다.

○ 林氏曰：" 以向日孤生者爲良, 猶言孤竹之管, 桐性便濕地, 不生於岡,『詩傳』曰：'太平而後, 生朝陽.'499) 以此觀之, 生山陽, 難得, 而生孤者, 尤難得也."500)
'이향일위귀야(以向日爲貴也)'에 대해, 임씨(林氏: 林之奇)가 말하였다. "해를 향하여 홀로 난 것을 좋은 것으로 여기니, 홀로 난 대나무의 대롱을 말함과 같다. 오동나무의 성질은 습지에 편안하고 산등성이에는 살지 못하니,『모시전(毛詩傳)』에서 '태평한 뒤에 조양에서 난다.'고 말하였다. 이것으로써 보면 산의 남쪽에서 나는 것은 얻기 어려우며, 홀로 난 것은 더욱 얻기가 어려운 것이다."

---

497) 반고(班固) 찬,『전한서(前漢書)』권28,「지리지(地理志)」. "貢土五色, 羽畎夏狄, 嶧陽孤桐, 泗瀕浮磬. 淮夷蠙珠曁魚, 厥篚玄纖縞.(그 공물은 다섯 색깔의 흙과 우산 골짜기의 아름다운 꿩과 역산 남쪽의 특출난 오동나무와 사수의 물가에 떠있는 듯한 석경이다. 회수의 오랑캐들은 진주 및 많은 물고기를 바치며, 그 광주리의 폐백은 검은 비단과 섬세한 명주와 흰 명주이다.)"라고 하여 '역양(嶧陽)'이라고 하였다.
498) 호광(胡廣) 등 찬,『시전대전(詩傳大全)』권17,「대아(大雅)·생민지십(生民之什)·권아(卷阿)」. "鳳凰鳴矣, 于彼高岡. 梧桐生矣, 于彼朝陽. 菶菶萋萋, 雝雝喈喈.(봉황이 우는 곳이 저 높은 언덕이로다. 오동나무가 자라니 저 아침 해 뜨도다. 오동나무 무성하니 봉황소리 화하도다.)"
499)『모시주소(毛詩注疏)』권24,「대아(大雅)·생민지십(生民之什)·권아(卷阿)」. "「傳」: '梧桐, 柔木也. 山東曰朝陽. 梧桐不生山岡, 太平而後, 生朝陽.'(「모전」에서 '오동나무는 유연한 나무이다. 산의 동쪽을 조양이라고 한다. 오동나무는 산등성이에서 나지 않으니, 태평한 뒤에 조양에서 난다.'고 하였다.)"
500) 호광(胡廣) 등 찬,『서경대전(書經大全)』의 소주에서 발췌한 것이다. 그 전문은 다음과 같다. "林氏曰： '桐, 以向日孤生者爲良, 猶言孤竹之管. 陸農師曰: 桐性便濕地, 不生於岡,『詩傳』曰: 梧桐不生高岡, 太平而後, 生朝陽. 以此觀之, 生山陽, 難得, 而生孤者, 尤難得也.'(임씨가 말하였다. '오동나무는 해를 향하여 홀로 난 것을 좋은 것으로 여기니, 홀로 난 대나무의 대롱을 말함과 같다. 육농사가 말하기를, 오동나무의 성질은 습지에 편안하고 산등성이에는 살지 못한다 하였고,『모시전』에서 태평한 뒤에 조양에서 난다고 말하였다. 이것으로써 보면 산의 남쪽에서 나는 것은 얻기 어려우며, 홀로 난 것은 더욱 얻기가 어려운 것이다.')"

○ 恐亦脫'「地志」'二字.
'수명(水名)'의 경우, 아마도 또한 '「지지(地志)」'의 두 글자가 빠진 듯하다.

○ 在海曰涯, 在泗曰㫄, 互言也.
'수방야(水㫄也)'에서 볼 때, 바다에 있는 것을 애(涯)라 하고, 사수(泗水)에 있는 것을 방(㫄)이라 하는데, 서로 갈마들며 말한다.

○ 陳氏大猷曰 : "石輕浮者, 聲淸越, 今海濱, 亦有浮石."501)
'약부어수연(若浮於水然)'에 대해, 진씨 대유(陳氏大猷: 陳大猷)가 말하였다. "돌이 가볍게 뜨는 것은 석경(石磬)의 소리가 맑고 은은해서이니, 지금의 바닷가에서도 또한 뜨는 돌이 있다."

○ 句.
'사수지방근(泗水之㫄近)'에서 볼 때, 문장이 끊어지는 곳이다.

○ 直略反.502)
'착(著)'은 직(直)과 략(略)의 반절이다.

○ 三州.
'금호·사·초(今濠·泗·楚)'의 경우, 세 주(州)이다.

○ 已見'兗'註.503)

---

501) 호광(胡廣) 등 찬, 『서경대전(書經大全)』의 소주에서 발췌한 것이다. 그 전문은 다음과 같다. "陳氏大猷曰 : '石輕浮, 可爲磬者, 成而貢之, 磬聲淸越, 取輕浮者. 良今海濱, 亦有浮石.'(진씨 대유가 말하였다. '돌이 가볍게 뜨는 것은 석경을 만들 수 있는 것이니, 완성하여 공납함에 석경의 소리가 은은하여 가볍게 뜨는 것을 취하는 것이다. 진실로 지금의 바닷가에서도 또한 뜨는 돌이 있다.')"
502) 호광(胡廣) 등 찬, 『서경대전(書經大全)』의 소주를 수용한 것이다.
503) 위의 「우공(禹貢)」 [4-2-1-19]에서 "厥貢漆絲, 厥篚織文.(공물은 옻과 생사이고, 광주리의 폐백은 무늬 있는 직물이다.)"이라 하고, 집전(集傳)에서 "'貢'者, 下獻其土所有於上也. 兗地, 宜漆宜桑, 故貢漆絲也. '篚', 竹器, 篚屬也. 古者, 幣帛之屬, 則盛之以篚篚而貢焉, 經曰: '篚厥玄黃', 是也.('공'이라는 것은 아랫사람이 그 땅에 가지고 있는 것을 윗사람에게 바치는 것이다. 연주의 땅에는 옻나무가 마땅하고 뽕나무가 마땅하기 때문에 옻과 생사를 공납한 것이다. '비'는 대나무 그릇이니, 광주리의 등속이다. 옛날에 폐백의 등속을 광주리에 담아서 바쳤으니, 경문에 말하기를 '검은 비단과 누런 비단을 폐백광주리에 담았다'는 것이 이것이다.)"라고 하였다. 그리고 이 말은 호광(胡廣) 등 찬, 『서경대전(書經大全)』권6, 「주서(周書)·무성(武成)」 "恭天成命, 肆予東征, 綏厥士女, 惟其士女, 篚厥玄黃, 昭我周王, 天休震動. 用附我大邑周.(하늘이 이룬 명을 공경히 받들어 이에 내가 동쪽으로 정벌하여 사녀들을 편안하게 하였더니, 사녀들이 검은 비단과 누런 비단을 광주리에 담아서 우리 주나라 왕을 밝힘은 하늘의 아름다움이 진동해서입니다. 그래서 우리 큰 읍인 주나라에 귀부하였습니다.)"에 나온 것임을 밝힌 바 있다.

'비궐현황(篚厥玄黃)'의 경우, 이미 '연주(兗州)'의 주에서 보였다.

○ 『禮記』「間傳」.504)
'『예』(『禮』)'는 『예기(禮記)』「간전(間傳)」이다.

○ '又'之訛也, 主'小祥'而言'又'.
'급(及)'은 '우(又)'의 와전이니, '소상(小祥)'을 위주로 해서 '우(又)'를 말한 것이다.

○ 『禮記』「王制」.505)
'『기』(『記』)'는 『예기(禮記)』「왕제(王制)」이다.

○ 新安胡氏曰:"'玄'·'纖'·'縞', 三色繒."506) ○『諺』釋, 恐誤.507)
'개증지명야(皆繒之名也)'에 대해, 신안 호씨(新安胡氏: 胡一桂)508)가 말하였다. "'현(玄)'과 '섬(纖)'과 '고(縞)'는 세 가지 색깔의 비단이다." ○『언해(諺解)』의 해석이 아마도 잘못된 듯하다.

○ 音齋.
'재(齊)'는 음이 재(齋)이다.

○ 新安胡氏曰:"端取其正, 士服也."509)

---

504) 호광(胡廣) 등 찬, 『예기대전(禮記大全)』권28,「간전(間傳)」. "期而小祥, 食菜果; 又期而大祥, 有醯醬; 中月而禫, 禫而飲醴酒. … 又期而大祥, 素縞麻衣; 中月而禫, 禫而纖無所不佩.(… 기년에 미쳐서 대상을 지내는데 흰 명주옷과 삼베옷을 입으며, 한 달 간격으로 담제를 지내는데 담제를 지냄에 섬세하고 흰 명주옷에 패물을 차지 않음이 없다.)"
505) 호광(胡廣) 등 찬, 『예기대전(禮記大全)』권5,「왕제(王制)」. "有虞氏皇而祭, 深衣而養老. 夏后氏收而祭, 燕衣而養老. 殷人冔而祭, 縞衣而養老. 周人冕而祭, 玄衣而養老.(유우씨는 황관을 쓰고 제사지내며 심의를 입고 노인을 봉양하였다. 하후씨는 수관을 쓰고 제사지내며 연의를 입고 노인을 봉양하였다. 은나라 사람은 우관을 쓰고 제사지내며 흰 명주옷을 입고 노인을 봉양하였다. 주나라 사람은 면류관을 쓰고 제사지내며 검은 명주옷을 입고 노인을 봉양하였다.)"
506) 호광(胡廣) 등 찬, 『서경대전(書經大全)』의 소주에서 발췌한 것이다. 그 전문은 다음과 같다. "新安胡氏曰: 玄·纖·縞, 三色繒也. 端取其正, 謂士服. 衣袂二尺二寸, 屬幅廣袤等也.'(신안 호씨가 말하였다. '현과 섬과 고는 세 가지 색깔의 비단이다. ….')"
507) 『언해(諺解)』의 해석이 "玄현흔 纖셤과 縞호ㅣ로다."로 되어 있음을 말한 것이다.
508) 신안 호씨(新安胡氏: 胡 桂): 호일계(1247- ?)는 자가 정방(庭芳)이고, 호가 쌍호(雙湖)이며, 휘주(徽州) 무원(婺源) 사람이다. 벼슬에 뜻을 두지 않고 향리에서 강학하여 시샘들이 쌍호선생이라 불렀으며, 쌍호 호씨(雙湖胡氏)라고도 불렸다. 그의 학문은 호방평(胡方平)에 근원하여 주희(朱熹)의 역학(易學)을 정리하여 『역학계몽통석(易學啓蒙通釋)』을 지었다. 그밖에 저서로는 『역본의부록찬소(易本義附錄纂疏)』·『주자시전부록찬소(朱子詩傳附錄纂疏)』·『십칠사찬(十七史纂)』등이 있다.

'소이재야(所以齊也)'에 대해, 신안 호씨(新安胡氏: 胡一桂)가 말하였다. "단정하게 그 바름을 취하는 것이 사인(士人)의 복장이다."

[4-2-1-36]
浮于淮·泗, 達于河.

회수(淮水)와 사수(泗水)에 띄워서 황하(黃河)에 이른다.

集傳

許愼曰 : "汳水, 受陳留浚儀陰溝, 至蒙爲灉水, 東入于泗", 則淮·泗之可以達于河者, 以灉至于泗也. 許愼又曰 : "泗受沛水, 東入淮", 蓋泗水至大野而合沛, 然則泗之上源自沛, 亦可以通河也.

허신(許愼)이 말하기를 "판수(汳水)는 진류(陳留) 준의현(浚儀縣)의 지하 도랑을 받아 몽택(夢澤)에 이르러 옹수(灉水)가 되어 동쪽으로 사수(泗水)로 들어간다."고 하였으니, 회수(淮水)와 사수(泗水)가 황하(黃河)에 다다랄 수 있는 것은 옹수(灉水)가 사수(泗水)에 이르기 때문이다. 허신(許愼)이 또 말하기를 "사수(泗水)는 제수(沛水)를 받아 동쪽으로 회수(淮水)로 들어간다."고 하였으니, 대개 사수(泗水)가 대야택(大野澤)에 이르러 제수(沛水)와 합치는데, 그렇다면 사수(泗水)의 상류는 제수(沛水)로부터 근원하여 또한 황하(黃河)에 통할 수 있는 것이다.

詳說

○ 已見'灉·沮'註.510)

'도입우사(東入于泗)'의 경우, 이미 '옹·저(灉·沮)'의 주에 보였다.

---

509) 호광(胡廣) 등 찬, 『서경대전(書經大全)』의 소주에서 발췌한 것이다. 그 전문은 다음과 같다. "新安胡氏曰 : '玄·纖·縞, 三色繒也. 端取其正, 謂士服. 衣袂二尺二寸, 屬幅廣袤等也.'(신안 호씨가 말하였다. '… 단정하게 그 바름을 취하는 것을 사인의 복장이라고 한다. ….')"

510) 위의 "우공(禹貢)」 [4-2-1-15]에서 "灉·沮會同.(옹수와 저수가 모여 함께 흐른다.)"이라 하고, 집전에서 "'灉'·'沮', 二水名. 灉水, 曾氏曰 : 『爾雅』, '水自河出爲灉, 許愼云: 河灉水, 在宋'. 又曰: '汳水, 受陳留浚儀陰溝, 至蒙爲灉水, 東入于泗, 『水經』, 汳水出陰溝, 東至蒙爲狙獾, 則灉水, 卽汳水也. 灉之下流, 入于睢水.' 沮水, 「地志」, '睢水出沛國芒縣', 睢水, 其沮水歟.('옹'과 '저'는 두 물의 이름이다. 옹수는 증씨가 말하기를 "『이아』에서 '물이 하수로부터 나온 것이 옹이다' 하였고, 허신은 하수의 옹수는 송 땅에 있다'고 하였다. 또 말하기를, '판수는 진류군 준의현의 음구를 받아서 몽에 이르러 옹수가 되어 동쪽으로 사수로 들어가는데, 『수경』에서 '판수는 음구에서 나와 동쪽으로 몽에 이르러 저환이 된다.'고 하였으니, 옹수가 곧 판수이며, 옹수의 하류가 수수로 들어간다." 하였다. 저수는 「지지」에서 '수수는 패국의 망현에서 나온다'고 하였으니, 수수)가 그 저수일 것이다.")라고 하였다.

○ '以'字, 釋於此.
'이옹지우사야(以灉至于泗也)'에서 볼 때, '이(以)'자를 여기서 해석한다.

○ 許說, 止此.
'동입회(東入淮)'에서 볼 때, 허신(許愼)의 말이 여기서 그친다.

○ 依許說而亦作'沛'.
'개사수지대야이합제(蓋泗水至大野而合沛)'에서 볼 때, 허신(許愼)의 말에 의거하여 또한 '제(沛)'를 쓴 것이다.

[4-2-1-37]
淮·海, 惟揚州.
회수(淮水)와 바다에 양주(揚州)가 있다.

集傳
揚州之域, 北至淮, 東南至于海.
양주(揚州)의 지역은 북쪽으로 회수(淮水)에 이르고, 동남쪽으로 바다에 이른다.

詳說
○ '東南至于海', 武夷熊氏曰 : "建都江南者, 畫江·淮以自保, 僅可偏霸, 欲以奄有四海, 則自古未之有也."511) ○古今, 只有明而已.
'동남지우해(東南至于海)'에서, 무이 웅씨(武夷熊氏: 熊禾)가 말하였다. "강남에 도읍을 세우는 이는 강수(江水)와 회수(淮水)를 나누어 스스로 지켜야 겨우 한 쪽을 차지하여 왕 노릇할 수 있으며, 문득 온 천하를 소유하고자 해도 예로부터

---

511) 호광(胡廣) 등 찬, 『서경대전(書經大全)』의 소주에서 발췌한 것이다. 그 전문은 다음과 같다. "武夷熊氏曰 : '揚州, 在地東南隅, 以地勢言也, 山必起於西北澤, 必滙於東南. 經言淮·海, 惟揚州, 北距淮, 東至南海, 閩粵雖上古未通, 亦當在要荒之服. 禹會諸侯於塗山會稽, 又禹迹之所至矣. 西抵荆州之壤, 淮之西, 當在桐柏·荆州之界, 江之西, 當在衡·漳之界, 其地乃淮東西, 江東西及兩浙之地. 建都于江南者, 金陵·豫章, 亦都會, 然畫江·淮以自保, 僅可以偏霸, 欲以規恢中原, 奄有四海, 則自古以來未有之.'(무이 웅씨가 말하였다. '... 강남에 도읍을 세우는 이는 금릉과 예장을 또한 모두 합칠 수 있으나 강수와 회수를 나누어 스스로 지켜야 겨우 한쪽을 차지하여 왕 노릇할 수 있으며, 문득 중원을 구획하고 넓혀서 온 천하를 소유하고자 해도 예로부터 이래로 있은 적이 없다.')"

있은 적이 없다." ○옛날과 지금에 다만 명백함이 있을 따름이다.

[4-2-1-38]
彭蠡旣豬,

팽례(彭蠡)가 이미 물이 모여 다시 흐르니,

詳說
○ 音禮.512)
'례(蠡)'는 음이 례(禮)다.

集傳
'彭蠡', 「地志」, "在豫章郡彭澤縣", 東合江西·江東諸水, 跨豫章·饒州·南康軍三州之地, 所謂'鄱陽湖'者, 是也. 詳見'導水'.
'팽례(彭蠡)'는 「지지(地志)」에 "예장군(豫章郡) 팽택현(彭澤縣)에 있다."고 하였으니, 동쪽으로 강서(江西)와 강동(江東)의 여러 물을 합하여 예장(豫章)과 요주(饒州)와 남강군(南康軍)의 세 주(州)의 땅에 의거하니, 이른바 '파양호(鄱陽湖)513)'라는 것이 이것이다. '도수(導水)514)'에 자세히 보인다.

詳說
○ 「地志」, 止此.
'재예장군팽택현(在豫章郡彭澤縣)'에서 볼 때, 「지지(地志)」가 여기서 그친다.

○ 音波.
'파(鄱)'는 음이 파(波)다.

○ 音現.

---

512) 호광(胡廣) 등 찬, 『서경대전(書經大全)』의 소주를 수용한 것이다. 내각본에도 이와 같다. 『광운(廣韻)』에는 '盧啟切, 上.(로와 계의 반절이니, 상성이다.)'으로 되어 있다. 『언해(諺解)』본에는 '려'로 되어 있다.
513) 파양호(鄱陽湖): 최대의 담수호(淡水湖)를 말한다. 옛날에는 팽례(彭蠡)·팽택(彭澤)·팽호(彭湖)·관정호(官亭湖) 등을 일컫던 말이다.
514) '도수(導水)': 아래의 「우공(禹貢)」 [4-2-1-91]의 내용을 말한다.

'현(見)'은 음이 현(現)이다.

○ 見'徐'.515)
'상현도수(詳見導水)'에서, '저(豬)'는 '서주(徐州)'에 보인다.

[4-2-1-39]
陽鳥攸居.

양조(陽鳥)가 사는 곳이다.

集傳

'陽鳥', 隨陽之鳥, 謂鴈也. 今惟彭蠡洲渚之間, 千百爲羣, 記陽鳥所居, 猶「夏小正」記'鴈北鄕'也. 言澤水旣豬, 洲·渚旣平, 而禽鳥亦得其居止, 而遂其性也.

'양조(陽鳥)'는 태양의 움직임을 따르는 철새이니, 기러기를 이른다. 지금은 오직 팽례(彭蠡)의 모래섬과 물가 사이에만 천백 마리가 무리를 이루는데, 양조(陽鳥)가 사는 곳을 기록한 것은 「하소정(夏小正)」에 '기러기가 북쪽으로 향한다'고 기록한 것과 같다. 못물이 이윽고 모여 다시 흘러가서 모래섬과 물가가 이미 다스려지니, 새들도 또한 머물러 살 곳을 얻어서 그 본성을 이루었음을 말한 것이다.

詳說

○ 陳氏經曰 : "日, 陽也, 此鳥南北, 與日進退, 故曰'陽鳥'."516)
○唐孔氏曰 : "九月而南, 正月而北."517)
'위안야(謂鴈也)'에 대해, 진씨 경(陳氏經: 陳經)이 말하였다. "해가 양(陽)이니, 이 새는 남쪽과 북쪽을 해와 더불어 나아가고 물러서기 때문에 '양조(陽鳥)'라고 한 것이다." ○당 공씨(唐孔氏: 孔穎達)가 말하였다. "9월이 됨에 남쪽으로 가고, 정월이 됨에 북쪽으로 간다."

---

515) 위의 「우공(禹貢)」 [4-2-1-31]에서 "大野旣豬,(대야택이 이윽고 물이 모여 다시 흐르니)"라 하고, 집전에서 "水蓄而復流者, 謂之'豬'.(물이 모여서 다시 흐르는 것을 '저'라고 이른다.)"라고 하였다.
516) 호광(胡廣) 등 찬, 『시경대전(書經大全)』의 소주를 수용한 것이다.
517) 호광(胡廣) 등 찬, 『서경대전(書經大全)』의 소주에서 발췌한 것이다. 그 전문은 다음과 같다. "唐孔氏曰 : '日行, 夏至漸南, 冬至漸北, 鴻雁, 九月而南, 正月而北. 左思蜀都, 所謂木落南翔, 氷泮北徂, 是也.'(당 공씨가 말하였다. '해의 운행이 하지에는 점점 남쪽으로 가고, 동지에는 점점 북쪽으로 가서 기러기가 9월이 됨에 남쪽으로 가고, 정월이 됨에 북쪽으로 가는 것이다. ⋯⋯.')"

○ 音征. ○『大戴禮』.518)

'「하소정」(「夏小正」)'에서 정(正)은 음이 정(征)이다. ○『대대례(大戴禮)』이다.

○ 去聲.

'향(鄕)'은 거성(去聲: 향하다)이다.

○ 但此主地而記之, 彼主時而記之, 爲異耳.

'유「하소정」기안북향야(猶「夏小正」記鴈北鄕也)'에서 볼 때, 다만 여기서는 땅을 위주로 기록한 것이고, 저기서는 때를 위주로 기록하여 차이가 있을 뿐이다.

○ 承上節.

'주·저기평(洲·渚旣平)'에서 볼 때, 위의 단락을 이은 것이다.

○ 添此句.

'이수기성야(而遂其性也)'의 경우, 이 구절을 더한 것이다.

[4-2-1-40]

三江旣入,

세 강물이 이미 바다로 들어가니,

集傳

唐仲初,「吳都賦」註, "松江下七十里, 分流, 東北入海者, 爲婁江; 東南流者, 爲東江; 幷松江爲三江", 其地, 今亦名三江口.『吳越春秋』, 所謂"范蠡乘舟, 出三江之口"者, 是也. ○又按, 蘇氏謂 : "岷山之江, 爲中江; 嶓冢之江, 爲北江; 豫章之江, 爲南江, 卽'導水'所謂'東爲北江, 東爲中江'者. 旣有中·北二江, 則豫章之江, 爲南江, 可知." 今按, 此爲三江, 若可依據. 然江·漢會于漢陽, 合流數百里, 至湖口而後, 與豫章江會, 又合流千餘里而後, 入海, 不

---

518) 대덕(戴德) 찬,『대대례기(大戴禮記)』권2,「예찰(禮察)·하소정(夏小正)·정월(正月)」. "鴈北鄕, 先言鴈而後言鄕者, 何也. 見鴈而後, 數其鄕也. 鄕者, 何也. 鄕其居也. 鴈以北方爲居, 何以謂之. 生且長焉爾.(안북향에서 먼저 기러기를 말하고 뒤에 향함을 말한 것은 어째서인가. 기러기를 본 뒤에 그 향함을 헤아려 말해서다. 향이라는 것은 무엇인가. 그 살 곳을 향함이다. 기러기가 북방으로써 살 곳을 삼은 것을 어째서 말한 것인가. 나서 또 자라서 그럴 뿐이다.)"

復可指爲三矣. 蘇氏知其說不通, 遂有味別之說, 禹之治水, 本爲民去害, 豈如陸羽輩辨味烹茶, 爲口腹計耶. 亦可見其說之窮矣, 以其說易以惑人, 故幷及之. 或曰: "江·漢之水, 揚州巨浸, 何以不書?" 曰: "「禹貢」書法, 費疏鑿者, 雖小, 必記; 無施勞者, 雖大, 亦略, 江·漢, 荊州而下安於故道, 無事濬治. 故在不書, 況朝宗于海, 荊州, 固備言之, 是亦可以互見矣, 此正「禹貢」之書法也.

당중초(唐仲初)의 「오도부(吳都賦)」 주(註)에 "송강(松江) 아래 70리에서 나뉘어 흘러 동북쪽으로 바다로 들어가는 것을 누강(婁江)이라 하고, 동남쪽으로 흐르는 것을 동강(東江)이라 하는데 송강(松江)을 아우르면 삼강(三江)이 된다."고 하였으니, 그 지역을 지금도 삼강구(三江口)라고 이름한다. 『오월춘추(吳越春秋)』에서 이른바 "범려(范蠡)가 배를 타고 삼강(三江)의 어귀로 나갔다."는 것이 이것이다. ○ 또 살펴보건대, 소씨(蘇氏: 蘇軾)는 이르기를 "민산(岷山)의 강(江)을 중강(中江)이라 하고, 파총(嶓冢)의 강을 북강(北江)이라 하고, 예장(豫章)의 강을 남강(南江)이라 하니, 이는 곧 '도수(導水)'[519]에 이른바 '동쪽으로 북강(北江)이 되고, 동쪽으로 중강(中江)이 되었다.'는 것이다. 이미 중강(中江)과 북강(北江)의 두 강이 있다면 예장(豫章)의 강(江)이 남강(南江)이 됨을 알 수 있다."고 하였다. 지금 살펴보건대, 여기서 삼강(三江)이라고 함은 의거할 만한 것 같다. 그러나 강수(江水)와 한수(漢水)가 한양(漢陽)에 모여 수백 리를 합하여 흘러 호수 어귀에 이른 뒤에 예장강(豫章江)과 회합하고, 또 1천여 리를 합하여 흐른 뒤에 바다로 들어가는데 다시 가리켜서 셋이라고 할 수 없었다. 소씨(蘇氏: 蘇軾)가 그 말이 통할 수 없음을 알고 마침내 의미가 다르다는 말을 했으나 우(禹)가 홍수(洪水)를 다스림은 본래 백성을 위하여 해로움을 제거한 것이니, 어찌 육우(陸羽)의 무리처럼 맛을 구별하고 차를 끓여서 입과 배를 채우려는 계책을 하였겠는가. 또한 그 말이 궁색한 것을 볼 수 있고, 그 말이 사람들을 미혹시키기 쉽기 때문에 아울러 언급한 것이다. 어떤 이가 말하기를 "강수(江水)와 한수(漢水)의 물은 양주(揚州)의 큰 못인데 어찌하여 기록하지 않았는가."라고 하였다. 「우공(禹貢)」의 글 쓰는 방법이 통하고 뚫음에 허비한 것은 비록 작은 것이라도 반드시 기록한 것이며, 노고를 행함이 없는 것은 비록 큰 것이라도 또한 생략한 것이니, 강수(江水)와 한수(漢水)는 형주(荊

---

519) '도수(導水)': 아래의 「우공(禹貢)」 [4-2-1-92]에서 "민산에서 강물을 이끎에 동쪽으로 나뉘어 타수가 되며, 또 동쪽으로 예수에 이르며, 구강을 지나 동릉에 이르며, 동쪽으로 잇닿아 북쪽으로 모여 취택이 되며, 동쪽으로 중강이 되어 바다로 들어가게 하였다.(岷山導江, 東別爲沱, 又東至于澧, 過九江, 至于東陵, 東迆北會, 爲匯, 東爲中江, 入于海.)"라고 한 것을 말한다.

州) 이하에서 옛날 물길을 편안히 좇아서 깊이 파서 다스릴 일이 없었기 때문에 기록하지 않았던 것이다. 하물며 바다로 쏟아져 들어감을 형주(荊州)에서 진실로 갖추어서 말하였으니, 이는 또한 서로 볼 수 있으며, 이것이 바로 「우공(禹貢)」의 글 쓰는 방법인 것이다.

詳說

○ 庾闡, 字仲初, 晉鄢陵人, 作「揚都賦」. '唐', 恐'庾'之訛, 然吳註, 二字不應, 並誤, 豈別有唐仲初者, 爲之註左思「吳都賦」歟.

'당중초(唐仲初)'는 유천(庾闡)520)이니, 자가 중초(仲初)이고, 진(晉)나라 언릉(鄢陵) 사람이며, 「양도부(揚都賦)」를 지었다. '당(唐)'은 아마도 '유(庾)'의 와전인 것 같은데 오씨(吳氏: 吳澄)의 주521)에서 두 글자가 호응하지 않고 아울러 잘못 되었는데도, 어찌 따로 당중초(唐仲初)라는 자를 두어 좌사(左思)522)의 「오도부(吳都賦)」를 주해하였다고 하였는가.

○ 唐註, 蓋止此.

'병송강위삼강(倂松江爲三江)'에서 볼 때, 당중초(唐仲初)의 주가 대개 여기서 그친다.

○ 後漢趙曄所撰.

'『오월춘추』(『吳越春秋』)'의 경우, 후한(後漢)의 조엽(趙曄)523)이 지은 것이다.

---

520) 유천(庾闡): 유천은 동진(東晋) 때 문인으로 자가 중초(仲初)이고, 영천(潁川) 언릉(鄢陵) 사람이다. 어려서 부터 문장을 잘 지었으며, 벼슬이 급사중(給事中)·영저작사(領著作事)에 이르렀다. 저서로 문집 10권이 있었으나 모두 잃어버렸고, 『진시(晉詩)』에 21수와 『전진문(全晉文)』에 작품이 남아있다. 대표작으로는 「조가의문(弔賈誼文)」·「양도부(揚都賦)」 등이 있다.
521) 오징(吳澄) 찬, 『서찬언(書纂言)』 권2, 「하서(夏書)·우공(禹貢)」. 주에 의하면, "唐仲初, 『吳都賦』註, '松江下七十里, 分流, 東北入海者, 爲婁江; 東南流者, 爲東江, 倂松江爲三江', 其地, 今亦名三江口. 『吳越春秋』謂: '范蠡乘舟, 出三江之口'者, 是也. '入', 謂入海蘇湖之水, 于此入海也. 震澤, 太湖一名, 五湖, 在吳縣西南五十里, 今湖州也. '震', 如三川震之震, 俗謂'湖翻太湖之震, 震蕩難定, 故名震澤.' 江之下流, 三江旣入海, 則震澤底于定也."이라고 하였다.
522) 좌사(左思): 좌사(250-35)는 서진(西晉) 때의 문인으로 자가 태충(泰沖) 또는 태중(太沖)이고, 제(齊)나라 임치(臨淄) 사람이다. 어려서부터 재주가 출중하였고, 그가 지은 「삼도부(三都賦)」가 당시에 칭송을 받아 '낙양지귀(洛陽紙貴)'라는 유행어를 만들었으며, 그밖에 「영사시(咏史詩)」·「교녀시(嬌女詩)」 등이 매우 유명하였다. 대표작으로는 문집인 『좌태충집(左太沖集)』과 「삼도부(三都賦)」·「제도부(齊都賦)」 등이 있다.
523) 조엽(趙曄): 동한(東漢)의 학자로 자가 장군(長君)이고, 회계산음(會稽山陰) 사람이다. 일찍이 관직을 포기하고 학문에만 전념하여 20여 년 동안 고학(苦學)하면서 집에 소식을 보내지 않아 초상을 치르게 하였으며, 집에 돌아와서도 문을 닫고 독서와 저술에 열중하였다. 저서로는 『오월춘추(吳越春秋)』·『한시보(韓詩譜)』·『시도미(詩道微)』·『시세(詩細)』·『역신연(歷神淵)』 등이 있다.

○ 新安陳氏曰 : "'旣入', 入海也."524)
'시야(是也)'에 대해, 신안 진씨(新安陳氏: 陳師凱)가 말하였다. "'기입(旣入)'은 바다로 들어가는 것이다."

○ 音波.525)
'파(嶓)'는 음이 파(波)다.

○ 去聲.
'부(復)'는 거성(去聲: 다시)이다.

○ 彼列反.526)
'별(別)'은 피(彼)와 렬(列)의 반절이다.

○ 去聲,527) 下同.
'본위(本爲)'에서 위(爲)는 거성(去聲: 위하다)이니, 아래도 같다.

○ 上聲.528)
'거(去)'는 상성(上聲: 제거하다)이다.

○ 字鴻漸, 唐復州人.529)
'엄우(陸羽)'는 자가 홍점(鴻漸)이고, 당(唐)나라 복주(復州) 사람이다.

○ 去聲.530)

---

524) 호광(胡廣) 등 찬,『서경대전(書經大全)』의 소주에서 발췌한 것이다. 그 전문은 다음과 같다. "新安陳氏曰 : '三江不勝異說, 顏師古以爲中江・南江・北江; 郭景純以爲岷江・浙江・松江; 韋昭以爲松江・浙江・浦陽江; 王介甫以爲一江自義興, 一江自毗陵江自吳縣, 皆據所見而言, 非禹舊迹也, 皆不必取. 旣入, 入海也.'(신안 진씨가 말하였다. '삼강은 이설을 이기지 못하니, 안사고는 중강과 남강과 북강이라 하고, 곽경순은 민강과 절강과 송강이라 하고, 위소는 송강과 절강과 포양강이라 하고, 왕개보는 하나의 강은 의흥으로부터 하고 … 기입은 바다로 들어가는 것이다.')"
525) 호광(胡廣) 등 찬,『서경대전(書經大全)』의 소주를 수용한 것이다.
526) 호광(胡廣) 등 찬,『서경대전(書經大全)』의 소주에는 "必列反.(필과 렬의 반절이다.)"으로 되어 있다.
527) 호광(胡廣) 등 찬,『서경대전(書經大全)』의 소주를 수용한 것이다.
528) 호광(胡廣) 등 찬,『시경대진(書經大全)』의 소수를 수용한 것이다.
529) 육우(733-84)는 당대 학자로 자가 홍점(鴻漸)이고, 북주(復州) 경릉(竟陵) 사람이나. 나른 이름이 질(疾)이고, 자가 계자(季疵)이며, 호가 경릉자(竟陵子)・상저옹(桑苧翁)・동강자(東岡子)・다산어사(茶川御史)이다. 차에 대한 기호와 식견이 높고 다도(茶道)에 정통하여 다선(茶仙)이라 칭찬하고, 다성(茶聖)으로 존경하고, 다신(茶神)d로 제사지냈다. 저서로는『다경(茶經)』등이 있다.

'이(易)'는 거성(去聲: 쉽다)이다.

○ 去聲.

'병(幷)'은 거성(去聲: 아우르다)이다.

○ 見『論語』「公冶長」.531)

'무시로자(無施勞者)'에서 '시로(施勞)'는 『논어(論語)』「공야장(公冶長)」에 보인다.

○ 音潮.532)

'조(朝)'는 음이 조(潮)이다.

○ 朱子曰 : "如「禹貢」說三江及荊·揚間地理, 是吾輩親目見者, 皆有疑, 至北方, 卽無疑, 此無他, 是不曾見耳."533)

---

530) 호광(胡廣) 등 찬, 『서경대전(書經大全)』의 소주에는 "音異.(음이 이다.)로 되어 있다.
531) 『논어집주대전(論語集註大全)』 권5, 「공야장(公冶長)」. "顔淵·季路侍, 子曰: '盍各言爾志?' 子路曰: '願車馬, 衣輕裘, 與朋友共, 敝之而無憾.' 顔淵曰: '願無伐善, 無施勞.' 子路曰: '願聞子之志.' 子曰: '老者安之, 朋友信之, 少者懷之.'(안연과 계로가 공자를 모실 적에 공자가 말하였다. '어찌하여 각자 너희들의 뜻을 말하지 않는가?'라고 하자 자로가 말하였다. '수레와 말과 가벼운 가죽옷을 친구와 함께 사용하다가 해지더라도 유감이 없기를 원합니다.' 안연이 말하였다. '잘한 것을 자랑하지 말고 공로를 퍼뜨리지 말기를 원합니다.' 자로가 말하였다. '선생님의 뜻을 듣기를 원합니다.' 공자가 말하였다. '노인들을 편안하게 대하고, 친구들을 미덥게 대하고, 어린이들을 품어주고자 한다.')"
532) 호광(胡廣) 등 찬, 『서경대전(書經大全)』의 소주를 수용한 것이다.
533) 호광(胡廣) 등 찬, 『서경대전(書經大全)』의 소주에서 발췌한 것이다. 그 전문은 다음과 같다. "朱子曰 : '三江之說, 多不同.' 董銖問: '東坡之說, 如何?' 曰: '東坡不曾親見東南水勢, 只是意想硬說. 且漢·江之水, 到漢陽軍, 已合爲一, 不應至揚州, 復言三江. 薛士龍說: 震澤下有三江入海, 疑他曾見東南水勢, 說得恐是.' 「書」中, 極有難考處, 只如「禹貢」說三江及荊·揚間地理, 是吾輩親目見者, 皆有疑, 至北方, 卽無疑, 此無他, 是不曾見耳.(주자가 말하였다. '삼강의 설명이 대부분 같지 않다.' 동수가 물었다. '동파의 설명은 어떻습니까?' 주자가 말하였다. '동파도 일찍이 직접 동남쪽의 물의 기세를 본 적이 없고, 다만 생각으로 무리하게 말한 것이다. 또 한수와 강수의 물이 한양군에 이르러 이미 하나가 되었는데, 양주에 이르지 않았는데도 다시 삼강이라고 말하였다. 설사룡이 말하기를 진택 아래에 삼강이 있어 바다로 들어간다 하였는데, 의심하건대 이는 일찍이 동남쪽의 물의 기세를 본 것이니 설명함이 아마도 옳은 듯하다.' 『상서』 가운데 매우 헤아리기 어려운 곳이 있으니, 다만 「우공」에서 말하는 삼강 및 형주와 양주 사이의 지리 같으면 우리들이 직접 본 것인데도 모두 의심스러움이 있으며, 북방에 이르러서는 의심스러움이 없으니 이것은 다른 것이 아니라 일찍이 본 적이 없어서일 뿐이다.')" 이는 『주자어류(朱子語類)』 권79, 「상서(尙書)·우공(禹貢)」과 『주자어류(朱子語類)』 권83, 「춘추(春秋)·경(經)」에서 발췌한 것이다. 그 전문은 다음과 같다. "因說'三江之說, 多不同', 銖問: '東坡之說, 如何?' 曰: '東坡不曾親見東南水勢, 只是意想硬說. 且江漢之水, 到漢陽軍, 已合爲一, 不應至揚州, 復言三江. 薛士龍說: 震澤下有三江入海, 疑它曾見東南水勢, 說得恐是.' ···."; "問: '先生於二『禮』·『春秋』未有說, 何也?' 曰: '『春秋』是當時實事, 孔子書在冊子上. 後世諸儒學未至, 而各以己意猜得, 正橫渠所謂非理明義精而治之, 故其說多鑿, 是也. 唯伊川以爲經世之大法, 得其旨矣. 然其間極有無定當, 難處置處, 今不若且存取明文定本子與後來看, 縱未能盡得之, 然不中不遠矣. 書中間, 亦極有難考處, 只如「禹貢」說三江及荊·揚間地理, 是吾輩親目見者, 皆有疑, 至北方, 卽無疑, 此無他, 是不曾見耳.「康誥」以下三篇, 更難理會.' ···."

'차정「우공」지서법야(此正「禹貢」之書法也)'에 대해, 주자(朱子)가 말하였다. "다만 「우공(禹貢)」에서 말하는 삼강(三江) 및 형주(荊州)와 양주(揚州) 사이의 지리 같으면 우리들이 직접 본 것인데도 모두 의심스러움이 있으며, 북방에 이르러서는 의심스러움이 없으니 이것은 다른 것이 아니고 일찍이 본 적이 없어서일 뿐이다."

○ 陳氏大猷曰 : "古有九河, 後合爲一, 安知彭蠡之下, 有三江而後合爲一乎. 凡捨經文, 而指後世流派之分, 合水道之通塞, 地名之同異, 以爲說者, 以論後世之地理, 則可; 以論禹迹之舊, 則難也."534)

진씨 대유(陳氏大猷: 陳大猷)가 말하였다. "옛날에 구하(九河)가 있었는데 뒤에 합쳐져 하나가 되었으니, 어찌 팽례(彭蠡) 아래에 삼강(三江)이 있었는데 뒤에 합쳐져 하나가 되었음을 알겠는가. 경문(經文)을 버려두고 후세에 물줄기 갈래가 나눠진 것을 가리킴이 물길의 통하고 막힌 것에는 맞겠지만, 지명(地名)이 같지 않음으로써 말하는 자가 후세의 지리(地理)를 논하는 것은 괜찮아도 우(禹)의 옛날 자취를 논하는 것은 어려울 것이다."

[4-2-1-41]

震澤底定.

진택(震澤)이 안정됨에 이르렀다.

集傳

'震澤', 太湖也. 『周』「職方」, "揚州藪曰'具區'.", 「地志」, "在吳縣西南五十里", 今蘇州吳縣也. 曾氏曰 : "'震', 如'三川震'之'震', 若今湖翻, 是也. 具區之水, 多震而難定, 故謂之'震澤'." '底定'者, 言底於定而不震蕩也.

---

534) 호광(胡廣) 등 찬, 『서경대전(書經大全)』의 소주에서 발췌한 것이다. 그 전문은 다음과 같다. '陳氏大猷曰 : '古有九河, 後合爲一, 古有榮澤, 後堙爲地, 安知彭蠡之下, 禹平水時, 有三江而後, 或合爲一乎. 酈道元謂 : 東南地卑, 萬水所湊, 觸地成川, 故川舊瀆難以爲憑, 禹迹之不可考者, 多矣. 凡捨經文, 而指後世流派之分, 合水道之通塞, 地名之同異, 以爲說者, 以論後世之地理, 則可; 以論禹迹之舊, 則難也.'(진씨 대유가 말하였다. '옛날에 구하가 있었는데 뒤에 합쳐져 하나가 되었고, 옛날에 영택이 있었는데 뒤에 메워져 땅이 되었으니, 어찌 팽례 아래에 우가 물을 나스릴 때 삼강이 있었는데 뒤에 혹시 합쳐져서 하나가 되었음을 알겠는가. 역도원이 이르기를, … 무릇 경문을 버려두고 후세에 물줄기 갈래가 나눠진 것을 기리킴이 물길의 통하고 막힌 것에 맞겠지만, 지명이 같지 않음을 말하는 자가 후세의 지리를 논하는 것은 괜찮아도 우의 옛날 자취를 논하는 것은 어려울 것이다.')"

'진택(震澤)'은 큰 호수이다. 『주례(周禮)』「직방(職方)」에서 "양주(揚州)의 숲을 '구구(具區)'라 한다."고 하였으며, 「지지(地志)」에서 "오현(吳縣)의 서남쪽 50리에 있다."고 하였으니, 지금의 소주(蘇州) 오현(吳縣)이다. 증씨(曾氏: 曾鞏)가 말하기를 "'진(震)'은 '삼천(三川)이 진동(震動)했다'는 '진(震)'과 같으니, 지금 호수가 뒤집힘과 같은 것이 이것이다. 구구(具區)의 물은 많이 진동(震動)하여 안정하기 어렵기 때문에 '진택(震澤)'이라고 이른 것이다." 하였다. '지정(底定)'이라는 것은 안정함에 이르러 흔들리고 흩어지지 않음을 말한 것이다.

詳說

○ 見『左』「昭二十三年』及『國語』「周語」.535)

'여삼천진지진(如三川震之震)'의 내용이 『좌전(左傳)』「소공(昭公) 23년』 및 『국어(國語)』「주어(周語)」에 보인다.

[4-2-1-42]

篠·簜旣敷, 厥草惟夭, 厥木惟喬, 厥土惟塗泥.

살대와 왕대가 이윽고 널리 퍼지니, 그 풀은 어린데도 장대하며, 그 나무는 높이 치솟고, 그 토양은 진흙탕이다.

詳說

○ '篠', 音小. '簜', 音蕩. '夭', 平聲.536)

'소(篠)'는 음이 소(小)다. '탕(簜)'은 음이 탕(蕩)이다. '요(夭)'는 평성(平聲: 무성하다)이다.

---

535) 『춘추좌전주소(春秋左傳注疏)』권5,「소공(昭公) 23년」."八月丁酉, … 獻公亦欲立子猛, 未及, 而卒周之亡也, 其三川震.(8월 정유일에 … 헌공이 또한 세자 맹을 세우고자 하다가 미치지 못하고 마침내 주나라가 망하였는데, 그 삼천이 진동하였다.)" 두예(杜預)의 주에 "謂幽王時也. '三川', 涇·渭·洛水也, 地動川岸崩.(유왕 때를 이른다. '삼천'은 경수와 위수와 낙수이니, 땅이 진동하여 내의 언덕이 무너진 것이다.)"이라고 하였다. 그리고 『국어(國語)』권1, 「주어상(周語上)」. "幽王二年, 西周三川皆震, 伯陽父曰: '周將亡矣.' 夫天地之氣, 不失其序.(유왕 2년에 서주의 삼천이 모두 진동하자 대부 백양보가 말하기를 '주나라가 장차 망할 것이다.'라고 하였다. 무릇 천지의 기운은 그 차례를 잃지 않는 것이다.)" 위소(韋昭)의 주에 "'三川', 涇·渭·洛, 出於岐山.('삼천'은 경수와 위수와 낙수이니, 기산에서 나온다.)"이라고 하였다.

536) 호광(胡廣) 등 찬, 『서경대전(書經大全)』의 소주에는 '篠'는 "音小.(음이 소다.)", '簜', "待朗反.(대와랑의 반절이다.)", '夭'는 "於驕反.(어와 교의 반절이다.)"로 되어 있다. 내각본에는 "'篠', 先了反. '簜', 待朗反.('소'는 선과 료의 반절이다. '탕'은 대와 랑의 반절이다.)"으로 되어 있다.

集傳

'篠', 箭竹. '簜', 大竹, 郭璞曰:"竹闊節曰'簜'." '敷', 布也, 水去, 竹已布生也. 少長曰'夭'. '喬', 高也. '塗泥', 水泉濕也, 下地多水, 其土淖.

'소(篠)'는 살대이다. '탕(簜)'은 왕대이니, 곽박(郭璞)은 말하기를 "대나무가 마디가 넓은 것을 '탕(簜)'이라 한다."고 하였다. '부(敷)'는 퍼짐이니, 홍수가 없어짐에 대나무가 이윽고 퍼져서 나는 것이다. 어린데도 장대한 것을 '요(夭)'라고 한다. '교(喬)'는 높아짐이다. '도니(塗泥)'는 물이 샘솟아서 습한 것이니, 낮은 지역은 물기가 많아서 그 흙이 진흙탕인 것이다.

詳說

○ 揚土最宜竹, 故特言於草木之上, 又言之於貢.

'죽이포생야(竹已布生也)'에서 볼 때, 양주(揚州)의 토질이 대나무에 가장 마땅하기 때문에 특별히 초목(草木)의 상(上)을 말하였고, 또 공납(貢納)함에 말한 것이다.

○ 去聲.

'소(少)'는 거성(去聲: 어리다)이다.

○ 上聲.537)

'장(長)'은 상성(上聲: 장대하다)이다.

○ 少而長

'소자왈요(少長曰夭)'의 경우, 어린데도 장대(長大)한 것이다.

○ 王氏炎曰 : "南方地暖, 草皆少長, 而木多上竦; 河朔地寒, 雖合抱之木, 不能高也."538)

---

537) 호광(胡廣) 등 찬, 『서경대전(書經大全)』의 소주에는 "並上聲.(아울러 상성이다.)"으로 되어 있어 '少'도 상성(上聲: 작다)이라고 하였다.
538) 호광(胡廣) 등 찬, 『서경대전(書經大全)』의 소주에서 발췌한 것이다. 그 전문은 다음과 같다. "王氏炎曰 : '少長曰夭, 猶言桃之夭夭; 上竦曰喬, 猶言南有喬木. 南方地暖, 故草木皆少長, 而木多上竦; 河朔地寒, 雖合抱之木, 不能高也. 兗·徐言草木皆居厥土之下, 凡土無高下燥濕, 其性皆然, 象山林言之也. 若揚之塗泥, 惟言洎洏之多, 山林不興, 故先草木也. 靑不言草木, 而貢有松·檿, 則可知矣. 揚言之而荊亦不言, 然貢有杶·榦等, 亦可知矣. 蓋兗·靑相同, 荊·揚爲一, 惟徐漸包爲異耳.'(왕씨 염이 말하였다. '… 남방은 땅이 따뜻하여 풀이 모두 어린데도 장대하고 나무는 대부분 위로 치솟으며, 하수 북쪽은 땅이 추워서 비록 아름드리로

'고야(高也)'에 대해, 왕씨 염(王氏炎: 王炎)이 말하였다. "남방은 땅이 따뜻하여 풀이 모두 어린데도 장대하고 나무는 대부분 위로 치솟으며, 하수 북쪽은 땅이 추워서 비록 아름드리로 크는 나무539)라고 하더라도 고대(高大)할 수 없다."

○ 音鬧.540)
'뇨(淖)'는 음이 뇨(鬧)다.

○ 王氏炎曰 : "兗·徐, 言草木居厥土之下, 土無高下, 其性皆然, 兼山林言之也. 揚之塗泥, 惟言沮洳之多, 山林不與, 故先草木也. 靑·荊, 不言草木, 而貢有松·檿·杻·榦等, 則可知矣. 蓋兗·靑相同, 荊·揚爲一, 惟徐漸包爲異耳."541)
왕씨 염(王氏炎: 王炎)이 말하였다. "연주(兗州)와 서주(徐州)는 초목(草木)이 토양의 하(下)에 산다고 말하는데 토양은 높낮이가 없이 그 성질이 모두 그러하니, 산림(山林)을 아울러서 말한 것이다. 양주(揚州)의 진흙탕은 오직 진펄이 많다고 말하는데 산림(山林)은 관여하지 않기 때문에 초목(草木)을 먼저 한 것이다. 청주(靑州)와 형주(荊州)는 초목(草木)을 말하지 않았는데 소나무와 산뽕나무와 참죽나무와 산뽕나무 등을 공납하였다면 알 만한 것이다. 대개 연주(兗州)와 청주(靑州)는 서로 같고, 청주(靑州)와 양주(揚州)는 하나가 되는데, 오직 서주(徐州)만 점점 떨기로 나서 다른 것이 되었을 뿐이다."

크는 나무라고 하더라도 고대할 수 없다. ….')"
539) 아름드리로 크는 나무: 합포(合抱)는 한 아름을 뜻하는 말로, 『도덕경(道德經)』 64장에서 "아름드리나무도 털끝만한 데서 생장한다.(合抱之木, 生於毫末)"고 하였다.
540) 호광(胡廣) 등 찬, 『서경대전(書經大全)』의 소주에는 "女敎反.(녀와 교의 반절이다.)"으로 되어 있다. '淖'와 '鬧'는 『광운(廣韻)』에서 모두 "奴敎切, 去.(노와 교의 반절이니, 거성이다.)"라고 하였다.
541) 호광(胡廣) 등 찬, 『서경대전(書經大全)』의 소주에서 발췌한 것이다. 그 전문은 다음과 같다. "王氏炎曰 : '少長曰夭, 猶言桃之夭夭; 上竦曰喬, 猶言南有喬木. 南方地暖, 故草木皆少長, 而木多上竦; 河朔地寒, 雖合抱之木, 不能高也. 兗·徐, 言草木皆居厥土之下, 凡土無高下, 燥濕其性皆, 然兼山林言之也. 若揚之塗泥, 惟言沮洳之多, 山林不興, 故先草木也. 靑不言草木, 而貢有松·檿·杻等, 則可知矣. 揚言之而荊亦不言, 然貢有杻·榦等, 亦可知矣. 蓋兗·靑相同, 荊·揚爲一, 惟徐漸包爲異耳.'(왕씨 염이 말하였다. '… 연주와 서주는 초목이 모두 토양의 하에 산다고 말하는데 무릇 토양은 높낮이와 마르고 습함이 없이 그 성질이 모두 그러하니 산림을 아울러서 말한 것이다. 양주의 진흙탕 같으면 오직 진펄이 많다고 말하는데 산림은 관여하지 않기 때문에 초목을 먼저 한 것이다. 청주는 초목을 말하지 않았는데 소나무와 산뽕나무 등을 공납하였다면 알 만한 것이다. 양주는 말하였고 형주도 또한 말하지 않았으나 공물에 참죽나무와 산뽕나무 등이 있었으니 또한 알 수 있는 것이다. 대개 연주와 청주는 서로 같고, 형주와 양주는 하나가 되는데, 오직 서주에서만 점점 떨기로 나서 다름이 될 뿐이다.')"

[4-2-1-43]

厥田惟下下, 厥賦下上, 上錯.

전지(田地)는 하(下)에 하(下)이고, 공부(貢賦)는 하(下)에 상(上)인데, 올려서 섞었다.

詳說

○ 下'上', 上聲.542)

아래의 '상(上)'은 상성(上聲: 올라가다, 奉獻하다)이다.

集傳

'田', 第九等; '賦', 第七等, 雜出第六等也. 言'下上上錯'者, 以本設賦九等, 分爲三品, 下上與中下, 異品. 故變文, 言'下上上錯'也.

'전(田)'은 제9등이고, '부(賦)'는 제7등인데 섞여서 제6등을 내는 것이다. '하상상착(下上上錯)'을 말한 것은 본래 공부(貢賦)를 9등급으로 세워놓고 상·중·하 3품을 나누어 정했기 때문에 하(下)에 상(上: 제7등)과 중(中)에 하(下: 제6등)는 품등이 다르다. 그러므로 글을 바꾸어 '하(下)에 상(上)인데, 올려서 섞었다'고 말한 것이다.

詳說

○ 王氏炎曰 : "南方, 水淺土薄, 不如北方地力之厚."543)

'제구등(第九等)'에 대해, 왕씨 염(王氏炎: 王炎)이 말하였다. "남방은 물이 얕고 흙이 척박하여 북방의 지력이 두터움만 못하다."

○ 『諺』釋未瑩.544) ○雍不言'錯'者, 因此而互見耳.

'잡출제육등야(雜出第六等也)'에서 '상착(上錯)'은 『언해(諺解)』의 해석이 명백하지 않다. ○옹주(雍州)에서 '착(錯)'을 말하지 않은 것은 이것에 말미암아 서로 번갈아 볼 뿐이어서이다.

---

542) 호광(胡廣) 등 찬, 『서경대전(書經大全)』의 소주에는 "是掌反.(시와 장의 반절이다.)"으로 되어 있다. 내각본에는 "'上錯'之'上', 是掌反.('상착'의 '상'은 시와 장의 반절이다.)"으로 되어 있다.
543) 호광(胡廣) 등 찬, 『시경대전(詩經大全)』의 소주에서 발췌한 것이다. 그 전문은 다음과 같다. "王氏炎曰 : '土塗泥, 故其田下下, 大抵南方, 水淺土薄, 不如北方地力之厚也.'(왕씨 염이 말하였다. '흙이 진흙탕이기 때문에 그 전지가 하에 하이니 대저 남방은 물이 얕고 흙이 척박하여 북방의 지력이 두터움만 못하다.')"
544) 『언해(諺解)』의 해석이 "上上애 錯착도다."라고 하여 뜻이 명백하지 않다.

○ 每品, 又分三等.
'분위삼품(分爲三品)'에서 볼 때, 매 품등마다 또 세 등급으로 나눈다.

○ 不欲犯品故也, 梁之'三錯', 又一例也.545)
'언하상상착야(言下上上錯也)'에서 볼 때, 품등을 범하려고 않는 까닭이니, 양주(梁州)의 '삼착(三錯)'이 또 하나의 예이다.

[4-2-1-44]

厥貢, 惟金三品, 瑤·琨·篠·簜, 齒·革·羽·毛, 惟木. 島夷卉服, 厥篚織貝, 厥包橘·柚, 錫貢.

그 공물(貢物)은 오직 금과 은과 동의 세 품물이고, 요(瑤)와 곤(琨)과 살대와 왕대며, 상아와 가죽과 깃과 털이며, 나무들이다. 해도(海島)의 오랑캐는 훼복(卉服)을 입으니, 그 광주리의 폐물은 조개껍질과 꽃무늬 수놓은 비단이며, 그 포장한 물품은 귤과 유자이니 명을 받고 바치는 것이다.

集傳

'三品', 金·銀·銅也. '瑤'·'琨', 玉石名, 『詩』曰 : "何以舟之. 惟玉及瑤." '琨', 『說文』云 : "石之美,"546) 似玉者, 取之可以爲禮器. '篠'之材, 中於矢之笴; '簜'之材, 中於樂之管. '簜', 亦可爲符節, 『周官』「掌節」, 有'英簜'. 象有齒, 犀·兕有革, 鳥有羽, 獸有毛. '木', 楩·梓·豫·章之屬. '齒'·'革', 可以成車甲, '羽'·'毛', 可以爲旌·旄; '木', 可以備棟宇·器械之用也. '島夷', 東南海島之夷. '卉', 草也, 葛越·木綿之屬. '織貝', 錦名, 織爲貝文, 『詩』曰 : '貝錦', 是也. 今南夷木綿之精好者, 亦謂之'吉貝', 海島之夷, 以卉服來貢, 而織貝之精者, 則入篚焉. '包', 裹也. 小曰'橘', 大曰'柚'. '錫'者, 必待錫命而後貢, 非歲貢之常也. 張氏曰 : "必錫命乃貢者, 供祭祀, 燕賓客, 則詔之; 口腹之欲, 則難於出令也."

'삼품(三品)'은 금(金)과 은(銀)과 동(銅)이다. '요(瑤)'와 '곤(琨)'은 옥돌의 이름이니,

---

545) 아래의 「우공(禹貢)」 [4-2-1-68]에서 "厥田惟下上, 厥賦下中, 三錯.(전지는 하에 상이고 공부는 하에 중이니, 3등급으로 섞었다.)"라고 하였다.
546) 허신(許愼) 저, 『설문해자(說文解字)』 권1상, 「옥부(玉部)」. "'琨', 石之美者, 从玉昆聲. 『虞書』曰 : '楊州貢瑤·琨.('곤'은 돌의 아름다운 것이니, 옥을 좇고 곤은 소리다. 『우서』에서 말하였다. '양주에서 요와 곤을 바쳤다.')"

『시경(詩經)』에서 "무엇을 허리에 찼는가. 옥(玉)과 요(瑤)이다."라고 하였다. '곤(琨)'은 『설문(說文)』에서 이르기를 "돌의 아름다운 것이다."라고 하였으니, 옥과 비슷한 것으로 취하여 제례(祭禮)의 기물을 만들 수 있다. '소(篠)'의 재질은 화살의 살대를 만드는 데 적합하고, '탕(簜)'의 재질은 악기의 대롱을 만드는 데 적합하다. '탕(簜)'은 또한 부절(符節)을 만들 수 있으니, 『주관(周官)』의 「장절(掌節)」에 '영탕(英簜)'이 있다. 코끼리는 상아가 있고, 무소와 코뿔소는 가죽이 있으며, 새는 깃이 있고, 짐승은 털이 있다. '목'은 편나무와 가래나무와 침(枕)나무와 녹나무 등속이다. '치(齒)'와 '혁(革)'은 수레와 갑옷을 만들 수 있고, '우(羽)'와 '모(毛)'는 기와 깃대장식을 만들 수 있고, '목(木)'은 집과 기계(器械)의 쓰임을 갖출 수 있다. '도이(島夷)'는 동남쪽 바다에 있는 섬의 오랑캐이다. '훼(卉)'는 풀이니, 칡베와 부들 베 및 목화의 등속이다. '직패(織貝)'는 비단 이름이니, 짜서 자개 무늬를 만든 것이니, 『시경(詩經)』에서 '패금(貝錦)'이라고 한 것이 이것이다. 지금 남이(南夷)의 목화 가운데 깔끔하고 좋은 것을 또한 '길패(吉貝)'라고 이르니, 바다섬의 오랑캐들이 훼복(卉服)을 입고 와서 공납(貢納)하는데 직패(織貝)의 깔끔한 것을 광주리에 넣은 것이다. '포(包)'는 싸는 것이다. 작은 것을 '귤(橘)'이라 하고, 큰 것을 '유(柚)'라고 한다. '석(錫)'이라는 것은 반드시 명령 내리기를 기다린 뒤에 바치는 것이니, 해마다 공납함이 일정한 것은 아니다. 장씨(張氏: 張栻)547)가 말하였다. "반드시 명이 내려져야 이에 바치는 것이니, 제사에 올리고 빈객(賓客)을 연향(燕享)하는 것은 명하여 알려주고, 먹어 배를 채우는 욕구의 것은 명을 내서 내림을 어렵게 여긴 것이다."

詳說

○ 「公劉」.548)

---

547) 장씨(張氏: 張栻): 장식(1133-1180)은 남송대의 학자로, 자가 경부(敬夫)·흠부(欽夫)·낙재(樂齋)이고, 호가 남헌(南軒)이며, 한주(漢州) 사람이다. 남헌 선생(南軒先生)·남헌 장씨(南軒張氏)·광한 장씨(廣漢張氏)라고도 불렸으며, 시호가 '선(宣)'이어서 장선공(張宣公)이라고도 불렸다. 주희(朱熹)·여조겸(呂祖謙)과 함께 이름을 나란히 하여 '동남삼현(東南三賢)'이라고 칭송하였으며, 남송(南宋) 이종(理宗) 원년(1241)에 공자 사당에서 제사지내며 이관(李寬)·한유(韓愈)·이사진(李士眞)·주돈이(周敦頤)·주희(朱熹)·황간(黃榦)과 함께 석고서원(石鼓書院) 칠현사(七賢祠)에서 제사지낸 뒤 '석고칠현(石鼓七賢)'이라고도 일컬었다. 저서로는 『남헌선생문집(南軒先生文集)』 외에 『남헌선생논어해(南憲先生論語解)』·『남헌선생맹자설(南軒先生孟子說)』·『남지역설(南地易說)』·『제갈충무후전(諸葛忠武侯傳)』·『남악창수집(南岳倡酬集)』 등이 있으며, 『서설(書說)』·『수사언인설(洙泗言仁說)』·『태극도설(太極圖說)』 등은 이름만 전한다.
548) 호광(胡廣) 등 찬, 『시전대전(詩傳大全)』, 권17, 「대아(大雅)·생민지십(生民之什)·공류(公劉)」. "篤公劉, 于胥斯原, 既庶既繁, 既順迺宣, 而無永嘆, 陟則在巘, 復降在原, 何以舟之. 維玉及瑤, 鞞琫容刀.(후덕하신 공류께서 이 언덕을 보시는데 이미 많이 보여 살며 이미 편히 두루 퍼져 길이 탄식함이 없도다. 올라가 산마루에 있고 내려와 언덕에 있거늘 무엇을 허리에 찼는가. 옥 및 아름다운 옥과 멋진 칼집에 칼이로다.)"

'『시』(『詩』)'는 「공류(公劉)」이다.

○ 帶也.
'주(舟)'는 띠는 것이다.

○ 去聲, 下同.549)
'중(中)'은 거성(去聲: 부합하다, 적합하다)이니, 아래도 같다.

○ 音笴,550) 箭榦.
'가(笴)'는 음이 가(笴)이니, 화살대이다.

○ 地官.551)
'『주관』「장절」(『周官』「掌節」)'의 경우, 지관(地官)이다.

○ 『周禮注』曰 : "盛節器."552)
'영탕(英蕩)'에서 볼 때, 『주례(周禮)』의 주(注)에서 말하였다. "부절의 그릇을 성대하게 함이다."

○ 毗連反.553)
'편(楩)'은 비(毗)와 련(連)의 반절이다.

---

549) 호광(胡廣) 등 찬, 『서경대전(書經大全)』의 소주에는 "去聲, 下並同.(거성이니, 아래도 아울러 같다.)"으로 되어 있다.
550) 호광(胡廣) 등 찬, 『서경대전(書經大全)』의 소주에는 "音稈.(음이 간이다.)"으로 되어 있다. 『광운(廣韻)』에는 "古旱切, 上旱.(고와 한의 반절이니, 상성 한이다.)" 또는 "古我切, 上哿.(고와 아의 반절이니, 상성 가다.)"라고 하였다.
551) 주신(朱申) 찬, 『주례구해(周禮句解)』 권4, 「지관사도하(地官司徒下)·장절(掌節)」에 의하면, "以英簜輔之, 門關用符節.(영탕으로써 왕명을 보좌하는 것이니, 관문을 맡음에 부절을 사용한다.)"이라 하고, 구해(句解)에서 "英節也. '簜', 竹也, 以竹爲之, 加之畫飾, 以盛其節.(영절이다. '탕'은 대나무이니 대나무로써 만들어 그리고 꾸며서 그 부절을 성대하게 하는 것이다.)"이라고 하였다.
552) 호광(胡廣) 등 찬, 『서경대전(書經大全)』의 소주에는 "『周禮』註, 盛筋器也.(『주례』의 주에 저기를 성대하게 함이다.)"로 되어 있다. 『주례주소(周禮注疏)』 권15, 「장절(掌節)」에서 "掌守邦節, 而辨其用, 以輔王命. … 以英簜輔之, ….(나라의 부절을 맡아서 지키며 그 쓰임을 분별하여 왕명을 보좌하는 것이다. … 영탕으로써 왕명을 보좌하는 것이니 ….)"라 하고, 정현(鄭玄)의 주(注)에서 "杜子春云 : '蕩, 當爲帑', 謂以函器盛此節. 或曰 : 英蕩, 畫函.'(두자춘이 말하였다. '탕은 마땅히 탕[帑]이 되어야 하니, 상자 그릇으로써 이 부절을 성대하게 함을 이른다.' 어떤 이가 말하였다. '영탕은 채색한 상자다.')"이라고 하였다.
553) 『광운(廣韻)』에는 "房連切, 平仙.(방과 련의 반절이니, 평성 선이다.)"이라 하였고, 『집운(集韻)』에는 "毗連切, 平仙.(비와 련의 반절이니, 평성 선이다.)"이라 하였다.

○ 二字, 又或從木.
'예·장(豫·章)'의 두 글자는 또는 간혹 나무 목(木)자를 좇는다.

○ 下介反.554)
'계(械)'는 하(下)와 개(介)의 반절이다.

○ 沙溪曰 : "胡括反, 草名. '葛越', 草布."555)
'갈활(葛越)'에 대해, 사계(沙溪: 金長生)가 말하였다. "호(胡)와 괄(括)의 반절이니, 풀이름이다. '갈활(葛越)'은 풀로 만든 베옷이다."

○ 非今之草綿.
'목면(木綿)'의 경우, 지금의 초면(草綿: 아욱과의 식물)이 아니다.

○ 臨川吳氏曰 : "染絲五色織者, 曰'織貝'; 不染而織之成文, 曰 '織文'."556)
'직위패문(織爲貝文)'에 대해, 임천 오씨(臨川吳氏: 吳澄)가 말하였다. "실을 다섯 가지 색으로 물들여서 짜는 것을 '직패(織貝)'라 하고, 물들이지 않고 짜서 문양을 이루는 것을 '직문(織文)'이라고 한다."

○ 「巷伯」.557)
'『시』(『詩』)'는 「항백(巷伯)」이다.

---

554) 호광(胡廣) 등 찬, 『서경대전(書經大全)』의 소주를 수용한 것이다. 『광운(廣韻)』에는 "胡介切, 去怪.(호와 개의 반절이니, 거성 괴다.)"라고 하였다.
555) 『사계전서(沙溪全書)』 권14, 「경서변의(經書辨疑)·서전(書傳)·우공(禹貢)」. 참조. ; 호광(胡廣) 등 찬, 『서경대전(書經大全)』의 소주에서 "草布也.(풀로 만든 베옷이다.)"라고 하였다. 『광운(廣韻)』에는 "戶括切, 入末.(호와 괄의 반절이니, 입성 말이다.)"라고 하였다.
556) 호광(胡廣) 등 찬, 『서경대전(書經大全)』의 소주에서 발췌한 것이다. 그 전문은 다음과 같다. "臨川吳氏曰 : 染其絲五色, 織之成文者, 曰織貝; 不染五色, 而織之成文者, 曰織文.(임천 오씨가 말하였다. '그 실을 다섯 가지 색으로 물들여서 짜서 문양을 이루는 것을 직패라 하고, 다섯 가지 색으로 물들이지 않고 짜서 문양을 이루는 것을 직문이라고 한다.')"
557) 호광(胡廣) 등 찬, 『서경대전(書經大全)』, 권12, 「소아(小雅)·소민지십(小旻之什)·항백(巷伯)」. "萋兮斐兮, 成是貝錦. 彼譖人者, 亦已大甚.(알록달록한 무늬들이 자개비단을 이루도다. 저 참소하는 자들이여, 또한 너무나 심하도다.)" 주자의 집전에는 "言因萋斐之形, 而文致之, 以成貝錦, 以比讒人者因人之小過而飾成大罪也.(알록달록한 형상에 말미암아 문채를 이루어 자개비단을 이룬 것을 말하여, 남을 참소하는 자가 사람의 작은 허물에 말미암아 큰 죄를 꾸며 이루는 것을 비유한 것이다.)"라고 하여 비단을 짜듯이 죄를 만드는 참언의 뜻으로 보았다.

○ 不蒙'島夷'之文.

'과야(裹也)'에서 '궐포(厥包)'는 '도이(島夷)'의 글을 이어받지 않았다.

○ 敬夫.

'장씨(張氏)'는 경부(敬夫: 張栻)이다.

○ 錫命.

'출령(出令)'은 명령을 내려줌이다.

○ 蘇氏曰 : "苟常供, 則勞害, 如漢·唐荔枝矣."558)

'즉난어출령야(則難於出令也)'에 대해, 소씨(蘇氏: 蘇軾)가 말하였다. "진실로 항상 바친다면 수고롭고 해로울 것이니, 마치 한나라와 당나라의 여지(荔枝)와 같다."

○ 唐孔氏曰 : "與荊之大龜·豫之磬錯, 皆非常貢, 故言於'厥篚'之下."559)

당 공씨(唐孔氏: 孔穎達)가 말하였다. "형주(荊州)의 큰 거북 및 예주(豫州)의 경쇠 숫돌과 더불어 모두 항상 바치는 공물이 아니기 때문에 '궐비(厥篚)' 아래에서 말한 것이다."

[4-2-1-45]

沿于江·海, 達于淮·泗.

강수(江水)와 바다를 따라 내려가서 회수(淮水)와 사수(泗水)에 다다른다.

集傳

順流而下曰'沿', 沿江入海, 自海而入淮·泗. 不言達于河者, 因於徐也. 禹時, 江·淮未通, 故沿於海, 至吳, 始開邗溝, 隋人廣之, 而江·淮舟船始通也. 孟子

---

558) 호광(胡廣) 등 찬, 『서경대전(書經大全)』의 소주에서 발췌한 것이다. 그 전문은 다음과 같다. "蘇氏曰 : '橘·柚苟常供, 則勞害, 如漢·唐荔枝矣.'(소씨가 말하였다. '귤과 유자를 진실로 항상 바친다면 수고롭고 해로울 것이니 한나라와 당나라의 여지와 같다.')"
559) 호광(胡廣) 등 찬, 『서경대전(書經大全)』의 소주에서 발췌한 것이다. 그 전문은 다음과 같다. "唐孔氏曰 : '橘·柚, 與荊之大龜·豫之磬錯, 皆非常貢, 故言于厥篚之下.'(당 공씨가 말하였다. '귤과 유자는 형주의 큰 거북 및 예주의 경쇠 숫돌과 더불어 모두 항상 바치는 공물이 아니기 때문에 궐비 아래에서 말한 것이다.')"

言 : "排淮·泗而注之江", 記者之誤也.

물의 흐름을 따라 내려가는 것을 '연(沿)'이라고 하니, 강수(江水)를 따라 내려가서 바다로 들어가고 바다로부터 회수(淮水)와 사수(泗水)로 들어가는 것이다. 하수(河水)에 다다랐다고 말하지 않은 것은 서주(徐州)에 유래했기 때문이다. 우왕(禹王) 때에는 강수(江水)와 회수(淮水)가 아직 통하지 않았기 때문에 바다를 따라 내려갔는데, 오(吳)나라 때에 이르러 비로소 한구(邗溝)를 개통하자 수(隋)나라 사람들이 이것을 넓혀서 강수(江水)와 회수(淮水)의 배들이 비로소 통과하게 되었다. 맹자(孟子)가 말하기를 "회수(淮水)와 사수(泗水)를 밀쳐내어 강수(江水)로 흘러들어 갔다."고 한 것은 기록한 이의 잘못이다.

詳說

○ 去聲.

'하(下)'는 거성(去聲: 내려가다)이다.

○ 王氏炎曰 : "靑, 言達于濟; 揚, 言達于淮·泗, 皆因上文, 以互見也."560)

'인어서야(因於徐也)'에 대해, 왕씨 염(王氏炎: 王炎)이 말하였다. "청주(靑州)에서는 제수(濟水)에 다다랐음을 말하였고, 양주(揚州)에서는 회수(淮水)와 사수(泗水)에 다다랐음을 말하였으니, 모두 윗글에 말미암아 서로 본 것이다."

○ 陳氏大猷曰 : "循行水涯曰'沿'. 水之險者, 莫如江·海, 遇風濤多. 沿岸而行, 所以獨言'沿', 不言'浮', 以著其險也."561)

'고연어해(故沿於海)'에 대해, 진씨 대유(陳氏大猷: 陳大猷)가 말하였다. "물가를 따라서 가는 것을 '연(沿)'이라고 한다. 물이 험난한 것은 강수(江水)와 바다만한 것이 없으니, 풍파(風波)를 만남이 많다. 연안(沿岸)으로 가면서 유독 '연(沿)'이라 말하고, '부(浮)'라고 말하지 않은 것은 그 험난함을 드러내려는 때문이다."

---

560) 호광(胡廣) 등 찬, 『서경대전(書經大全)』의 소주에서 발췌한 것이다. 그 전문은 다음과 같다. "王氏炎曰 : '兗言浮于濟·漯, 達于河, 故靑言浮于汶, 達于濟; 徐言浮於淮·泗, 達于河, 故揚言沿于江·海, 達于淮·泗, 皆因上文, 以互見也.'(왕씨 염이 말하였다. '연주에서 세수와 납수에 떠가고 하수에 다다름을 말하였기 때문에 청주에서는 문수에 떠가고 제수에 다다랐음을 말하였고, 서주에서 회수와 사수에 떠가고 하수에 다다름을 말하였기 때문에 양주에서는 강수와 바다를 따라서 가고 회수와 사수에 다다랐음을 말하였으니, 모두 윗글에 말미암아 서로 본 것이나.')"

561) 호광(胡廣) 등 찬, 『서경대전(書經大全)』의 소주를 수용한 것이다.

○ 按, 沿於海, 猶言沿江入海, 蒙上文而省之耳.
　내가 살펴보건대, 바다를 따라서 감은 강수(江水)를 따라 가면서 바다로 들어감이라고 말함과 같으니, 윗글을 이어받아 생략하였을 뿐이다.

○ 音寒.562)
　'한(邗)'은 음이 한(寒)이다.

○ 沙溪曰 : "在廣陵."563) ○林氏曰 : "夫差掘溝通水, 與晉會黃池."564)
　'시개한구(始開邗溝)'에 대해, 사계(沙溪: 金長生)가 말하였다. "광릉(廣陵)에 있다." ○임씨(林氏: 林之奇)가 말하였다. "부차(夫差)565)가 도랑을 파서 물을 개통시켜 진(晉)나라와 황지(黃池)를 회합하였다."

○ 卽通濟渠也.
　'수인광지(隋人廣之)'의 경우, 곧 제수(濟水)의 도랑을 개통한 것이다.

○「滕文公」.566)

---

562) 호광(胡廣) 등 찬, 『서경대전(書經大全)』의 소주를 수용한 것이다.
563) 『사계전서(沙溪全書)』권14, 「경서변의(經書辨疑)·서전(書傳)·우공(禹貢)」. 참조. ; 호광(胡廣) 등 찬, 『서경대전(書經大全)』의 소주에는 "地名, 在廣陵.(땅 이름이니, 광릉에 있다.)"이라고 하였다.
564) 호광(胡廣) 등 찬, 『서경대전(書經大全)』의 소주에서 발췌한 것이다. 그 전문은 다음과 같다. "臨川吳氏曰 : '林少穎云: 禹時, 江·淮未通, 故揚州入貢, 必由江, 以入海然後, 達于淮·泗. 至吳, 夫差掘溝通水, 與晉會黃池然後, 江·淮始通. 孟子謂: 禹排淮·泗而注之江, 蓋誤指所通之水, 以爲禹跡. 某謂江北淮南, 地高於水, 雖曰溝通江·淮, 止是江·淮之間, 掘一橫溝, 兩端築堤壅水, 在溝中, 若欲行舟, 須自江中, 拽舟上溝, 行溝旣盡, 又拽舟下淮, 江·淮二水, 實未嘗通流也.'(임천 오씨가 말하였다. '임소영이 이르기를, 우 때에 강수와 회수가 개통되지 못하였기 때문에 양주에서 공물이 들어감에 반드시 강수를 경유하여 바다로 들어간 뒤에 회수와 사수에 다다랐다. 오나라에 이르러 부차가 도랑을 파서 물을 개통시켜 진나라와 황지를 회합한 뒤에 강수와 회수가 비로소 개통되었다. ….')"
565) 부차(夫差): 춘추시대 오나라 임금(B.C.495-473)이다. 오나라 왕 합려(闔閭)의 아들이다.
566) 『맹자집주대전(孟子集註大全)』권5, 「등문공장구상(滕文公章句上)」. "當堯之時, 天下猶未平, 洪水橫流, 氾濫於天下, 草木暢茂, 禽獸繁殖. 五穀不登, 禽獸偪人, 獸蹄·鳥跡之道, 交於中國, 堯獨憂之, 擧舜而敷治焉, 舜使益掌火, 益烈山澤而焚之, 禽獸逃匿. 禹疏九河, 瀹濟·漯而注諸海, 決汝·漢, 排淮·泗而注之江, 然後中國, 可得而食也. 當是時也, 禹八年於外, 三過其門而不入, 雖欲耕, 得乎?(요임금 때를 맞아서 천하가 오히려 평온하지 못하여 홍수가 마구 흘러서 천하에 넘쳐 퍼져서 풀과 나무가 쑥쑥 크고 우거지며 짐승들이 많이 늘어났다. 오곡이 익지 못하며 짐승들이 사람에게 다가와 짐승 발굽 및 새 발자국의 길이 나라 안에 교차하거늘, 요임금이 홀로 근심하여 순임금을 들어서 다스림을 펴게 하시니, 순임금이 익으로 하여금 불을 담당하게 하셨는데, 익이 산림·천택을 불 피워 태우니 짐승들이 도망가서 숨었다. 우임금이 아홉 갈래 황하를 트고 제수와 탑수를 터놓아 바다로 흐르게 하시며, 여수와 한수를 터놓고 회수와 사수를 밀어 열어서 양자강으로 흐르게 하시니, 그런 뒤에 나라 안이 얻어서 먹을 수 있었다. 이때에 닥쳐서 우임금이 바깥에 8년 있음에 여러 번 그 집 문을 지나갔어도 들어가지 않았으니 비록 경작하고자 하더라도 할 수 있겠는가?)"

'맹자(孟子)'는 「등문공(滕文公)」이다.

○ 林氏曰 : "蓋誤指所通之水, 以爲禹迹也."567)
'기자지오야(記者之誤也)'에 대해, 임씨(林氏: 林之奇)가 말하였다. "대개 개통한 물을 잘못 가리켜서 우(禹)의 공적으로 여긴 것이다."

[4-2-1-46]
荊及衡陽, 惟荊州.

형산(荊山)과 형산(衡山)의 남쪽이 오직 형주(荊州)이다.

集傳

荊州之域, 北距南條荊山, 南盡衡山之陽. '荊'·'衡', 各見導山. 唐孔氏曰 : "荊州以衡山之陽爲至者, 蓋南方, 惟衡山爲大, 以'衡陽'言之, 見其地不止此山, 而猶包其南也."

형주(荊州)의 지역은 북쪽으로는 남조(南條)의 형산(荊山)에 이르고, 남쪽으로는 형산(衡山)의 남쪽에 이른다. 형산(荊山)과 형산(衡山)은 각각 도산(導山)에 보인다. 당(唐)나라 공씨(孔氏: 孔穎達)가 말하였다. "형주(荊州)에서 형산(衡山)의 남쪽으로써 이른다고 한 것은 대개 남방에서는 오직 형산(衡山)만 커서 '형양(衡陽)'으로써 말하였으나, 그 지역이 이 산에만 그치지 않고 오히려 그 남쪽까지 포괄함을 보인 것이다."

詳說

○ '荊'·'雍', 皆有荊山, 故別以南·北條.
'북거남조형산(北距南條荊山)'에서 볼 때, '형주(荊州)'와 '옹주(雍州)'가 모두 형산(荊山)에 있기 때문에 남조(南條)와 북조(北條)로 구별한 것이다.

---

567) 호광(胡廣) 등 찬, 『서경대전(書經大全)』의 소주에서 발췌한 것이다. 그 전문은 다음과 같다. 臨川吳氏曰 : "林少穎云: 禹時, 江·淮未通, 故揚州入貢, 必由江, 以揚于海然後, 達于淮·泗. 至吳, 夫差掘溝通水, 與晉會黃池然後, 江·淮始通. 孟子謂: 禹排淮·泗而注之江, 蓋誤指所通之水, 以爲禹跡. 某謂江北淮南, 地高於水, 雖口溝通江·淮, 止是江·淮之間, 掘一橫溝, 兩端築堤壅水, 在溝中, 若欲行舟, 須自江中, 拽舟上溝, 行溝既盡, 又拽舟下淮, 江·淮二水, 曾未嘗通流也'(임천 오씨가 말하였다. '임소영이 이르기를, 우 때에 강수와 회수가 개통되지 못하였기 때문에 … 맹자가 이르기를, 우가 회수와 강수를 밀쳐내서 강수로 흘러들어갔다고 했으니, 대개 개통한 물을 잘못 가리켜서 우의 공적으로 여긴 것이다. ….')"

○ 音現, 下同.568)

'현(見)'은 음이 현(現)이니, 아래도 같다.

○ 及.

'지(至)'는 미침이다.

○ 武夷熊氏曰 : "建都於南者, 當以南陽爲正, 諸葛亮, 以爲用武之國."569)

'이유포기남야(而猶包其南也)'에 대해, 무이 웅씨(武夷熊氏: 熊禾)가 말하였다. "도읍을 남쪽에 세운 것은 마땅히 남쪽 양지로써 정방(正方)을 삼아서이니, 제갈량(諸葛亮)은 군대를 쓰는 나라로 여긴 것이다."

[4-2-1-47]
江·漢, 朝宗于海,

강수(江水)와 한수(漢水)가 바다를 조회하여 받드는 모습이며,

詳說

○ 音潮.570)

'조(朝)'는 음이 조(潮)다.

集傳

'江'·'漢', 見'導水'. 春見曰'朝', 夏見曰'宗', '朝宗', 諸侯見天子之名也. '江'·'漢', 合流于荆, 去海尚遠. 然水道已安, 而無有壅塞橫決之患. 雖未至海, 而其勢已奔趨於海, 猶諸侯之朝宗于王也.

---

568) 호광(胡廣) 등 찬, 『서경대전(書經大全)』의 소주에는 "音現, 下並同.(음이 현이니, 아래도 아울러 같다.)"이라고 하였다.
569) 호광(胡廣) 등 찬, 『서경대전(書經大全)』의 소주에서 발췌한 것이다. 그 전문은 다음과 같다. "武夷熊氏曰 : '荆州之地, 亦廣, 北接雍豫之境, 南逾五嶺, 即越之南徼也. 越雖千古未通, 已當在要荒之服. 東抵揚州之境, 西抵梁州及西南夷等處, 皆楚地也. 揚之境, 自兩浙爲吳越之外, 江·淮皆楚境. 或謂建都於江南者, 當以南陽爲正, 其北接連中原, 東通吳西, 接巴蜀, 南控蠻粤. 故諸葛亮, 以爲用武之國. 英雄之所必爭, 凡自北而攻南, 自南而竊北, 未不先得此而後, 可以有爲也, 此又有國者之所當知也.'(무이 웅씨가 말하였다. '…어떤 이가 이르기를, 도읍을 남쪽에 세운 것은 마땅히 남쪽 양지로써 정방을 삼아서이니, … 그러므로 제갈량은 군대를 쓰는 나라로 여긴 것이다. ….')"
570) 내각본에 보인다.

'강(江)'과 '한(漢)'은 '도수(導水)571)'에 보인다. 봄에 알현하는 것을 '조(朝)'라 하고, 여름에 알현하는 것을 '종(宗)'이라 하니, '조종(朝宗)'은 제후가 천자를 알현하는 명칭이다. '강(江)'과 '한(漢)'이 형주(荊州)에서 합류하여 바다와의 거리가 오히려 멀어졌다. 그러나 물길이 이미 안정되어 막히고 제멋대로 터지는 우환이 없어졌다. 비록 바다에 이르지 않았더라도 그 기세가 이미 바다로 달려서가니, 제후들이 임금을 조종(朝宗)하는 것과 같다.

詳說

○ 音現, 下並同.
'현(見)'은 음이 현(現)이니, 아래도 아울러 같다.

○ 出『周禮』「大宗伯」.572)
'하현왈종(夏見曰宗)'의 내용이 『주례(周禮)』「대종백(大宗伯)」에 나온다.

○ 去聲.
'횡(橫)'은 거성(去聲: 放縱하다)이다.

[4-2-1-48]

九江, 孔殷.

구강(九江)이 매우 바르게 흐른다.

集傳

'九江', 卽今之洞庭也. 『水經』言 : "九江在長沙下雋西北", 『楚地記』曰 : "巴陵瀟湘之淵, 在九江之間", 今岳州巴陵縣, 卽楚之巴陵, 漢之下雋也, 洞庭, 正在其西北, 則洞庭之爲九江, 審矣. 今沅水·漸水·元水·辰水·敍水·酉水·

---

571) '도수(導水)': 아래의 「우공(禹貢)」 [4-2-1-91]의 내용에 보인다. "파총산에서 양수를 터서 동쪽으로 흘러 한수가 되고, 또 동쪽으로 흘러 창랑의 물이 되며, 삼서를 지나서 대별산에 이르러 남쪽으로 강수로 들어가며, 동쪽으로 돌아 택이 되어 팽려가 되며, 동쪽으로 흘러 북강이 되어 바다로 들어간다.(嶓冢導漾, 東流爲漢, 又東爲滄浪之水, 過三澨, 至于大別, 南入于江, 東匯澤, 爲彭蠡, 東爲北江, 入于海!)"

572) 『주례주소(周禮注疏)』 권18, 「대종백(大宗伯)」 "春見曰朝, 夏見曰宗, 秋見曰覲, 冬見曰遇, 時見曰會, 殷見曰同.(봄에 알현하는 것을 '조'라 하고, 여름에 알현하는 것을 '종'이라 하고, 가을에 알현하는 것을 '근'이라 하고, 겨울에 알현하는 것을 '우'라고 하며, 수시로 알현하는 것을 '회'라고 하고, 무리로 알현하는 것을 '동'이라고 한다.)"

澧水·資水·湘水,皆合於洞庭,意以是名九江也. '孔',甚; '殷',正也,九江水道,甚得其正也.按,『漢』「志」,"九江,在廬江郡之尋陽縣",『尋陽記』,"九江之名,一曰烏江,二曰蜂江,三曰烏白江,四曰嘉靡江,五曰畎江,六曰源江,七曰廩江,八曰提江,九曰箘江",今詳漢九江郡之尋陽,乃「禹貢」揚州之境,而唐孔氏又以爲: "九江之名,起於近代",未足爲據. 且九江派別取之耶,亦必首尾短長,大略均布然後,可目之爲九. 然其一水之間,當有一洲,九江之間,沙水相間,乃爲十有七道,而今尋陽之地,將無所容,況沙洲出沒,其勢不常,果可以爲地理之定名乎. 設使派別爲九,則當曰九江旣道,不應曰孔殷; 於'導江',當曰播九江,不應曰過九江. 反復參考,則九江,非尋陽明甚,本朝胡氏以洞庭爲九江者,得之. 曾氏亦謂: "'導江'曰: 過九江,至于東陵",東陵,今之巴陵,今巴陵之上,卽洞庭也. 因九水所合,遂名九江,故下文'導水'曰: "過九江." 經之例, "大水合小水,謂之'過'",則洞庭之爲九江,益以明矣.

'구강(九江)'은 곧 지금의 동정호(洞庭湖)이다. 『수경(水經)』에서 말하기를 "구강(九江)은 장사(長沙) 하전(下雋)의 서북쪽에 있다." 하였고, 『초지기(楚地記)』에서는 "파릉(巴陵) 소상(瀟湘)의 연못이 구강의 사이에 있다."고 하였으니, 지금 악주(岳州)의 파릉현(巴陵縣)이 곧 초나라의 파릉이고 한나라의 하전(下雋)이며, 동정호가 바로 그 서북쪽에 있다면 동정호가 구강이 됨이 명백하다. 지금 원수(沅水)·점수(漸水)·원수(元水)·진수(辰水)·서수(敍水)·유수(酉水)·예수(澧水)·자수(資水)·상수(湘水)가 모두 동정호에서 합하니, 생각하건대 이 때문에 구강이라고 이름 붙인 듯하다. '공(孔)'은 심함이고, '은(殷)'은 바름이니, 구강의 물길이 매우 그 바름을 얻은 것이다. ○살펴보건대, 『한서(漢書)』 「지리지(地理志)」에서 "구강은 여강군(廬江郡)의 심양현(尋陽縣)에 있다." 하였고, 『심양기(尋陽記)』에서 "구강의 이름은 첫째는 오강(烏江)이고, 둘째는 방강(蜂江)이고, 셋째는 오백강(烏白江)이고, 넷째는 가미강(嘉靡江)이고, 다섯째는 견강(畎江)이고, 여섯째는 원강(源江)이고, 일곱째는 늠강(廩江)이고, 여덟째는 제강(提江)이고, 아홉째는 균강(箘江)이다."라고 하였다. 이제 살펴보건대, 한나라 구강군(九江郡)의 심양(尋陽)이 바로 「우공(禹貢)」의 양주(揚州) 지경인데, 당나라 공씨(孔氏: 孔穎達)가 또 "구강의 명칭이 근대(近代)에 나왔다."고 하였으니, 의거하기에 충분하지 않다. 또 구강이 물갈래가 갈라진 것을 취하였으면 또한 반드시 머리와 꼬리, 길고 짧음이 대략 고르게 분포된 뒤라야 지목하여 아홉이 될 수 있는 것이다. 그러나 하나의 물 사이에는 마땅히 하나의 모래섬이 있어야 하는데, 구강의 사이에는 바로 모래와 강물이 서로 끼어들어 이에 열일곱의 길이 되었으니, 지금 심양(尋陽)의 지역에는 장차 용납할 곳이 없다. 하물며 모래섬이 출몰하여 그 형세가 일정하지 않으니, 과연 지리(地理)의 일정한 명칭으로 할 수 있겠는가. 설사 물갈래가 갈라진 것이 아홉이라 하더라도 마땅히 구강(九江)이 이미 물길을 따랐다고 할 것이고 매우 바르다고 할 수 없으며, '도강(導江)'573)에서 마땅히 구강으로 퍼졌다고 할 것이고, 구강을 지나갔다고 할 수 없을 것이다. 반복하여 참고해보면 구강은 심양(尋陽)이 아님이 매우 분명하니, 본조(本朝: 북송)의 호씨(胡氏: 胡旦)574)가 동정호(洞庭湖)를 구강이라고 한 것이 맞다. 증씨(曾氏: 曾鞏) 또한 이르기를 "'도강(導江)'에서 '구강을 지나서 동릉(東陵)에 이른다.'고 하였으니, 동릉은 지금의 파릉(巴陵)이니, 현재 파릉(巴陵)의 위가 곧 동정호(洞庭湖)인 것이다."라고 하였다. 아홉 물이 합함으로 말미암아 마침내 구강이라고 이름 붙였기 때문에 아랫글의 '도수(導水)575)'에서 '구강을 지난다.'고 한 것이다. 경문(經文)의 예(例)에 "큰물이 작은 물과 합치는 것을 '과(過)'라고 이른다."고 하였으니, 동정호(洞庭湖)가 구강이 됨이 더욱 분명하다.

詳說

○ 音吮.576)
'전(雋)'은 음이 전(吮)이다.

○ 當考.
'『초지기』(『楚地記』)'의 경우, 마땅히 살펴보아야 한다.

○ 音禮.

---

573) 아래의 「우공(禹貢)」 [4-2-1-92]의 내용에 보인다.
574) 호씨(胡氏: 胡旦): 호단(955-134)는 북송의 학자로 자가 주보(周父)이고, 발해(渤海) 사람이라서 발해 호씨(渤海胡氏)라고 한다. 어려서부터 독서를 좋아하고 문장(文章)을 잘하여 태종 3년(978) 과거시험에 장원급제하였다. 「하평송(河平頌)」을 올려 정사를 의론했다가 태종의 미움을 받았고, 「평연의(平燕議)」를 올려 영운(燕雲) 16주를 수복해야 한다고 건의하여 태종의 칭찬을 받았으며, 벼슬이 상서호부원외랑(尙書戶部員外郎) 등에 이르렀다. 만년에 실명한 뒤 경사(經史) 낭독을 통하여 학식을 넓혔다. 저서로는 『한춘추(漢春秋)』・『오대사략(五代史略)』・『장수요략(將帥要略)』・『연성통송(演聖通訟)』・『당승(唐乘)』・『가전(家傳)』 등이 있다.
575) 도수(導水): 아래의 「우공(禹貢)」 [4-2-1-87]의 내용에 보인다. "민산의 남쪽으로부터 형산에 이르며, 구강을 지나서 부선원에 이르렀다.(岷山之陽, 至于衡山, 過九江, 至于敷淺原.)"
576) 호광(胡廣) 등 찬, 『서경대전(書經大全)』의 소주를 수용한 것이다. 『광운(廣韻)』에는 "徂兗切, 上.(조와 연의 반절이니, 상성이다.)"이라고 하였다.

'례(禮)'는 음이 례(禮)이다.

○ 「地志」.577)
'『한』「지」(『漢』「志」)'는 「지지(地志)」이다.

○ 當考.
'『심양기尋陽記』'의 경우, 마땅히 살펴보아야 한다.

○ 蚌同.578)
'방(蜯)'은 방(蚌)과 같다.

○ 『尋陽記』者.
'구강지명(九江之名)'은 『심양기(尋陽記)』인 것이다.

○ 孔說, 止此.
'기어근대(起於近代)'에서 볼 때, 공씨(孔氏: 孔穎達)의 말이 여기서 그친다.

○ 去聲.
'사수상간(沙水相間)'에서 간(間)은 거성(去聲: 끼어들다)이다.

○ 如九河耳.
'당왈구강기도(當曰九江旣道)'에서 볼 때, 구하(九河)와 같을 뿐이다.

○ 平聲, 下同.
'응(應)'은 평성(平聲: 응당)이니, 아래도 같다.

○ 覆同.
'복(復)'은 복(覆)과 같다.

---

577) 『후한서(後漢書)』 권32, 「군국지(郡國志)」. "廬江郡, … 雩婁侯國, 尋陽南, 有九江, 東合爲大江.(여강군은 … 우루후국의 심양 남쪽에 구강이 있으니, 동쪽으로 대강과 합친다.)"
578) 호광(胡廣) 등 찬, 『서경대전(書經大全)』의 소주에는 "音蚌.(음이 방이다.)"로 되어 있다.

○ 音潮.

'조(朝)'는 음이 조(潮)이다.

○ 名旦, 字周父, 渤海人.

'호씨(胡氏)'는 이름이 단(旦)이고, 자가 주보(周父)이며, 발해(渤海) 사람이다.

○ 曾說, 蓋止此.

'즉동정야(卽洞庭也)'에서 볼 때, 증씨(曾氏: 曾鞏)의 말이 대개 여기서 그친다.

○ 新安陳氏曰 : "九江, 當在澧州之下·巴陵之上, 朱·蔡以洞庭湖當之, 辨證詳明. 禹時, 自有九水, 年代久遠, 陵谷變遷, 不可以今水證古水."579)

'익이명의(益以明矣)'에 대해, 신안 진씨(新安陳氏: 陳師凱)가 말하였다. "구강(九江)은 마땅히 풍주(澧州) 아래와 파릉(巴陵) 위에 있어야 하지만, 주자(朱子)와 채침(蔡沈)이 동정호(洞庭湖)로써 해당시켜서 분석하여 연구한 것이 자세하고 명백하다. 우(禹) 때에 아홉 개의 물이 있음으로부터 시대가 오래 되어 언덕과 골짜기가 변천하여 지금의 물로써 옛날의 물을 증명할 수 없는 것이다."

[4-2-1-49]

沱·潛旣道,

타수(沱水)와 잠수(潛水)가 이윽고 물길을 따르니,

詳說

○ 『諺』音誤.580)

---

579) 호광(胡廣) 등 찬, 『서경대전(書經大全)』의 소주에서 발췌한 것이다. 그 전문은 다음과 같다. "新安陳氏曰 : '江·漢, 朝宗于海, 卽繼曰九江孔殷, 導江不曰播九江, 而曰過九江, 則大江自大江, 九江自九水, 可見. 孔氏謂江於此, 分爲九道者, 其非明矣. 證以導江, 東至于澧, 過九江, 至於東陵, 則九江, 當在澧州之下·巴陵之上, 而不在尋陽與今之江州, 尤明矣. 朱·蔡, 以洞庭湖當之, 辨證詳明, 從之可也. 謂江南凡水, 皆呼爲江, 禹在澧州之下·巴陵之上, 自有九水, 今年代久遠, 陵谷變遷, 不可以今水證古水, 而闕之亦可也.'(신안 진씨가 말하였다. '강수와 한수는 바다를 조종하니 … 구강은 마땅히 풍주의 아래와 파릉의 위에 있어야 하지만, 주자와 채침이 동정호로써 해당시켜서 분석하여 연구한 것이 자세하고 명백하니 좇아도 괜찮다. … 우 때에는 풍주의 아래와 파릉의 위에 있어서 아홉 개의 물이 있음으로부터 지금 시대가 오래 되어 언덕과 골짜기가 변천하여 시금의 물로써 옛날의 물을 증명할 수 없으니, 빼놓아도 또한 괜찮다.')"

580) 『언해(諺解)』의 음이 '줌'으로 되어 있는데, 『광운(廣韻)』에는 '潛'이 물 이름일 경우에는 "慈豔切, 去.(자와 염의 반절이니, 거성이다.)"라고 하였다. 내각본에는 '潛'으로 표기되어 있다.

'첨(潛)'은 『언해(諺解)』의 음이 잘못되었다.

集傳

『爾雅』曰 : "水自江出爲沱, 自漢出爲潛", 凡水之出於江·漢者, 皆有此名, 此則荊州江·漢之出者也. 今按, 南郡枝江縣, 有沱水, 然其流入江, 而非出於江也. 華容縣, 有夏水, 首出于江, 尾入于沔, 亦謂之'沱'. 若潛水, 則未有見也.

『이아(爾雅)』에서 말하기를 "물이 강수로(江水)부터 나온 것이 타수(沱水)가 되고, 한수(漢水)로부터 나온 것이 첨수(潛水)가 된다."고 하였으니, 무릇 물이 강수와 한수에서 나온 것은 모두 이 명칭이 있으니, 이는 곧 형주(荊州)의 강수와 한수에서 나온 것이다. 이제 살펴보건대, 남군(南郡) 지강현(枝江縣)에 타수가 있으나 그 흐름이 강수로 들어가고 강수에서 나온 것이 아니다. 화용현(華容縣)에 하수(夏水)가 있는데, 머리는 강수에서 나오고 꼬리는 면수(沔水)로 들어가니, 또한 '타(沱)'라고 이른다. 첨수(潛水) 같으면 보이는 것이 없다.

詳說

○ 陳氏曰 : "荊·梁, 皆言'沱·潛旣道'."581)

'개유차명(皆有此名)'에 대해, 진씨(陳氏: 陳經)가 말하였다. "형주(荊州)와 양주(梁州)에서 모두 '타수(沱水)와 첨수(潛水)가 이미 물길을 따름'을 말하였다."

○ 似亦脫'「地志」'二字.

'금안(今按)'에서 볼 때, 또한 '「지지(地志)」'의 두 글자가 빠진 듯하다.

○ 謂之夏口.

'미입우면(尾入于沔)'에서 볼 때, 그것을 이르기를 하구(夏口)라고 한다.

○ 音現.

'현(見)'은 음이 현(現)이다.

---

581) 진경(陳經) 찬, 『상서상해(尙書詳解)』 권6, 「우공(禹貢)·하서(夏書)」. "沱·潛旣道, 據「地理志」及鄭氏, 皆以荊·梁二州, 皆有沱·潛.(타수와 잠수가 이리 물길을 따른다는 것은 「지리지」 및 정씨에 의거한 거이니, 모두 형주와 양주 두 주에 모두 타수와 잠수가 있기 때문이다.)"

○ 王氏炎曰 : "松滋縣, 有涔, 涔卽古潛字. 故『史記』云: '沱·涔旣
道'."582)

'즉미유현야(則未有見也)'에 대해, 왕씨 염(王氏炎: 王炎)이 말하였다. "송자현
(松滋縣)에 점수(涔水)가 있으니, '점(涔)'은 곧 옛날의 '점(潛)'자이다. 그러므로
『사기(史記)』에서 이르기를 '타수(沱水)와 점수(涔水)가 이미 물길을 따랐다.'고
하였다."

[4-2-1-50]
雲土, 夢作乂.

운택(雲澤)에서 양토(壤土)가 나오고, 몽택(夢澤)이 다스려지게 되었다.

集傳

'雲'·'夢', 澤名. 『周官』「職方」, "荊州其澤藪曰'雲夢', 方八九百里, 跨江南
北", 華容·枝江·江夏·安陸, 皆其地也. 『左傳』, "楚子濟江, 入于雲中", 又 "楚
子以鄭伯, 田于江南之夢", 合而言之則爲一, 別而言之則二澤也. '雲土'者,
雲之地, 土見而已. '夢作乂'者, 夢之地已可耕治也. 蓋雲·夢之澤, 地勢有高
卑, 故水落有先後, 人工有早晚也.

'운(雲)'과 '몽(夢)'은 못 이름이다. 『주관(周官)』「직방(職方)」에서 "형주(荊州)의 택
수(澤藪)를 '운몽(雲夢)'이라고 하는데 사방 8, 9백 리이고, 강남과 강북에 의거하
였다."고 하였으니, 화용(華容)·지강(枝江)·강하(江夏)·안륙(安陸)이 모두 그 땅이다.
『좌전(左傳)』에서 "초(楚)나라 왕이 강(江)을 건너 운택(雲澤) 가운데로 들어갔다."
하였고, 또 "초나라 왕이 정백(鄭伯)을 데리고 강남(江南)의 몽택(夢澤)에서 사냥하
였다."고 하였는데, 합하여 말하면 하나가 되고, 나누어 말하면 두 개의 못인 것이
다. '운토(雲土)'라는 것은 운택의 땅이 흙만 보일 따름이라는 것이다. '몽작예(夢
作乂)'라는 것은 몽택의 땅이 이미 밭 갈고 다스릴 수 있는 것이다. 대개 운택과
몽택이 땅의 형세에 높음과 낮음이 있기 때문에 물이 떨어짐에 앞뒤가 있고, 사람

---

582) 호광(胡廣) 등 찬, 『서경대전(書經大全)』의 소주에서 발췌한 것이다. 그 전문은 다음과 같다. "王氏炎曰 :
'沱水, 在今江陸府枝江縣, 土人謂枝江爲百里, 洲夾江·沱二水之間, 其與江分處, 謂之上沱; 與江合處, 謂之
下沱. 『隋』「志」, 南郡松滋縣, 有沱·涔, 卽古潛字. 故『史記』云; 沱·涔旣導, 今松滋分爲潛·江縣矣.'(왕씨 염이
말하였다. '다수는 지금 강릉부의 지강현에 있으니, … 남군의 송자현에 타수와 점수가 있으니, 곧 옛날의
점자이다. 그러므로 『사기』에서 이르기를, 타수와 점수가 이미 물길을 따랐다고 하였으니, 지금 송자현은
나뉘어서 점현과 강현이 되었다.'고 하였다.)

의 공정에 이름과 늦음이 있는 것이다.

詳說

○ 「定四年」.583)
'『좌전』(『左傳』)'은 「정공(定公) 4년」이다.

○ 如字.
'제(濟)'에서, 본래의 음 대로 읽는다.

○ 「昭三年」.584)
'우(又)'는 「소공(昭公) 3년」이다.

○ 獵也.
'전(田)'에서, 사냥함이다.

○ 句.
'雲之地'에서 볼 때, 문장이 끊어지는 곳이다.

○ 音現.
'현(見)'은 음이 현(現)이다.

○ 此與'淮·沂其乂'之'乂', 所治不同.585)
'몽지지이가경치야(夢之地已可耕治也)'에서 볼 때, 이것은 '회기기예(淮·沂其乂)'의 예(乂)'와 다스리는 것이 같지 않다.

---

583) 『춘추좌전주소(春秋左傳注疏) 권54, 「정공(定公) 4년」. "楚子涉睢濟江, 入于雲中.(초나라 왕이 휴수를 건너고 강수를 건너서 운몽택 가운데로 들어갔다.)"이라 하였는데, 두예(杜預)의 주에 "入雲夢澤中, 所謂江南之夢.(운몽택 가운데로 들어감이니, 이른바 강남의 몽택인 것이다.)"라고 하였다.
584) 『춘추좌전주소(春秋左傳注疏) 권54, 「소공(昭公) 3년」. "十月, 鄭伯如楚子產, 相楚子, 享之賦吉日, … 旣享, 子產乃具田備王, 以田江南之夢.(10월에 정백이 초나라 왕 산에게 가서 … 강남의 몽택에서 사냥하였다.)"
585) 위의 「우공(禹貢)」 [4-2-1-29]의 "淮·沂其乂.(회수와 기수가 다스려지니)"를 말한다. 집전에는 "徐之浸, 莫大於沂, 沂乂, 則自沭而下, 凡爲浸者, 可知矣.(서주의 내는 회수보다 큰 것이 없으니 회수가 다스려졌으면 사수부터 아래의 모든 내가 되는 것을 알 수 있으며, 서주의 못은 기수보다 큰 것이 없으니 기수가 다스려졌으면 술수부터 아래의 모든 못이 되는 것을 알 수 있다.)"라고 하였다.

○ '蓋'以下, 論也.
'인공유조만야(人工有早晚也)'에서 볼 때, '개(蓋)'의 이하는 논변한 것이다.

[4-2-1-51]
厥土惟塗泥, 厥田惟下中, 厥賦上下.

그 토양은 오직 진흙이니, 그 전지(田地)은 하(下)에 중(中)이고, 그 공부(貢賦)는 상(上)에 하(下)이다.

集傳
荊州之土, 與揚州同. 故田比揚, 只加一等, 而賦爲第三等者, 地闊而人工修也.

형주(荊州)의 토양은 양주(揚州)와 같다. 그러므로 전지(田地)가 양주(揚州)에 비해 다만 1등급이 더해졌는데, 공부(貢賦)가 제3등급이 된 것은 전지(田地)가 넓고 사람들의 공정(工程)이 닦여져서이다.

詳說
○ 論也.
'지활이인공수야(地闊而人工修也)'에서 볼 때, 논변한 것이다.

[4-2-1-52]
厥貢, 羽·毛·齒·革, 惟金三品, 杶榦·栝·柏, 礪·砥·砮·丹. 惟箘簵·楛, 三邦, 底貢厥名. 包匭菁茅, 厥篚, 玄纁·璣·組, 九江, 納錫大龜.

그 공물(貢物)은 깃과 털과 상아와 가죽이고, 오직 금속의 세 가지와 참죽나무 줄기와 전나무와 잣나무이며, 거친 숫돌과 고운 숫돌과 돌살촉과 단사(丹砂)이다. 오직 균로(箘簵)와 싸리나무는 세 고을에서 유명한 것을 바친다. 싸서 꿰에 넣는 것은 청모(菁茅)이며, 그 광주리에는 현훈(玄纁)과 기(璣)와 끈이니, 구강(九江)에서는 큰 거북을 거두어 바친다.

詳說

○ '杶', 音春, 『諺』音誤. '栝', 音适. '砮', 音奴. '箘', 音窘. '簬', 音路. '楛', 音戶. '匭', 音軌. '菁', 音精, 『諺』音誤.[586)]
'춘(杶)'은 음이 춘(春)이니, 『언해(諺解)』의 음이 잘못되었다. '괄(栝)'은 음이 괄(适)이다. '노(砮)'는 음이 노(奴)다. '군(箘)'은 음이 군(窘)이다. '로(簬)'는 음이 로(路)이다. '호(楛)'는 음이 호(戶)다. '궤(匭)'는 음이 궤(軌)다. '정(菁)'은 음이 정(精)이니, 『언해(諺解)』의 음이 잘못되었다.

集傳

荊之貢, 與揚州, 大抵多同. 然荊先言'羽'·'毛'者, 漢孔氏所謂"善者爲先"也. 按, 「職方氏」, "揚州, 其利金·錫; 荊州, 其利丹·銀·齒·革", 則荊·揚, 所産不無優劣矣. '杶'·'栝'·'柏', 三木名也, 杶木, 似樗而可爲弓榦; 栝木, 柏葉松身. '礪'·'砥', 皆磨石, '砥', 以細密爲名; '礪', 以麤糲爲稱. '砮'者, 中矢鏃之用, "肅愼氏貢石砮"者, 是也. '丹', 丹砂也. '箘簬', 竹名; '楛', 木名, 皆可以爲矢. "董安于之治晉陽也, 公宮之垣, 皆以荻蒿苫楚廩之, 其高丈餘. 趙襄子發而試之, 其堅則箘簬不能過也", 則'箘簬', 蓋竹之堅者, 其材中矢之笴. '楛', "肅愼氏貢楛矢"者, 是也. '三邦', 未詳其地. '底', 致也, 致貢箘簬·楛之有名者也. '匭', 匣也. '菁茅', 有刺而三脊, 所以供祭祀縮酒之用, 旣包而又匭, 所以示敬也. 齊桓公, 責楚貢包茅不入, 王祭不供, 無以縮酒; 又『管子』云: "江·淮之間, 一茅而三脊, 名曰菁茅", '菁茅', 一物也. 孔氏謂: "菁以爲葅"者, 非是. 今辰州麻陽縣苞茅山, 出苞茅, 有刺而三脊. '纁', 『周禮』「染人」, "夏纁玄", '纁', 絳色幣也. '璣', 珠不圓者. '組', 綬類也. '大龜', 尺有二寸, 所謂'國之守龜', 非可常得. 故不爲常貢, 若偶得之, 則使之納錫於上. 謂之'納錫'者, 下與上之辭, 重其事也.

형주(荊州)의 공물(貢物)은 양주(揚州)와 대체로 보아 대부분 같다. 그러나 형주(荊州)에서 먼저 '우(羽)'와 '모(毛)'를 말한 것은 한나라 공씨(孔氏: 孔安國)가 이른바 "좋은 것을 먼저 한다."는 것이다. 살펴보건대, 「직방씨(職方氏)」에서 "양주(揚州)는 그 이로움이 금과 주석이고, 형주(荊州)는 그 이로움이 단사(丹砂)와 은(銀)과 상아와 가죽이다."라고 하였으니, 형주(荊州)와 양주(揚州)에서 생산되는 것에 우

---

586) 호광(胡廣) 등 찬, 『서경대전(書經大全)』의 소주에는 "'杶', 敕倫反. '栝', 音适. '礪', 音利. '砥', 音紙. '砮', 音奴. '箘', 音窘. '楛', 音户. '匭', 音軌. '菁', 音精.('춘'은 칙과 륜의 반절이다. '괄'은 음이 괄이다. '려'는 음이 리다. '지'는 음이 지다. '노'는 음이 노다. '군'은 음이 군이다. '호'는 음이 호다. '궤'는 음이 궤다. '정'은 음이 정이다.)"으로 되어 있다.

열이 없지 않은 것이다. '춘(杶)'과 '괄(栝)'과 '백(柏)'은 세 나무의 이름이니, 춘목(杶木)은 가죽나무와 비슷한데 활의 근간이 될 수 있고, 괄목(栝木)은 잣나무 잎에 소나무 몸통이다. '여(礪)'와 '지(砥)'는 모두 숫돌이니, '지(砥)'는 세밀함으로써 이름한 것이고, '여(礪)'는 거침으로써 일컬은 것이다. '노(砮)'라는 것은 화살촉의 용도에 적합하니, "숙신씨(肅愼氏)587)가 석노(石砮)를 공납하였다"는 것이 이것이다. '단(丹)'은 단사(丹砂)이다. '균로(箘簵)'는 대나무 이름이고, '호(楛)'는 나무 이름이니, 모두 화살을 만들 수 있는 것이다. "동안우(董安于)가 진양(晉陽)을 다스릴 적에 궁궐의 담을 모두 물억새와 쑥대로써 덮고 가시나무로써 곳집을 만들었는데, 그 높이가 한 길 남짓하였다. 조양자(趙襄子)가 화살을 쏴서 시험했더니, 그 견고함을 균로(箘簵)가 관통하지 못하였다."고 하였으니, '균로(箘簵)'는 곧 대나무의 견고한 것으로 그 재질이 화살대에 적합한 것이다. '호(楛)'는 "숙신씨(肅愼氏)가 싸리나무 화살을 공납하였다"는 것이 이것이다. '삼방(三邦)'은 그 지역이 자세하지 않다. '저(底)'는 이룸이니, 균로(箘簵)와 호(楛) 가운데 유명한 것으로 공납함을 이룬 것이다. '궤(匭)'는 상자이다. '정모(菁茅)'는 가시가 있고 등뼈가 셋이니, 제사(祭祀)에 술을 거르는 용도로 제공되는 것이니, 이미 싸고 또 상자에 넣는 것은 공경함을 보이는 것이다. 제(齊)나라 환공(桓公)이 초(楚)나라의 공물(貢物)인 포모(包茅)가 들어오지 않아 왕(王)의 제사(祭祀)에 제공하지 못하여 술을 거를 수 없다고 책망하였으며, 또 『관자(管子)』에서 "강수(江水)와 회수(淮水) 사이에서 하나의 띠풀에 등골이 세 개인 것을 정모(菁茅)라고 한다."고 하였으니, '정모(菁茅)'는 하나의 공물이다. 공씨(孔氏: 孔安國)가 이르기를 "정(菁)으로써 김치를 만든다."고 한 것은 옳지 않다. 지금 진주(辰州)의 마양현(麻陽縣) 포모산(苞茅山)에서 포모(苞茅)가 나오는데, 가시가 있고 등골이 세 개다. '훈(纁)'은 『주례(周禮)』「염인(染人)」에서 "여름에는 훈색(纁色)과 현색(玄色)을 물들인다."고 하였으니, '훈(纁)'은 진홍색의 폐백이다. '기(璣)'는 구슬이 둥글지 않은 것이다. '조(組)'는 끈의 종류이다. '대귀(大龜)'는 한 자 두 치이니, 이른바 '나라의 수귀(守龜)'라는 것이니, 항상 얻을 수 있는 것이 아니다. 그러므로 일정한 공물(貢物)로 삼지 않는데 만약 우연히 얻으면 위에 바쳐 올리게 하는 것이다. '납석(納錫)'이라고 이른 것은 아랫사람이 위에 올린다는 말이니, 그 일을 중대하게 여긴 것이다.

---

587) 숙신씨(肅愼氏): 옛닐 동북 지역에 살던 민족으로 주나라 무왕과 성왕 때 호시(楛矢)와 석노(石砮)를 가지고 와서 바쳤다.

詳說

○ 以論釋首二句.

'소산불무우열의(所產不無優劣矣)'에서 볼 때, 논변함으로써 머리 두 구를 해석하였다.

○ 蓋成榦而貢.588)

'사저이가위궁간(似樗而可爲弓榦)'에서 볼 때, 대개 활의 근간을 이루어 바친 것이다.

○ 曾氏曰 : "揚, 言惟木多, 不勝名也; 荊, 木名之貢, 止此也."589)

'백엽송신(柏葉松身)'에 대해, 증씨(曾氏: 曾鞏)가 말하였다. "양주(揚州)에서는 오직 나무가 많아서 이루 다 명명할 수 없음을 말하였고, 형주(荊州)에서는 나무 이름의 공물이 여기서 그친다."

○ 先言'砥'者, 先善者也.

'이세밀위명(以細密爲名)'에서 볼 때, 먼저 '지(砥)'를 말한 것은 좋은 것을 먼저 한 것이다.

○ 音厲.590)

'려(櫨)'는 음이 려(厲)이다.

○ 去聲, 下同.

'중(中)'은 거성(去聲: 적합하다)이니, 아래도 같다.

○ 見『國語』「魯語」.591)

---

588) 『상서주소(尙書注疏)』 권5, 「하서(夏書)·우공(禹貢)」. 공안국(孔安國)의 전(傳)에는 "'榦', 柘也.('간'은 산뽕나무다.)"라 하고, 공영달(孔穎達)의 소(疏)에서 "「考工記」云 : '弓人取榦之道, 以柘爲上', 知此榦是柘也.('고공기'에서 이르기를, '궁인이 화살대를 취하는 방도는 산뽕나무로 최상을 삼는다.'고 하였으니, 이 간이 산뽕나무임을 알 수 있다.)라고 하였다."

589) 호광(胡廣) 등 찬, 『서경대전(書經大全)』의 소주에서 발췌한 것이다. 그 전문은 다음과 같다. "曾氏曰 : '揚, 言惟木多, 不勝名也; 荊, 木名之貢, 止此也.'『周禮』, 菁茅, 「春官·司尊彝」, 醴齊縮酌註云: 以茅縮去滓也.'(증씨가 말하였다. '양주에서는 오직 나무가 많아서 이루 다 명명할 수 없음을 말하였고, 형주에서는 나무 이름의 공물이 여기서 그친다. ….')"

590) 호광(胡廣) 등 찬, 『서경대전(書經大全)』의 소주에는 '蠡櫨'는 "音粗辣.(음이 조랄이다.)"이라고 하였다.

'시야(是也)'의 내용이 『국어(國語)』「노어(魯語)」에 보인다.

○ 趙簡子之臣.592)
'동안우(董安于)'는 조간자(趙簡子)593)의 신하이다.

○ 詩廉反,594) 覆也. ○句.
'개이적호섬(皆以荻蒿苫)'에서 섬(苫)은 시(詩)와 렴(廉)의 반절이니, 덮음이다. ○문장이 끊어지는 곳이다.

○ 鄒氏季友曰:"以楚爲虡, 與牆同."595)
'개이적호섬초름지(皆以荻蒿苫楚虡之)'에 대해, 추씨 계우(鄒氏季友: 鄒季友)가 말하였다. "가시나무로써 곳집을 만들었으니, 담과 같은 것이다."

○ 見『戰國策』.596)
'기견칙균로불능과야(其堅則箘簵不能過也)'의 내용이 『전국책(戰國策)』에 보인다.

○ 與揚之'篠'同.597)
'기재중시지가(其材中矢之笴)'에서 볼 때, 양주(揚州)의 '소(篠)'와 같다.

---

591) 주나라 무왕과 성왕 때에 숙신씨가 와서 호시(楛矢)와 석노(石砮)를 바쳤는데, 이로 인하여 '숙신지시(肅愼之矢)'라는 일컬음이 있었다. 위소(韋昭) 주, 『국어(國語)』 권5, 「노어하(魯語下)」에서 "此肅愼氏之矢也, 昔武王克商, 通道于九夷·百蠻, 使各以其方賄來貢, 使無忘職業. 於是, 肅愼氏貢楛矢·石砮, 其長尺有咫."라고 하였다.
592) 호광(胡廣) 등 찬, 『서경대전(書經大全)』의 소주에는 "事見『戰國策』.(일이 『전국책』에 보인다.)"으로 되어 있다.
593) 조간자(趙簡子): 조앙(趙鞅: B.C.? - 476)은 춘추시대 진(晉)나라의 조씨의 우두머리로, 또 이름이 지보(志父) 또는 조맹(趙孟)이라 일컬었다. 진나라 소공(昭公) 때 대부가 되어 나랏일을 전담하여 개혁에 힘을 쏟았다.
594) 호광(胡廣) 등 찬, 『서경대전(書經大全)』의 소주를 수용한 것이다.
595) 추계우(鄒季友) 찬, 『서경집전음석(書經集傳音釋)』권2, 「하서(夏書)·우공(禹貢)」 참조.; 명(明) 유삼오(劉三吾) 등찬, 『서전회선(書傳會選)』권2, 「하서(夏書)·우공(禹貢)」의 「음석전(音釋傳)」에서 "樗, 抽居反. 櫔, 力制反, 又辣賴二音, 籥也. '中', 去聲, 下同. 董安于事, 見『戰國策』. '苫', 詩廉反, 蓋也. 楚虡, 與牆同, 言以荊爲墻也. '笴', 古旱·加吏二反. '供', 音恭. '守', 舒芮反. 語見『左傳』「昭公五年」, 言寶而藏守之也.(… 가시나무 곳집으로 담과 같은 것이니, 가시나무로 담장을 만듦을 말한 것이다. ….)"
596) 고유(高誘) 주·보영(姚宏) 속수, 『선국책(戰國策)』 권18, 「조1(趙一)」, "張孟談曰:'臣聞, 董子之治晉陽也, 公宮之垣, 皆以荻蒿苫楚虡之, 其高至丈餘. 君發而用之, 於是, 發而試之, 其堅則箘簵之勁不能過也.' 君曰:'足矣'.(장맹담이 말하였다. '신이 듣건대, 동자가 진양을 다스림에 궁궐의 담은 모두 ….)"
597) 위의 「우공(禹貢)」 [4-2-1-44]의 집전에서 "'篠'之材, 中於矢之笴('소'의 재질은 화살의 살대를 만드는 데 적합하고)"라고 한 것과 같다는 것이다.

○ 亦見『國語』.598)

'시야(是也)'의 내용이 또한 『국어(國語)』에 보인다.

○ 出『周禮』「司尊彝」.599)

'소이공제사축주지용(所以供祭祀縮酒之用)'에서 '축주(縮酒)'는 『주례(周禮)』「사존이(司尊彝)」에 나온다.

○ 楚之貢物.

'초공(楚貢)'은 초(楚)나라의 공물(貢物)이다.

○ 見『左』「僖四年」.600)

'무이축주(無以縮酒)'은 『좌전(左傳)』「희공(僖公) 4년」에 보인다.

○ 『管子』, 止此.601)

'명왈정모(名曰菁茅)'에서 볼 때, 『관자(管子)』가 여기서 그친다.

○ 蒙上而省'漢'字.

'공씨(孔氏)'의 경우, 위를 이어받아 '한(漢)'자를 생략하였다.602)

○ '玄'訓, 在徐貢, 故略之.603)

---

598) 위의 위소(韋昭) 주, 『국어(國語)』 권5, 「노어하(魯語下)」에서 "此肅愼氏之矢也, 昔武王克商, 通道于九夷·百蠻, 使各以其方賄來貢, 使無忘職業. 於是, 肅愼氏貢楛矢·石砮, 其長尺有咫.(이는 숙신씨의 화살이니, 옛날 무왕이 상나라를 침에 ….)"라고 한 것과 같다.
599) 축주(縮酒)는 옛날에 제사지낼 때 정모(菁茅)를 사용하여 술을 걸러 찌꺼기를 제거하는 것을 말한다. 또는 제사 때 술을 따라서 아래로 스며들게 하여 마치 귀신이 마시는 것처럼 하는 축(縮)이라고 하였다. 『주례주소(周禮注疏)』 권4, 「천관(天官)·전사(甸師)」에서 "祭祀共蕭茅."라 하고, 정현(鄭玄)의 주에서 "鄭大夫云 : '蕭字, 或爲茜, 茜讀爲縮. 束茅立之祭前, 沃酒其上, 酒滲下去, 若神飮之, 故謂之縮', 縮酒也.(정대부가 이르기를, 소자는 어떤 이는 숙이라 하였으니 숙은 독음이 축이 된다. ….)"라고 하였다.
600) 『춘추좌전주소(春秋左傳注疏)』 권12, 「희공(僖公) 4년」. "爾貢包茅不入, 王祭不共, 無以縮酒, 寡人是徵". 두예(杜預)의 주에 "'包', 裹束也. '茅', 菁茅也. 束茅而灌之, 以酒爲縮酒.(나희 공물 포모가 들어오지 않으면 왕의 제사를 받들지 못하니 축주할 수 없게 되면 과인이 징계하리라.)"라고 하였다.
601) 방현령(房玄齡) 주, 『관자(管子)』 권24, 「경중을(輕重乙)·정모모(菁茅謀)」. "管子對曰 : '江·淮之間, 有一茅而三脊, 母至, 其本名之曰菁茅.'(관자가 대답하여 말하였다. '강수와 회수 사이에서 하나의 띠풀에 등골이 세 개인 띠풀이 있으니, 어머니가 이르러 그 본래 이름을 말하시기를 정모라고 하였다.')"
602) 한나라 공안국(孔安國)을 가리키는 것이다.
603) 위의 「우공(禹貢)」 [4-2-1-35]에서 "厥貢, 惟土五色, 羽畎夏翟, 嶧陽孤桐, 泗濱浮磬. 淮夷蠙珠曁魚, 厥篚玄纖·縞.(그 공물은 다섯 색깔의 흙과 우산 골짜기의 아름다운 꿩과 역산 남쪽의 특출난 오동나무와 사수의 물가에 떠있는 듯한 석경이로다. 회수의 오랑캐들은 진주 및 물고기를 바치며, 그 광주리의 폐백은 검은 비단과 섬세한 명주와 흰 명주이다.)"라 하고, 집전에서 "'玄', 赤黑色幣也. 『武成』曰 : '篚厥玄·黃,

'강색폐야(絳色幣也)'에서 볼 때, '현(玄)'의 뜻풀이는 서주(徐州)의 공물에 있기 때문에 생략한 것이다.

○ 與‘璿璣’之‘璣’, 不同.604)
'주불원자(珠不圓者)'에서 볼 때, '선기(璿璣)'의 '기(璣)'와 같지 않다.

○ 音狩.
'수(守)'는 음이 수(狩)이다.

○ 見『左』「昭五年」.605)
'소위국지수귀(所謂國之守龜)'의 내용이 『좌전(左傳)』「소공(昭公) 5년」에 보인다.

○ 臨川吳氏曰 : "以入納而錫於上, 謂納, 不謂貢, 明其非貢物也."606)
'즉사지납석어상(則使之納錫於上)'에 대해, 임천 오씨(臨川吳氏: 吳澄)가 말하였다. "받아들여 위에 올림에 납(納)이라 이르고 공(貢)이라 이르지 않는 것은 그

'纖'·'縞', 皆繒也. 『禮』曰 : '及期而大祥, 素縞麻衣, 中月而禫, 禫而纖,' 『記』曰 : '有虞氏縞衣而養老', 則知'纖'·'縞'皆繒之名也. 曾氏曰 : '玄, 赤而有黑色, 以之爲袞, 所以祭也; 以之爲端, 所以齊也; 以之爲冠, 以爲首服也. 黑經白緯曰纖, 纖也·縞也, 皆去凶卽吉之所服也.('현'은 검붉은 색의 폐백이니, '무성'에서 말하기를 '검은 비단과 누런 비단을 폐백광주리에 담아 바친다.'고 한 것이다. '섬'과 '호'는 모두 비단이니, 『예기』에서 '기년에 미쳐서 대상을 지내는데 흰 명주옷과 삼베옷을 입으며, 한 달 간격으로 담제를 지내는데 담제를 지냄에 섬세하고 흰 명주옷을 입는다.'고 하였으며, 『예기』에서 '유우씨는 흰 명주옷으로 노인을 봉양하였다.'고 하였으니, '섬'과 '고'가 모두 비단의 이름임을 알 수 있다. 증씨가 말하였다. '현은 붉으면서 검은 색이 있는 것이니, 이것으로써 곤룡포를 만드는 것은 제사 때문이고, 이것으로써 현단복을 만드는 것은 제계 때문이고, 이것으로써 관을 만드는 것은 머리의 복식 때문이다. 검은 날줄과 흰 씨줄로 된 것을 섬이라고 하니, 섬이라 하고 고라고 한 것은 모두 흉함을 제거하고 길함으로 나갈 때에 입는 것이다.')"라고 한 것을 말한다.

604) 위의 「순전(舜典)」[1-1-2-5]에서 "在璿璣·玉衡, 以齊七政.(선기와 옥형으로 살펴 칠정을 고르게 하셨다.)"라 하고, 집전에서 "美珠, 謂之'璿'. '璣', 機也, 以璣飾璣, 所以象天體之轉運也. '衡', 橫也, 謂衡簫也. 以玉爲管, 橫而設之, 所以窺璣而齊七政之運行, 猶今之渾天儀也.(아름다운 구슬을 '선'이라고 한다. '기'는 기구이니, 구슬로 기구를 꾸며서 전체가 운전함을 형상한 것이다. '형'은 가로대이니, 가로 놓인 대통을 이른다. 옥으로 대롱을 만들어 가로 놓아 설치하고 기구를 엿보면서 칠정의 운행을 살피는 것이니, 지금의 혼천의와 같다.)"라고 하였다.

605) 『춘추좌전주소(春秋左傳注疏)』권43, 「소공(昭公) 5년」. "曰 : '女卜來, 吉乎?' 對曰 : '吉. 寡君聞君將治兵於敝邑, 卜之以守龜.' 曰 : '余亟使人犒師, 請行以觀王怒之疾徐, 而爲之備, 尙克知之.'(… 수귀로써 점치는 것입니다. …)"라고 하여 수귀(守龜)는 천자나 제후가 점복에 사용하는 큰 거북의 껍질을 말한다. 『국어(國語)』의 주에서 위소(韋昭)는 복인(卜人), 곧 점치는 사람이라고 하였다.

606) 호광(胡廣) 등 찬, 『서경대전(書經大全)』의 소주에서 발췌한 것이다. 그 전문은 다음과 같다. "臨川吳氏曰 : '大龜, 神物, 國之所寶, 則以入納而錫於上, 謂納, 不謂貢, 明其非貢物也.'(임천 오씨가 말하였다 '큰 거북은 신물로서 나라의 보배로운 것인데, 곧 받아들여 위에 올림에 납이라 이르고 공이라 이르지 않는 것은 그것이 공물이 아님을 밝힌 것이다.')"

것이 공물(貢物)이 아님을 밝힌 것이다."

○ 新安陳氏曰 : "'錫貢607)', 如'敷錫608)'之'錫'; '納錫609)', 如'師錫610)'之'錫'."611)
'하여상지사(下與上之辭)'에 대해, 신안 진씨(新安陳氏: 陳師凱)가 말하였다. "'석공(錫貢)'은 '부석(敷錫)'의 '석(錫)'과 같고, '납석(納錫)'은 '사석(師錫)'의 '석(錫)'과 같다."

○ 去聲.
'중(重)'은 거성(去聲: 중시하다)이다.

[4-2-1-53]
浮于江·沱·潛·漢, 逾于洛, 至于南河.

강수(江水)와 타수(沱水)와 잠수(潛水)와 한수(漢水)에 띄워서 낙수(洛水)를 넘어 남하(南河)에 이른다.

集傳

'江'·'沱'·'潛'·'漢', 其水道之出入, 不可詳, 而大勢則自江·沱而入潛·漢也. '逾', 越也. 漢, 與洛不通, 故舍舟而陸, 以達于洛, 自洛而至于南河也. 程氏曰 : "不徑浮江·漢, 兼用沱·潛者, 隨其貢物所出之便, 或由經流, 或循枝派, 期於便事而已."

'강수(江水)'와 '타수(沱水)'와 '잠수(潛水)'와 '한수(漢水)'는 그 물길의 출입을 자세

---

607) 錫貢: 위의「우공(禹貢)」[4-2-1-44]에서 "厥貢, 惟金三品. 瑤·琨·篠·簜, 齒·革·羽·毛, 惟木. 島夷卉服, 厥篚織貝, 厥包橘·柚, 錫貢.(공물은 금과 은과 동의 세 품물이고, 요와 곤과 살대와 왕대며, 상아와 가죽과 깃과 털이며, 나무들이다. 해도의 오랑캐는 훼복을 입으니, 광주리의 폐물은 조개껍질과 꽃무늬 수놓은 비단이며, 포장한 물품은 귤과 유자이니 명을 받고 바치는 것이다.)"에 나온다.
608) 敷錫: 敷錫施賜.《書·洪範》: "歛時五福, 用敷錫厥庶民."
609) 納錫: 위의 집전에서 "謂之'納錫'者, 下與上之辭(`납석'이라고 이른 것은 아랫사람이 위에 올린다는 말)"라고 하였다.
610) 師錫: 위의「요전(堯典)」「1-1-1-12」에서 "師錫帝曰 : '有鰥在下, 曰虞舜.'(많은 관료들이 임금에게 대답하였다. '홀아비가 아래 지위에 있는데, 우순이라고 합니다.')"에 나온다.
611) 호광(胡廣) 등 찬,『서경대전(書經大全)』의 소주에서 발췌한 것이다. 그 전문은 다음과 같다. "新安陳氏曰 : '錫貢, 如敷錫之錫, 上錫下也; 納錫, 如師錫之錫, 下錫上也.『史記』「龜策傳」云: 龜千歳, 滿尺二寸.'(신안 진씨가 말하였다. '석공은 부석의 석과 같으니 위에서 아래로 주는 것이고, 납석은 사석의 석과 같으니 아래에서 위로 주는 것이다. ….')"

히 말할 수 없으나 큰 형세는 강수와 타수로부터 점수와 한수로 들어간다. '유(逾)'는 넘음이다. 한수는 낙수(洛水)와 통하지 않기 때문에 배를 놓고 뭍으로 가서 낙수에 다다르며, 낙수로부터 남하(南河)에 이르는 것이다. 정씨(程氏: 程大昌)가 말하였다. "강수와 한수에 곧바로 띄우지 않고 타수와 점수를 아울러 쓴 것은 그 공물이 나오는 편리함에 따라서 때로는 원줄기612)를 따르거나 때로는 물갈래를 좇아서 일의 편리함을 기약했을 따름이다."

詳說

○ 有山間之.
'여낙불통(與洛不通)'의 경우, 산이 끼여 있어서이다.

○ 上聲.
'사(舍)'는 상성(上聲: 놓다)이다.

○ 王氏曰 : "凡曰'逾', 皆水道不通, 遵陸而後, 能達也, '逾于沔'613), 同義."614)
'자낙이지우남하야(自洛而至于南河也)'에 대해, 왕씨(王氏: 王樵)615)가 말하였다. "무릇 '유(逾)'라고 한 것은 모두 물길이 통하지 않아서 뭍을 따라간 뒤에 다다

---

612) 원줄기: 정대창(程大昌) 찬, 『우공산천지리도(禹貢山川地理圖)』 권하, 「서설(敍說)」에는 '경류(經流)'가 아니라 '정도(正途)'로 되어 있다. "형주의 공물은 강수와 한수에 곧바로 띄우지 않고 타수와 잠수를 아울러 쓴 것은 그 공물이 나오는 편리함에 따라서 때로는 원줄기를 따르거나 때로는 물갈래를 좇아서 일의 편리함을 기약했을 따름이다.(荆之貢, 不徑浮江·漢, 而兼用沱·潛者, 随其貢物所出之便, 或由正途, 或循枝派, 期便于事而已也.)"
613) 아래의 「우공(禹貢)」 [4-2-1-70]에 나오는 말이다. "西傾, 因桓是來, 浮于潛, 逾于沔, 入于渭, 亂于河.(서경산에서 환수를 경유하여 와서 잠수에 띄워 면수를 넘으며 위수로 들어가서 하수를 가로지른다.)"
614) 호광(胡廣) 등 찬, 『서경대전(書經大全)』의 소주에서 발췌한 것이다. 그 전문은 다음과 같다. "王氏曰 : '江·沱·潛·漢, 均與洛不通, 必陸行逾然後, 由洛可至南洛. 凡曰逾, 皆水道不通, 遵陸而後, 能達也, 逾于沔, 同義.'(왕씨가 말하였다. '강수와 타수와 잠수와 한수는 균등히 낙수와 통하지 않아서 반드시 뭍으로 가서 낙수를 넘은 뒤에 낙수를 따라서 남쪽 낙양에 이를 수 있다. 무릇 유라고 한 것은 모두 물길이 통하지 않아서 뭍을 따라간 뒤에 다다를 수 있어서이니, 면수를 넘음과 같은 뜻이다.)"; 명(明) 왕초(王樵) 찬, 『상서일기(尙書日記)』 권5, 「하서(夏書)·우공(禹貢)」의 내용은 다음과 같다. "凡曰'逾'者, 皆水道不通, 遵陸而後, 能達也.(무릇 '유'라고 한 것은 모두 물길이 통하지 않아서 뭍을 따라간 뒤에 다다를 수 있어서이다.)"
615) 왕씨(王氏: 王樵): 명나라 학자 왕초(1521-1599)는 자가 명원(明遠)이고, 호가 방록(方麓)이며, 금단현(金壇縣) 금성진(金城鎭) 사람이다. 평생 학문을 좋아하고 경학(經學)에 정통한 학자이면서 유명한 신하이고 왜구를 물리친 영웅이다. 가정(嘉靖) 26년(1547)에 진사과에 급제하여 형부주사(刑部主事)·형부원외랑(刑部員外郞)을 맡았고 대리사경(大理寺卿)·남경도찰원우도어사랑(南京都察院右都御史郞) 등을 역임하였다. 저서로는 『방록거사집(方麓居士集)』 외에 『독율사선(讀律私箋)』·『주역사록(周易私錄)』·『상서일기(尙書日記)』·『주관사록(周官私錄)』·『춘추집전(春秋輯傳)』·『사서소문편(四書紹聞編)』·『노자해(老子解)』 등이 있다.

를 수 있어서이니, '면수를 넘음'과 같은 뜻이다."

○ 論也.
'기어편사이이(期於便事而已)'에서 볼 때, 논변한 것이다.

[4-2-1-54]
荊·河, 惟豫州.

형산(荊山)과 황하(黃河)에 오직 여주(豫州)가 있다.

詳說
○ 『諺』音誤.616)
'여(豫)'는 『언해(諺解)』의 음이 잘못되었다.

集傳
豫州之域, 西南至南條荊山, 北距大河.
여주(豫州)의 지역은 서남쪽으로는 남조(南條)의 형산(荊山)에 이르고, 북쪽으로는 대하(大河)에 이른다.

詳說
○ 南條之荊山.
'서남지남조형산(西南至南條荊山)'의 경우, 남조(南條)617)의 형산(荊山)이다.

○ 武夷熊氏曰 : "居天下之中, 四方道里均, 故古人於此建都, 湯之亳, 武王618)之洛邑, 皆在今河南."619)

---

616) 『광운(廣韻)』에는 "羊洳切, 去.(양과 여의 반절이니, 거성이다.)"라고 하여 음이 "예"가 아니라 '여'라고 하였는데, 박문호도 '여'라고 본 것이다.
617) 남조(南條): 남조형산(南條荊山)의 준말이다. 아래의 「우공(禹貢)」[4-2-1-84]에서 "導岍, 及岐, 至于荊山, 逾于河, 壺口·雷首, 至于太岳.(견산에 물길을 인도하니 기산에 미쳐 형산에 이르며, 황하를 넘어 호구와 뇌수를 거쳐 태악에 이르며,)라고 하였는데, 공영달(孔穎達)의 소(疏)에서 "옛날 말에 삼조라고 하였으니, 「지리지」에서 말하였다. '우공'의 북조형산은 풍익 회덕현 남쪽에 있고, 남조형산은 남군 임저현 동북쪽에 있다.'(舊說以爲三條, 「地理志」云 : 「禹貢」北條荊山, 在馮翊懷德縣南; 南條荊山, 在南郡臨沮縣東北.)"고 하였다.
618) 호광(胡廣) 등 찬, 『서경대전(書經大全)』의 소주에는 '成王'으로 되어 있다.

'북거대하(北距大河)'에 대해, 무이 웅씨(武夷熊氏: 熊禾)가 말하였다. "천하의 중앙에 자리하여 사방의 거리가 균등하기 때문에 옛사람들이 여기에 도읍을 세웠으니, 탕(湯)의 박(亳)과 무왕(武王)의 낙읍(洛邑)이 모두 지금 하남(河南)에 있다."

[4-2-1-55]
伊・洛・瀍・澗, 旣入于河,

이수(伊水)・낙수(洛水)・전수(瀍水)・간수(澗水)가 이윽고 황하(黃河)에 들어가며,

集傳

'伊水', 『山海經』曰 : "熊耳之山, 伊水出焉, 東北至洛陽縣南, 北入于洛." 郭璞云 : "熊耳, 在上洛縣南", 今商州上洛縣也.「地志」言 : "伊水, 出弘農盧氏之熊耳"者, 非是. '洛水', 「地志」云 : "出弘農郡上洛縣冢嶺山", 『水經』謂之"讙擧山", 今商州洛南縣冢嶺山也, "至鞏縣, 入河", 今河南府鞏縣也. '瀍水', 「地志」云 : "出河南郡穀城縣晉亭北", 今河南府河南縣西北, 有古穀城縣, 其北山, 實瀍水所出. "至偃師縣, 入洛", 今河南府偃師縣也. '澗水', 「地志」云 : "出弘農郡新安縣, 東南入于洛", 新安, 在今河南府新安・澠池之間, 今澠池縣東二十三里新安城, 是也; 城東北, 有白石山, 卽澗水所出. 酈道元云 : "世謂之廣陽山", 然則澗水出今之澠池, 至新安入洛也. 伊・瀍・澗水, 入于洛, 而洛水入于河, 此言伊・洛・瀍・澗入于河, 若四水不相合而各入河者, 猶漢入江, 江入海, 而荊州, 言江・漢祖宗于海, 意同, 蓋四水並流, 小大相敵故也. 詳見下文.

'이수(伊水)'는 『산해경(山海經)』에서 "웅이(熊耳)의 산에서 이수(伊水)가 나와 동북쪽으로 낙양현 남쪽에 이르러 북쪽으로 낙수(洛水)로 들어간다." 하였고, 곽박(郭璞)이 이르기를 "웅이(熊耳)는 상락현(上洛縣) 남쪽에 있다."고 하였으니 지금 상주(商州)의 상락현이다. 「지지(地志)」에서 "이수는 홍농군(弘農郡) 노지(盧氏)의 웅

---

619) 호광(胡廣) 등 찬. 『서경대전(書經大全)』의 소주에서 발췌한 것이다. 그 전문은 다음과 같다. "武夷熊氏曰 : 豫州, 居天下之中, 四方道里適均, 故古人於此定都, 不但形勢之所在, 亦朝會貢賦之便, 湯之亳, 今河南偃師縣, 是也; 成王之洛邑, 今河南洛陽縣, 是也. 其地, 北距河, 南抵荊山, 東抵岱, 西抵雍梁, 今爲河南府, 虢・鄭・鄭・汝・來・蔡・唐・鄧・汴・宋等州之地'(무이 웅씨가 말하였다. '여주는 천하의 중앙에 자리하여 사방의 거리가 균등하기 때문에 옛사람들이 여기에 도읍을 세웠는데, 단지 형세의 소재만이 아니라 또한 조회하고 공부함이 편리하였으니, 탕의 박은 지금 하남의 언사현이 이것이며, 성왕의 낙읍은 지금 하남의 낙양현이 이것이다. ….')."

이(熊耳)에서 나온다."고 말한 것은 잘못되었다. '낙수(洛水)'는 「지지(地志)」에서 "홍농군(弘農郡) 상락현(上洛縣) 총령산(冢領山)에서 나온다." 하였고, 『수경(水經)』에서 "환거산(讙擧山)이다."라고 하였으니, 지금 상주(商州) 낙남현(洛南縣)의 총령산이며, "공현(鞏縣)에 이르러 하수(河水)로 들어간다."고 하였으니, 지금 하남부(河南府)의 공현이다. '전수(瀍水)'는 「지지(地志)」에서 "하남군(河南郡) 곡성현(穀城縣) 체정(朁亭)의 북쪽에서 나온다."고 하였으니, 지금 하남부의 하남현(河南縣) 서북쪽에 옛 곡성현이 있는데, 그 북쪽의 산이 실제로 전수(瀍水)가 나오는 곳이다. "언사현(偃師縣)에 이르러 낙수로 들어간다."고 하였으니, 지금 하남부의 언사현이다. '간수(澗水)'는 「지지(地志)」에서 "홍농군(弘農郡) 신안현(新安縣)에서 나와 동남쪽으로 낙수로 들어간다."고 하였으니, 신안은 지금 하남부(河南府)의 신안과 면지(澠池) 사이에 있으니, 지금 면지현(澠池縣) 동쪽 23리의 신안성(新安城)이 이것이다. 성(城) 동북쪽에 백석산(白石山)이 있으니, 곧 간수가 나오는 곳이다. 역도원(酈道元)이 "세상에서 광양산(廣陽山)이라 이른다."고 하였으니, 그렇다면 간수는 지금 면지(澠池)에서 나와 신안에 이르러 낙수로 들어가는 것이다. 이수(伊水)와 전수(瀍水)와 간수(澗水)는 낙수로 들어가고, 낙수는 하수(河水)로 들어가는데, 여기에서 이수와 낙수와 전수와 간수가 하수로 들어간다고 말하여, 마치 네 개의 물이 서로 합류하지 않고 각각 하수로 들어가는 것처럼 말한 것은 한수(漢水)가 강수(江水)로 들어가고, 강수가 바다로 들어간다는 것과 같으며, 형주(荊州)에서 강수와 한수가 바다에 조종(朝宗)한다고 말한 것과 뜻이 같으니, 대개 네 개의 물이 아울러 흘러서 크고 작음이 서로 맞설 만하기 때문이다. 아랫글에 자세하게 보인다.

詳說

○ 句.
'동북지낙양현남(東北至洛陽縣南)'에서 볼 때, 문장이 끊어지는 곳이다.

○ 音支.
'지(氏)'는 음이 지(支)다.

○ 不知上洛自有熊耳, 而以盧氏者, 當之.
'비시(非是)'에서 볼 때, 상락현(上洛縣)에 본래 웅이(熊耳)가 있는 것을 말지 못하여 노지(盧氏)로써 해당시킨 것이다.

○ 一作 '領'.620)
'령(嶺)'은 어떤 판본에는 '령(領)'으로 썼다.

○ 鄒氏季友曰 : "『漢』「志」, 音潛."621) ○又與'㵺'同.
'출하남군곡성현체(出河南郡縠城縣嵦)'에 대해, 추씨계우(鄒氏季友: 鄒季友)가 말하였다. "『한서(漢書)』「지리지(地理志)」에는 음이 잠(潛)이다." ○또 '참(㵺)'과 같다.

○ 句.
'출홍농군신안현(出弘農郡新安縣)'에서 볼 때, 문장이 끊어지는 곳이다.

○ 音免.622)
'면(澠)'은 음이 면(免)이다.

○ 猶云 '與' 也.
'유(猶)'는 '여(與)'라고 말함과 같다.

○ 音現.
'현(見)'은 음이 현(現)이다.

○ '導水'.
'상현하문(詳見下文)'의 경우, '도수(導水)623)'이다.

---

620) 채침(蔡沈) 찬, 『서경집전(書經集傳)』과 호광(胡廣) 등 찬, 『서경대전(書經大全)』과 내각본에는 모두 '領'으로 되어 있다.
621) 추계우(鄒季友) 찬, 『서경집전음석(書經集傳音釋)』권2, 「하서(夏書)·우공(禹貢)」. 참조. ; 명(明) 유삼오(劉三吾) 등찬, 『서전회선(書傳會選)』권2, 「하서(夏書)·우공(禹貢)」의 「음석전(音釋傳)」에서 "'㵺', 『漢』「志」, 音潛. 澠, 彌兗反, 又彌盡反.('체'는 『한서』「지리지」에는 음이 잠이라 하였다. '면'은 미와 연의 반절이고, 또 미와 진의 반절이다)"이라고 하였다.
622) 호광(胡廣) 등 찬, 『서경대전(書經大全)』의 소주에는 "音勉.(음이 면이다.)"으로 되어 있다.
623) 도수(導水): 아래의 「우공(禹貢)」 [4-2-1-96]의 내용에 보인다. "낙수를 터서 웅이산에서부터 동북쪽으로 흘러 간수와 전수를 만나고, 또 동쪽으로 흘러 이수를 만나며, 또 동북쪽으로 흘러 하수로 들어간다.(導洛, 自熊耳, 東北會于澗·瀍, 又東會于伊, 又東北入于河.)"

[4-2-1-56]
滎·波, 旣豬.

형수(滎水)와 파수(波水)가 이윽고 물이 모여 흘렀다.

詳說

○ 『諺』音誤.624)

'형(滎)'은 『언해(諺解)』의 음이 잘못되었다.

集傳

'滎'·'波', 二水名. 濟水, 自今孟州溫縣入河, 潛行絶河, 南溢爲滎, 在今鄭州 滎澤縣西五里敖倉東南. '敖倉'者, 古之敖山也. 按, 今濟水, 但入河, 不復過 河之南, 滎瀆水受河水, 有石門, 謂之滎口石門也. 鄭康成謂 : "滎, 今塞爲 平地, 滎陽民, 猶謂其處爲滎澤." 酈道元曰 : "禹塞淫水, 於滎陽下, 引河東 南, 以通淮·泗·濟水, 分河東南流, 漢明帝使王景, 卽滎水故瀆, 東注浚儀, 謂 之浚儀渠."『漢』「志」謂 : "滎陽縣, 有狼蕩渠, 首受濟" 者, 是也. 南曰狼蕩, 北曰浚儀, 其實一也. '波水', 『周』「職方」, '豫州, 其川滎雒, 其浸波·溠', 『爾 雅』云 : "水自洛出爲波", 『山海經』曰 : "婁涿之山, 波水出其陰, 北流注于 穀", 二說不同, 未詳孰是. 孔氏以滎·波爲一水者, 非也.

'형(滎)'과 '파(波)'는 두 물의 이름이다. 제수(濟水)는 지금 맹주(孟州)의 온현(溫 縣)으로부터 하수(河水)로 들어가고 땅 속으로 흘러 하수를 가로질러 남쪽으로 넘 쳐서 형수(滎水)가 되니, 지금 정주(鄭州) 형택현(滎澤縣) 서쪽 5리의 오창(敖倉) 동남쪽에 있다. 오창(敖倉)이라는 것은 옛날의 오산(敖山)이다. 살펴보건대, 지금 제수(濟水)는 단지 하수로 들어가 다시 하수의 남쪽을 지나지 않으며, 형독수(滎瀆 水)가 하수를 받는 곳에 석문(石門)이 있으니, 형구(滎口) 석문(石門)이라고 이른 다. 정강성(鄭康成: 鄭玄)이 이르기를 "형수는 지금 막아서 평지가 되었는데, 형양 (滎陽)의 백성들은 여전히 그곳을 형택(滎澤)이라고 이른다."고 하였으며, 역도원 (酈道元)이 말하기를 "우왕(禹王)이 범람하는 물을 막아 형양(滎陽) 아래에서 하수 를 동남쪽으로 이끌어 회수(淮水)와 사수(泗水)와 제수(濟水)를 통하게 하고 하수

---

624) 호광(胡廣) 등 찬, 『서경대전(書經大全)』의 소주에는 '滎'은 "户扃反.(호와 경의 반절이다.)"으로 되어 있 다. 『광운(廣韻)』에도 "戶扃切, 平.(호와 경의 반절이니, 평성이다.)"이라고 하였다.

를 나눠 동남쪽으로 흐르게 하였는데, 한나라 명제(明帝)가 왕경(王景)으로 하여금 형수(滎水)의 옛날 도랑에 나아가 동쪽으로 준의(浚儀)로 흐르게 하고서 준의거(浚儀渠)라고 일컬었다." 『한서(漢書)』 「지리지(地理志)」에서 이르기를 "형양현(滎陽縣)에 낭탕거(狼蕩渠)가 있는데 머리에서 제수(濟水)를 받는다."고 한 것이 이것이다. 남쪽을 낭탕(狼蕩)이라 하고 북쪽을 준의(浚儀)라고 하나 그 실제는 하나다. 파수(波水)는 『주례(周禮)』「직방(職方)」에서 "여주(豫州)는 그 냇물이 형수(滎水)와 낙수(雒水)이고, 그 못이 파수(波水)와 자수(溠水)이다." 하였고, 『이아(爾雅)』에서는 "물이 낙수(洛水)로부터 나온 것을 파(波)라고 한다."고 하였으며, 『산해경(山海經)』에서는 "누탁산(婁涿山)에 파수가 그 북쪽에서 나와 북쪽으로 흘러 곡수(穀水)로 쏟아진다."라고 하여 두 말이 같지 않으니 누가 옳은지 자세하지 않다. 공씨(孔氏: 孔安國, 孔穎達)625)가 형수(滎水)와 파수를 하나의 물이 된다고 한 것은 옳지 않다.

詳說

○ 秦置倉於山上.
'고지오산야(古之敖山也)'에서 볼 때, 진(秦)나라 때 그 산 위에 곳집을 설치하였다.

○ 去聲.
'부(復)'는 거성(去聲: 다시)이다.

○ 古瀆.
'형독수(滎瀆水)'는 옛날의 도랑이다.

○ 之處.
'수하수(受河水)'의 경우, 하수를 받는 것이다.

○ 句. ○塞河之汜溢者.

---

625) 박문호는 여기서 지칭한 공씨(孔氏)는 한나라의 공안국(孔安國)과 당나라의 공영달(孔穎達)을 아울러 지칭한 것이라고 보았다. 아래의 「우공(禹貢)」 [4-2-1-84]의 상설에서 집전의 '공씨(孔氏)'는 "凡不分漢·唐, 只稱'孔氏'者, 或蒙上文, 或專指漢孔. 又或兼指二孔, '滎·波'及此註之類, 是也.(무릇 한나라와 당나라로 구분하지 않고 단지 '공씨'라고 일컬은 것은 혹은 윗글을 이어받은 것이거나 혹은 오로지 한나라 공씨를 가리킨다. 또 두 공씨를 아울러 지칭한 것은 '형·파' 및 이 주의 따위가 이것이다.)"라고 하였다.

'우색음수(禹塞淫水)'에서 볼 때, 문장이 끊어지는 곳이다. ○막은 하수가 범람하고 넘치는 것이다.

○ 卽滎水也.
'사(泗)'는 곧 형수(滎水)이다.

○ 此亦所以通淮·泗者.
'분하동남류(分河東南流)'에서 볼 때, 이것 또한 회수(淮水)와 사수(泗水)가 통하는 것이다.

○ 樂浪人.626)
'왕경(王景)'은 낙랑(樂浪) 사람이다.

○ 復通其流.
'즉형수고독(卽滎水故瀆)'에서 볼 때, 다시 그 흐름이 통한 것이다.

○ 酈說, 至此.
'위지준의거(謂之浚儀渠)'에서 볼 때, 역씨(酈氏: 酈道元)의 말이 여기까지이다.

○ 潛行者.
'수수제(首受濟)'의 경우, 땅 속으로 흘러가는 것이다.

○ 始出曰浚儀, 少流曰狼蕩. 雖然, 以'東注'·'首受'之文及『水經』註, 考之, 此註'南北'二字, 似互換.
'기실일야(其實一也)'에서 볼 때, 비로소 나오는 것을 준의(浚儀)라 하고, 적게 흐르는 것을 낭탕(狼蕩)이라고 하는 것이다. 비록 그러하나 '동주(東注)'와 '수수(首受)'의 글 및 『수경(水經)』의 주(註)로써 살펴보면 이 주(註)의 '남북(南北)' 두 글자가 서로 교환한 것 같다.

○ 音詐.

---

626) 왕경(王景: B.C.30-85)은 동한(東漢) 때의 학자로 자가 중통(仲通)이고, 산동(山東) 즉묵현(卽墨縣) 사람이다. 서주자사(徐州刺史)·여강태수(廬江太守) 등을 역임하였으며, 수리(水利)와 농경(農耕)에 밝아서 백성들을 잘 다스렸다. 저서로는 『대연현기(大衍玄基)』·『금인론(金人論)』 등이 있다.

'사(溢)'는 음이 사(詐)다.

○ '豬', 見徐本澤之流之名.627)

'비야(非也)'에서 볼 때, '저(豬)'는 서주(徐州)의 연못에 근본하여 흐르는 물의 이름에 보인다.

[4-2-1-57]

導菏澤, 被孟豬.

가택(菏澤)을 터서 맹저(孟豬)에 이르게 하였다.

詳說

○ 音哥.628)

'가(菏)'는 음이 가(哥)다.

集傳

'菏澤', 「地志」, "在濟陰郡定陶縣東", 今興仁府濟陰縣南三里. 其地有菏山, 故名其澤爲菏澤也. 蓋濟水所經, 『水經』謂 : "南濟東過冤句縣南, 又東過定陶縣南, 又東北菏水東出焉", 是也. '被', 及也. '孟豬', 『爾雅』作'孟諸', 「地志」, "在梁國睢陽縣東北", 今南京虞城縣西北孟諸澤, 是也. 曾氏曰 : "被, 覆也, 菏水衍溢, 導其餘波, 入于孟豬, 不常入也, 故曰'被'."

'가택(菏澤)'은 「지지(地志)」에 "제음군(濟陰郡) 정도현(定陶縣) 동쪽에 있다."고 하였으니, 지금 흥인부(興仁府) 제음현의 남쪽 3리에 있다. 그 지역에 가산(菏山)이 있기 때문에 그 못을 이름하여 가택(菏澤)이라고 한 것이다. 대개 제수(濟水)가 경유하는 곳이니, 『수경(水經)』에서 이르기를 "남제(南濟)는 동쪽으로 원구현(冤句縣) 남쪽을 지나고, 또 동쪽으로 정도현(定陶縣) 남쪽을 지나고, 또 동북쪽에 하수(菏水)가 동쪽으로 나온다."고 한 것이 이것이다. '피(被)'는 미침이다. '맹저(孟豬)'는

---

627) 위의 「우공(禹貢)」 [4-2-1-31]에서 "大野旣豬,(대야택이 이윽고 물이 모여 다시 흐르니)"라고 하였는데, 집전에서 "'大野', 澤名, 「地志」, '在山陽郡鉅野縣北', 今濟州鉅野縣也, 鉅, 卽大也. 水畜而復流者, 謂之'豬'.('대야'는 못의 이름이니, 「지지」에서 '산양군 거야현의 북쪽에 있다.'고 하였으니, 지금 제주의 거야현이며, 거는 곧 큼이다. 물이 모여서 다시 흐르는 것을 '저'라고 이른다.)"라고 하였다. 공안국(孔安國)은 "水所停曰'豬'.(물이 멈춰있는 것을 '저'라고 한다.)"고 하였다.
628) 호광(胡廣) 등 찬, 『서경대전(書經大全)』의 소주에는 "音柯.(음이 가다.)"로 되어 있다.

『이아(爾雅)』에 '맹저(孟諸)'로 썼으며,「지지(地志)」에서 "양(梁)나라 수양현(睢陽縣) 동북쪽에 있다."고 하였으니, 지금 남경(南京) 우성현(虞城縣) 서북쪽의 맹저택(孟諸澤)이 이곳이다. 증씨(曾氏: 曾鞏)가 말하였다. "피(被)는 덮음이니, 가수(菏水)가 넘쳐서 그 나머지 물줄기를 터서 맹저(孟豬)로 들어가게 하였는데, 항상 들어가지 않기 때문에 '피(被)'라고 한 것이다."

▣詳說

○ 濟分, 爲南·北二水.
'남제(南濟)'에서 볼 때, 제수(濟水)가 나뉘어 남제(南濟)와 북제(北濟)의 두 물이 되었다.

○ 沙溪曰 : "'冤', 當作'宛'."629) ○按, 『水經』註, 作'冤朐'.630)
'남제동과원구(南濟東過冤句)'에 대해, 사계(沙溪: 金長生)가 말하였다. "'원(冤)'은 마땅히 '원(宛)'으로 써야 한다." ○살펴보건대, 『수경(水經)』의 주(註)에 '원구(冤朐)'로 썼다.

○ 『諺解』, 此'豬'字, 從諸音, 故獨不誤.
'맹저(孟諸)'의 경우, 『언해(諺解)』에서 이 '저(豬)'자는 저(諸)의 음을 좇았기 때문에 유독 잘못되지 않은 것이다.

○ 所溢者.
'도기여파(導其餘波)'의 경우, 넘치는 것이다.

○ 如被之或覆或脫, 此廣一義也.
'고왈피(故曰被)'에서 볼 때, 피(被)가 혹은 덮을 부(覆)이고 혹은 벗을 탈(脫)인 것과 같으니, 이는 하나의 뜻을 넓힌 것이다.

[4-2-1-58]

厥土惟壤, 下土墳壚.

---

629) 『사계전서(沙溪全書)』 권14,「경서변의(經書辨疑)·서전(書傳)·우공(禹貢)」. 참조.
630) 역도원(酈道元) 찬, 『수경주(水經注)』 권7,「제수(濟水)」. "又東過冤朐縣南, 又東過定陶縣南."; 호광(胡廣) 등 찬, 『서경대전(書經大全)』의 소주에는 '冤句'는 "音淵劬.(음이 연구다.)"라고 하였다.

그 토양은 양토(壤土)이나 낮은 곳의 흙이 부풀어 오르고 성글다.

詳說

○ 音盧,631) 『諺』音誤.
'로(壚)'는 음이 로(盧)이니, 『언해(諺解)』의 음이 잘못되었다.

集傳

土不言色者, 其色雜也. '壚', 疏也. 顔氏曰：" 玄而疏者, 謂之壚." 其土有 高下之不同, 故別言之.
토양의 색깔을 말하지 않은 것은 그 색깔이 섞여있어서다. '노(壚)'는 성긴 것이다. 안씨(顔氏: 顔師古)632)가 말하기를 "검으면서 성긴 것을 노(壚)라고 이른다."고 하였다. 그 토질(土質)에 높고 낮음의 같지 않음이 있기 때문에 구별하여 말한 것이다.

詳說

○ 下地則玄.
'기색잡야(其色雜也)'의 경우, 낮은 땅이 검은 것이다.

○ 彼列反.
'별(別)'은 피(彼)와 렬(列)의 반절이다.

○ 王氏炎曰："壤則沃, 墳壚則瘠."633) ○顧氏臨曰："高地則壤, 下地則壚, 如靑之白墳, 廣斥."634)
'고언지(故言之)'에 대해, 왕씨염(王氏炎: 王炎)이 말하였다. "토양은 기름지지만

---

631) 호광(胡廣) 등 찬, 『서경대전(書經大全)』의 소주를 수용한 것이다. 내각본도 이와 같다.
632) 안씨(顔氏: 顔師古): 안사고(581-645)는 이름이 주(籒)이고, 자가 사고(師古)이며, 옹주(雍州) 만년(萬年) 사람이다. 수(隋)나라와 당(唐)나라 때 자학(字學)으로써 이름을 알렸다. 그런데 임지기(林之奇) 찬, 『상서전해(尙書全解)』 권9, 「우공(禹貢)·하서(夏書)」에는 '고림(顧臨)'의 말이라고 하였다.
633) 호광(胡廣) 등 찬, 『서경대전(書經大全)』의 소주에서 발췌한 것이다. 그 전문은 다음과 같다. "王氏炎曰：'壤則沃, 墳壚則爲瘠.'(왕씨 염이 말하였다, '토양이 기름지지만 솟이오른 곳은 척박한 것이다.')"
634) 호광(胡廣) 등 찬, 『서경대전(書經大全)』의 소주에서 발췌한 것이다. 그 전문은 다음과 같다. "顧氏臨曰：'高地則壤, 下地則壚, 如靑厥土白墳, 海濱廣斥, 是也.'(고씨 림이 말하였다. '높은 지역은 부드러우나 낮은 지역은 솟아올라서 청주의 그 토양이 희고 부풀이 오르며 바닷가가 넓은데 척박함과 같은 것이 이것이다.')"

흙이 솟아오른 것은 척박하다." ○고씨 림(顧氏臨: 顧臨)635)이 말하였다. "높은 지역은 부드러우나 낮은 지역은 솟아올라서 청주(靑州)의 그 토양이 희고 부풀어 오르며 바닷가 넓은데 척박함과 같은 것이 이것이다."

[4-2-1-59]

厥田, 惟中上; 厥賦, 錯, 上中.

그 전지(田地)는 중(中)에 상(上)이고, 그 공부(貢賦)는 섞어서 상(上)에 중(中)이다.

集傳

'田', 第四等; '賦', 第二等, 雜出第一等也.

'전(田)'은 제4등이고, '부(賦)'는 제2등인데 섞어서 제1등을 낸 것이다.

詳說

○ '上中', 與冀之上上錯, 相爲呼應.636)

'착, 상중(錯, 上中)'은 기주(冀州)의 상상착(上上錯)과 서로 호응이 된다.

[4-2-1-60]

厥貢漆·枲·絺·紵, 厥篚纖纊, 錫貢磬錯.

그 공물(貢物)은 옻과 삼베와 갈포와 모시이며, 그 광주리에는 섬세한 솜이니, 바치라고 하면 경쇠를 연마하는 숫돌을 공납한다.

集傳

林氏曰: "『周官』「載師」, '漆林之征, 二十有五',637) 周以爲征, 而此乃貢者, 蓋豫州在周, 爲畿內, 故載師掌其征而不制貢, 禹時, 豫在畿外, 故有貢也.

---

635) 고씨 림(顧氏臨: 顧臨): 고림은 송대 학자로 자가 자돈(子敦)이고 회계(會稽) 사람이다. 경학(經學)에 능통하였고, 훈고(訓詁)를 잘하였다. 인종(仁宗) 때 과거에 급제하여 국자감직강(國子監直講)이 되었다. 손각(孫覺)·정이(程頤)와 함께 국자감에서 태학조제(太學條制)를 수립하였다. 형(刑)·병(兵)·이(吏) 삼부의 시랑(侍郞) 겸 시독(侍讀)과 한림학사(翰林學士) 등을 역임하였다. 저서로는 『무경요략(武經要略)』 등이 있다.
636) 위의 「우공(禹貢)」 [4-2-1-8]에서 "厥賦, 惟上, 上, 錯; 厥田, 惟中, 中.(그 부는 오직 상에 상이거늘 뒤 섞어서 상에 중을 내기도 하며, 그 전은 오직 중에 중이다.)"이라 한 것을 말한다. 박문호는 여기서 "按, 錯則爲上上, 豫之錯上中, 正與此上上錯, 相爲照應.(살펴보건대, 착은 예주의 상상이 되고, 예주의 착이 상중이니, 바로 여기의 상상착과 서로 조응이 된다.)"이라고 하였다.
637) 『주례주소(周禮注疏)』 권13, 「지관사도하(地官司徒下)·재사(載師)」. "唯其桼林之征, 二十而五."

推此義, 則冀不言貢者, 可知."638) 顔師古曰 : "織紵以爲布及練", 然經但言貢枲與紵, 成布與未成布, 不可詳也. '纊', 細綿也. '磬錯', 治磬之錯也, 非所常用之物, 故非常貢, 必待錫命而後納也, 與揚州橘·柚同. 然揚州先言'橘·柚', 而此先言'錫貢'者, 橘·柚言包, 則於'厥篚'之文, 無嫌, 故言'錫貢'在後. '磬錯'則與厥篚之文, 嫌於相屬, 故言'錫貢'在先, 蓋立言之法也."

임씨(林氏: 林之奇)가 말하기를 "『주관(周官)』「재사(載師)」에서 '칠림(漆林)에 대한 세금은 20분에 5이다.' 하였으니, 주(周)나라는 세금으로 냈는데 여기서 이에 공물(貢物)이라 한 것은 대개 예주(豫州)가 주나라에 있어 기내(畿內)가 되기 때문에 재사(載師)가 그 부세를 관장하면서 공물을 제정하지 않아서이며, 우(禹)임금 때에는 예주(豫州)가 기외(畿外)에 있었기 때문에 공물이 있었다. 이 뜻을 미루어 보면 기주(冀州)에서 공물을 말하지 않은 것을 알 수 있다."고 하였다. 안사고(顔師古)가 말하기를 "모시를 짜서 삼베와 비단을 만든다."고 하였으나 경문(經文)에는 단지 시(枲)와 저(紵)를 공납한다고 말하여 베를 완성했는지 베를 완성하지 못했는지는 자세하지 않다. '광(纊)'은 가는 솜이다. '경착(磬錯)'은 경쇠를 다스리는 숫돌이니, 항상 사용하는 물건이 아니기 때문에 일정한 공물이 아니고, 반드시 바치라는 명령을 기다린 뒤에 바쳤으니, 양주(揚州)의 귤(橘)·유(柚)와 같은 것이다. 그러나 양주에서는 '귤(橘)·유(柚)'를 먼저 말하였는데, 여기서는 '석공(錫貢)'을 먼저 말한 것은 귤(橘)·유(柚)는 포장함을 말하여 '궐비(厥篚)'의 글에 혐의할 것이 없기 때문에 '석공(錫貢)'을 말함이 뒤에 있는 것이다. '경착(磬錯)'은 '궐비(厥篚)'의 글과 서로 엮기에 혐의하기 때문에 '석공(錫貢)'을 말함이 앞에 있는 것이니, 이는 논리를 세우는 방법이다.

詳說

○ 沙溪曰 : "'有', 『周禮』作'而'. '二十而五'者, 二十分而稅其五也. 他稅則或二十而一, 或二十而三, 而漆林之稅, 獨重者, 以其土地所生, 非人力所作, 無害於稅之重也."639)

---

638) 『상서전해(尙書全解)』 권9, 「우공(禹貢)·하서(夏書)」. 『周官』「載師」, 漆林之征, 二十有五, 『周官』以爲征, 而此則貢之者, 蓋禹之時, 豫州在於畿外, 故有貢也. 推此義, 則知冀州所以不言貢之意矣."

639) 『사계전서(沙溪全書)』 권14, 「경서변의(經書辨疑)·서전(書傳)·우공(禹貢)」. "'有', 『周禮』作'而'. ○敞叔曰 : '『周官』「載師」, 漆林之征, 二十有五, 二十分而稅其五也. 他稅則或二十而一, 或二十而三, 而漆林之稅, 獨重者, 以其土地所生, 非人力所作, 無害於稅之重也.'('유(有)'는 『주례(周禮)』에 '이(而)'로 썼다. ○경숙이 말히었다. '『주관』「재사」에서 칠림에 대한 세금은 20분에 5라고 하였으니, ….')"

'이십유오(二十有五)'에 대해, 사계(沙溪: 金長生)가 말하였다. "'유(有)'는 『주례(周禮)』에 '이(而)'로 썼다. '이십유오(二十有五)'라는 것은 20분에서 그 5분을 세금으로 내는 것이다. 다른 세금은 혹은 20분의 1이거나 혹은 20분의 3인데, 칠림(漆林)의 세금이 유독 무거운 것은 그 토지에서 생산된 것이고 사람의 힘으로 경작한 것이 아니어서 세금을 무겁게 해도 해로울 것이 없기 때문이다."

○ 照應冀賦註.640)
'가지(可知)'에서 볼 때, 기주(冀州)의 공부(貢賦)의 주와 서로 일치하게 응하는 것이다.

○ 繒也.
'련(練)'은 비단이다.

○ '枲'·'絺', 見靑.641)
'불가상야(不可詳也)'에서 볼 때, '시(枲)'와 '치(絺)'는 청주(靑州)에 보인다.

---

640) 위의 「우공(禹貢)」 [4-2-1-8]에서 "厥賦, 惟上, 上, 錯; 厥田, 惟中, 中.(그 부는 오직 상에 상이거늘 뒤섞어서 상에 중을 내기도 하며, 그 전은 오직 중에 중이다.)"이라 하고, 그 집전에서 "'賦', 田所出穀米·兵車之類. '錯', 雜也, 賦第一等而錯出第二等也. 田第五等也, 賦高於田四等者, 地廣而人稠也. 林氏曰: '冀州先賦後田者, 冀, 王畿之地, 天子所自治, 幷與場圃·園田·漆林之類而征之, 如『周官』「載師」所載賦非盡出於田也. 故以賦屬下厥土之下, 餘州, 皆田之賦也, 故先田而後賦.' 又按, 九州九等之賦, 皆每州歲入總數, 以九州多寡相較, 而爲九等, 非以是等田而責其出是等賦也. 冀獨不言貢·篚者, 冀, 天子封內之地, 無所事於貢·篚也.('부'는 전지가 내는 미곡과 병거의 따위이다. '착'은 뒤섞임이니, 부세가 첫째 등급인데 뒤섞어서 둘째 등급을 내는 것이다. 전지가 다섯째 등급인데 부세가 전지의 넷째 등급보다 높은 것은 땅이 넓고 사람이 많아서이다. 임씨가 말하였다. '기주는 부세를 우선으로 하고 전지를 뒤에 한 것은 기주가 왕기의 땅으로 천자가 스스로 다스리는 곳이어서 장포와 원전과 칠림 따위와 아울러 세금을 거두는 것이니, 『주관』의 「재사」에 기재되어 있는 부세가 모두 전지에서만 나오는 것이 아니라는 것과 같다. 그러므로 부세로써 그 토지 아래에 속하게 하였고, 나머지 주는 모두 전지의 부세이기 때문에 전지를 우선으로 하고 부세를 뒤에 한 것이다.' 또 살펴보건대, 9주에 아홉 등급의 부세는 모두 모든 주마다 세입의 총수를 9주의 많고 적음으로써 서로 비교하여 아홉 등급을 만든 것이고, 이 등급의 전지라고 하여 이 등급의 부세를 내도록 요구받은 것이 아니다. 기주만 홀로 공물과 폐백을 말하지 않은 것은 기주가 천자의 경계 안의 땅이어서 공물과 폐백을 하는 일이 없기 때문이다.)"라고 하였다.

641) 위의 「우공(禹貢)」 [4-2-1-26]에서 "厥貢鹽·絺, 海物惟錯. 岱畎, 絲·枲·鉛·松·怪石. 萊夷作牧, 厥篚檿絲.(그 공물은 소금과 칡베이고, 해산물은 섞어서 바친다. 대산의 골짜기에서 나오는 명주실과 삼베와 납과 소나무와 괴이한 돌이다. 내주의 오랑캐가 방목을 하니, 광주리에 담아 바치는 폐백은 산뽕나무에서 나오는 명주실이다.)"라 하고, 그 집전에서 "'鹽', 斥地所出. '絺', 細葛也. '錯', 雜也, 海物非一種, 故曰'錯'. 林氏曰: '旣總謂之海物, 則固非一物矣. 此與揚州齒·革·羽·毛, 惟木, 文勢正同, 錯, 蓋別爲一物, 如錫貢磬錯之錯, 理或然也. '畎', 谷也, 岱山之谷也. '枲', 麻也. '怪石', 怪異之石也.('염'은 소금기가 드러난 땅에서 나오는 것이다. '치'는 가는 칡베이다. '착'은 섞임이니, 해산물이 한 종류가 아니기 때문에 '착'이라고 말한 것이다. 임씨가 말하기를 '이미 총괄하여 해물이라고 일렀으면 진실로 하나의 해산물이 아닌 것이다. 이는 양주의 상아와 가죽과 깃과 털이며, 바라던 나무라는 것과 글의 형세가 정말 같고, 착은 대개 별도로 하나의 물건이 되니, 명을 받은 경쇠 숫돌을 바침의 숫돌과 같다.'고 하였는데, 이치가 혹시 그럴 수도 있겠다. '견'은 골짜기이니, 대산의 골짜기이다. '시'는 삼베이다. '괴석'은 괴이한 돌이다.)"라고 하였다.

○ 新安陳氏曰 : "徐之玄·纖·縞,642) 則纖爲繒, 此之'纖纊', 則當爲細."643)

'세면야(細綿也)'에 대해, 신안 진씨(新安陳氏: 陳師凱)가 말하였다. "서주(徐州)의 검은 비단과 섬세한 명주와 흰 명주에서 곧 섬세한 명주는 비단이니, 여기의 '섬광(纖纊)'은 곧 마땅히 섬세함이 되어야 한다."

○ 礪石也, 與'賦錯'644)·'惟錯'645), 又別是一義.

'치경지착야(治磬之錯也)'에서 볼 때, 숫돌이니 '부착(賦錯)'이나 '유착(惟錯)'과는 또 다른 하나의 뜻이다.

○ 或'不'之訛.

'고비(故非)'의 경우, 혹은 '불(不)'이 잘못된 것이다.

○ 音燭.

'촉(屬)'은 음이 촉(燭)이다.

○ 臨川吳氏曰 : "凡'錫'者, 非常貢, 故於末特言之. 龜非貢物, 故言納不言貢."646)

'개입언지법야(蓋立言之法也)'에 대해, 임천 오씨(臨川吳氏: 吳澄)가 말하였다. "무릇 '석(錫)'이라는 것은 항상 공납하는 것이 아니기 때문에 끝에서 특별하게

---

642) 위의 「우공(禹貢)」[4-2-1-35] "厥貢, 惟土五色, 羽畎夏翟, 嶧陽孤桐, 泗濱浮磬. 淮夷蠙珠曁魚, 厥篚玄·纖·縞.(그 공물은 다섯 색깔의 흙과 우산 골짜기의 아름다운 꿩과 역산 남쪽의 특출난 오동나무와 사수의 물가에 떠있는 듯한 석경이로다. 회수의 오랑캐들은 진주 및 물고기를 바치며, 그 광주리의 폐백은 검은 비단과 섬세한 명주와 흰 명주이다.)"에서 보인다.

643) 호광(胡廣) 등 찬, 『서경대전(書經大全)』의 소주에서 발췌한 것이다. 그 전문은 다음과 같다. "新安陳氏曰 : '徐之玄·纖·縞, 則纖爲繒, 此之纖纊, 則當爲細. 孔說, 是.'(신안 진씨가 말하였다. '서주의 검은 비단과 섬세한 명주와 흰 명주에서 곧 섬세한 명주는 비단이니, 여기의 섬광은 곧 마땅히 섬세함이 되어야 한다. 공씨의 말이 옳다.')"

644) '賦錯': 위의 「우공(禹貢)」[4-2-1-59] "厥田, 惟中上; 厥賦, 錯, 上中.(그 전지는 중에 상이고, 공부는 섞어서 상에 중이다.)"에 보인다.

645) '惟錯': 위의 「우공(禹貢)」[4-2-1-26] "厥貢鹽·絺, 海物惟錯. 岱畎, 絲·枲·鉛·松·怪石. 萊夷作牧, 厥篚檿絲.(그 공물은 소금과 칡베이고, 해산물은 섞어서 바친다. 대산의 골짜기에서 나오는 명주실과 삼베와 납과 소나무와 괴이한 돌이다. 내주의 오랑캐가 방목을 하니, 광주리에 담아 바치는 폐백은 산뽕나무에서 나오는 명주실이다.)"에 보인다.

646) 호광(胡廣) 등 찬, 『서경대전(書經大全)』의 소주에서 발췌한 것이다. 그 전문은 다음과 같다. "臨川吳氏曰 : '凡錫者, 非常貢, 故於末特言之. 龜非貢物, 故言納不言貢. 橘·柚·磬錯, 雖足貢物, 非常制所貢也, 故言錫貢.'(임천 오씨가 말하였다. '무릇 석이라는 것은 항상 공납하는 것이 아니기 때문에 끝에서 특별하게 말한 것이다. 거북은 공물이 아니기 때문에 납이라 말하고 공이라 말하지 않은 것이다. 귤과 유과 경착은 비록 공물이지만 항상 제정하여 공납하는 것이 아니기 때문에 석공이라고 말한 것이다.')"

말한 것이다. 거북은 공물이 아니기 때문에 납(納)이라 말하고 공(貢)이라 말하지 않은 것이다."

[4-2-1-61]
浮于洛, 達于河.

낙수(洛水)에 띄워서 황하(黃河)에 다다른다.

集傳

豫州, 去帝都最近, 豫之東境, 徑自入河; 豫之西境, 則浮于洛而後, 至河也.
여주(豫州)는 제도(帝都)와 거리가 가장 가까우니 여주(豫州)의 동쪽 경계가 오로지 하수(河水)로 들어가고, 여주(豫州)의 서쪽 경계는 낙수(洛水)에서 띄운 뒤에 하수(河水)에 이른다.

[4-2-1-62]
華陽黑水, 惟梁州.

화산(華山)의 남쪽과 흑수(黑水)에 오직 양주(梁州)가 있다.

詳說

○ 去聲,647) 下並同.
'화(華)'는 거성(去聲: 산이름)이니, 아래도 아울러 같다.

集傳

梁州之境, 東距華山之南, 西據黑水. 華山, 卽太華, 見導山, 黑水, 見'導水'.
양주(梁州)의 지경은 동쪽으로 화산(華山)의 남쪽에 이르고, 서쪽으로 흑수(黑水)에 의거하였다. 화산(華山)은 곧 태화산(太華山)이니 '도산(導山)648)'에 보이고, 흑수(黑水)는 '도수(導水)649)'에 보인다.

---

647) 호광(胡廣) 등 찬, 『서경대전(書經大全)』의 소주를 수용한 것이다.
648) 도산(導山): 아래의 「우공(禹貢)」 [4-2-1-85]의 내용에 보인다. "서경산과 주어산과 조서산으로부터 태화산에 이르며, 웅이산과 외방산과 동백산으로부터 배미산에 이르게 하였다.(西傾·朱圉·鳥鼠, 至于太華, 熊耳·外方·桐柏, 至于陪尾.)"
649) 도수(導水): 아래의 「우공(禹貢)」 [4-2-1-89]의 내용에 보인다. "흑수를 터서 삼위에 이르러 남해쪽 바다

詳說

○ 王氏曰 : "後世爲巴蜀, 今四川地也."650)

'서거흑수(西據黑水)'에 대해, 왕씨(王氏: 王安石)가 말하였다. "후세에 파촉(巴蜀)이 되니, 지금 사천(四川)의 땅이다."

○ 音現, 下同.

'현(見)'은 음이 현(現)이니, 아래도 같다.

[4-2-1-63]
岷·嶓, 旣藝,

민산(岷山)과 파산(嶓山)에 이윽고 곡식을 심으며,

詳說

○ 音波.651)

'파(嶓)'는 음이 파(波)이다.

集傳

'岷'·'嶓', 二山名. 岷山, 「地志」, "在蜀郡湔氐道西徼外", 在今茂州汶山縣, 江水所出也. 矗氏曰 : "蜀, 以山近江源者, 通爲岷山, 連峯接嶺, 重疊險阻, 不詳遠近. 靑城·天彭諸山之所環遶, 皆古之岷山, 靑城乃其第一峯也." 嶓冢山, 「地志」云 : "在隴西郡氐道縣", 漾水所出, 又云 : "在西縣", 今興元府西縣·三泉縣也. 蓋嶓冢一山, 跨于兩縣云. 川源旣滌, 水去不滯, 而無泛溢之患, 其山, 已可種藝也.

'민(岷)'과 '파(嶓)'는 두 산의 이름이다. 민산(岷山)은 「지지(地志)」에서 "촉군(蜀郡) 전저도현(湔氐道縣) 서쪽 변방 밖에 있다."고 하였으니 지금 무주(茂州)의 문산현(汶山縣)에 있으며, 강수(江水)가 나오는 곳이다. 조씨(矗氏: 矗說之)가 말하기를 "촉(蜀)은 산이 강의 근원에 가까운 것을 통틀어 민산(岷山)이라 하니, 봉우리에 이어지고 산굴에 접하여 중첩되고 험하여 원근(遠近)이 상세하지 않다. 청성산(靑

로 들어갔다 (導黑水, 至于三危, 入于南海.)"
650) 호광(胡廣) 등 찬, 『서경대전(書經大全)』의 수주를 수용한 것이다.
651) 호광(胡廣) 등 찬, 『서경대전(書經大全)』의 소주를 수용한 것이다.

城山)과 천팽산(天彭山) 등의 여러 산들이 둘러있는 곳이 모두 옛날의 민산(岷山)이니, 청성산(靑城山)은 바로 그 첫째 봉우리이다."라고 하였다. 파총산(嶓冢山)은 「지지(地志)」에서 "농서군(隴西郡) 저도현(氐道縣)에 있다."고 하였으니, 양수(漾水)가 나오는 곳이며, 또 이르기를 "서현(西縣)에 있다."고 하였으니, 지금 흥원부(興元府)의 서현(西縣)과 삼천현(三泉縣)이다. 대개 파총산 하나의 산이 두 현(縣)에 이르는 것이다. 내와 평원이 이미 깨끗하게 트여 물이 흘러감에 막히지 않아서 넘치는 근심이 없으니, 그 산에 이미 곡식을 심을 수 있었다.

詳說

○ 音箋.652)
 '전(湔)'은 음이 전(箋)이다.

○ 縣, 有蠻夷曰道.
 '재촉군전저도(在蜀郡湔氐道)'에서 볼 때, 현(縣)에 만이(蠻夷)가 있는 것을 도(道)라고 한다.

○ 音叫.
 '규(徼)'는 음이 규(叫)이다.

○ 平聲.
 '중(重)'은 평성(平聲: 중첩하다)이다.

○ 氐道, 後爲三泉.
 '금흥원부서현·삼천현야(今興元府西縣·三泉縣也)'에서 볼 때, 저도(氐道)는 뒤에 삼천(三泉)이 된다.

[4-2-1-64]
沱 · 潛, 旣道.
타수(沱水)와 잠수(潛水)가 이윽고 물길을 따랐다.

---

652) 호광(胡廣) 등 찬, 『서경대전(書經大全)』의 소주에는 '湔氏'가 "音箋低.(음이 전저이다.)"라고 하였다.

集傳

此, 江·漢別流之在梁州者. 沱水, 「地志」, "蜀郡郫縣, 江沱在東, 西入大江", 郫縣, 今成都府郫縣也. 又「地志」云 : "蜀郡汶江縣, 江沱在西南, 東入了", 汶江縣, 今永康軍導江縣也. 潛水, 「地志」云 : "巴郡宕渠縣, 潛水西南入江", 宕渠, 今渠州流江縣也. 酈道元謂 : "宕渠縣, 有大穴, 潛水入焉, 通罡山下, 西南潛出, 南入于江." 又「地志」, 漢中郡安陽縣, 灊谷水出, 西南入漢", 灊, 音潛,653) 安陽縣, 今洋州眞符縣也. ○又按, 梁州, 乃江·漢之源, 此不志者, 岷之藝, 導江也; 嶓之藝, 導漾也, 道沱則江悉矣; 道潛則漢悉矣. 上志岷·嶓, 下志沱·潛, 江·漢源流, 於是而見.

이는 강수(江水)와 한수(漢水)의 물갈래가 양주(梁州)에 있는 것이다. 타수(沱水)는 「지지(地志)」에서 "촉군(蜀郡) 비현(郫縣)에 강타(江沱)가 동쪽에 있는데, 서쪽으로 흘러 대강(大江)에 들어간다."고 하였으니, 비현은 지금 성도부(成都府)의 비현(郫縣)이다. 또 「지지(地志)」에서 "촉군(蜀郡) 문강현(汶江縣)에 강타(江沱)가 서남쪽에 있는데, 동쪽으로 흘러 강수(江水)로 들어간다."고 하였으니, 문강현은 지금 영강군(永康軍)의 도강현(導江縣)이다. 점수(潛水)는 「지지(地志)」에 "파군(巴郡) 탕거현(宕渠縣)에 점수(潛水)가 서남쪽으로 흘러 강수(江水)로 들어간다."고 하였으니, 탕거는 지금 거주(渠州)의 유강현(流江縣)이다. 역도원(酈道元)이 이르기를 "탕거현에 큰 동굴이 있어 점수가 들어가니, 강산(罡山) 아래를 통과하여 서남쪽에서 땅속에서 나와서 남쪽으로 흘러 강수로 들어간다."고 하였다. 또 「지지(地志)」에 "한중군(漢中郡) 안양현(安陽縣)에 첨곡수(灊谷水)가 나와서 서남쪽으로 흘러 한수(漢水)로 들어간다."고 하였으니, '첨(灊)'은 음(音)이 점(潛)이며, 안양현(安陽縣)은 지금 양주(洋州)의 진부현(眞符縣)이다. ○또 살펴보건대, 양주(梁州)는 바로 강수(江水)와 한수(漢水)의 근원인데, 여기에 기록하지 않은 것은 민산(岷山)의 곡식 심음이 강수(江水)를 터서이고, 파산(嶓山)의 곡식 심음이 양수(漾水)를 터서이며, 타수(沱水)가 물길을 좇아서 강수(江水)가 다 갖추고, 점수가 물길을 좇아서 한수가 다 갖추어서이다. 위에서 민산(岷山)과 파산(嶓山)을 기록하고 아래에서 타수와 점수를 기록하였으니, 강수와 한수의 원류를 여기에서 보인 것이다.

詳說

---

653) 호광(胡廣) 등 찬, 『서경대전(書經大全)』에는 "音潛.(음이 점이다.)"이 소주로 되어 있다.

○ 先總提, 以照荊註.654)
'강·한별류지재양주자(江·漢別流之在梁州者)'에서 볼 때, 먼저 총괄하여 제시하면서 형주(荊州)의 주(註)를 참조하였다.

○ 音悲.655)
'비(嚭)'는 음이 비(悲)이다.

○ 江之沱.
'강타(江沱)'는 강수(江水)의 타수(沱水)이다.

○ 句.
'강타재동(江沱在東)'에서 볼 때, 문장이 끊어지는 곳이다.

○ 句.
'강타재서남(江沱在西南)'에서 문장이 끊어진다.

○ 徒浪反.656)
'탕(宕)'은 도(徒)와 랑(浪)의 반절이다.

---

654) 위의 「우공(禹貢)」 [4-2-1-47]에서 "江·漢, 朝宗于海.(강수(江水)와 한수(漢水)가 바다를 조회하여 받드는 모습이며,)"라 하고, 집전에서 "'江'·'漢', 見'導水'. 春見曰'朝', 夏見曰'宗', '朝宗', 諸侯見天子之名也. '江'·'漢', 合流于荊, 去海尚遠. 然水道已安, 而無有壅塞橫決之患. 雖未至海, 而其勢已奔趨於海, 猶諸侯之朝宗于王也.('강'과 '한'은 '도수'에 보인다. 봄에 알현하는 것을 '조'라 하고, 여름에 알현하는 것을 '종'이라 하니, '조종'은 제후가 천자를 알현하는 명칭이다. '강'과 '한'이 형주에서 합류하여 바다와의 거리가 오히려 멀어졌다. 그러나 물길이 이미 안정되어 막히고 제멋대로 터지는 우환이 없어졌다. 비록 바다에 이르지 않았더라도 그 기세가 이미 바다로 달려서가니, 제후들이 임금을 조종하는 것과 같다.)"라고 하였다. 그리고 [4-2-1-49]에서 "沱·潛旣道.(타수와 점수가 이미 물길을 따르니,)"라 하고, 집전에서 "『爾雅』曰: '水自江出爲沱, 自漢出爲潛', 凡水之出於江·漢者, 皆有此名, 此則荊州江·漢之出者也.(『이아』에서 말하기를 '물이 강수로부터 나온 것이 타수가 되고, 한수로부터 나온 것이 점수가 된다.'고 하였으니, 무릇 물이 강수와 한수에서 나온 것은 모두 이 명칭이 있으니, 이는 곧 형주의 강수와 한수에서 나온 것이다.)"라고 하였다. 이는 또 [4-2-1-55]에서 "伊·洛·瀍·澗, 旣入于河.(이수·낙수·전수·간수가 이미 황하에 들어가며,)"라 하고, 집전에서 "伊·瀍·澗水, 入于洛, 而洛水入于河, 此言伊·洛·瀍·澗入于河, 若四水不相合而各入河者, 猶漢入江, 江入海, 而荊州, 言江·漢祖宗于海, 意同, 蓋四水並流, 小大相敵故也. 詳見下文.(이수와 전수와 간수는 낙수로 들어가고, 낙수는 하수로 들어가는데, 여기에서 이수와 낙수와 전수와 간수가 하수로 들어간다고 말하여, 마치 네 개의 물이 서로 합류하지 않고 각각 하수로 들어가는 것처럼 말한 것은 한수가 강수로 들어가고, 강수가 바다로 들어간다는 것과 같으며, 형주에서 강수와 한수가 바다에 조종한다고 말한 것과 뜻이 같으니, 대개 네 개의 물이 아울러 흘러서 크고 작음이 서로 맞설 만하기 때문이다. 아랫글에 자세하게 보인다.)"라고 하였다.
655) 호광(胡廣) 등 찬, 『서경대전(書經大全)』의 소주에는 "音皮.(음이 피다.)"로 되어 있다.
656) 호광(胡廣) 등 찬, 『서경대전(書經大全)』의 소주에는 "音蕩.(음이 탕이다.)"으로 되어 있다.

○ 一有'于'字.657)
'통(通)'의 경우, 어떤 판본에는 '우(于)'자가 있다.

○ 沙溪曰 : "岡同."658)
'강(罡)'에 대해, 사계(沙溪: 金長生)가 말하였다. "강(岡)과 같다."

○ 隱也, 水之得名, 豈以此歟.
'서남잠출(西南潛出)'에서 '잠(潛)'은 땅 속으로 숨음이니, 강물이 이름을 얻음이 어찌 이 때문이겠는가.

○ 句.
'첨곡수출(灊谷水出)'에서 볼 때, 문장이 끊어지는 곳이다.

○ 江·漢出者, 非一, 而皆言入以該出. ○ 皆於水分出者, 言之.
'금양주진부현야(今洋州眞符縣也)'에서 볼 때, 강수(江水)와 한수(漢水)가 나오는 것이 하나가 아니어서 모두 들어가는 것을 말하면서 나오는 것을 갖춘 것이다. ○'기도(旣道)'는 모두 물이 나뉘어 나오는 것에서 말한 것이다.

○ 識也.
'지(志)'는 지(識: 기록하다)이다.

○ 卽漢也.659)
'도양야(導漾也)'의 경우, 곧 한수(漢水)이다.

○ 音現.
'어시어현(於是而見)'에서 현(見)은 음이 현(現)이다.

○ 臨川吳氏曰 : "岷·嶓藝, 則上源治矣; 沱·潛道, 則下流治矣."660)

---

657) 출처가 상세하지 않다.
658) 『사계전서(沙溪全書)』 권14, 「경서변의(經書辨疑)·서전(書傳)·우공(禹貢)」. 참조.
659) 호광(胡廣) 등 찬, 『서경대전(書經大全)』의 소주에는 "道沱則江悉矣, 道潛則漢悉矣.(타수를 트면 강수가 갖춰지는 것이고, 점수를 트면 한수가 갖춰지는 것이다.)"라고 하였다.

임천 오씨(臨川吳氏: 吳澄)가 말하였다. "민산(岷山)과 파산(嶓山)에서 곡식을 심는다면 상수원(上水源)이 다스려진 것이고, 타수(沱水)와 잠수(潛水)에서 물길이 트였다면 하류가 다스려진 것이다."

[4-2-1-65]
蔡·蒙, 旅平,

채산(蔡山)과 몽산(蒙山)에 여(旅)제사를 지내어 다스려짐을 고하며,

集傳

'蔡'·'蒙', 二山名. '蔡山', 『輿地記』, "在今雅州嚴道縣." '蒙山', 「地志」, "蜀郡青衣縣", 今雅州名山縣也. 酈道元謂 : "山, 上合下開, 沫水徑其間, 溷崖水脈漂疾, 歷代爲患, 蜀郡太守李冰, 發卒鑿平溷崖", 則此二山, 在禹, 爲用功多也. 祭山曰'旅', '旅平'者, 治功畢而旅祭也.

'채(蔡)'와 '몽(蒙)'은 두 산의 이름이다. '채산(蔡山)'은『여지기(輿地記)』에서 "지금 아주(雅州)의 엄도현(嚴道縣)에 있다."고 하였다. '몽산(蒙山)'은 「지지(地志)」에서 "촉군(蜀郡)의 청의현(青衣縣)에 있다."고 하였으니, 지금 아주(雅州)의 명산현(名山縣)에 있다. 역도원(酈道元)이 이르기를 "산이 위로는 합치고 아래로는 열려서 말수(沫水)가 그 사이를 지남에 혼애(溷崖)의 수맥이 빨라서 지나온 시대마다 환난(患難)이 되었는데, 촉군 태수 이빙(李冰)이 병졸들을 징발하여 혼애(溷崖)를 다스렸다."고 하였으니, 이 두 개의 산은 우(禹)에 있어서도 공력을 씀이 많았다. 산에 제사하는 것을 '여(旅)'라고 하니, '여평(旅平)'이라는 것은 홍수(洪水)를 다스리는 공정을 마치고 여제(旅祭)를 지내는 것이다.

詳說

○ 恐脫'在'字.

'「지지」(「地志」)'의 경우, 아마도 '재(在)'자가 빠진 듯하다.

○ 莫貝反.661)

---

660) 호광(胡廣) 등 찬, 『서경대전(書經大全)』의 소주에서 발췌한 것이다. 그 전문은 다음과 같다. "臨川吳氏曰 : '凡江·漢支流, 皆名沱·潛, 不拘一處. 岷·嶓藝, 則江·漢之上源, 治矣; 沱·潛導, 則江·漢之下流, 治矣.'(임천 오씨가 말하였다. '… 민산과 파산에서 곡식을 심는다면 상수원이 다스려진 것이고, 타수와 점수에서 물길이 트였다면 하류가 다스려진 것이다.')"

'매(沬)'는 막(莫)과 패(貝)의 반절이다.

○ 亂也.662)
'혼(溷)'은 어지러움이다.

○ 驃通.663)
'표(漂)'는 표(驃)와 통한다.

○ 秦昭王時人.
'촉군태수이빙(蜀郡太守李冰)'의 경우, 진(秦)나라 소왕(昭王) 때 사람이다.

○ 酈說, 止此.
'발졸착평혼애(發卒鑿平溷崖)'에서 볼 때, 역씨(酈氏: 酈道元)의 말이 여기서 그친다.

○ 禹鑿而未盡.
'위용공다야(爲用功多也)'에서 볼 때, 우(禹)가 팠는데 다하지 못하였다.

○ 平.
'치공필(治功畢)'에서 필(畢)은 '평(平)'이다.

○ 古語微倒.
'치공필이여제야(治功畢而旅祭也)'에서 볼 때, 옛말이 약간 도착(倒錯)되었다.

○ 陳氏大猷曰 : "'旅', 獨於梁·雍言之者, 九州終於梁·雍, 以見前諸州名山, 皆有祭也. '旅', 獨於蔡·蒙·荊·岐言之者, 梁之山, 終於蔡·蒙; 雍之山, 終於荊·岐, 以見州內諸名山, 皆有祭也. 故下文以九山刊旅664), 總結之."665)

---

661) 호광(胡廣) 등 찬, 『서경대전(書經大全)』의 소주에는 "音昧.(음이 매다.)"로 되어 있다
662) 호광(胡廣) 등 찬, 『서경대전(書經大全)』의 소주에는 "胡困反.(호와 곤의 반절이다.)"이라고 하였다.
663) 호광(胡廣) 등 찬, 『서경대전(書經大全)』의 소주에는 "音飄.(음이 표다.)"라고 하였다.
664) 아래의 「우공(禹貢)」 [4-2-1-97]에서 "九州攸同, 四隩旣宅. 九山刊旅, 九川滌源, 九澤旣陂, 四海會同.(9

진씨 대유(陳氏大猷: 陳大猷)가 말하였다. "'여(旅)'제사를 유독 양주(梁州)와 옹주(雍州)에서만 말한 것은 9주가 양주(梁州)와 옹주(雍州)에서 끝나서 앞의 여러 주의 이름난 산에서도 모두 제사가 있음을 보인 것이다. '여(旅)'제사를 유독 채주(蔡州)와 몽주(蒙州)와 형주(荊州)와 기주(岐州)에서만 말한 것은 양주(梁州)의 산이 채주(蔡州)와 몽주(蒙州)에서 끝나고, 옹주(雍州)의 산이 형주(荊州)와 기주(岐州)에서 끝나서 주(州) 안의 여러 이름난 산에서도 모두 제사가 있음을 보인 것이다. 그러므로 아랫글에서 구산간려(九山刊旅: 9주의 산을 깎아서 여제사를 지냄)로써 총괄하여 맺은 것이다."

[4-2-1-66]

和夷底績.

화이(和夷)에 공적을 이루었다.

集傳

'和夷', 地名. 嚴道以西, 有和川, 有夷道, 或其地也. 又按, 晁氏曰 : "和夷, 二水名. 和水, 今雅州滎經縣北和川, 水自蠻界羅喦州東, 西來徑蒙山, 所謂"靑衣水而入岷江"666)者也. 夷水, 出巴郡魚復縣, 東南過佷山縣南, 又東過夷道縣北, 東入于江." 今詳二說, 皆未可必, 但經言'底績'者三, 覃懷·原隰, 旣皆地名, 則此恐爲地名, 或地名因水, 亦不可知也.

'화이(和夷)'는 지명이다. 엄도현(嚴道縣) 이서(以西)에 화천(和川)이 있고 이도(夷道)가 있으니, 혹시 그 땅인 듯하다. 또 살펴보건대, 조씨(晁氏: 晁說之)가 말하기

주가 함께 하는 곳이 되니 사해의 물가마다 이미 집을 지었다. 9주의 산에 깎아서 여제사를 지내며, 9주의 내에 근원을 깊이 파며, 9주의 못이 이미 제방을 쌓으니 사해의 물이 모여 함께 흐른다.)"이라고 하였다.
665) 호광(胡廣) 등 찬, 『서경대전(書經大全)』의 소주에서 발췌한 것이다. 그 전문은 다음과 같다. "陳氏大猷曰 : '古人擧事, 必祭, 況治水·土大事, 必不敢忽. 然旅, 獨於梁·雍言之者, 蓋九州終於梁·雍, 以見前諸州名山, 皆有祭也. 旅, 獨於蔡·蒙·荊·岐言之者, 蓋紀·梁之山, 終於蔡·蒙; 紀·雍之山, 始於荊·岐, 以見州內諸名山, 皆有祭也. 故下文, 復以九山刊旅, 總結之. 然特言於諸州之後, 其先成民而後, 致力於神之意歟.'(진씨 대유가 말하였다. '옛사람은 일을 거행함에 반드시 제사를 지냈으니 하물며 홍수와 토지를 다스리는 큰일에 반드시 감히 소홀하지 않았다. 그러나 여제사를 유독 양주와 옹주에서만 말한 것은 9주가 양주와 옹주에서 끝나서 앞의 여러 주의 이름난 산에서도 모두 제사가 있음을 보인 것이다. 여제사를 유독 채주와 몽주와 형주와 기주에서만 말한 것은 기주와 양주의 산이 채주와 몽주에서 끝나고, 기주와 옹주의 산이 형주와 기주에서 끝나서 주 안의 여러 이름난 산에서도 모두 제사가 있음을 보인 것이다. 그러므로 아랫글에서 다시 9주의 산을 깎아서 여제사를 지냄으로써 총괄하여 맺은 것이다. ….')"
666) 송(宋) 곽윤도(郭允蹈) 찬, 『촉감(蜀鑑)』 권4, 「파동금귀주(巴東今歸州)」에서 "'合水', 在今嘉定府龍遊縣, 靑衣水出於廬山之徼外, 合於岷江, 故謂之合水.('합수'는 지금 가정부의 용유현에 있으니, 청의수가 노산의 경계 밖에서 나와서 민강과 합치기 때문에 합수라고 이른 것이다.)"라고 하였다.

를 "'화이(和夷)'는 두 물의 이름이다. 화수(和水)는 지금 아주(雅州) 형경현(榮經縣)의 북쪽 화천(和川)이니, 물이 남만(南蠻)의 경계인 나암주(羅嵒州) 동쪽으로부터 서쪽으로 흘러와서 몽산(蒙山)을 지나니, 이른바 '청의수(靑衣水)로서 민강(岷江)으로 들어간다.'는 것이다. 이수(夷水)는 파군(巴郡) 어복현(魚腹縣)에서 나와 동남쪽으로 흘러 흔산현(佷山縣) 남쪽을 지나가고, 또 동쪽으로 이도현(夷道縣) 북쪽을 지나서 동쪽으로 흘러 강수(江水)로 들어간다."고 하였다. 이제 두 말을 살펴보면 모두 틀림없다고 할 수 없다. 다만 경문(經文)에서 '공적을 이루었다'고 말한 것이 셋인데, 담회(覃懷)와 원습(原隰)은 이미 모두 지명이니 이것도 아마 땅 이름일 듯하며, 간혹 땅 이름이 물을 따를 수 있으므로 또한 알 수 없다.

詳說

○ 曾氏曰 : "夷人居之."667)
'유화천(有和川)'에 대해, 증씨(曾氏: 曾鞏)가 말하였다. "이인(夷人)이 산다."

○ 縣名.
'이도(夷道)'는 현(縣) 이름이다.

○ 嚴同.
'암(嵒)'은 암(巖)과 같다.

○ 句.
'수자만계나암주동(水自蠻界羅嵒州東)'에서 볼 때, 문장이 끊어지는 곳이다.

○ 句.
'서래경몽산(西來徑蒙山)'에서 문장이 끊어진다.

○ 沙溪曰 : "音恆."668) ○ 又 '佷' 同.
'동남과항(東南過佷)'에서 항(佷)에 대해, 사계(沙溪: 金長生)가 말하였다. "음이

---

667) 호광(胡廣) 등 찬, 『서경대전(書經大全)』의 소주에서 발췌한 것이다. 그 전문은 다음과 같다. "曾氏曰 : '嚴道, 有和川, 夷人居之.'(증씨가 말하였다. '엄도에 화천이 있으니, 이인이 산다.')"
668) 『사계전서(沙溪全書)』 권14, 「경서변의(經書辨疑)」 시전(書傳)·우공(禹貢)」, 참조. 호광(胡廣) 등 찬, 『서경대전(書經大全)』의 소주에는 "音恒, 屬武陵郡.(음이 항이니, 무릉군에 속한다.)"이라고 하였다.

항(恆)이다.” ○또 '흔(很)'과 같다.

○ 冀.
'담회(覃懷)'는 기주(冀州)이다.

○ 雍.
'원습(原隰)'은 옹주(雍州)이다.

○ 前說, 爲長.
'즉차공위지명(則此恐爲地名)'에서 볼 때, 앞의 말이 낫다.

○ 合二說.
'혹지명인수(或地名因水)'에서 볼 때, 두 말을 합친 것이다.

[4-2-1-67]
厥土靑黎

그 토양이 푸르고 검으니

集傳

'黎', 黑也.
'여(黎)'는 검음이다

詳說

○ 孔氏曰 : "沃壤也."669)
공씨(孔氏: 孔安國)가 말하였다. "기름진 땅이다."

○ 臨川吳氏曰 : "'土', 不言質, 質不一也."670)
임천 오씨(臨川吳氏: 吳澄)가 말하였다. "'토(土)'는 토질(土質)을 말하지 않으니, 토질이 한결같지 않아서이다."

---
669) 호광(胡廣) 등 찬, 『서경대전(書經大全)』의 소주를 수용한 것이다.
670) 호광(胡廣) 등 찬, 『서경대전(書經大全)』의 소주를 수용한 것이다.

[4-2-1-68]

厥田, 惟下上; 厥賦, 下中, 三錯.

그 전지(田地)는 하(下)에 상(上)이고, 그 공부(貢賦)는 하(下)에 중(中)이니, 3등으로 섞어 낸다.

集傳

'田', 第七等; '賦', 第八等, 雜出第七第九等也. 按, 賦雜出他等者, 或以爲 "歲有豊凶", 或以爲 "戶有增減", 皆非也. 意者, 地力有上下, 年分不同, 如『周官』, '田一易·再易'之類. 故賦之等第, 亦有上下年分, 冀之正賦, 第一等, 而間歲第二等也; 揚之正賦, 第七等, 而間歲第六等也; 豫之正賦, 第二等, 而間歲第一等也; 梁之正賦, 第八等, 而間歲出第七第九等也. 當時, 必有條目詳具, 今不存矣;『書』之所載, 特凡例也. 若謂 "歲之豊凶, 戶之增減", 則九州皆然, 何獨於冀·揚·豫·梁四州言哉.

'전지(田地)'는 제7등이고, '공부(貢賦)'는 제8등인데 제7등과 제9등을 섞어 내는 것이다. 살펴보건대, 공부(貢賦)를 섞어서 다른 등급으로 내는 것을 어떤 이는 "그 해에 풍년과 흉년이 있어서이다."라 하였고, 어떤 이는 "식구수에 늘고 줄음이 있어서이다."라고 하였는데, 모두 그릇된 것이다. 생각하건대, 지력(地力)에 높고 낮음이 있어서 연분(年分)이 같지 않으니, 『주관(周官)』에서 '전지(田地)가 일역(一易)과 재역(再易)'이라는 따위와 같다. 그러므로 공부(貢賦)의 등급도 또한 높고 낮은 연분(年分)이 있으니, 기주(冀州)의 정부(正賦)는 제1등이나 격년(隔年)으로 제2등을 내며, 양주(揚州)의 정부(正賦)는 제7등이나 격년으로 제6등을 내며, 여주(豫州)의 정부(正賦)는 제2등이나 격년으로 제1등을 내며, 양주(梁州)의 정부(正賦)는 제8등이나 격년으로 제7등과 제9등을 내는 것이다. 당시에 반드시 조목이 상세하게 갖춰져 있었으나 지금 남아있지 않으며, 『상서(尙書)』에 기재한 것은 다만 범례이다. 만약 "그 해의 풍년과 흉년 및 식구수의 늘고 줄음"이라고 한다면 9주(州)가 모두 그럴 것인데, 어찌 유독 기주와 양주와 여주와 양주의 네 주(州)에서만 말하였는가.

詳說

○ 一作 '等'. 671)

'잡출제칠제(雜出第七第)'에서 '제(第)'는 어떤 판본에는 '등(等)'으로 썼다.

○ 揚, 言上錯; 兗, 言乃同, 故不暇與此賦相照應, 蓋以此州而可互見耳.
'잡출제칠제구등야(雜出第七第九等也)'에서 볼 때, 양주(揚州)에서는 위로 섞였다 말하고, 연주(兗州)에서는 이에 같다고 말하였기 때문에 이 주(州)의 공부(貢賦)와 서로 조응할 겨를이 없었으니, 대개 이 주(州)로써 서로 볼 수 있을 뿐이다.

○ 臨川吳氏曰 : "通本等第, 八爲三, 故曰三錯."672)
임천 오씨(臨川吳氏: 吳澄)가 말하였다. "일반적으로는 본래 등급에서 여덟 가운데 셋이 되기 때문에 삼착(三錯)이라고 한 것이다."

○ 去聲,673) 下同.
'연분(年分)'에서 분(分)은 거성(去聲: 分限)이니, 아래도 같다.

○ 「司徒」.674)
'『주관』(『周官』)'은 「사도(司徒)」이다.

○ 休一歲,675) 乃復種.
'전일역(田一易)'의 경우, 1년을 쉬는 것이니, 바로 지력(地力)을 회복하여 심는 것이다.

---

671) 출처가 자세하지 않다.
672) 호광(胡廣) 등 찬, 『서경대전(書經大全)』의 소주에서 발췌한 것이다. 그 전문은 다음과 같다. "臨川吳氏曰 : '田下上, 第七等; 賦下中, 第八等. 三錯者, 或時錯出第七, 則降揚於下中, 而梁爲下上; 或時錯出第九, 則升兗於下中, 而梁爲下下. 通本等第, 八爲三, 故曰三錯.'(임천 오씨가 말하였다. '전하상은 제7등이고, 부하중은 제8등이다. 삼착이라는 것은 간혹 때때로 섞어서 제7등으로 내면 … 일반적으로는 본래 등급에서 여덟 가운데 셋이 되기 때문에 삼착이라고 한 것이다.')"
673) 호광(胡廣) 등 찬, 『서경대전(書經大全)』의 소주를 수용한 것이다.
674) 『주례주소(周禮注疏)』 권10, 「대사도(大司徒)」. "凡造都鄙, 制其地域而封溝之, 以其室數制之. 不易之地, 家百畝; 一易之地, 家二百畝; 再易之地, 家三百畝.(… 바꾸지 않는 전지는 백무에 살고, ….)"
675) 반고(班固) 찬, 『전한서(前漢書)』 권24상, 「식화지(食貨志)」. "民受田, 上田, 夫百畝; 中田, 夫二百畝; 下田, 夫三百畝. 歲耕種者, 爲不易, 上田; 休一歲者, 爲一易, 中田; 休二歲者, 爲再易, 下田.(백성이 전지를 받음에 상전은 무릇 백무이고, 중전은 무릇 2백무이고, 하전은 무릇 3백무이다. 그 해에 갈아서 심는 것은 바꾸지 않음이 되니 상전이고, 1년을 쉬는 것은 한번 바꿈이 되니 중전이고, 2년을 쉬는 것은 두 번 바꿈이 되니 하전이다.)"

○ '再易', 休二歲.676)
　　'재역(再易)'의 경우, 2년을 쉬는 것이다.

○ 去聲, 下並同.
　　'이간(而間)'에서 간(間)은 거성(去聲: 間隔)이니, 아래도 아울러 같다.

○ 一作'等'.677)
　　'제7등(第七第)'에서 제(第)는 어떤 판본에는 '등(等)'으로 썼다.

○ 總論錯法於其末者.
　　'하독어기·양·여·양사주언재(何獨於冀·揚·豫·梁四州言哉)'에서 볼 때, 그 끝에서 법을 섞은 것을 총괄하여 논하였다.

[4-2-1-69]

厥貢, 璆·鐵·銀·鏤, 砮·磬, 熊·羆·狐·狸織皮.

그 공물(貢物)은 옥경(玉磬)과 유철(柔鐵)·은(銀)과 강철(剛鐵), 돌살촉과 경쇠, 곰과 큰곰과 이리와 살쾡이의 융단(絨緞)과 갖옷이다.

詳説

○ 球同.678)
　　'구(璆)'는 구(球)와 같다.

集傳

'璆', 玉磬; '鐵', 柔鐵也. '鏤', 剛鐵, 可以刻鏤者也. '磬', 石磬也. 言鐵而先於銀者, 鐵之利多於銀也, 後世, 蜀之卓氏·程氏以鐵冶富, 擬封君, 則梁之利

---

676) 재역(再易)은 3년 가운데 2년 동안 경작을 쉬는 것이다. 『주례주소(周禮注疏)』에서 정현(鄭玄)은 정사농(鄭司農)의 말을 인용하여 "不易之地, 歲種之, 地美, 故家百畝; 一易之地, 休一歲, 乃復種, 地薄, 故家二百畝; 再易之地, 休二歲, 乃復種, 故家三百畝.(바꾸지 않는 전지는 해마다 심어서 전지가 아름답기 때문에 백무에 살며, 한번 바꾸는 전지는 1년을 쉬고 이에 지력을 회복하여 심어서 전지가 척박하기 때문에 2백무에 살며, 두 번 바꾸는 전지는 2년을 쉬고 이에 지력을 회복하여 심기 때문에 3백무에 산다.)"라고 하였다.
677) 출처가 자세하지 않다.
678) 호광(胡廣) 등 찬, 『시경대전(書經大全)』의 소주에는 "'璆', 音求. '羆', 音卑. '狐', 音胡. '狸', 音梨.('구'. 음이 구다. '비'는 음이 비다. '호'는 음이 호다. '리'는 음이 리다.)"로 되어 있다.

尤在於鐵也. '織皮'者, 梁州之地, 山林爲多, 獸之所走, '熊'·'羆'·'狐'·'貍' 四 獸之皮, 製之, 可以爲裘; 其氄毛, 織之, 可以爲罽也. ○林氏曰 : "徐州, 貢 浮磬; 此州, 旣貢玉磬, 又貢石磬; 豫州, 又貢磬錯. 以此觀之, 則知當時樂 器, 磬最爲重, 豈非以其聲角而在淸濁小大之間, 最難得其和者哉."

'구(璆)'는 옥경(玉磬)이고, '철(鐵)'은 유철(柔鐵)이다. '누(鏤)'는 강철(剛鐵)이니, 새 길 수 있는 것이다. '경(磬)'은 석경(石磬)이다. 철(鐵)을 말하여 은(銀)보다 앞선 것은 철(鐵)의 이익이 은(銀)보다 많아서이다. 후세에 촉(蜀)의 탁씨(卓氏)와 정씨 (程氏)가 쇠를 불려 부유하게 됨에 봉군(封君)에 비견되자 곧 양주(梁州)의 이익이 더욱 철(鐵)에 있었던 것이다. '직피(織皮)'라는 것은 양주(梁州)의 지역에 산림이 많아 짐승들이 달리는 곳이 되다보니, 곰과 큰곰과 여우와 살쾡이라는 네 짐승의 가죽으로 만들면 갖옷을 만들 수 있고, 연한 털로 짜면 털방석을 만들 수 있었다. ○임씨(林氏: 林之奇)가 말하였다. "서주(徐州)는 부경(浮磬)을 바치며, 이 주(州)는 이미 옥경(玉磬)을 바치고 또 석경(石磬)을 바쳤으며, 여주(豫州)는 또 경착(磬錯) 을 바쳤다. 이로써 보면 당시의 악기로 경(磬)이 가장 중요하게 여겼음을 알 수 있으니, 어찌 그 소리가 각(角)으로써 청탁(淸濁)과 소대(小大)의 사이에 있으면서 가장 그 화음(和音)을 얻기 어려운 것이기 때문이 아니겠는가."

詳說

○ 見荊.679)

'가이각루자야(可以刻鏤者也)'에서 볼 때, '노(砮)'는 형주(荊州)에 보인다.

○ 見『史記』「貨殖傳」.680)

'의봉군(擬封君)'은 『사기(史記)』「화식전(貨殖傳)」에 보인다.

○ 走聚.

'수지소주(獸之所走)'의 경우, 달려가서 모인다.

---

679) 위의 「우공(禹貢)」 [4-2-1-52]에서 "厥貢, 羽·毛·齒·革, 惟金三品, 杶榦·栝·柏, 礪·砥·砮·丹.(그 공물은 깃 과 털과 상아와 가죽이고, 금속의 세 가지와 참죽나무 줄기와 전나무와 잣나무이며, 거친 숫돌과 고운 숫 돌과 돌살촉과 단사이다.)"라 하고, 집전에서 "'砮'者, 中矢鏃之用, '肅愼氏貢石砮'者, 是也.('노'라는 것은 화살촉의 용도에 적합하니, '숙신씨가 석노를 공납하였다'는 것이 이것이다.)라고 하였다.
680) 『사기(史記)』 권129, 「화식열전(貨殖列傳)」. "蜀卓氏之先, 趙人也, 用鐵冶富. … 程鄭, 山東遷虜也, 亦冶 鑄賈, 椎髻之民富, 埒卓氏, 俱居臨邛.(촉의 탁씨 선조는 조나라 사람이었는데 쇠를 불려서 부유하게 되었 다. … 정정은 산동의 포로인데 쇠를 불려 팔아서 상투 묶은 백성의 부유함에 탁씨와 비등하여 함께 임공 에 살았다.)"

○ 『諺』讀, 恐違註意.681)

'웅·비·호·리(熊·羆·狐·貍)'의 경우, 『언해(諺解)』의 구두(句讀)는 아마도 주(註)의 뜻과 어긋난다.

○ 先言皮.

'가이위구(可以爲裘)'에서 볼 때, 먼저 가죽을 말하였다.

○ 居例反.682)

'계(罽)'는 거(居)와 례(例)의 반절이다.

○ 織與皮也, 『諺』釋作所織之皮, 恐亦違註意.683)

'가이위계야(可以爲罽也)'에서 볼 때, 직물과 갖옷이니, 『언해(諺解)』의 해석에서 조직(組織)한 가죽옷이라고 쓴 것은 아마도 또한 주(註)의 뜻에 어긋난다.

○ 與「益稷」之旣言'球', 又特言'石'者, 同意.684)

---

681) 『언해(諺解)』에는 "熊웅과 羆비와 狐호와 貍리와 織직훈 皮피괘로다"로 되어 있는데, 이는 집전에서 "'熊'·'羆'·'狐'·'貍' 四獸之皮(곰과 큰곰과 여우와 살쾡이라는 네 짐승의 가죽)"라고 한 것과 다름을 지적한 것이다.
682) 호광(胡廣) 등 찬, 『서경대전(書經大全)』의 소주를 수용한 것이다.
683) 『언해(諺解)』에는 "熊웅과 羆비와 狐호와 貍리와 織직훈 皮피괘로다"라고 하여 집전의 해석과 다름을 지적한 것이다.
684) 위의 「익직(益稷)」[3-1-5-9]에서 "夔曰: '戛擊鳴球, 搏拊琴瑟, 以詠, 祖考來格, 虞賓在位, 羣后德讓. 下管鼗鼓, 合止柷敔, 笙鏞以間, 鳥獸蹌蹌, 簫韶九成, 鳳凰來儀.'(기가 말하였다. '명구를 치며 거문고와 비파를 퉁겨서 노래를 읊으니, 조고가 와서 이르시며 우빈이 자리에 있으면서 여러 제후들과 덕으로 사양합니다. 당 아래에는 관악기와 도고를 진열하고, 연주를 시작하고 그치기를 축과 어로 하며, 생과 큰 종을 번갈아 울리니 새와 짐승이 너울너울 춤을 추며, 소소를 아홉 번 연주하자 봉황이 와서 춤을 춥니다.')"라 하고, 집전에서 "'鳴球', 玉磬名也.('명구'는 옥경의 이름이다.)"라고 하였다. 또한 [3-1-5-10]에서 "夔曰: '於予擊石拊石, 百獸率舞, 庶尹允諧.'(기가 말하였다. '아! 제가 석경을 치고 석경을 어루만지자 온갖 짐승들이 모두 따라서 춤을 추었으며, 많은 벼슬아치의 우두머리들이 진실로 화합하였습니다.')"라 하고, 집전에서 "'石', 磬也, 有大磬, 有編磬, 有歌磬, 磬有大小, 故擊有輕重. 八音, 獨言'石'者, 蓋石音屬角, 最難諧和. 『記』曰: '磬以立辨', 夫樂, 以合爲主, 而石聲獨立辨者, 以其難和也. 石聲旣和, 則金·絲·竹·匏·土·革·木之聲, 無不和者矣. 『詩』曰: '旣和且平, 依我磬聲', 則知言'石'者, 總樂之和而言之也.('석'은 석경이니, 대경이 있고 편경이 있고 가경이 있으니, 석경에 크고 작음이 있기 때문에 치는 것에도 가벼움과 무거움의 차이가 있다. 8음 가운데 오직 '석'을 말한 것은 대개 석경의 소리가 각에 속하여 가장 조화를 이루기 어려워서다. 『예기』에서 말하기를 '석경으로써 분별함을 세운다.'고 하였으니, 무릇 음악은 화합함을 위주로 하는데, 석경의 소리만 홀로 분별을 세우는 것은 조화하기 어렵기 때문이다. 석경의 소리가 이미 조화롭게 되면 금·사·죽·포·토·혁·목의 악기 소리가 화합하지 않음이 없는 것이다. 『시경』에서 '이미 조화롭고 또 화평함에 우리 석경의 소리에 의지한다.'고 하였다면, '석'을 말한 것은 음악의 화합함을 총괄하여 말한 것임을 알 수 있다.)"라고 하였다. 이에 박문호는 '獨言石者'에 대해서 "特言而再擧之. ○上所言'球', 則玉也.(특별하게 말하면서 두 번 거론하였다. ○위에서 말한 '구'는 옥이다.)"라고 밝힌 바 있다.

'최난득기화자재(最難得其和者哉)'에서 볼 때, 「익직(益稷)」에서 이미 말한 '구(球)'와 또 특별하게 '석(石)'이라 말한 것은 같은 뜻이다.

[4-2-1-70]

西傾, 因桓是來, 浮于潛, 逾于沔, 入于渭, 亂于河.

서경산(西傾山)으로 환수(桓水)를 따라 흘러와서 점수(潛水)에 떠오며 면수(沔水)를 넘으며 위수(渭水)로 들어가서 하수(河水)를 가로지른다.

集傳

'西傾', 山名.「地志」, "在隴西郡臨洮縣西", 今洮州臨潭縣西南. '桓', 水名, 『水經』曰 : "西傾之南, 桓水出焉." 蘇氏曰 : "漢, 始出爲漾, 東南流爲沔, 至漢中, 東行爲漢沔." 酈道元曰 : "自西傾而至葭萌, 浮于西漢, 西漢, 卽潛水也." 自西漢遡流而屆于晉壽界, 阻漾枝津, 南歷岡北, 迤邐接漢沔, 歷漢川, 至于褒水, 逾褒而暨于衙嶺之南溪, 灌于斜川, 屆于武功, 而北以入于渭. 漢武帝時, 人有上書, 欲通褒·斜道及漕, 事下張湯問之, 云 : "褒水通沔, 斜水通渭, 皆可以漕. 從南陽, 上沔入褒, 褒絶水至斜, 間百餘里, 以車轉, 從斜下渭, 如此則漢中穀可致." 經言'沔'·'渭', 而不言'褒'·'斜'者, 因大以見小也. 褒·斜之間, 絶水百餘里, 故曰'逾'. 然於經文, 則當曰"逾于渭", 今曰"逾于沔", 此又未可曉也. 絶河而渡曰'亂'.

'서경(西傾)'은 산 이름이다.「지지(地志)」에서 "농서군(隴西郡) 임도현(臨洮縣) 서쪽에 있다."고 하였으니, 지금 조주(洮州) 임담현(臨潭縣)의 서남쪽에 있다. '환(桓)'은 물 이름이니,『수경(水經)』에서 "서경산(西傾山)의 남쪽에서 환수(桓水)가 나온다."고 하였다. 소씨(蘇氏: 蘇軾)가 말하기를 "한수(漢水)는 처음 나옴에 양수(漾水)가 되고, 동남쪽으로 흐름에 면수(沔水)가 되며, 한중(漢中)에 이르러 동쪽으로 흘러감에 한면(漢沔)이 된다."고 하였다. 역도원(酈道元)이 말하기를 "서경산(西傾山)으로부터 가맹(葭萌)에 이르고 서한(西漢)으로 떠오니 서한은 곧 점수(潛水)이다."라고 하였다. 서한으로부터 거슬러 흘러 진수(晉壽)의 경계에 이르러 양지진(漾枝津)과 떨어지고, 남쪽으로 강산 북쪽을 지나 굽이쳐서 한면(漢沔)에 닿으며, 한천(漢川)을 지나 포수(褒水)에 이르고, 포수를 넘어 아령(衙嶺)의 남계(南溪)에 미치며, 사천(斜川)으로 흐르고 무공(武功)에 이르러 북쪽으로 흘러 위수(渭水)로 들어간다. 한나라 무제(武帝) 때 어떤 사람이 글을 올려 포수(褒水)와 사수(斜水)

의 물길과 뱃길을 통하게 하고자 하니 일을 장탕(張湯)[685]에게 내려 물으니, 이르기를 "포수는 면수(沔水)와 통하고 사수는 위수(渭水)와 통하니, 모두 배로 나를 수 있습니다. 남양(南陽)으로부터 면수에 올라 포수로 들어가며, 포수는 물이 마른 채 사수에 이르러 중간에 백여 리는 수레로 옮겨서 사수로부터 위수로 내려오니, 이와 같이 하여 한중(漢中)의 곡식이 도달할 수 있습니다."라고 하였다. 경문(經文)에서 '면수(沔水)'와 '위수(渭水)'를 말하고, '포수(褒水)'와 '사수(斜水)'를 말하지 않은 것은 큰물에 말미암아 작은 물을 보여서이다. 포수와 사수의 사이에 물길이 끊어진 것이 백여 리이기 때문에 '유(逾)'라고 하였다. 그러나 경문(經文)에는 마땅히 "위수(渭水)를 넘는다"고 해야 하는데 지금 "면수(沔水)를 넘었다"고 하였으니, 이는 또 알 수 없다. 하수(河水)를 가로질러 건너는 것을 '난(亂)'이라고 한다.

詳說

○ 音叨.

'도(洮)'는 음이 도(叨)이다.

○ 朱子曰 : "西傾, 雖在雍州, 其人, 有事於京師者, 必道取梁州, 因桓水而來, 故梁貢道, 及之."[686] ○按, 此篇貢路, 非海道者, 例以 '浮'字起之, 可知. 此首句之借雍人來者, 以明貢路也, 是貢路之變例也.

'금조주임담현서남(今洮州臨潭縣西南)'에 대해, 주자(朱子: 朱熹)가 말하였다. "서경산(西傾山)이 비록 옹주(雍州)에 있더라도 그 사람 가운데 경사(京師)에 있는 일이 있는 이는 반드시 길을 양주(梁州)를 취하여 항수(桓水)에 말미암아 왔기 때문에 양주에서 공납(貢納)하는 길로 이른 것이다." ○살펴보건대, 이 편에서 공납하는 노정(路程)에 바닷길이 아닌 것은 대개 '부(浮)'자로써 일으켰음을 알 수 있다. 여기 머리구절에서 옹주(雍州) 사람이 오는 것을 빌어서 공납(貢納)하는 노정을 밝혔으니, 이는 공납하는 노정이 변한 예이다.

○ 沔而爲漢, 猶蒙沔名.[687]

---

[685] 장탕(張湯): 장탕(?-B.C.116)은 서한(西漢) 때 사람으로 경조(京兆) 두릉(杜陵) 사람이다. 장인리(長安吏)·부릉위(茂陵尉)·태중대부(太中大夫)·정위(廷尉)·어사대부(御史大夫) 등을 지냈다. 조우(胡禹)와 율령(律令)을 편차하고 『일궁율(越宮律)』『조율(朝律)』을 제정하였으며, 『춘추(春秋)』의 옛 뜻에 문식(文飾)을 더하였다.
[686] 호광(胡廣) 등 찬, 『서경대전(書經大全)』이 소주를 수용한 것이다.
[687] 호광(胡廣) 등 찬, 『서경대전(書經大全)』의 소주에서 "孔氏曰 : '漢上曰沔.'(한수의 가를 면이라고 한다.)"

'동행위한면(東行爲漢沔)'에서 볼 때, 면수(沔水)이면서 한수(漢水)가 되었으니, 오히려 '면(沔)'의 이름을 이어받은 것이다.

○ 句.
'저양기진(阻瀁枝津)'에서 문장이 끊어진다.

○ 豈罡山歟.
'남역강(南歷岡)'의 경우, 아마도 강산(罡山)일 것이다.

○ 音以里.688)
'이리(迤邐)'는 음이 이리(以里)이다.

○ 或'北'之訛.
'유포이기우아령지남(逾褒而曁于衙嶺之南)'에서 남(南)은 혹시 '북(北)'의 잘못인 듯하다.

○ 音邪, 下並同.
'관우사(灌于斜)'에서 사(斜)는 음이 사(邪)이니, 아래도 아울러 같다.

○ 酈說, 止此.
'이북이입우위(而北以入于渭)'에서 볼 때, 역씨(酈氏: 酈道元)의 말이 여기서 그친다.

○ 上聲, 下同.
'인유상(人有上)'에서 상(上)은 상성(上聲: 올리다)이니, 아래도 같다.

○ 句.
'욕통포사도급조(欲通褒斜道及漕)'에서 볼 때, 문장이 끊어지는 곳이다.

○ 去聲, 下同.

이라고 하였다.
688) 이리(迤邐)는 또한 이리(迤里), 이리(迆邐)로도 쓰며, 구불구불 꺾여서 길게 이어진 모양을 말한다.

'사하(事下)'에서 하(下)는 거성(去聲: 내리다)이니, 아래도 같다.

○ 使問于其人.
'사하장탕문지(事下張湯問之)'의 경우, 장탕(張湯)으로 하여금 그 사람에게 물어 보게 한 것이다.

○ 見『史記』「河渠書」.689)
'여차즉한중곡가치(如此則漢中穀可致)'의 내용이 『사기(史記)』「하거서(河渠書)」에 보인다.

○ 音現.
'인대이현(因大以見)'에서 현(見)은 음이 현(現)이다.

○ '逾'·'入'二字, 或互換.
'당왈유우위(當曰逾于渭)'에서 볼 때, '유(逾)'와 '입(入)'은 간혹 서로 교환하며 쓰였다.

○ 歷岡雖亦可曰'逾', 然以之比於嶺嶺, 則水猶相通也.
'차우미가효야(此又未可曉也)'에서 볼 때, 강산(岡山)을 지나서 비록 또한 '유(逾)'라고 할 수 있겠으나, 그것으로써 아령(嶺嶺)에 견주면 물이 오히려 서로 통한 것이다.

[4-2-1-71]

黑水·西河, 惟雍州.

흑수(黑水)와 서하(西河)에 오직 옹주(雍州)가 있다.

詳說
○ 去聲.
'옹(雍)'은 거성(去聲: 땅 이름)이다.

---

689) 『사기(史記)』 제29, 「하거서(河渠書)」. "其後人, 有上書, 欲通褒·斜道, 及漕事下御史大夫張湯, 湯阿其事, 因言: '抵蜀, 從故道, 故道多阪回遠. 今穿褒·斜道, 少阪近四百里, 而褒水通沔, 斜水通渭, 皆可以行船漕. 漕從南陽, 上沔入褒, 褒之絶水至斜, 間百餘里, 以車轉, 從斜下, 下渭如此, 漢中之穀, 可致.'"

集傳

雍州之域, 西據黑水, 東距西河, 謂之西河者, 主冀都而言也.
옹주(雍州)의 지역은 서쪽으로는 흑수(黑水)에 의거하고, 동쪽으로는 서하(西河)에 이르니, 서하라고 이른 것은 기주(冀州) 도성을 위주로 하여 말한 것이다.

詳說

○ 武夷熊氏曰 : "雍無黑水, 所謂'至于三危'690)者, 三危山. 或云: '在燉煌', 則曷嘗有此水踰諸山, 以至南海哉. 史當有錯."691)

'서거흑수(西據黑水)'에 대해, 무이 웅씨(武夷熊氏: 熊禾)가 말하였다. "옹주(雍州)에 흑수(黑水)가 없으니, 이른바 '지우삼위(至于三危)'라는 것은 삼위산(三危山)이다. 어떤 이가 이르기를 '돈황(燉煌)에 있다.'고 하였는데, 그렇다면 어찌 일찍이 이 물이 여러 산을 지나가서 남쪽 바다에 이름이 있었는가. 사관이 마땅히 착오한 것이다."

○ 王氏炎曰 : "雍州, 秦·漢曰關中."692)

'동거서하(東距西河)'에 대해, 왕씨 염(王氏炎: 王炎)이 말하였다. "옹주(雍州)는 진(秦)나라와 한(漢)나라 때는 관중(關中)이라 하였다."

○南河, 視此.

'주기도이언야(主冀都而言也)'에서 볼 때, 남하(南河)는 여기에 견준 것이다.

---

690) 아래의 「우공(禹貢)」[4-2-1-89]에서 "導黑水, 至于三危, 入于南海.(흑수를 터서 삼위에 이르러 남해로 들어가게 하였다.)"라고 하였다.
691) 호광(胡廣) 등 찬, 『서경대전(書經大全)』의 소주에서 발췌한 것이다. 그 전문은 다음과 같다. "武夷熊氏曰 : '雍州, 秦地, 周之岐·豐鎬京, 漢之三輔, 皆此焉. 婁敬謂: 金城千里, 天府之國, 合天下形勢, 言之所謂秦得百二者, 實以據地勢之上游, 當天下之要脊, 四塞以爲固全一面之險, 以東制諸侯, 故言定都者, 必先焉. 『書』, 以黑水西河爲界, 而又西接弱水流沙之地, 則其土地之廣漠可知. 大抵關中之地, 固是形勝, 可以爲都, 但其地迫近西戎, 周·秦·漢·唐世, 有羌胡之患, 必盡陰山與唐三受降城, 及靈夏河西五郡爲塞地, 乃可爾. 又嘗考之, 古今地志, 雍州之地, 卽無黑水, 所謂導黑水至于三危者, 三危山. 或云: 在燉煌郡, 則今瓜州也, 曷嘗有此水踰跨諸山, 以至于南海哉. 若以河源崑崙推之, 崑崙山脊, 以西人跡所未到, 其東中一支, 則重岡積嶺, 直至終南, 太華皆是雍之南山, 而瓜州乃在河西五郡, 實當西北界上, 漢人所謂斷匈奴右臂者, 以其不與西戎相接也. 史當有錯.'(무이 웅씨가 말하였다. '… 『상서』에서 흑수로써 서하의 경계를 삼아서 또 서쪽으로 약수 유사의 땅과 접하니 곧 그 토지가 광막함을 알 수 있다. … 떠 일찍이 살펴보건대 고금의 지지에는 옹주의 땅에 곧 흑수가 없으니, 이른바 흑수를 터서 삼위에 이르렀다는 것은 삼위산이다. 어떤 이가 이르기를 돈황군에 있다고 하였는데, 곧 지금의 과주이다. 어찌 일찍이 이 물이 여러 산을 지나가서 남쪽 바다에 이름이 있었는가. … 사관이 마땅히 착오한 것이다.')"
692) 호광(胡廣) 등 찬, 『서경대전(書經大全)』의 소주에서 발췌한 것이다. 그 전문은 다음과 같다. "王氏炎曰 : '雍州之地, 秦·漢曰關中.'(왕씨 염이 말하였다. '옹주의 땅은 진나라와 한나라에는 관중이라 하였다.')"

[4-2-1-72]

弱水既西,

약수(弱水)가 이미 서쪽으로 흐르며,

集傳

柳宗元曰 : "西海之山, 有水焉, 散渙無力, 不能負芥, 投之則委靡墊沒, 及底而後止, 故名曰'弱'." '既西'者, 導之西流也.「地志」云 : "在張掖郡刪丹縣", 薛氏曰 : "弱水, 出吐谷渾界窮石山, 自刪丹西, 至合黎山, 與張掖縣河合." 又按,『通鑑』, "魏太武擊柔然, 至栗水, 西行至菟園水, 分軍收討, 又循弱水, 西行至涿邪山," 則弱水, 在菟園水之西·涿邪山之東矣.『北史』載 : "太武至菟園水, 分軍搜討, 東至瀚海, 西接張掖水, 北度燕然山", 與『通鑑』小異. 豈瀚海·張掖水, 於弱水, 爲近乎. 程氏據「西域傳」"以弱水爲在條支", 援引甚悉. 然長安西行一萬二千二百里, 又百餘日, 方至條支. 其去雍州, 如此之遠, 禹豈應窮荒而導其流也哉. 其說非是.

유종원(柳宗元)이 말하기를 "서쪽 바다의 산에 물이 있는데 힘없이 흩어져서 지푸라기조차 띄울 수 없으니, 지푸라기를 던지면 시들 듯이 쓰러지고 가라앉아 밑바닥에 이른 뒤에 멈추기 때문에 이름을 '약(弱)'이라고 하였다."라고 하였다. '기서(既西)'라는 것은 물길을 터서 서쪽으로 흐르는 것이다.「지지(地志)」에서 이르기를 "장액군(張掖郡) 산단현(刪丹縣)에 있다." 하였고, 설씨(薛氏: 薛昻)는 "약수(弱水)는 토곡혼(吐谷渾)의 경계인 궁석산(窮石山)에서 나와 산단(刪丹) 서쪽으로부터 합려산(合黎山)에 이르러 장액현(張掖縣)의 하수(河水)와 합한다."라고 하였다. 또 살펴보건대,『통감(通鑑)』에서 "위(魏)나라 태무제(太武帝)가 유연(柔然)을 공격할 때 율수(栗水)에 이르러 서쪽으로 가서 토원수(菟園水)에 이르러 군대를 나누어 찾아서 토벌하고, 또 약수(弱水)를 좇아서 서쪽으로 가서 탁사산(涿邪山)에 이르렀다."고 하였으니, 약수는 토원수의 서쪽과 탁사산의 동쪽에 있다.『북사(北史)』에는 "태무제(太武帝)가 토원수에 이르러 군대를 나누어 찾아서 토벌함에 동쪽으로 한해(瀚海)에 이르고 서쪽으로 장액수(張掖水)에 닿았으며, 북쪽으로 연연산(燕然山)을 지나갔다."고 실려 있어『통감(通鑑)』과 조금 다르다. 아마도 한해(瀚海)와 장액수가 약수에 가까운가 보다. 정씨(程氏: 程大昌)는「서역전(西域傳)」에서 "약수가 조지(條支)에 있다."고 한 것에 의거하였는데 인용한 것이 매우 자세하다. 그러나 장안(長安)에서 서쪽으로 1만 2천 2백 리를 가고, 또 백여 일이나 걸려 바야흐로 조지(條支)에 이르니, 옹주(雍州)와 거리가 이처럼 멀거늘 우(禹)가 어찌 일찍이 매우 먼 변방까지 다하여 그 물 흐름을 텄겠는가. 그 말이 옳지 않다.

詳說

○ 字子厚, 唐河東人.693)
'유종원(柳宗元)'은 자가 자후(子厚)이고, 당(唐)나라 하동(河東) 사람이다.

○ 海上山中.
'서해지산(西海之山)'의 경우, 바닷가의 산 속이다.

○ 柳說, 止此.
'고명왈약(故名曰弱)'에서 볼 때, 유씨(柳氏: 柳宗元)의 말이 여기서 그친다.

○ 程氏曰 : "初必壅遏而東矣."694) ○林氏曰 : "衆水皆東, 而弱水獨西, 黑水獨南, 因其性與勢之自然也."695)
'도지서류야(導之西流也)'에 대해, 정씨(程氏: 程大昌)가 말하였다. "처음에 반드시 막아서 동쪽으로 흐르게 한 것이다." ○임씨(林氏: 林之奇)가 말하였다. "모든 물이 모두 동쪽으로 흐르는데 약수(弱水)만 유독 서쪽으로 흐르고, 흑수(黑水)만 유독 남쪽으로 흐는 것은 그 성질과 형세의 자연스러움에 말미암은 것이다."

○ 音欲.
'욕(谷)'은 음이 욕(欲)이다.

---

693) 유종원(773-819)은 당대 문인으로 자가 자후(子厚)이고, 하동(河東) 사람이다. 당송팔대가(唐宋八大家)의 한 사람으로 유하동(柳河東)·하동선생(河東先生)이라 불렸으며, 마지막으로 유주자사(柳州刺史)를 지냈기에 유유주(柳柳州)라고도 불렀다. 평생 6백여 편의 시문(詩文)을 지었으며, 『하동선생집』이 있다.
694) 호광(胡廣) 등 찬, 『서경대전(書經大全)』의 소주에서 발췌한 것이다. 그 전문은 다음과 같다. "程氏曰 : '弱水, 初必壅遏而東, 既導之西, 則逆其順矣.'(정씨가 말하였다. '약수는 처음에 반드시 막아서 동쪽으로 흐르게 하였다가 이미 서쪽으로 물길을 터서 곧 거스르던 것이 거스르지 않은 것이다.')"
695) 호광(胡廣) 등 찬, 『서경대전(書經大全)』의 소주에서 발췌한 것이다. 그 전문은 다음과 같다. "林氏曰 : '衆水皆東, 而弱水獨西, 黑水獨南, 因其性與勢之自然. 必欲東之, 則逆其自然, 非行所無事矣.'(임씨가 말하였다. '모든 물이 모두 동쪽으로 흐르는데 약수만 유독 서쪽으로 흐르고, 흑수만 유독 남쪽으로 흐는 것은 그 성질과 형세의 자연스러움에 말미암은 것이다. ….')"

○ 西北夷名.
'토욕혼(吐谷渾)'의 경우, 서북쪽 오랑캐 이름이다.

○ 『資治通鑑』.696)
'『통감』(『通鑑』)'은 『자치통감(資治通鑑)』이다.

○ 元魏太武帝名燾.
'위태무(魏太武)'의 경우, 원래는 위(魏)나라 태무제(太武帝)이니, 이름이 도(燾)다.

○ 夷名.697)
'유연(柔然)'의 경우, 오랑캐의 이름이다.

○ 音兎.698)
'토(菟)'는 음이 토(兎)이다.

○ 或'搜'之訛.
'분군수(分軍收)'에서 수(收)는 혹시 '수(搜)'의 와전(訛傳)인 듯하다.

○ 余遮反.699)
'야(邪)'는 여(余)와 차(遮)의 반절이다.

○ 一事而所記, 有同異.
'여『통감』소이(與『通鑑』小異)'에서 볼 때, 한 가지 일인데 기록한 것이 같지 않음이 있다.

○ 皆不出雍之境內.

---

696) 『자치통감(資治通鑑)』은 북송대의 사마광(司馬光 : 119-186) 등이 찬술한 중국 고대의 편년체 역사서이다.
697) 유연(柔然)은 옛날 민족 이름으로 북조(北朝) 때에는 연연(蠕蠕)이라 하였고, 남조(蠕蠕) 때에는 예예(芮芮)라고 하였다. 『북제서(北齊書)』에 의하면 '여여(茹茹)' 또는 '여여국(茹茹國)'이라 하였는데, 본래 동호족(東胡族)의 한 갈래로 처음에는 척발부(拓拔部)에 속하였고 남북조 때 비로소 강대해졌다가 후위(後魏) 폐제(廢帝) 때 돌궐(突厥)에게 멸망되었다.
698) 호광(胡廣) 등 찬, 『서경내선(書經大全)』의 소주에는 "音徒.(음이 도다.)"로 되어 있다.
699) 호광(胡廣) 등 찬, 『서경대전(書經大全)』의 소주에는 "音耶.(음이 야다.)"로 되어 있다.

'위근호(爲近乎)'에서 볼 때, 모두 옹주(雍州)의 지경 안에서 나오지 않는다.

○ 去聲.700) ○『漢書』.701)

'정씨거「서역전」(程氏據「西域傳」)'에서 전(傳)은 거성(去聲: 註解)이다. ○『한서(漢書)』이다.

○ 國名.
'조지(條支)'는 나라 이름이다.

○ 方至大宛.
'연장안서행일만이천이백리(然長安西行一萬二千二百里)'에서 볼 때, 바야흐로 대완(大宛)에 이른 것이다.

○ 平聲.
'우기응(禹豈應)'에서 응(應)은 평성(平聲: 응당, 일찍이, 모름지기)이다.

○ 窮其荒僻.
'궁황(窮荒)'의 경우, 그 거칠고 궁벽한 두메까지 다하는 것이다.

○ 論也.
'기설비시(其說非是)'에서 볼 때, 논변한 것이다.

[4-2-1-73]
涇屬渭·汭,

경수(涇水)가 위수(渭水)와 예수(汭水)에 속하며,

詳說

---

700) 호광(胡廣) 등 찬, 『서경대전(書經大全)』의 소주를 수용한 것이다.
701) 『전한서(前漢書)』 권96상, 卷九十六上, 「서역전(西域傳)」. "安息長老傳聞, 條支有弱水, 西王母, 亦未嘗見也."

○ 音燭, 『諺』音誤.702)

'촉(屬)'은 음이 촉(燭)이니, 『언해(諺解)』의 음이 잘못되었다.

集傳

'涇'·'渭'·'汭', 三水名. 涇水, 「地志」, "出安定郡涇陽縣西", 今原州百泉縣岍頭山也, "東南至馮翊陽陵縣, 入渭", 今永興軍高陵縣也. 渭水, 「地志」, "出隴西郡首陽縣西南", 今渭州渭源縣鳥鼠山西北南谷山也, "東至京兆船司空縣, 入河", 今華州華陰縣也. 汭水, 「地志」, 作'芮', "扶風汧縣弦蒲藪, 芮水出其西北, 東入涇", 今隴州汧源縣弦蒲藪, 有汭水焉. 『周』「職方」, "雍州其川, 涇·汭", 『詩』曰: "汭鞠之卽", 皆謂是也. '屬', 連屬也, 涇水連屬渭·汭二水也.

'경(涇)'과 '위(渭)'와 '예(汭)'는 세 강물의 이름이다. 경수(涇水)는 「지지(地志)」에서 "안정군(安定郡) 경양현(涇陽縣)의 서쪽에서 나온다."고 하였으니, 지금 원주(原州) 백천현(百泉縣)의 견두산(岍頭山)이며, "동남쪽으로 흘러 풍익(馮翊)의 양릉현(陽陵縣)에 이르러 위수(渭水)로 들어간다."고 하였으니, 지금 영흥군(永興軍)의 고릉현(高陵縣)이다. 위수(渭水)는 「지지(地志)」에서 "농서군(隴西郡) 수양현(首陽縣) 서남쪽에서 나온다."고 하였으니, 지금 위주(渭州) 위원현(渭源縣) 조서산(鳥鼠山) 서북쪽의 남곡산(南谷山)이며, "동쪽으로 흘러 경조윤(京兆尹) 선사공현(船司空縣)에 이르러 하수(河水)로 들어간다."고 하였으니, 지금 화주(華州)의 화음현(華陰縣)이다. 예수(汭水)는 「지지(地志)」에 '예(芮)'로 썼으니, "부풍군(扶風郡) 견현(汧縣) 현포수(弦蒲藪)에 예수(芮水)가 서북쪽에서 나와 동쪽으로 흘러 경수(涇水)로 들어간다."고 하였는데, 지금 농주(隴州) 견원현(汧源縣)의 현포수(弦蒲藪)에 예수(汭水)가 있다. 『주례(周禮)』「직방(職方)」에서 "옹주(雍州)의 그 내는 경수(涇水)와 예수(汭水)이다."라 하고, 『시경(詩經)』에서 "예국(汭鞠)에 나아가 산다."고 한 것은 모두 이것을 이른 것이다. '촉(屬)'은 이어짐이니, 경수(涇水)가 위수(渭水)와 예수(汭水) 두 강물에 이어진 것이다.

詳說

○ 音牽.

702) 『언해(諺解)』에는 '속'으로 되어 있다.

'금원주백천현견(今原州百泉縣岍)'에서 견(岍)은 음이 견(牽)이다.

○ 音牽.
'부풍견(扶風汧)'에서 견(汧)은 음이 견(牽)이다.

○ 「公劉」.703)
'『시』(『詩』)'는 「공류(公劉)」이다.

○ 新安陳氏曰 : "孔云: '水北曰汭', 一云: '水曲曰汭, 又水口曰汭'. 「夏書」, 以洛表對洛汭, 則汭水, 北之曲也, 又如東過洛汭."704)
'경수연촉위·예이수야(涇水連屬渭·汭二水也)'에 대해, 신안 진씨(新安陳氏: 陳師凱)가 말하였다. "공씨(孔氏: 孔穎達)가 이르기를 '물의 북쪽을 예(汭)'라 한다.하고, 어떤 이는 이르기를 '물굽이를 예(汭)라고 한다 하고, 또 물 입구를 예(汭)라고 한다.'고 하였다. 「하서(夏書)」에서 낙수(洛水)가 낙예(洛汭)를 대표하였다면 예수(汭水)는 북쪽의 굽이쳐서 흐르는 것이니, 또 동쪽으로 낙예(洛汭)를 지나감과 같은 것이다."

○ 鄒氏季友曰 : "涇水先會汭水, 後入渭水, 則經當言涇屬汭·渭, 不當先渭而後汭. 況下文有'渭'·'汭'字, 不可異釋, 當從'水北曰汭'."705)

---

703) 호광(胡廣) 등 찬, 『시전대전(詩傳大全)』 권17, 「대아(大雅)·생민지십(生民之什)·공류(公劉)」에서 "篤公劉, 于豳斯館, 涉渭爲亂, 取厲取鍛, 止基廼理, 爰衆爰有, 夾其皇澗, 遡其過澗, 止旅廼密, 芮鞫之即.(도타우신 공류께서 빈에 관사를 정하고, 위수를 건너질러서 숫돌과 쇠를 가져와 터를 닦고 다스리니, 백성과 재물 많아져 황간을 끼고 섰으며, 그 과간을 거스르니 사는 이가 빽빽하여 예수 가에 이르도다.)"라 하고, 집주에서 "'芮', 水名, 出吳山西北, 東入涇. 『周禮』「職方」, 作'汭'. '鞫', 水外也.('예'는 물 이름이니, 오산 서북쪽에서 나와 동쪽으로 흘러 경수로 들어가는데, 『주례』「직방」에는 '예(汭)'로 썼다. '국'은 물 밖이다.)"라고 하였다.
704) 호광(胡廣) 등 찬, 『서경대전(書經大全)』의 소주를 수용한 것이다. 그리고 『상서주소(尙書注疏)』 권5, 「하서(夏書)·우공(禹貢)」에 실려 있는 공영달(孔穎達)의 말은 다음과 같다. "「疏」 傳: '正義曰 : 屬, 謂相連屬, 故訓爲逮及也, 言水相及. 『詩』「毛傳」云: 汭, 水涯也, 鄭云: 汭之言, 內也, 蓋以人皆南面望水, 則比爲汭也. 且涇水南入渭, 而名爲渭·汭, 知水北曰汭. 言治涇水, 使之入渭, 亦是從故道也.'(…『시경』「모전」에서 이르기를 예는 물가라 하고, 정씨는 이르기를 예라는 말은 안이니, 대개 사람들이 모두 남면하여 물을 바라보면 견주어서 예라고 하였다. 또 경수가 남으로 위수로 들어가서 이름을 위수와 예수라 하였으니, 물의 북쪽을 예수라 함을 말 수 있다. ….)"
705) 추계우(鄒季友) 찬, 『서경집전음석(書經集傳音釋)』 권2, 「하서(夏書)·우공(禹貢)」. 참조.; 명(明) 유삼오(劉三吾) 등찬, 『서전회선(書傳會選)』 권2, 「하서(夏書)·우공(禹貢)」의 「음석전(音釋傳)」에서 "岍, 輕煙反. '蚈', 音翼. '華', 胡化反, 下章同. '汧', 輕煙反. '渭'·'汭', 二水. 涇水先會汭水, 後入渭水, 則經當言涇屬汭·

추씨 계우(鄒氏季友: 鄒季友)가 말하였다. "경수(涇水)가 먼저 예수(汭水)와 회합하고 뒤에 위수(渭水)로 들어가므로 곧 경문에서 마땅히 경수(涇水)가 예수(汭水)와 위수(渭水)에 이어진다고 말해야 하는데 마땅히 위수(渭水)를 먼저 하고 예수(汭水)를 뒤에 하지 않았다. 하물며 아랫글에 '위(渭)'와 '예(汭)'자가 있어도 달리 해석해서는 안 되며, 마땅히 '물의 북쪽을 예(汭)라고 한다.'를 좇아야 한다.

[4-2-1-74]
漆・沮, 旣從,

칠수(漆水)와 저수(沮水)가 이윽고 위수(渭水)를 좇으며,

集傳

'漆'・'沮', 二水名. 漆水,『寰宇記』, 自耀州同官縣東北界來, 經華原縣, 合沮水." 沮水,「地志」,"出北地郡直路縣東", 今坊州㫔君縣西北境也.『寰宇記』, 沮水, 自坊州昇平縣北子午嶺出, 俗號子午水, 下合楡谷・慈馬等川, 遂爲沮水, 至耀州華原縣, 合漆水, 至同州朝邑縣, 東南入渭." 二水相敵, 故並言之. '旣從'者, 從於渭也. 又按,「地志」謂: "漆水出扶風縣", 鼉氏曰: "此圖之漆也",『水經』, "漆水, 出扶風杜陽縣", 程氏曰: "杜陽, 今岐山・普潤縣之地", 亦漢漆縣之境. 其水入渭, 在灃水之上, 與經序渭水節次, 不合, 非禹貢之漆水也.

'칠(漆)'과 '저(沮)'는 두 물의 이름이다. 칠수(漆水)는『환우기(寰宇記)』에서 "요주(耀州) 동관현(同官縣) 동북쪽의 경계로부터 흘러와서 화원현(華原縣)을 거쳐서 저수(沮水)와 합친다."고 하였다. 저수(沮水)는 「지지(地志)」에서 "북지군(北地郡) 직로현(直路縣) 동쪽에서 나온다."고 하였으니, 지금 방주(坊州) 의군현(宜君縣)의 서북쪽 경계에 있다.『환우기(寰宇記)』에서 "저수(沮水)는 방주(坊州) 승평현(昇平縣) 북쪽의 자오령(子午嶺)에서 나오는데 세상에서 자오수(子午水)라고 일컬으며, 아래로 유곡천(楡谷川)과 자마천(慈馬川) 등과 합쳐서 마침내 저수(沮水)가 되고, 요주

渭, 不當先渭而後汭. 況下文卽有'渭'·'汭'字, 不可異釋, 當從孔傳'水北曰汭'.(… 위수와 예수는 두 물이다. 경수가 먼저 예수에 회합하고 뒤에 위수로 들어가므로 곧 경문에서 마땅히 경수기 예수와 위수에 이어진다고 말해야 하는데 마땅히 위수를 먼저 하고 예수를 뒤에 하지 않았다. 하물며 아랫글에 곧 '위'와 '예'자가 있어도 달리 해석해서는 안 되며, 마땅히 공영달 전의 '물의 북쪽을 예라고 한다.'를 좇아야 한다.)"라고 하였다.

(耀州) 화원현(華原縣)에 이르러 칠수(漆水)와 합치며, 동주(同州) 조읍현(朝邑縣)에 이르러 동남쪽으로 흘러 위수(渭水)로 들어간다."고 하였다. 두 물이 서로 대등하기 때문에 아울러서 말한 것이다. '기종(旣從)'이라는 것은 위수(渭水)를 좇은 것이다. 또 살펴보건대, 「지지(地志)」에서 이르기를 "칠수(漆水)가 부풍현(扶風縣)에서 나온다." 하였고, 조씨(鼂氏: 鼂說之)는 "이는 빈(豳) 땅의 칠수(漆水)이다." 하였으며, 『수경(水經)』에서 "칠수(漆水)는 부풍군(扶風郡) 두양현(杜陽縣)에서 나온다."고 하였는데, 정씨(程氏: 程大昌)는 "두양(杜陽)은 지금 기산현(岐山縣)과 보윤현(普潤縣)의 지역이다."고 하였으니, 또한 한나라 칠현(漆縣)의 지경이다. 그 물이 위수(渭水)로 들어감이 풍수(灃水)의 위에 있어서 경문(經文)에서 위수(渭水)를 차례한 절차와 맞지 않으니, 「우공(禹貢)」의 칠수(漆水)가 아니다.

詳說

○ 蘇氏曰 : "渭大而漆·沮小, 故言'從'."706)
　　'종어위야(從於渭也)'에 대해, 소씨(蘇氏: 蘇軾)가 말하였다. "위수(渭水)는 크고 칠수(漆水)와 저수(沮水)는 작기 때문에 '종(從)'을 말한 것이다."

○ 或'郡'之訛.
　　'칠수출부풍현(漆水出扶風縣)'에서 '현(縣)'은 혹시 '군(郡)'의 잘못인 듯하다.

○ 二縣.
　　'금기산·보윤현(今岐山·普潤縣)'의 경우, 두 개의 현(縣)이다.

○ 導水.
　　'여경서위수절차(與經序渭水節次)'의 경우, 도수(導水)707)이다.

○ 論也.
　　'비우공지칠수야(非禹貢之漆水也)'에서 볼 때, 논변한 것이다.

---

706) 호광(胡廣) 등 찬, 『서경대전(書經大全)』의 소주에서 발췌한 것이다. 그 전문은 다음과 같다. "蘇氏曰 : '從, 如少之從長, 渭大而漆·沮小, 故言.'(소씨가 말하였다. '종은 어린이가 어른을 좇는 것과 같으니, 위수는 크고 칠수와 저수는 작기 때문에 말한 것이다.')

707) 도수(導水): 아래의 「우공(禹貢)」 [4-2-1-95]의 내용에 보인다. "위수를 터서 조서산과 동혈산에서부터 동쪽으로 흘러 풍수를 만나고, 또 동쪽으로 흘러 경수를 만나고, 또 동쪽으로 흘러 칠수와 저수를 지나서 하수로 들어갔다.(導渭, 自鳥鼠·同穴, 東會于灃, 又會于涇, 又東過漆·沮, 入于河.)"

[4-2-1-75]
澧水, 攸同.

풍수(澧水)가 함께 흘렀다.

詳說

○ 音豐.708)

'풍(澧)'은 음이 풍(豐)이다.

集傳

'澧水', 「地志」, 作'酆', 出扶風鄠縣終南山, 今永興軍鄠縣山也. 東至咸陽縣, 入渭. '同'者, 同於渭也. 渭水, 自鳥鼠而東; 澧水, 南注之; 涇水, 北注之; 漆·沮, 東北注之, 曰屬, 曰從, 曰同, 皆主渭而言也.

'풍수(澧水)'는 「지지(地志)」에 '풍(酆)'으로 썼으며, 부풍군(扶風郡) 호현(鄠縣) 종남산(終南山)에서 흘러나오니, 지금 영흥군(永興軍)의 호현산(鄠縣山)이다. 동쪽으로는 함양현(咸陽縣)에 이르러 위수(渭水)로 들어간다. '동(同)'이라는 것은 위수(渭水)와 함께 흐르는 것이다. 위수(渭水)는 조서산(鳥鼠山)에서부터 동쪽으로 흐르는데, 풍수(澧水)는 남쪽에서 흐르고, 경수(涇水)는 북쪽에서 흐르고, 칠수(漆水)와 저수(沮水)는 동북쪽에서 흐른다. '속(屬)'이라 하고, '종(從)'이라 하고, '동(同)'이라 한 것은 모두 위수(渭水)를 위주로 하여 말한 것이다.

詳說

○ 音戶.709)

'호(鄠)'는 음이 호(戶)이다.

○ 蒙上'終南'字而省之.710)

'금영흥군호현산야(今永興軍鄠縣山也)'에서 볼 때, 위의 '종남(終南)'자를 이어받아서 생략한 것이다.

---

708) 호광(胡廣) 등 찬, 『서경대전(書經大全)』의 소주에는 "音風.(음이 풍이다.)"이라고 하였다.
709) 호광(胡廣) 등 찬, 『서경대전(書經大全)』의 소주를 수용한 것이나.
710) 위의 "出扶風鄠縣終南山(부풍군 호현 종남산에서 흘러나오니)"을 말하는 것이다.

○ 蘇氏曰 : "灃·渭, 相若, 故言'同'."711)

'도어위야(同於渭也)'에 대해, 소씨(蘇氏: 蘇軾)가 말하였다. "풍주(灃州)와 위주(渭州)가 서로 같기 때문에 '동(同)'이라고 말한 것이다."

○ 鄒氏季友曰 : "如南入于江, 東入于海, 皆指水所趨之方而言, 此乃指水所在之方而言. 按, '導水'章, 孔傳云: '灃水自南, 涇水自北而合', 加一'自'字, 則於義, 明矣."712)

'동북주지(東北注之)'에 대해, 추씨 계우(鄒氏季友: 鄒季友)가 말하였다. "남쪽으로 강수(江水)로 들어가고 동쪽으로 바다로 들어감과 같은 것은 모두 물이 흘러가는 방향을 가리켜서 말한 것이고, 여기서는 바로 물이 있는 방위를 가리켜서 말한 것이다. 살펴보건대, '도수(導水)713)'장에서 공안국(孔安國)의 전(傳)714)에 이르기를, '풍수(灃水)는 남쪽으로부터 흐르고, 경수(涇水)는 북쪽으로부터 흘러서 합친다.'고 하였는데, 하나의 '자(自)'자를 더하여 곧 뜻을 분명하게 한 것이다."

○ 總論三節.715)

'개주위이언야(皆主渭而言也)'에서 볼 때, 총체적으로 세 단락을 논한 것이다.

---

711) 호광(胡廣) 등 찬, 『서경대전(書經大全)』의 소주를 수용한 것이다.
712) 추계우(鄒季友) 찬, 『서경집전음석(書經集傳音釋)』권2, 「하서(夏書)·우공(禹貢)」. 참조. ; 명(明) 유삼오(劉三吾) 등찬, 『서전회선(書傳會選)』권2, 「하서(夏書)·우공(禹貢)」의 '음석전(音釋傳)'에서 "'鄂', 候古反. 灃水, 南注之. 敍水之例, 如言南入于江, 東入于海, 皆指水所趨之方而言, 此云: '灃水南注之, 涇水北注之, 漆·沮東北注之', 乃指水所自之方而言. 按, '導水'章, 孔傳云: '灃水自南, 涇水自北', 而合加一'自'字, 則於義明矣. 灃水在渭南, 涇·漆·沮在渭北.('호'는 후와 고의 반절이다. 물을 서술하는 예에 남쪽으로 강수로 들어가고 동쪽으로 바다로 들어간다고 말함과 같은 것은 모두 물이 흘러가는 방향을 가리켜서 말한 것이고, 여기서 말한 '풍수는 남쪽에서 흐르고, 경수는 북쪽에서 흐르고, 칠수와 저수는 동북쪽에서 흐른다'는 것은 바로 물이 유래하는 방위를 가리켜서 말한 것이다. 살펴보건대, '도수'장에서 공안국의 전에 이르기를, '풍수는 남쪽으로부터 흐르고, 경수는 북쪽으로부터 흐른다.'고 하였는데, 합쳐서 하나의 '자'자만 더한다면 뜻을 밝게 할 것이다. 풍수는 위수의 남쪽에 있고, 경수와 칠수와 저수는 위수의 북쪽에 있다.)"라고 하였다.
713) 도수(導水): 아래의 「우공(禹貢)」[4-2-1-95]의 내용에 보인다. "위수를 터서 조서산과 동혈산에서부터 동쪽으로 흘러 풍수를 만나고, 또 동쪽으로 흘러 경수를 만나고, 또 동쪽으로 흘러 칠수와 저수를 지나서 하수로 들어갔다.(導渭, 自鳥鼠·同穴, 東會于灃, 又東會于涇, 又東過漆·沮, 入于河.)"
714) 공안국(孔安國)의 전(傳): 『상서주소(尙書注疏)』권5, 「하서(夏書)·우공(禹貢)」에서 [4-2-1-95]의 "동쪽으로 흘러 풍수를 만나고, 또 동쪽으로 흘러 경수를 만나고(東會于灃, 又東會于涇)"에 대하여 "「전」: '풍수는 남쪽으로부터 흐르고, 경수는 북쪽으로부터 흘러서 합친다.'(「傳」: '灃水自南, 涇水自北而合.')"라고 한 것이다.
715) 세 단락은 위의 두 단락인 [4-2-1-73]의 "涇屬渭·汭(경수가 위수와 예수에 속하며)"와, [4-2-1-74]의 "漆·沮, 旣從(칠수와 저수가 이미 물길을 좇으며)"를 포함해서 말한 것이다.

[4-2-1-76]
荊·岐, 旣旅, 終南·惇物, 至于鳥鼠,

형산(荊山)과 기산(岐山)에 이윽고 여(旅)제사를 지내고, 종남산(終南山)과 돈물산(惇物山)으로부터 조서산(鳥鼠山)에 이르며,

集傳
'荊'·'岐', 二山名. 荊山, 卽北條之荊.「地志」, "在馮翊懷德縣南", 今耀州富平縣掘陵原也. 岐山,「地志」, "在扶風美陽縣西北", 今鳳翔府岐山縣東北十里也. '終南'·'惇物'·'鳥鼠', 亦皆山名. '終南',「地志」, "古文, 以太一山爲終南山, 在扶風武功縣", 今永興軍萬年縣南五十里也. '惇物',「地志」, "古文, 以垂山爲惇物, 在扶風武功縣", 今永興軍武功縣也. '鳥鼠',「地志」, 在隴西郡首陽縣西南", 今渭州渭源縣西也, 俗呼爲靑雀山. 擧三山而不言所治者, 蒙上'旣旅'之文也.

'형(荊)'과 '기(岐)'는 두 산의 이름이다. 형산(荊山)은 곧 북조(北條)의 형산(荊山)이다.「지지(地志)」에서 "풍익(馮翊) 회덕현(懷德縣)의 남쪽에 있다."고 하였으니, 지금 요주(耀州) 부평현(富平縣)의 굴릉원(掘陵原)이다. 기산(岐山)은「지지(地志)」에서 "부풍군(扶風郡) 미양현(美陽縣)의 서북쪽에 있다."고 하였으니, 지금 봉상부(鳳翔府) 기산현(岐山縣)의 동북쪽 10리에 있다. '종남(終南)'과 '돈물(惇物)'과 '조서(鳥鼠)'는 또한 모두 산 이름이다. '종남(終南)'은「지지(地志)」에서 "고문(古文)에는 태일산(太一山)을 종남산(終南山)이라 하였고, 부풍군(扶風郡) 무공현(武功縣)에 있다."고 하였으니, 지금 영흥군(永興軍) 만년현(萬年縣)의 남쪽 50리에 있다. '돈물(惇物)'은「지지(地志)」에서 "고문(古文)에는 수산(垂山)을 돈물(惇物)이라 하였고, 부풍군(扶風郡) 무공현(武功縣)에 있다."고 하였으니, 지금 영흥군(永興軍)의 무공현(武功縣)이다. '조서(鳥鼠)'는「지지(地志)」에 "농서군(隴西郡) 수양현(首陽縣)의 서남쪽에 있다."고 하였으니, 지금 위주(渭州) 위원현(渭源縣)의 서쪽이며, 세상에서 청작산(靑雀山)이라고 부른다. 세 산을 거론하면서 다스린 일을 말하지 않은 것은 위의 '이미 여(旅)제사를 지냈다'는 글을 이어받아서이다.

詳說
○ 下節'豬野'之蒙'底績'者, 視此.

아래 단락의 '저야(豬野)'가 '지적(底績)'을 이어받은 것은 이를 본받은 것이다.

[4-2-1-77]
原‧隰, 底績, 至于豬野.

평원(平原)과 습지(隰地)에서 공적을 이루어 저야택(豬野澤)에 이르렀다.

集傳

廣平曰'原', 下濕曰'隰', 『詩』曰 : "度其隰原", 卽指此也. 鄭氏曰 : "其地在豳", 今邠州也. '豬野',「地志」云 : "武威縣東北, 有休屠澤, 古今以爲豬野", 今涼州姑臧縣也. 治水成功, 自高而下, 故先言山, 次原隰, 次陂澤也.

넓고 평평한 곳을 '원(原)'이라 하고, 낮고 축축한 곳을 '습(隰)'이라 하니,『시경(詩經)』에서 말하기를 "그 습지와 평원을 헤아린다."고 하였으니, 곧 이것을 가리키는 것이다. 정씨(鄭氏: 鄭玄)가 말하기를 "그 땅이 빈(豳) 땅에 있다."고 하였으니, 지금의 빈주(邠州)이다. '저야(豬野)'는「지지(地志)」에서 "무위현(武威縣) 동북쪽에 휴도택(休屠澤)이 있으니, 고문(古文)에는 저야(豬野)라고 하였다."라고 하였으니, 지금 양주(涼州)의 고장현(姑臧縣)이다. 물을 다스려서 공적을 이룸이 높은 곳에서부터 내려왔기 때문에 먼저 산을 말하고, 다음에 평원과 습지를 말하고, 다음에 피택(陂澤)을 말한 것이다.

詳說

○ 如'太原'之'原'.

'광평왈원(廣平曰原)'에서 '원(原)'은 '태원(太原)[716]'의 '원(原)'과 같다.

○「公劉」.[717]

[716) 태원(太原): 위의「우공(禹貢)」[4-2-1-5]에서 "이미 태원을 닦고서 악양에 이르렀으며(旣修太原, 至于岳陽)"라 하고, 집전에서 "넓고 평평한 곳을 '원'이라고 한다.(廣平曰'原'.)"고 하였다. 공안국(孔安國)은 "높고 평평한 곳을 태원이라고 한다.(高平曰太原)"하였고, 공영달(孔穎達)은 "태원은 평원의 큰 것인데, … 공안국이 태원을 땅이 높은 곳으로 여겼기 때문에 고평이라고 말하였으니, 그 땅이 높고 넓은 것이다.(太原, 原之大者, … 孔以太原地高, 故言高平, 其地高而廣也.)"라고 하였다.

717) 호광(胡廣) 등 찬,『시전대전(詩傳大全)』권17,「대아(大雅)‧생민지십(生民之什)‧공류(公劉)」에서 "篤公劉, 旣溥旣長, 旣景廼岡, 相其陰陽, 觀其流泉, 其軍三單. 度其隰原, 徹田爲糧, 度其夕陽, 豳居允荒.(도타우신 공류께서 땅이 넓고도 길거늘 그림자 지니 산에서 음지와 양지를 보며, 흐르는 샘물을 보니 그 군대가 삼단이라. 습지와 언덕 헤아려 밭에서 양식 만들며, 그 석양을 헤아리니 빈이 진실로 크도다.)"라고 하였다.

'『시』(『詩』)'는 「공류(公劉)」이다.

○ 入聲.718)
'탁(度)'은 입성(入聲: 헤아리다)이다.

○ 音除.719)
'도(屠)'는 음이 저(除)이다.

○ '文'之訛, 『漢』「志」, 可考.720)
'고금(古今)'에서 '금(今)'은 '문(文)'의 오류이니, 『한서(漢書)』「지지(地志)」에서 살펴볼 수 있다.

○ 總論二節.
'차피택야(次陂澤也)'에서 볼 때, 두 단락을 총괄하여 논한 것이다.

[4-2-1-78]
三危旣宅, 三苗丕敘.

삼위(三危)에 이윽고 집을 짓고 사니, 삼묘(三苗)가 공력을 크게 펼쳤다.

集傳

'三危', 卽舜竄三苗之地, 或以爲'燉煌', 未詳其地. 三苗之竄, 在洪水未平之前, 及是, 三危已旣可居, 三苗於是, 大有功敘. 今按, 舜竄三苗, 以其惡之尤甚者遷之, 而立其次者於舊都. 今旣竄者已丕敘, 而居於舊都者, 尙桀驁不服. 蓋三苗舊都, 山川險阻, 氣習使然. 今湖南猺洞, 時猶竊發, 俘而詢之, 多爲猫姓, 豈其遺種歟.

'삼위(三危)'는 곧 순(舜)이 삼묘(三苗)를 귀양 보낸 지역이니, 어떤 이는 '돈황(燉

---

718) 호광(胡廣) 등 찬, 『서경대전(書經大全)』의 소주를 수용한 것이다.
719) 호광(胡廣) 등 찬, 『서경대전(書經大全)』의 소주에는 "音塗.(음이 도다.)"로 되어 있다. '서(除)'사는 오기인 듯하다.
720) 『선한서(前漢書)』 권28상, 「지리지제8상(地理志第八上)」에서 "原隰底績, 至于豬壄."라 하고, "師古曰 : '高平曰原, 下溼曰隰. 豬壄, 地名, 言皆致功也.'(안사고가 말하였다. '높고 평평한 곳을 원이라 하고, 낮고 축축한 곳을 습이라 한다. 저야는 땅 이름이니, 모두 공력을 다하는 것을 말한다.')"라고 하였다.

煌)'이라고 하나 그 지리가 상세하지 않다. 삼묘(三苗)의 귀양은 홍수(洪水)를 다스리기 전에 있었는데, 이에 미쳐서 삼위(三危)에 이미 살 수 있었으니, 삼묘(三苗)가 이에 크게 공력을 펼침이 있었던 것이다. 이제 살펴보건대, 순(舜)이 삼묘(三苗)를 귀양 보낸 것은 그 악함이 더욱 심한 이들을 옮겨가게 하고, 그 다음 이들은 옛날 도읍에 있게 하였다. 이제 이미 귀양간 이들은 공력을 크게 펼쳤으나, 옛날 도읍에 사는 이들은 오히려 사납고 건방지며 복종하지 않았다. 대개 삼묘(三苗)의 옛날 도읍은 산과 내가 험하고 막혔는데, 기질과 습속도 그러하였던 것이다. 지금 호남(湖南)의 요동(猺洞)에서 수시로 여전히 도적질을 하였는데 사로잡아 물어보면 대부분 묘성(猫姓)이라 하니, 아마도 그 남겨진 종족(種族)일 것이다.

詳說

○ 見「舜典」.721)

'즉순찬삼묘지지(卽舜竄三苗之地)'의 내용이 「순전(舜典)」에 보인다.

○ 『後漢書』註曰 : "山有三峯, 故曰三危."722)

'혹이위돈황(或以爲燉煌)'에 대해, 『후한서(後漢書)』의 주(註)에 말하였다. "산에 세 봉우리가 있기 때문에 삼위(三危)라고 하였다."

○ 水·土平.

'삼위이기가거(三危已旣可居)'의 경우, 물과 땅이 다스려진 것이다.

---

721) 위의 「순전(舜典)」[1-1-2-12]에서 "流共工于幽洲, 放驩兜于崇山, 竄三苗于三危, 殛鯀于羽山, 四罪, 而天下咸服.(공공을 유주로 귀양 보내고, 환두를 숭산에 가두어두고, 삼묘를 삼위로 몰아내어 감금하고, 곤을 우산에 붙잡아두고 괴롭게 하여 네 사람을 죄주니, 천하가 모두 복종하였다.)"라고 하였다. 그리고 집전에서 "'竄', 則驅逐禁錮之; … '三苗', 國名, 在江南荊·揚之間, 恃險爲亂者也. … '三危', 西裔之地, 卽雍之所謂'三危旣宅'者.('찬'은 몰아내어 감금함이고, … 삼묘'는 나라 이름으로 강남의 형주와 양주 사이에 있었는데, 험준한 지리를 믿고 반란을 일으켰던 것이다. … '삼위'는 서쪽 변방의 땅이니, 곧 옹주의 이른바 '삼위가 이미 집을 짓고 살 수 있다.'는 것이다.)"라고 하였다.

722) 『후한서(後漢書)』 권117, 「서강전(西羌傳)·서강(西羌)」의 주(註)에서 "三危山, 在今沙州敦煌縣東南, 山有三峰, 故曰三危也.(삼위산은 지금 사주 돈황현 동남쪽에 있는데, 산에 세 봉우리가 있기 때문에 삼위라고 하였다.)"라고 하였다. 호광(胡廣) 등 찬, 『서경대전(書經大全)』의 소주에는 "歸安鄭氏曰 : '按, 『後漢』「西羌傳」註, 三危山, 在今沙州燉煌縣東南, 山有三峯, 故曰三危.'(귀안 추씨가 말하였다. '살펴보건대, 『후한서』「서강전」의 주에, 삼위산은 지금 사주 돈황현 동남쪽에 있는데, 산에 세 봉우리가 있기 때문에 삼위라고 한 것이다.')"라고 하였다. 원(元) 황진성(黃鎭成) 찬, 『상서통고(尙書通考)』 권7에는 "歸軒鄭氏"로 되어 있으며, 그 내용은 다음과 같다. "三危山. ○即舜竄三苗之地, 或以爲燉煌, 未詳其地. 歸軒鄭氏曰 : '按, 『後漢』「西羌傳」註, 三危山, 在今沙州燉煌縣東南, 山有三峯, 故曰三危." '귀안 추씨(歸安鄭氏)'와 '귀헌 추씨(歸軒鄭氏)'는 모두 추계우(鄭季友)를 가리킨다.

○ 武夷熊氏曰 : "首言弱水, 終言三危, 極其遠而言之."723)
　　무이 웅씨(武夷熊氏: 熊禾)가 말하였다. "머리에서는 약수(弱水)를 말하고 끝에서는 삼위(三危)를 말하였으니, 그 먼 곳을 다하여 말한 것이다."

○ 呂氏曰 : "治水至三危, 亦使三苗安居, 大得其敍. 後世以投之四裔, 若棄之者, 非聖人之心也."724)
　　'대유공서(大有功敍)'에 대해, 여씨(呂氏: 呂祖謙)가 말하였다. "물을 다스림이 삼위까지 이르러 또한 삼묘로 하여금 편안하게 살게 하였으니, 크게 그 차례를 얻었다. 후세에는 사예(四裔)를 그냥 내버려 두었으니, 그들을 버려둘 것 같으면 성인(聖人)의 마음이 아닌 것이다."

○ 非止一人.
　　'이기악지우심자천지(以其惡之尤甚者遷之)'에서 볼 때, 단지 한 사람이 아니다.

○ 惡未甚者.
　　'이립기차자(而立其次者)'의 경우, 악함이 심하지 않은 이들이다.

○ 頑不卽工.
　　'상걸오불복(尙桀驁不服)'의 경우, 완악(頑惡)하여 공역(工役)에 나아가지 않는 것이다.

○ 音遙.
　　'요(猺)'는 음이 요(遙)이다.

○ 猺夷所居, 謂之'洞'.
　　'금호남요동(今湖南猺洞)'에서 볼 때, 요이(猺夷)가 살던 곳을 동(洞)이라고 이른다.

---

723) 호광(胡廣) 등 찬, 『서경대전(書經大全)』의 소주에서 발췌한 것이다. 그 전문은 다음과 같다. "武夷熊氏曰 : '首言弱水, 終言三危, 極其遠而言之也.'(무이 웅씨가 말하였다. '첫머리에서는 약수를 말하고 끝에서는 삼위를 말하였으니, 그 먼 곳을 다하여 말한 것이다.')"
724) 호광(胡廣) 등 찬, 『서경대전(書經大全)』의 소주에서 발췌한 것이다. 그 전문은 다음과 같다. "呂氏曰 : '三苗有罪, 自當竄逐, 發政施仁, 自當及之. 故治水至三危, 亦旣使安居, 人得其叙. 後世以爲投之四裔, 若棄之者, 非聖人之心也.'(여씨가 말하였다. '… 그러므로 물을 다스림이 삼위까지 이르러 또한 삼묘로 하여금 편안하게 살게 하였으니, 크게 그 차례를 얻었다. 후세에는 사예를 그냥 내버려 두어야 한다고 하였으니, 그들을 버려둘 것 같으면 성인의 마음이 아닌 것이다.')"

○ 爲盜.

'시유절발(時猶竊發)'의 경우, 도적질을 하는 것이다.

○ 上聲.725)

'종(種)'은 상성(上聲: 종족)이다.

○ 論也.

'기기유종여(豈其遺種歟)'에서 볼 때, 논변한 것이다.

[4-2-1-79]

厥土, 惟黃壤,

그 토양은 오직 누런 양토(壤土)이니,

集傳

'黃'者, 土之正色. 林氏曰:"物得其常性者, 最貴, 雍州之土, 黃壤, 故其田, 非他州所及."

'황(黃)'이라는 것은 흙의 정색(正色)이다. 임씨(林氏: 林之奇)가 말하였다. "물건은 그 떳떳한 성질을 얻은 것이 가장 귀하니, 옹주(雍州)의 토양이 누런 양토(壤土)이기 때문에 그 전지(田地)는 다른 고을이 미칠 바가 아니다."

詳說

○ 得其本色, 故謂之常性.

'물득기상성자(物得其常性者)'에서 볼 때, 그 본색(本色)을 얻었기 때문에 상성(常性)이라고 이른 것이다.

○ 新安陳氏曰 :"黃壤最貴, 故雍田上上; 塗泥最下, 故揚田下下."726)

---

725) 호광(胡廣) 등 찬, 『서경대전(書經大全)』의 소주를 수용한 것이다.
726) 호광(胡廣) 등 찬, 『서경대전(書經大全)』의 소주에서 발췌한 것이다. 그 전문은 다음과 같다. "新安陳氏曰 : '土黃壤最貴, 故雍田上; 塗泥最下, 故揚田下下.'(신안 진씨가 말하였다. '토양은 누런 양토가 가장 귀하

'비타주소급(非他州所及)'에 대해, 신안 진씨(新安陳氏: 陳師凱)가 말하였다. "누런 양토(壤土)가 가장 귀하기 때문에 옹주(雍州)의 전지(田地)가 상(上)에 상(上)이고, 진흙탕은 최하이기 때문에 양주(揚州)의 전지(田地)가 하(下)에 하(下)이다."

[4-2-1-80]
厥田, 惟上上; 厥賦, 中下,

그 전지(田地)는 오직 상(上)에 상(上)이고, 그 공부(貢賦)는 중(中)에 하(下)이며,

集傳

田, 第一等, 而賦, 第六等者, 地狹而人功少也.
전지(田地)는 제1등인데 공부(貢賦)는 제6등인 것은 땅이 좁고 사람의 공력(功力)이 적어서이다.

詳說

○ 唐孔氏曰 : "此州與荊州, 賦田升降, 皆較六等, 荊州升之極, 故云人功修; 此州降之極, 故云人功少."727)
당(唐) 공씨(孔氏: 孔穎達)가 말하였다. "이 주(州)와 형주(荊州)는 공부(貢賦)와 전지(田地)가 올리고 내린 것이 모두 거의 6등이니, 형주(荊州)는 올린 것이 지극하기 때문에 사람의 공력(功力)이 닦여야 한다 하였고, 이 주(州)는 내린 것이 지극하기 때문에 사람의 공력(功力)이 적다고 하였다."

[4-2-1-81]
厥貢, 惟球琳·琅玕.

그 공물(貢物)은 오직 구림(球琳)과 낭간(琅玕)이다.

集傳

'球琳', 美玉也. '琅玕', 石之似珠者. 『爾雅』曰 : "西北之美者, 有昆侖虛之

기 때문에 옹주의 전지가 상이고, 진흙탕은 최하이기 때문에 양주의 선시가 하에 하이다.')"
727) 호광(胡廣) 등 찬, 『서경대전(書經大全)』의 소주를 수용한 것이다.

球琳·琅玕." 今南海, 有靑琅玕, 珊瑚屬也.
'구림(球琳)'은 아름다운 옥(玉)이고, 낭간(琅玕)은 돌이 진주(珍珠)와 비슷한 것이다. 『이아(爾雅)』에서 "서북쪽의 아름다운 것은 곤륜허(崑崙虛)의 구림(球琳)과 낭간(琅玕)이 있다."고 하였다. 지금 남해(南海)에 청랑간(靑琅玕)이 있으니, 산호(珊瑚)의 등속이다.

詳說

○ 崑崙墟同.
'유곤륜허(有崑崙虛)'의 경우, 곤륜허(崑崙墟)와 같다.

○ 句.
'유청랑간(有靑琅玕)'에서 볼 때, 문장이 끊어지는 곳이다.

○ 孫氏曰 : "貢, 非一類物者, 不言'惟', 一類物, 皆言'惟'."728)
'산호속야(珊瑚屬也)'에 대해, 손씨(孫氏: 孫覺)가 말하였다. "공물(貢物)은 일류의 공물이 아닌 것은 '유(惟)'를 말하지 않고, 일류의 공물이면 모두 '유(惟)'를 말한다."

[4-2-1-82]
浮于積石, 至于龍門西河, 會于渭·汭.
적석(積石)에서 띄워 용문(龍門)의 서하(西河)에 이르러 위수(渭水)와 예수(汭水)를 만난다.

集傳

'積石', 「地志」, "在金城郡河關縣西南羌中", 今鄯州龍支縣界也. '龍門', 山, 「地志」, "在馮翊夏陽縣", 今河中府龍門縣也. '西河', 冀之西河也. 雍之貢道, 有二, 其東北境, 則自積石至于西河; 其西南境, 則會于渭·汭. 言渭·汭, 不言河者, 蒙梁州之文也. 他州貢賦, 亦當不止一道, 發此例, 以互見耳. ○ 按, 邢恕奏 : "乞下熙河路, 打造船五百隻, 於黃河, 順流放下, 至會州西小河內藏, 放熙河路", 漕使李復奏 : "竊知邢恕欲用此船, 載兵順流而下, 去

---

728) 호광(胡廣) 등 찬, 『서경대전(書經大全)』의 소주를 수용한 것이다.

取興州, 契勘會州之西小河鹹水, 其闊不及一丈, 深止於一二尺, 豈能藏船. 黃河過會州, 入韋精山, 石峽險窄, 自上垂流直下, 高數十丈, 船豈可過. 至西安州之東, 大河分爲六七道, 散流渭之南山, 逆流數十里, 方再合, 逆溜, 水淺灘磧, 不勝舟載. 此聲若出, 必爲夏國侮笑", 事遂寢, 邢恕之策, 如李復之言, 可謂謬矣. 然此言貢賦之路, 亦曰: "浮于積石, 至于龍門西河", 則古來此處河道, 固通舟楫矣, 而復之言, 乃如此, 何也. 姑錄之, 以備參考云.

'적석(積石)'은 「지지(地志)」에서 "금성군(金城郡) 하관현(河關縣) 서남쪽 강중(羌中)에 있다."고 하였으니, 지금 선주(鄯州) 용지현(龍支縣)의 경계에 있다. '용문(龍門)'은 산이니, 「지지(地志)」에서 "풍익(馮翊) 하양현(夏陽縣)에 있다."고 하였으니, 지금 하중부(河中府)의 용문현(龍門縣)에 있다. '서하(西河)'는 기주(冀州)의 서하(西河)이다. 옹주(雍州)의 공납(貢納)하는 길에는 두 개가 있으니, 동북쪽의 경계에서는 적석(積石)으로부터 서하(西河)에 이르고, 서남쪽의 경계에서는 위수(渭水)와 예수(汭水)에서 만난다. 위수(渭水)와 예수(汭水)를 말하고 하수(河水)를 말하지 않은 것은 양주(梁州)의 글을 이어 받아서이다. 다른 주(州)의 공부(貢賦)도 또한 마땅히 하나의 길에만 그치지 않으니, 이 예(例)를 드러내어 서로 나타냈을 뿐이다. ○살펴보건대, 형서(邢恕)가 주청하기를 "바라옵건대, 희하로(熙河路)에 가서 배 5백 척을 만들어 황하(黃河)에 흐르는 물길을 따라서 내려놓아 회주(會州) 서쪽의 소하(小河) 안에 이르러 감추었다가 희하로(熙河路)로 놓아 보내십시오."라고 하였는데, 조운사(漕運使) 이복(李復)이 아뢰기를 "생각하옵건대, 형서(邢恕)가 이 배를 사용하여 군사를 싣고서 물길을 따라 내려가서 흥주(興州)를 취하고자 하오니, 두루 살펴보건대 회주(會州) 서쪽의 소하(小河)는 소금물로서 그 넓이가 한 길에 미치지 못하고, 깊이가 한두 자에 그치니, 어찌 배를 감춰둘 수 있겠습니까. 황하(黃河)가 회주(會州)를 지나서 위정산(韋精山)으로 들어가면 바위골짜기가 험하고 좁으며, 위로부터 아래로 흘러서 곧장 내려오는데 높이가 수십 길이니, 배가 어떻게 지나갈 수 있겠습니까. 서안주(西安州)의 동쪽에 이르러 대하(大河)가 나뉘어 예닐곱 개의 물길이 되어 위수(渭水)의 남산(南山)으로 흩어져 흐르니, 수십 리를 거슬러 흘러야 바야흐로 다시 합칠 수 있으며, 거슬러 흐르는 여울은 물이 얕고 물가에 자갈이 있어서 배에 싣고 갈 수 없습니다. 이 소문이 만약 새어 나가면 반드시 하(夏)나라의 업신여김과 웃음거리가 될 것입니다."라고 하니, 일이 마침내 그만두게 되었다. 형서(邢恕)의 계책이 이복(李復)이 말한 것과 같다면 잘못되었다고 할 만하다. 그러나 여기서 공부(貢賦)의 노정(路程)을 말한 것에서도 또한 "적석(積石)

에서 띄워 용문(龍門)의 서하(西河)에 이른다."고 하여 예로부터 이곳 황하(黃河)의 물길을 진실로 배가 통과하였는데 이복(李復)의 말이 이에 이와 같은 것은 무엇인가. 이것을 기록하여 참고하도록 갖추어둔다.

詳說

○ 山名.
'적석(積石)'은 산 이름이다.

○ 音善.
'선(鄯)'은 음이 선(善)이다.

○ 已見前註.729)
'기지서하야(冀之西河也)'에서 볼 때, 이미 앞의 주(註)에서 보였다.

○ 『諺解』之意, 以與'浮積石'者, 會于渭口, 更詳之.730)
'즉회우위·예(則會于渭·汭)'에서 볼 때, 『언해(諺解)』의 뜻은 '부적석(浮積石: 적석에 띄움)'이라는 것과 더불어 위수(渭水)의 입구에서 회합하는 것으로 여겼는데, 다시 상고해 보아야 한다.

○ '亂于河'.731)
'몽양주지문야(蒙梁州之文也)'에서 볼 때, '하수(河水)를 가로 지른다'는 것이다.

○ 音現.
'현(見)'은 음이 현(現)이다.

○ 言渭以下, 論也

---

729) 위의 「우공(禹貢)」 [4-2-1-71]에서 "黑水·西河, 惟雍州.(흑수와 서하에 오직 옹주가 있다.)"라 하고, 집전에서 "雍州之域, 西據黑水, 東距西河, 謂之西河者, 主冀都而言也.(옹주의 지역은 서쪽으로는 흑수에 의거하고, 동쪽으로는 서하에 이르니, 서하라고 이른 것은 기주 도성을 위주로 하여 말한 것이다.)"라고 하였다.
730) 『언해(諺解)』에는 "積적石석에 浮부ᄒᆞ야 龍룡門문西셔河하애 至지ᄒᆞ야 渭위汭예예 會회ᄒᆞᄂᆞ니라"로 되어 있다.
731) 위의 「우공(禹貢)」 [4-2-1-70]에서 "西傾, 因桓是來, 浮于潛, 逾于沔, 入于渭, 亂于河.(서경산으로 환수를 따라 흘러와서 잠수에 떠오며 면수를 넘으며 위수로 들어가서 하수를 가로지른다.)"라 하고, 집전에서 "絶河而渡曰'亂'.(하수를 가로질러 건너는 것을 '난'이라고 한다.)"이라고 하였다.

'이호현이(以互見耳)'에서 볼 때, 위수(渭水)를 말한 이하는 논변한 것이다.

○ 字和叔, 鄭州人. 時爲鄜延安撫使.732)
'형서(邢恕)'는 자가 화숙(和叔)이고, 정주(鄭州) 사람이다. 당시에 부연안무사(鄜延安撫使)가 되었다.

○ 去聲, 下並同.
'邢恕奏乞下'에서 하(下)는 거성(去聲: 이르다, 가다)이니, 아래도 아울러 같다.

○ 作也.
'타조선오백척(打造船五百隻)'에서, '타조(打造)'는 만드는 것이다.

○ 藏而放之.
'방(放)'은 감추었다가 놓아 보내는 것이다.

○ 去聲.733)
'조사(漕使)'에서 사(使)는 거성(去聲: 사신 시)이다.

○ 字履中, 閩人.734)
'이복(李復)'은 자가 이중(字履中)이고, 민(閩) 사람이다.

○ 夏國之地.
'흥주(興州)'의 경우, 하(夏)나라의 땅이다.

○ 猶言料理.
'계감(契勘)'의 경우, 요리(料理: 헤아려서 다스림, 照顧함)라고 말함과 같다.

○ 鹽池之類.

---

732) 호광(胡廣) 등 찬, 『서경대전(書經大全)』의 소주에는 "宇和叔, 鄭州人.(자가 횡숙이고, 정주 사람이나.)"이라고 하였다.
733) 호광(胡廣) 등 찬, 『서경대전(書經大全)』의 소주를 수용한 것이다.
734) 호광(胡廣) 등 찬, 『서경대선(書經大全)』의 소주에는 "字履中, 閩人.(자가 이중이고, 민 사람이다.)"이라고 하였다.

'계감회주지서소하함수(契勘會州之西小河醎水)'에서 볼 때, '염지(鹽池)'의 따위이다.

○ 以'峽'言.
'고수십장(高數十丈)'에서 '고(高)'는 '협(峽)'으로써 말한 것이다.

○ 州名.
'산류위(散流渭)'의 경우, 주(州)의 이름이다.

○ 水流.735)
'역류(逆溜)'의 경우, 물이 흐르는 것이다.

○ 水淺而灘多石.736)
'수천탄적(水淺灘磧)'의 경우, 물이 얕아서 여울에 돌이 많은 것이다.

○ 平聲.737)
'승(勝)'은 평성(平聲: 다하다, 이겨낼 수 있다)이다.

○ 船豈可浮.
'불승주재(不勝舟載)'에서 볼 때, 배가 어떻게 뜰 수 있겠는가.

○ 言也.
'차성(此聲)'의 경우, 말이다.

○ 趙元昊.
'필위하국(必爲夏國)'의 경우, 조원호(趙元昊)738)이다.

○ 或河流疏壅, 有古今之異.

---

735) 호광(胡廣) 등 찬, 『서경대전(書經大全)』의 소주에는 '溜'는 "力救反.(력과 구의 반절이다.)"이라고 하였다.
736) 호광(胡廣) 등 찬, 『서경대전(書經大全)』의 소주에는 '磧'은 "音迹.(음이 적이다.)"이라고 하였다.
737) 호광(胡廣) 등 찬, 『서경대전(書經大全)』의 소주를 수용한 것이다.
738) 조원호(趙元昊)는 서하(西夏)의 개국황제이다. 또 이름은 낭소(曩霄)이고, 당항족(黨項族) 사람으로 북위(北魏) 선비족(鮮卑族) 탁발씨(拓跋氏)의 후예이다. 선대는 송(宋)씨였는데 조(趙)씨를 내려 받았다. 처음에는 웅의(雄毅)하였으나 만년에 주색에 침면(沈湎)하여 그 아들 염림격(寧林格)에게 시해되었다.

'하야(何也)'에서 볼 때, 간혹 하수(河水)의 흐름이 트이거나 막히거나 해서 옛날과 지금에 차이가 있을 수 있다.

[4-2-1-83]
織皮, 崑崙739)·析支·渠搜, 西戎, 卽敍.

직피(織皮)는 곤륜(崑崙)과 석지(析支)와 거수(渠搜)인데, 서융(西戎)이 공적을 펼침에 나아갔도다.

詳說

○ 疏鳩反.740)

'수(搜)'는 소(疏)와 구(鳩)의 반절이다.

集傳

'崑崙', 卽河源所出, 在臨羌. '析支', 在河關西千餘里. '渠搜', 『水經』曰 : "河自朔方東轉, 經渠搜縣故城北", 蓋近朔方之地也. 三國皆貢皮衣, 故以'織皮'冠之; 皆西方戎落, 故以'西戎'總之. '卽', 就也. 雍州水土旣平, 而餘功及於西戎, 故附于末. ○蘇氏曰 : "靑·徐·揚三州, 皆萊夷·淮夷·島夷所篚, 此三國, 亦篚織皮, 但古語有顚倒詳略爾. 其文, 當在'厥貢惟球琳·琅玕'之下·浮于積石之上, 簡編脫誤, 不可不正." 愚謂, 梁州, 亦篚織皮, 恐蘇氏之說爲然.

'곤륜(崑崙)'은 곧 황하(黃河)의 근원이 나오는 곳이니, 임강(臨羌)에 있다. '석지(析支)'는 하관(河關) 서쪽 천여 리에 있다. '거수(渠搜)'는 『수경(水經)』에서 "황하(黃河)가 삭방(朔方)으로부터 동쪽으로 돌아 거수현(渠搜縣) 옛 성 북쪽을 경유한다."고 하였으니, 대개 삭방(朔方)과 가까운 지역이다. 세 나라가 모두 갖옷을 공납하였기 때문에 '직피(織皮)'를 맨 앞에 놓았고, 모두 서방(西方)의 오랑캐 부락이기 때문에 '서융(西戎)'으로써 총괄한 것이다. '즉(卽)'은 나아감이다. 옹주(雍州)는 물과 땅을 이미 다스려 남은 공력이 서융(西戎)에 미쳤기 때문에 끝에 붙인 것이다. ○소씨(蘇氏: 蘇軾)가 말하였다. "청주(靑州)와 서주(徐州)와 양주(揚州)의 세 주(州)는 모두 내이(萊夷)와 회이(淮夷)와 도이(島夷)가 광주리의 폐백을 바치고,

---

739) 채침(蔡沈) 찬, 『서경집전(書經集傳)』과 호광(胡廣) 등 찬, 『서경대전(書經大全)』에는 '崐崘'으로 표기되어 있다.
740) 호광(胡廣) 등 찬, 『서경대전(書經大全)』의 소주를 수용한 것이다.

이 세 나라도 또한 광주리에 직피(織皮)를 담아 바쳤는데, 다만 옛말이 뒤바뀌어 상세하고 간략함이 있을 뿐이다. 그 글은 마땅히 '궐공유구림·낭간(厥貢惟球琳·琅玕)'의 아래와, '부우적석(浮于積石)'의 위에 있어야 하니, 간편(簡編)이 빠지고 잘못된 것을 바로잡지 않을 수 없다." 내가 생각하건대, 양주(梁州)도 또한 광주리에 직피(織皮)를 담아 바쳤으니, 아마도 소씨(蘇氏: 蘇軾)의 말이 그러한 듯하다.

詳說

○ 本山名.
'곤륜(崑崙)'의 경우, 본래 산 이름이다.

○ 金城縣名.741)
'임강(臨羌)'은 금성현(金城縣)의 이름이다.

○ 朔方屬縣.
'개근삭방지야(蓋近朔方之地也)'의 경우, 삭방(朔方)에 속한 현이다.

○ 去聲.
'관(冠)'은 거성(去聲: 이다, 앞머리에 두다)이다.

○ 梁列其獸, 則以此總之;742) 雍列其地, 則以此冠之, 亦皆書法也.
'고이직피관지(故以織皮冠之)'에서 볼 때, 양주(梁州)는 그 짐승을 열거함에 이것으로써 총괄하였고, 옹주(雍州)는 그 땅을 열거함에 이것으로써 맨 앞에 두었으니, 또한 모두 글을 쓰는 법이다.

---

741) 명(明) 유삼오(劉三吾) 등찬,『서전회선(書傳會選)』권2,「하서(夏書)·우공(禹貢)」의「음석전(音釋傳)」에서 "'臨羌', 縣名, 屬金城郡.('임강'은 현 이름이니 금성군에 속한다.)"이라고 하였다. 추계우(鄒季友) 찬,『서경집전음석(書經集傳音釋)』권2,「하서(夏書)·우공(禹貢)」. 참조.
742) 위의「우공(禹貢)」[4-2-1-69]에서 "厥貢, 璆·鐵, 銀·鏤, 砮·磬, 熊·羆·狐·狸織皮.(그 공물은 옥경과 유철, 은과 강철, 돌살촉과 경쇠, 곰과 큰곰과 여우와 살쾡이의 융단과 갖옷이다.)"라고 한 것을 말하는데, 집전에서 "'織皮'者, 梁州之地, 山林爲多, 獸之所走, '熊'·'羆'·'狐'·'狸' 四獸之皮, 製之, 可以爲裘; 其毳毛, 織之, 可以爲罽也.('직피'라는 것은 양주의 지역에 산림이 많아 짐승들이 달리는 곳이 되다보니, 곰과 큰곰과 여우와 살쾡이라는 네 짐승의 가죽으로 만들면 갖옷을 만들 수 있고, 연한 털로 짜면 털방석을 만들 수 있었다.)"라고 하였다.

○ 部也.
  '개서방융락(皆西方戎落)'의 경우, 부락(部落)이다.

○ 以貢皮而知其就于有功.
  '취야(就也)'에서 볼 때, 직피(織皮)를 공납(貢納)함으로써 그 공적이 있음에 나아감을 아는 것이다.

○ 梁之織皮, 非出於戎者, 故其文在正貢.
  '고부우말(故附于末)'에서 볼 때, 양주(梁州)의 직피(織皮)가 오랑캐에서 나오는 것이 아니기 때문에 그 글이 정공(正貢)에 있는 것이다.

○ 靑, 以作牧間之;743) 徐, 以珠魚間之;744) 揚, 以卉服間之,745) 而此云三夷所篚, 何哉.
  '개내이·회이·도이소비(皆萊夷·淮夷·島夷所篚)'에서 볼 때, 청주(靑州)는 목축(牧畜)한 것으로써 참여하였고, 서주(徐州)는 진주(珍珠)와 물고기로써 참여하였고, 양주(揚州)는 훼복으로써 참여하였는데, 여기서 세 오랑캐가 광주리에 폐백을 담아 바쳤다는 것은 무엇인가.

○ 古書之文.
  '고어(古語)'의 경우, 옛 책의 글이다.

---

743) 위의 「우공(禹貢)」 [4-2-1-26]에서 "厥貢鹽·絺, 海物惟錯. 岱畎, 絲·枲·鉛·松·怪石. 萊夷作牧, 厥篚檿絲.(그 공물은 소금과 칡베이고, 해산물은 섞어서 바친다. 대산의 골짜기에서 나오는 명주실과 삼베와 납과 소나무와 괴이한 돌이다. 내주의 오랑캐가 방목을 하니, 광주리에 담아 바치는 폐백은 산뽕나무에서 나오는 명주실이다.)"라 하고, 그 집전에서 "'作牧'者, 言可牧放, 夷人以畜牧爲生也.('작목'이라는 것은 방목할 수 있음을 말한 것이니, 오랑캐는 목축을 생업으로 삼는다.)"라고 하였다.
744) 위의 「우공(禹貢)」 [4-2-1-35]에서 "厥貢, 惟土五色, 羽畎夏翟, 嶧陽孤桐, 泗濱浮磬. 淮夷蠙珠曁魚, 厥篚玄纖·縞.(그 공물은 다섯 색깔의 흙과 우산 골짜기의 아름다운 꿩과 역산 남쪽의 특출난 오동나무와 사수의 물가에 떠있는 듯한 석경이로다. 회수의 오랑캐들은 진주 및 물고기를 바치며, 그 광주리의 폐백은 검은 비단과 섬세한 명주와 흰 명주이다.)"라고 하였는데, 그 집전에서 "'珠', 爲服飾; '魚', 用祭祀.('주'는 복식을 위한 것이고, '어'는 제사에 사용한다.)"라고 하였다.
745) 위의 「우공(禹貢)」 [4-2-1-44]에서 "厥貢, 惟金三品, 瑤·琨·篠·簜, 齒·革·羽·毛, 惟木. 島夷卉服, 厥篚織貝, 厥包橘·柚, 錫貢.(그 공물은 오직 금과 은과 동의 세 품물이고, 요와 곤과 살대와 왕대며, 상아와 가죽과 깃과 털이며, 나무들이다. 해도의 오랑캐는 훼복을 입으니, 그 광주리의 폐물은 조개껍질과 꽃무늬 수놓은 비단이며, 그 포장한 물품은 귤과 유자이니 명을 받고 바치는 것이다.)"라 하고, 집전에서 "'卉', 草也, 葛越·木綿之屬. '織貝', 錦名, 織爲貝文, 『詩』曰: '貝錦', 是也. 今南夷木綿之精好者, 亦謂之'吉貝', 海島之夷, 以卉服來貢, 而織之精者, 則入篚焉.('훼'는 풀이니, 칡베와 부들 베 및 목화의 등속이다. '직패'는 비단 가운데 짜서 자개 무늬를 만든 것이니, 『시경』에서 '패금'이라고 한 것이 이것이다. 지금 남이의 목화 가운데 깔끔하고 좋은 것을 또한 '길패'라고 이르니, 바다 섬의 오랑캐들이 훼복을 입고 와서 공납하는데 직패의 깔끔한 것을 광주리에 넣은 것이다.)"이라고 하였다.

○ 旣云古語有倒, 則又何事於改正乎.
'불가부정(不可不正)'에서 볼 때, 이미 옛말이 뒤바뀌고 잘못된 것이 있다고 말하였는데, 또 어찌 고쳐 바르게 함을 일삼는가.

○ 鄒氏季友曰 : "此及梁州, 經文無'篚'字, '織皮', 非可入篚者, 二州, 自無入篚之貢."746)
'공소씨지설위연(恐蘇氏之說爲然)'에 대해, 추씨 계우(鄒氏季友: 鄒季友)가 말하였다. "여기[雍州] 및 양주(梁州)에는 경문에 '비(篚)'자가 없고, '직피(織皮)'는 광주리에 넣을 수 있는 것이 아니어서 두 주(州)에서는 본래 광주리의 폐백으로 들어가는 공물(貢物)에 없었다."

○ 按, 此與冀, 皮服之在賦, 下其例同, 蘇說, 蓋備一義耳.
내가 살펴보건대, 여기와 기주(冀州)에는 피복(皮服)이 공부(貢賦)에 들어있어서 아래의 그 사례가 같은데, 소씨(蘇氏: 蘇軾)의 말은 대개 하나의 뜻만 갖추었을 뿐이다.

[4-2-1-84]

導岍, 及岐, 至于荆山, 逾于河, 壺口·雷首, 至于太岳, 底柱·析城, 至于王屋, 太行·恆山, 至于碣石, 入于海.

견산(岍山)에서 물길을 터서 기산(岐山)에 미치고 형산(荆山)에 이르며, 황하(黃河)를 넘어 호구(壺口)와 뇌수(雷首)를 거쳐 태악(太岳)에 이르며, 지주(底柱)와 석성(析城)을 거쳐 왕옥(王屋)에 이르며, 태항(太行)과 항산(恒山)을 거쳐 갈석(碣石)에 이르러 바다로 들어갔도다.

詳說
○ '岍', 音牽. '底', 砥通, 下同. '行', 音杭.747)
'견(岍)'은 음이 견(牽)이다. '지(底)'는 지(砥)와 통하니, 아래도 같다. '항(行)'은 음이 항(杭)이다.

---

746) 추계우(鄒季友) 찬, 『서경집전음석(書經集傳音釋)』 권2, 「하서(夏書)·우공(禹貢)」 참조. ; 명(明) 유삼오(劉三吾) 등찬, 『서전회선(書傳會選)』 권2, 「하서(夏書)·우공(禹貢)」의 '음석전(音釋傳)'에는 이 내용이 없다.
747) 호광(胡廣) 등 찬, 『서경대전(書經大全)』의 소주에는 '岍'은 "音牽.(음이 견이다.)"이라 하고, '行'은 "音杭.(음이 항이다.)"이라고 하였다.

集傳

此下, 隨山也. '岍'·'岐'·'荆', 三山, 皆雍州山. 岍山, 「地志」, "扶風岍縣西吳山, 古文以爲岍山", 今隴州吳山縣吳嶽山也.『周禮』"雍州山鎭曰嶽山." 又按,『寰宇記』, "隴州汧源, 有岍山, 汧水所出, 「禹貢」所謂岍山也." 蕫氏以爲 : "今之隴山·天井·金門·秦嶺山者, 皆古之岍也." '岐'·'荆', 見雍州. '壺口'·'雷首'·'太岳'·'厎柱'·'析城'·'王屋'·'太行'·'恆山', 皆冀州山, '壺口'·'太岳'·'碣石', 見冀州. '雷首', 「地志」, "在河東郡蒲坂縣南", 今河中府河東縣也. '厎柱', "石在大河中流, 其形如柱", 今陝州陝縣三門山, 是也. '析城', 「地志」, "在河東郡濩澤縣西", 今澤州陽城縣也, 蕫氏曰 : "山峯四面, 如城." '王屋',「地志」, "在河東郡垣縣東北", 今絳州垣曲縣也, 蕫氏曰 : "山狀如屋." '太行', 山, 「地志」, "在河內郡山陽縣西北", 今懷州河內也. '恆山', 「地志」, "在常山郡上曲陽縣西北", 今定州曲陽也. '逾'者, 禹自荆山而過于河也. 孔氏以爲荆山之脈, 逾河而爲壺口·雷首者, 非是. 蓋禹之治水, 隨山刊木, 其所表識諸山之名, 必其高大, 可以辨疆域, 廣博可以奠民居. 故謹而書之, 以見其施功之次第, 初非有意推其脈絡之所自來, 若今之葬法所言也. 若必實以山脈言之, 則尤見其說之謬妄. 蓋河北諸山, 根本脊脈, 皆自代北寰·武·嵐·憲諸州, 乘高而來, 其脊以西之水, 則西流以入龍門西河之上流; 其脊以東之水, 則東流而爲桑乾·幽·冀, 以入于海, 其西一支, 爲壺口·太岳; 次一支, 包汾·晉之源而南出, 以爲析城王屋, 而又西折, 以爲雷首; 又次一支, 乃爲太行; 又次一支, 乃爲恆山. 其間, 各隔沁·潞諸川, 不相連屬, 豈自岍·岐, 跨河而爲是諸山哉. 山之經理者, 已附于逐州之下, 於此, 又條列而詳記之, 而山之經緯, 皆可見矣. 王·鄭, 有三條四列之名, 皆爲未當. 今據'導'字, 分之以爲南北二條, 而江·河以爲之紀, 於二之中, 又分爲二焉, 此北條大河北境之山也.

이 아래는 산을 좇아서 물길을 튼 것이다. '견(岍)'과 '기(岐)'와 '형(荆)'은 세 산이니, 모두 옹주(雍州)의 산이다. 견산(岍山)은 「지지(地志)」에서 "부풍군(扶風郡) 견현(岍縣) 서쪽의 오산(吳山)인데 옛글에 견산(岍山)이라고 하였다."고 하였으니, 지금의 농주(隴州) 오산현(吳山縣) 오악산(吳嶽山)이다.『주례(周禮)』에서는 "옹주(雍州)이니 진산(鎭山)은 오악산(吳嶽山)748)이라 한다."고 하였다. 또 살펴보건대,『환우기(寰宇記)』에서 "농주(隴州)의 견원(汧源)에 견산(汧山)이 있는데 견수(汧水)가

---

748)『주례주소(周禮注疏)』 권33, 「직방씨(職方氏)」의 정현(鄭玄)의 주(注)에서 "'嶽', 吳嶽也.('악'은 오악이다.)"라고 하였다.

나오는 곳이니, 「우공(禹貢)」에서 이른바 견산(汧山)이다."라고 하였다. 조씨(鼂氏: 鼂說之)가 이르기를 "지금의 농산(隴山)과 천정산(天井山)과 금문산(金門山)과 진령산(秦嶺山)이라는 것은 모두 옛날의 견산(汧山)이다."라고 하였다. '기산(岐山)'과 '형산(荊山)'은 옹주(雍州)에 보인다. '호구(壺口)'와 '뇌수(雷首)'와 '태악(太岳)'과 '지주(底柱)'와 '석성(析城)'과 '왕옥(王屋)'과 '태항(太行)'과 '항산(恒山)'은 모두 기주(冀州)의 산(山)이니, '호구(壺口)'와 '태악(太岳)'과 '갈석(碣石)'은 기주(冀州)에 보인다. '뇌수(雷首)'는 「지지(地志)」에서 "하동군(河東郡) 포판현(蒲坂縣)의 남쪽에 있다."고 하였으니, 지금 하중부(河中府)의 하동현(河東縣)이다. '지주(底柱)'는 암석이 대하(大河)의 중간에 있는데 그 모양이 기둥과 같으니, 지금 섬주(陝州) 섬현(陝縣) 삼문산(三門山)이 이것이다. '석성(析城)'은 「지지(地志)」에서 "하동군(河東郡) 호택현(濩澤縣)의 서쪽에 있다."고 하였으니, 지금 택주(澤州)의 양성현(陽城縣)이니, 조씨(鼂氏)가 말하기를 "산봉우리의 사면이 성(城)과 같다."고 하였다. '왕옥(王屋)'은 「지지(地志)」에서 "하동군(河東郡) 원현(垣縣)의 동북쪽에 있다."고 하였으니, 지금 강주(絳州)의 원곡현(垣曲縣)이니, 조씨(鼂氏)가 말하기를 "산의 모양이 지붕과 같다."고 하였다. '태항(太行)'도 산이니 「지지(地志)」에서 "하내군(河內郡) 산양현(山陽縣) 서북쪽에 있다."고 하였으니, 지금 회주(懷州)의 하내(河內)이다. '항산(恒山)'은 「지지(地志)」에서 "상산군(常山郡) 상곡양현(上曲陽縣)의 서북쪽에 있다."고 하였으니, 지금 정주(定州)의 곡양(曲陽)이다. '유(逾)'라는 것은 우(禹)가 형산(荊山)에서부터 하수(河水)를 지나간 것이다. 공씨(孔氏: 孔安國, 孔穎達)가 말하기를 "형산의 산맥이 하수를 넘어서 호구(壺口)와 뇌수(雷首)가 되었다."고 한 것은 옳지 않다. 대개 우(禹)가 홍수(洪水)를 다스림에 산을 좇으면서 나무를 베었으니, 그 표지한 여러 산의 이름은 반드시 높고 커서 강역(疆域)을 분별할 수 있고, 넓고 커서 백성들의 거처로 정할 수 있었다. 그러므로 삼가 써서 공사를 시행한 차례를 나타낸 것이며, 처음부터 산의 맥락이 유래한 것을 미루어 지금의 장례법(葬禮法)에서 말한 것처럼 하려는 뜻이 있은 것이 아니다. 만약 반드시 실제로 산맥을 가지고 말한다면 더욱 그 말이 그릇되고 망령됨을 보일 것이다. 대개 하북(河北)의 여러 산은 근본 산등성이 맥락이 모두 대북(代北)의 환주(寰州)와 무주(武州)와 남주(嵐州)와 헌주(憲州)의 여러 주(州)로부터 높은 곳을 타고 와서 그 산등성이에서 서쪽의 물은 서쪽으로 흘러 용문(龍門) 서하(西河)의 상류로 들어가고, 그 산등성이에서 동쪽의 물은 동쪽으로 흘러 상건수(桑乾水)와 유주(幽州) 및 기주(冀州)의 물이 되어 바다로 들어가는데, 서쪽의 한 지류는 호구(壺口)와 태악(太

岳)이 되었고, 다음의 한 지류는 분수(汾水)와 진수(晉水)의 근원을 감싸서 남쪽으로 나와 석성(析城)과 왕옥(王屋)이 되었는데 또 서쪽으로 꺾여서 뇌수(雷首)가 되었으며, 또 다음의 한 지류는 바로 태항(太行)이 되었으며, 또 다음의 한 지류는 바로 항산(恒山)이 되었다. 그 사이에 각각 심천(沁川)과 노천(潞川)의 여러 내가 떨어져서 서로 연결되지 않으니, 어찌 견산(岍山)과 기산(岐山)으로부터 하수를 넘어서 이 여러 산들이 되었겠는가. 산을 다스리는 것은 이미 각 주(州)의 아래에 붙였고, 여기에서는 또 조목으로 열거하여 자세히 기록하였으니, 산의 경위(經緯)를 모두 볼 수 있다. 왕씨(王氏: 王肅)와 정씨(鄭氏: 鄭元)는 세 개의 가닥을 네 개로 열거하였다는 명성이 있으나 모두 온당하지 못한 것이 된다. 이제 '도(導)'자에 의거하여 나누어 남쪽과 북쪽의 두 가닥으로 만들어 강수(江水)와 하수(河水)를 기강(紀綱)으로 삼았고, 두 개의 가운데를 또 나누어 둘로 만들었으니, 이 북조(北條)가 대하(大河)의 북쪽 경계에 있는 산들이다.

詳說

○ 總提四節.
'수산야(隨山也)'에서 볼 때, 총괄하여 네 단락을 제시한 것이다.

○ 呂氏曰 : "導山, 有二說, 或以爲隨山通道, 以相視其源, 委脈絡; 或以爲治山旁小水, 二說當兼用. 隨山以治水, 故以 '導' 言."749)

여씨(呂氏: 呂祖謙)가 말하였다. "산에 물길을 트는 데에 두 개의 말이 있으니, 어떤 이는 산을 좇아서 물길을 개통함에 그 근원을 보고 맥락을 맡긴다고 하였으며, 어떤 이는 산과 곁의 작은 물을 다스린다고 하였으니, 두 개의 말은 마땅히 아울러 써야 한다. 산을 좇아서 물을 다스렸기 때문에 '도(導)'로써 말한 것이다."

---

749) 호광(胡廣) 등 찬, 『서경대전(書經大全)』의 소주에서 발췌한 것이다. 그 전문은 다음과 같다. "呂氏曰 : '山川之分, 見于九州者, 其經也 ; 山川之聚, 見于後者, 其緯也. 無經則不知其定所, 無緯則不知其脈絡此, 作書之妙也. 導山, 有二說, 或以爲隨山通道, 以相視其源, 委脈絡 ; 或以爲治山旁小水, 二說當兼用. 禹隨山以治水, 故以導言. 如此於相其山勢, 何導之. 有山之有脈絡條列, 固不可誣, 而水之源, 未有不出於山水之勢, 未有不因于山, 旣隨山通道, 相其脈絡源委, 又因以導山旁澗谷之水, 而納之川, 一說蓋並行而不相悖也.'(여씨가 말하였다. '… 산에 물길을 트는 데에 두 개의 말이 있으니, 어떤 이는 산을 좇아서 물길을 개통함에 그 근원을 보고 맥락을 맡긴다고 히였으며, 이떤 이는 산과 곁의 작은 물을 다스린다고 하였으니, 두 개의 말은 마땅히 아울러 써야 한다. 우가 산을 좇아서 물을 다스렸기 때문에 도로써 말한 것이다. ….')"

○ 林氏曰 : "先隨高山決水, 使東以殺其滔天之勢, 則川流故迹, 稍稍可求, 濬川之功可施, 其序不得不然也."750)

　　임씨(林氏: 林之奇)가 말하였다. "먼저 높은 산을 좇아서 물을 터야 하며 동쪽으로 하여금 그 하늘에 넘치는 형세를 줄이게 하면 내의 흐름의 옛 자취를 조금씩 구할 수 있고 내를 치는 공을 시행할 수 있으니, 그 차례가 그렇지 않을 수 없는 것이다."

○ 在河之西.

　　'개옹주산(皆雍州山)'의 경우, 하수(河水)의 서쪽에 있다.

○ 「職方」.751)

　　'『주례』(『周禮』)'는 「직방(職方)」이다.

○ 音現, 下並同.

　　'현(見)'은 음이 현(現)이니, 아래도 아울러 같다.

○ 在河之東及北.

　　'개기주산(皆冀州山)'의 경우, 하수(河水)의 동쪽 및 북쪽에 있다.

○ 音反.

　　'반(坂)'은 음이 반(反)이다.

○ 山體皆石, 故或謂石, 或謂山.

---

750) 호광(胡廣) 등 찬, 『서경대전(書經大全)』의 소주에서 발췌한 것이다. 그 전문은 다음과 같다. "林氏曰 : '禹本導川歸海, 今乃先以導山, 蓋方洪水懷襄, 故川舊瀆皆浸沒, 不可見, 欲施工無所措手. 故先以九州高山巨鎭爲表識, 自西決之, 使東以殺其滔天之勢, 水旣順下, 漸入于海, 則川流故迹, 稍稍可求, 於是濬川之功可施, 始決九川而距四海, 蓋先隨山而後濬川, 其序不得不然也.'(임씨가 말하였다. '우가 본래 내를 파서 바다로 돌아가게 하였는데 지금은 이에 먼저 산에 물길을 텄으니 … 그러므로 먼저 9주의 높은 산과의 큰 진산을 포지로 삼아서 서쪽으로부터 물길을 터서 동쪽으로 하여금 그 하늘에 넘치는 형세를 줄이게 하면 물이 이윽고 순조롭게 내려가서 점차적으로 바다로 들어가서 곧 내의 흐름의 옛 자취를 조금씩 구할 수 있고, 이에 내를 치는 공을 시행할 수 있어서 비로소 아홉 내를 터서 사해에 이르게 되나니, 대개 먼저 산을 좇은 뒤에 내를 파는 것은 그 차례가 그렇지 않을 수 없는 것이다.')"

751) 『주례주소(周禮注疏)』 권33, 「직방씨(職方氏)」. "正西曰雍州, 其山鎭曰嶽山, 其澤藪曰弦蒲, 其川涇·汭, 其浸渭·洛, 其利玉·石, 其民三男二女, 其畜宜牛·馬, 其穀宜黍·稷.(정서방을 옹주라 하고, 그 진산을 오악산이라 하고, 그 택수를 현포라 하고, 그 내는 경과 예이고, 그 호수는 위와 낙이며, 그 이로운 것은 옥과 돌이고, 그 백성은 3남 2녀이고, 그 가축은 소와 말이 마땅하고, 그 곡식은 기장이 마땅하다.)"

'석(石)'의 경우, 산의 형체가 모두 돌이기 때문에 혹은 석(石)이라 이르고, 혹은 산(山)이라 이른 것이다.

○ 音陜,752) 下同.
'섬(陜)'은 음이 섬(閃)이니, 아래도 같다.

○ 音穫.
'확(濩)'은 음이 확(穫)이다.

○ '及'·'至'·'入'等, 皆主禹而言. '入', 亦猶至也.
'우자형산이과우하야(禹自荊山而過于河也)'에서 볼 때, '급(及)'과 '지(至)'와 '입(入)' 등은 모두 우(禹)를 위주로 하여 말한 것이다. '입(入)'은 또한 지(至)와 같다.

○ 凡不分漢·唐, 只稱'孔氏'者, 或蒙上文, 或專指漢孔. 又或兼指二孔, '滎·波'753)及此註之類, 是也.
'공씨(孔氏)'의 경우, 무릇 한(漢)나라와 당(唐)나라로 구분하지 않고 단지 '공씨(孔氏)'라고 일컬은 것은 혹은 윗글을 이어받은 것이거나 혹은 오로지 한(漢)나라 공씨(孔氏: 孔安國)를 가리킨다. 또 두 공씨(孔氏: 孔安國과 孔穎達)를 아울러 지칭한 것은 '형·파(滎·波)' 및 이 주(註)의 따위가 이것이다.

○ 四字, 亦見「益稷」.754)

---

752) 호광(胡廣) 등 찬, 『서경대전(書經大全)』의 소주를 수용한 것이다.
753) 위의 「우공(禹貢)」[4-2-1-56]에서 "滎·波, 旣豬.(형수와 파수가 이윽고 물이 모여 흘렀다.)"라 하고, 집전에서 "'滎'·'波', 二水名. … 孔氏以滎·波爲一水者, 非也.('형'과 '파'는 두 물의 이름이다. … 공씨가 형수와 파수를 하나의 물이 된다고 한 것은 옳지 않다.)"라고 하였는데, 여기서 공씨(孔氏)는 공안국(孔安國)과 공영달(孔穎達)을 아울러 지칭한 것이라고 본 것이다.
754) 위의 「익직(益稷)」[3-1-5-1]에서 "帝曰 : '來. 禹. 汝亦昌言.'禹拜曰 : '都. 帝. 予何言. 予思日孜孜.'皐陶曰 : '吁. 如何?'禹曰 : '洪水滔天, 浩浩懷山襄陵, 下民昏墊, 予乘四載, 隨山刊木, 暨益, 奏庶鮮食, 予決九川, 距四海, 濬畎澮, 距川, 暨稷播, 奏庶艱食鮮食, 懋遷有無, 化居, 烝民乃粒, 萬邦作乂.'皐陶曰 : '俞. 師汝昌言.'(순임금이 말하기를, '어서 오시오. 우여! 그대도 또한 좋은 말을 해주시오.'라고 하니 우가 절하고 말하기를, '좋습니다. 임금이시여. 제가 무슨 말을 하겠습니까. 저는 날마다 부지런히고 부지런히 힘쓸 것을 생각할 뿐입니다.'라고 하였다. 고요가 말하기를, '아닙니다. 어떠하였습니까?'라고 하자 우가 말하기를, '큰물이 하늘에까지 넘쳐흘러 넓고 넓게 산을 감싸고 언덕 위까지 올라가 백성들이 어쩔 줄 몰라 하며 물에 빠졌는데, 내가 네 가지 탈 것을 타고서 산을 따라 나무를 베어내고 익과 함께 여러 날고기를 올렸으며, 내가 아홉 주의 냇물을 터서 사해에 이르게 하고 도랑들을 깊이 파서 냇물에 이르게 하였으며, 직과 함께 씨앗을 뿌림에 여러 양식이 떨어져 날고기를 올리며, 힘써 있고 없는 것을 교역하여 쌓아둔 것을 변화시키니, 많은 백성들이 이에 곡식을 먹게 되어 모든 나라가 다스려졌습니다.'라고 하니, 고요가

'수산간목(隨山刊木)'에서 볼 때, 이 네 글자는 또한 「익직(益稷)」에 보인다.

○ 音志.755)

'지(識)'는 음이 지(志)이다.

○ 如字, 下同.

'견(見)'은 본래의 음 대로 읽으니, 아래도 같다.

○ 朱子曰 : "此是中國大形勢."756)

'승고이래(乘高而來)'에 대해, 주자(朱子: 朱熹)가 말하였다. "이것은 중국의 큰 형세이다."

○ 音干.757)

'간(乾)'은 음이 간(干)이다.

말하였다. '그랬구나. 너의 좋은 말을 본받도록 하겠다.')"이라 하고, 집전에서 "'隨', 循; '刊', 除也. 『左傳』云: "井堙木刊', '刊', 除木之義也. 蓋水涌不洩, 泛濫瀰漫, 地之平者, 無非水也, 其可見者山耳. 故必循山伐木, 通蔽障, 開道路而後, 水工可興也.('수'는 좇음이고, '간'은 없앰이다. 『좌전』에서 이르기를, '우물을 메우고 나무를 없앤다.'고 하였으니, '간'은 나무를 없애는 뜻이다. 대개 물이 용솟음치고 새지 않아 넘쳐 퍼지고 세차게 질펀하니 땅이 평평한 것에는 물이 아님이 없었고, 볼 수 있는 것은 산일뿐이었다. 그러므로 반드시 산을 좇아서 나무를 베어 가리고 막힌 곳을 통하게 하며 도로를 개통한 뒤에 큰물을 다스리는 일이 떨쳐 일어날 수 있었다.)"라고 하였다.

755) 호광(胡廣) 등 찬, 『서경대전(書經大全)』의 소주를 수용한 것이다.
756) 호광(胡廣) 등 찬, 『서경대전(書經大全)』의 소주에서 발췌한 것이다. 그 전문은 다음과 같다. "問: '味別地脈之說, 如何?' 曰: '不知. 是要水有所歸不爲民害, 還是只要辨味點茶, 如陸羽之流: 尋脈踏地, 如後世風水之流耶. 且太行自西北發脈來爲天下之脊, 此是中國大形勢. 其底柱·王屋等山, 皆是太行山脚. 今說者分陰陽列, 言導岍及岐, 至于荊山, 山脈逾河而過, 爲壺口·雷首·底柱·析城·王屋·碣石, 則是荊山地脈, 却來做太行山脚. 其所謂地脈尚說不通, 況『禹貢』本非理會地脈耶.'(물었다. '맛이 지맥에 따라 다르다는 말은 어떻습니까?' 말하였다. '모르겠구나. 물이 돌아갈 곳이 있게 하여 백성들의 해악이 되지 않게 하였는데, 도리어 다만 맛을 분별하고 차를 점검한 것은 육우와 같은 무리이고, 지맥을 찾아서 땅을 밟은 것은 후세 풍수가와 같은 무리이다. 또 태항산은 서북쪽에서 산맥이 발생하여 천하의 산등성이가 되었으니 이것은 중국의 큰 형세이다. 그 지주산과 왕옥산 등은 모두 태항산의 다리이다. 지금 말하는 자들은 음양을 나누어 배열하고 견산에서 물길을 터서 기산에 미쳐 형산에 이른다고 하였는데, 형산은 산맥이 하수를 넘어 지나가면서 호구산과 뇌수산과 지주산과 석성산과 왕옥산과 갈석산이 되니, 이것은 형산의 지맥인데 도리어 태항산의 다리가 된다. 이른바 지맥이란 것은 아직도 말이 통하지 않거늘 하물며 「우공」이 본래 지맥을 이해한 것이 아님에 있어서이랴.')" 이는 『주자어류(朱子語類)』 권79, 「상서2(尙書二)·우공(禹貢)」에서 발췌한 것이다. 그 전문은 다음과 같다. "因說三江之說多不同, 銖問: '東坡之說如何?' 曰: '東坡不曾親見東南水勢, 只是意想硬說. 且江·漢之水, 到漢陽軍已合爲一, 不應至揚州, 復言三江. 薛士龍說震澤下, 有三江入海. 疑它曾見東南水勢, 說得恐是.' 因問: '味別地脈之說, 如何?' 曰: '禹治水, 不知. 是要水有所歸不爲民害, 還是只要辨味點茶, 如陸羽之流: 尋脈踏地, 如後世風水之流耶. 且太行自西北發脈來爲天下之脊, 此是中國大形勢. 其底柱·王屋等山, 皆是太行山脚. 今說者分陰陽列, 言導岍及岐, 至于荊山, 山脈逾河而過, 爲壺口·雷首·底柱·析城·王屋·碣石. 則是荊山地脈, 卻來做太行山脚. 其所謂地脈尚說不通, 況『禹貢』本非理會地脈耶!' 銖.)"
757) 호광(胡廣) 등 찬, 『서경대전(書經大全)』의 소주를 수용한 것이다.

○ 桑乾水及幽·冀諸水.
'동류이위상간·유·기(東流而爲桑乾·幽·冀)'의 경우, 상간수(桑乾水) 및 유수(幽水)와 기수(冀水)의 여러 물이다.

○ 二水.
'분·진(汾·晉)'의 경우, 두 물이다.

○ 四支之間.
'기간(其間)'의 경우, 네 개 지류(支流)의 사이다.

○ 七鴆反.758)
'짐(沁)'은 칠(七)과 짐(鴆)의 반절이다.

○ 音燭.
'촉(屬)'은 음이 촉(燭)이다.

○ 治之者.
'산지경리자(山之經理者)'는 산을 다스리는 자이다.

○ 朱子曰 : "每州, 各言境內山川, 首尾不相連貫, 且自東而西, 非自然之形勢, 故於此, 通說九州山川, 聯貫首尾, 夒從西而東, 以著自然之形勢."759)
'개가견의(皆可見矣)'에 대해, 주자(朱子: 朱熹)가 말하였다. "매 주(州)마다 각각 경계 안의 산과 내를 말하였는데 처음과 끝이 서로 이어지지 않고 또 동쪽으로부터 서쪽으로 하여 자연의 형세가 아니다. 그러므로 여기서 9주의 산과 내를 통틀어 말함에 처음과 끝을 연관시키고 다시 서쪽으로부터 동쪽으로 하여 자연의 형세를 드러냈다."

○ 呂氏曰 : "分見於九州者, 其經也; 聚見於後者, 其緯也. 無經則不知其定所, 無緯則不知其脈絡, 此作『書』之妙也."760)

---

758) 호광(胡廣) 등 찬, 『시경대전(書經大全)』의 소주에는 "音盡.(음이 신이나.)으로 되어 있다.
759) 호광(胡廣) 등 찬, 『서경대전(書經大全)』의 소주를 수용한 것이다.

여씨(呂氏: 呂祖謙)가 말하였다. "산과 내를 나누어 9주에서 보인 것은 경(經)이고, 산과 내의 무리를 뒤에 보인 것은 위(緯)이다. 경(經)이 없으면 그 일정한 장소를 알지 못하며, 위(緯)가 없으면 그 맥락을 알지 못하니, 이는『상서(尙書)』를 지은 묘미인 것이다."

○ 去聲.
'개위미당(皆爲未當)'에서 '당(當)'은 거성(去聲:)이다.

○ 新安陳氏曰 : "馬融·王肅, 以岍至碣石, 爲北條; 西傾至陪尾, 爲中條; 嶓冢至敷淺原, 爲南條. 然內方·大別在荊州[761], 岷在梁州, 相去數千里, 豈可合爲一條. 鄭玄謂: 岍·岐爲正陰列, 西傾爲次陰列, 嶓冢爲次陽列, 岷山爲正陽列, 四列雖是, 而陰陽正次·名稱未當."[762]

신안 진씨(新安陳氏: 陳師凱)가 말하였다. "마융(馬融)과 왕숙(王肅)이 견산(岍山)부터 갈석(碣石)까지를 북조(北條)라 하고, 서경산(西傾山)부터 배미산(陪尾山)까지를 중조(中條)라 하고, 파총산(嶓冢山)부터 부천원(敷淺原)까지를 남조(南條)라 하였다. 그러나 내방산(內方山)과 대별산(大別山)은 형주(荊州)에 있고, 민산(岷山)은 양주(梁州)에 있어 서로의 거리가 수천 리니 어찌 합쳐서 한 가지가

---

760) 호광(胡廣) 등 찬,『서경대전(書經大全)』의 소주에서 발췌한 것이다. 그 전문은 다음과 같다. "呂氏曰 : '山川之分, 見于九州者, 其經也; 山川之聚, 見于後者, 其緯也. 無經則不知其定所, 無緯則不知其脈絡此, 作『書』之妙也. 導山, 有二說, 或以爲隨山通道, 以相視其源, 委脈絡; 或以爲治山旁小水, 二說蓋兼用. 禹隨山以治水, 故以導言. 如此於相其山勢, 何導之. 有山之有脈絡條列, 固不可誣, 而水之源, 未有不出於山水之勢, 未有不因于山, 旣隨山通道, 相其脈絡源委, 又因以導山旁澗谷之水, 而納之川, 二說蓋並行而不相悖也.' (여씨가 말하였다. '산과 내의 구분을 9주에 보인 것은 경이고, 산과 내의 무리를 뒤에 보인 것은 위이다. 경이 없으면 그 일정한 장소를 알지 못하며, 위가 없으면 그 맥락을 알지 못하니, 이는『상서』를 지은 묘미인 것이다. ….')"
761) 내방(內方)과 대별(大別)은 산 이름이다. 내방산은 또한 장산(章山)이라고도 부른다. 아래의「우공(禹貢)」[4-2-1-86]에서 "導嶓冢, 至于荊山, 內方, 至于大別.(파총산에서 물길을 터서 형산에 이르게, 내방산부터 대별산에 이르게 하였다.)"이라고 하였다. 공안국(孔安國)은 "內方·大別, 二山名, 在荊州, 漢所經.(내방산과 대별산은 두 개의 산 이름이니 형주에 있으며, 한나라 때 다스린 것이다.)"라고 하였다.
762) 호광(胡廣) 등 찬,『서경대전(書經大全)』의 소주에서 발췌한 것이다. 그 전문은 다음과 같다. "新安陳氏曰 : '三條之說, 出於馬融·王肅, 以岍·岐至碣石, 爲北條; 西傾至敷淺原, 爲中條; 嶓冢至敷淺原, 爲南條. 然內方·大別在荊州, 岷在梁州, 相去數千里, 豈可合爲一條. 四列之說, 出於鄭玄, 謂: 岍·岐爲正陰列, 西傾爲次陰列, 嶓冢爲次陽列, 岷山爲正陽列, 四列雖是, 而陰陽正次·名稱未當. 宜蔡氏以二條·四列訂之云..'(신안 진씨가 말하였다. '삼조의 말은 마융과 왕숙에게서 나왔으니, 견산과 기산부터 갈석까지를 북조라 하고, 서경산부터 배미산까지를 중조라 하고, 파총산부터 부전원까지를 남조라 하였다. 그러나 내방산과 대별산은 형주에 있고, 민산은 양주에 있어 서로의 거리가 수천 리니 어찌 합쳐서 한 가지가 될 수 있겠는가. 사열의 말은 정현에게서 나왔으니, 이르기를 견산과 기산이 정음의 열이 되고, 서경산이 다음 음의 열이 되고, 파총산이 다음 양의 열이 되고, 민산이 정양의 열이 된다고 하여 네 개의 열이 비록 옳으나 음양의 정차와 명칭이 마땅하지 않다. 마땅히 채씨가 이조와 사열로써 정정한 것으로 해야 한다.')"

될 수 있겠는가. 정현(鄭玄)이 이르기를, '견산(岍山)과 기산(岐山)이 정음(正陰)의 열이 되고, 서경산(西傾山)이 다음 음(陰)의 열이 되고, 파총산(嶓冢山)이 다음 양(陽)의 열이 되고, 민산(岷山)이 정양(正陽)의 열이 된다.'고 하여 네 개의 열(列)이 비록 옳으나 음양(陰陽)의 정차(正次)와 명칭이 마땅하지 않다."

○ 按, 以地之南北, 分陰陽, 未甚穩.
내가 살펴보건대, 땅의 남쪽과 북쪽으로써 음(陰)과 양(陽)을 나누는 것은 매우 온당하지 않다.

○ 紀限.
'이강하이위지기(而江河以爲之紀)'에서 기(紀)는 기한(紀限: 한도를 정하다)이다.

○ '孔'以下, 論也.
'차북조대하북경지산야(此北條大河北境之山也)'에서 볼 때, '공씨(孔氏)' 이하는 논변한 것이다.

[4-2-1-85]

西傾・朱圉・鳥鼠, 至于太華, 熊耳・外方・桐柏, 至于陪尾.

서경산(西傾山)과 주어산(朱圉山)과 조서산(鳥鼠山)으로부터 태화산(太華山)에 이르며, 웅이산(熊耳山)과 외방산(外方山)과 동백산(桐柏山)으로부터 배미산(陪尾山)에 이르게 하였다.

集傳

'西傾'・'朱圉'・'鳥鼠'・'太華', 雍州山也; '熊耳'・'外方'・'桐柏'・'陪尾', 豫州山也. '西傾', 見梁州. '朱圉', 「地志」, "在天水郡冀縣南", 今秦州大潭縣也, 俗呼爲白巖山. '鳥鼠', 見雍州. '太華', 「地志」, "在京兆華陰縣南", 今華州華陰縣二十里也. '熊耳', 在商州上洛縣, 詳見豫州. '外方', 「地志」, "潁川郡崈高縣, 有崈高山, 古文以爲外方", 在今西京登封縣也. '桐柏', 「地志」, "在南陽郡平氏縣東南", 今唐州桐柏縣也. '陪尾', 「地志」, "江夏郡安陸縣東北, 有橫尾山, 古文以爲陪尾", 今安州安陸也. '西傾', 不言'導'者, 蒙'導岍'之文也. 此北條大河南境之山也.

'시경(西傾)'과 '주어(朱圉)'와 '조서(鳥鼠)'와 '태화(太華)'는 옹주(雍州)의 산이고,

'웅이(熊耳)'와 '외방(外方)'과 '동백(桐柏)'과 '배미(陪尾)'는 여주(豫州)의 산이다. '서경(西傾)'은 양주(梁州)에 보인다. '주어(朱圉)'는 「지지(地志)」에서 "천수군(天水郡) 기현(冀縣)의 남쪽에 있다."고 하였으니, 지금 진주(秦州)의 대담현(大潭縣)이며, 세상 사람들이 부르기를 백암산(白巖山)이라고 한다. '조서(鳥鼠)'는 옹주(雍州)에 보인다. '태화(太華)'는 「지지(地志)」에서 "경조(京兆) 화음현(華陰縣)의 남쪽에 있다."고 하였으니, 지금 화주(華州)의 화음현(華陰縣) 20리다. '웅이(熊耳)'는 상주(商州) 상락현(上洛縣)에 있으니, 여주(豫州)에 자세히 보인다. '외방(外方)'은 「지지(地志)」에 "영천군(潁川郡) 숭고현(崇高縣)에 숭고산(崇高山)이 있는데, 고문(古文)에서 외방(外方)이라 하였다."고 하였으니, 지금 서경(西京)의 등봉현(登封縣)에 있다. '동백(桐柏)'은 「지지(地志)」에서 "남양군(南陽郡) 평씨현(平氏縣)의 동남쪽에 있다."고 하였으니, 지금 당주(唐州)의 동백현(桐柏縣)이다. '배미(陪尾)'는 「지지(地志)」에서 "강하군(江夏郡) 안륙현(安陸縣)의 동북쪽에 횡미산(橫尾山)이 있는데, 고문(古文)에서 배미(陪尾)라 하였다."고 하였으니, 지금 안주(安州)의 안륙(安陸)이다. '서경(西傾)'에서 '도(導)'를 말하지 않은 것은 '도견(導岍)'의 글을 이어받아서이다. 이는 북조(北條)로 대하(大河)의 남쪽 지경에 있는 산이다.

詳說

○ 在河之南.
'여주산야(豫州山也)'의 경우, 하수(河水)의 남쪽에 있다.

○ 音現, 下並同.
'현(見)'은 음이 현(現)이니, 아래도 아울러 같다.

○ 洛水所出.763)
'상현여주(詳見豫州)'의 경우, 낙수(洛水)가 나오는 곳이다.

○ 崇同.764)
'숭(崈)'은 숭(崇)과 같다.

---

763) 아래의 「우공(禹貢)」 [4-2-1-96]에서 "導洛, 自熊耳, 東北會于澗·瀍, 又東會于伊, 又東北入于河.(낙수를 터서 웅이산에서부터 동북쪽으로 흘러 간수와 전수를 만나고, 또 동쪽으로 흘러 이수를 만나며, 또 동북쪽으로 흘러 하수로 들어간다.)"라고 하였다.
764) 호광(胡廣) 등 찬, 『서경대전(書經大全)』의 소주에는 "音崇.(음이 숭이다.)"이라고 하였다.

○ 卽嵩高山.
'숭고산(崈高山)'은 곧 숭고산(嵩高山)이다.

○ 音支.
'지(氏)'는 음이 지(支)이다.

○ 曾氏曰 : "皆雍州之山故也."765)
'몽도견지문야(蒙導岍之文也)'에 대해, 증씨(曾氏: 曾鞏)766)가 말하였다. "모두 옹주(雍州)의 산이기 때문이다."

○ 孔氏曰 : "西傾·陪尾, 首尾相連, 洛經熊耳, 伊經外方, 淮出桐柏, 經陪尾."767)
'차북조대하남경지산야(此北條大河南境之山也)'에 대해, 공씨(孔氏: 孔安國)가 말하였다. "서경산(西傾山)과 배미산(陪尾山)은 처음과 끝이 서로 이어지며, 낙수(洛水)는 웅이산(熊耳山)을 경유하고, 이수(伊水)는 외방산(外方山)을 경유하고, 회수(淮水)는 동백산(桐柏山)에서 나와서 배미산(陪尾山)을 경유한다."

---

765) 호광(胡廣) 등 찬, 『서경대전(書經大全)』의 소주에서 발췌한 것이다. 그 전문은 다음과 같다. "曾氏曰 : '岍與西傾, 皆雍州之山, 故西傾不言導, 其文蒙於導岍也. 嶓·幡皆梁州之山, 故岷山不言導, 其文蒙於嶓冢也.'(증씨가 말하였다. '견산과 서경산은 모두 옹주의 산이기 때문에 서경산에서 도를 말하지 않았으니 그 글이 도견을 이어받아서이다. 민산과 파총산은 모두 양주의 산이기 때문에 민산에서 도를 말하지 않았으니 그 글이 파총산을 이어받아서이다.')"
766) 증씨(曾氏 : 曾鞏): 증공(119-183)은 북송의 학자로, 자가 자고(子固)이고, 호가 남풍(南豊)이며, 강우(江右) 사람이다. 남풍(南豊)에서 태어나서 임천(臨川)에서 살았다. 어려서부터 총명하고 지혜로우며 기억력이 뛰어나 한번 시문(詩文)을 읽으면 줄줄 외웠고, 12살부터는 글을 잘 지었다고 한다. 가우(嘉祐) 2년(157)에 진사에 급제하여 벼슬이 태평주사법참군(太平州司法參軍)을 시작으로 각지의 지주(知州)를 맡았고, 사관수찬(史官修撰)·판태상시겸예의사(判太常寺兼禮儀事) 등을 역임하여 시호 문정(文定)을 받았다. 당송팔대가(唐宋八大家)에 들 정도로 문장에 뛰어나 '고아(古雅)하고 평정(平正)하고 충화(沖和)하다'는 평을 받았으며 세상에서 남풍선생(南豊先生)이라 일컬었다. 저서로는 『원풍유고(元豊類稿)』·『융평집(隆平集)』등이 있다.
767) 호광(胡廣) 등 찬, 『서경대전(書經大全)』의 소주에서 발췌한 것이다. 그 전문은 다음과 같다. "孔氏曰 : '西傾·朱圉, 在積石, 以東鳥鼠, 渭水所出, 在隴西之西. 三者, 雍州之南山. 至于太華, 相首尾而東, 太華·熊耳·外方·桐柏, 四山相連, 東南在豫州界, 洛經熊耳, 伊經外方, 淮出桐柏, 經陪尾. 凡此皆先舉所施功之山於上, 而後條例所治水於下, 互相備.'(공씨가 말하였다. '서경산과 주어산이 적석산에 있고, 동쪽의 조서산은 위수가 나오는 곳으로 농서의 서쪽에 있다. 세 가지는 옹주의 남산이나. … 태화산과 웅이산과 외방산과 동백산와 네 개의 산이 서로 이어졌으며 동남쪽은 여주의 경계가 있으니 낙수는 웅이산을 경유하고, 이수는 외방산을 경유하고, 회수는 동백산에서 나와서 배미산을 경유한다. ….')" 『상서주소(尚書注疏)』 권5, 「하서(夏書)·우공(禹貢)」에 있는 공안국(孔安國)의 전(傳)의 내용은 다음과 같다. "四山相連, 東南在豫州界, 洛經熊耳, 伊經外方, 淮出桐柏, 經陪尾. 凡此皆先舉所施功之山於上, 而後條列所治水於下, 互相備."

[4-2-1-86]

導嶓冢, 至于荊山, 內方, 至于大別.

파총산(嶓冢山)에서 물길을 터서 형산(荊山)에 이르며, 내방산(內方山)으로부터 대별산(大別山)에 이르게 하였다.

集傳

'嶓冢', 卽梁州之嶓也, 山形如冢, 故謂之嶓冢. 詳見梁州. '荊山', 南條荊山, 「地志」, "在南郡臨沮縣北", 今襄陽府南章縣也. '內方'·'大別', 亦山名. '內方', 「地志」, "章山, 古文以爲內方山, 在江夏郡竟陵縣東北", 今荊門軍長林縣也.『左傳』, "吳與楚戰, 楚濟漢而陳, 自小別, 至于大別", 蓋近漢之山, 今漢陽軍漢陽縣北大別山, 是也.「地志」及『水經』云: "在安豐"者, 非是. 此南條江·漢北境之山也.

'파총(嶓冢)'은 곧 양주(梁州)의 파산(嶓山)이니, 산의 모양이 무덤과 같기 때문에 파총(嶓冢)이라고 이른 것이다. 양주(梁州)에 자세히 보인다. '형산(荊山)'은 남조형산(南條荊山)이니, 「지지(地志)」에서 "남군(南郡) 임저현(臨沮縣)의 북쪽에 있다."고 하였으니, 지금의 양양부(襄陽府) 남장현(南章縣)이다. '내방(內方)'과 '대별(大別)'도 또한 산 이름이다. '내방(內方)'은 「지지(地志)」에서 "장산(章山)이니, 고문(古文)에는 내방산(內方山)이라 하였으며, 강하군(江夏郡) 경릉현(竟陵縣)의 동북쪽에 있다."고 하였으니, 지금 형문군(荊門軍)의 장림현(長林縣)이다.『좌전(左傳)』에서 "오(吳)나라와 초(楚)나라가 싸울 때 초나라가 한수(漢水)를 건너 진을 쳐서 소별산(小別山)으로부터 대별산(大別山)까지 이르렀다."고 하였으니, 대개 한수(漢水)와 가까운 산이니, 지금 한양군(漢陽軍) 한양현(漢陽縣) 북쪽의 대별산(大別山)이 이것이다.「지지(地志)」와『수경(水經)』에서 "안풍(安豐)에 있다."고 한 것은 옳지 않다. 이는 남조(南條)로 강수(江水)와 한수(漢水)의 북쪽 지경에 있는 산이다.

詳說

○ 音現.

'현(見)'은 음이 현(現)이다.

○ 恐當以'大別'二字, 冠于此.

'금형문군장림현야(今荊門軍長林縣也)'에서 볼 때, 아마도 마땅히 '대별(大別)'의 두 글자를 여기의 첫머리에 두어야 한다.

○ 「定四年」.768)
　'『좌전』(『左傳』)'은 「정공(定公) 4년」이다.

○ 如字.
　'초제한이진(楚濟漢而陳)'에서 '제(濟)'는 본래 글자의 음 대로 읽는다.

○ 去聲.769)
　'초제한이진(楚濟漢而陳)'에서 진(陳)'은 거성(去聲: 진을 치다)이다.

○ 二書.
　'「지지」·『수경』(「地志」·『水經』)'의 경우, 두 책이다.

○ 帶說'漢'字. ○孔氏曰 : "漾水出嶓冢, 經荊山·內方·大別."770)
　'차남조강·한북경지산야(此南條江·漢北境之山也)'에서 볼 때, 곁들여서 '한(漢)'자를 말하였다. ○공씨(孔氏: 孔安國)가 말하였다. "양수(漾水)가 파총산(嶓冢山)에서 나와서 형산(荊山)과 내방산(內方山)과 대별산(大別山)을 경유한다."

[4-2-1-87]
岷山之陽, 至于衡山, 過九江, 至于敷淺原.

민산(岷山)의 남쪽으로부터 형산(衡山)에 이르며, 구강(九江)을 지나서 부전원(敷淺原)에 이르게 하였다.

---

768) 『춘추좌전주소(春秋左傳注疏)』 권54, 「정공(定公) 4년」. "… 乃濟漢而陳, 自小別, 至于大別." 진(晉) 두예(杜預) 찬, 『춘추석례(春秋釋例)』 권7, 「토지명(土地名)·대별(大別)」에서 "吳既與楚, 夾漢然後, 楚乃濟漢而陳, 自小別, 至於大別. 然則二别, 近漢之名, 無緣反在安豐也."라고 하였다.
769) 호광(胡廣) 등 찬, 『서경대전(書經大全)』의 소주에는 "音陣.(음이 진이다.)"이라고 되어 있다.
770) 호광(胡廣) 등 찬, 『서경대전(書經大全)』의 소주에서 발췌한 것이다. 그 전문은 다음과 같다. "孔氏曰 : '漾水出嶓冢, 在梁州, 經荊山, 荊山在荊州. 內方·大別, 皆荊州山, 漢水所經.'(공씨가 말하였다. '양수가 파총산에서 나와서 양주에 있음에 형신을 경유하니, 형신은 형주에 있다. 내방산과 대별산은 모두 형주의 산이니, 한수가 경유하는 곳이다.')" 그리고 『상서주소(尙書注疏)』 권5, 「하서(夏書)·우공(禹貢)」에 있는 전(傳)의 내용은 다음과 같다. "漾水, 出嶓冢, 在梁州, 經荊山, 荊山在荊州. 內方·大別, 二山名, 在荊州, 漢所經."

詳說

○『諺』音, 必是傳寫之誤.771)
'전(淺)'은 『언해(諺解)』의 음이 반드시 전하여 베껴 씀의 잘못이다.

集傳

'岷山', 見梁州. '衡山', 南嶽也,「地志」, "在長沙國湘南縣", 今潭州衡山縣也. '九江', 見荊州. '敷淺原',「地志」云 : "豫章郡歷陵縣南, 有傅昜山, 古文以爲敷淺原", 今江州德安縣傅陽山也. 鼂氏以爲"在鄱陽"者, 非是. 今按, 鼂氏以鄱陽, 有傅陽山, 又有歷陵山, 爲應「地志」歷陵縣之名. 然鄱陽, 漢舊縣地, 不應又爲歷陵縣. 山名偶同, 不足據也. 江州德安, 雖爲近之, 然所謂 '敷淺原'者, 其山甚小而卑, 亦未見其爲在所表見者. 惟廬阜, 在大江·彭蠡之交, 最高且大, 宜所當紀志者, 而皆無考據, 恐山川之名, 古今或異, 而傳者未必得其眞也, 姑俟知者. '過', 經過也, 與"導岍逾于河"之義, 同. 孔氏以爲 "衡山之脈, 連延而爲敷淺原"者, 亦非是. 蓋岷山之脈, 其北一支, 爲衡山而盡於洞庭之西; 其南一支, 度桂嶺, 北經袁筠之地, 至德安, 所謂'敷淺原'者, 二支之間, 湘水間斷. 衡山, 在湘水西南; 敷淺原, 在湘水東北, 其非衡山之脈, 連延過九江而爲敷淺原者, 明甚. 且其山川岡脊源流, 具在眼前, 而古今異說, 如此, 況殘山斷港, 歷數千百年者, 尚何自取信哉. 岷山不言'導'者, 蒙 '導嶓冢'之文也. 此南條江漢南境之山也.

'민산(岷山)'은 양주(梁州)에 보인다. '형산(衡山)'은 남악(南嶽)인데 「지지(地志)」에서 "장사국(長沙國) 상남현(湘南縣)에 있다."고 하였으니, 지금 담주(潭州)의 형산현(衡山縣)이다. '구강(九江)'은 형주(荊州)에 보인다. '부전원(敷淺原)'은 「지지(地志)」에서 "예장군(豫章郡) 역릉현(歷陵縣) 남쪽에 부양산(傅陽山)이 있으니, 고문(古文)에 부전원(敷淺原)이라 한다."고 하였으니, 지금 강주(江州) 덕안현(德安縣)의 부양산(傅陽山)이다. 조씨(鼂氏: 鼂說之)가 "파양(鄱陽)에 있다."고 한 것은 옳지 않다. 이제 살펴보건대, 조씨(鼂氏)는 파양(鄱陽)에 부양산(傅陽山)이 있고 또 역릉산(歷陵山)이 있다고 하였으니,「지지(地志)」의 역릉현(歷陵縣)이라는 명칭에 부합하는 것이다. 그러나 파양(鄱陽)은 한나라의 옛날 현(縣) 지역이므로 응당 다시 역

---

771)『언해(諺解)』에는 음이 '천'으로 되어 있는데,『광운(廣韻)』에 의하면 그 뜻이 '물이 낮다'일 경우에는 "七演切, 上.(칠과 연의 반절이니, 상성이다.)"이라 하였고, 그 뜻이 '물살이 빠르다'일 경우에는 "則前切, 平.(적과 전의 반절이니, 평성이다.)"이라 하였다. 여기서는 상성의 '천'이 아니라 평성의 '전'으로 본 것이다.

릉현(歷陵縣)이 될 수 없는 것이다. 산 이름이 우연히 같은 것이니, 근거로 충분하지 않다. 강주(江州)의 덕안(德安)이 비록 가깝기는 하나 이른바 '부천원(敷淺原)'이라는 것은 그 산이 매우 작고 낮아서 또한 있는 곳을 표시하여 드러낼 것이 눈에 띄지 않는다. 오직 노부(盧阜)는 대강(大江)과 팽려(彭蠡)가 교차하는 곳에 있으며, 가장 높고 또 커서 마땅히 기록하기에 합당한 것이나, 모두 상고할 근거가 없어서 아마도 산과 내의 이름이 옛날과 지금이 간혹 달라 전사(傳寫)하는 이가 반드시 그 진실을 얻지 못할 듯하니, 우선적으로 아는 이를 기다리는 것이다. '과(過)'는 경과(經過)함이니, "견산(岍山)에서 물길을 터서 하수(河水)를 넘어간다."는 뜻과 같다. 공씨(孔氏: 孔安國)가 "형산(衡山)의 산맥이 이어지고 뻗어서 부천원(敷淺原)이 되었다."고 한 것은 또한 옳지 않다. 대개 민산(岷山)의 맥락이 그 북쪽의 한 지맥은 형산(衡山)이 되어 동정호(洞庭湖)의 서쪽에서 다하고, 그 남쪽의 한 지맥은 계령(桂嶺)을 넘어 북쪽으로 원균(袁筠)의 땅을 지나서 덕안(德安)에서 이른바 '부천원(敷淺原)'이라는 것에 이르며, 두 지맥의 사이에 상수(湘水)가 중간이 끊어진 것이다. 형산(衡山)은 상수(湘水)의 서남쪽에 있고, 부천원(敷淺原)은 상수(湘水)의 동북쪽에 있으니, 그 형산(衡山)의 산맥이 이어지고 뻗어서 구강(九江)을 지나 부천원(敷淺原)이 된 것이 아님이 매우 분명하다. 또 그 산과 내의 산등성이와 원류(源流)가 모두 눈앞에 있는데도 옛날과 지금의 말이 다른 것이 이와 같거늘, 하물며 나지막한 산과 끊어진 항구로 수천백 년 동안 지나다녔다는 것을 오히려 어찌 스스로 믿을 수 있겠는가. 민산(岷山)에서 '도(導)'를 말하지 않은 것은 '도파총(導嶓冢)'의 글을 이어받아서이다. 이는 남조(南條)로 강수(江水)와 한수(漢水) 남쪽 지경의 산이다.

詳說

○ 音現, 下並同.
    '현(見)'은 음이 현(現)이니, 아래도 아울러 같다.

○ 一作'博',772) 下並同.
    '부(傅)'는 어떤 판본에는 '부(博)'로 썼으니, 아래도 아울러 같다.

---

772) 채침(蔡沈) 찬, 『서경집전(書經集傳)』에는 '傅'로 되어 있고, 호광(胡廣) 등 찬, 『서경대전(書經大全)』 및 내각본에는 '博'으로 되어 있다.

○ 古'陽'字.
　'양(昜)'은 옛날의 '양(陽)'자이다.

○ 聶說, 止此.
　'조씨이위재파양자(聶氏以爲在鄱陽者)'에서 볼 때, 조씨(聶氏: 聶說之)의 말이 여기서 그친다.

○ 合也.
　'위응(爲應)'의 경우, 부합함이다.

○ 平聲.
　'불응(不應)'에서 응(應)은 평성(平聲: 응당)이다.

○ 傅陽.
　'산명(山名)'의 경우, 부양(傅陽)이다.

○ 德安所謂.
　'연소위(然所謂)'의 경우, 덕안(德安)에서 이른 바이다.

○ 如字.
　'역미견(亦未見)'에서 견(見)은 본래의 음 대로 읽는다.

○ 識也.
　'의소당기지(宜所當紀志)'에서 지(志)는 기록함이다.

○ 句.
　'도계령(度桂嶺)'에서 문장이 끊어진다.

○ '至'字, 釋於此.
　'소위부전원자(所謂敷淺原者)'에서 볼 때, '지(至)'자가 여기서 해석된다.

○ 去聲.

'간(間)'은 거성(去聲: 틈, 간격)이다.

○ 徒玩反.
'단(斷)'은 도(徒)와 완(玩)의 반절이다.

○ 曾氏曰 : "岷·嶓, 皆梁州山故也."773)
'몽도파총지문야(蒙導嶓冢之文也)'에 대해, 증씨(曾氏: 曾鞏)가 말하였다. "민산(岷山)과 파산(嶓山)은 모두 양주(梁州)의 산이기 때문이다."

○ 孔氏曰 : "岷山, 江所出 ; 衡山, 江所經."774)
'차남조강·한남경지산야(此南條江·漢南境之山也)'에 대해, 공씨(孔氏: 孔安國)가 말하였다. "민산(岷山)은 강수(江水)가 나가는 곳이고, 형산(衡山)은 강수(江水)가 경유하는 곳이다."

○ 林氏曰 : "岍·岐, 所導之水, 合河·濟之流, 最爲奔悍, 當其隨山之初, 已達于海. 西傾·嶓·岷, 所導之水, 則未能達海, 且注于下流之地, 及濬川之功旣施, 乃得入海. 下文所載, 方是衆水入海之道, 故此止言至于陪尾·大別·敷淺原, 而下流之山, 皆所不及也."775)
임씨(林氏: 林之奇)가 말하였다. "견산(岍山)과 기산(岐山)에서 물길을 턴 물이

---

773) 호광(胡廣) 등 찬, 『서경대전(書經大全)』의 소주에서 발췌한 것이다. 그 전문은 다음과 같다. "曾氏曰 : '岍與西傾, 皆雍州之山, 故西傾不言導, 其文蒙於導岍也; 岷·嶓, 皆梁州之山, 故岷山不言導, 其文蒙於嶓冢也.'(증씨가 말하였다. '견산과 서경산은 모두 옹주의 산이기 때문에 서경산에서 도를 말하지 않았으니 그 글이 도견을 이어받아서이며, 민산과 파산은 모두 양주의 산이기 때문에 민산에서 도를 말하지 않았으니 그 글이 파총을 이어받아서이다.')"
774) 호광(胡廣) 등 찬, 『서경대전(書經大全)』의 소주에서 발췌한 것이다. 그 전문은 다음과 같다. "孔氏曰 : '岷山, 江所出, 在梁州; 衡山, 江所經, 在荊州.'(공씨가 말하였다. '민산은 강수가 나가는 곳이니 양주에 있고, 형산은 강수가 경유하는 곳이니 형주에 있다.')"
775) 호광(胡廣) 등 찬, 『서경대전(書經大全)』의 소주에서 발췌한 것이다. 그 전문은 다음과 같다. "林氏曰 : '岍·岐, 所導之水, 乃合河·濟之流, 最爲奔悍, 當其隨山之初, 自西而決之東, 自東達之東北, 則已達于海矣. 故言入于海. 西傾·嶓·岷, 所導之水, 則未能達海, 且注于下流之地, 及濬川之功旣施, 乃得入海. 故下文所載方是衆水入海之道, 故此只言至于陪尾·大別·敷淺原而止, 而下流之山, 皆所不及也.'(임씨가 말하였다. '견산과 기산에서 물길을 턴 물이 이에 하수와 제수의 흐름과 합쳐짐에 가장 세차고 빠르게 되어 서쪽으로부터 터서 동쪽으로 흘러가고 동쪽으로부터 동북쪽으로 이리러 이윽고 바다에 도달한 것이다. 그러므로 바다에 들어갔다고 말한 것이다. 서경산과 파산과 민산에서 물길을 턴 물은 능히 바다에 도달하지 못하고 잠차 하류의 지역으로 흘러가서 내를 깊이 파는 공정이 이미 시행됨에 미쳐서야 이에 바다로 들어갈 수 있었다. 그러므로 아랫글에서 바야흐로 많은 물이 바다로 들어가는 방도를 기재하였기 때문에 여기서는 단지 배미산과 대별산과 부전원에 이르러 그쳐서 하류의 산에는 모두 미치지 못한 것을 말한 것이다.')"

하수(河水)와 제수(濟水)의 흐름과 합쳐짐에 가장 세차고 빠르게 되어 응당 그 산을 따르는 처음인데도 이미 바다에 도달한 것이다. 서경산(西傾山)과 파산(嶓山)과 민산(岷山)에서 물길을 턴 물은 능히 바다에 도달하지 못하고 장차 하류의 지역으로 흘러가서 내를 깊이 파는 공정이 이미 시행됨에 미쳐서야 이에 바다로 들어갈 수 있었다. 아랫글에서 바야흐로 많은 물이 바다로 들어가는 방도를 기재하였기 때문에 여기서는 단지 배미산(陪尾山)과 대별산(大別山)과 부전원(敷淺原)에 이르러 하류에 있는 산이 모두 미치지 못한 것을 말한 것이다."

○ 新安陳氏曰 : "隨山, 爲濬川之經始, 下文導水, 詳言濬川之源委, 獨岍·岐入海一節, 意者, 當時水患, 河·濟尤甚, 故自發源以至入海, 先之相視流導, 後之開鑿濬導, 必極于歸宿之地."776)
신안 진씨(新安陳氏: 陳師凱)가 말하였다. "산세를 따름이 내를 깊이 파는 경영의 시작이 되니, 아랫글의 물길을 트는 것에서 내를 깊이 파는 곳의 원천과 합수(合水)를 자세하게 말하였다. 오직 견산(岍山)과 기산(岐山)에서 바다로 들어가는 한 단락은 생각하건대, 당시에 홍수의 우환(憂患)이 하수(河水)와 제수(濟水)가 더욱 심하였기 때문에 발원(發源)으로부터 바다로 들어감에 이르기까지 물의 흐름과 물길을 트는 것을 살펴보기를 먼저하고, 열고 뚫으며 깊이 파서 물길을 내는 것을 뒤에 하여 반드시 돌아갈 지역에 다다르게 한 것이다."

[4-2-1-88]
導弱水, 至于合黎, 餘波, 入于流沙.

약수(弱水)의 물길을 터서 합려(合黎)에 이르렀으며, 남은 물줄기를 유사(流沙)로 들어가게 하였다.

---

776) 호광(胡廣) 등 찬, 『서경대전(書經大全)』의 소주에서 발췌한 것이다. 그 전문은 다음과 같다. "新安陳氏曰 : '導山之役, 分爲四路, 乃懷襄, 方殷未可下. 濬川之功, 先隨山, 相視可疏導者, 疏導之, 兩條四列, 實人功經歷之次第, 爲濬川之經始, 下文導水, 詳言濬川之源委, 乃收上文隨山之成功, 林·陳說是. 獨岍·岐入海節, 辭猶未備, 岍·岐一列, 河·濟所經, 既入海矣, 何爲下文導河積石·導沇水二條, 又各言入于海歟. 意者, 當時水患, 河·濟尤甚, 比江·淮·漢·江. 淮·漢之屬, 則初一番相視疏導, 且可无陪尾·大別·敷淺原而止, 下文自源徂流言之歟.'(신안 진씨가 말하였다. '산에서 물길을 트는 일은 나누어 네 개의 물길이 되었으니, … 내를 깊이 파는 공정은 먼저 산세를 따름에 물길을 틀 수 있는 것을 살펴보고서 … 내를 깊이 파는 경영의 시작이 되니, 아랫글의 물길을 트는 것에서 내를 깊이 파는 곳의 원천과 합수를 자세하게 말하였으니, … 오직 견산과 기산에서 바다로 들어가는 한 단락은 말이 오히려 갖춰지지 못하였으니, … 생각하건대, 당시에 홍수의 우환이 하수와 제수가 더욱 심하여 강수와 한수와 회수에 비하여 공력을 씀이 더욱 어려웠기 때문에 발원으로부터 바다로 들어감에 이르까지 물의 흐름과 물길을 트는 것을 살펴보기를 먼저하고, 열고 뚫으며 깊이 파서 물길을 내는 것을 뒤에 하여 반드시 돌아갈 지역에 다다르게 한 것이다. ….')"

集傳

此下, 濬川也. '弱水', 見雍州. '合黎', 山名, 『隋』「地志」, "在張掖縣西北, 亦名羌谷." '流沙', 杜佑云 : "在沙州西八十里, 其沙隨風流行, 故曰流沙." 水之疏導者, 已附于逐州之下, 於此, 又派別而詳記之, 而水之經緯, 皆可見矣. 濬川之功, 自隨山始, 故導水次於導山也. 又按, 山·水, 皆原於西北, 故禹敍山敍水, 皆自西北而東南, 導山則先岍·岐, 導水則先弱水也.

이 아래는 내를 깊이 판 것이다. '약수(弱水)'는 옹주(雍州)에 보인다. '합려(合黎)'는 산 이름이니, 『수서(隋書)』「지지(地志)」에서 "장액현(張掖縣) 서북쪽에 있는데, 또한 이름이 강곡(羌谷)이다."라고 하였다. '유사(流沙)'는 두우(杜佑)[777]가 이르기를 "사주(沙州) 서쪽 80리에 있으니, 그 모래가 바람을 따라 흘러 다니기 때문에 유사(流沙)라 하였다."고 하였다. 물의 물길을 터서 여는 것을 이미 각 주(州)마다 아래에 붙였고, 여기에서도 또 물줄기를 나누어 자세히 기록하였으니, 물의 경위(經緯)를 모두 볼 수 있다. 내를 깊이 파는 공정이 산세를 따름으로부터 시작하기 때문에 물길을 트는 것이 산길을 여는 것보다 다음에 하는 것이다. 또 살펴보건대, 산과 물이 모두 서북쪽에서 근원하였기 때문에 우(禹)가 산을 차례하고 물을 차례함에 모두 서북쪽으로부터 동남쪽에 이르렀는데, 산길을 여는 것은 견산(岍山)과 기산(岐山)을 먼저하고, 물길을 트는 것은 약수(弱水)를 먼저한 것이다.

詳說

○ 總提九節.

'준천야(濬川也)'에서 볼 때, 아홉 단락을 총괄하여 제언(提言)한 것이다.

○ 音現.

'현(見)'은 음이 현(現)이다.

○ 陳氏曰 : "弱水之正者, 入合黎; 其餘, 則入于流沙."[778] ○程

---

777) 두우(杜佑): 두우(735-812)는 당대 학자로 자가 군경(君卿)이고, 경조(京兆) 만년(萬年) 사람이다. 어려서부터 배우기를 좋아하여 고금의 학문을 두루 섭렵히였다. 시인 두목(杜牧)의 손자로 아버지의 문음(門蔭)으로 제남참군(濟南參軍)이 되었고, 공부낭중(工部郞中)·무주자사(撫州刺史)·어사중승(御史中丞)·영남절도사(嶺南節度使)·이시대부(御史大夫)·상서우승(尙書右丞)·회남절도사(淮南節度使)·새상(宰相)을 역임했으며, 기국공(岐國公)에 봉해지고 광록대부(光祿大夫)와 태보(太保)의 직책으로 벼슬살이를 마쳤다. 죽은 뒤에 태부(太傅)에 추증되었고, 시호는 안간(安簡)이다. 저서로는 『통전(通典)』이 있다.

778) 호광(胡廣) 등 찬, 『서경대전(書經大全)』의 소주를 수용한 것이다.

氏曰：“導至合黎，則其逆行者，已順，其遠而無所事，治者固不必極之於西海，近而無能爲害者，亦任其餘波之入流沙，則已矣. 故於雍止曰‘旣西’，於此不必曰‘入于西海’，皆紀實也.”779)
'고왈유사(故曰流沙)'에 대해, 진씨(陳氏: 陳鵬飛)가 말하였다. "약수(弱水)의 바르게 흐르는 것은 합려(合黎)로 들어가고, 그 나머지는 유사(流沙)로 들어간다." ○정씨(程氏: 程大昌)가 말하였다. "물길을 터서 합려(合黎)에 이르면 그 거슬러 흐르는 것도 이윽고 순조롭게 흘러서 멀리 가도 아무 일이 없어서 다스리는 이가 굳이 서해(西海)에 이를 것을 기필하지 않으며, 가까이 있어도 능히 해악이 될 것이 없으니 또한 그 나머지 물줄기가 유사(流沙)로 들어가면 그만인 것이다. 그러므로 옹주(雍州)에서는 다만 '기서(旣西)780)'라 하였고, 여기서는 반드시 '입우서해(入于西海)'라고 하지 않았으니, 모두 사실을 기술한 것이다."

○ 與‘導岍’註, 相照.781)
'개가건의(皆可見矣)'에서 볼 때, '도견(導岍)'의 주(註)와 서로 대조해야 한다.

---

779) 호광(胡廣) 등 찬, 『서경대전(書經大全)』의 소주에서 발췌한 것이다. 그 전문은 다음과 같다. "程氏曰禹導弱水至合黎則其逆行者已順其遠而無所事治者固不必極之于西海近而無能爲害者亦任其餘波之入流沙則已矣故於雍止曰旣西而于導水不必曰入于西海皆紀實也合黎流沙不可意度
780) 기서(旣西): 위의 「우공(禹貢)」 [4-2-1-72]에서 "약수(弱水)가 이미 서쪽으로 흐르며(弱水旣西)"라 하고, 집전에서 "유종원이 말하기를 '서쪽 바다의 산에 물이 있는데 힘없이 흩어져서 지푸라기조차 띄울 수 없으니, 지푸라기를 던지면 시들 듯이 쓰러지고 가라앉아 밑바닥에 이른 뒤에 멈추기 때문에 이름을 약이라 하였다.'고 하였다. '기서'라는 것은 물길을 터서 서쪽으로 흐르는 것이다.(柳宗元曰：'西海之山, 有水焉, 散渙無力, 不能負芥, 投之則委靡墊沒, 及底而後止, 故名曰弱.' '旣西'者, 導之西流也.)"라고 하였다.
781) 위의 「우공(禹貢)」 [4-2-1-84]에서 "導岍, 及岐, 至于荊山, 逾于河, 壺口·雷首, 至于太岳, 底柱·析城, 至于王屋, 太行·恆山, 至于碣石, 入于海.(견산에서 물길을 터서 기산에 미치고 형산에 이르며, 황하를 넘어 호구와 뇌수를 거쳐 태악에 이르며, 지주와 석성을 거쳐 왕옥에 이르며, 태항과 항산을 거쳐 갈석에 이르러 바다로 들어갔도다.)"라 하고, 집전에서 정리하여 서술한 다음의 내용을 말한다. "蓋禹之治水, 隨山刊木, 其所表識諸山之名, 必其高大, 可以辨疆域, 廣博可以奠民居. 故謹而書之, 以見其施功之次第, 初非有意推其脈絡之所自來, 若今之葬法所謂也. 若必實以山脈言之, 則尤見其說之謬妄. 蓋河北諸山, 根本脊脈, 皆自代北賽·武·嵐·憲諸州, 乘高而來, 其脊以西之水, 則西流以入龍門西河之上流; 其脊以東之水, 則東流而爲桑乾·幽·冀, 以入于海, 其西一支, 爲壺口·太岳; 次一支, 包汾·晉之源而南出, 以爲析城王屋, 而又西折, 以爲雷首; 又次一支, 乃爲太行; 又次一支, 乃爲恆山. 其間, 各隔水·潞諸川, 不相連屬, 豈自岍·岐, 跨河而爲是諸山哉. 山之經理者, 已附于逐州之下, 於此, 又條列而詳記之, 而山之經緯, 皆可見矣.(대개 우가 홍수를 다스림에 산을 좇으면서 나무를 베었으니, 그 표지한 여러 산의 이름은 반드시 높고 커서 강역을 분별할 수 있고, 넓고 커서 백성들의 거처로 정할 수 있었다. 그러므로 삼가 써서 공사를 시행한 차례를 나타낸 것이며, 처음부터 산의 맥락이 유래한 것을 미루어 지금의 장례법에서 말한 것처럼 하려는 뜻이 있은 것이 아니다. 만약 반드시 실제로 산맥을 가지고 말한다면 더욱 그 말이 그릇되고 망령됨을 보일 것이니. 대개 하북의 여러 산은 근본 산등성이 맥락이 모두 대북의 환주와 무주와 남주의 여러 주로부터 높은 곳을 타고 와서 그 산등성이에서 서쪽의 물은 서쪽으로 흘러 용문 서하의 상류로 들어가고, 그 산등성이에서 동쪽의 물은 동쪽으로 흘러 상건수와 유주 및 기주의 물이 되어 바다로 들어가는데, 서쪽의 한 지류는 호구와 태악이 되었고, 다음의 한 지류는 분수와 진수의 근원을 감싸서 남쪽으로 나와 석성과 왕옥이 되었는데 또 서쪽으로 꺾여서 뇌수가 되었으며, 또 다음의 한 지류는 바로 태항이 되었으며, 또 다음의 한 지류는 바로 항산이 되었다. 그 사이에 각각 심천과 노천의 여러 내가 떨어져서 서로 연결되지 않으니, 어찌 견산과 기산으로부터 하수를 넘어서 이 여러 산들이 되었겠는가. 산을 다스리는 것은 이미 각 주의 아래에 붙었고, 여기에서는 또 조목으로 열거하여 자세히 기록하였으니, 산의 경위를 모두 볼 수 있다.)"

○ 林氏曰 : "先決山陵之積水然後, 可施濬川之功."782)
'고도수차어도산야(故導水次於導山也)'에 대해, 임씨(林氏: 林之奇)가 말하였다. "먼저 산과 언덕의 쌓인 물을 터놓은 뒤에 내를 깊이 파는 공정을 시행할 수 있다."

○ 本出.
'개원(皆原)'의 경우, 원천이 나오는 것이다.

○ 朱子曰 : "先言山, 以爲水之經; 此言水, 以爲山之紀. 弱水, 最在西, 水又西流, 不經中國, 故首言之."783)
'도수즉선약수야(導水則先弱水也)'에 대해, 주자(朱子: 朱熹)가 말하였다. "먼저 산을 말하여 물의 법도로 삼았고, 여기서는 물을 말하여 산의 법도로 삼았다. 약수(弱水)는 가장 서쪽에 있는데 물이 또 서쪽으로 흐르면서 중국을 경유하지 않기 때문에 맨 먼저 말한 것이다."

[4-2-1-89]
導黑水, 至于三危, 入于南海.

흑수(黑水)에서 물길을 터서 삼위산(三危山)에 이르러 남해(南海)로 들어가게 하였다.

集傳

'黑水', 「地志」, "出犍爲郡南廣縣汾關山", 『水經』, "出張掖雞山, 南至燉煌,

---

782) 호광(胡廣) 등 찬, 『서경대전(書經大全)』의 소주에서 발췌한 것이다. 그 전문은 다음과 같다. "林氏曰 : '禹惟先決山陵之積水, 使有所歸然後, 可施濬川之功. 如上文旣導岍·岐, 至碣石然後, 導河·濟之功可施; 導西傾, 至陪尾然後, 導淮·渭·洛之功可施. 導嶓, 至大別; 導岷, 至敷淺原然後, 導漢與江之功可施, 所以先言導山而後, 及導水也.'(임씨가 말하였다. '우가 오직 먼저 산과 언덕의 쌓인 물을 터놓아 돌아가는 곳이 있게 한 뒤에 내를 깊이 파는 공정을 시행할 수 있었다. 예를 들면, 윗글에서 이미 견산과 기산에서 물길을 터서 갈석산에 이른 뒤에 하수와 제수의 물길을 트는 공정을 시행할 수 있었으며, 서경산에서 물길을 터서 배미산에 이른 뒤에 회수와 위수와 낙수의 물길을 트는 공정을 시행할 수 있었다. 파산에서 물길을 터서 대별산에 이르고, 민산에서 물길을 터서 부전원에 이른 뒤에는 한수와 강수의 물길을 트는 공정을 시행할 수 있었으니, 먼저 도산을 말한 뒤에 도수에 미친 것이다.')"
783) 호광(胡廣) 등 찬, 『서경대전(書經大全)』의 소주에서 발췌한 것이다. 그 전문은 다음과 같다. "朱子曰 : '流沙在合黎之西, 自導弱水, 至導洛. 凡九條, 皆導水之事, 大槩自北而南, 先言山, 以爲水之經, 故此言水, 爲山之紀. 弱水最在西北, 水又西流, 不經中國, 故首言之.'(주자가 말하였다. '유사가 합려의 서쪽에 있어 약수의 물길을 틈으로부터 낙수의 물길을 틈에 이르렀다. 무릇 아홉 조항은 모두 물길을 트는 일이니, 대개 북쪽으로부터 남쪽으로 가는데, 먼저 산을 말하여 물의 법도로 삼았기 때문에 여기서는 물을 말하여 산의 법도로 삼은 것이다. 약수는 가장 서북쪽에 있는데 물이 또 서쪽으로 흐르면서 중국을 경유하지 않기 때문에 맨 먼저 말한 것이다.')"

過三危山,南流入于南海",唐樊綽云:"西夷之水,南流入于南海者凡四,曰區江,曰西珥河,曰麗水,曰瀰渃江,皆入于南海.其曰麗水者,卽古之黑水也,三危山,臨峙其上." 按,梁·雍二州,西邊,皆以黑水爲界,是黑水自雍之西北而直出梁之西南也.中國,山勢岡脊,大抵皆自西北而來,積石西傾岷山岡脊以東之水,旣入于河·漢·岷江,其岡脊以西之水,卽爲黑水,而入于南海.「地志」·『水經』·樊氏之說,雖未詳的實,要是其地也.程氏曰:"樊綽,以麗水爲黑水者,恐其狹小,不足爲界.其所稱西珥河者,却與『漢』「志」葉楡澤,相貫,廣處可二十里,旣足以界別二州.其流又正趨南海,又漢滇池,卽葉楡之地.武帝初開滇·嶲時,其地,古有黑水舊祠,夷人不知載籍,必不能附會,而綽及道元,皆謂'此澤以楡葉所積得名',則其水之黑,似楡葉積漬所成.且其地乃在蜀之正西,又東北距宕昌,不遠.宕昌,卽三苗種裔,與三苗之敘于三危者,又爲相應,其證驗,莫此之明也.

'흑수(黑水)'는 「지지(地志)」에서 "건위군(犍爲郡) 남광현(南廣縣) 분관산(汾關山)에서 나온다."고 하였고, 『수경(水經)』에는 "장액(張掖) 계산(鷄山)에서 나와 남쪽으로 돈황(燉煌)에 이르고, 삼위산(三危山)을 지나서 남쪽으로 흘러 남해(南海)로 들어간다."고 하였으며, 당나라 번작(樊綽)784)이 이르기를 "서이(西夷)의 물이 남쪽으로 흘러 남해(南海)로 들어가는 것이 모두 넷이니, 구강(區江)이고 서이하(西珥河)이고 여수(麗水)이고 미약강(瀰渃江)이라고 하며, 모두 남해로 들어간다. 여수라고 하는 것은 곧 옛날의 흑수(黑水)이니, 삼위산이 그 위에 우뚝 솟아있다."고 하였다. 살펴보건대, 양주(梁州)와 옹주(雍州)의 두 주(州)는 서쪽 변경이 모두 흑수로써 경계를 삼으니, 이는 흑수가 옹주의 서북쪽으로부터 곧바로 양주의 서남쪽으로 흘러나와서이다. 중국은 산세의 산등성이가 대체로 모두 서북쪽으로부터 와서 적석산(積石山)과 서경산(西傾山)과 민산(岷山) 산등성이 동쪽의 물은 이미 하수(河水)와 한수(漢水)와 민강(岷江)으로 들어가고, 그 산등성이 서쪽의 물은 곧 흑수가 되어 남해로 들어간다. 「지지(地志)」와 『수경(水經)』과 번씨(樊氏: 樊綽)의 말이 비록 적실한지 상세하지 않으나 그 땅을 탐구한 것이다. 정씨(程氏: 程大昌)가 말하기를 "번작(樊綽)이 여수(麗水)를 흑수라고 한 것은 아마도 그 물이 협소하여 경계가 되기에 부족해서이다. 서이하(西珥河)라고 일컬은 것은 도리어 『한서(漢書)』「지지」의 엽유택(葉楡澤)과 서로 통하고, 넓은 곳은 20리쯤 되니, 이미 두 주(州)

---

784) 번작(樊綽): 당대 학자로 태종(太宗) 2년(628)에 안남경략사(安南經略使)가 되고 자주 절도사(節度使)가 되어 경험한 견문을 바탕으로 운남(雲南)의 지리와 물산(物産)과 역사와 풍속 등을 기술한 『만서(蠻書)』를 지었다.

를 경계하여 구별하기에 충분하였다. 물의 흐름이 또 곧장 남해로 빨리 가고, 또 한나라의 전지(滇池)는 곧 엽유(葉榆)의 땅이다. 무제(武帝)가 처음 전지(滇池)와 준호(雟湖)를 개설하였을 때 그 땅에 옛날부터 흑수의 옛 사당이 있었는데 오랑캐들이 서적을 알지 못하여 반드시 견강부회(牽强附會)할 수 없었으며, 번작과 역도원(酈道元)이 모두 '이 못은 느릅나무 잎이 쌓여서 이름을 얻었다.'고 하였으니, 그 물빛이 검은 것은 느릅나무 잎이 쌓이고 젖어서 이루어진 것 같다. 또 그 땅은 바로 촉(蜀)의 정서쪽에 있고, 다시 동북쪽으로 탕창(宕昌)까지가 멀지 않다. 탕창은 곧 삼묘(三苗)의 후예들이 사는 곳으로 삼묘가 삼위(三危)에서 공을 펼쳤다는 것과 다시 서로 맞으니, 그 증험이 이처럼 분명할 수 없다."

詳說

○ 音虔.785)

'건(犍)'은 음이 건(虔)이다.

○ 當考.786)

'당번작(唐樊綽)'의 경우, 마땅히 살펴보아야 한다.

○ 音二.787)

'이(珥)'는 음이 '이(二)'이다.

○ 鄒氏季友曰：“音若, 見『集韻』.”788)

---

785) 호광(胡廣) 등 찬,『서경대전(書經大全)』의 소주에는 "音乾.(음이 건이다.)"으로 되어 있다.
786) 원(元) 진사개(陳師凱) 찬,『서채씨전방통(書蔡氏傳旁通)』권2,「우공(禹貢)」에서 "唐樊綽云：'西夷之水, 南流入于南海者, 凡四, 曰區江, 曰西珥河, 曰麗水, 曰瀾滄江, 皆入于南海, 其曰黑水者, 即古之黑水也, 三危山臨峙其上.(당나라 번작이 이르기를 '서이의 물이 남쪽으로 흘러 남해로 들어가는 것이 모두 넷이니, 구강이고 서이하이고 여수이고 미약강이라고 하며, 모두 남해로 들어간다. 여수라고 하는 것은 곧 옛날의 흑수이니, 삼위산이 그 위에 우뚝 솟아있다.'고 하였다.)"이라고 하였다.
787) 호광(胡廣) 등 찬,『서경대전(書經大全)』의 소주를 수용한 것이다.
788) 추계우(鄒季友) 찬,『서경집전음석(書經集傳音釋)』권2,「하서(夏書)·우공(禹貢)」참조.；(명)明 유삼오(劉三吾) 등찬,『서전회선(書傳會選)』권2,「하서(夏書)·우공(禹貢)」의 '음석전(音釋傳)'에서 "'犍, 音虔. '珥', '唐', '志', 作洱, 音二. '瀾', 音彌. '渃', 音若, 此字, 但見丁度『集韻』, 他韻並不收. '要', 平聲. '葉榆', '漢』志', '益州郡, 有葉榆澤.' 師占云：'葉, 音弋涉反.' '別', 筆列反. '滇', 音顚, 西南夷地名, 亦國名. '嶲', 音隨, 水名. 漢武帝置越嶲郡, 言越, 此水也. '宕', 徒浪反. '應', 去聲.('건'은 음이 건이다. '이'는『당서』「지지」에서 '洱'로 썼으니 음이 이다. '미'는 음이 미다. '약'은 음이 약이니, 이 글자는 다만 정도의 『집운』에 보이며, 다른 운은 아울러 거두지 않는다. '요'는 평성이다. '엽유'는『한서』「지지」에서 '익수군에 있다.'고 하였다. 안사고가 이르기를 '엽은 음이 익과 섭의 반절이다.'라고 하였다. '별'은 필과 렬의 반절이

'약(渃)'에 대해, 추씨계우(鄒氏季友: 鄒季友)가 말하였다. "음이 약(若)이니, 『집운(集韻)』에 보인다."

○ 平聲.789)

'요(要)'는 평성(平聲: 탐구하다, 자세히 살피다)이다.

○ 「地志」.

'『한』「지」(『漢』「志」)'는 「지지(地志)」이다.

○ 彼列反.

'별(別)'은 피(彼)와 렬(列)의 반절이다.

○ 音顚.790)

'전(眞)'은 음이 전(顚)이다.

○ 音髓.791) 水名.

'수(巂)'는 음이 수(髓)이니, 물 이름이다.

○ 見『漢書』「地理志」.792)

'고유흑수구사(古有黑水舊祠)'의 내용이 『한서(漢書)』「지리지(地理志)」에 보인다.

○ 不似中國人之因書籍而附會爲說.

'필불능부회(必不能附會)'에서 볼 때, 중국 사람이 서적에 말미암아 견강부회(牽强附會)하여 학설로 삼음과 같지 않은 것이다.

다. '전'은 음이 전이니, 서남쪽 오랑캐 이름이고 또한 나라이름이다. '수'는 음이 수이니, 물 이름이다. 한나라 무제가 월수군을 두었는데, 월은 이 물을 말하는 것이다. '탕'은 도와 랑의 반절이다. '응'은 거성이다.)"이라고 하였다. 호광(胡廣) 등 찬, 『서경대전(書經大全)』의 소주에는 '瀼渃'는 "音眉若.(음이 미약이다.)"이라고 하였다.

789) 『광운(廣韻)』에 의하면 그 뜻이 '중요하다, 요점'일 경우에는 "於笑切. 去.(어와 소의 반절이니, 거성이다.)"라 하고, 그 뜻이 '탐구하다, 핵심하다, 자세히 살피다'일 경우에는 "於霄切. 平.(어와 소의 반절이니, 평성이다.)"이라고 하였다.
790) 호광(胡廣) 등 찬, 『서경대전(書經大全)』의 소주를 수용한 것이다.
791) 호광(胡廣) 등 찬, 『서경대전(書經大全)』의 소주를 수용한 것이다.
792) 『후한서(後漢書)』 권33, 「군국지(郡國志)」·군국(郡國)·익주군(益州郡)에 보인다. "滇池出鐵, 有池澤. 北有黑水祠."

○ 或脫'酈'字.
'이작급(而綽及)'에서 볼 때, 간혹 '역(酈)'자를 빼기도 한다.

○ 語倒而爲葉楡.
'개위차택이유엽소적득명(皆謂此澤以楡葉所積得名)'에서 볼 때, 말이 도치되어 엽유(葉楡)라고 하였다.

○ 音恣.
'자(漬)'는 음이 자(恣)이다.

○ 音碭.
'탕(宕)'은 음이 탕(碭)이다.

○ 上聲.
'종(種)'은 상성(上聲: 종족)이다.

○ 見雍.793)
'여삼묘지서우삼위자(與三苗之敍于三危者)'의 경우, 옹주(雍州)에 보인다.

○ 沙溪曰 : "隴·蜀, 無入南海之水, 滇之瀾滄江, 是所謂黑水也."794)
'막차지명야(莫此之明也)'에 대해, 사계(沙溪: 金長生)가 말하였다. "농(隴)과 촉

---

793) 위의 「우공(禹貢)」[4-2-1-78]에서 "三危旣宅, 三苗丕敍.(삼위에 이윽고 집을 짓고 사니, 삼묘가 공력을 크게 펼쳤다.)"라 하고, 집전에서 "'三危', 卽舜竄三苗之地, 或以爲'燉煌', 未詳其地. 三苗之竄, 在洪水未平之前, 及是, 三危已旣可居, 三苗於是, 大有功敍.('삼위'는 곧 순이 삼묘를 귀양 보낸 지역이니, 어떤 이는 '돈황'이라고 하나 그 지리가 상세하지 않다. 삼묘의 귀양은 홍수를 다스리기 전에 있었는데, 이에 미쳐서 삼위에 이미 살 수 있었으니, 삼묘가 이에 크게 공력을 펼침이 있었던 것이다.)"라고 하였다.

794) 『사계전서(沙溪全書)』권14, 「경서변의(經書辨疑)·서전(書傳)·우공(禹貢)」. "愚按, 滇池在雲南城外, 廣三百里. 漢武帝欲伐滇國, 鑿昆明池, 以習水戰, 卽其池. … 任茂叔曰 : '… 夫隴蜀無入南海之水, 惟滇池·瀾滄江·潞三水, 皆由土蕃中來. 蓋與雍州相連, 幷入南海, 皆所謂黑水者平. 然潞江西南趨蜿蜒, 內外皆夷. 其於梁州之境, 若不相屬, 惟瀾滄江, 自西北邐迤向東南, 徘徊雲南郡縣之界, 至交趾, 幷黑水, 跨雲南, 以至其國. 觀此, 則瀾滄江之爲黑水, 益章章明矣.(내가 살펴보건대, 전지는 운남성 밖에 있는데, 너비가 5백 리이다. 한나라 무제가 전나라를 정벌하고자 하여 곤명지를 파서 수전을 익혔으니, 바로 그 못이다. … 무릇 농과 촉은 남해로 들어가는 물이 없고, 오직 전지와 난창강과 노강의 세 강물만 모두 토번 안에서부터 흘러 나온다. 대개 이는 옹주와 서로 이어져 있고, 아울러 남해로 들어가서 모두 흑수라고 이른 것인가. 그러나 노강은 서남쪽으로 구불구불 빨리 흐르는데 안밖이 모두 오랑캐의 땅이다. 그것이 양주의 경계에 서로 연실되지 않은 것 같으며, 오직 난창강만 서북쪽에서부터 빙 둘러서 동남쪽으로 향하고 운남 군현의 경계를 배회하다가 교지에 이르러 흑수와 아울러 운남에 의거하여 그 나라에 이른다. 이것을 보면, 난상강이 흑수가 되는 것이 더욱 밝게 분명하다.)"

(蜀)에는 남해(南海)로 들어가는 물이 없으니, 전지(滇池)의 난창강(瀾滄江)이 이른바 흑수(黑水)이다."

○ 朱子曰：“黑水, 不經中國, 故次之弱水, 黑水·沇水言導而不著其地, 未詳.”795)

주자(朱子: 朱熹)가 말하였다. "흑수(黑水)는 중국을 경유하지 않기 때문에 약수(弱水)보다 다음에 하였으며, 흑수(黑水)와 연수(沇水)에서 도(導)를 말하였으나 그 땅을 드러내지 않아서 자세하지 않다."

○ 陳氏大猷曰：“萬水能載, 而弱水獨弱, 且西流; 萬水皆淸, 而黑水獨黑, 且南流. 天地之間, 有常有變, 聖人順其性已.”796)

진씨 대유(陳氏大猷: 陳大猷)가 말하였다. "많은 강물이 실을 수 있는데 약수(弱水)만 홀로 약하여 장차 서쪽으로 흐르며, 많은 강물이 모두 맑은데 흑수(黑水)만 홀로 검어서 장차 남쪽으로 흐른다. 천지 사이에는 항상함이 있고 변화함이 있으나, 성인(聖人)은 그 천성(天性)을 좇을 뿐이다."

[4-2-1-90]

導河, 積石, 至于龍門, 南至于華陰, 東至于底柱, 又東至于孟津, 東過洛汭, 至于大伾; 北過洚水, 至于大陸; 又北播爲九河, 同爲逆河, 入于海.

하수(河水)의 물길을 터서 적석(積石)에서 용문(龍門)에 이르고, 남쪽으로 화음(華陰)에 이르고, 동쪽으로 지주(底柱)에 이르고, 또 동쪽으로 맹진(孟津)에 이르며, 동쪽으로 낙예(洛汭)를 지나서 대비(大伾)에 이르며, 북쪽으로 강수(洚水)를 지나서 대륙(大陸)에 이르며, 또 북쪽으로 갈라져서 구하(九河)가 되었다가 다 같이 역하(逆河)가 되어 바다로 들어가게 하였다.

---

795) 호광(胡廣) 등 찬, 『서경대전(書經大全)』의 소주에서 발췌한 것이다. 그 전문은 다음과 같다. "朱子曰 : '黑水從雍·梁, 西界入南海, 亦不經中國, 故次之弱水, 黑水·沇水言導而不著其地, 未詳.'(주자가 말하였다. '흑수는 옹주와 양주를 좇아서 서쪽 경계에서 남해로 들어가서 중국을 경유하지 않기 때문에 약수보다 다음에 하였으며, 흑수와 연수에서 도를 말하였으나 그 땅을 드러내지 않아서 자세하지 않다.')"
796) 호광(胡廣) 등 찬, 『서경대전(書經大全)』의 소주에서 발췌한 것이다. 그 전문은 다음과 같다. "陳氏大猷曰 : '萬水能載, 而弱水獨弱, 且南流; 萬水皆淸, 而黑水獨黑, 且南流. 天地之間, 有常有變, 不可一律齊, 聖人順其性而已.'(진씨 대유가 말하였다. '많은 강물이 실을 수 있는데 약수만 홀로 약하여 장차 서쪽으로 흐르며, 많은 물이 모두 맑은데 흑수만 홀로 검어서 장차 남쪽으로 흐른다. 천지 사이에는 항상함이 있고 변화함이 있으니 일률적으로 같게 해서는 안 되며, 성인은 그 천성을 좇을 뿐이다.')"

詳說

○ '伾', 音丕. '洚', 音絳.[797)
'비(伾)'는 음이 비(丕)이다. '강(洚)'은 음이 강(絳)이다.

集傳

'積石'·'龍門', 見雍州. '華陰', 華山之北也. '底柱', 見導山. '孟', 地名;
'津', 渡處也. 杜預云 : "在河內郡河陽縣南", 今孟州河陽縣也, 武王師渡孟
津者, 卽此, 今亦名富平津. '洛汭', 洛水交流之內, 在今河南府鞏縣之東. 洛
之入河, 實在東南, 河則自西而東過之, 故曰: "東過洛汭." '大伾', 孔氏曰 :
"山再成曰伾", 張揖以爲"在成皐", 鄭玄以爲"在修武·武德", 臣瓚以爲"修武·
武德, 無此山, 成皐山, 又不再成", 今通利軍黎陽縣臨河, 有山, 蓋大伾也.
按, 黎陽山, 在大河垂欲趨北之地, 故禹記之, 若成皐之山, 旣非從東折北之
地, 又無險礙如龍門·厎柱之須疏鑿, 西去洛汭, 旣已大近, 東距洚水·大陸,
又爲絶遠, 當以黎陽者, 爲是. '洚水', 「地志」, "在信都縣", 今冀州信都縣枯
洚渠也. 程氏曰 : "周時河徙砱礫, 至漢, 又改向頓丘, 東南流, 與禹河迹
大相背戾.「地志」, 魏郡鄴縣, 有故大河, 在東北, 直達于海", 疑卽禹之故
河. 孟康以爲"王莽河", 非也. 古洚瀆, 自唐·貝州, 經城北, 入南宮, 貫穿信
都, 大抵北向而入故河於信都之北, 爲合"北過洚水"之文, 當以信都者爲是.
'大陸', 見冀州. '九河', 見兗州. '逆河', 意, 以海水逆潮而得名. 九河旣淪于
海, 則逆河在其下流, 固不復有矣. 河上播而爲九, 下同而爲一, 其分播合同,
皆水勢之自然, 禹特順而導之耳. 今按,『漢』「西域傳」, 張騫所窮河源云: "河
有兩源, 一出蔥嶺, 一出于闐. 于闐, 在南山下. 其河北流, 與蔥嶺河合, 東注
蒲昌海, 蒲昌海, 一名鹽澤, 去玉門陽關三百餘里. 其水停居, 冬夏不增減,
潛行地中, 南出積石." 又唐長慶中, 薛元鼎, 使吐蕃, 自隴西成紀縣西南, 出
塞二千餘里, 得河源於莫賀延磧尾, 曰'悶磨黎山'. 其山中高四下, 所謂崑崙
也. 東北流, 與積石河, 相連, 河源澄瑩, 冬春可涉. 下稍合流, 色赤, 益遠,
他水幷注, 遂濁. 吐蕃亦自言 : "崑崙, 在其國西南", 二說, 恐薛氏爲是. 河
自積石, 三千里而後, 至于龍門, 經但一書積石, 不言方向, 荒遠, 在所略也.

---

797) 호광(胡廣) 등 찬, 『서경대전(書經大全)』의 소주에는 '底'는 "音砥.(음이 지다.)"이고, '洚'은 "音降.(음이
상이나.)"로 되어 있다. 방각본에는 "'華', 胡·化, 胡·瓜一反. '底', 與砥通. '伾', 普悲反, 又部鄙反.('화'는
호와 화, 호와 과의 두 반절이다. '지'는 숫돌 지와 통한다. '비'는 보와 비의 반절이고, 또 부와 비의 반절
이다.)"으로 되어 있다.

龍門而下, 因其所經, 記其自北而南, 則曰"南至華陰"; 記其自南而東, 則曰 "東至底柱"; 又詳記其東向所經之地, 則曰"孟津", 曰"洛汭", 曰"大伾"; 又 記其自東而北, 則曰"北過洚水"; 又詳記其北向所經之地, 則曰"大陸", 曰 "九河"; 又記其入海之處, 則曰"逆河". 自洛汭而上, 河行於山, 其地皆可 考798); 自大伾而下, 埧岸高於平地. 故決齧流移, 水陸變遷, 而洚水·大陸·九 河·逆河, 皆難指實. 然上求大伾, 下得碣石, 因其方向, 辨其故迹, 則猶可考 也. 其詳, 悉見上文. ○又按, 李復云 : "同州韓城北, 有安國嶺, 東西四十 餘里, 東臨大河. 瀕河, 有禹廟, 在山斷河出處. 禹鑿龍門, 起於唐張仁愿所 築東受降城之東, 自北而南, 至此山盡. 兩岸石壁峭立, 大河盤束於山峽間千 數百里, 至此, 山開岸闊, 豁然奔放, 怒氣噴風, 聲如萬雷. 今按, 舊說, 禹鑿 龍門, 而不詳其所以鑿, 誦說相傳, 但謂因舊修闢, 去其齟齬, 以決水勢而已. 今詳此說, 則謂受降以東, 至于龍門, 皆是禹新開鑿, 若果如此, 則禹未鑿時, 河之故道, 不知却在何處. 而李氏之學極博, 不知此說又何所考也."

'적석(積石)'과 '용문(龍門)'은 옹주(雍州)에 보인다. '화음(華陰)'은 화산(華山)의 북쪽이다. '지주(底柱)'는 도산(導山)에 보인다. '맹(孟)'은 지명이고, '진(津)'은 물을 건너가는 곳이다. 두예(杜預)가 이르기를 "하내군(河內郡) 하양현(河陽縣)의 남쪽에 있다."고 하였으니, 지금 맹주(孟州)의 하양현(河陽縣)이며, 무왕(武王)의 군사가 맹진(孟津)에서 물을 건넜다는 것이 곧 여기이니, 지금 또한 부평진(富平津)이라고 부른다. '낙예(洛汭)'는 낙수(洛水)가 교류하는 안쪽이니, 지금 하남부(河南府) 공현(鞏縣)의 동쪽에 있다. 낙수(洛水)가 하수(河水)로 들어가는 곳이 실제로 동남쪽에 있으나 하수가 서쪽으로부터 동쪽으로 지나가기 때문에 "동쪽으로 낙예를 지난다"고 한 것이다. '대비(大伾)'는 공씨(孔氏: 孔安國)가 말하기를 "산이 다시 이루어진 것을 비(伾)라고 한다." 하였고, 장읍(張揖)이 "성고(成皐)에 있다." 하였으며, 정현(鄭玄)이 "수무(修武)와 무덕(武德)에 있다."고 하였는데, 신찬(臣瓚)이 "수무(修武)와 무덕(武德)에는 이 산이 없고, 성고산(成皐山)이 또 재차 이루어지지 않았다" 하였으니, 지금 통리군(通利軍) 여양현(黎陽縣) 임하(臨河)에 산이 있는데, 아마도 대비(大伾)인 듯하다. 살펴보건대, 여양산(黎陽山)은 대하(大河)가 쏟아져 북쪽으로 달려가고자 하는 땅에 있기 때문에 우(禹)가 기록하였으니, 만약 성고(成皐)의 산이었다면 이미 동쪽으로부터 북쪽으로 꺾어진 땅이 아니며, 또 용문(龍門)

---

798) 채침(蔡沈) 찬,『서경집전(書經集傳)』에는 '考'로 되어 있고, 호광(胡廣) 등 찬,『서경대전(書經大全)』에는 '攷'로 되어 있다.

과 지주(底柱)처럼 험하고 막혀서 트고 뚫어야 할 필요가 없으며, 서쪽은 낙예(洛汭)와 떨어짐이 이미 너무 가깝고, 동쪽으로 강수(洚水)와 대륙(大陸)에 이르기가 또 매우 머니, 마땅히 여양(黎陽)으로 하는 것이 옳다. '강수(洚水)'는 「지리지(地理志)」에서 "신도현(信都縣)에 있다."고 하였으니, 지금 기주(冀州) 신도현(信都縣)의 고강거(枯洚渠)이다. 정씨(程氏: 程大昌)가 말하기를 "주나라 때 하수(河水)가 영력(砱礫)으로 옮겼는데 한나라에 이르러 다시 바꾸어 돈구(頓丘)를 향하여 동남쪽으로 흐르게 하였으니, 우(禹)의 하수(河水) 자취와 크게 어긋났다.「지리지(地理志)」에서 '위군(魏郡) 업현(鄴縣)에 옛 대하(大河)가 있으니, 동북쪽에서 곧바로 바다에 이른다.' 하였는데, 의심컨대 곧 우(禹)의 옛 하수(河水)인 듯하다."고 하였다. 이에 맹강(孟康)이 "왕망하(王莽河)이다."라고 하였는데 옳지 않다. 옛날 강독(洚瀆)은 당주(唐州)와 패주(貝州)로부터 성북(城北)을 지나 남궁(南宮)으로 들어가서 신도(信都)를 관통하였으니, 대저 북쪽을 향하여 신도(信都)의 북쪽에 옛 하수(河水)로 들어가서 '북쪽으로 강수(洚水)를 지난다.'는 글과 맞으니, 마땅히 신도(信都)라고 한 것을 옳다고 해야 한다. '대륙(大陸)'은 기주(冀州)에 보인다. '구하(九河)'는 연주(兗州)에 보인다. '역하(逆河)'는 생각하건대, 바닷물이 거슬러 흐르기 때문에 이름을 얻은 것이다. 구하(九河)가 이미 바다로 빠져 들어가면 역하(逆河)는 그 하류에 있을 것이니, 진실로 다시 있을 수 없는 것이다. 하수(河水)가 위에서 나뉘어 아홉이 되었다가 아래에서 함께 하여 하나가 되었으니, 그 나뉘고 합치는 것은 모두 자연스러운 물의 형세이니, 우(禹)도 다만 물길을 따라서 텄을 뿐이다. 이제 살펴보건대, 『한서(漢書)』「서역전(西域傳)」에서 장건(張騫)이 막다른 하원(河源)에서 이르기를 "하수(河水)는 두 개의 근원이 있으니, 하나는 총령(蔥嶺)에서 나오고, 하나는 우전(于闐)에서 나오는데 우전(于闐)은 남산 아래에 있다. 그 하수가 북쪽으로 흘러서 총령하(蔥嶺河)와 합쳐서 동쪽으로 포창해(蒲昌海)로 흐르는데, 포창해는 또 하나의 이름이 염택(鹽澤)이며 옥문(玉門) 양관(陽關)과 떨어진 것이 3백여 리이다. 그 물은 정체하여 겨울과 여름에 불지도 줄지도 않고, 땅 속으로 흘러가서 남쪽에서 적석(積石)에서 나온다."라고 하였다. 또 당나라 장경(長慶) 중에 설원정(薛元鼎)이 토번(吐蕃)에 사신으로 갈 때 농서(隴西) 성기현(成紀縣) 서남쪽으로부터 변방 2천여 리를 나가서 막하연적미(莫賀延積尾)에서 하원(河源)을 찾으니 비마려산(悶磨黎山)이라 하였는데, 그 산이 가운데가 높고 사방이 낮으니 이른바 곤륜(崑崙)이다. 동북쪽으로 흘러서 적석하(積石河)와 서로 이어지니 하수(河水)의 근원이 아주 밝아서 겨울과 봄에도 건너길 수 있다. 이래로 고금씩 합하여 흐르면서 색깔이 붉어지고 더욱 멀리 감에 다른 물이 아울러 흘러와서 마침내 탁해진 것이다. 토번(吐蕃)이 또한 스스로 말하기를 "곤륜(崑崙)은 그 나라의 서남쪽에 있다."고 하였는데, 두 말 가운데 아마도 설씨(薛氏: 薛元鼎)가 옳은 듯하다. 하수(河水)는 적석(積石)으로부터 3천리를 흐른 뒤에 용문(龍門)에 이르는데, 경문(經文)에는 단지 한 번만 적석(積石)을 쓰고 방향을 말하지 않은 것은 아주 멀어서 생략한 것에 있어서이다. 용문(龍門) 이하는 그 경유한 곳에 말미암아 그 북쪽으로부터 남쪽에 이른 것을 기록하면 "남쪽으로 화음(華陰)에 이른다." 하고, 그 남쪽으로부터 동쪽에 이른 것을 기록하면 "동쪽으로 지주(底柱)에 이른다." 하고, 또 그 동쪽으로 향하여 경유한 땅을 자세히 기록하면 "맹진(孟津)"이라 하고 "낙예(洛汭)"라 하고 "대비(大伾)"라 하였으며, 또 그 동쪽으로부터 북쪽으로 가는 것을 기록하면 "북쪽으로 강수(洚水)를 지나갔다." 하고, 또 북쪽을 향하여 경유한 땅을 자세히 기록하면 "대륙(大陸)"이라 하고 "구하(九河)"라 하였으며, 또 그 바다로 들어간 곳을 기록하면 "역하(逆河)"라고 한 것이다. 낙예(洛汭)로부터 위는 하수(河水)가 산으로 흘러갔으니 그 지역을 모두 상고할 수 있으나, 대비(大伾)로부터 아래는 벼랑 기슭이 평지보다 높기 때문에 물이 터져서 흘러감에 물과 육지가 변천하니, 강수(洚水)와 대륙(大陸)과 구하(九河)와 역하(逆河)는 모두 실상을 지시하기 어렵다. 그러나 위로 대비(大伾)를 찾고, 아래로 갈석(碣石)을 찾아서 그 방향에 말미암아 옛 자취를 분별하면 오히려 상고할 수 있다. 그 자세한 것은 윗글에 다 보인다. ○또 살펴보건대, 이복(李復)이 이르기를 "동주(同州)의 한성(韓城) 북쪽에 안국령(安國嶺)이 있으니, 동쪽에서 서쪽까지가 40여 리이며, 동쪽으로 대하(大河)에 임하였다. 빈하(瀕河)에 우(禹)의 사당이 있는데 산이 끊어지고 하수(河水)가 나오는 곳에 있다. 우(禹)가 용문(龍門)을 뚫을 때 당나라 장인원(張仁愿)이 쌓은 동수강성(東受降城)의 동쪽에서 기공(起工)하여 북쪽에서부터 남쪽으로 와서 이 산에 이르러 다하였다. 두 강기슭에는 암벽이 우뚝 서있고, 대하(大河)가 산 계곡 사이의 1천 수백 리를 빙빙 감아 묶듯이 흘러서 이곳에 이르러 산이 열리고 강기슭이 넓어지니, 물길이 확 터져서 마구 내달려 성난 기세에 바람을 뿜어내어 수많은 우레 소리 같았다."고 하였다. 이제 살펴보건대, 옛말에 우(禹)가 용문(龍門)을 뚫었다고 하는데 그 뚫은 까닭이 상세하지 않고, 전설(傳說)에 서로 전하기를 단지 옛것에 말미암아 닦고 열어서 그 막히는 것으로부터 물의 형세를 터놓았다고 이를 따름이다. 이제 이 말을 자세히 살펴보면 수항성(受降城)에서 동쪽으로부터 용문(龍門)에 이르기까지는 모두 우(禹)가 새로 열고 뚫은 것이라고 하니, 만약 과연 이와 같다면 우(禹)가 아직 뚫지 않았을 적에 하수(河水)의 옛길이 어디에 있었는지 알 수가 없다. 이씨(李氏: 李復)의 학문이 지극히 해박하지만, 이 말이 또 무엇을 상고한 것인지는 알 수 없다.

詳說

○ 音現, 下並同.
    '현(見)'은 음이 현(現)이니, 아래도 아울러 같다.

○ 見「武成」.799)
    '무왕사도맹진자(武王師渡孟津者)'의 내용이 「무성(武成)」에 보인다.

○ 沙溪曰 : "重疊之義."800) ○山爲兩層者.
    '산재성왈비(山再成曰伾)'에 대해, 사계(沙溪: 金長生)가 말하였다. "중첩(重疊)의 뜻이다." ○산이 두 개의 층으로 된 것이다.

○ 字稚讓, 魏淸河人.801)
    '장읍(張揖)'은 자가 치양(稚讓)이고, 위(魏)나라 청하(淸河) 사람이다.

○ 晉初人.802) ○顔氏之推曰 : "臣瓚者, 于瓚也."803) ○鄒氏季友

---

799) 호광(胡廣) 등 찬, 『서경대전(書經大全)』권6, 「주서(周書)·무성(武成)」. "旣戊午, 師渡孟津, 癸亥, 陳于商郊, 俟天休命.(이미 무오일에 군사가 맹진을 건너가서 계해일에 상나라의 들판에 진영을 치고서 하늘의 아름다운 하명을 기다렸다.)"
800) 『사계전서(沙溪全書)』권14, 「경서변의(經書辨疑)·서전(書傳)·우공(禹貢)」, 참조.
801) 장읍(張揖)은 위(魏)나라 학자로 자가 치양(稚讓)이고, 청하(淸河) 사람이다. 박사(博士)의 벼슬을 지냈으며, 『비창(埤倉)』·『고금자고(古今字詁)』·『광아(廣雅)』 등을 지었다. 『비창(埤倉)』·『고금자고(古今字詁)』는 전하지 않는다. 『광아(廣雅)』는 『이아(爾雅)』의 서목에 따라서 한나라 학자의 전주(箋註)와 『삼창(三蒼)』·『설문(說文)』·『방언(方言)』 등에서 채록하여 불렸다. 뒤에 수(隋)나라 비서(秘書) 학사(學士) 조헌(曹憲)이 음석(音釋)을 만들고 양제(煬帝)의 휘(諱)를 피하여 『박아(博雅)』라고 이름하였다.
802) 신찬(臣瓚)은 서진(西晉)의 학자로 성씨가 자세하지 않다. 『급총고문(汲冢古文)』에 의거하여 이전 학설의 오류를 공박하였고, 『한서집해음의(漢書集解音義)』24권을 지었으나 전하지 않는다. 당나라 안사고(顔師古)는 『한서(漢書)』를 주해하면서 대부분 신찬의 『집해음의(集解音義)』를 인용하여 근거로 삼았다. 어떤 이는 서진(西晉)의 교서랑(校書郞) 부찬(傅瓚)이 『수경주(水經注)』 가운데서 말한 설찬(薛瓚)이며, 이가 신찬이라고 하였다.
803) 출처가 자세하지 않다. 배인(裴駰)의 「사기집해서(史記集解序)」에 의하면, "『漢書音義』稱『臣瓚』者, 莫知姓氏.(『한서음의』에서 '신찬(臣瓚)'이라 일컬은 자는 성씨를 알지 못한다.)"라 하고, 사마정(司馬貞)의 색은(索隱)에서 "按, 卽傅瓚, 而劉孝標以爲'于瓚', 非也. 據何法盛, 『晉書』, 于瓚, 以穆帝時爲大將軍, 誅死不言, 有註『漢書』之事, 又其註『漢書』, 有引孫秩令及茂陵書. 然彼二書, 亡於西晉, 非乎所見也, 必知是傅瓚者. 按, 『穆天子傳』目錄云: '傅瓚, 爲校書郞, 與荀最同校定『穆天子傳』, 卽當西晉之朝, 在于之前, 尙見茂陵等書, 又稱臣者, 以其職典秘書故也.' '瓚', 音殘岸反.(살펴보건대, 곧 부찬이니, 유효표가 '우찬'이라고 한 것

曰 : "註, 漢書人, 或云: '姓薛'."804)

'신찬(臣瓚)'은 진(晉)나라 초기의 사람이다. ○안씨 지추(顔氏之推: 顔之推)805)가 말하였다. "신찬(臣瓚)이라는 사람은 우찬(于瓚)이다." ○추씨 계우(鄒氏季友: 鄒季友)가 말하였다. "주(註)에, 한나라 서인(書人)이라 하였고, 어떤 이는 '성이 설(薛)이다.'라고 하였다."

○ 瓚說, 止此. 或云: "止此山."

'우부재성(又不再成)'에서 볼 때, 잔(瓚)의 말이 여기서 그친다. 어떤 이는 "이 산에 그치는 것이다.'라고 하였다.

○ 音泰.

'기이태(既已大)'에서 태(太)는 음이 태(泰)이다.

○ 水名.

'강수(洚水)'는 물 이름이다.

○ 音佩.

'패(背)'는 음이 패(佩)이다.

○ 字公安, 魏廣宗人.806)

'맹강(孟康)'은 자가 공안(公安)이고, 위(魏) 광종(廣宗) 사람이다.

은 옳지 않다. … '찬'은 음이 잔과 안의 반절이다.)"이라고 하였다.
804) 추계우(鄒季友) 찬, 『서경집전음석(書經集傳音釋)』권2, 「하서(夏書)·우공(禹貢)」. 참조. ; 명(明) 유삼오(劉三吾) 등 찬, 『서전회선(書傳會選)』권2, 「하서(夏書)·우공(禹貢)」의 '음석전(音釋傳)'에서 "修武', '武德', 二縣名, 並屬河內郡. '瓚', 在旱·才贊二反. 註, 漢書人名, 不知其姓, 故但稱臣瓚. 或云'姓薛'. 『疏』, 音跣. '硗磝', 音伶歷. '背', 音佩. '穿', 樞絹反. '復', 扶又反. '傳', 柱戀反. 于闐, 音田. 西域國名. '使', 去聲. '塞', 先代反. '降', 胡江反. '去', 上聲. '齟齬', 上壯所·牀呂二反, 下偶許反, 齒不相值也.('수무'와 '무덕'은 두 현의 이름이니, 아울러 하내군에 속한다. '잔'은 재와 한·재와 찬의 두 반절이다. 주에, 한나라 서인의 이름인데 그 성을 모르기 때문에 단지 신잔이라고 불렀다고 하였다. 어떤 이는 '성이 설이다.'라고 하였다. '소'는 음이 소다. '영력'은 음이 영력이다. '패'는 음이 패다. '천'은 추와 연의 반절이다. '부'는 부와 우의 반절이다. '전'은 주와 련의 반절이다. 우전은 음이 전이니, 서역의 나라 이름이다. '사'는 거성이다. '새'는 선과 대의 반절이다. '항'은 호와 강의 반절이다. '거'는 상성이다. '저어'에서 위는 장과 소·장과 려의 두 반절이고, 아래는 우와 허의 반절이니, 이가 서로 맞지 않음이다.)"라고 한 것을 참조한다.
805) 안씨 지추(顔氏之推: 顔之推): 안지추(531-597)는 북제(北齊)의 학자로 자가 개(介)이고, 강릉에서 태어났다. 아버지 안협(顔協)과 형 안지의(顔之儀)도 함께 문학가로 이름을 날렸다. 박학다식하여 평생 저술을 많이 남겼는데, 현재 남아있는 것은 『안씨가훈(顔氏家訓)』과 『환원지(還冤志)』등이다.
806) 맹강(孟康)은 삼국시대 위(魏)나라 학자로 자가 공휴(公休)이고, 안평(安平) 광종(廣宗) 사람이다. 맹자(孟子)의 18세손으로 위나라 문덕황후(文德皇后)의 조카이다. 지리(地理)와 천문(天文)과 『소학(小學)』에 정통하였으며, 저서로는 『한서음의(漢書音義)』, 『노자주(老子注)』등이 있다.

○ 漯川.807)
'이위왕망하(以爲王莽河)'의 경우, 탑천(漯川)이다.

○ 縣名.
'남궁(南宮)'은 현(縣) 이름이다.

○ '入'字, 釋於此.
'대저북향이입고하어신도지북(大抵北向而入故河於信都之北)'에서 볼 때, '입(入)'자를 여기서 해석한다.

○ 上文不著他者, 則此句, 恐衍文.
'당이신도자위시(當以信都者爲是)'에서 볼 때, 윗글에서 그것을 드러내지 않았으니, 곧 이 구절은 아마도 연문(衍文)인 듯하다.

○ 意者,
'의(意)'는 의자(意者: 생각하건대)이다.

○ 潮逆上.
'이해수역조(以海水逆潮)'의 경우, 조수(潮水)가 강 위로 역류하는 것이다.

○ 蘇氏曰 : "以一迎八."808)

---

807) 위의 「우공(禹貢)」 [4-2-1-20]에서 "浮于濟·漯, 達于河.(제수와 탑수에 띄워서 황하에 이른다.)"라 하고, 집전에서 "漯者, 河之枝流也. 兗之貢賦, 浮濟浮漯, 以達於河也. 帝都冀州, 三面距河, 達河則達帝都矣. 又按, 「地志」曰: '漯水, 出東郡東武陽, 至千乘入海', 程氏以爲: '此乃漢河, 與漯殊異', 然亦不能明言漯河所在, 未詳其地也.('탑'이라는 것은 황하의 지류이다. 연주의 공납과 부세를 제수에 띄우고 탑수에 띄워서 황하에 다다른 것이다. 제도인 기주는 세 방면[서·남·동]으로 황하에 이르니, 황하에 다다르면 제도에 이르는 것이다. 또 살펴보건대, 「지지」에서 '탑수는 동군의 동무양현에서 나와 천승현에 이르러 바다로 들어간다.'고 하였는데, 정씨가 '이것은 바로 한하이니, 탑수와는 전혀 다르다.' 하였다. 그러나 또한 탑하가 있는 곳을 분명하게 말하지 못하여 그 지역이 상세하지 않다.)"라고 하였다. 그리고 호광(胡廣) 등 찬, 『서경대전(書經大全)』의 소주에서 언급한 바 있다. "王氏炎曰 : '周定王五年, 河徙, 已非禹之故道; 漢元光三年, 河徙東郡, 更注渤海, 繼決瓠子, 又決魏之館陶, 遂分爲屯氏河, 大河在西, 屯河在東, 二河相並而行. 元帝永光中, 又決淸河靈鳴犢口, 則河分流入于博州, 屯河始壅塞不通, 後又決于平原, 則東入齊入靑, 以達于海, 而下流, 遂與漯爲一, 王莽時, 河遂行漯川. ….'(왕씨 염이 말하였다. '주나라 정왕 5년에 황하가 옮겨가서 이미 우의 옛 물길이 아니있고, … 뒤에 또 평원으로 물길이 디져서 동쪽으로 제주로 들이기고 청주로 들이기서 바다에 이르렀는데 아래로 흘러서 마침내 탑수와 하나가 되었으며, 왕망 때에는 하수가 마침내 탑천으로 흘러갔다. ….')"
808) 호광(胡廣) 등 찬, 『서경대전(書經大全)』의 소주에서 발췌한 것이다. 그 전문은 다음과 같다. "蘇氏曰 : '河旣分爲九, 又合爲一, 以一迎八而後入海.'(소씨가 말하였다. '하수가 이미 나뉘어서 아홉이 되고 또 합쳐

'이해수역조이득명(以海水逆潮而得名)'에 대해, 소씨(蘇氏: 蘇軾)가 말하였다. "하나로써 여덟을 맞이하는 것이다."

○ 照'兗'註.809)
'구하기륜우해(九河旣淪于海)'의 경우, '연주(兗州)'의 주를 참조한 것이다.

○ 去聲.
'부(復)'는 거성(去聲: 다시)이다.

○ 不必講求.
'고불부유의(固不復有矣)'의 경우, 반드시 강구(講究)하지 않는 것이다.

○ 分也.
'파(播)'는 나눔이다.

○ 去聲.
'전(傳)'은 거성(去聲: 주석, 주해)이다.

○ 武帝時人.810)
'장건(張騫)'은 무제(武帝) 때 사람이다.

○ 音甸.
'전(闐)'은 음이 전(甸)이다.

서 하나가 되었으니, 하나로써 여덟을 맞이하고서 뒤에 바다로 들어가는 것이다.')"
809) 위의 「우공(禹貢)」[4-2-1-12]에서 "濟·河, 惟兗州.(제수와 황하에 오직 연주가 있다.)"라 하고, 집전에서 "兗州之域, 東南據濟, 西北距河. … 蘇氏曰 : '河·濟之間, 相去不遠, 兗州之境, 東南跨濟, 非止於濟也.' 愚謂, 河, 昔北流, 兗州之境, 北盡碣石·河右之地, 後碣石之地, 淪入於海; 河, 益徙而南, 濟·河之間, 始相去不遠, 蘇氏之說, 未必然也.(연주 지역은 동남쪽은 제수에 의거하고 서북쪽은 황하에 이른다. … 소씨가 말하기를 '황하와 제수의 사이는 서로 거리가 멀지 않으니, 연주의 지경은 동남쪽으로 제수에 의거하여 제수에 그치는 것이 아니다.'라고 하였다. 내가 생각하건대, 황하는 옛날에 북쪽으로 흘러 연주의 지경이 북쪽으로 갈석과 하서의 지역까지 다하였는데, 뒤에 갈석의 지역이 바다에 잠겨 들어가고 황하는 더욱 옮겨가서 남쪽에 있어 제수와 황하의 사이가 비로소 서로 거리가 멀지 않게 되었으니, 소씨의 말이 반드시 그렇지는 않다.)"라고 하였다.
810) 장건(張騫)은 한나라의 인물로 자가 자문(子文)이고, 한중군(漢中郡) 상고현(城固縣) 사람이다. 서역(西域)으로 통하는 남북도로를 개척하였고, 전공(戰功)을 세워 무제(武帝)로부터 박망후(博望侯)에 봉해졌다.

○ 『水經』曰 : "于闐國南山."811)
'재남산하(在南山下)'에 대해,『수경(水經)』에서 말하였다. "우전국(于闐國)의 남산이다."

○ 穆宗年號.812)
'당장경(唐長慶)'은 당나라 목종(穆宗)의 연호이다.

○ 或作劉.813)
'설원정(薛元鼎)'에서 설(薛)은 혹은 유(劉)로도 썼다.

○ 去聲.
'사(使)'는 거성(去聲: 사신을 가다)이다.

○ 去聲.
'새(塞)'는 거성(去聲: 변방, 요새)이다.

○ 地名.814)
'막하연적미(莫賀延積尾)'는 땅 이름이다.

○ 見『唐書』「吐蕃傳」.815)
'곤륜재기국서남(崑崙在其國西南)'의 내용이『당서(唐書)』「토번전(吐蕃傳)」에 보인다.

○ 凡說, 後出者明.
'공설씨위시(恐薛氏爲是)'에서 볼 때, 무릇 학설은 뒤에 나온 것이 명확하다.

---

811) 역도원(酈道元) 찬,『수경주(水經注)』권2,「하수(河水)」. "其一源, 出于闐國南山, 北流, 與蔥嶺所出, 河合.(그 하나의 근원이 우전국 남산에서 나와서 북쪽으로 흘러 총령산에서 나오는 것과 하수에서 합친다.)"
812) 821년에서 824년에 이른다.
813) 설원정(薛元鼎)은 송대 학자로 자가 숙운(叔云)이고, 포전(莆田) 사람이다. 어려서부터 총영(聰穎)하고 배우기를 좋아하여 4살 때 능히『논어(論語)』여러 편을 암송하였고, 12살 때 글을 잘한다는 소문이 마을에 났으며, 성품에 효순(孝順)하였다. 벼슬은 비서승(秘書丞)·군기소감(軍器少監)·태자시강(太子侍講)·이부상서좌낭관(吏部尙書左郎官)·기거랑(起居郞) 겸 태사좌유덕(太子左諭德) 등에 이르렀다. 저서로는『도하직석찬(導河積石篡)』등이 있다.
814) 송기(宋祁) 찬,『당서(唐書)』권216,「토번(吐蕃)」에는 '막하연적(莫賀延磧)', 또는 '막하연적미(莫賀延磧尾)'로 표기되어 있다.
815) 송기(宋祁) 찬,『당서(唐書)』권216하,「토번(吐蕃)」, 참조.

○ 朱子曰 : "「釋水」云: '河千里, 一曲一直'."816)
'지우용문(至于龍門)'에 대해, 주자(朱子 : 朱熹)가 말하였다. "「석수(釋水)」에 이르기를 '하수(河水)는 1천리이니, 한편으로 굽이치고 한편으로 곧장 흐른다.'라고 하였다."

○ 多伏流, 故不言'自'.
'단일서적석(但一書積石)'에서 볼 때, 대부분 땅속으로 스며들어 흐르기 때문에 '자(自)'를 말하지 않았다.

○ 亦有不可得而盡詳者耳.
'재소략야(在所略也)'에서 볼 때, 또한 상세함을 다할 수 없는 것이 있을 뿐이다.

○ 山間.
'하행어산(河行於山)'의 경우, 산과 산 사이, 곧 산골이다.

○ 音銀.
'은(垠)'은 음이 은(銀)이다.

○ 音孼.817)
'얼(齧)'은 음이 얼(孼)이다.

---

816) 호광(胡廣) 등 찬,『서경대전(書經大全)』의 소주에서 발췌한 것이다. 그 전문은 다음과 같다. "朱子曰 : '「釋水」云: 河千里, 一曲一直. 河從積石, 北行, 又東乃折而南, 計應三千里然後, 至龍門而爲西河. 龍門地勢險, 河率破山以行, 禹功於此最難. 自龍門南流, 至華陰而極, 始折而東, 至于底柱, 又東至孟津, 東過洛汭而爲南河. 至大伾而極, 始折而北流, 爲東河. 至兗州而分爲九, 復合爲一而入海, 河流於此終矣. 河爲四瀆宗, 其發源西北, 故敘中國之水, 以河爲先, 逆河是開渠通海, 以泄河之溢, 秋冬則涸, 春夏則泄.'(주자가 말하였다. '「석수」에 이르기를, 하수는 천리이니, 한편으로 굽이치고 한편으로 곧장 흐른다. 하수가 적석으로부터 북쪽으로 흘러가서 또 동쪽으로 흘러 이에 꺾이어 남쪽으로 가니 계산이 응당 3천리가 된 뒤라야 용문에 이르러 서하가 되는 것이다. ….')" 이는 다음의 내용에서 확인할 수 있다.『상서주소(尙書注疏)』권5, 「하서(夏書)·우공(禹貢)」. "疏, 傳正義曰: '河源不始, 於此記其施功處耳. 故言施功發於積石.「釋水」云: 河千里, 一曲一直, 則河從積石, 北行, 又東乃南行, 至于龍門, 計應三千餘里. 龍門·氐柱, 鑿山也; 其餘平地, 穿地也. 或鑿山, 或穿地, 以通流言, 自積石至海, 皆然也.'"; 오징(吳澄) 찬,『書纂言』권2, 「하서(夏書)·우공(禹貢)」. "朱子曰 : '河從積石, 北行, 又東乃折而南, 計應三千里然後, 至龍門而爲西河. 南流至華陰而極, 始折而東至氐柱, 至孟津過洛汭而爲南河. 至大伾而極, 始折而北流, 爲東河. 至兗州而分爲九, 復合爲一而入海, 河流于是終矣.'"
817)『광운(廣韻)』에 의하면, '齧'은 "五結切, 入.(오와 결의 반절이니, 입성이다.)"이라고 하였다.

○ 一作'尤'.818)

'즉유(則猶)'에서 유(猶)는 어떤 판본에는 '우(尤)'로 썼다.

○ 如'大陸'·'九河'註.819)

'실견상문(悉見上文)'의 경우, '대륙(大陸)'과 '구하(九河)'의 주와 같다.

○ 中宗時人, 築中·東·西三受降城.820)

'장인원(張仁愿)'은 중종(中宗) 때 사람이니, 중앙과 동쪽과 서쪽의 세 곳에 수항성(受降城)을 지었다.

○ 戶江反.821)

'항(降)'은 호(戶)와 강(江)의 반절이다.

○ 屈也.

'반(盤)'은 굽힘이다.

○ 二指'此', 皆指安國嶺.

'지차(至此)'의 경우, 두 번 '차(此)'를 가리킨 것은 모두 안국령(安國嶺)을 가리킨다.

○ 上聲.

'거(去)'는 상서(上聲: 부터)이다.

○ 音阻語.

'저어(齟齬)'는 음이 저어(阻語)이다.

---

818) 채침(蔡沈) 찬, 『시경집전(詩經集傳)』에는 '猶'로 되어 있고, 호광(胡廣) 등 찬, 『서경대전(書經大全)』에는 '尤'로 되어 있다.
819) 위의 「우공(禹貢)」 [4-2-1-9]와 [4-2-1-13]의 집전을 말한다.
820) 장인원(張仁愿: ?-714)은 당대 인물로 원래 이름이 인단(仁亶)이고, 화주(華州) 하규(下邽) 사람이다. 문무(文武)를 겸비하여 일찍이 전중시어사(殿中侍御史)를 맡았다가 숙정태중승(肅政台中丞)을 맡았으며, 검교유주도독(檢校幽州都督)을 겸임하여 돌궐(突厥) 묵철가한(默啜可汗)의 침입을 격퇴한 뒤 병주대도부장사(并州大都督府長史)를 겸임하였다. 중종(中宗) 때에는 좌둔위대장군(左屯衛大將軍)·검교낙주장사(檢校洛州長史)·삭방군대총관(朔方軍大總管)을 거친 뒤 78년에 재상에 올랐으며, 한국공(韓國公)에 봉해지고 진군대장군(鎭軍大將軍)이 더해졌다. 죽은 뒤에는 태자소부(太子少傅)에 추증되었다.
821) 호광(胡廣) 등 찬, 『서경대전(書經大全)』의 소주에는 "平聲.(평성이다.)"으로 되어 있다.

○ 於安國嶺, 爲近.

'지우용문(至于龍門)'의 경우, 안국령(安國嶺)에서 가까움이 된다.

○ 千數百里.

'개시우신개착(皆是禹新開鑿)'에서 볼 때, 1천 수백리이다.

○ 朱子曰：" 河爲四瀆宗, 發源西北, 故敍中國之水, 以河爲先."822)

'부지차설우하소고야(不知此說又何所考也)'에 대해, 주자(朱子: 朱熹)가 말하였다. "하수(河水)는 사독(四瀆)의 조종(祖宗)이 되니 서북쪽에서 근원이 나오기 때문에 중국의 물을 차례지음에 하수(河水)로써 선두로 삼는다."

[4-2-1-91]

嶓冢, 導漾, 東流爲漢, 又東爲滄浪之水, 過三澨, 至于大別, 南入于江, 東匯澤, 爲彭蠡, 東爲北江, 入于海.

파총산(嶓冢山)에서 양수(漾水)를 터서 동쪽으로 흘러 한수(漢水)가 되며, 또 동쪽으로 흘러 창랑(滄浪)의 물이 되며, 삼서(三澨)를 지나 대별산(大別山)에 이르러 남쪽으로 흘러 강수(江水)로 들어가며, 동쪽으로 흘러 모이고 합쳐서 팽려(彭蠡)가 되며, 동쪽으로 흘러 북강(北江)이 되어 바다로 들어가게 하였다.

詳說

○ '浪', 音郞. '澨', 音誓. '匯', 戶賄反.823)

'랑(浪)'은 음이 랑(郞)이다. '서(澨)'는 음이 서(誓)이다. '회(匯)'는 호(戶)와 회(賄)의 반절이다.

---

822) 호광(胡廣) 등 찬, 『서경대전(書經大全)』의 소주에서 발췌한 것이다. 그 전문은 다음과 같다. "朱子曰：「釋文」云: 河千里, 一曲一直. 河從積石, 北行, 又東乃折而南, 計應三千里然後, 至龍門而爲西河. 龍門地勢險, 河率破山以行, 禹功於此最難. 自龍門南流, 至華陰而極, 始折而東, 至于底柱, 又東至孟津, 東過洛汭而爲南河. 至大伾而極, 始折而北流, 爲東河. 至兗州而分爲九, 復合爲一而入海, 河流於此終矣. 河爲四瀆宗, 其發源西北, 故敍中國之水, 以河爲先, 逆河是開渠通海, 以泄河之溢, 秋冬則涸, 春夏則泄.'(주자가 말하였다. '… 연주에 이르러 나뉘어서 아홉이 되며 다시 합하여 하나가 되어 바다로 들어가니 하수의 흐름이 여기서 끝나는 것이다. 하수는 사독의 조종이 되니 그 서북쪽에서 근원이 나오기 때문에 중국의 물을 차례지음에 하수로써 선두로 삼는다. ….')"

823) 호광(胡廣) 등 찬, 『서경대전(書經大全)』의 소주에는 '浪'은 "音郞.(음이 랑이다.)"이고, '別'은 "必別反.(필과 별의 반절이다.)"이고, '滙'는 "音賄.(음이 회이다.)"라고 하였다. 방각본에는 "'浪', 音郞. '澨', 時制反.('랑'은 음이 랑이다. '서'는 시와 제의 반절이다.)"으로 되어 있다.

集傳

'漾',水名,『水經』曰:"漾水,出隴西郡氐道縣嶓冢山,東至武都",常璩曰:"漢水有兩源,此東源也,即「禹貢」所謂'嶓冢導漾'者;其西源,出隴西嶓冢山會泉,始源曰'沔'. 逕葭萌,入漢",東源,在今西縣之西;西源,在今三泉縣之東也. 酈道元謂:"東·西兩川,俱出嶓冢,而同爲漢水"者,是也. 水源發于嶓冢,爲漾,至武都爲漢,又東流爲滄浪之水. 酈道元云:"武當縣北四十里漢水中,有洲,曰滄浪洲,水曰滄浪水",是也. 蓋水之經歷,隨地得名,謂之'爲'者,明非他水也. '三澨',水名,今郢州長壽縣磨石山,發源,東南流者,名澨水;至復州景陵縣界來,又名汊水,疑即三澨之一. 然據『左傳』漳澨·薳澨,則爲水際,未可曉也. '大別',見導山. '入江',在今漢陽軍漢陽縣. '匯',廻也. '彭蠡',見揚州. '北江',未詳. '入海',在今通州靜海縣. ○今按,'彭蠡',古今記載,皆謂今之鄱陽. 然其澤在江之南,去漢水入江之處,已七百餘里,所蓄之水,則合饒信·徽撫·吉贛·南安·建昌·臨江·袁筠·隆興·南康數州之流,非自漢入而爲匯者. 又其入江之處,西則廬阜,東則湖口,皆石山峙立,水道狹甚,不應漢水入江之後七百餘里,乃橫截而南,入于鄱陽,又橫截而北流爲北江. 且鄱陽,合數州之流,豬而爲澤,泛溢壅遏,初無仰於江·漢之匯而後成也. 不惟無所仰於江·漢. 而衆流之積,日遏月高,勢亦不復容江·漢之來入矣. 今湖口橫渡之處,其北則江·漢之濁流,其南則鄱陽之清漲,不見所謂"漢水匯澤而爲彭蠡"者. 鄱陽之水,既出湖口,則依南岸,與大江相持以東,又不見所謂"橫截而爲北江"者. 又以經文考之,則今之彭蠡既在大江之南,於經,則交曰"南匯彭蠡",不應曰"東匯". 於導江,則交曰"南會于匯",不應曰"北會于匯". 匯既在南,於經則交曰"北爲北江",不應曰"東爲北江",以今地望參校,絕爲反戾. 今廬江之北,有所謂'巢湖'者,湖大而源淺. 每歲四·五月間,蜀嶺雪消,大江泛溢之時,水淤入湖,至七·八月,大江水落,湖水方洩,隨江以東,爲合'東匯'·'北匯'之文. 然鄱陽之湖,方五六百里,不應舍此而錄彼,記其小而遺其大也. 蓋嘗以事理情勢考之,洪水之患,惟河爲甚,意當時龍門·九河等處,事急民困,勢重役煩,禹親蒞而身督之. 若江·淮則地偏水急,不待疏鑿,固已通行,或分遣官屬,往視亦可. 況洞庭·彭蠡之間,乃三苗所居,水澤山林,深昧不測. 彼方負其險阻,頑不卽工,則官屬之往者,亦未必遽敢深入. 是以但知彭蠡之爲澤,而不知其非漢水所匯,但意如巢湖江水之淤,而不知彭蠡之源爲甚衆也. 以此致誤,謂之'爲匯',謂之'北江',無足怪者.

然則鄱陽之爲彭蠡, 信矣.

'양(漾)'은 물 이름이니, 『수경(水經)』에서 말하기를 "양수(漾水)는 농서군(隴西郡) 지도현(氐道縣) 파총산(嶓冢山)에서 나와 동쪽으로 무도(武都)에 이른다." 하였고, 상거(常璩)가 말하기를 "한수(漢水)는 두 근원이 있는데 이것은 동쪽 근원이니, 곧 「우공(禹貢)」에서 이른바 '파총산(嶓冢山)에서 양수(漾水)의 물길을 텄다'는 것이고, 그 서쪽 근원은 곧 농서군(隴西郡) 파총산(嶓冢山) 회천(會泉)에서 나오는데 맨 처음의 근원을 '면(沔)'이라고 한다. 가맹(葭萌)을 가로질러 한수(漢水)로 들어간다."라고 하였으니, 동쪽 근원은 지금 서현(西縣)의 서쪽에 있고, 서쪽 근원은 지금 삼천현(三泉縣)의 동쪽에 있다. 역도원(酈道元)이 이르기를 "동쪽과 서쪽의 두 냇물이 모두 파총산(嶓冢山)에서 나와 함께 한수(漢水)가 된다."고 한 것이 이것이다. 물의 근원이 파총산(嶓冢山)에서 나와서 양수(漾水)가 되고, 무도(武都)에 이르러 한수(漢水)가 되며, 또 동쪽으로 흘러 창랑(滄浪)의 물이 되는 것이다. 역도원(酈道元)이 이르기를 "무당현(武當縣) 북쪽 40리의 한수(漢水) 가운데 모래섬이 있는데 창랑주(滄浪洲)라 하고, 물을 창랑수(滄浪水)라 한다."고 하였으니, 이것이다. 대개 물이 지나감에 땅을 따라서 이름을 얻으니, '위(爲)'라고 이른 것은 다른 물이 아님을 밝힌 것이다. '삼서(三澨)'는 물 이름이니, 지금 영주(郢州) 장수현(長壽縣)의 마석산(磨石山)에서 원천이 나와서 동남쪽으로 흐르는 것을 서수(澨水)라 부르고, 복주(復州) 경릉현(景陵縣) 경계까지 오는 것을 또 차수(汊水)라 부르니, 의심건대 곧 삼서(三澨)의 하나인 듯하다. 그러나 『좌전(左傳)』의 장서(漳澨)와 원서(薳澨)에 의거하면 물가가 되니, 알 수 없는 것이다. '대별(大別)'은 도산(導山)에 보인다. '입강(入江)'은 지금 한양군(漢陽軍) 한양현(漢陽縣)에 있다. '회(匯)'는 도는 것이다. '팽려(彭蠡)'는 양주(揚州)에 보인다. '북강(北江)'은 상세하지 않다. '입해(入海)'는 지금 통주(通州) 정해현(靜海縣)에 있다. ○지금 살펴보건대, '팽려(彭蠡)'는 옛날이나 지금이나 기재함에 모두 지금의 파양호(鄱陽湖)라고 하였다. 그러나 그 못은 강수(江水)의 남쪽에 있어서 한수(漢水)가 강수(江水)로 들어가는 곳과 거리가 이미 7백여 리이며, 모인 물은 요신(饒信)·휘무(徽撫)·길감(吉贛)·남안(南安)·건창(建昌)·임강(臨江)·원균(袁筠)·융흥(隆興)·남강(南康)의 여러 주(州)의 물 흐름과 합하니, 한수(漢水)로부터 들어와서 회(匯)가 된 것은 아니다. 또 강수로 들어가는 곳은 서쪽은 여부(廬阜)이고, 동쪽은 호구(湖口)로 모두 석산(石山)이 우뚝 서있고 물길이 매우 좁으니, 한수(漢水)가 강수로 들어간 뒤 7백여 리를 순응하지 않고 바로 가로질러 남쪽으로 흘러 파양호(鄱陽湖)로 들어가고, 다시 가로질러 북쪽으로 흘러서 북강(北江)이 되었다. 또 파양호(鄱陽湖)는 여러 주(州)의 물 흐름이 합하여 한데 모여서 못이 되었으니, 물이 넘쳐서 막은 것이고 애초에 강수와 한수가 한데 모임에 의지한 뒤에 이루어진 것은 없다. 오직 강수와 한수에 의지함이 없을 뿐만 아니라 여러 물이 모인 것을 나날이 막아 다달이 높아지니, 형세가 또한 강수와 한수가 흘러 들어옴을 다시 용납할 수 없었다. 이제 호구(湖口)를 가로질러 건너는 곳은 북쪽으로는 강수와 한수의 탁한 흐름이고, 남쪽으로는 파양(鄱陽)의 맑은 물이니, 이른바 '한수(漢水)가 흘러 모이고 합쳐서 팽려(彭蠡)가 되었다."는 것을 볼 수 없다. 파양(鄱陽)의 물이 이미 호구(湖口)에서 나와 남쪽 기슭에 의지하여 대강(大江)과 서로 지속하면서 동쪽으로 흐르니, 또 이른바 "가로질러 북강(北江)이 되었다."는 것을 볼 수 없다. 또 경문(經文)으로써 살펴보면 지금의 팽려가 이미 대강(大江)의 남쪽에 있으니, 경문(經文)에서 마땅히 "남쪽으로 돌아 흘러 팽려에 모인다." 해야 하고, 응당 "동쪽으로 돌아 흘러 모인다."라고 할 수 없다. 도강(導江)에 있어서도 마땅히 "남쪽으로 흘러 회택(匯澤)에 모인다."라고 해야 하며, 응당 "북쪽으로 흘러 회택(匯澤)에 모인다."라고 할 수는 없다. 회택(匯澤)이 이미 남쪽에 있으므로 경문(經文)에서 마땅히 "북쪽으로 북강(北江)이 되었다." 해야 하고, 응당 "동쪽으로 북강(北江)이 되었다."라고 할 수 없으니, 지금 지형(地形)으로써 참조하여 비교해보면 절대로 어긋나지 않는다. 지금 여강(廬江)의 북쪽에 이른바 '소호(巢湖)'라는 것이 있으니, 호수는 큰데 물이 얕다. 매년 4, 5월 사이에 촉령(蜀嶺)의 눈이 녹아 대강(大江)을 범람할 때 물이 넘쳐 호수로 들어오고, 7, 8월이 되어 대강(大江)이 물이 빠지면 호수물이 새어나가서 강을 따라 동쪽으로 흐르니, '동쪽으로 돌아 흘러 모인다.' 하고 '북쪽으로 돌아 흘러 모인다.'는 글에 부합하게 된다. 그러나 파양호(鄱陽湖)는 사방이 5, 6백 리이니, 응당 이것을 버리고 저것을 기록하며 작은 것을 기록하고 큰 것을 빠뜨렸을 리 없다. 대개 일찍이 사리(事理)와 정세(情勢)로써 살펴보건대, 홍수의 근심은 오직 하수(河水)가 심하였으니 생각하건대, 당시 용문(龍門)과 구하(九河) 등지에 일이 급하고 백성들이 곤궁하여 형세가 무겁고 부역이 번거롭게 되자 우(禹)가 직접 임하여 몸소 감독했던 것이다. 강수(江)와 회수(淮水) 같은 것은 지역이 치우치고 물살이 급해서 굳이 트고 뚫기를 기다리지 않아도 진실로 이미 통과되었기에 간혹 벼슬아치들을 파견하여 가서 살펴보게 해도 또한 괜찮았던 것이다. 하물며 동정호(洞庭湖)와 팽려호(彭蠡湖)이 사이는 바로 삼묘(三苗)가 사는 곳으로 수택(水澤)과 산림(山林)이 깊고 어두워서 헤아릴 수 없었다. 저들이 바야흐로 그 험한 지형을 믿고 완악하게 부역에 나아가지 않았으니, 벼슬아치들이 가는 것도 또한 반드시 갑자기 감히 깊이 들어가지 못하였다. 이 때문에 단지 팽려(彭蠡)가 못이 되는 것만 알고, 한수(漢水)가 돌아 흘러 모이는 곳이 아님을 알지 못했으며, 단지 소호(巢湖)가 강수(江水)의 진흙탕인 것처럼 생각하고, 팽려(彭蠡)의 근원이 매우 많다는 것을 알지 못했던 것이다. 이 때문에 잘못하여 '물이 돌아 흘러 모인다.'하고, '북강(北江)'이라고 하였으니, 괴상할 리 없다. 그렇지만 파양호(鄱陽湖)가 팽려(彭蠡)가 되는 것은 믿을 수 있다.

詳說

○ 之東.
'출농서군지도현파총산(出隴西郡氐道縣嶓冢山)'의 경우, 동쪽으로 가는 것이다.

○ 音渠.824) ○東晉人, 撰『華陽國志』.825)
'상거(常璩)'에서 거(璩)는 음이 거(渠)이다. ○동진(東晉) 사람이니, 『화양국지(華陽國志)』를 지었다.

○ 之西.
'출농서파총산(出隴西嶓冢山)'의 경우, 서쪽으로 가는 것이다.

○ 沙溪曰 : "泉名."826)
'회천(會泉)'에 대해, 사계(沙溪: 金長生)가 말하였다. "샘물 이름이다."

○ '之'字, 所以足其文勢者.
'수왈창랑수(水曰滄浪水)'에서 볼 때, '지(之)'자는 그 문세(文勢)를 충족시키는 것이다.

○ 語辭. 或云: "猶後也."

---

824) 호광(胡廣) 등 찬, 『서경대전(書經大全)』의 소주를 수용한 것이다.
825) 상거(常璩)는 동진(東晉)의 학자로 자가 도장(道將)이고, 촉군(蜀郡) 강원현(江原縣) 사람이다. 어려서부터 배우기를 좋아하고 넓게 여러 책을 읽었다. 서진(西晉) 혜제(惠帝) 초년(290)부터 동진(東晉) 목제(穆帝) 말년(361)에 걸쳐 활동하였으며, 저서로는 중국 최고의 지방지(地方志)로 서남 지역의 산천(山川)·역사(歷史)·인물(人物)·민속(民俗)에 관한 중요한 사료인 『화양국지(華陽國志)』 등이 있다.
826) 『사계전서(沙溪全書)』 권14, 「경서변의(經書辨疑)·서전(書傳)·우공(禹貢)」, 참조.

'지복주경릉현계래(至復州景陵縣界來)'에서 래(來)는 어조사이다. 어떤 이는 이르기를 "후(後)와 같다."고 하였다.

○ 楚嫁反.827)
'차(汊)'는 초(楚)와 가(嫁)의 반절이다.

○ 「宣四年」·「昭二十三年」.828)
'연거『좌전』(然據『左傳』)'은 「선공(宣公) 4년」과 「소공(昭公) 23년」이다.

○ 羽委反.829)
'위(濊)'는 우(羽)와 위(委)의 반절이다.

○ 音現, 下同.
'현(見)'은 음이 현(現)이니, 아래도 같다.

○ 江入海同, 蓋他水言入大水則已矣, 此又益以十三字830)者, 豈以江·漢勢敵, 如云"朝宗于海"者耶.
'재금통주정해현(在今通州靜海縣)'에서 볼 때, 강수(江水)가 바다로 들어가는 것이 같으니, 대개 다른 물에서는 큰물로 들어간다고 말하면 그만인데, 여기서 다시 13글자를 더한 것은 아마도 강수(江水)와 한수(漢水)의 기세로써 맞선 것이니, "바다로 조종(朝宗)한다."고 이른 것과 같은 것이다.

○ 一作'番', 下並同.831)
'개위금지파(皆謂今之鄱)'에서 파(鄱)는 어떤 판본에는 '번(番)'으로 썼으니, 아래도 아울러 같다.

---

827) 호광(胡廣) 등 찬, 『서경대전(書經大全)』의 소주를 수용한 것이다.
828) 장서(漳澨)는 『춘추좌전주소(春秋左傳注疏)』 권21, 「선공(宣公) 4년」에서 "師于漳澨. 注, 漳澨, 漳水邊.(… 장서는 장수의 가이다.)"이라 하고, 원서(薳澨)는 『춘추좌전주소(春秋左傳注疏)』 권50, 「소공(昭公) 23년」에서 "君夫人不可以莫之死也, 乃縊於薳澨. 注, 薳澨, 楚地.(… 원서는 초나라 땅이다.)"라고 하였다.
829) 『광운(廣韻)』에는 "韋委切, 丄 (위와 위의 반절이니, 상성이다.)"이라고 하였다.
830) 十三字: 위 경문의 "東匯澤, 爲彭蠡, 東爲北江, 入于海.(동쪽으로 흘러 모이고 합쳐서 팽려가 되며, 동쪽으로 흘러 북강이 되어 바다로 들어가게 하였다.)"를 말하는 것이다.
831) 채침(蔡沈) 찬, 『서경집전(書經集傳)』에는 '番'으로 되어 있고, 호광(胡廣) 등 찬, 『서경대전(書經大全)』 및 방각본에는 '鄱'로 되어 있다.

○ 貢·感二音.832)
'감(贛)'은 공(貢)과 감(感)의 두 개의 음이다.

○ 三軍.
'남안·건창·임강(南安·建昌·臨江)'의 경우, 삼군(三軍)이다.

○ 府.
'원균·융흥(袁筠·隆興)'의 경우, 부(府)이다.

○ 軍.
'남강(南康)'의 경우, 군(軍)이다.

○ 十三州.
'수주(數州)'의 경우, 13주(州)이다.

○ 鄱湖, 入江之口.
'동즉호구(東則湖口)'에서 볼 때, 파호(鄱湖)는 강수(江水)로 들어가는 입구이다.

○ 平聲, 下並同.
'응(應)'은 평성(平聲)이니, 아래도 아울러 같다.

○ 如濟之入河, 卽伏流而南爲滎, 理或有之.
'입우파양(入于鄱陽)'에서 볼 때, 제수(濟水)가 하수(河水)로 들어가는 것과 같으니, 곧 땅속으로 흘러 남쪽에서 형수(滎水)가 되어 일리가 혹시 있는 듯하다.

○ 此則濟之所無, 無其理也.
'우횡절이북류위북강(又橫截而北流爲北江)'에서 볼 때, 이는 제수(濟水)가 없는 것인데, 그 이치가 없는 것이다.

○ 去聲.
'부(復)'는 거성(去聲: 다시)이다.

---

832) 호광(胡廣) 등 찬, 『서경대전(書經大全)』의 소주에는 "音紺.(음이 감이다.)"으로 되어 있다.

○ 地形之可見者.

'이금지망(以今地望)'의 경우, 지형(地形)을 볼 수 있는 것이다.

○ 依據反, 泥也.

'어(淤)'는 의(依)와 거(據)의 반절이니, 진흙탕이다.

○ 上聲.

'사(舍)'는 상성(上聲: 버리다)이다.

○ 傾也.

'지편(地偏)'의 경우, 기울어짐이다.

○ 見「益稷」.833)

'완부즉공(頑不卽工)'의 내용이 「익직(益稷)」에 보인다.

○ 巢湖, 爲江水之所淤入.

'단의여소호강수지어(但意如巢湖江水之淤)'의 경우, 소호(巢湖)이니, 강수(江水)가 진흙탕으로 들어가는 곳이다.

○ 朱子曰 : "鄭漁仲, 以東匯澤十三字, 爲衍文得之, 然則下文之中, '江'者無所措, 乃知經文不能無誤."834)

---

833) 위의 「익직(益稷)」 [3-1-5-8]. "'無若丹朱傲. 惟慢遊, 是好; 傲虐, 是作; 罔晝夜頟頟, 罔水行舟, 朋淫于家, 用殄厥世. 予創若時, 娶于塗山, 辛壬癸甲, 啓呱呱而泣, 予弗子, 惟荒度土功, 弼成五服, 至于五千, 州十有二師, 外薄四海, 咸建五長, 各迪有功. 苗頑, 弗卽工, 帝其念哉.' 帝曰 : '迪朕德, 時乃功惟敘, 皐陶方祗厥敘, 方施象刑, 惟明.'('단주처럼 오만하지 마소서. 오직 태만하게 노는 것을 좋아하며, 오만함과 포악함을 저지르며, 밤낮없이 쉬지 않고 하더니 물이 없는데도 배를 운행하며, 소인과 어울려 집안을 어지럽혀 그 세대를 끊었습니다. 저는 이와 같음을 징계하여 도산씨에게 장가들어 겨우 신·임·계·갑의 사흘을 지냈으며, 계가 슬피 울었으나 저는 자식을 사랑하지도 못한 채 오직 토공을 크게 해내고 오복을 도와 이루었는데, 5천 리에 이르러 주마다 12사를 두고 밖으로 온 세상에 이르기까지 모두 오장을 세우니, 각각 나아가서 공이 있게 되었습니다. 삼묘가 완악하여 공사에 나아가지 않으니, 황제께서는 이를 생각하소서.'라고 하였다. 순임금이 말하기를, '짐의 덕을 순조롭게 시행한 것은 너의 공력이 펼쳐졌기 때문이니, 고요가 바야흐로 그 펼친 것을 공경히 이어서 상형을 베풀었으니, 분명하게 하려고 한다.'라고 하였다.)

834) 이는 『주자대전(朱子大全)』 권72, 「잡저(雜著)·구강팽려변(九江彭蠡辨)」과 『주자어류(朱子語類)』 권79, 「상서2(尚書二)·우공(禹貢)에서 발췌한 것이다. 그 내용은 다음과 같다 "… 至如鄭漁仲漢水衍文之說, 固善矣. 而其下文'江水東迤, 北會于匯, 東爲中江, 入于海'之數言, 似亦可疑, 而彼猶未能盡正也. 嗚呼!「禹貢」所載者九州之山川, 吾之足迹未能遍乎荊·揚. 而見其所可疑者已如此. …(… 예를 들어 정어중의 한수와 연문에 대한 말은 진실로 좋다. 그러나 그 아래 문장의 '장강의 물이 동쪽으로 비스듬히 흘러 북쪽으로 회택에 모이고, 동쪽으로 흐르는 중강이 되어 바다로 들어간다.'는 몇 마디 말은 또한 의심할 듯한데, 그는 오

'연즉파양지위팽려신의(卽陽之爲彭蠡信矣)'에 대해, 주자(朱子: 朱熹)가 말하였다. "정어중(鄭漁仲)835)이 동회택(東匯澤)의 13글자를 연문(衍文)이 된다고 여겼는데, 그렇다면 아랫글 가운데 '강(江)'이라는 것을 둘 곳이 없으니, 이에 경문(經文)도 오류가 없을 수 없음을 알겠다."

○ 詳見'三江'註.836)
'삼강(三江)'의 주에 자세히 보인다.

히려 다 바로잡을 수 없었다. 아! 「우공」에 실려 있는 것은 9주의 산천인데, 나의 발자취는 형주와 양주도 돌지 못했으니, 그 의심할 만한 것을 보인 것이 이미 이와 같았다. ….)"; "因說「禹貢」, 曰: '此最難說, 蓋他本文自有繆誤處. 且如漢水自是從今漢陽軍入江, 下至江州然後, 江西一帶江水流出, 合大江. 兩江下水相淤, 故江西水出不得, 溢爲彭蠡. 上取漢水, 入江處, 有多少路. 今言漢水過三澨, 至于大別, 南入于江, 東匯澤爲彭蠡, 全然不合, 又如何去強解釋得. 蓋禹當時, 只治得雍·冀數州爲詳, 南方諸水, 皆不親見. 恐只是得之傳聞, 故多遺闕, 又差誤如此. 今又不成說他聖人之經不是, 所以難說. 然自古解釋者紛紛, 終是與他地上水不合. ….'(「우공」을 말함으로 인하여 말하였다. '이것은 가장 말하기 어렵다. 대개 다른 판본의 글에는 저절로 잘못된 곳이 있다. 또 한수 같은 것은 스스로 지금의 한양군으로부터 강수로 들어가서 아래로 강주에 이른 뒤에 강서 일대에 강수가 흘러나와 대강과 합친다. 두 강에서 내려온 물이 서로 진흙탕이기 때문에 강서의 물이 흘러 나오지 못하고 넘쳐서 팽려가 된 것이다. 상류에서 한수를 취하여 강수로 들어가는 곳에는 작은 물길이 많다. 지금 한수가 삼서를 지나 대별에 이른 뒤에 남쪽으로 흘러 강수로 들어가고 동쪽으로 돌아 모여서 못을 이루어 팽려가 된다고 말한 것은 전혀 맞지 않는데, 또 어떻게 억지로 해석할 수 있겠는가. 대개 우 당시에는 다만 옹주와 기주 등 몇 주를 다스린 것만 상세하고 남방의 여러 물은 모두 직접 보지 않았으니, 아마 다만 전해 들었기 때문에 빠뜨린 것이 많고, 또 어긋나고 잘못된 것이 이와 같았던 것이다. 지금 또 다른 성인의 경전도 옳지 않다고 말할 수 없기 때문에 말하기 어렵다. 그러나 예로부터 해석하는 이가 분분하였으나 끝내 다른 지방의 상수와 맞지 않은 것이다. ….')" 그리고 호광(胡廣) 등 찬, 『서경대전(書經大全)』의 소주의 내용은 다음과 같다. "因說「禹貢」, 朱子曰: '此最難說, 蓋他本文自有謬處, 且如漢水自是從今漢陽軍, 入江, 下至江州然後, 江西一帶, 江水流出, 合爲大江, 兩江下水相淤, 故江西水出, 不得溢, 爲彭蠡. 上取漢水入江處, 有多少路, 今言漢水過三澨, 至于大別, 南入于江. 東匯澤爲彭蠡, 全然不合, 又如何去強解釋得, 蓋禹當時, 只治得雍·冀數州, 爲詳, 南方諸水, 皆不親見, 恐只得之傳聞, 故多遺闕, 又差誤如此, 今又不成說, 他聖人之經, 不是所以難說, 然自古解釋者, 紛紛終是與他地上水不合. 東匯澤爲彭蠡, 多此一句."

835) 정어중(鄭漁仲): 송대의 학자 정초(鄭樵: 114-1162)이니, 자가 어중(漁仲)이고, 자호가 계서유민(溪西遺民)이며, 흥화군(興化軍) 보전현(莆田縣) 사람이다. 어려서부터 책을 읽는 자질이 특이하여 신동(神童)이라는 칭찬이 있었고, 과거에 응시하지 않고 협제산(夾漈山)에 들어가 많은 분야에 대하여 공부하였는데 이에 학자들이 협제선생(夾漈先生)이라 불렀으며, 사촌형인 정후(鄭厚)와 함께 학문이 뛰어난 사람들이 '보양이정(莆陽二鄭)'이라고 불렀다. 민남정씨(閩南鄭氏)라고도 하며, 저서가 천여 권에 이를 정도로 많았는데 『협제유고(夾漈遺稿)』와 『통지(通志)』·『이아주(爾雅注)』 등만 전한다고 한다.
836) 위의 「우공(禹貢)」 [4-2-1-40]에서 "三江旣入(세 강물이 이미 바다로 들어가니)"이라 하고, 그 집전에서 "唐仲初, 「吳都賦」註, '松江下七十里, 分流, 東北入海者, 爲婁江; 東南流者, 爲東江; 幷松江爲三江', 其地, 今亦名三江口. 「吳越春秋」, 所謂'范蠡乘舟, 出三江之口'者, 是也. ○又按, 蘇氏謂: '岷山之江, 爲中江; 嶓冢之江, 爲北江; 豫章之江, 爲南江, 卽導水所謂東爲北江, 東爲中江者. 既有中·北二江, 則豫章之江, 爲南江, 可知.' 今按, 此爲三江, 若可依據.(당중초의 「오도부」 주에 '송강 아래 70리에서 나뉘어 흘러 동북쪽으로 바다로 들어가는 것을 누강이라 하고, 동남쪽으로 흐르는 것을 동강이라 하는데 송강을 아우르면 삼강이 된다.'고 하였으니, 그 지역을 지금도 삼강구라고 이름한다. 『오월춘추』에서 이른바 '범려가 배를 타고 삼강의 어귀로 나갔다.'는 것이 이것이다. ○또 살펴보건대, 소씨는 이르기를 '민산의 강을 중강이라 하고, 파총의 강을 북강이라 하고, 예장의 강을 남강이라 하니, 이는 곧 도수에 이른바 동쪽으로 북강이 되고, 동쪽으로 중강이 되었다는 것이다. 이미 중강과 북강의 두 강이 있다면 예장의 강이 남강이 됨을 알 수 있다.'고 하였다. 지금 살펴보건대, 여기서 삼강이라고 함은 의거할 만한 것 같다.)"라고 하였다.

[4-2-1-92]

岷山導江, 東別爲沱, 又東至于澧, 過九江, 至于東陵, 東迤北會, 于匯, 東爲中江, 入于海.

민산(岷山)에 강수(江水)를 터서 동쪽으로 나뉘어 타수(沱水)가 되었으며, 또 동쪽으로 흘러 예수(澧水)에 이르며, 구강(九江)을 지나서 동릉(東陵)에 이르며, 동쪽으로 돌아 북쪽으로 모여 회택(匯澤)이 되며, 동쪽으로 흘러 중강(中江)이 되어 바다로 들어갔다.

詳說

○ '澧', 音禮. '迤', 移爾反. '于匯', 坊本, 作'爲匯'.837)
'례(澧)'는 음이 례(禮)이다. '이(迤)'는 이(移)와 이(爾)의 반절이다. '우회(于匯)'는 방각본(坊刻本)에 '위회(爲匯)'로 썼다.

集傳

'沱', 江之別流於梁者也. '澧', 水名, 『水經』, "出武陵充縣西, 至長沙下雋縣西北, 入江", 鄭氏云 : "經, 言'道', 言'會'者, 水也; 言'至'者, 或山, 或澤也, '澧', 宜山·澤之名."838) 按, 下文'九江', 澧水, 旣與其一, 則非水, 明矣. '九江', 見荊州. '東陵', 巴陵也, 今岳州巴陵縣也, 「地志」, "在廬江西北"者, 非是. '會匯'·'中江', 見上章.

'타(沱)'는 강수(江水)가 나뉘어 양주(梁州)로 흐르는 것이다. '예(澧)'는 물 이름이니, 『수경(水經)』에서 "무릉(武陵) 충현(充縣) 서쪽에서 나와 장사(長沙) 하전현(下雋縣)에 서북쪽에 이르러 강수(江水)로 들어간다."고 하였으며, 정씨(鄭氏: 鄭玄)는 "경문(經文)에서 '도(道)'라 말하고 '회(會)'라 말한 것은 물이고, '지(至)'라 말한 것은 혹은 산(山)이거나 혹은 택(澤)이니, '예(澧)'는 마땅히 산(山)과 택(澤)의 이름이어야 한다."라고 하였다. 살펴보건대, 아랫글의 '구강(九江)'에서 예수(澧水)가 이미 그 하나에 참여했으니, 물이 아님이 분명하다. '구강(九江)'은 형주(荊州)에 보인다. '동릉(東陵)'은 파릉(巴陵)이니, 지금 악주(岳州)의 파릉현(巴陵縣)이다. 「지리지(地理志)」에서 "여강군(廬江郡) 서북에 있다."고 한 것은 옳지 않다. '회회(會匯)'와

---

837) 호광(胡廣) 등 찬, 『서경대전(書經大全)』의 소주에는 '澧'는 "音禮.(음이 예다.)"이고, '迤'는 "音以.(음이 이다.)"라고 하였다. 방각본에는 "'別', 皮列反. '澧', 音禮. '迤', 移爾反.('별'은 피와 렬의 반절이다. '례'는 음이 례다. '이'는 이와 이의 반절이다.)"으로 되어 있나.
838) 『상서주소(尙書注疏)』 권5, 「하서(夏書)·우공(禹貢)」에 보인다.

'중강(中江)'은 위의 장에 보인다.

詳說
○ 言於澧上, 故知其爲梁之沱.
'강지별류어양자야(江之別流於梁者也)'에서 볼 때, 예수(澧水)가에서 말하였기 때문에 그것이 양주(梁州)의 타수(沱水)가 됨을 안 것이다.

○ 句.
'출무릉충현서(出武陵充縣西)'에서 문장이 끊어진다.

○ 音餞.839)
'전(餞)'은 음이 전(餞)이다.

○ 句.
'지장사하전현서북(至長沙下雋縣西北)'에서 볼 때, 문장이 끊어지는 곳이다.

○ 洞庭湖.
'입강(入江)'의 경우, 동정호(洞庭湖)이다.

○ 去聲.840)
'여(與)'는 거성(去聲: 참여하다)이다.

○ 音現, 下同.
'현(見)'은 음이 현(現)이니, 아래도 같다.

○ 與漢合.
'회(會)'는 한수(漢水)와 합치는 것이다.

○ '東爲中江'一句, 衍或誤.

---

839) 『광운(廣韻)』에는 "徂兗切, 上.(조와 연의 반절이니, 상성이다.)"이라고 하였다.
840) 호광(胡廣) 등 찬, 『서경대전(書經大全)』의 소주에는 "音預.(음이 여다.)"로 되어 있다. 『광운(廣韻)』에는 "羊洳切, 去.(양과 여의 반절이니, 거성이다.)"라고 하였다.

'견상장(見上章)'에서 볼 때, '동위중강(東爲中江)'의 한 구절은 연문(衍文)이거나 잘못된 것이다.

[4-2-1-93]
導沇水, 東流爲濟, 入于河, 溢爲滎, 東出于陶丘北, 又東至于菏, 又東北, 會于汶, 又北東, 入于海.

연수(沇水)를 터서 동쪽으로 흘러 제수(濟水)가 되어 하수(河水)로 들어가며, 옆으로 넘쳐서는 형수(滎水)가 되어 동쪽으로 도구(陶丘)의 북쪽으로 나오며, 또 동쪽으로 가택(菏澤)에 이르며, 또 동북쪽으로 흘러 문수(汶水)와 합쳐서 다시 북동쪽으로 흘러 바다로 들어가게 하였다.

詳說

○ 音衍, 『諺』音誤.841)

'연(沇)'은 음이 연(衍)이니, 『언해(諺解)』의 음이 잘못되었다.

集傳

'沇水', 濟水也, 發源爲沇, 旣東爲濟. 「地志」云 : "濟水, 出河東郡垣曲縣王屋山東南", 今絳州垣曲縣山也. 始發源王屋山頂崖下, 曰'沇水', 旣見而伏, 東出於今孟州濟源縣, 二源. 東源, 周廻七百步, 其深不測; 西源, 周廻六百八十五步, 其深一丈. 合流至溫縣, 是爲濟水, 歷虢公臺, 西南入于河. '溢', 滿也. 復出河之南, 溢而爲滎, '滎', 卽滎波之滎, 見豫州. 又東出於陶丘北, '陶丘', 地名. 再成曰'陶', 在今廣濟軍西, 又東至于菏, '菏', 卽菏澤, 亦見豫州. 謂之'至'者, 濟陰縣, 自有菏派, 濟流至其地爾. '汶', 北汶也, 見靑州. 又東北至于東平府壽張縣安民亭, 合汶水, 至今靑州博興縣, 入海. 唐李賢謂 : "濟, 自鄭以東, 貫滑·曹·鄆·濟·齊·靑, 以入于海", 本朝樂史謂: "今東平·濟南·淄川·北海界中, 有水流入海, 謂之淸河." 酈道元謂 : "濟水, 當王莽之世, 川瀆枯竭. 其後, 水流逕通, 津渠勢改, 尋梁脈水, 不與昔同", 然則滎澤濟河

---

841) 『언해(諺解)』에는 음이 '윤'이라고 하였다. 호광(胡廣) 등 찬, 『서경대전(書經大全)』의 소주에는 '沇'은 "音尹.(음이 윤이다.)"이고, "'濟, 子禮反. '滎', 互扃反.('제'는 자와 례의 반절이다. '형'은 호와 경의 반절이나.)"이라고 하였나. 닝식본에는 "'沇', 音允. '濟', 子禮反. '滎', 互扃反.('연'은 음이 윤이다. 音允. '제'는 자와 례의 반절이다. '형'은 호와 경의 반절이다.)"이라고 하였다.

雖枯,而濟水未嘗絶流也.程氏曰:"滎水之爲濟,本無他義.濟之入河,適會河滿,溢出南岸,溢出者,非濟水,因濟而溢,故禹還以元名命之." 按,程氏言'溢'之一字,固爲有理.然出於河南者,旣非濟水,則禹不應以河枝流,而冒稱爲濟,蓋溢者,指滎而言,非指河也.且河濁而滎淸,則滎之水,非河之溢,明矣.況經所書,單立導沇條例,若斷若續,而實有源流,或見或伏,而脈絡可考. 先儒皆以濟水性下勁疾,故能入河穴地,流注顯伏. 南豐曾氏「齊州二堂記」云 :"泰山之北,與齊之東南諸谷之水,西北匯于黑水之灣,又西北匯于柏崖之灣,而至于渴馬之崖,蓋水之來也衆.其北折而西也,悍疾尤甚,及至于崖下,則泊然而止,而自崖以北,至于歷城之西,蓋五十里而有泉湧出,高或致數尺.其旁之人,名之曰: '趵突之泉',齊人皆謂: '嘗有棄糠於黑水之灣者,而見之於此',蓋泉自渴馬之崖,潛流地中,而至此復出也.其注而北,則謂之'濼水',達于淸河,以入于海,舟之通於濟者,皆於是乎達也.齊多甘泉,其顯名者十數,而色味皆同,以余驗之,蓋皆濼水之旁出者也." 然則水之伏流地中,固多有之,奚獨於滎澤,疑哉. 吳興沈氏亦言:"古說,濟水伏流地中,今歷下凡發地,皆是流水,世謂'濟水經過其下'. 東阿亦濟所經,取其井水,煮膠,謂之阿膠,用攪濁水則淸,人服之,下膈疏痰",蓋其水性趨下,淸而重故也.濟水伏流絶河,乃其物性之常,事理之著者,程氏非之,顧弗深考耳.

'연수(沇水)'는 제수(濟水)이니, 근원에서 나오면 연수(沇水)가 되고, 이미 동쪽으로 흐르면 제수(濟水)가 된다.「지리지(地理志)」에서 "제수(濟水)는 하동군(河東郡) 원곡현(垣曲縣) 왕옥산(王屋山) 동남쪽에서 나온다."고 하였으니, 지금 강주(絳州) 원곡현(垣曲縣)의 산이다. 처음 왕옥산(王屋山) 산꼭대기의 벼랑 아래에서 근원이 나와서 '연수(沇水)'라고 불렀는데, 이미 나타났다가 땅속으로 숨어서 동쪽으로 흘러 지금의 맹주(孟州) 제원현(濟源縣)에서 나오니, 두 개의 근원인 것이다. 동쪽 근원은 둘레가 7백 걸음으로 그 깊이를 측량할 수 없고, 서쪽 근원은 둘레가 685걸음으로 그 깊이가 한 길이다. 합류하여 온현(溫縣)에 이르니 이것이 제수(濟水)이며, 괵공대(虢公臺)를 지나 서남쪽으로 흘러 하수(河水)로 들어간다. '일(溢)'은 가득 찬 것이다. 다시 하수(河水)의 남쪽에서 나와 가득 차서 형수(滎水)가 되고, '형(滎)'은 곧 형파(滎波)의 형(滎)이니, 예주(豫州)에 보인다. 또 동쪽으로 흘러 도구(陶丘)의 북쪽에서 나오니, 도구(陶丘)는 땅 이름이다. 다시 이루어진 것을 '도(陶)'라고 하니, 지금 광제군(廣濟軍) 서쪽에 있고, 또 동쪽으로 가(菏)에 이르니, '가

(菏)'는 곧 가택(菏澤)이며 또한 예주(豫州)에 보인다. '지(至)'라고 이른 것은 제음현(濟陰縣)에 저절로 가택(菏澤)의 물갈래가 있어서이니, 제수(濟水)의 흐름이 그 땅에 이르렀을 뿐이다. '문(汶)'은 북쪽 문수(汶水)이니, 청주(靑州)에 보인다. 또 동북쪽으로 동평부(東平府) 수장현(壽張縣) 안민정(安民亭)에 이르러 문수(汶水)와 합쳐서 지금 청주(靑州)의 박흥현(博興縣)에 이르러 바다로 들어간다. 당나라 이현(李賢)이 이르기를 "제수(濟水)는 정주(鄭州)로부터 동쪽으로 흘러 활주(滑州)·조주(曹州)·운주(鄆州)·제주(濟州)·제주(齊州)·청주(靑州)를 관통하여 바다로 들어간다."고 하였으며, 우리 왕조의 악사(樂史)가 이르기를 "지금 동평(東平)·제남(濟南)·치천(淄川)·북해(北海)가 경계 가운데로 물이 흘러 바다로 들어가는 것이 있으니, 이것을 청하(淸河)라 한다."고 하였다. 역도원(酈道元)이 이르기를 "제수(濟水)는 왕망(王莽)[842]의 때를 당하여 내와 도랑이 말라 없어졌다. 그 뒤에 물이 흘러 물길이 통하고 나루터와 도랑이 형세가 바뀌어 양주(梁州)의 산맥과 물길을 찾아봄에 옛날과 같지 않았다."고 하였으니, 그렇다면 형택(滎澤)과 제하(濟河)는 비록 말라 없어졌으나, 제수(濟水)는 일찍이 흐름이 끊어진 적이 없었던 것이다. 정씨(程氏: 程大昌)가 말하기를 "형수(滎水)를 제수(濟水)라고 한 것은 본래 다른 뜻이 없다. 제수(濟水)가 하수(河水)로 들어감에 마침 하수(河水)가 가득 차서 넘쳐흘러 남쪽 기슭으로 나온 것을 만나니, 넘쳐서 나온 것은 제수(濟水)가 아니고 제수(濟水)로 말미암아 넘쳤기 때문에 우(禹)가 도리어 원래의 이름으로 부른 것이다."고 하였다. 살펴보건대, 정씨(程氏)가 '일(溢)'의 한 글자를 말한 것은 진실로 일리가 있는 것이다. 그러나 하수(河水)의 남쪽에서 나오는 것이 이미 제수(濟水)가 아니면 우(禹)가 응당 하수(河水)의 지류(支流)로써 무릅쓰고 제수(濟水)라고 일컬을 리 없을 것이니, 대개 넘쳤다고 한 것은 형수(滎水)를 가리켜서 말한 것이고, 하수(河水)를 가리킨 것이 아니다. 또 하수(河水)는 흐린데 형수(滎水)는 맑으니, 형수(滎水)의 물은 하수(河水)가 넘친 것이 아님이 분명하다. 하물며 경문(經文)에 쓰인 것은 단지 연수(沇水)의 물길을 트는 조례(條例)를 세운 것이니, 끊긴 것 같고 이어진 것 같으나 실제는 원류(源流)가 있으며, 혹은 나타나고 혹은 땅속으로 흐르나 맥락을 상고할 수 있다. 선대의 유학자들이 모두 제수(濟水)는 성질이 아래로 세차고 급하게 흐르기 때문에 하수(河水)로 들어가 땅에 구멍을 내서 흘러가는 것

---

[842] 왕망(王莽). 왕밍(B.C.45~23)은 서한(西漢)의 외척으로 신(新)나라의 시조이다. 자가 거군(巨君)으로 겸양(謙讓)하고 공검(恭儉)하며 아래 사람을 예로 대하는 등 위엄 있는 명성이 있었다. 모순된 제도를 개혁하는 데 앞장섰으며, 마침내 신(新) 왕조를 세워 새로운 정치를 추신하니 역사가들이 '왕망개제(王莽改制)'라고 칭하였다.

이 나타났다 숨었다 한다고 여겼다. 남풍 증씨(南豊曾氏: 曾鞏)의 「제주이당기(齊州二堂記)」에서 이르기를 "태산(泰山)의 북쪽은 제주(齊州)의 동남쪽 여러 골짜기의 물과 더불어 서북쪽으로 흘러 흑수만(黑水灣)에서 돌아 모이고, 또 서북쪽으로 흘러 백애만(柏崖灣)에서 돌아 모였다가 갈마(渴馬)의 벼랑에 이르니, 대개 물이 흘러오는 것이 많다. 그 북쪽으로 꺾여서 서쪽으로 흘러감에 세차고 빠름이 더욱 심한데 벼랑 아래에 이르면 잔잔히 멈추었다가 벼랑으로부터 북쪽으로 흘러 역성(歷城)의 서쪽에 이르며, 대개 50리를 가서 샘이 솟아 나오는데 높이가 간혹 몇 척(尺)에 이른다. 그 근방의 사람들이 이름 붙이기를 '표돌(表突)의 샘이다.'라고 하며, 제주(齊州) 사람들이 모두 이르기를 '일찍이 흑수만(黑水灣)에 겨를 버린 자가 있었는데 여기에서 그것을 보았다.'라고 하니, 대개 샘이 갈마(渴馬)의 벼랑으로부터 땅속으로 잠겨 흐르다가 이에 이르러 다시 나온 것이다. 그 흘러 들어가서 북쪽으로 흐르는 것은 '낙수(濼水)'라고 하는데 청하(淸河)에 이르러 바다로 들어가니, 제수(濟水)를 통과하는 배는 모두 여기에 이른다. 제주(齊州)에는 단 샘물이 많은데 그 이름이 세상에 드러난 것만 십수 개이고 색깔과 물맛이 모두 같으니, 내가 징험하건대 대개 모두 낙수(濼水)의 근방에서 나온 것이다."라고 하였다. 그렇다면 물이 땅속으로 흐르는 것이 참으로 많다는 것인데, 어찌 유독 형택(滎澤)만 의심하겠는가. 오흥 심씨(吳興沈氏: 沈括)가 또한 말하기를 "옛말에 제수(濟水)는 땅속으로 흐른다고 하였는데, 지금 역하(歷下)에서 무릇 땅속에서 나오는 것은 모두 이 흐르는 물이니, 세상 사람들이 이르기를 '제수(濟水)가 그 아래로 지나간다.'고 하였다. 동아(東阿) 또한 제수(濟水)가 지나는 곳인데, 그 우물물을 취하여 달이면 끈끈하게 되니 이것을 아교(阿膠)라고 이른다. 이것으로써 흐린 물에 넣고 뒤섞으면 물이 맑아지며, 사람이 복용하면 가슴의 막힘이 내려가고 담(痰)을 소통시킨다."고 하였으니, 대개 그 물의 성질이 아래로 빨리 내려감은 맑으면서도 무겁기 때문이다. 제수(濟水)가 땅속으로 흘러 하수(河水)를 건너감은 바로 그 물성(物性)의 항상성이고, 사리(事理)의 분명함인데, 정씨(程氏)가 이를 그르다고 하였으니, 돌아보건대 깊이 상고하지 않았을 뿐이다.

詳說

○ 蒙上'王屋'字而省之, 與'灃水'註同.843)

---

843) 위의 [4-2-1-92]에서 "岷山導江, 東別爲沱, 又東至于澧, 過九江, 至于東陵, 東迤北會, 于匯, 東爲中江, 入于海.(민산에 강수를 터서 동쪽으로 나뉘어 타수가 되었으며, 또 동쪽으로 흘러 예수에 이르며, 구강을

'금강주원곡현산야(今絳州垣曲縣山也)'에서 볼 때, 위의 '왕옥(王屋)'자를 이어받아서 생략한 것이니, '예수(澧水)'의 주(註)와 같다.

○ 音現, 下並同.
'현(見)'은 음이 현(現)이니, 아래도 아울러 같다.

○ 句.
'동출어금맹주제원현(東出於今孟州濟源縣)'에서 문장이 끊어진다.

○ 句.
'이원(二源)'에서 문장이 끊어진다.

○ 句.
'역괵공대, 서(歷虢公臺, 西)'에서 문장이 끊어진다.

○ 孔氏曰 : "並流十數里."844)
'남입우하(南入于河)'에 대해, 공씨(孔氏: 孔安國)가 말하였다. "아울러 십 수 리를 흐른다."

○ 去聲, 下同.
'부(復)'는 거성(去聲: 다시)이니, 아래도 같다.

○ 補此句.
'부출하지남(復出河之南)의 경우, 이 구절을 보탠 것이다.

지나서 동릉(東陵)에 이르며, 동쪽으로 돌아 북쪽으로 모여 회택이 되며, 동쪽으로 흘러 중강이 되어 바다로 들어간다.'라고 하였는데, 그 주에서 '"澧', 水名, 『水經』, '出武陵充縣西, 至長沙下雋縣西北, 入江', 鄭氏云: '經, 言道, 言會者, 水也; 言至者, 或山, 或澤也, 澧, 灾山·澤之名.' 按, 下文 '九江', 澧水, 旣與其一, 則非水, 明矣.('예'는 물 이름이니, 『수경』에서 '무릉 충현 서쪽에서 나와 장사 하전현에 서북쪽에 이르러 강수로 들어간다.'고 하였으며, 정씨는 '경문에서 도라 말하고 회라 말한 것은 물이고, 지라 말한 것은 혹은 산이거나 혹은 택이니, 예는 마땅히 산과 택의 이름이어야 한다.'라고 하였다. 살펴보건대, 아랫글의 '구강'에서 예수가 이미 그 하나에 참여했으니, 물이 아님이 분명하다.)"라고 한 것을 말한다.

844) 『상서주소(尙書注疏)』, 권5, 「하서(夏書)·우공(禹貢)」. "傳: '濟水入河, 竝流十數里, 而南截河, 又竝流數里, 溢爲滎澤, 在敖倉東南.'(전에서 '제수기 하수로 들어감에 아울러 십수 리를 흘러 남쪽으로 하수를 가로지르고, 또 아울러 수 리를 흘러가 넘쳐서 형택이 되니, 오창 동남쪽에 있다.'라고 하였다.)"

○ 爲澤而滿.
'일이위형(溢而爲榮)'의 경우, 택(澤)이 되어 가득 찬 것이다.

○ 亦伏流.
'우동출어도구북(又東出於陶丘北)'의 경우, 또한 땅속으로 흐르는 것이다.

○ 猶山之阫.
'재성왈도(再成曰陶)'의 경우, 산이 중첩(重疊)함과 같은 것이다.

○ 至而會也.
'제류지기지이(濟流至其地爾)'의 경우, 이르러 모이는 것이다.

○ 北東, 尢近北也.
'입해(入海)'의 경우, 북동쪽이니, 더욱 북쪽으로 가까운 것이다.

○ 鄒氏季友曰 : "高宗章懷太子賢, 註『後漢書』."845)
'당이현(唐李賢)'에 대해, 추씨 계우(鄒氏季友: 鄒季友)가 말하였다. "고종(高宗)의 장회태자(章懷太子) 현(賢)이니, 『후한서(後漢書)』를 주(註)냈다."

○ 州名.
'자정(自鄭)'은 주(州) 이름이다.

○ 音運.

---

845) 추계우(鄒季友) 찬, 『서경집전음석(書經集傳音釋)』권2, 「하서(夏書)·우공(禹貢)」. 참조. ; 명(明) 유삼오(劉三吾) 등 찬, 『서전회선(書傳會選)』권2, 「하서(夏書)·우공(禹貢)」의 '음석전(音釋傳)'에서 "'見', 形甸反, 下同. '溫縣', 屬河內郡. '復', 扶又反, 下同. '李賢', 高宗章懷太子, 註『後漢書』. '滑', 戶八反, 州以滑臺得名. '秦', 東郡也. '鄆', 音運. '應', 平聲. '悍', 音旱. '泊', 白各反. '安', 静也. '趵突', 上, 音剥, 足擊聲; 下, 陀沒反, 今濟南府城西, 有碑云:'趵突, 泉土人呼爲豹度, 蓋字與音, 皆轉矣.''而見', 如字. '瀿', 庭各反, 音與粕同.『春秋』'桓公十八年', '會齊侯于瀿', 註云:'水出濟南, 歷城縣西北, 入濟.''陸', 音盧篤反, 又力反, 又音洛過·古禾反.(… 이현은 고종의 장회태자이니, 『후한서』를 주냈다. ….)"라고 한 것을 참조한다. 그리고 이현(李賢: 655-684)은 당나라 장회태자(章懷太子)로 고종 이치(李治)의 여섯 째 아들이고, 무측천(武則天)의 둘째 아들이며, 자가 명윤(明允)이다. 어려서부터 좋은 교육을 받아 초당사걸(初唐四傑) 가운데 한 명인 왕발(王勃)이 그의 시독(侍讀)이 되었다. 장성해서는 용모가 준수하고 행동거지가 단정하고 장엄했으며, 재사(才思)가 민첩하여 부황(父皇)의 사랑을 얻었다. 문관들을 불러 모아 『후한서(後漢書)』를 주석하였는데 역사가들이 "장회(章懷)의 주(注)이다."라고 하면서 비교적 높은 역사적 가치가 있다고 평가하였다. 그밖에 저서로는 『군신상기발사(君臣相起發事)』·『춘궁요록(春宮要錄)』·『수신요람(修身要覽)』 등이 있으나 전하지 않는다.

'운(鄆)'은 음이 운(運)이다.

○ 六州.

'활·조·운·제·제·청(滑·曹·鄆·濟·齊·靑)'은 여섯 주(州)이다.

○ 音潮.

'조(朝)'는 음이 조(潮)이다.

○ 句.

'수류경통(水流逕通)'에서 문장이 끊어진다.

○ 句.

'진거세개(津渠勢改)'에서 문장이 끊어진다.

○ 沙溪曰 : "尋其梁脊, 訂脈其水道."846)

'심양맥수(尋梁脈水)'에 대해, 사계(沙溪: 金長生)가 말하였다. "그 양주(梁州)의 산등성이에서 찾고, 그 물길에서 수맥을 바로 잡는 것이다."

○ 酈說, 止此.

'불여석동(不與昔同)'에서 볼 때, 역씨(酈氏: 酈道元)의 말이 여기서 그친다.

○ 證之以三氏說. ○沙溪曰 : "旣曰枯, 又曰不絶, 未詳."847) ○ 按, 此'流'字, 蓋以'伏流'言耳, 又'枯'以'伏'言, '流'以'見'言.

'제수미상절류야(濟水未嘗絶流也)'의 경우, 세 사람의 말로써 입증한 것이다. ○ 사계(沙溪: 金長生)가 말하였다. "이미 말라버렸다고 하고, 또 끊어지지 않았다고 하였으니, 자세하지 않은 것이다." ○살펴보건대, 이 '류(流)'자는 대개 '복류(伏流: 땅속으로 흐름)'로써 말했을 뿐이고, 또 '고(枯: 말라버림)'는 '복(伏: 땅속

---

846) 『사계전서(沙溪全書)』 권14, 「경서변의(經書辨疑)·서전(書傳)·우공(禹貢)」. "'尋梁', 謂尋其梁脊也; '脈水', 謂訂脈其水道也, 此說恐是.('심양'은 그 양주의 산등성이에서 찾는 것을 이르며, '맥수'는 그 물길에서 수맥을 바로 잡는 것을 이르니, 이 말이 아마도 옳은 듯하다.)"

847) 『사계진시(沙溪全書)』 권14, 「경서변외(經書辨외)·서전(書傳)·우공(禹貢)」, "旣曰枯, 又曰不絶, 枯與絶, 有異乎, 滎與濟, 同是一水, 而註說如此, 未詳.(이미 말라버렸다고 하고, 또 끊어지지 않았다고 하였으니, 말라버림과 끊어짐은 차이가 있는가. 영수와 제수는 같은 하나의 물인네노 주의 실명이 이와 같으니, 지세하지 않은 것이다.)"

으로 스며듦)'으로써 말하였고, '류(流: 흐름)'는 '현(見: 땅위에 나타남)'으로써 말한 것이다.

○ '適會', 釋於此.
'일출남안(溢出南岸)'에서 볼 때, '적회(適會)'는 여기서 해석해야 한다.

○ 入河之濟.
'고우환이원명(故禹還以元名)'의 경우, 하수(河水)로 들어가는 제수(濟水)이다.

○ 文勢亦順.
'고위유리(固爲有理)'에서 볼 때, 글의 기세도 또한 순하다.

○ 平聲.
'응(應)'은 평성(平聲: 응당)이다.

○ 於河, 不言過, 而特立此條.
'단립도연조례(單立導沇條例)'에서 볼 때, 하수(河水)에서 지나간 것을 말하지 않아서 다만 이 조례(條例)를 세운 것이다.

○ 去聲.
'선유개이제수성하(先儒皆以濟水性下)'에서 하(下)는 거성(去聲: 내리다, 내려가다)이다.

○ 穴於地.
'혈지(穴地)'의 경우, 땅에 구멍을 내는 것이다.

○ 音彎.
'만(灣)'은 음이 만(彎)이다.

○ 渴馬.
'급지우애하(及至于崖下)'의 경우, 갈마(渴馬)이다.

○ 不流.
'박연이지(泊然而止)'의 경우, 흐르지 않는 것이다.

○ 音豹, 見『字彙』.848)
'표(豹)'는 음이 표(豹)이니, 『자휘(字彙)』에 보인다.

○ 如字.
'이견(而見)'에서 견(見)은 본래의 음대로 읽는다.

○ 洛·粕二音.849)
'락(灤)'은 락(洛)과 박(粕)의 두 개의 음이다.

○ 蓋皆湧出.
'제다감천(齊多甘泉)'의 경우, 대개 모두 솟아나오는 것이다.

○ 曾說, 止此.
'개개락수지방출자야(蓋皆灤水之旁出者也)'에서 볼 때, 증씨(曾氏: 曾鞏)의 말이 여기서 그친다.

○ 齊, 亦濟之所經, 故有之.
'고유지(固多有之)'에서 볼 때, 제주(齊州)도 또한 제수(濟水)가 지나는 곳이기 때문에 있는 것이다.

○ 括.850)

---

848) 호광(胡廣) 등 찬, 『서경대전(書經大全)』의 소주에는 "音剝.(음이 박이다.)"라고 하였다. 『집운(集韻)』에는 "巴校切, 去.(파와 교의 반절이니, 거성이다.)"라고 하였다. 『자휘(字彙)』는 명대(明代) 매응조(梅膺祚)가 편찬한 자서(字書)이다.
849) 호광(胡廣) 등 찬, 『서경대전(書經大全)』의 소주에는 "音洛.(음이 락이다.)"라고 하였다.
850) 박문호는 북송대의 심괄(沈括)이라고 하였으나 심괄의 출신지는 항주(杭州)이며, 오흥(吳興)은 남북조시대 심중(沈重)의 출신지이다. 두 사람의 생평은 다음과 같다. 심괄(131-195)은 북송의 학자로 자가 존중(存中)이고, 항주(杭州) 전당(錢塘) 사람이다. 일찍이 진사과에 급제하여 삼사사(三司使)·군기감(軍器監) 및 사천감(司天監) 등을 역임하였고, 왕안석의 신법(新法)을 지지하여 제반 개혁에 참여하였다. 과학기술 및 의약학(醫藥學)을 정밀하게 연구하였고, 천문(天文)·방지(方志)·수리(水利)·율력(律歷)·음악 등을 깊이 연구하였다. 이 외 력历、음乐 등均有深入研究여 『몽계필담(夢溪筆談)』·『수성법식조약(修城法式條約)』·『영원방(靈苑方)』·『소심양방(蘇沈良方)』·『천하주현도(大卜州縣圖)』·『십이기력(十二氣曆)』·『극성위치도(極星位置圖)』 등을 편찬하였으며, 『신농본초경(神農本草經)』의 오류를 바로잡았다. 그리고 심중(沈重)은 남북조시대 북주(北周)

'오흥심씨(吳興沈氏)'는 괄(括)이다.

○ 去聲.
'하(下)'는 거성(去聲: 내리다, 내려가다)이다.

○ 心·脾之間.
'격(膈)'은 심장(心臟)과 비장(脾臟)의 사이이다.

○ 沈說, 止此. 或云: "止於故也."
'하격소담(下膈疏痰)'에서 볼 때, 심씨(沈氏: 沈括)의 말이 여기서 그친다. 어떤 이는 이르기를 "고(故)에서 그친다."라고 하였다.

○ 論也.
'고불심고이(顧弗深考耳)'에서 볼 때, 논변한 것이다.

[4-2-1-94]

導淮, 自桐柏, 東會于泗·沂, 東入于海.

회수(淮水)를 터서 동백산(桐柏山)으로부터 동쪽으로 흘러 사수(泗水)와 기수(沂水)에서 모여 동쪽으로 흘러 바다에 들어가게 하였다.

集傳

『水經』云: "淮水, 出南陽平氏縣胎簪山", 禹只自桐柏導之耳. '桐柏', 見導山. '泗·沂', 見徐州. 沂入于泗, 泗入于淮, 此言'會'者, 以二水相敵故也. 入海, 在今淮浦.

『수경(水經)』에서 "회수(淮水)는 남양(南陽) 평지현(平氏縣) 태잠산(胎簪山)에서 나온다."고 하였으니, 우(禹)가 단지 동백산(桐柏山)으로부터 물길을 텄을 뿐이다. '동백산(桐柏山)'은 도산(導山)에 보인다. '사수(泗水)와 기수(沂水)'는 서주(徐州)에

학자로 자가 자후(子厚)이고, 오흥(吳興) 무강(武康) 사람이다. 처음에 양(梁)나라의 오경박사(五經博士)가 되었다가 북주(北周)의 경사(經師)가 되어 오경(五經) 등을 강론하였다. 저서로는 『주례의(周禮義)』·『의례의(儀禮義)』·『예기의(禮記義)』·『모시의(毛詩義)』·『상복경의(喪服經義)』 등이 있었다고 하나 전하지 않고, 다만 『주관예의소(周官禮義疏)』·『예기심씨의소(禮記沈氏義疏)』·『모시심씨의소(毛詩沈氏義疏)』 등이 마국한(馬國翰)의 『옥함산방집일서(玉函山房輯佚書)』에 실려 있다.

보인다. 기수(沂水)는 사수(泗水)로 들어가고, 사수(泗水)는 회수(淮水)로 들어가니, 여기서 '회(會)'를 말한 것은 두 물이 서로 맞서기 때문이다. 바다로 들어감은 지금의 회포(淮浦)에 있다.

詳說

○ 音支.
'지(氏)'는 음이 지(支)이다.

○ 『水經』, 止此.
'출남양평지현태잠산(出南陽平氏縣胎簪山)'에서 볼 때, 『수경(水經)』이 여기서 그친다.

○ 過汝水.
'우지자동백도지이(禹只自桐柏導之耳)'의 경우, 여수(汝水)를 지난다.

○ 音現, 下同.
'현(見)'은 음이 현(現)이니, 아래도 같다.

○ 泗·沂, 本自相敵而合流, 未遠, 卽入淮, 與淮爲敵, 故連言泗·沂.
'이이수상적고야(以二水相敵故也)'에서 볼 때, 사수(泗水)와 기수(沂水)는 본래 서로 맞서다가 합하여 흐르는데 머지않아 곧 회수(淮水)로 들어가서 회수(淮水)와 맞서기 때문에 사수(泗水)와 기수(沂水)를 이어서 말한 것이다.

○ 縣名.
'회포(淮浦)'는 현(縣) 이름이다.

[4-2-1-95]
導渭, 自鳥鼠·同穴, 東會于澧, 又東會于涇, 又東過漆·沮, 入于河.

위수(渭水)를 트는데 조서산(鳥鼠山)과 동혈산(同穴山)으로부터 하여 동쪽으로 풍수(灃水)에 모이며, 또 동쪽으로 경수(涇水)에 모이며, 또 동쪽으로 칠수(漆水)와 저수(沮水)를 지나서 하수(河水)로 들어가게 하였다.

集傳

'同穴', 山名,「地志」云 : "鳥鼠山者, 同穴之枝山也." 餘並見雍州. 孔氏曰 : "鳥·鼠共爲雌雄, 同穴而處", 其說怪誕不經, 不足信也. 酈道元云 : "渭水, 出南谷山, 在鳥鼠山西北", 禹只自鳥鼠·同穴, 導之耳.

'동혈(同穴)'은 산 이름이니,「지리지(地理志)」에서 "조서산(鳥鼠山)이라는 것은 동혈산(同穴山)의 지산(枝山)이다."라고 하였다. 나머지는 아울러 옹주(雍州)에 보인다. 공씨(孔氏: 孔安國)가 말하기를 "새와 쥐가 함께 암컷과 수컷이 되어 같은 구멍에 있다."고 하였으니, 그 말이 괴이하고 허망하여 떳떳한 이치에 맞지 않으니, 믿을 게 못 된다. 역도원(酈道元)이 이르기를 "위수(渭水)는 남곡산(南谷山)에서 나오니, 조서산(鳥鼠山)의 서북쪽에 있다."라고 하였으니, 우(禹)가 단지 조서산(鳥鼠山)과 동혈산(同穴山)으로부터 물길을 텄을 뿐이다.

詳說

○ 音現.
'현(見)'은 음이 현(現)이다.

○ 上聲. ○如此, 則當爲一山耳.
'동혈이처(同穴而處)'에서 처(處)는 상성(上聲: 살다, 거주하다)이다. ○이와 같으면 마땅히 하나의 산이 될 뿐이다.

○ 酈說, 止此.
'재조서산서북(在鳥鼠山西北)'에서 볼 때, 역씨(酈氏: 酈道元)의 말이 여기서 그친다.

○ 新安陳氏曰 : "灃·涇, 大與渭並, 故曰會; 漆·沮, 小, 故曰過."[851]

---

851) 호광(胡廣) 등 찬,『서경대전(書經大全)』의 소주에서 발췌한 것이다. 그 전문은 다음과 같다. "新安陳氏曰 : '灃·涇·漆·沮, 皆入渭, 渭入河, 東會于灃, 即灃水攸同也; 東會于涇, 即涇屬渭·汭也; 東過漆·沮, 即漆·沮旣從也. 灃水, 大與渭並, 故曰會. 旣得灃·涇, 渭愈大, 漆·沮, 皆小, 故曰過. 前分言於雍, 而自源沮流, 言於此也.'(신안 진씨가 말하였다. '풍수와 경수와 칠수와 저수는 모두 위수로 들어가고 위수는 하수로 들어가니,

'도지이(導之耳)'에 대해, 신안 진씨(新安陳氏: 陳師凱)가 말하였다. "풍수(灃水)와 경수(涇水)는 크기가 위수(渭水)와 대등하기 때문에 모인다고 하였으며, 칠수(漆水)와 저수(沮水)는 작기 때문에 지난다고 한 것이다."

[4-2-1-96]
導洛, 自熊耳, 東北會于澗·瀍, 又東會于伊, 又東北入于河.

낙수(洛水)를 트는데 웅이산(熊耳山)으로부터 하여 동북쪽으로 흘러 간수(澗水)와 전수(瀍水)에 모이며, 또 동쪽으로 흘러 이수(伊水)에 모이며, 또 동북쪽으로 흘러 하수(河水)로 들어가게 하였다.

集傳

'熊耳', 盧氏之熊耳也. 餘並見豫州. '洛', 水出冢嶺山, 禹只自熊耳導之耳. ○按, 經言"嶓冢導漾, 岷山導江"者, 漾之源, 出於嶓; 江之源, 出於岷, 故先言山而後言水也. 言"導河積石", "導淮自桐柏", "導渭自鳥鼠·同穴", "導洛自熊耳", 皆非出於其山, 特自其山以導之耳, 故先言水而後言山也. 河不言'自'者, 河源多伏流, 積石, 其見處, 故言'積石'而不言'自'也. 沇水, 不言'山'者, 沇水伏流, 其出非一, 故不誌其源也; 弱水·黑水, 不言'山'者, 九州之外, 蓋略之也. 小水合大水, 謂之'入', 大水合小水, 謂之'過', 二水勢均相入, 謂之'會', 天下之水, 莫大於河, 故於河, 不言'會', 此「禹貢」立言之法也.

'웅이(熊耳)'는 노지현(盧氏縣)의 웅이산(熊耳山)이다. 나머지는 아울러 여주(豫州)에 보인다. '낙(洛)'은 물이 총령산(冢嶺山)에서 나와서 우(禹)가 단지 웅이산(熊耳山)으로부터 물길을 텄을 뿐이다. ○살펴보건대, 경문(經文)에서 "파총산(嶓冢山)에서 양수(漾水)를 트고, 민산(岷山)에서 강수(江水)를 텄다."라고 말한 것은 양수(漾水)의 근원이 파산(嶓山)에서 나오고, 강수(江水)의 근원이 민산(岷山)에서 나오기 때문에 먼저 산(山)을 말하고 뒤에 물을 말한 것이다. "하수(河水)를 트는데 적석산(積石山)으로부터 하고, 회수(淮水)를 트는데 동백산(桐柏山)으로부터 하였다." 하고, "위수(渭水)를 트는데 조서산(鳥鼠山)과 동혈산(同穴山)으로부터 하였다." 하고, "낙수(洛水)를 트는데 웅이산(熊耳山)으로부터 하였다."라고 말한 것은 모두 그 산에서 나온 것이 아니라, 다만 그 산에서부터 물길을 텄을 뿐이기 때문에 먼

… 풍수는 크기가 위수와 대등하기 때문에 모인다고 하였으며, 이미 풍수와 칠수의 져수를 얻어서 이수가 더욱 크고, 칠수와 저수는 모두 작기 때문에 지난다고 하였다. ….')

저 물을 말하고 뒤에 산을 말한 것이다. 하수(河水)에서 '자(自)'를 말하지 않은 것은 하수의 근원은 땅속으로 흐르는 것이 많아서이니, 적석산(積石山)이 바로 나타난 곳이기 때문에 '적석(積石)'이라 말하고 '자(自)'를 말하지 않은 것이다. 연수(沇水)에서 '산'을 말하지 않은 것은 연수(沇水)는 땅속으로 흘러서 나오는 곳이 한 곳이 아니기 때문에 그 근원을 기록하지 않은 것이며, 약수(弱水)와 흑수(黑水)에서 '산'을 말하지 않은 것은 구주(九州)의 밖이라서 생략한 것이다. 작은 물이 큰 물과 합치는 것을 '입(入)'이라 하고, 큰물이 작은 물과 합치는 것을 '과(過)'라 하고, 두 물이 형세가 균등하게 서로 들어가는 것을 '회(會)'라고 하니, 천하(天下)의 물에 하수(河水)보다 큰 것은 없기 때문에 하수(河水)에는 '회(會)'를 말하지 않았다. 이것은 「우공(禹貢)」의 글을 쓰는 법이다.

詳說

○ 音支.852)

'지(氏)'는 음이 지(支이)다.

○ 照'伊'·'洛'註.853)

'노지지웅이야(盧氏之熊耳也)의 경우, '이수(伊水)'와 '낙수(洛水)'의 주를 참조하였다.

○ 音現, 下同.

'현(見)'은 음이 현(現)이니, 아래도 같다.

○ 亦照'伊'·'洛'註.854)

---

852) 호광(胡廣) 등 찬,『서경대전(書經大全)』의 소주에는 "縣名.(현 이름이다.)"이라고 하였다.
853) 위의 「우공(禹貢)」 [4-2-1-55]에서 "伊·洛·瀍·澗, 旣入于河,(이수·낙수·전수·간수가 이윽고 황하에 들어가며,)"라 하고, 집전에서 "'伊',『山海經』曰 : '熊耳之山, 伊水出焉, 東北至洛陽縣南, 北入于洛.' 郭璞云 : '熊耳, 在上洛縣南', 今商州上洛縣也. 「地志」言 : '伊水, 出弘農盧氏之熊耳'者, 非是. '洛水', 「地志」云 : '出弘農郡上洛縣冢嶺山',『水經』謂之'讙擧山', 今商州洛南縣冢嶺山也, '至鞏縣, 入河', 今河南府鞏縣也.('이수'는 『산해경』에서 '웅이의 산에서 이수가 나와 동북쪽으로 낙양현 남쪽에 이르러 북쪽으로 낙수로 들어간다.' 하였고, 곽박이 이르기를 '웅이는 상락현 남쪽에 있다.'라고 하였으니 지금 상주의 상락현이다. 「지지」에서 '이수는 홍농군 노지의 웅이에서 나온다.'라고 말한 것은 잘못되었다. '낙수'는 「지지」에서 '홍농군 상락현 총령산에서 나온다.' 하였고, 『수경』에서 '환거산이다.'라고 하였으니, 지금 상주 낙남현의 총령산이며, '공현에 이르러 하수로 들어간다.'라고 하였으니, 지금 하남부의 공현이다.")라고 하였다. 그리고 위의 집전에서도 "洛, 水出冢嶺山, 禹只自熊耳導之耳.('낙'은 물이 총령산에서 나와서 우가 단지 웅이산으로부터 물길을 텄을 뿐이다.)"라고 한 것을 말한다.
854) 위의 주와 같다.

'출총령산(出冢嶺山)'의 경우, 또한 '이수(伊水)'와 '낙수(洛水)'의 주를 참조하였다.

○ 山下.
'특자기산(特自其山)'의 경우, 산 아래이다.

○ 若曰'積石', 便是源處.
'고언적석이불언자야(故言積石而不言自也)'의 경우, '적석(積石)'이라고 한 것과 같으니, 곧 근원이 되는 곳이다.

○ 統論於末.
'차「우공」입언지법야(此「禹貢」立言之法也)'에서 볼 때, 총괄하여 끝에서 논변한 것이다.

○ 王氏炎曰 : "天下之水, 在北, 莫大於河; 在南, 莫大於江·漢, 故先言導河, 而漢與江次之, 濟·淮亦四瀆, 故次之, 皆自北而南也. 四瀆之西, 有渭; 東有洛, 亦大川, 故以終焉."855)
왕씨 염(王氏炎: 王炎)이 말하였다. "천하의 물에 북쪽에 있는 것은 하수(河水)보다 큰 것이 없고, 남쪽에 있는 것은 강수(江水)나 한수(漢水)보다 큰 것이 없다. 그러므로 먼저 하수(河水)를 트는 것을 말했는데, 한수(漢水)와 강수(江水)를 다음에 했으며, 제수(濟水)와 회수(淮水)는 또한 사독(四瀆)이기 때문에 다음에 했으니, 모두 북쪽에서부터 남쪽으로 흐르는 것이다. 사독(四瀆)의 서쪽에 위수(渭水)가 있고, 동쪽에 낙수(洛水)가 있으니, 모두 큰 내이기 때문에 이것으로써 끝맺은 것이다."

---

855) 호광(胡廣) 등 찬, 『서경대전(書經大全)』의 소주에서 발췌한 것이다. 그 전문은 다음과 같다. "王氏炎曰 : '導川, 皆決而委之於海. 然百川東注, 而弱水獨西, 黑水獨南, 其入于東海, 則天下之水, 在北, 莫大于河; 在南, 莫大於江·漢. 故先言導河, 而漢次之, 江又次之, 淮·濟亦四瀆也, 故先言濟而淮次之, 皆自北而南也. 四瀆之西, 有渭; 東有洛, 亦大川也, 故以是終焉.'(왕씨 염이 말하였다. '무릇 내를 트는 것은 모두 물길을 터서 바다에 맡기는 것이다. … 천하의 물에 북쪽에 있는 것은 하수보다 큰 것이 없고, 남쪽에 있는 것은 강수나 한수보다 큰 것이 없다. 그러므로 먼저 하수를 트는 것을 말했는데, 한수를 다음에 했고 강수를 또 다음에 했으며, 제수와 회수는 또한 사독이기 때문에 먼저 제수를 말하고 회수를 다음에 했으니, 모두 북쪽에서부터 남쪽으로 흐르는 것이다. 사독의 서쪽에 위수가 있고, 동쪽에 낙수가 있으니, 모두 큰 내이기 때문에 이것으로써 끝맺은 것이다.')"

[4-2-1-97]

九州攸同, 四隩旣宅. 九山刊旅, 九川滌源, 九澤旣陂, 四海會同.

9주(州)가 땅을 나눔이 균등하니 사해(四海)의 물가에 이미 살 수 있게 되었다. 9주(州)의 산에 깎아 여제사(旅祭祀)를 지내며, 9주(州)의 내에 근원을 깊이 파며, 9주(州)의 못이 이미 제방이 있으니 사해(四海)의 물이 모여 함께 흐른다.

詳說

○ 於六·於到, 二反.856)

'욱(隩)'은 어(於)와 륙(六) 또는 어(於)와 도(到)의 두 반절이다.

集傳

'隩', 隈也. 李氏曰 : "涯內近水爲隩." '陂', 障也. '會同', 與"灉·沮會同", 同義. 四海之隩, 水涯之地, 已可奠居; 九州之山, 槎木通道, 已可祭告; 九州之川, 濬滌泉源, 而無壅遏; 九州之澤, 已有陂障, 而無決潰; 四海之水, 無不會同, 而各有所歸, 此蓋總結上文, 言九州·四海·水土, 無不平治也.

'오(隩)'는 물가이니, 이씨(李氏)가 말하기를 "물가의 안에 물과 가까운 곳을 오(隩)라고 한다."라고 하였다. '피(陂)'는 제방이다. '회동(會同)'은 "옹수(灉水)와 저수(沮水)가 모여 함께 흐른다."는 것과 뜻이 같다. 사해(四海)의 물가에 물가의 땅이 이미 거처를 정할 수 있고, 9주(州)의 산이 나무를 베어 길을 통하여 이미 제사(祭祀)해서 고유(告由)하였고, 9주(州)의 냇물이 물의 근원을 깊이 파서 막힘이 없고, 9주(州)의 못이 이미 제방이 있어서 터지고 무너짐이 없고, 사해(四海)의 물이 모여 함께 하지 않음이 없어서 각각 돌아가는 곳이 있으니, 이는 대개 윗글을 총괄하여 맺어서 9주(州)와 사해(四海)의 수토(水土)가 다스려지지 않음이 없음을 말한 것이다.

詳說

○ 見売.857)

---

856) 호광(胡廣) 등 찬, 『서경대전(書經大全)』의 소주에는 "音郁.(음이 욱이다.)"이라고 하였다.
857) 위의 「우공(禹貢)」 [4-2-1-15]에서 "灉·沮會同.(옹수와 저수가 모여 함께 흐른다.)"이라 하고, 집전에서

'옹·저회동(灉·沮會同)'의 경우, 연주(兗州)에 보인다.

○ '攸同', 謂敷土均也.
'동의(同義)'에서 볼 때, '유동(攸同)'은 토지를 분별함이 균등함을 이른다.

○ 林氏曰 : "九州, 辨之悉矣, 至此, 又言其所以同, 有以辨之, 則異制·異俗, 不相亂; 有以同之, 則同軌·同文, 各要其歸, 序言別, 此言同, 先別而後同也."858)
임씨(林氏: 林之奇)가 말하였다. "9주(州)에 분별함을 다 하였고, 여기에 이르러 다시 그 같은 까닭을 말하면서 구별됨을 두었는데 곧 다른 제도와 다른 풍속이 서로 어지럽지 않았고, 같게 하는 것을 두었는데 곧 같은 법도와 같은 문자가 각각 그 귀착함을 구하였다. 서두에서는 구별됨을 말하였고 여기서는 같음을 말하였으니, 먼저 구별하고 뒤에 같게 한 것이다."

○ 鉏加反,859) 斫木也.
'사(槎)'는 서(鉏)와 가(加)의 반절이니, 나무를 베는 것이다.

○ '刊'字, 應篇首'刊'字.860)
'사목통도(槎木通道)'에서 볼 때, '간(刊)'자는 편 머리의 '간(刊)'자와 상응한다.

○ 上官氏曰 : "天下山水, 見於「禹貢」者, 四十有五."861)

"'會'者, 水之合也; '同'者, 合而一也.('회'라는 것은 물이 합치는 것이고, '동'이라는 것은 합쳐서 하나가 되는 것이다.)"라고 하였다.
858) 호광(胡廣) 등 찬, 『서경대전(書經大全)』의 소주에서 발췌한 것이다. 그 전문은 다음과 같다. "林氏曰 : '九州, 辨之悉矣, 至此, 又言其所以同, 有以辨之, 則異制·異俗, 異和·異宜, 各得其所而不相亂; 有以同之, 則同文·同軌, 同倫, 各要其歸, 而不見其異, 序言別, 此言同, 先別而後同也.'(임씨가 말하였다. '9주에 분별함을 다 하였고, 여기에 이르러 다시 그 같은 까닭을 말하면서 구별됨을 두었는데 곧 다른 제도와 다른 풍속이 화합을 달리하고 마땅함을 달리하되 각각 그 곳을 얻어 서로 어지럽지 않았고, 같게 하는 것을 두었는데 곧 같은 법도와 같은 문자가 차례를 같이 하되 각각 그 귀착함을 구하여 그 다름을 보이지 않았다. 서두에서는 구별됨을 말하였고 여기서는 같음을 말하였으니, 먼저 구별하고 뒤에 같게 한 것이다.')"
859) 호광(胡廣) 등 찬, 『서경대전(書經大全)』의 소주에는 "音茶.(음이 다이다.)"라고 하였다.
860) 위의 「우공(禹貢)」 [4-2-1-1]에서 "禹敷土, 隨山刊木, 奠高山·大川.(우는 토지를 분별하고 산의 모양에 따라서 나무를 제거하며 높은 산과 큰 내를 정하여 표지로 삼았다.)"이라고 하여 '刊'자를 말하였다.
861) 호광(胡廣) 등 찬, 『서경대전(書經大全)』의 소주에서 발췌한 것이다. 그 전문은 다음과 같다. "上官氏曰 : '天下山水, 見於「禹貢」者, 四十有五. 而九水爲大, 九山爲高. 大者既導, 則小者無不順矣; 高者既治, 則卑者無不平矣. 此九山·九川, 所以敘于九州之後也.'(상관씨가 말하였다. '천하의 산과 물이 「우공」에 보인 것이 45개인데, 9개의 물이 크고 9개의 산이 높나. 큰 것은 이미 물길을 틈에 작은 것이 따르지 않는 것이 없으며, 높은 것은 이미 다스림에 낮은 것이 다스려지지 않음이 없었다. 이 9개의 산과 9개의 내를 9주의

'이무옹알(而無壅遏)'에 대해, 상관씨(上官氏: 上官公裕)862)가 말하였다. "세상의 산과 물이 「우공(禹貢)」에 보인 것이 45개이다."

○ 音繪.863)
'회(潰)'는 음이 회(繪)이다.

○ 歸海.
'각유소귀(各有所歸)'의 경우, 바다로 돌아가는 것이다.

○ 以四箇'九'字·二箇'四'字, 總之.
'개총결상문(蓋總結上文)'에서 볼 때, 네 개의 '구(九)'자와 두 개의 '사(四)'로써 총결한 것이다.

○ 陳氏大猷曰 : "如'宅土'864)·'旣宅'865), 惟見於兗·雍, 故以'四隩旣宅'866), 總之; '旅山'867), 惟見於梁·雍, 故以'九山刊旅'868), 總之."869)

뒤에 서술한 것이다.')"
862) 상관씨(上官氏: 上官公裕): 송대 학자로, 이름이 공유(公裕)이다. 저서로는 『상서정의해설(尙書精義解説)』 4권이 있었으나 전하지 않는다.
863) 호광(胡廣) 등 찬, 『서경대전(書經大全)』의 소주에는 "音會.(음이 회다.)"라고 하였다.
864) 위의 「우공(禹貢)」 [4-2-1-16]에서 "桑土旣蠶, 是降丘宅土.(뽕나무밭에 이미 누에를 쳐왔으니, 이에 언덕에서 내려와 뽕나무밭에서 사는 것이다.)"라고 하였다.
865) 위의 「우공(禹貢)」 [4-2-1-78]에서 "三危旣宅, 三苗丕敍.(삼위에 이윽고 집을 짓고 사니, 삼묘가 공력을 크게 펼쳤다.)"라고 하였다.
866) 위의 「우공(禹貢)」 [4-2-1-97]에서 "九州攸同, 四隩旣宅.(9주가 땅을 나눔이 균등하니 사해의 물가에 이미 살 수 있게 되었다.)"라고 하였다.
867) 위의 「우공(禹貢)」 [4-2-1-65]에서 "蔡·蒙, 旅平(채산과 몽산에 여제사를 지내어 다스려짐을 고하며)"이라 하고, [4-2-1-76]에서 "荊·岐, 旣旅, 終南·惇物, 至于鳥鼠(형산과 기산에 이윽고 여제사를 지내고, 종남산과 돈물산으로부터 조서산에 이르며)"라고 하였다.
868) 위의 「우공(禹貢)」 [4-2-1-97]에서 "九州攸同, 四隩旣宅. 九山刊旅, 九川滌源, 九澤旣陂, 四海會同.(9주가 땅을 나눔이 균등하니 사해의 물가에 이미 살 수 있게 되었다. 9주의 산에 깎아 여제사를 지내며, 9주의 내에 근원을 깊이 파며, 9주의 못이 이미 제방이 있으니 사해의 물이 모여 함께 흐른다.)"이라고 하였다.
869) 호광(胡廣) 등 찬, 『서경대전(書經大全)』의 소주에서 발췌한 것이다. 그 전문은 다음과 같다. "陳氏大猷曰 : '上各州, 惟擧一隅, 至此, 總結之, 以見九州之所同. 如宅土旣宅, 惟見于兗·雍, 故以此四隩旣宅總之; 旅山, 惟見於梁·雍, 故以此九山刊旅總之. 各州所載川澤雖多, 然九州川澤, 不止是也, 故以九川·九澤之滌陂總之, 上雖名載達河之道, 而四方之趨帝都者, 不止是也, 故以四海會同總之. 六府孔修, 則非特水土之治而已; 庶土交正, 則山林川澤丘陵墳衍, 原隰之土, 他無不正, 非特壞壚之, 復其性而已也. 正庶土而愼財賦, 所以總結九州所貢篚之物也; 則三壤以成中邦之賦, 所以總結九州七等之田與賦也.'(진씨 대유가 말하였다. '… 예를 들면, 뽕나무밭에서 사는 것과 집을 짓고 사는 것은 오직 연주와 옹주에 보이기 때문에 사해의 물가에 이미 살 수 있게 되었다는 것으로써 총괄하였으며, 산에 여제사를 지내는 것은 오직 양주와 옹주에 보이

진씨 대유(陳氏大猷: 陳大猷)가 말하였다. "예를 들면, '뽕나무밭에서 사는 것'과 '집을 짓고 사는 것'은 오직 연주(兗州)와 옹주(雍州)에 보이기 때문에 '사해의 물가에 이미 살 수 있게 되었다는 것'으로써 총괄하였으며, '산에 여제사를 지내는 것'은 오직 양주(梁州)와 옹주(雍州)에 보이기 때문에 '9주의 산에 깎아서 여제사를 지낸다는 것'으로써 총괄한 것이다."

[4-2-1-98]

六府孔修, 庶土交正, 厎[870]愼財賦, 咸則三壤, 成賦中邦.

육부(六府)[871]가 크게 닦여져서 여러 땅이 서로 바르게 되자, 재부(財賦)를 신중히 하되 모두 상(上)·중(中)·하(下)의 세 가지 토양(土壤)으로 등급을 나누어 중국(中國)에 부세(賦稅)를 이루었다.

기 때문에 9주의 산에서 깎아 여제사를 지낸다는 것으로써 총괄한 것이다. 각 주에 실려 있는 천택이 비록 많으나 9주의 천택은 단지 이것뿐이다. ….')"

870) 채침(蔡沉) 찬,『서경집전(書經集傳)』과 호광(胡廣) 등 찬,『서경대전(書經大全)』에는 '底'로 되어 있다.

871) 육부(六府): 호광(胡廣) 등 찬,『서경대전(書經大全)』권2,「대우모(大禹謨)」[2-1-3-7]에서 "禹曰 : '於!帝. 念哉. 德惟善政, 政在養民, 水·火·金·木·土·穀, 惟修; 正德·利用·厚生, 惟和, 九功惟敍, 九敍惟歌, 戒之用休, 董之用威, 勸之以九歌, 俾勿壞.'(우가 말하였다. '아! 임금이여. 생각하소서. 덕이야말로 정사를 선량하게 하고 정사는 백성을 길러줌에 있으니, 수·화·금·목·토와 곡식이 오직 닦이며, 정덕과 이용과 후생이 조화로워야 아홉 가지 공이 펴지며, 아홉 가지가 펴진 것을 노래로 읊거든 경계하고 깨우쳐서 아름답게 여기며, 독책하여 두렵게 하고 권면하기를 9가로써 하여 무너지지 않게 하소서.')"라 하고, 집전에서 "下文, '六府' '三事', 卽養民之政也. '水·火·金·木·土·穀, 惟修'者, 水克火·火克金·金克木·木克土而生五穀, 或相制以洩其過, 或相助以補其不足, 而六者無不修矣. '正德'者, 父慈·子孝·兄友·弟恭·夫義·婦聽, 所以正民之德也. '利用'者, 工作什器·商通貨財之類, 所以利民之用也. '厚生'者, 衣帛食肉, 不飢不寒之類, 所以厚民之生也. 六者旣修, 民生始遂, 不可以逸居而無敎. 故爲之惇典敷敎, 以正其德, 通功易事, 以利其用, 制節謹度, 以厚其生, 使皆當其理而無所乖, 則無不和矣. '九功', 合六與三也. … 葛氏曰 : 「洪範」五行, 水·火·木·金·土而已, 穀, 本在木行之數, 禹以其爲民食之急, 故別而附之也.'(아랫글의 '육부'와 '삼사'는 곧 백성을 기르는 정사인 것이다. '수·화·금·목·토·곡이 닦여졌다'는 것은 수는 화를 이기고, 화는 금을 이기고, 금은 목을 이기고, 목은 토를 이겨서 오곡을 생산함에 혹은 서로 제지하여 그 지나친 것을 새게 하고, 혹은 서로 도와서 부족한 것을 보충하여 여섯 가지가 닦이지 않음이 없는 것이다. '정덕'이라는 것은 어버이는 자애롭고 자식은 효도하며 형은 우애롭고 아우는 공경하며 남편은 올바르고 아내는 청종함이니, 백성의 덕을 바르게 하는 것이다. '이용'이라는 것은 장인은 여러 기물을 만들고, 장수는 재물을 소통하는 따위이니, 백성의 씀을 이롭게 하는 것이다. '후생'이라는 것은 비단옷을 입고 고기를 먹으며 굶주리지 않고 춥지 않게 하는 따위이니, 백성의 삶을 두텁게 하는 것이다. 여섯 가지가 이미 닦여서 백성의 삶이 비로소 이루어짐에 편안히 거처하면서 가르침이 없을 수 없기 때문에 백성을 위하여 오전을 도탑게 하고 오교를 펼쳐서 그 덕을 바르게 하며, 분업으로 일을 이루고 서로 일을 바꾸어 그 쓰임을 이롭게 하며 예절을 제정하고 법도를 삼가하여 그 삶을 도탑게 하여 모두 그 도리에 합당하여 어그러지는 것이 없게 하면 조화롭지 않음이 없는 것이다. '구공'은 육부와 삼사를 합한 것이다. … 갈씨가 말하였다. '「홍범」의 오행은 수·화·목·금·토일 따름이고, 곡은 본래 목행의 수에 있었는데, 우는 백성의 양식이 급한 것이라 여겼기 때문에 구별하여 여기에 붙인 것이다.')"라고 하였다. 공영달(孔穎達)은 "'府'者, 藏財之處; '六'者, 貨財所聚, 故稱'六府'.('부'라는 것은 재물을 부관하는 곳이고, '육'이라는 것은 재화가 모이는 것이기 때문에 '육부'라고 칭한 것이다.)"라고 하였다. 그리고『춘추좌전주소(春秋左傳注疏)』권18,「문공(文公) 7년」에서 "'六府' '三事', 謂之九功. '水·火·金·木·土·穀', 謂之六府.('육부'와 '삼사'는 구공이라 이르고, '수·화·금·목·토·곡'은 육부라고 이른다.)"라고 하였다.

이 다스려지면 육부(六府)가 모두 다스려진다."

○ 所自出.

'재지자생(財之自生)'의 경우, 거기서부터 나오는 곳이다.

○ 七底, 再訓以該.

'치야(致也)'에서 볼 때, 칠(七)과 지(底)이니, 다시 뜻을 새겨서 갖춘 것이다.

○ 無或濫取.

'이치근기재부지입(而致謹其財賦之入)'에서 볼 때, 혹시라도 함부로 취함이 없는

範九疇, 彝倫攸敍.'(기자가 이에 말하였다. '내가 들으니, 옛날에 곤이 홍수를 막고 오행을 어지럽게 진열하자 상제가 바로 몹시 노하여 홍범구주를 내려주지 않으니, 이륜이 무너진 것이다. 곤이 귀양 가서 죽고 우가 이에 이어서 일어나자 하늘이 바로 우에게 홍범구주를 내려주니, 이륜이 차례대로 행해지게 되었다.')"라 하고, 집전에서 "'洪', 大; '範', 法; '疇', 類; '斁', 敗; '錫', 賜也. '帝', 以主宰言; '天', 以理言也. '洪範九疇', 治天下之大法, 其類有九, 卽下文初一至次九者. 箕子之答, 蓋曰: '洪範九疇, 原出於天, 鯀逆水性, 汨陳五行. 故帝震怒, 不以與之, 此彝倫之所以敗也, 禹順水之性, 地平天成. 故天出書于洛, 禹別之, 以爲洪範九疇, 此彝倫之所以敍也.' 彝倫之敍, 卽九疇之所敍者也.'('홍'은 큰 것이고, '범'은 법이고, '주'는 종류이고, '두'는 무너짐이고, '석'은 줌이다. '제'는 주재로써 말한 것이고, '천'은 이치로써 말한 것이다. '홍범구주'는 천하를 다스리는 대법으로 그 종류가 아홉이 있으니, 곧 아랫글의 첫 번째부터 아홉 번째까지이다. 기자의 대답이 대개 말하기를, '홍범구주는 원래 하늘에서 나왔는데 곤이 물의 성질을 거슬러서 오행을 어지럽게 진열하였다. 그러므로 상제가 몹시 노하여 이것을 주지 않으니, 이것이 이륜의 무너진 까닭이며, 우가 물의 성질에 순응하여 땅이 다스려지고 하늘의 뜻이 이루어졌다. 그러므로 하늘이 낙수에 글을 내주자 우가 구별하여 홍범구주를 만드니, 이것이 이륜의 차례대로 행해진 까닭이다.'라고 한 것이다. 이륜의 차례는 곧 구주가 차례대로 행해지는 것이니.)"라고 하였다. 이어서 "初一曰五行, 次二曰敬用五事, 次三曰農用八政, 次四曰協用五紀, 次五曰建用皇極, 次六曰乂用三德, 次七曰明用稽疑, 次八曰念用庶徵, 次九曰嚮用五福, 威用六極.(첫번째는 오행이고, 두 번째는 공경함을 오사로써 함이고, 세 번째는 농사를 팔정으로써 함이고, 네 번째는 화합함을 오기로써 함이고, 다섯 번째는 세움을 황극으로써 함이고, 여섯 번째는 다스림을 삼덕으로써 함이고, 일곱 번째는 밝힘을 계의로써 함이고, 여덟 번째는 상고함을 서징으로써 함이고, 아홉 번째는 향함을 오복으로써 하고 위엄을 육극으로써 하는 것이다.)"이라 하고, 집전에서 "此九疇之綱也. 在天, 惟五行; 在人, 惟五事, 以五事, 參五行, 天人合矣.(이것은 구주의 강령이다. 하늘에 달려있는 것은 오행이고, 사람에 달려있는 것은 오사이니, 오사로써 오행을 참고하면 하늘과 인간이 합하는 것이다.)"라고 하였다. 또 "一五行, 一曰水, 二曰火, 三曰木, 四曰金, 五曰土. 水曰潤下, 火曰炎上, 木曰曲直, 金曰從革, 土爰稼穡. 潤下, 作鹹; 炎上, 作苦; 曲直, 作酸; 從革, 作辛; 稼穡, 作甘.(첫 번째 오행에서 첫째는 수이고, 둘째는 화이고, 셋째는 목이고, 넷째는 금이고, 다섯째는 토이다. 수는 윤하이고, 화는 염상이고, 목은 곡직이고, 금은 종혁이고, 토는 이에 가색을 한다. 윤하는 짠 것이 되고, 염상은 쓴 것이 되고, 곡직은 신 것이 되고, 종혁은 매운 것이 되고, 가색은 단 것이 된다.)"이라 하고, 집전에서 "此下, 九疇之目也. 水·火·木·金·土者, 五行之生序也, 天一生水, 地二生火, 天三生木, 地四生金, 天五生土.(이 이하는 구주의 조목이다. 수·화·목·김·토는 오행이 생긴 순서이니, 하늘은 1이니 수를 낳고, 땅은 2이니 화를 낳고, 하늘은 3으로써 목을 낳고, 땅은 4이니 금을 낳고, 하늘은 5이니 토를 낳는다.)"라고 하였다.

875) 오행(五行):『공자가어(孔子家語)』「오제(五帝)」. "季康子問於孔子曰: '舊聞五帝之名, 而不知其實. 請問, 何謂五帝?' 孔子曰: '昔丘也, 聞諸老聃, 曰: 天有五行, 水·火·金·木·土, 分時化育, 以成萬物, 其神謂之五帝.'(계강자가 공자에게 물었다. '옛날에 오제의 이름을 들었는데 그 내용을 모르겠습니다. 여쭙건대, 무엇을 오제라고 합니까?' 공자가 말하였다. '옛날에 내가 노담에게 들었는데 말씀하시기를, 하늘에 오행이 있어 수·화·금·목·토인데 때에 맞게 나뉘어 화육하여 만물을 이루니, 그 신을 오제라고 이른다.'고 하셨다.)"

것이다.

○ 『周禮』.876)

'『주』(『周』)'는 『주례(周禮)』이다.

○ 補 '以'字.

'우개품절지이상·중·하삼등(又皆品節之以上·中·下三等)'의 경우, '이(以)'자를 보탰다.

○ 林氏曰 : "卽前九等之田, 三等, 言其略; 九等, 言其詳也."877)

임씨(林氏: 林之奇)가 말하였다. "곧 앞에 9등의 전지(田地)이니 3등은 그 대략을 말한 것이고, 9등은 그 상세함을 말한 것이다."

○ 『周禮』「注」曰 : "'壤', 亦土也, 變言耳."878)

'변십유토양지명물(辨十有土壤之名物)'에 대해, 『주례(周禮)』의 「주(注)」에서 말하였다. "'양(壤)'은 또한 흙이니, 말을 바꾸었을 뿐이다."

○ 陳氏大猷曰 : "正庶土, 愼財賦, 總結九州貢篚; 則壤成賦, 總結九州九等之田與賦."879)

---

876) 『주례주소(周禮注疏)』 권10, 「대사도(大司徒)」. "以土宜之灋, 辨十有二土之名物, 以相民宅而知其利害, ….(토양에 마땅한 법으로써 열두 토양의 유명한 특산물을 분별하여 백성들의 살림을 살펴서 그 이로움과 해로움을 알고, ….)"
877) 호광(胡廣) 등 찬, 『서경대전(書經大全)』의 소주에서 발췌한 것이다. 그 전문은 다음과 같다. "林氏曰 : '準則上·中·下之土壤, 卽前九等之田, 三等, 言其略; 九等, 言其詳也.'(임씨가 말하였다. '상·중·하의 토양을 준칙한 것은 곧 앞에 9등의 전지이니 3등은 그 대략을 말한 것이고, 9등은 그 상세함을 말한 것이다.')"
878) 『주례주소(周禮注疏)』 권10, 「대사도(大司徒)」. "辨十有二壤之物, 而知其種, 以敎稼穡樹蓺.(열두 토양의 유명한 특산물을 분별하여 그 심을 것을 알아서 농사일과 심고 기름을 가르친다.)"라 하고, 정현(鄭玄)의 주(注)에 "'壤', 亦土也, 變言耳. 以萬物自生焉, 則言'土', '土', 猶吐也. 以人所耕而樹蓺焉, 則言'壤', '壤', 和緩之貌.('양'은 또한 흙이니, 말을 바꾸었을 뿐이다. 만물이 스스로 생기기 때문에 곧 '토'를 말하였으니, '토'는 뱉을 토와 같다. 사람들이 갈아서 심기 때문에 '양'을 말하였으니, '양'은 화합하고 느슨한 모양이다.)"
879) 호광(胡廣) 등 찬, 『서경대전(書經大全)』의 소주에서 발췌한 것이다. 그 전문은 다음과 같다. "陳氏大猷曰 : '上各州, 惟舉一隅, 至此, 總結之以見九州之所同, 如宅土旣宅, 惟見于兗·雍, 故以此四隩旣宅總之; 旅山惟見於梁雍, 故此以九山刊旅總之; 各州所載川澤雖多, 然九州川澤, 不止是也, 故以九川·九澤之滌陂總之, 上雖各載達河之道, 而四方之趨帝都者, 不止是也, 故以四海會同總之. 六府孔修, 則非特水土之治而已. 庶土交正, 則山林·川澤·丘陵·墳衍·原隰之土, 他無不正, 非特墳壚之, 復其性而已也. 正庶土而愼財賦, 所以總結九州所貢篚之物也; 三壤以成中邦之賦, 所以總結九州九等之田與賦也.'(진씨 대유가 말하였다. '… 여러 땅을 바르게 하고서 재부를 신중히 하는 것은 9주의 공비하는 공물을 총결하려는 까닭이고, 세 토양을 분별하여 중국의 부세를 이룬 것은 9주의 아홉 등급의 전지와 부세를 총결하려는 까닭이다.')"

'성부중방(成賦中邦)'에 대해, 진씨 대유(陳氏大猷: 陳大猷)가 말하였다. "여러 땅을 바르게 하고 재부(財賦)를 신중히 하는 것은 9주(州)의 공비(貢篚)하는 공물을 총결하려는 까닭이고, 세 토양을 분별하여 중국의 부세를 이룬 것은 9주(州)의 아홉 등급의 전지(田地)와 부세를 총결하려는 까닭이다."

○ 此二節, 總上文而詠歎之, 如『詩』體, 但無韻耳. 下'祇台'二句, 視此.
여기 두 구절은 윗글을 총결하여 읊조리며 감탄한 것이니, 『시경(詩經)』의 체식과 같으나 단지 운이 없을 뿐이다. 아래의 '기이(祇台)' 두 구절도 이것을 본받은 것이다.

[4-2-1-99]

錫土·姓
토지(土地)와 성(姓)을 내려주었다.

集傳

'錫土·姓'者, 言錫之土, 以立國; 錫之姓, 以立宗, 『左傳』所謂 "天子建德, 因生以賜姓, 胙之土而命之氏"者也.
'토지(土地)와 성(姓)을 준다'는 것은 토지를 주어서 나라를 세우고, 성(姓)을 주어서 종가(宗家)를 세우게 하는 것을 말하니, 『좌전(左傳)』에서 이른바 "천자가 덕으로서 제후를 세우고서 태어남에 말미암아 그 성(姓)을 내려주고 토지로써 보답하고서 씨(氏)를 명한다."라는 것이다.

詳說

○ 林氏曰 : "水·土平, 可以封建諸侯, 如契封商, 賜姓子; 稷封邰, 賜姓姬."880)
'이입종(以立宗)'에 대해, 임씨(林氏: 林之奇)가 말하였다. "홍수와 토지가 다스

---

880) 호광(胡廣) 등 찬, 『서경대전(書經大全)』의 소주에서 발췌한 것이다. 그 전문은 다음과 같다. "林氏曰 : '水·土平, 可以封建諸侯也, 如契封于商, 賜姓子; 稷封于, 邰賜姓姬. 有土有社, 昔固有矣, 至是偏錫之.'(임씨가 말하였다. '홍수와 토시가 다스려지면 제후를 봉하이 세울 수 있으니, 설을 상 땅에 봉하고 내려준 성이 자이며, 직을 태 땅에 봉하고 내려준 성이 희와 같은 것이다. ….')"

려지면 제후를 봉하여 세울 수 있으니, 설(契)을 상(商) 땅에 봉하고서 내려준 성(姓)이 자(子)이며, 직(稷)을 태(邰) 땅에 봉하고서 내려준 성이 희(姬)와 같은 것이다."

○ 「隱九年」.881)
'『좌전』(『左傳』)'은 「은공(隱公) 9년」이다.

○ 其所生地.
'인생(因生)'의 경우, 그 생겨난 땅이다.

○ 存故反.882)
'조(胙)'는 존(存)과 고(故)의 반절이다.

○ 鄒氏季友曰 : "分太社之土, 以與諸侯, 如分祭肉也."883)
'조지토(胙之土)'에 대해, 추씨 계우(鄒氏季友: 鄒季友)가 말하였다. "태사(太社)884)의 땅을 나누어 제후에게 주니, 마치 제사 고기를 나누는 것과 같은 것이다."

[4-2-1-100]
祇台德先, 不距朕行.
나의 덕을 공경하여 존숭(尊崇)하니, 나의 행함을 어기지 않았다.

詳說

---

881) 『춘추좌전주소(春秋左傳注疏)』 권3, 「은공(隱公) 9년」. "衆仲對曰 : '天子建德, 因生以賜姓, 胙之土而命之氏.'(중중이 대답하여 말하기를, '천자가 덕으로서 제후를 세우고서 태어남에 말미암아 그 성을 내려주고 토지로써 보답하고서 씨를 명한다.'라고 하였다.)"
882) 호광(胡廣) 등 찬, 『서경집대전(書經集大全)』의 소주에는 "音助.(음이 조다.)"로 되어 있다.
883) 추계우(鄒季友) 찬, 『서경집전음석(書經集傳音釋)』 권2, 「하서(夏書)·우공(禹貢)」. 참조. ; 명(明) 유삼오(劉三吾) 등 찬, 『서전회선(書傳會選)』 권2, 「하서(夏書)·우공(禹貢)」의 「음석전(音釋傳)」에서 "'胙', 存故反, 『설문』에서 이르기를, '제사의 복과 고기이다.'라고 하였다. '조지토'라는 것은 태사(太社)의 땅을 나누어 제후에게 주니, 마치 제사 고기를 나누는 것과 같음을 말한 것이다.)"라고 한 것을 참조한다.
884) 태사(太社): 고대에 천자가 많은 백성을 위하여 복을 빌고 공에 보답하여 토신과 곡신에게 제사 지내는 장소를 세워준 것이다. 반고(班固)의 『백호통(白虎通)』 「사직(社稷)」에 의하면 "太社, 爲天下報功; 王社, 爲京師報功.(태사는 천하를 위하여 공에 보답한 것이고, 왕사는 경사를 위하여 공에 보답한 것이다.)"이라고 하였다.

○ '台', 音怡, 後並同. '先', 去聲.885)

'이(台)'는 음이 이(怡)이니, 뒤에도 아울러 같다. '선(先)'은 거성(去聲: 존숭하다, 숭상하다)이다.

集傳

'台', 我; '距', 違也. 禹平水土, 定貢賦, 建諸侯, 治已定, 功已成矣, 當此之時, 惟敬德以先天下, 則天下自不能違越我之所行也.

'이(台)'는 나이고, '거(距)'는 어김이다. 우(禹)가 물과 땅을 다스리고 토공(土貢)과 부세(賦稅)를 정하고, 제후(諸侯)를 세워서 다스림이 이미 안정되고 공(功)이 이미 이루어졌다. 이때를 맞아서 오직 덕(德)을 공경하여 천하에서 존숭(尊崇)하니 천하가 자연스럽게 내가 행하는 것을 어길 수 없었다는 것이다.

詳說

○ 王氏炎曰 : "'台'·'朕', 皆禹自言."886)

'아(我)'에 대해, 왕씨 염(王氏炎: 王炎)이 말하였다. "'이(台)'와 '짐(朕)'은 모두 우(禹)가 스스로 말한 것이다."

○ 一作'土'.887)

'공(貢)'은 어떤 판본에는 '토(土)'로 썼다.

○ 承上三節.

'공이성의(功已成矣)'에서 볼 때, 위의 세 구절을 이어받은 것이다.

○ 補'以'字.

'유경덕이선천하(惟敬德以先天下)'의 경우, '이(以)'자를 보탰다.

---

885) 호광(胡廣) 등 찬,『서경대전(書經大全)』의 소주에는 '台'는 "音怡.(음이 이다.)"라 하고, '行'은 "去聲.(거성이다.)"이라 하였다.
886) 호광(胡廣) 등 찬,『서경대전(書經大全)』의 소주에서 발췌한 것이다. 그 전문은 다음과 같다. "王氏炎曰 : '曰台曰朕, 皆禹自言. 指台·朕, 位堯舜, 非經意也.'(왕씨 염이 말하였다. '이라 하고 짐이라 한 것은 모두 우가 스스로 말한 것이다. ….')"
887) 채침(蔡沈) 찬,『서경집전(書經集傳)』과 호광(胡廣) 등 찬,『서경대전(書經大全)』및 방각본에는 모두 '土'로 되어 있다. '공부(貢賦)'는 토공(土貢)과 부세(賦稅)를 말하여 일반적으로 쓰는 말이나 여기서는 출처가 어디인지 자세히 알지 않다.

○ 添'所'字.

'천하자불능위월아지소행야(天下自不能違越我之所行也)'의 경우, '소(所)'자를 더하였다.

○ 馬氏曰 : "卽迪朕德, 時乃功, 惟敍之意."888)

마씨(馬氏: 馬永卿)889)가 말하였다. "곧 짐의 덕을 이끎에 이때 바로 공이 있었으니, 오직 펼치는 뜻이다."

[4-2-1-101]

五百里, 甸服, 百里, 賦納總; 二百里, 納銍; 三百里, 納秸服; 四百里, 粟; 五百里, 米.

5백 리는 전복(甸服)이니, 1백 리는 부세(賦稅)를 총괄하여 바치고, 2백 리는 벤 벼를 바치고, 3백 리는 볏짚을 바치고 나르는 일을 하며, 4백 리는 곡식을 바치고, 5백 리는 쌀을 바친다.

詳說

○ '銍', 音質; '秸', 訖黠反, 並『諺』音誤.890)

'질(銍)'은 음이 질(質)이고, '갈(秸)'은 글(訖)과 할(黠)의 반절이니, 아울러『언해(諺解)』의 음이 잘못되었다.

集傳

'甸服', 畿內之地也. '甸', 田; '服', 事也, 以皆田賦之事, 故謂之'甸服'. '五百里'者, 王城之外, 四面皆五百里也. 禾本全曰'總', 刈禾曰'銍', 半槀也, 半槀

---

888) 호광(胡廣) 등 찬, 『서경대전(書經大全)』의 소주에서 발췌한 것이다. 그 전문은 다음과 같다. "馬氏曰 : '水·土已平, 天子于是封建分理, 又敷己德以先之, 而莫敢違, 皆禹功所致也. 卽迪朕德, 時乃功, 惟敍之意.' (마씨가 말하였다. '물과 땅이 이미 다스려짐에 천자가 이에 봉하여 주고 제후에 세워서 나누어 다스림에 … 곧 짐의 덕을 이끎에 이때 바로 공이 있었으니, 오직 펼치는 뜻이다.')"
889) 마씨(馬氏: 馬永卿): 마영경(?-1136)은 복송대 학자로 자가 대년(大年)이고, 합비(合肥) 사람이다. 대관(大觀) 3년(119)에 진사과에 급제하여 벼슬이 상서좌승(尙書左丞)·공부상서(工部尙書) 등에 이르렀다. 일찍이 영성주부(永城主簿)가 되어 마침 귀양 와있던 유안세(劉安世)를 찾아가 가르침을 받았으며, 유안세의 어록인『원성어록(元城語錄)』을 추록하고,『나진자(懶眞子)』를 지었다. 시호는 충숙(忠肅)이다.
890) 호광(胡廣) 등 찬, 『서경대전(書經大全)』의 소주에는 '銍'은 "音只.(음이 지다.)"라 하고, '秸'은 "音戛.(음이 알다.)"이라고 하였다. 『언해(諺解)』에도 '지'와 '알'이라고 하여 이것을 지적한 것이다.

去皮曰'秸'. 謂之'服'者, 三百里內, 去王城爲近, 非惟納'總'·'銍'·'秸', 而又使之服輸將之事也. 獨於'秸'言之者, 總前二者而言也. '粟', 穀也. 內百里爲最近, 故幷禾本總賦之, 外百里次之, 只刈禾半藁納也; 外百里又次之, 去藁麤皮納也; 外百里爲遠, 去其穗而納穀; 外百里爲尤遠, 去其穀而納米. 蓋量其地之遠近, 而爲納賦之輕重精麤也. 此分甸服五百里而爲五等者也.

'전복(甸服)'은 왕기(王畿) 내의 땅이다. '전(甸)'은 밭이고, '복(服)'은 일이니, 모두 전무(田畝)에 징수하는 부세(賦稅)의 일이기 때문에 '전복(甸服)'이라고 이른 것이다. '5백 리'라는 것은 왕성(王城)의 밖에서 사방으로 모두 5백 리이다. 벼의 뿌리까지 온전한 것을 '총(總)'이라 하고, 벼를 벤 것을 '질(銍)'이라 하니, 반 짚이며, 반 짚의 껍질이 벗겨진 것을 '갈(秸)'이라고 한다. '복(服)'이라고 이른 것은 3백 리 내는 왕성과 거리가 가까우니, 오직 '총(總)'과 '질(銍)'과 '갈(秸)'을 바칠 뿐만 아니라, 또 하여금 나르는 일을 하게 한 것이다. 유독 '갈(秸)'에서 말한 것이지만 앞의 두 가지를 총괄하여 말한 것이다. '속(粟)'은 곡식이다. 안의 1백 리는 가장 가까움이 되기 때문에 벼 뿌리까지 아울러 모두 바치고, 밖의 1백 리는 그 다음이니 다만 벼를 베어 반 짚만 바치고, 밖의 1백 리는 또 그 다음이니, 짚의 거친 껍질을 버리고 바치며, 밖의 1백 리는 멂이 되니 이 이삭을 버리고 곡식만 바치며, 밖의 1백 리는 더욱 멂이 되니 그 곡식의 겨를 버리고 쌀만 바친다. 대개 그 지역의 멀고 가까움을 헤아려서 전부(田賦)를 바침에 가볍고 무거움과 깔끔하고 거친 것을 바치도록 하였다. 이는 전복(甸服)의 5백 리를 나누어 다섯 등급을 만든 것이다.

詳說

○ '甸服'·'侯服', 『諺』釋, 與下三服異, 合更商.[891]

'기내지지야(畿內之地也)'에서 볼 때, '전복(甸服)'과 '후복(侯服)'에서 『언해(諺解)』의 해석이 아래의 삼복(三服)과 다르니, 다시 생각해보아야 한다.

---

[891] 『언해(諺解)』의 해석이 '전복(甸服)'과 '후복(侯服)'은 각각 "五百里는 甸의 服하나니"라 하고, "五百里는 侯의 服하나니"라 하였는데, 아래의 삼복(三服)은 각각 "五百里는 綏할 服이니"라 하고, "五百里는 要한 服이니"라 하고, "五百里는 荒한 服이니"라고 하여 차이를 보여서 마땅히 다시 생각해보아야 한다고 말한 것이다. '전복(甸服)'은 왕성(土城) 사방 5백 리 구역이고, 후복(侯服)'은 전복(甸服) 밖의 5백 리 구역이다. 그리고 수복(綏服)은 후복(侯服) 밖의 5백 리 지역으로 왕의 성교(政敎)를 편안하게 복무한다는 뜻이다. 요복(要服)은 수복(綏服) 밖의 5백 리 지역으로 문교(文敎)로써 약속한다는 뜻이다. 황복(荒服)은 요복(要服) 밖의 5백 리 지역으로 말이 거칠고 간략하다는 뜻이다.

○ 佃通.

'전(甸)'은 '밭갈 전(佃)'과 통한다.

○ 朱子曰 : "治田也."892) ○『詩』所謂"維禹甸之"者也.893)

'전(田)'에 대해, 주자(朱子: 朱熹)가 말하였다. "밭을 다스리는 것이다." ○『시경(詩經)』에서 이른바 "유우전지(維禹甸之)"라는 것이다.

○ 爲方千里.

'사면개오백리야(四面皆五百里也)'의 경우, 사방 1천 리가 된다.

○ 全槀.

'화본전왈총(禾本全曰總)'의 경우, 전체 볏짚이다.

○ 鄒氏季友曰 : "短鎌也, 以銍穫禾, 卽以充賦, 因謂之'銍'."894)

'예화왈질(刈禾曰銍)'에 대해, 추씨 계우(鄒氏季友: 鄒季友)가 말하였다. "짧은 낫이니, 낫으로써 벼를 수확하여 곧 공부(貢賦)를 채우므로 이에 질(銍)이라고 이른 것이다."

○ 上聲,895) 下並同.

---

892) 호광(胡廣) 등 찬, 『서경대전(書經大全)』의 소주에서 발췌한 것이다. 그 전문은 다음과 같다. "朱子曰 : '里者, 乃道途遠近之數, 非方井之里也. 甸, 治田也, 畿內天子之田, 其民主爲天子, 治田事, 故謂之甸服.' 近畿而達精, 近者易致, 遠者難致故也. 畿內專言田賦者, 畿內不封諸侯, 故田賦入天子. 然五服各不同, 亦擧凡例互相見.'(주자가 말하였다. '… 전은 밭을 다스리는 것이다. 기내 천자의 밭을 그 백성들이 주장하여 천자를 위하여 밭일을 다스리기 때문에 전복이라고 이른 것이다.' ….')"
893) 『시경(詩經)』에서 "유우전지(維禹甸之)"는 두 곳에서 보인다. 호광(胡廣) 등 찬, 『시전대전(詩傳大全)』권13, 「소아(小雅)·북산지십(北山之什)·신남산(信南山)」. "信彼南山, 維禹甸之. 畇畇原隰, 曾孫田之. 我疆我理, 南東其畝.(진실로 저기의 남산을 오직 우가 다스렸도다. 개간된 언덕과 습지를 증손이 농사를 지음에 경계를 내고 길을 내니 이랑이 남쪽 동쪽이로다.)" ; 호광(胡廣) 등 찬, 『시전대전(詩傳大全)』권18, 「대아(大雅)·탕지십(蕩之什)·한혁(韓奕)」. "奕奕梁山, 維禹甸之. 有倬其道, 韓侯受命. 王親命之, 纘戎祖考, 無廢朕命, 夙夜匪解, 虔共爾位. 朕命不易. 榦不庭方, 以佐戎辟.(우뚝우뚝한 양산을 오직 우가 다스렸도다. 밝은 그 길에서 한후가 명을 받았도다. 왕이 친히 명하시되 너의 조고를 잇게 하노니 내 명을 없애지 말고 밤낮으로 게을리 말며 너의 지위를 공경하라. 내 명은 바뀌지 않으리라. 조회 않는 나라를 바로잡아 너의 임금을 돕도록 하라.)"
894) 추계우(鄒季友) 찬, 『서경집전음석(書經集傳音釋)』권2, 「하서(夏書)·우공(禹貢)」. 참조. ; 명(明) 유삼오(劉三吾) 등 찬, 『서전회선(書傳會選)』권2, 「하서(夏書)·우공(禹貢)」의 「음석경(音釋經)」에서 "'甸', 當練反. '總', 作孔反, 字當作穗. '禾', 聚束也. '銍', 陟栗反. 『說文』云: '穫禾短鎌也, 以銍穫禾, 卽以充賦, 因謂之銍.' 『小爾雅』云: 禾穗謂之穎, 截穎謂之銍. '秸', 訖黠反.('전'은 당과 련의 반절이다. '총'은 작과 공의 반절이니, 글자는 마땅히 총으로 써야 한다. '화'는 볏단이다. '질'은 척과 률의 반절이니, 『설문』에서 이르기를 '벼를 수확하는 짧은 낫이니, 낫으로써 벼를 수확하여 곧 공부를 채우므로 이에 질이라고 이른 것이다.' 하였다. ….)"라고 한 것을 참조한다.

'반고거(半稾去)'에서 거(去)는 상성(上聲: 제거하다, 버리다)이니, 아래도 아울러 같다.

○ 如字.
'거(去)'는 본래의 음 대로 읽는다.

○ 送也.
'수장(輸將)'의 경우, 보내는 것이다.

○ 統也.
'총(總)'은 통괄(統括)함이다.

○ 此'服'字, 當特爲句. 『諺』讀合更商.895) ○'服'字之總上二者,897) 與'賦'字之總下四者,898) 同.
'총전이자이언야(總前二者而言也)'에서 볼 때, 이 '복(服)'자는 마땅히 다만 문장이 끊어지는 곳이 되어야 한다. 『언해(諺解)』의 독음(讀音)은 다시 생각해보아야 한다. ○'복(服)'자가 위의 두 가지를 총괄하는 것은 '부(賦)'자가 아래의 네 가지를 총괄하는 것과 같다.

○ 去聲.
'병(幷)'은 거성(去聲: 아우르다)이다.

○ 盡也.
'총(總)'은 진(盡: 다, 모두)이다.

---

895) 호광(胡廣) 등 찬, 『서경대전(書經大全)』의 소주를 수용한 것이다.
896) 『언해(諺解)』의 독음(讀音)이 '갈'이 아니라 '알'로 되어 있음을 지적한 것이다.
897) 집전에서 "獨於'秸'言之者, 總前二者而言也.(유독 '갈'에서만 말한 것은 앞의 두 가지를 총괄하여 말한 것이다.)"라고 한 것을 가리키는데, 곧 위의 '총(總)'과 '질(銍)'을 말한다.
898) 집전에서 "內百里爲最近, 故幷禾本總賦之(안의 1백 리는 가장 가까움이 되기 때문에 벼 뿌리까지 아울러 모두 바치고)"에서 말한 '부(賦)'자가 아래의 네 가지 내용을 총괄하는 것을 말한다. 네 가지 내용은 곧 "外百里次之, 只刈禾半稾納也; 外百里又次之, 去稾麤皮納也; 外百里爲遠, 去其穗而納穀; 外百里爲尤遠, 去其穀而納米. 蓋量其地之遠近, 而爲納賦之輕重精麤也. 此分旬服五百里而爲五等者也.(밖의 1백 리는 그 다음이니 다만 벼를 베어 밥 짐만 바치고, 밖의 1백 리는 또 그 다음이니, 싶의 거친 껍질을 버리고 바치며, 밖의 1백 리는 멂이 되니 이 이삭을 버리고 곡식만 바치며, 밖의 1백 리는 더욱 멂이 되니 그 곡식의 겨를 버리고 쌀만 바친나.)"이다.

○ 盡納, 故謂之'總'. ○孔氏曰 : "供飼國馬."899)

'고병화본총부지(故幷禾本總賦之)'에서 볼 때, 다 바치기 때문에 '총(總)'이라고 이른 것이다. ○공씨(孔氏: 孔安國)가 말하였다. "나라의 말을 먹이는 데 이바지 한다."

○ 次近.

'외백리차지(外百里次之)'의 경우, 다음으로 가까운 것이다.

○ 半槀.

'거고(去藁)'에서 볼 때, 절반이 볏짚이다.

○ 穀皮.

'거기곡(去其穀)'에서 볼 때, 곡식의 껍질이다.

○ 朱子曰 : "畿內專言'田賦'者, 畿內不封諸侯, 故田賦入天子."900)

'차분전복오백리이위오등자야(此分甸服五百里而爲五等者也)'에 대해, 주자(朱子: 朱熹)가 말하였다. "기내(畿內)에서 오로지 '전부(田賦)'를 말한 것은 기내(畿內)는 제후를 봉하지 않기 때문에 전부(田賦)가 천자(天子)에게 들어가서이다."

○ 唐孔氏曰 : "侯服以外貢, 不入穀."901)

---

899) 호광(胡廣) 등 찬, 『서경대전(書經大全)』의 소주에서 발췌한 것이다. 그 전문은 다음과 같다. "孔氏曰 : '甸服, 爲天子服治田. 禾藁曰總, 供飼國馬.'(공씨가 말하였다. '전복은 천자를 위하여 밭을 다스리는 일을 하는 것이다. 볏짚을 총이라고 하니, 나랏말을 먹이는 데 이바지한다.')"

900) 호광(胡廣) 등 찬, 『서경대전(書經大全)』의 소주에서 발췌한 것이다. 그 전문은 다음과 같다. "朱子曰 : '里者, 乃道途遠近之數, 非方井之里也. 甸, 治田也. 畿內天子之田, 其民主爲天子, 治田事, 故謂之甸服.' 近畿而遠精, 近者易致, 遠者難致故也. 畿內專言田賦者, 畿內不封諸侯, 故田賦入天子. 然五服各不同, 亦擧凡例互相見.'(주자가 말하였다. '… 기내에서 오로지 전부를 말한 것은 기내는 제후를 봉하지 않기 때문에 전부가 천자에게 들어가서이다. 그러나 오복이 각기 같지 않으니, 또한 범례를 들어서 서로 통용됨을 보인 것이다.')"

901) 호광(胡廣) 등 찬, 『서경대전(書經大全)』의 소주에서 발췌한 것이다. 그 전문은 다음과 같다. "唐孔氏曰 : '銍, 鎌也, 用以刈, 故以銍, 表禾·穗·秸. 言服, 擧中, 以明上·下. 侯服以外貢, 不入穀. 甸主治田, 故服名甸.'(당 공씨가 말하였다. '질은 낫이니, 낫으로써 베기 때문에 질로써 벼와 이삭과 짚을 나타냈다. 복을 말함에 가운데를 들어서 위와 아래를 밝혔다. 후복 이외의 공부에는 곡물이 들어가지 않는다. 전은 밭을 다스림을 주로 하기 때문에 복을 전으로 이름 붙인 것이다.')" 어는 『상서주소(尙書注疏)』 권5, 「하서(夏書)·우공(禹貢)」에서 발췌한 것이다. 그 원문은 다음과 같다. "疏 : … 傳 : 『正義』曰 : '先王規方千里, 以爲甸服.' 「周語」, '文王制, 亦云 : 千里之內曰甸.' 鄭玄云 : '服治田, 出穀稅也,' 言중者, 主治田, 故服名甸也." "疏 : 傳 : 『正義』曰 : '劉熙『釋名』云 : 銍, 穫禾鐵也.' 『說文』云 : '銍, 穫禾短鎌也.' 『詩』云 : '奄觀銍刈, 用銍

당 공씨(唐孔氏: 孔穎達)가 말하였다. "후복(侯服) 이외의 공부(貢賦)에는 곡물(穀物)이 들어가지 않는다."

○ 蘇氏曰 : "獨言甸服之賦者, 內詳王賦之法, 而諸侯可推也."902)
소씨(蘇氏: 蘇軾)가 말하였다. "유독 전복(甸服)의 공부(貢賦)를 말한 것은 안으로 왕부(王賦)의 법이 상세하여 제후들이 받들 수 있어서이다."

○ 張氏曰 : "此以下, 因水·土旣平而言, 弼成五服之事, 莫不各服, 其事於天子, 故皆謂之'服'."903)
장씨(張氏: 張九成)904)가 말하였다. "이 이하는 물과 땅이 이미 다스려짐에 말미암아 말한 것이니, 오복(五服)의 일을 도와서 이루게 함에 각각 복무하지 않음이 없었으며, 그 천자(天子)를 섬기는 것이기 때문에 모두 '복(服)'이라고 이른 것이다."

○ 按, 五服雖各直五百里, 而外服之地, 常倍內服云.
내가 살펴보건대, 오복(五服)마다 비록 각각 5백 리를 폈는데, 외복(外服)905)의 땅은 항상 내복(內服)906)에 갑절이었다.

[4-2-1-102]

五百里, 侯服, 百里, 采; 二百里, 男邦; 三百里, 諸侯.

刈'者, 謂禾·穗也, 禾·穗, 用銍以刈, 故以銍, 表禾穗也."
902) 호광(胡廣) 등 찬, 『서경대전(書經大全)』의 소주를 수용한 것이다.
903) 호광(胡廣) 등 찬, 『서경대전(書經大全)』의 소주에서 발췌한 것이다. 그 전문은 다음과 같다. "張氏曰 : '此乃下, 因水·土旣平而言, 弼成五服之事服, 服其事也. 內而甸·侯·綏, 外而要·荒, 莫不各服, 其事於天子, 故皆謂之服.'(장씨가 말하였다. '이 이하는 물과 땅이 이미 다스려짐에 말미암아 말한 것이니, 오복의 일을 도와서 이루게 함에 그 일에 복무하게 한 것이다. 안으로는 전복과 후복과 수복이고, 밖으로는 요복과 황복인데 각각 복무하지 않음이 없었으며, 그 천자를 섬기는 것이기 때문에 모두 복이라고 이른 것이다.')"
904) 장씨(張氏: 張九成): 장구성(192-1159)은 송대 학자로 자가 자소(子韶)이고, 호가 무구(無垢) 또는 횡포(橫浦)로 무구거사 또는 횡포거사라고 하며, 변경(汴京) 사람이다. 남송 고종(高宗) 소흥(紹興) 2년(1132)에 전시(殿試)에서 장원급제하여 벼슬길에 올랐으나 상관과 뜻이 맞지 않아 벼슬을 버리고 귀향하여 강학(講學)하였다. 뒤에 부름에 응하여 태상박사(太常博士)가 되었고, 종정소경(宗正少卿)·시강(侍講)·예부시랑(禮部侍郎)·형부시랑(刑部侍郎) 등을 역임하였다. 금나라에 항거할 것을 주장하였고, 진회(秦檜)의 시기를 받아 귀양 갔다가 진회가 죽고 다시 등용되었으나 직언 상소가 받아들여지지 않자 벼슬을 그만두고 고향으로 돌아와 얼마 뒤 병으로 죽었다. 태사(太師)에 추증되고, 숭국공(崇國公)에 봉해지고, 시호는 문충(文忠)이다. 그의 일파를 횡포학파(橫浦學派)라고 하며, 저서로는 『논어절구(論語絶句)』·『맹자전(孟子傳)』·『상서중용대학효경어맹설(尙書中庸大學孝經語孟說)』·『심전록(心傳錄)』과 『회포문집(橫浦文集)』 등이 있다.
905) 외복(外服): 요복(要服)·황복(荒服)을 말한다.
906) 내복(內服): 전복(甸服)·후복(侯服)·수복(綏服)을 말한다.

5백 리는 후복(侯服)이니, 1백 리는 채읍(采邑)이고, 2백 리는 남방(男邦)이고, 3백 리는 제후(諸侯)이다.

集傳

'侯服'者, 侯國之服, 甸服外, 四面, 又各五百里也. '采'者, 卿大夫邑地. '男邦', 男爵, 小國也; '諸侯', 諸侯之爵, 大國·次國也. 先小國而後大國者, 大可以禦外侮, 小得以安內附也. 此分侯服五百里而爲三等也.

'후복(侯服)'은 제후 나라의 일이니, 전복(甸服) 밖에서 사방으로 또 각각 5백 리이다. '채(采)'라는 것은 경대부(卿大夫)의 읍지(邑地)이다. '남방(男邦)'은 남작(男爵)이니 작은 나라이고, '제후(諸侯)'는 제후의 작읍(爵邑)이니, 대국(大國)과 다음 나라이다. 소국(小國)을 먼저하고 대국(大國)을 뒤에 한 것은 큰 나라는 외국의 수모(受侮)를 막을 수 있고, 작은 나라는 은밀히 친하게 지냄으로써 편안할 수 있어서이다. 이는 후복(侯服)의 5백 리를 나누어 세 등급으로 한 것이다.

詳說

○ 於五爵國, 從其多者, 名之.

'후국지복(侯國之服)'에서 볼 때, 오작(五爵)[907]의 나라에 있어서 그것이 많은 것을 좇아서 이름 붙인 것이다.

○ 五十里.

'소국야(小國也)'의 경우, 50리이다.

○ 百里.

'대국(大國)'의 경우, 1백 리이다.

---

[907] 오작(五爵): 다섯 등급의 작위(爵位)이니, 공(公)·후(侯)·백(伯)·자(子)·남(男)을 말한다. 호광(胡廣) 등 찬, 『서경대전(書經大全)』 권6, 「주서(周書)·무성(武成)」에서 "列爵惟五, 分土惟三, 建官惟賢, 位事惟能, 重民五敎, 惟食喪祭, 惇信明義, 崇德報功, 垂拱而天下治.(작위를 나열함에 오직 다섯으로 하고 땅은 나누어줌에 셋으로 함, 관직에 세우되 오직 현량한 이로 하고 정사를 맡기되 오직 유능한 이로 하며, 백성의 오륜 교화를 소중히 하되 음식과 상례와 제례를 유념하며, 신의를 돈독히 하고 도의를 밝히며, 도덕을 높이고 공로에 보답하니, 의관을 드리운 채 팔짱을 끼고 있어도 천하가 다스려졌다.)"라 하고, 집전에서 "列爵惟五, 公·侯·伯·子·男. '分土惟三', 公·侯百里, 伯七十里, 子·男五十里之三等也.('작위를 나열함에 오직 다섯으로 함'은 공·후·백·자·남이다. '땅을 나누어줌에 셋으로 함'은 공과 후는 1백 리이고, 백은 70리이고, 자와 남은 50리의 세 등급이다.)"라고 하였다. 그리고 『상서주소(尙書注疏)』 권10, 「주서(周書)·무성(武成)」, 공안국(孔安國)의 전(傳)에서 이미 "爵五等, 公·侯·伯·子·男.(작위의 다섯 등듭이니, 공·후·백·자·남이다.)"이라고 하였다.

○ 七十里.
'차국야(次國也)'에서 볼 때, 70리이다.

○ 朱子曰 : "第二之百里, 爲男國; 三百里, 謂自三至五, 爲百里者, 三, 隨文生例, 不可拘侯服. 惟言邑·國者, 畿外主封侯, 亦互相見."908)
'차분후복오백리이위삼등야(此分侯服五百里而爲三等也)'에 대해, 주자(朱子: 朱熹)가 말하였다. "두 번째의 1백 리가 남작(男爵)의 나라가 되고, 3백 리는 3백부터 5백까지를 이르니, 1백 리가 되는 것이 셋이다. 글에 따라서 예(例)가 생긴 것이니, 후복(侯服)에 구애되어서는 안 된다. 오직 읍(邑)과 국(國)을 말한 것은 왕기(王畿) 밖이 봉후(封侯)를 위주로 해서이며, 또한 서로 통용됨을 보였다."

○ 呂氏曰 : "言男, 則子在其間; 言侯, 則公·伯在其間."909)
여씨(呂氏: 呂祖謙)가 말하였다. "남(男)을 말하면 자(子)가 그 사이에 있는 것이고; 후(侯)를 말하면 공(公)과 백(伯)이 그 사이에 있는 것이다."

[4-2-1-103]

|五百里, 綏服, 三百里, 揆文敎, 二百里, 奮武衛.|

5백 리는 수복(綏服)이니, 3백 리는 문교(文敎)를 헤아리고, 2백 리는 무위(武衛)를 떨친다.

集傳

'綏', 安也, 謂之'綏'者, 漸遠王畿而取撫安之義. 侯服外, 四面, 又各五百里也. '揆', 度也. '綏服', 內取王城千里, 外取荒服千里, 介於內外之間. 故以內三百里, 揆文敎; 外二百里, 奮武衛, 文以治內, 武以治外, 聖人所以嚴華夏

---

908) 호광(胡廣) 등 찬, 『서경대전(書經大全)』의 소주에서 발췌한 것이다. 그 전문은 다음과 같다. "朱子曰 : '第二之百里, 爲男爵之國, 三百里, 謂自三至五, 謂百里者, 三, 隨文生例, 不可拘侯服. 惟言邑·國者, 畿外主于封侯, 亦互相見.'(주자가 말하였다. '두 번째의 1백 리가 남작의 나라가 되고, 3백 리는 3백부터 5백까지를 이르니, 1백 리가 되는 것이 셋임을 이른다. 글에 따라서 예가 생긴 것이니, 이 후복에 구애되어서는 안 된다. 오직 읍과 국을 말한 것은 왕기 밖이 봉후를 위주로 해서이며, 또한 서로 통용됨을 부여다.')"
909) 호광(胡廣) 등 찬, 『서경대전(書經大全)』의 소주에서 발췌한 것이다. 그 전문은 다음과 같다. "呂氏曰 : '采邑, 如今之職田. 言男, 則子在其間; 言侯, 則公·伯在其間.'(여씨가 말하였다. '채읍은 지금의 직전과 같다. 남을 말하면 자가 그 사이에 있는 것이고; 후를 말하면 공과 백이 그 사이에 있는 것이다.')"

之辨者如此. 此分綏服五百里而爲二等也.

'수(綏)'는 편안함이니, '수(綏)'라고 이른 것은 왕기(王畿)에서 점점 멀어짐에 무마(撫摩)하여 편안히 해주는 뜻을 취한 것이다. 후복(侯服)의 밖에서 사방으로 또 각각 5백 리이다. '규(揆)'는 헤아림이다. '수복(綏服)'은 안으로 왕성(王城)에서 1천 리를 떨어져 있고, 밖으로 황복(荒服)에서 1천 리를 떨어져 있어 안과 밖의 중간에 끼어 있다. 그러므로 안의 3백 리는 문교(文敎)를 헤아리고, 밖의 2백 리는 무위(武衛)를 떨쳐서 문(文)으로써 안을 다스리고 무(武)로써 밖을 다스렸으니, 성인(聖人)이 화하(華夏)의 구별을 엄격하게 한 것이 이와 같았던 것이다. 이는 수복(綏服) 5백 리를 나누어 두 등급을 만든 것이다.

詳說

○ 音拊.910)

'부(撫)'는 음이 부(拊)이다.

○ 亦侯邦而遠者.

'우각오백리야(又各五百里也)'에서 볼 때, 또한 후작(侯爵)의 나라로서 멀리 있는 것이다.

○ 入聲.

'탁(度)'은 입성(入聲: 헤아리다)이다.

○ 與'道揆'之'揆', 同.

'탁야(度也)'의 경우, '도규(道揆)911)'의 '규(揆)'와 같다.

---

910) 『광운(廣韻)』에는 "芳武切. 上.(방과 무의 반절이니, 상성이다.)"이라고 하였다.
911) 도규(道揆):『맹자집주대전(孟子集註大全)』권7,「이루장구상(離婁章句上)」에 보인다. 그 내용은 다음과 같다. "위에서는 도를 헤아림이 없고 아래에서는 법을 지킴이 없으니, 조정에서는 도를 믿지 않고 관리들은 법도를 믿지 않으며, 군자는 도의를 벗어나고 소인은 형벌을 저지르거늘, 나라가 보존되는 것은 요행인 것이다.(上無道揆也, 下無法守也, 朝不信道, 工不信度, 君子犯義, 小人犯刑, 國之所存者幸也.)" 그리고 집주에서 "이는 어질지 못하면서 높은 지위에 있는 우환을 말한 것이다. '도'는 의리이다. '규'는 헤아림이다. '법'은 제도이다. '도규'는 의리로써 사물을 헤아려서 그 마땅한 것을 만듦을 이른다. '법수'는 법도로써 스스로 지킴을 이른다. '공'은 관리이다. '도'는 곧 법이다. '군자'와 '소인'은 지위로써 말한 것이다. 위에서 도를 헤아림이 없음에 말미암은 때문에 아래에서 법을 지킴이 없으니, 도를 헤아림이 없으면 조정에서 도를 믿지 않아서 군자가 의리를 벗어나고, 법을 지킴이 없으면 관리들이 법도를 믿지 않아서 소인들이 형벌을 저지르는 것이다. 이 여섯 가지가 있으면 그 나라는 반드시 멸망하고, 그 멸망하지 않는 것은 요행일 따름이다.(此言不仁而在高位之禍也. '道', 義理也. '揆', 度也. '法', 制度也. '道揆', 謂以義理度量事物而制其宜. '法守', 謂以法度自守. '工', 官也. '度', 卽法也. '君子'·'小人', 以位而言也. 由上無道揆, 故下無法守, 無道揆, 則朝不信道, 而君子犯義; 無法守, 則工不信度, 而小人犯刑, 有此六者, 其國必亡, 其不

○ 猶去也.
   '취(取)'는 거(去: 떨어지다)와 같다.

○ 間也.
   '개(介)'는 중간이다.

○ 如字.
   '화(華)'는 본래의 음 대로 읽는다.

○ 林氏曰 : "此萬世不易之法, 漢·魏, 使外夷, 入居中國, 至晉, 有劉石之禍, 石晉以盧龍賄契丹, 至重貴, 有耶律之難."912)
   '성인소이엄화하지변자여차(聖人所以嚴華夏之辨者如此)'에 대해, 임씨(林氏: 林之奇)가 말하였다. "이것은 만세에 바뀌지 않는 법이다. 한나라와 위나라 때에는 바깥의 오랑캐로 하여금 중국에 들어와 살게 하였는데, 서진(西晉)에 이르러 유석(劉石)913)의 화난(禍難)이 있었고, 석진(石晉)914)이 노룡현(盧龍縣)으로써 거란(契丹)에게 뇌물로 주었으며, 중귀(重貴)915)에 이르러서는 야율(耶律)916)의 화난(禍難)이 있었다."

[4-2-1-104]

五百里, 要服; 三百里, 夷; 二百里, 蔡.

5백 리는 요복(要服)이니, 3백 리는 오랑캐이고, 2백 리는 유배지이다.

亡者, 僥倖而已.)"라고 하였다.
912) 호광(胡廣) 등 찬, 『서경대전(書經大全)』의 소주에서 발췌한 것이다. 그 전문은 다음과 같다. "林氏曰 : '漢·魏, 使外夷入居中國障塞之地, 至晉, 有劉石之禍, 石晉以盧龍賂契丹, 至重貴, 有耶律之難. 綏服, 華夷之辨, 萬世不易之法也.'(임씨가 말하였다. '한나라와 위나라 때에는 바깥의 오랑캐로 하여금 중국의 가로막힌 지역에 들어와 살게 하였는데, 서진에 이르러 유석의 화난이 있었고, 석진이 노룡으로써 거란에 뇌물을 주었으며, 중귀에 이르러서는 야율의 화난이 있었다. 수복은 중국과 오랑캐의 구별함이니, 만세에 바뀌지 않는 법이다.')"
913) 유석(劉石): 동한(東漢)의 평원왕(平原王)이다.
914) 석진(石晉): 오대(五代)의 후진(後晉)이니, 석경당(石敬瑭)이 세웠기 때문에 후세 사람들이 석진(石晉)이라고 일컬었다.
915) 중귀(重貴): 양업(楊業: ?-986)은 오대에서 북송 초기의 명장(名將)으로, 후한(後漢) 인주자사(麟州刺史) 양신(楊信)의 아들이다. 원래 이름이 중귀(重貴)이고, 또 이름이 양계업(楊繼業)이며, 병주(幷州) 태원(太原) 사람이다.
916) 야율(耶律). 복성(複姓)으로 처음에는 거란의 부락 이름이었는데 요(遼)나라가 건립된 뒤에 국족(國族)의 성(姓)이 되었다.

詳說

○ 素達反.917)

'살(蔡)'은 소(素)와 달(達)의 반절이다.

集傳

'要服', 去王畿已遠, 皆夷狄之地, 其文法, 略於中國. 謂之'要'者, 取要約之義, 特羈縻之而已. 綏服外, 四面, 又各五百里也. '蔡', 放也, 『左傳』云: "蔡蔡叔", 是也, 流放罪人於此也. 此分要服五百里而爲二等也.

'요복(要服)'은 왕기(王畿)와 떨어짐이 너무 먼 곳이니, 모두 이적(夷狄)의 땅으로 문장(文章)과 법도(法度)가 중국(中國)보다 소략하다. '요(要)'라고 이른 것은 요약하는 뜻을 취한 것이니, 다만 재갈을 씌우고 고삐를 얽어맬 따름이다. 수복(綏服)의 밖에서 사방으로 또 각각 5백 리이다. '살(蔡)'은 귀양보냄이니, 『좌전(左傳)』에서 "채숙(蔡叔)을 귀양보냈다."라고 함이 이것이니, 죄인을 이곳에 유배하여 추방하는 것이다. 이는 요복(要服)의 5백 리를 나누어 두 등급으로 만든 것이다.

詳說

○ 文章法度.

'문법(文法)'은 문장(文章)과 법도(法度)이다.

○ 簡也.

'요약(要約)'은 간략(簡略)함이다.

○ '羈縻', 見『史記』「司馬相如傳」, 謂: "勿絶而已",918) 『唐』「地志」, 有'羈縻州'.919)

'특기미지이이(特羈縻之而已)'에서 '기미(羈縻)'는 『사기(史記)』「사마상여전(司馬

---

917) 호광(胡廣) 등 찬, 『서경대전(書經大全)』의 소주에는 '要'는 "平聲.(평성이다.)"라 하고, '蔡'은 "音煞.(음이 살이다.)"이라고 하였다.
918) 사마천(司馬遷) 찬, 『사기(史記)』 권117, 「사마상여열전(司馬相如列傳)」. "辭畢, 因進曰: '盖聞, 天子之於夷狄也, 其義羈縻, 勿絶而已.'(… '대개 듣건대, 천자가 오랑캐에 있어서 그 뜻이 기미였으니 끊지 말을 따름이었다.')" "索隱', '案, 羈, 馬絡頭也; 縻, 牛紖也. 漢官儀云: 馬云羈, 牛云縻, 言制四夷, 如牛馬之受羈縻也.'(「색은」에서, '살펴보건대, 기는 말의 머리를 묶는 재갈이고, 미는 고의 고삐이다. 한관의가 말하였다. 말은 기라 이르고, 소는 미라 이르니, 사방 오랑캐를 제어함이 소와 말이 재갈과 고삐를 받는 것과 같음을 말한 것이다.'라고 하였다.)"
919) 호광(胡廣) 등 찬, 『서경대전(書經大全)』의 소주에는 '羈縻'는 "音飢眉.(음이 기미다.)"라고 하였다.

相如傳)」에 보이니, 이르기를 "끊지 말을 따름이다."라 하였고, 『당서(唐書)』「지리지(地理志)」에는 '기미주(羈縻州)920)'가 있다.

○「定四年」.921)
'『좌전』(『左傳』)'은 「정공(定公) 4년」이다.

○ 如字.
'살채(蔡蔡)'의 경우 본래의 음 대로 읽는다.

[4-2-1-105]
五百里, 荒服; 三百里, 蠻; 二百里, 流.

5백 리는 황복(荒服)이니, 3백 리는 만(蠻)이고, 2백 리는 유배지이다.

集傳

'荒服', 去王畿益遠, 而經略之者, 視要服, 爲尤略也, 以其荒野, 故謂之'荒服'. 要服外, 四面, 又各五百里也. '流', 流放罪人之地, 蔡與流, 皆所以處罪人, 而罪有輕重, 故地有遠近之別也. 此分荒服五百里而爲二等也. ○今按, 每服五百里, 五服則二千五百里, 南北·東西相距, 五千里. 故「益稷」篇言: "弼成五服, 至于五千." 然堯都冀州, 冀之北境, 幷雲中·涿·易, 亦恐無二千五百里, 藉使有之, 亦皆沙漠不毛之地. 而東南財賦所出, 則反棄於要·荒, 以地勢考之, 殊未可曉. 但意, 古今土地盛衰不同, 當舜之時, 冀北之地, 未必荒落如後世耳. 亦猶閩·浙之間, 舊爲蠻夷淵藪, 而今富庶繁衍, 遂爲上國, 土地興廢, 不可以一時槩也. 周制, 九畿曰: 侯·甸·男·采·衛·蠻·夷·鎭·藩, 每畿亦五百里, 而王畿又不在其中, 幷之則一方五千里. 四方相距爲萬里, 蓋倍禹服之數也. 『漢』「地志」, 亦言: "東西九千里, 南北一萬三千里", 先儒皆疑禹服之狹而周·漢地廣. 或以"周服里數, 皆以方言", 或以"古今尺有長短", 或以"禹

---

920) 기미주(羈縻州): 『당서(唐書)』 권43하, 「지제33상(志第三十三上)·지리지(地理志)·기미주(羈縻州)」.
921) 『춘추좌전주소(春秋左傳注疏)』 권41, 「소공(昭公) 원년」에서 "周公殺管叔而蔡蔡叔.(주공이 관숙을 죽이고 채숙을 귀양보냈다.)"이라 하였고, 두예(杜預)의 주(注)에 "'蔡', 放也.('살'은 귀양보냄이다.)"라고 하였다. 그리고 『춘추좌선수소(春秋左傳注疏)』 권54, 「정공(定公) 4년」에서 "王於是乎, 殺管叔而蔡蔡叔.(왕이 이에 관숙을 죽이고 채숙을 귀양보냈다.)"이라 하였고, 두예(杜預)의 주(注)에 "周公稱王命, 以討二叔. '蔡', 放也.(주공이 왕명을 칭하여 두 숙을 다스렸다. '살'은 귀양보냄이다.)"라고 하였다.

直方計, 而後世以人迹屈曲取之", 要之, 皆非的論. 蓋禹聲敎所及則地盡四海, 而其疆理則止以五服爲制, 至荒服之外, 又別爲區畫, 如所謂"咸建五長", 是已. 若周·漢則盡其地之所至而疆畫之也.

'황복(荒服)'은 왕기(王畿)와 떨어짐이 더욱 멀어서 다스린 것이 요복(要服)에 비해 더욱 간략함이 되며, 거친 들판이기 때문에 '황복(荒服)'이라고 이른 것이다. 요복(要服)의 밖에서 사방으로 또 각각 5백 리이다. '유(流)'는 죄인(罪人)을 유배하고 추방하는 땅이니, 살(蔡)과 유(流)가 모두 죄인을 두는 곳인데 죄(罪)에 가벼움과 무거움이 있기 때문에 지역도 멀고 가까움의 구별이 있는 것이다. 이것은 황복(荒服) 5백 리를 나누어 두 등급으로 만든 것이다. ○지금 살펴보건대, 매 복(服)마다 5백 리이니, 오복(五服)이면 2천 5백 리이며, 남북과 동서의 서로 떨어짐이 5천 리이다. 그러므로 「익직(益稷)」편에서 말하기를 "오복(五服)을 도와서 이루되 5천 리에 이르렀다."라고 한 것이다. 그러나 요(堯)가 기주(冀州)에 도읍하였으니, 기주(冀州)의 북쪽 경계는 운중(雲中)과 탁주(涿州)와 역주(易州)를 아우르더라도 또한 아마도 2천 5백 리가 없을 듯하며, 설사 있더라도 또한 모두 사막의 불모지이다. 그런데 동남쪽은 재부(財賦)가 나오는 곳인데 도리어 요복(要服)과 황복(荒服)으로 버려졌으니, 지리 형세로써 고찰하건대 자못 알 수 없는 일이다. 다만 생각하건대, 옛날과 지금의 토지는 성쇠(盛衰)가 같지 않으니, 순(舜)의 때를 맞아서 기주(冀州) 북쪽의 땅이 반드시 거칠고 쓸모없음이 후세와 같지 않았을 뿐이다. 또한 민(閩)과 절(浙)의 사이가 옛날에는 만이(蠻夷)가 모여드는 곳이었는데 지금은 풍성하고 번성하여 마침내 상국(上國)이 된 것과 같으니, 토지의 흥폐(興廢)는 한 시대로써 개괄할 수 없다. 주(周)나라 제도에 구기(九畿)는 후(侯)·전(甸)·남(男)·채(采)·위(衛)·만(蠻)·이(夷)·진(鎭)·번(藩)이니, 매 기(畿)마다 또한 5백 리인데 왕기(王畿)는 또 그 가운데 들어 있지 않으며, 아우르면 한편으로 5천 리이다. 사방으로 서로 떨어짐이 1만 리가 되니, 대개 우복(禹服)의 수에 갑절이 된다. 『한서(漢書)』「지리지(地理志)」에서 또한 말하기를 "동쪽과 서쪽으로 9천 리이고, 남쪽과 북쪽으로 1만 3천 리이다."라고 하였으나, 선대의 유학자들은 모두 우(禹)가 다스린 땅이 좁았고 주(周)나라와 한(漢)나라의 땅이 넓었다고 의심하였다. 어떤 이는 "주(周)나라가 다스린 땅의 이수(里數)는 모두 방(方)으로써 말하였다."라 하고, 어떤 이는 "옛날과 지금의 척도가 장단(長短)의 차이가 있다."라 하고, 어떤 이는 "우(禹)가 공정하게 헤아렸는데 후세에는 사람 자취의 굴곡(屈曲)으로써 취하였다."라 하니, 요컨대 모두 정확한 의논이 아니다. 대개 우(禹)의 성교(聲敎)가 미친 곳은 지역이 사해(四

海)를 다하였으나 그 지경을 다스린 것은 다만 오복(五服)으로써 한정하였고, 황복(荒服)의 밖에 이르러서는 또 별도로 구획(區劃)을 하였으니, 예를 들면 이른바 "다섯 장(長)을 모두 세웠다."라는 것이 이것이다. 주(周)나라와 한(漢)나라 같으면 그 땅이 이르는 곳을 다하여 경계를 구획한 것이다.

詳說

○ 治也.
'경략(經略)'은 다스림이다.

○ 簡也.
'략(略)'은 간략(簡略)함이다.

○ 上聲.
'처(處)'는 상성(上聲: 거주하다, 머무르다)이다.

○ 彼列反.
'별(別)'은 피(彼)와 렬(列)의 반절이다.

○ 蔡·流之地, 亦皆蠻夷居之, 或言其事, 或言其地, 亦互見耳. 侯·綏, 視此.
'고지유원근지별야(故地有遠近之別也)'에서 볼 때, 살(蔡)과 유(流)의 땅은 또한 모두 만이(蠻夷)가 거주하니, 혹은 그 일을 말하거나 혹은 그 땅을 말하는데 또한 서로 통용함을 보일 뿐이다.

○ 去聲.
'병(幷)'은 거성(去聲: 아우르다)이다.

○ 郡名.
'운중(雲中)'은 군(郡) 이름이다.

○ 二州.
'탁·역(涿·易)'은 두 개의 주(州)이다.

○ 借也.
'자(藉)'는 가령이다.

○ 沙漠, 則是天生底, 不可變.
'미필황락여후세이(未必荒落如後世耳)'에서 볼 때, 사막(沙漠)은 하늘이 낸 것이니 바꿀 수가 없다.

○ 國都.
'상국(上國)'은 나라의 도성(都城)이다.

○ 人物·風氣, 則有盛衰.
'불가이일시개야(不可以一時槩也)'에서 볼 때, 인물(人物)과 풍기(風氣)에는 곧 성쇠(盛衰)가 있다.

○ 『周禮』「職方」.
'주제(周制)'는 『주례(周禮)』「직방(職方)」이다.

○ 以爲.
'혹이(或以)'에서, 이위(以爲)이다.

○ 沙溪曰 : "'方', 疑一方之方也, 禹服則東西五千里周服則一方五千里也地之廣狹古今無異而立言差異云耳但與九畿每畿五百里之制牴牾先儒豈不知而言之乎釋辭未瑩."922)
'개이방언(皆以方言)'에 대해, 사계(沙溪: 金長生)가 말하였다. "'방(方)'은 의심컨대 일방(一方)의 방(方)인 듯하다. 우(禹)가 다스린 복(服)은 동쪽과 서쪽이 5천 리이고, 주(周)나라가 다스린 복(服)은 한편이 5천 리이다. 땅의 넓고 좁음이 옛날과 지금에 차이가 없으니, 말을 함에 생긴 차이일 뿐이다. 다만 구기(九畿)

---

922) 『사계전서(沙溪全書)』 권14, 「경서변의(經書辨疑)·서전(書傳)·우공(禹貢)」에서 발췌한 것이다. 그 전문은 다음과 같다. "'方', 疑一方之方也, 禹服則東西五千里, 周服則一方五千里也. 地之廣狹, 古今無異, 而立言差異耳. 但與九畿, 每畿五百里之制, 牴牾, 先儒豈不知而言之乎. 釋辭未瑩, 未知是否.('방'은 의심컨대 일방의 방인 듯하다. 우가 다스린 복은 동쪽 서쪽이 5백 리이고, 주나라가 다스린 복은 한편이 5백 리이다. 땅의 넓고 좁음이 옛날과 지금에 차이가 없으니, 말을 함에 생긴 차이일 뿐이다. 다만 구기가 매 기마다 5백 리로 제정한 것과 어긋나니, 선대의 유학자들이 어찌 알지 못하고서 말하였는가. 해석한 말이 분명하지 않으니, 옳은지 그른지 알 수 없다.)"

가 매 기(畿)마다 5백 리로 제정한 것과 어긋나니, 선대의 유학자들이 어찌 알지 못하고서 말하였는가. 해석한 말이 분명하지 않다."

○ 按, '方', 若謂九畿之五百里, 各以方計, 恰如王畿之千里而已, 則四方, 又止爲三千里耳.
내가 살펴보건대, '방(方)'은 구기(九畿)의 5백 리를 이름과 같으니, 각각 방(方)으로써 헤아리면 거의 왕기(王畿)의 1천 리와 같지만, 곧 사방(四方)은 또 단지 3천 리가 될 뿐이다.

○ 正也.
'방(方)'은 바름이다.

○ 平聲.
'요(要)'는 평성(平聲: 요약하다, 核實하다)이다.

○ 馬氏曰 : "聖人不務廣地."923)
'이기강리칙지이오복위제(而其疆理則止以五服爲制)'에 대해, 마씨(馬氏: 馬子嚴)924)가 말하였다. "성인(聖人)은 땅을 넓히는 데 힘쓰지 않았다."

○ 上聲.
'함건오장(咸建五長)'에서 장(長)은 상성(上聲: 수장, 方伯)이다.

○ 見「益稷」.925)

---

923) 호광(胡廣) 등 찬, 『서경대전(書經大全)』의 소주에서 발췌한 것이다. 그 전문은 다음과 같다. "馬氏曰 : '甸·侯·綏, 爲中國; 要·荒, 已爲夷狄. 聖人之治, 詳內略外, 觀五服名義, 可見. 治中國, 則法度宜詳, 治以必治也; 治夷蠻, 則法度宜略, 治以不治也. 觀至于五千, 見德化之遠及; 觀要·荒二服, 見法度之不泛及, 聖人不務廣地, 而勤遠畧, 可見矣.'(마씨가 말하였다. '전복과 후복과 수복은 중국이 되고, 요복과 황복은 이미 오랑캐가 되었다. 성인의 다스림은 안으로는 상세하고 밖으로는 소략하였으니, 오복의 이름과 뜻을 보면 알 수 있다. … 성인은 땅을 넓히는 데 힘쓰지 않았고, ….')"

924) 마씨(馬氏: 馬子嚴): 남송(南宋)대 문인으로 자가 장보(莊父)이고, 호가 고주(古洲) 또는 고주거사(古洲居士)이며, 건안(建安) 사람이다. 순희(淳熙) 2년(1175)에 진사과에 급제하여 연산위(鉛山尉) 등을 거치면서 백성을 구제하고 정사에 근면하였다. 시문(詩文)에 능하여 이름을 알렸으며, 『악양지(岳陽志)』2권을 지었는데 전하지 않는다. 후세에 조만리(趙萬里)가 『고주사(古洲詞)』29수를 편집하였는데, 『전송사(全宋詞)』에 실려 있다.

925) 호광(胡廣) 등 찬, 『서경대전(書經大全)』권2, 「우서(虞書)·익직(益稷)」의 [3-1-5-8]에서 "無若丹朱傲. 惟慢遊, 是好; 傲虐, 是作; 罔晝夜頟頟, 罔水行舟, 朋淫于家, 用殄厥世. 予創若時, 娶于塗山, 辛壬癸甲, 啓呱呱而泣, 予弗子, 惟荒度土功, 弼成五服, 至于五千, 州十有二師, 外薄四海, 咸建五長, 各迪有功.(단주처

'여소위함건오장, 시이(如所謂咸建五長, 是已)'의 내용이 「익직(益稷)」에 보인다.

○ 應氏曰 : "秦而上, 西北袤而東南蹙; 秦以下, 東南廣而西北縮, 此古今天地之大運也. 先王時, 四方各有不盡之地, 聽四夷居之, 不勞中國以事外也."926)

'약주·한칙진기지지소지이강화지야(若周·漢則盡其地之所至而疆畫之也)'에 대해, 응씨(應氏: 鏞)927)가 말하였다. "진(秦)나라 이상은 서북쪽이 세로로 늘어지고 동남쪽이 오그라들었으며, 진(秦)나라 이하는 동남쪽이 넓고 서북쪽이 줄어들었으니, 이는 옛날과 지금의 천지(天地)의 큰 운수이다. 선왕 때에는 사방으로 각각 다하지 못하는 땅이 있어서 사방 오랑캐들이 거주함을 듣되 중국의 일 이외에는 힘쓰지 못하였다."

럼 오만하지 마소서. 오직 태만하게 노는 것을 좋아하며, 오만함과 포악함을 저지르며, 밤낮없이 쉬지 않고 하더니 물이 없는데도 배를 운행하며, 소인과 어울려 집안을 어지럽혀 그 세대를 끊었습니다. 저는 이와 같음을 징계하여 도산씨에게 장가들어 겨우 신·임·계·갑의 사흘을 지냈으며, 계가 슬피 울었으나 저는 자식을 사랑하지도 못한 채 오직 토공을 크게 해내고 오복을 도와 이루었는데, 5천 리에 이르러 주마다 12사를 두고 밖으로 온 세상에 이르기까지 모두 오장을 세우니, 각각 나아가서 공이 있게 되었습니다.)"라고 하였다. 그리고 집전에서 "'五服', 甸·侯·綏·要·荒也, 言非特平治水土, 又因地域之遠近, 以輔成五服之制也. 疆理宇內, 乃人君之事, 非人臣之所當專者, 故曰'弼成'也. '五千'者, 每服五百里, '五服'之地, 東·西·南·北, 相距五千里也. '十二師'者, 每州立十二諸侯, 以爲之師, 使之牧牧, 以糾群后也. '薄', 迫也, 九州之外, 迫於四海, 每方, 各建五人, 以爲之長, 而統率之也, 聖人經理之制, 其詳內略外者, 如此. '卽', 就也. 謂'十二師'·'五長', 內而侯牧, 外而蕃夷, 皆蹈行有功, 惟三苗頑頑弗率, 不肯就工, 帝當憂之也.('오복'은 전복·후복·수복·요복·황복이니, 단지 홍수와 토지를 다스릴 뿐만 아니라 또 지역의 멀고 가까움에 말미암아 오복의 제도를 도와 이룬 것을 말한다. 온 세상을 구획하고 다스림은 바로 임금의 일이고, 신하가 맡아 전담할 것이 아니기 때문에 '필성'이라고 말한 것이다. '오천'이라는 것은 매 복마다 5백 리이니, '오복'의 땅은 동쪽과 서쪽과 남쪽과 북쪽에 서로의 거리가 5천 리인 것이다. '십이사'라는 것은 언제나 주에 열두 명의 제후를 세워서 우두머리로 삼아 그들로 하여금 다스림을 살펴서 여러 제후들을 바로잡게 한 것이다. '박'은 다다름이니, 구주의 밖으로부터 사해에 다다름에 언제나 방에 각각 5명을 세워 수장으로 삼아 통솔하게 하였는데, 성인이 경영하고 정리한 제도가 안을 상세히 하고 밖을 소략히 함이 이와 같았다. '즉'은 나아감이다. '십이사'와 '오장'은 안으로 후목과 밖으로 번이가 모두 공사를 실행하였는데, 오직 삼묘만 완악하고 거만하여 따르지 않으며 공사에 선뜻 나아가지 않으니, 황제가 마땅히 그것을 걱정하고 생각해야 함을 이른 것이다.)"라고 하였다.

926) 호광(胡廣) 등 찬, 『서경대전(書經大全)』의 소주에서 발췌한 것이다. 그 전문은 다음과 같다. "「王制」, '西不盡流沙, 南不盡衡山, 東不盡東海, 北不盡恒山.' 應氏曰 : '東海在中國封疆內西南, 北海則遠在夷徼之外, 南獨以江與衡山爲限, 蓋百粤未盡開也. 惟河擧東西南北, 河流榮帶東國也, 自秦而上, 西北袤而東南蹙; 自秦而下, 東南展而西北縮, 此古今天地之大運也. 當先王時, 四方各有不盡之地, 聽四夷居之, 不勞中國以事外也.'(『예기』「왕제」에서 …. 응씨가 말하였다. '… 진나라 이상에는 서북쪽이 세로로 늘어지고 동남쪽이 오그라들었으며, 진나라 이하에는 동남쪽이 넓고 서북쪽이 줄어들었으니, 이는 옛날과 지금의 천지의 큰 운수이다. 선왕 때에 있어서는 사방으로 각각 다하지 못하는 땅이 있어서 사방 오랑캐들이 거주함을 듣되 중국의 일 이외에는 힘쓰지 못하였다.')"

927) 응씨(應氏: 鏞): 송대 학자로, 자가 자화(子和)이고, 난계(蘭溪) 사람이다. 경원(慶元) 연간에 진사과에 급제하여 벼슬이 태상시경(太常寺卿)·지개주(知開州) 등에 이르렀다. 저서로는 『상서약의(尙書約義)』·『예기찬의(禮記纂義)』 등이 있다.

[4-2-1-106]

東漸于海, 西被于流沙, 朔南曁, 聲敎訖于四海, 禹錫玄圭, 告厥成功.

동쪽으로는 바다에 젖고, 서쪽으로는 유사(流沙)에 덮이며, 북쪽과 남쪽에 이르러 성교(聲敎)가 사해(四海)에 미치자, 우(禹)가 검은 규(圭)를 올려서 공(功)을 이룬 것을 아뢰었다.

詳說

○ 將廉反.928)

'점(漸)'은 장(將)과 렴(廉)의 반절이다.

集傳

'漸', 漬; '被', 覆; '曁', 及也. 地有遠近, 故言有淺深也. '聲', 謂風聲; '敎', 謂敎化. 林氏曰 : "振舉於此而遠者聞焉, 故謂之聲; 軌範於此而遠者效焉, 故謂之敎." 上言五服之制, 此言聲敎所及, 蓋法制有限, 而敎化無窮也. '錫', 與'師錫'之錫同, 水·土旣平, 禹以玄圭爲贄, 而告成功于舜也. 水色黑, 故圭以玄云.

'점(漸)'은 젖음이고, '피(被)'는 덮임이고, '기(曁)'는 미침이다. 땅이 멀고 가까움이 있기 때문에 말에 깊고 얕음이 있는 것이다. '성(聲)'은 풍화(風化)의 소리를 이르고, '교(敎)'는 교화(敎化)를 이른다. 임씨(林氏: 林之奇)가 말하기를 "여기에서 떨쳐 일어남에 멀리 있는 이들이 듣기 때문에 '성(聲)'이라 이르고, 여기에서 본보기 법도가 됨에 멀리 있는 이들이 본받기 때문에 '교(敎)'라 이른다."라고 하였다. 위에서는 오복(五服)의 제도를 말하고, 여기서는 성교(聲敎)가 미치는 것을 말하였으니, 대개 법제(法制)는 한계가 있으나 교화(敎化)는 다함이 없는 것이다. '석(錫)'은 '사석(師錫)'의 석(錫)과 같으니, 물과 토지가 이미 다스려짐에 우(禹)가 검은 홀을 폐백으로 삼아 공을 이룬 것을 순(舜)에게 아뢴 것이다. 물빛이 검었기 때문에 홀을 검은색으로 한 것이다.

詳說

---

928) 호광(胡廣) 등 찬, 『서경대전(書經大全)』의 소주에는 "音尖.(음이 첨이다.)"으로 되어 있다.

○ 音恣.

'자(漬)'는 음이 자(恣)이다.

○ '朔', 北也. ○林氏曰 : "朔南不言所至, 以下文四海, 見之也."929)

'급야(及也)'에서 볼 때, '삭(朔)'은 북쪽이다. ○임씨(林氏: 林之奇)가 말하였다. "북쪽과 남쪽은 이른 곳을 말하지 않고, 이하의 글에 사해로써 보인 것이다."

○ 漸·被·曁.

'고언유천심야(故言有淺深也)'에서 볼 때, 점(漸)과 피(被)와 기(曁)이다.

○ 林說, 似止此.

'고위지교(故謂之敎)'에서 볼 때, 임씨(林氏: 林之奇)의 말이 여기서 그치는 것 같다.

○ 此節, 又結上五服.

'이교화무궁야(而敎化無窮也)'에서 볼 때, 이 구절은 또 위의 오복(五服)을 맺은 것이다.

○ 見「堯典」.930)

---

929) 호광(胡廣) 등 찬, 『서경대전(書經大全)』의 소주에서 발췌한 것이다. 그 전문은 다음과 같다. "林氏曰 : '此又推聖化所極至而言之, 漸如水之漸漬, 被如衣之被覆. 朔南不言所至, 以下文四海, 見之也.'(임씨가 말하였다. '이는 또 성인의 교화가 지극하게 이른 바를 미루어서 말한 것이니, 젖기를 물에 점점 젖는 것 같이 하였고, 입기를 옷에 덮는 것 같이 하였다. 북쪽과 남쪽은 이른 곳을 말하지 않고, 이하의 글에 사해로써 보인 것이다.')"

930) 호광(胡廣) 등 찬, 『서경대전(書經大全)』 권1, 「우서(虞書)·요전(堯典)」의 [1-1-1-12]에서 "帝曰 : '咨! 四岳. 朕在位七十載, 汝能庸命, 巽朕位.' 岳曰 : '否德, 忝帝位.' 曰 : '明明, 揚側陋.' 師錫帝曰 : '有鰥在下, 曰虞舜.' 帝曰 : '俞, 予聞, 如何?' 岳曰 : '瞽子, 父頑, 母嚚, 象傲, 克諧以孝, 烝烝乂, 不格姦.' 帝曰 : '我其試哉. 女于時, 觀厥刑于二女.' 釐降二女于嬀汭, 嬪于虞, 帝曰 : '欽哉.'(요임금이 말하였다. '아! 사악아. 짐이 임금 자리에 있은 지가 70년인데, 네가 능히 명령을 잘 따르니, 짐의 자리를 물려주겠다.' 사악이 말하였다. '저는 덕이 없어 임금 자리를 욕되게 할 것입니다.' 요임금이 말하였다. '현명한 이를 밝히고, 미천한 이를 올리도록 하라.' 많은 관료들이 임금에게 대답하였다. '홀아비가 아래 지위에 있는데, 우순이라고 합니다.' 요임금이 말하였다. '그래. 나도 들었는데, 어떠한 사람인가?' 사악이 말하였다. '소경의 아들로 아버지는 완악하고 어머니는 어리석으며, 이복동생 상)은 오만한데도 능히 효우로써 조화롭게 하여 점점 다스려서 간악함에 이르지 않게 하였습니다.' 요임금이 말하였다. '내가 시험해보겠다. 이에게 딸을 시집보내 그 도리를 두 딸에게서 살펴보겠다.' 이에 두 딸을 곱게 꾸며서 규수의 북쪽으로 시집보내 우순의 아내가 되게 하였는데, 요임금이 말하였다. '공경하라.')"라 하고, 집주에서 "'師', 衆', '錫', 與也, 四岳·羣臣·諸侯, 同辭以對也.('사'는 무리이고, '석'은 줌이니, 사악과 뭇 신하와 제후들이 같은 말로 대답한 것이다.)"라고 하였다.

'여사석지석동(與師錫之錫同)'의 내용이 「요전(堯典)」에 보인다.

○ 篇首·末二'禹'字, 正爲呼應.931)
'우(禹)'에서 볼 때, 편 머리와 끝에 두 개의 '우(禹)'자는 정말로 호응(呼應)이 된다.

○ 陳氏大猷曰 : "'禹敷土'而下, 槩擧治水規模言之; '冀州'而下, 以帝都爲主, 自東而西, 區別九州之疆域言之; '導岍'而下, 自西而東, 貫穿九州之山水言之; '九州攸同'而下, 總合九州成績言之; '五百里甸服'而下, 以成五服, 自內及外言之; '東漸'以下, 遠擧四極言之, 以至於告成功而終焉. 經緯錯綜, 法度森嚴, 非聖經, 不及此."932)
'고규이현운(故圭以玄云)'에 대해, 진씨 대유(陳氏大猷: 陳大猷)가 말하였다. "우부토(禹敷土)933) 이하는 개괄적으로 치수(治水)의 규모를 들어서 말한 것이고, 기주(冀州)934) 이하는 제도(帝都)를 위주로 하여 동쪽으로부터 서쪽까지 9주(州)의 강역(疆域)을 구별하여 말한 것이고, 도견(導岍)935) 이하는 서쪽으로부터 동

---

931) 편 머리에 '우(禹)'자는 위의 「우공(禹貢)」 [4-2-1-1]의 "禹敷土, 隨山刊木, 奠高山·大川.(우는 토지를 분별하고 산의 모양에 따라서 나무를 제거하며 높은 산과 큰 내를 정하여 표지로 삼았다.)"에 나오는 '우(禹)'자를 말한다.
932) 호광(胡廣) 등 찬, 『서경대전(書經大全)』의 소주에서 발췌한 것이다. 그 전문은 다음과 같다. "陳氏大猷曰 : 聖人政事所治詳內略外, 不求盡于四海, 而道德所化則無內外之限, 而必極于四海. 自禹敷土而下, 槩擧治水規模言之; 自冀州而下, 以帝都爲主, 自東而西, 區別九州之疆域言之; 自導岍而下, 則自西而東, 貫串九州之山水言之; 自九州攸同而下, 則總合九州成績言之; 自五百里甸服而下, 則弼成五服自內及外言之; 自東漸而下, 則遠擧四極言之, 以至于告成功而終焉. 經緯錯綜, 法度森嚴, 非聖經, 不及此.'(진씨 대유가 말하였다. '우부토 이하는 개괄적으로 치수의 규모를 들어서 말한 것이고, 기주 이하는 제도를 위주로 하여 동쪽으로부터 서쪽까지 9주의 강역을 구별하여 말한 것이고, 도견 이하는 서쪽으로부터 동쪽까지 9주의 산수를 꿰뚫어서 말한 것이고, 구주유동 이하는 9주의 성적을 총합하여 말한 것이고, 오백리전복 이하는 오복을 이루어 안으로부터 밖에까지 미친 것을 말한 것이고, 동점 이하는 멀리 사방의 맨 끝을 들어서 말하여 공을 이룬 것을 고함에 이르러 끝마쳤다. 경위가 착종하고 법도가 삼엄하니, 성인의 경서가 아니면 이에 미치지 못한다.')"
933) 우부토(禹敷土): 위의 「우공(禹貢)」 [4-2-1-1] "우는 토지를 분별하고 산의 모양에 따라서 나무를 제거하며 높은 산과 큰 내를 정하여 표지로 삼았다.(禹敷土, 隨山刊木, 奠高山·大川.)"에 보인다.
934) 기주(冀州): 위의 「우공(禹貢)」 [4-2-1-2] "기주이다.(冀州.)"에 보인다. 집전에 의하면 "'기주'는 황제 도성의 땅이니, 세 방면으로 황하에 이르고 있으니, 연하의 서쪽이며, 옹하의 동쪽이며, 예하의 북쪽이다. 「주례」 「직방」에서 '하내를 기주라 한다.'고 한 것이 이것이다. 8주는 다 강계를 말하였으나 기주만 말하지 않은 것은 나머지 주가 이른 곳으로써 볼 수 있기 때문이다.('冀州', 帝都之地, 三面距河, 克河之西, 雍河之東, 豫河之北. 「周禮」「職方」, '河內曰冀州', 是也. 八州, 皆言疆界, 而冀不言者, 以餘州所至, 可見.)"라고 하였다.
935) 도견(導岍): 위의 「우공(禹貢)」 [4-2-1-84] "견산에서 물길을 터서 기산에 미치고 형산에 이르며, 황하를 넘어 호구와 뇌수를 거쳐 태악에 이르며, 지주와 석성을 거쳐 왕옥에 이르며, 태항과 항산을 거쳐 갈석에 이르러 바다로 들어갔도다.(導岍, 及岐, 至于荊山, 逾于河, 壺口·雷首, 至于太岳, 底柱·析城, 至于王屋, 太

쪽까지 9주(州)의 산수(山水)를 꿰뚫어서 말한 것이고, 구주유동(九州攸同)[936] 이하는 9주(州)의 성적을 총합하여 말한 것이고, 오백리전복(五百里甸服)[937] 이하는 오복(五服)을 이루어 안으로부터 밖에까지 미친 것을 말한 것이고, 동점(東漸)[938] 이하는 멀리 사방의 맨 끝을 들어서 말하여 공을 이룬 것을 고함에 이르러 끝마쳤다. 경위(經緯)가 착종(錯綜)하고 법도가 삼엄하니, 성인(聖人)의 경서(經書)가 아니면 이에 미치지 못한다."

○ 新安陳氏曰 : "「禹貢」一書, 雖記平水·土, 制貢賦之事, 而曰祇德, 曰文敎, 曰聲敎, 有躬行敎化之精微寓焉, 後之山經·水志, 與夫財用之書, 有是哉."[939]
　신안 진씨(新安陳氏: 陳師凱)가 말하였다. "「우공(禹貢)」 하나의 글이 비록 물과 토지를 다스리고 공부(貢賦)를 재정한 일을 기재하였으나, 기덕(祇德)[940]이라 하고 문교(文敎)[941]라 하고 성교(聲敎)[942]라고 하여 몸소 교화(敎化)를 행한 정미

行·恆山, 至于碣石, 入于海.)"에 보인다.
936) 구주유동(九州攸同): 위의 「우공(禹貢)」 [4-2-1-97] "9주가 함께 하는 곳이 되니 사해의 물가마다 이미 집을 지었다. 9주의 산에 깎아서 여제사를 지내며, 9주의 내에 근원을 깊이 파며, 9주의 못이 이미 제방을 쌓으니 사해의 물이 모여 함께 흐른다.(九州攸同, 四隩旣宅. 九山刊旅, 九川滌源, 九澤旣陂, 四海會同.)"에서 보인다.
937) 오백리전복(五百里甸服): 위의 「우공(禹貢)」 [4-2-1-11] "5백 리는 전복이니, 1백 리는 부세를 총괄하여 바치고, 2백 리는 벤 벼를 바치고, 3백 리는 볏짚을 바치고 나르는 일을 하며, 4백 리는 곡식을 바치고, 5백 리는 쌀을 바친다.(五百里, 甸服, 百里, 賦納總; 二百里, 納銍; 三百里, 納秸服; 四百里, 粟; 五百里, 米.)"에 보인다.
938) 동점(東漸): 위의 「우공(禹貢)」 [4-2-1-16] "동쪽으로는 바다에 젖고, 서쪽으로는 유사에 덮이며, 북쪽과 남쪽에 이르러 성교가 사해에 미치자, 우가 검은 규를 올려서 공을 이룬 것을 아뢰었다.(東漸于海, 西被于流沙, 朔南曁, 聲敎訖于四海, 禹錫玄圭, 告厥成功.)"에 보인다.
939) 호광(胡廣) 등 찬, 『서경대전(書經大全)』의 소주에서 발췌한 것이다. 그 전문은 다음과 같다. "新安陳氏曰 : 「禹貢」一書, 雖紀平水·土, 制貢賦之事, 而有躬行敎化之精微寓焉. 曰祇台德先, 不距朕行, 躬行心得, 以爲敎化之本者也, 曰文敎, 曰聲敎, 敎化之流行而躬行之效驗也. 後之山經·地志, 與夫財用之書, 有是哉.'(신안 진씨가 말하였다. '「우공」 하나의 글이 비록 물과 토지를 다스리고 공부를 제정한 일을 기재하였으나, 몸소 교화를 행하는 정미함이 들어 있다. 나의 덕을 공경하여 존숭하니 나의 행함을 어기지 않았다고 한 것은 몸소 행하고 마음으로 얻어서 교화의 근본으로 삼은 것이며, 문교라 하고 성교라 한 것은 교화가 유행하고 몸소 행한 효험인 것이다. 후세에 산의 경전이나 땅의 기록과 저 재용의 책에도 이것이 있는 것이다.')"
940) 기덕(祇德): 기덕(祇德)은 '기태덕(祇台德)'의 준말이니, 위의 「우공(禹貢)」 [4-2-1-100] "나의 덕을 공경하여 존숭하니, 나의 행함을 어기지 않았다.(祇台德先, 不距朕行.)"에 보인다. 집전에 의하면 "'이'는 나이고, '거'는 어김이다. 우가 물과 땅을 다스리고 토공과 부세를 정하고, 제후를 세워서 다스림이 이미 안정되고 공이 이미 이루어졌다. 이때를 맞아서 오직 덕을 공경하여 천하에서 존숭하니 천하가 자연스럽게 내가 행하는 것을 어길 수 없다는 것이다.('台', 我; '距', 違也. 禹平水土, 定貢賦, 建諸侯, 治已定, 功已成矣, 當此之時, 惟敬德以先天下, 則天下自不能違越我之所行也.)"라고 하였다.
941) 문교(文敎): 위의 「우공(禹貢)」 [4-2-1-13] "5백 리는 수복이니, 3백 리는 문교를 헤아리고, 2백 리는 무위를 떨친다.(五百里, 綏服, 三百里, 揆文敎, 二百里, 奮武衛.)"에 보인다. 문교(文敎)는 문장(文章)과 교화(敎化)를 말하니, 공영달(孔穎達)은 "이 복은 제후가 임금의 정교를 헤아려서 행하는 것이다.(此服, 諸侯揆度王者政敎而行之.)"라고 하였다.

함이 들어 있으니, 후세에 산의 경전(經傳)이나 물의 기록과 저 재용(財用)의 책에도 이것이 있는 것이다.

○ 按, 此篇經文, 書法簡嚴, 次序有條, 讀者易以曉解. 惟是註文繁絮, 有難領會, 讀者宜細察之.
　내가 살펴보건대, 이 편의 경문(經文)은 서법(書法)이 간략하고 엄격하며 차례에 조리가 있어서 읽는 이가 쉽게 알 수 있다. 오직 이 주(註)의 글이 번다하여 잘 이해하기가 어려우니, 읽는 이가 마땅히 상세하게 살펴야 한다.

---

942) 성교(聲敎): 위의 「우공(禹貢)」 [4-2-1-16] "동쪽으로는 바다에 젖고, 서쪽으로는 유사에 덮이며, 북쪽과 남쪽에 이르러 성교가 사해에 미치자, 우가 검은 규를 올려서 공을 이룬 것을 아뢰었다.(東漸于海, 西被于流沙, 朔南曁, 聲敎訖于四海, 禹錫玄圭, 告厥成功.)"에 보인다. 집전에 의하면 "'성'은 풍화의 소리를 이르고, '교'는 교화를 이른다. 임씨가 말하기를 '여기에서 떨쳐 일어남에 멀리 있는 이들이 듣기 때문에 성이라 이르고, 여기에서 본보기 법도가 됨에 멀리 있는 이들이 본받기 때문에 교라 이른다.'라고 하였다.('聲', 謂風聲; '敎', 謂敎化. 林氏曰: '振擧於此而遠者聞焉, 故謂之聲; 軌範於此而遠者效焉, 故謂之敎.')"라고 하였다.

연구번역자 소개

신창호(申昌鎬)

현) 고려대학교 교수, 고려대학교 박사(동양철학/교육사철학 전공), 고려대학교 교육문제연구소 소장, 평생교육원장. 한국교육철학학회 회장, 한중철학회 회장 역임, 현) 한국학중앙연구원 이사
저서에 『『중용』 교육사상의 현대적 조명』(박사학위논문), 『유교의 교육학 체계』 외 다수의 논문·번역·저서가 있음

김학목(金學睦)

전) 고려대학교 연구교수, 건국대학교 박사(한국철학 전공), 해송학당 원장(동양학·사주명리 강의)
저서에 「박세당의 『신주도덕경』 연구」(박사학위논문), 『한국주역대전』 외 다수의 논문·번역·저서가 있음

조기영(趙麒永)

전) 고려대학교 연구교수, 연세대학교 박사(한문학 전공), 서정대 교수·연세대국학연구원 연구원
저서에 「하서 김인후 시 연구」(박사학위논문), 『한국시가의 정신세계』 외 다수의 논문·번역·저서가 있음

황봉덕(黃鳳德)

전) 고려대학교 연구교수, 성균관대학교 박사(문학 전공). 한중철학회 총무이사, 시습학사 사무국장
저서에 「李德懋 士小節 硏究」(박사학위논문), 『譯註 貞觀政要集論』 『國譯 通鑑節要增損校註Ⅰ』 외 다수의 논문·번역·저서가 있음

김언종(金彦鐘)

현) 고려대학교 명예교수, 國立臺灣師範大學 박사(韓國經學 전공), 한국고전번역원 이사 및 고전번역학회 회장 역임, 현) 한국고전번역원장
저서에 「丁茶山論語古今注原義總括考徵」(박사학위논문), 『(역주)시경강의』 외 다수의 논문·번역·저서가 있음

임헌규(林憲圭)

현) 강남대학교 교수, 한국학중앙연구원 박사(동양철학 전공). 동양고전학회 회장 역임, 현) 강남대학교 참인재대학장
저서에 『유가의 심성론 연구-맹자와 주희를 중심으로』(박사학위논문), 『공자에서 다산 정약용까지 - 유교 인문학의 동서철학적 성찰』 외 다수의 논문·번역·저서가 있음

허동현(許東賢)

현) 경희대학교 교수. 고려대학교 박사(한국근대사 전공). 경희대학교 학부대학 학장·한국현대사연구원 원장 역임. 현) 국사편찬위원장
저서에 「1881년 조사시찰단 연구」(박사학위논문), 『한국의 국가 형성과 민주주의』 외 다수의 논문 번역 저서가 있음

서집전상설 2

초판 1쇄 | 2024년 8월 15일

책임역주(주저자) | 신창호
전임역주 | 김학목·조기영·황봉덕
공동역주 | 김언종·임헌규·허동현
편　　집 | 강완구
디자인 | S-design
브랜드 | 우물이있는집
펴낸곳 | 써네스트
펴낸이 | 강완구
출판등록 | 2005년 7월 13일 등록번호 제2017-000293호
주　　소 | 서울시 마포구 망원로 94, 203호
전　　화 | 02-332-9384　　　팩　　스 | 0303-0006-9384
이메일 | sunestbooks@yahoo.co.kr
홈페이지 | www.sunest.co.kr
ISBN 979-11-94166-32-0 94140 값 24000원
　　　 979-11-94166-30-6 94140 (전 7권)

* <우물이 있는 집>은 써네스트의 인문브랜드입니다.

이 책은 신저작권법에 따라 보호받는 저작물이므로 무단 전재와 복제를 금하며, 내용의 전부 또는 일부를 재사용하려면 반드시 저작권자와 도서출판 써네스트 양측의 동의를 받아야 합니다.
정성을 다해 만들었습니다만, 간혹 잘못된 책이 있습니다. 연락주시면 바꾸어 드리겠습니다.